beckʼsche
reihe

bˢʳ

Wir leben im modernen Babylon. In Europa sind nie zuvor so viele Sprachen gesprochen worden wie heutzutage. Zu keiner Zeit standen so viele verschiedene Kulturen im Kontakt miteinander. Die moderne Vielsprachigkeit in Europa ist aber nur ein kleiner Ausschnitt aus der sprachlichen und kulturellen Vielfalt der Welt mit rund 6400 verschiedenen Sprachen. Dieses Lexikon beschreibt in rund 250 Artikeln knapp und allgemeinverständlich die wichtigsten Sprachen und Sprachfamilien. Berücksichtigt sind fast alle Sprachen mit mehr als einer Million Sprechern, die bekanntesten kleineren Sprachen (wie Baskisch oder Friesisch), eine repräsentative Auswahl von Zwergsprachen mit weniger als 1000 Sprechern (wie Liwisch oder Ainu) sowie einige ausgestorbene Sprachen (wie Lateinisch oder Sumerisch), die unser modernes Sprach- und Kulturerbe beeinflußt haben. Die Artikel informieren über Sprecherzahlen und Verbreitungsgebiet der Sprachen, ihre Zugehörigkeit zu Sprachfamilien, Unterschiede zwischen Schriftsprache, Umgangssprache und Dialekten, grammatische Strukturen, Zusammensetzung des Wortschatzes, Schriftsysteme und Sprachgeschichte. Literaturhinweise unter den Artikeln sowie eine Bibliographie im Anhang runden dieses einzigartige Nachschlagewerk ab.

Harald Haarmann, geboren 1946, gehört zu den weltweit bekanntesten Sprachwissenschaftlern. Nach dem Studium der Allgemeinen Sprachwissenschaft und verschiedener Philologien in Hamburg, Bonn, Coimbra (Portugal) und Bangor (Wales) wurde er 1970 in Bonn promoviert und hat sich 1979 an der Universität Trier habilitiert. Von 1982 bis 1985 war er als Forschungsstipendiat der Alexander von Humboldt-Stiftung in Japan. Er ist Mitglied im Forschungsteam des „Research Centre on Multilingualism" (Brüssel) und an mehreren größeren Forschungsprojekten beteiligt. Mit seiner „Universalgeschichte der Schrift" (1990, ⁴1998) ist er einem größeren Publikum bekannt geworden. Er wurde 1999 mit dem „Prix logos" der *Association européenne des linguistes et des professeurs de langue* (Paris) und dem „Premio Jean Monnet" ausgezeichnet.

Harald Haarmann

Kleines Lexikon
der Sprachen

Von Albanisch bis Zulu

Verlag C.H. Beck

Mit 1 Karte

Lektorat: Petra Rehder

Die Deutsche Bibliothek – CIP-Einheitsaufnahme

Haarmann, Harald:
Kleines Lexikon der Sprachen : Von Albanisch bis Zulu /
Harald Haarmann. – Orig.-Ausg. – München : Beck, 2001
   (Beck'sche Reihe ; 1432)
   ISBN 3-406-47558-2

Originalausgabe
ISBN 3 406 47558 2

Umschlagentwurf: +malsy, Bremen
Umschlagabbildung: Lucas van Valckenborgh, „Der Turmbau zu Babel",
Gemälde, Kurpfälzisches Museum, Heidelberg, Foto: AKG, Berlin
© Verlag C.H. Beck oHG, München 2001
Satz: Fotosatz Reinhard Amann, Aichstetten
Druck und Bindung: Druckerei C.H. Beck, Nördlingen
Printed in Germany

www.beck.de

Inhalt

Vorwort

Im Zeitalter der Globalität haben die Menschen ein besonderes Bewußtsein für Internationalismus, Modernität und kosmopolitische Anschauungen entwickelt. Die Dynamik des Globalisierungsprozesses hat in den vergangenen Jahren rasant zugenommen, und dieser Prozeß wirkt jetzt mit einer Vehemenz wie kaum ein anderer Entwicklungsschub in der Kulturgeschichte vorher. Weltweite Kommunikation über die Massenmedien gehört heutzutage zum Alltag, während sich noch vor etwa fünfzehn Jahren kaum jemand den enormen Kapazitätszuwachs der elektronischen Informationsträger vorstellen konnte, der inzwischen stattgefunden hat.

Die moderne verkehrstechnische Vernetzung der Welt ermöglicht es uns, binnen kurzem von einer Zeit- oder Klimazone in die andere zu wechseln und mühelos große geographische Distanzen zu überbrücken, was noch vor wenigen Jahrzehnten strapaziöse, zeitraubende und kostspielige Unternehmungen erfordert hätte. Es scheint, als ob die Welt „zusammenwächst", sie wird in unserem Bewußtsein kleiner und überschaubarer.

Ein Faktor, der sicherlich zu diesem Gesamteindruck globaler Vernetzung beigetragen hat, ist die Rolle des Englischen. Wir alle stehen im Sog dieser Sprache, ob im privaten Alltag (z. B. im Entertainment, bei der Freizeitgestaltung, im Tourismus), in der Berufswelt (z. B. im Marketing, in der Werbebranche, in den technisch orientierten Branchen der business world) oder im öffentlichen Leben (z. B. in den Massenmedien, in der Vielfalt internationaler Kontakte).

Das Englische, so scheint es, fördert in besonderem Maße Prozesse kultureller Assimilation und Nivellierung. Es kursieren geradezu apokalyptische Vorstellungen über ein Massensterben unserer Sprachen, die angeblich alle dem Druck des Englischen zum Opfer fallen. Auf den ersten Blick sieht es so aus, als ob die Assimilation kleinerer Sprachgemeinschaften an sprachliche Majoritäten, insbesondere ans Englische, eine unausweichliche, ja sogar notwendige Begleiterscheinung des Globalisierungsprozesses sei.

Diejenigen, die sich die Mühe machen, griffige Stereotypen auf ihren Wahrheitsgehalt hin zu prüfen und sich mehr von Realitäten als von modischen Spekulationen beeindrucken lassen, finden jedoch bald heraus, daß sich unter dem dünnen Firnis globaler Kommunikation eine fast unerschöpfliche Vielfalt sprachlicher und kultureller Variation verbirgt. Das Wesen der Globalisierung liegt nicht in deren vermeintlicher Nivellierung sprachlich-kultureller Unterschiede, sondern in der Dynamik, mit der lokale Kulturen und Sprachen auf globale Trends reagieren.

Der sprachliche Motor der Globalisierung, das Englische, übernimmt zwar bestimmte globale Funktionen der Kommunikation, aber andere wichtige Sprachfunktionen, wie die der Muttersprache als Symbol lokal-kultureller Identität und Intimität, als Medium der Sozialisation, der Schulausbildung und als vertrautes Schriftmedium, werden in vielen Regionen der Welt nicht vom Englischen beeinträchtigt. Dort, wo Prozesse sprachlicher Assimilation ablaufen, handelt es sich vielfach um vielsprachige Kontaktsituationen, in denen Minderheiten unter dem Druck sprachlicher Majoritäten stehen, ohne daß hier das Englische beteiligt wäre (z. B. die Assimilation des Bretonischen in Nordwestfrankreich, des Mordwinischen in Rußland, von Eingeborenensprachen in Brasilien).

Der vom Englischen dominierte Globalisierungsprozeß, der scheinbar die Existenz aller anderen Sprachen in Frage stellt, ist also eigentlich ein Prozeß der Globalisierung bestimmter spezialisierter Sprachfunktionen, während andere Sprachfunktionen (z. B. die Rolle als Heimsprache, als Unterrichtssprache, als Medium alltäglicher Sozialkontakte) davon kaum oder gar nicht berührt werden. Die Sprachenvielfalt der Welt, die in metaphorischer Weise gern als „babylonische Sprachverwirrung" beschrieben wird (Borst 1957–1963), begleitet uns auch in die Zukunft.

Unsere Welt steht in einem durchgreifenden Wandlungsprozeß. Wie in früheren Jahrhunderten auch sterben Sprachen aus, und es gliedern sich neue aus. Zu den jüngsten Vorgängen sprachlicher Differenzierung gehört die Trennung von Kroatisch und Serbisch, die nach der Selbstidentifizierung ihrer Sprecher nicht mehr Teil eines serbokroatischen Kontinuums sind, sondern selbständige Nationalsprachen mit unterschiedlicher kultureller sowie soziopolitischer Orientierung. Was aber unsere heutige Situation von früheren Epochen unterscheidet, ist die Ausweitung vielsprachiger Kontakte in allen Teilen der Welt.

Nie zuvor in der neuzeitlichen Geschichte hat es so weitreichende und durchgreifende Veränderungen demographischer Strukturen durch Migration gegeben wie heutzutage. Weder die Auswanderung nach Amerika im 19. und frühen 20. Jahrhundert noch die Kolonisation Sibiriens durch russische Siedler hat eine Größenordnung erreicht, die mit dem Migrationsschub aus den Entwicklungsländern in die postindustriellen Länder der nördlichen Hemisphäre vergleichbar wäre. Millionen von Immigranten aus Afrika und Asien sind in Westeuropa heimisch geworden. In den USA sind die Latinos (d. h. die Einwanderer aus Lateinamerika) nach der weißen Bevölkerung und den Afroamerikanern heute mit mehr als 22 Mio. die drittgrößte ethnische Gruppierung des Landes.

Die traditionelle Vielsprachigkeit Europas ist durch die zahlreichen außereuropäischen Immigrantensprachen vielschichtiger geworden und hat sich regional weit verzweigt. In jeder größeren Stadt Westeuropas leben Angehörige vieler ethnischer Gruppen. Das urbane Milieu bietet ein breit ausgefächertes Kaleidoskop von Kulturen und Sprachen. Wir Europäer wundern uns nicht selten über fremdartige Verhaltensweisen der Immigranten und über ihre exotischen Sprachen. Konflikte zwischen den einheimischen Europäern und den fremden Zuwanderern beruhen zu einem guten Teil auf Informationsdefiziten, die Vorurteile und damit Konfliktstoff produzieren.

Die Immigranten wissen zu wenig über die Mehrheitskultur, in die sie sich zu integrieren haben, und den Europäern fehlen die notwendigen Kategorien, um fremde Kulturen und Sprachen sinnvoll in ihr Weltbild einzuordnen. Um Konfliktsituationen im Kontakt mit den außereuropäischen Neubürgern Europas zu vermeiden, sind Informationen wichtig, aus denen sich der Europäer ein Bild der fremden Kulturen und der mit ihnen verbundenen Sprachen zusammensetzen kann. Bislang aber fehlen Informationsquellen zur Entwicklung europäischer und außereuropäischer Sprachen und zu den Auswirkungen der globalen Migrationen. Ein Anliegen des vorliegenden Sprachenlexikons ist es, hier Abhilfe zu schaffen.

Wir leben im modernen Babylon. Nie zuvor wurden in Europa so viele Sprachen gesprochen, standen so viele verschiedene Kulturen im Kontakt wie heutzutage. Die moderne Vielsprachigkeit in Europa ist aber nur ein relativ kleiner Ausschnitt aus der sprachlichen und kulturellen Vielfalt der Welt. Die Zahl der Sprachen in der Welt ist zu keiner Zeit stabil gewesen. Kontinuierlich sterben Sprachen, behaupten sich vitale Sprachen und spalten sich neue Sprachvarianten ab. Als genereller Trend kann allerdings eine Abnahme von Sprachen festgestellt werden, denn es sterben mehr Sprachen aus, als neue entstehen.

Wer sich mit der Verteilung der Sprachen in der Welt beschäftigt, wird mit der Frage konfrontiert: Kann man Sprachen zählen? Eine sinnvolle Antwort darauf ist wohl die: Es kommt darauf an. Diese Antwort löst die nächste Frage aus: Worauf kommt es an? Es kommt auf die Kriterien an, nach denen der Sprachenstatus bemessen wird. Da es eine Vielzahl relevanter Kriterien der Statusbestimmung gibt, ist man für praktische Zwecke der Kategorisierung von Sprachen – vor allem, wenn es um einen weltweiten Vergleich geht – immer auf eine Auswahl an Kriterien angewiesen, und diese Auswahl zu treffen, hängt jeweils von den Prioritäten ab, die der individuelle Beobachter (Sprachwissenschaftler, Anthropologe, Ethnologe) setzt.

Ein Minimumkriterium der Kategorisierung einer sprachlichen Variante als selbständige Sprache ist die Verständnisbarriere gegenüber anderen Sprachformen. Dieses Kriterium der Sprachbarriere wird von Kulturanthropologen für die Identifizierung lokaler Sprachgemeinschaften bevorzugt. Zwischen welchen lokalen Sprachformen sich für wen Verständnisbarrieren auftürmen, ist wiederum subjektiv und abhängig von den Sprachfertigkeiten des individuellen Sprechers. Für manche Norddeutsche ist das Bayerische absolut unverständlich, andere besitzen ein feineres sprachliches Einfühlungsvermögen und kommen mit dem Deutschen im Süden zurecht.

Ein objektiveres Kriterium der Statusbestimmung ist die lexikostatistische Distanz. Je nach dem Anteil gemeinsamer Elemente im Wortschatz werden Sprachformen entweder als Dialekte einer Sprache zugeordnet (z. B. bei mehrheitlichen Anteilen für lexikalische Kongruenzen) oder als selbständige Sprachen kategorisiert (im Fall mehrheitlicher Abweichungen). In der sprachtypologischen Forschung sind seit den 1960er Jahren taxonomische Distanzmessungen angewandt worden, um die relative Distanz zwischen Sprachformen zu bestimmen. Ältere Methoden wie die klassische, von J.H. Greenberg (1963) entwickelte Methode sind verfeinert worden und erlauben heutzutage eine nuancierte Identifizierung von Grenzsignalen zwischen Dialekten und Sprachen (z. B. Goebl 1984).

Die Verhältnisse werden wesentlich komplexer, wenn außer der gesprochenen Sprache auch die Rolle der Schriftsprache und ihr Geltungsbereich für die Bestimmung sprachlicher Differenzierungen berücksichtigt wird. In der Sprachsoziologie hat sich eine eigene Forschungsrichtung ausgebildet, die von H. Kloss (1978) begründete und von seinen Schülern fortgeführte Ausbaukomparatistik (Auburger 1993, Muljačić/Haarmann 1996). Dialekte werden im Hinblick darauf gruppiert, ob sie von einer gemeinsamen Schriftsprache überdacht werden oder nicht. Der Status des Bayerischen oder des Schwyzertütschen mag nach dem Kriterium der Verständnisbarriere im Vergleich zu anderen Dialekten des Deutschen sehr verschieden sein, da sie aber beide von der deutschen Standardsprache (d. h. der überregionalen schriftsprachlichen Ausdrucksform des Deutschen) überdacht werden, gehören sie zu den deutschen Dialekten.

Im Zusammenhang mit der Diskussion über Menschenrechte hat man in neuerer Zeit ein weiteres Kriterium für die Differenzierung von Sprachvarianten in seiner Relevanz erkannt, nämlich das Sprachbewußtsein bzw. die sprachliche Selbstidentifizierung der Sprecher. Das Sprachbewußtsein ist eine Wertekategorie und damit subjektiv, mit allen Unbestimmtheiten, die sich aus der Subjektivität ergeben. Vom Standpunkt des Selbstbewußtseins seiner Sprecher mag sich das Mirandesische im Norden Portugals durchaus als selbständige Sprache darstellen. Berücksichtigt man allerdings rein linguistische Distanzkriterien, fügt sich das Mirandesische ein in die Gruppierung von Dialekten des Portugiesischen.

Es gibt keinen allseits anerkannten Kriterienkatalog, so daß immer prinzipielle Schwierigkeiten bestehen, Sprachen nach entweder mehr objektiven oder eher subjektiven Kriterien zu kategorisieren. Vor diesem Hintergrund wird verständlich, daß Aussagen über die Anzahl der Sprachen und ihre Verteilung in der Welt Versuche von Annäherungen an Realitäten sind, die wegen ihrer Komplexität nur in Ausschnitten sichtbar gemacht werden können. Im folgenden unternehme ich den Versuch einer Annäherung.

Im 20. Jahrhundert sind die verschiedensten Schätzungen zur Gesamtzahl der Sprachen in aller Welt vorgestellt worden. Minimalschätzungen, denen zufolge es ca. 2500 Sprachen gibt, sind sicherlich zu oberflächlich. Andererseits kommen Maximalschätzungen, die zwischen 8000 und sogar 10 000 Sprachen unterscheiden, einer Atomisierung sprachlich-kultureller Gruppierungen gleich, bei der die realen Bedingungen gruppeninterner und interethnischer Kommunikation eher verschleiert als sichtbar gemacht werden. Wesentlich realistischer sind Zahlenangaben, die sich zwischen diesen beiden Extremen ansiedeln lassen (siehe folgende Tabelle mit Daten nach Haarmann 2001 a, b).

Übersicht über die Sprachen der Welt nach Größenkategorien

Geographische Großregion	Gesamtzahl der Sprachen	Anzahl der Mio.-Sprachen	Anzahl der kleineren Sprachen	Anzahl der Zwergsprachen
Welt	6417	273	4162	1982
	(100%)	(4,2%)	(64,8%)	(30,8%)
Asien	1906	126	1549	231
	(100%)	(6,6%)	(81,3%)	(12,1%)
Afrika	1821	92	1607	122
	(100%)	(5,1%)	(88,2%)	(6,7%)
Pazifik	1268	1	507	775
	(100%)	(0,1%)	(40,0%)	(61,1%)
Amerika	1013	10	428	575
	(100%)	(0,9%)	(42,2%)	(56,7%)
Australien	266	-	11	255
	(100%)	-	(4,2%)	(95,8%)
Europa	143	44	69	15
	(100%)	(30,7%)	(48,3%)	(10,5%)

Größenkategorien:

- *Mio.-Sprachen:* Sprachen, die von 1 Mio. oder mehr Menschen gesprochen werden (z. B. Englisch, Thai, Hausa)
- *Kleinere Sprachen:* Sprachen, die von mehr als 1000, aber weniger als 1 Mio. Menschen gesprochen werden (z. B. Baskisch, Maasai, Tahitianisch)
- *Zwergsprachen:* Sprachen, deren Sprecherzahl zwischen 1 und 1000 liegt (z. B. Liwisch, Hawaiianisch, Ainu)

Das Verhältnis der Sprachen im Hinblick auf ihre Sprecherzahlen ist extrem uneinheitlich. Die Sprachen mit großer Sprecherzahl dominieren das Gesamtbild. Rechnet man die Sprecherzahl der 273 Sprachen zusammen, die von jeweils mehr als 1 Mio. Menschen gesprochen werden, so sind dies mehr als 85 % der Weltbevölkerung. Im Vergleich dazu macht die Gesamtsprecherzahl der fast 2000 Zwergsprachen in aller Welt nicht einmal eine halbe Million aus. Nicht nur alle modernen → Weltsprachen, sondern auch etliche andere Großsprachen ohne Weltsprachenstatus wie Hindi, Bengalisch oder Indonesisch werden heutzutage von mehr als jeweils 100 Mio. Menschen gesprochen (siehe folgende Tabelle, nach Haarmann 2001 b). Das Chinesische rangiert mit 1,2 Mrd. Sprechern in großem Abstand vor dem Englischen mit 573 Mio. und Hindi mit 418 Mio.

Sprachen mit mehr als 100 Mio. Sprechern

Sprache	Sprecherzahl	Anteil an der Weltbevölkerung
Chinesisch	1210 Mio.	23,6%
Englisch	573 Mio.	11,3%
Hindi	418 Mio.	8,2%
Spanisch	352 Mio.	6,9%
Russisch	242 Mio.	4,7%
Arabisch	209 Mio.	4,1%
Bengalisch	196 Mio.	3,8%
Portugiesisch	182 Mio.	3,5%
Indonesisch	175 Mio.	3,3%
Französisch	131 Mio.	2,5%
Japanisch	125 Mio.	2,4%
Deutsch	101 Mio.	2,1%

Seit dem Fall der Berliner Mauer 1989 und der Auflösung der Sowjetunion im Herbst 1991 hat sich die geopolitische Landschaft Europas erheblich verändert – und mit ihr auch der politische Status vieler Sprachen des östlichen Europa. Im selben Zeitraum haben sich weltweit Wandlungen vollzogen, die einerseits Auswirkungen auf das Gleichgewicht der Sprachkontakte hatten, andererseits Konflikte auslösten, bei denen die Sprache als Symbolträger der kulturellen, sozialen und nationalen Identität eine Schlüsselrolle spielt. Dies gilt für das Konfliktpotential im Kosovo ebenso wie in Abchasien, Tschetschenien oder Indonesien.

Die jüngsten Veränderungen im politischen Status vieler Sprachen, die modernen Trends der Schriftsprachenentwicklung im Informationszeitalter, lexikalische Modernisierungsprozesse und Revitalisierungsprojekte gefährdeter Sprachen verlangen nach einer umfassenden Dokumentation. Um die aktuelle Situation zu verstehen und um in unserer schnelllebigen Zeit zukünftige Entwicklungen abschätzen zu können, benötigen wir verläßliche Informationen über das moderne Babylon. Dieses Lexikon soll eine erste Orientierungshilfe sein.

In einem Nachschlagewerk dieses Formats ist es nicht möglich,

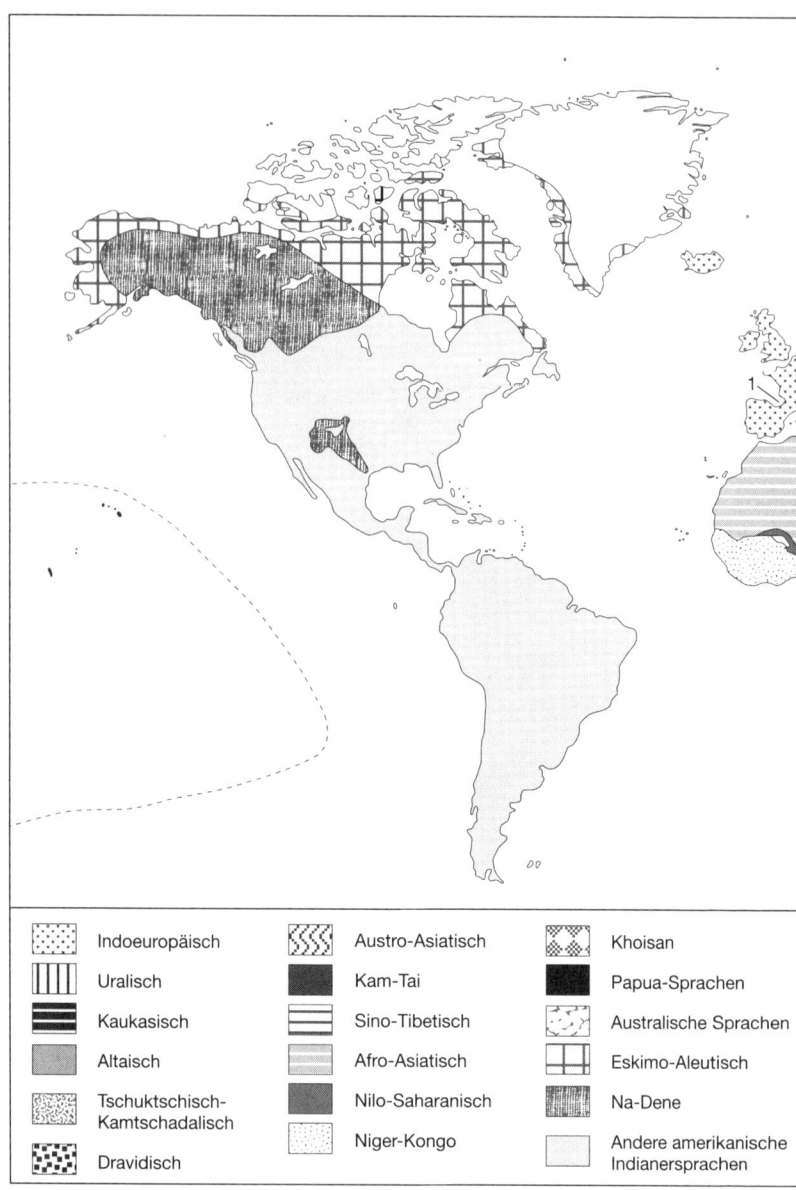

⠿	Indoeuropäisch	⧄	Austro-Asiatisch	⧆	Khoisan
⦀	Uralisch	▰	Kam-Tai	▰	Papua-Sprachen
≡	Kaukasisch	≡	Sino-Tibetisch	⸛	Australische Sprachen
▨	Altaisch	≡	Afro-Asiatisch	⊞	Eskimo-Aleutisch
⣿	Tschuktschisch-Kamtschadalisch	▰	Nilo-Saharanisch	⣿	Na-Dene
⣿	Dravidisch	⠄	Niger-Kongo	▱	Andere amerikanische Indianersprachen

Sprachfamilien und isolierte Sprachen (nach Ruhlen 1987)

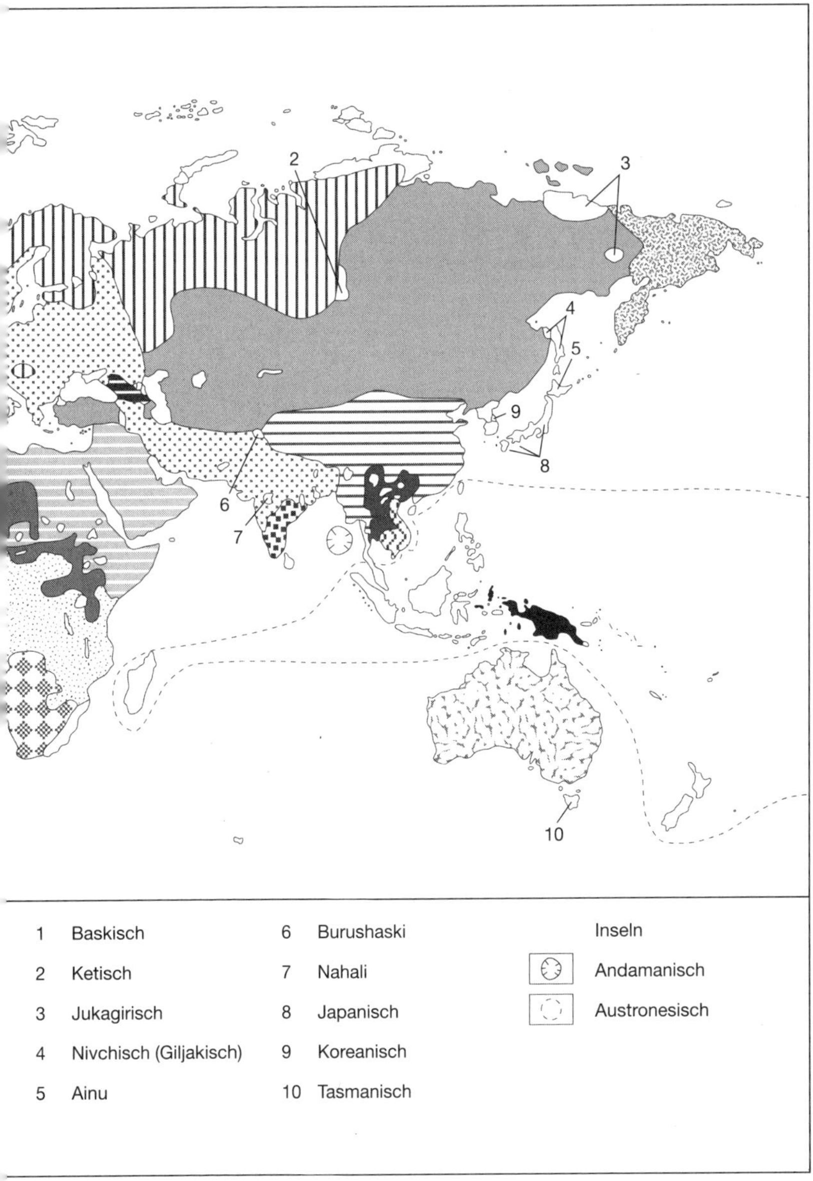

1	Baskisch	6	Burushaski		Inseln
2	Ketisch	7	Nahali		Andamanisch
3	Jukagirisch	8	Japanisch		Austronesisch
4	Nivchisch (Giljakisch)	9	Koreanisch		
5	Ainu	10	Tasmanisch		

alle Sprachen der Welt zu skizzieren, wohl aber eine repräsentative Auswahl. Es besteht ganz bewußt keinerlei Proportionalität zwischen der Sprecherzahl oder der Verbreitung der Sprachen und der Länge der jeweiligen Lexikonbeiträge. Die hier getroffene Auswahl schließt die meisten Millionen-Sprachen ein; ebenso werden zahlreiche kleinere Sprachen berücksichtigt; auch eine Anzahl Zwergsprachen wird dokumentiert, um Daten und Fakten über den Zustand gefährdeter Sprachen zu vermitteln. Die Mehrzahl der Artikel ist also einzelnen Sprachen gewidmet, daneben finden sich Artikel zu allen Sprachfamilien.

Berücksichtigt wurden auch ausgestorbene Sprachen, die direkt oder indirekt unser modernes Sprach- und Kulturerbe beeinflußt haben. Hierzu gehören das Latcinische und das Griechische, Hebräisch und Ägyptisch, Sumerisch und Sanskrit. Wichtigstes Auswahlkriterium war ihre Langzeitwirkung. Ein umfassendes Lexikon der ausgestorbenen Sprachen ist in Vorbereitung (Haarmann 2002).

Hinweise für die Benutzung

Artikelaufbau. Der Aufbau der einzelnen Lexikonartikel folgt einem durchgehenden Schema, wobei natürlich nicht in jedem Eintrag alle Aspekte berücksichtigt werden können:

- *Sprachenname und Namensvarianten* (in Klammern die englische und die französische Bezeichnung)
- *Sprecherzahlen und Verbreitungsgebiet:* global, einzelstaatlich, regional; Migrationen
- *Mehrsprachigkeit:* monolinguale, bilinguale und/oder vielsprachige Bevölkerungsgruppen
- *Soziopolitischer Status:* einzelstaatlich (z. B. Amtssprache), international (z. B. Weltsprache)
- *Genealogische Verwandtschaft:* Sprachfamilie, Sprachgruppe, regionale Affiliation, verwandtschaftliche Nähe bzw. Distanz zu anderen Sprachen
- *Sprachliche Varietäten:* Schriftsprache, Standardsprache, Umgangssprache, Dialekte
- *Strukturtypische Merkmale:* Idealtypik, Typologie der Teilsysteme
- *Zusammensetzung des Wortschatzes:* Erbwortschatz, Lehnwortschatz, Neologismenbildung
- *Schriftsystem:* alphabetisch-nichtalphabetisch, Varianten, Wechsel der Systeme
- *Schrifttum:* älteste Schriftdenkmäler, Bibelübersetzungen, Originalschrifttum vs. Übersetzungsschrifttum
- *Sprachgeschichte:* Soziokulturelle Chronologie (z. B. Mittelalter/frühe Neuzeit/modernes Sprachstadium)
- *Forschungsgeschichte:* Ersterwähnung in der Sekundärliteratur, Rolle als Forschungsgegenstand
- *Gruppierungen* (bei Sprachfamilien)
- *Literaturhinweise*

Lautliche Umschrift. Zur Wiedergabe von Ausdrücken und Namen aus nicht lateinschriftlichen Sprachen wird das Inventar an Sonderzeichen und diakritischen Zeichen möglichst gering und damit leserfreundlich gehalten. Es werden u. a. folgende Umschriftsysteme verwendet:

- Arabisch: nach der im englischen Sprachraum üblichen Umschrift ohne Diakritika
- Chinesisch: Pinyin-System (ohne Tonemmarkierung)
- Japanisch: Hepburn-System

- Koreanisch: McCune-Reischauer-System
- indische und andere asiatische Sprachen (z. B. Khmer, Thai): nach der in den internationalen Medien gebräuchlichen Konvention
- slawische Sprachen mit kyrillischer Schrift: mit der deutschen wissenschaftlichen Transliteration.

Abkürzungen. In der Regel werden drei- oder mehrsilbe Adjektive sowie alle Bezeichnungen für Sprachen und Ethnien, die auf „-isch" enden, abgekürzt, sofern „-isch" nicht an einen Vokal anschließt. Adjektive und Adverbien auf „-lich" werden in der Regel ebenfalls abgekürzt (z. B. sprachl., ursprüngl.). Außerdem gilt:

→	verweist auf einen eigenen Lexikonartikel
<	(abgeleitet) von, (entstanden) aus
>	wird zu
Akk.	Akkusativ
Dat.	Dativ
entspr.	entspricht, entsprechend
europ.	europäisch
Gen.	Genitiv
Jh.	Jahrhundert(s)
Jt.	Jahrtausend(s)
Nom.	Nominativ
Pers.	Person (als grammat. Kategorie)
Pl.	Plural
Sg.	Singular
u. a.	und andere; unter anderem
vs.	versus, gegenüber, im Vergleich zu

Artikel

A-Z

A

Abchasisch (Abkhaz, abkhaze). Abchas. wird von 0,105 Mio. Menschen gesprochen; die meisten von ihnen (0,101 Mio.) leben in Abchasien (Verwaltungszentrum Suchumi), einer autonomen Republik im Nordwesten Georgiens. In ihrem Kernland haben die Abchasen ihre Muttersprache am besten bewahrt; die Spracherhaltungsrate liegt dort bei 94 %. Von den 15 000 Abchasen in der Türkei sprechen lediglich 4000 Abchas. als Muttersprache, die übrigen haben sich ans → Türkische assimiliert. Sprachl. und kulturell mit den Abchasen eng verwandt sind die Abasiner (33 000), deren Siedlungsgebiet die Teilrepublik Karatschai-Tscherkessien im nördl. Kaukasus (Russ. Föderation) ist. Die Territorien von Abchasien und Tscherkessien grenzen aneinander. Die Abasiner lebten noch im Mittelalter in Abchasien, wanderten aber seit dem 14. Jh. in mehreren Wellen in die Nachbarregion aus.

Die Abchasen sehen sich als Nachkommen der Urbevölkerung der Region. Bereits um 500 v. Chr. findet man Verweise auf die Abchasen in den Schriften griech. Autoren. Plinius der Ältere (1. Jh. n. Chr.) erwähnt eine „gens Absilae", die man mit den Abchasen identifiziert. Im kulturellen Gedächtnis der Abchasen sind die Zeiten der Unterdrückung (Russifizierungsdruck der Zarenzeit, Stalinterror) immer lebendig geblieben. Unter Stalin wurde in Abchasien eine rigide Georgisierungspolitik betrieben. So wurde in den 1940er und 1950er Jahren Abchas. nicht unterrichtet, sondern ausschließl. das → Georgische. Nach dem Zerfall der Sowjetunion verteidigten die Abchasen im lokalen Krieg mit der georg. Armee (1992–93) ihr Land erfolgreich. Seither ist Abchasien de facto selbständig, und damit linderte sich auch der Druck, den das Georg. auf das Abchas. ausgeübt hatte.

Das Abchas. gehört zu den nordwestl. → Kaukasussprachen. Abchas. und Abasin. sind ein sprachl. Kontinuum. Andere Sprachen dieser Gruppierung sind das Tscherkessische und das Ubychische. Das abchas. Sprachgebiet gliedert sich in zwei Dialektzonen: in eine nördl. (Bzyp-Dialekt) und eine südl. (Abžui- bzw. Abžywa-Dialekt). Typisch für das Abchas. (wie für andere nordwestkaukas. Sprachen auch) ist die große Zahl an Konsonanten im Lautsystem: 67 Konsonantenphoneme im Bzyp, 58 im Abžui.

Zu den ältesten Elementen des abchas. Wortschatzes gehören nordwestkaukas. Erbwörter. Als Folge intensiver Kontakte zu anderen Sprachen der Region hat das Abchas. zahlreiche Entlehnungen übernommen: aus anderen kaukas. Sprachen (v.a. aus dem Georg. und Mingrelischen), aus dem Türk., → Ossetischen und → Russischen. Ausdrücke georg. Herkunft sind im südl. Dialekt des Abchas. besonders zahlreich; z.B. abchas. *sab* ,Samstag', *anban* ,Alphabet', *a-mamida* ,Tante (väterlicherseits)', *a-kalak'* ,Stadt'. Im Abasin. ist die Zahl der Russismen weitaus größer als im Abchas.

In den 1860er Jahren schuf der zarist. Armeegeneral und Amateurforscher Baron P.K. Uslar ein Schriftsystem für das Abchas. auf der Basis der russ. Kyrillica, das Anfang des 20. Jh. reformiert wurde. Im Jahre 1928 arbeitete N. Jakovlev die Grundlagen einer neuen Graphie aus, diesmal auf der Basis der Lateinschrift, die damals von den sowjet. Sprachplanern bevorzugt wurde. Zu dieser Zeit erfolgte auch ein Wechsel der dialektalen Basis der Schriftsprache, und zwar vom älteren Bzyp zum modernen Abžui. In der Zeit von 1938 bis 1954 wurde das Abchas. in einer Variante des georg. Alphabets geschrieben. Seit Mitte der 1950er Jahre wird erneut die Kyrillica verwendet. Die abchas. Schrift ist eine um Zusatzzeichen erweiterte Variante des russ. Alphabets.

Lit.: Hewitt 1998, Lomtatidze 1967, Šagirov 1989

Afrika, Sprachfamilien in Afrika. Man geht davon aus, daß vor ca. 90 000 Jahren die erste Migration menschl. Bevölkerung aus Afrika in den Nahen Osten und weiter nach Osten einsetzte. Knochenfunde mit Merkmalen des modernen Menschen stammen erst aus der Zeit vor etwa 80 000 Jahren. Humangenet. Erkenntnisse über die Genprofile afrikan. Populationen haben allerdings die Vermutungen von Archäologen und Anthropologen bestätigt, wonach sich die von anderen frühen Menschenarten getrennte Entwicklung des modernen Homo sapiens sapiens schon vor mindestens 150 000 Jahren im südl. Teil Afrikas vollzog.

In Afrika ist daher auch die Entwicklung der Sprachfertigkeiten unserer Spezies anzusetzen. Über die Frühstadien der damaligen Sprachentwicklung gibt es nur vage Anhaltspunkte. Die Paläontologie, die Humanmedizin (speziell die Hirnforschung) und die linguist. Anthropologie können lediglich hypothet. Rekonstruktionen zu den Sprachfertigkeiten des Frühmenschen anbieten, denn Sprache mit Hilfe von Schrift zu fixieren, ist eine relativ junge Kulturentwicklung. Die Erfahrungen, die man aus einem Vergleich aller bekannten Sprachen, aus den Erkenntnissen zur Entwicklung der Stimmritze, zur Leistungsfähigkeit des Gehirns und insbesondere zu den verbalen und visuellen symbol. Tätigkeiten des Menschen gewinnt, sprechen dafür, daß die Sprachfertigkeiten des modernen Menschen gegenüber seinem Vorgänger, dem Neandertaler (archaischer Homo sapiens), einen deutl. Entwicklungssprung zeigen.

Es gibt in der Welt keine „primitive Sprache", weder in der Geschichte noch in der Gegenwart, weder bei traditionalen Wildbeutern (Jägern und Sammlern) noch bei isoliert lebenden Gruppen (z.B. die Burushaski im nördl. Pakistan, die Veddah im östl. Sri Lanka oder die Nyungar im Südwesten Australiens). Alle menschl. Sprachen weisen komplexe Strukturen auf. So kennen die Sprachen der südafrikan. San (Buschmänner) ein sehr differenziertes Lautsystem, in vielen Sprachen Australiens werden im Verbalsystem sowohl Tempus- als auch Aspektkategorien unterschieden, im Pronominalsystem der paläosibir. Sprachen werden äußerst feingliedrige Unterscheidungen vorgenommen (z.B. im System der Demonstrativpronomen des sibir. Eskimo), und das Lexikon einer jeden Sprache ist komplex gegliedert, bis hin zu ausgeklügelten Fachterminologien (z.B. der Wortschatz der Kamelzucht im → Somali, der Rentierzucht im → Saamischen, der Computertechnologie im → Englischen).

Sprache entwickelt sich entsprechend den ökolog. Anforderungen, die die natürl. Umwelt und das kulturelle Umfeld an die organisator. Fähigkeiten des Menschen stellen, die ihr Leben in einem Milieu sozialer Gruppenbindungen einzurichten haben. Die Impulse, die von diesem Spannungsverhältnis ausgehen, haben die Sprachentwicklung in der „Kulturevolution" unserer Spezies bestimmt. Zwar sind die Anfänge menschl. Sprachentwicklung in Afrika in der zeitl. Tiefe verschüttet, aber es leben noch heute entfernte Nachfahren des frühen Homo sapiens in dessen Urheimat – die Khoisan-Völker.

Das heutige Verbreitungsgebiet derjenigen Afrikaner, die eine der → Khoisan-Sprachen sprechen, ist gegenüber der früheren histor. Ausdehnung deutlich kleiner. Vor den Migrationen der Niger-

Kongo-Populationen lebten Gruppen der Khoikhoi und San (daraus der Name Khoisan) viel weiter im Norden als heute, bis ins südl. Zentralafrika.

Verglichen mit der großen zeitl. Tiefe der Geschichte afrikan. Völker und Sprachen erfolgte die Ausbreitung der schwarzafrikan. Populationen aus ihrer zentralafrikan. Urheimat in den Süden und Osten des Kontinents relativ spät. Die Vorfahren der heute in der Hauptsache von Bantuvölkern vertretenen Schwarzafrikaner (Proto-Bantu) waren um 1000 v. Chr. noch im westl. Kamerun beheimatet. Ihre Migrationen setzten in der Periode zwischen 1000 und 500 v. Chr. ein. In insgesamt acht Migrationsschüben breiteten sich die schwarzafrikan. Viehnomaden, die später auch seßhaft wurden und Ackerbau betrieben, nach Süden und Südosten aus. Im südl. Afrika drängten sie die Khoisan-Bevölkerung entweder in unwirtlichere Gebiete ab oder siedelten in ihrer Nachbarschaft. Nur durch kulturelle und soziale Kontakte zwischen Bantu und Khoisan lassen sich die Einflüsse von Khoisan-Sprachen auf einige Bantu-Sprachen (z. B. das Vorkommen von Schnalzlauten) erklären.

Der charakterist. Eindruck, den die Bevölkerung Afrikas südl. der Sahara auf die Europäer machte und weshalb sie diesen Teil des Kontinents „Schwarzafrika" nannten, beruht also auf soziodemograph. Wandlungsprozessen, die im wesentlichen während der Zeit der Antike und des europ. Mittelalters abgelaufen sind. Die Sprachen der schwarzafrikan. Völker, von denen die meisten zur großen → Niger-Kongo-Sprachfamilie gehören, dominieren das Gesamtbild der Kulturlandschaft südl. der Sahara. Innerhalb dieser Sprachfamilie sind es wiederum die Bantu-Sprachen, deren Vielfalt und große Sprecherzahl den Ausschlag geben.

Vom humangenet. und sprachverwandtschaftl. Standpunkt unterscheidet sich das nördl. Afrika (Sahara und nördl. Küstenregion) vom subsaharan. Teil des Kontinents. Die Völker und Sprachen der Sahelzone stellen eine Art Übergangszone dar. Die meisten Sprachen des Südens gehören zur Niger-Kongo-Sprachfamilie, die meisten Sprachen des Nordens zur → afroasiatischen Sprachfamilie. In der Übergangszone, insbesondere in deren mittlerem Abschnitt (Mali und Niger), sind zahlreiche Sprachen verbreitet, die weder zu den afroasiat. noch zu den Niger-Kongo-Sprachen gehören. Diese Sprachen werden seit den 1960er Jahren unter der Rubrik → „Nilo-Saharanisch" zusammengefaßt.

Anders als im Fall der anderen Sprachfamilien Afrikas, deren interne Gruppierungen jeweils sprachgenet. Beziehungen erkennen lassen, handelt es sich bei der nilo-saharan. Sprachfamilie um eine Art theoret. Konstrukt. Ihre Gemeinsamkeiten beruhen nicht konsequent auf genealog. Zusammenhängen, auch sprachtypolog. und geograph. Kriterien sind für die Charakteristik ausschlaggebend. Insofern ist die Vorstellung von einer hypothet. nilo-saharan. „Ursprache" abwegig. Innerhalb der Makrogruppierung stehen etliche Einzelsprachen isoliert, wie das aus Inschriften zwischen dem 2. Jh. v. Chr. und dem 4. Jh. n. Chr. bekannte und im Frühmittelalter ausgestorbene Meroitische.

Die subsaharan. Übergangszone, deren sprachl. Zersplitterung sich deutlich im engl. Namen „African fragmentation belt" spiegelt, ist eine Ausnahmeerscheinung im weltweiten Vergleichsmaßstab. Es gibt nur wenige Regionen auf der Welt (etwa das südostasiat. Festland), in der so viele Sprachen der verschiedensten genealog. Affiliation auf engstem Raum gesprochen werden und in derart intensiven Kontakten miteinander stehen wie hier. Die Verhältnisse in der afrikan. Bruchzone werden damit erklärt, daß der Siedlungsraum von Völkern, die ursprüngl. in einem ausgedehnteren Areal gelebt hatten, durch die klimat. Veränderungen und die Ausdehnung der Wüste immer mehr eingeengt wurde. Womöglich sind die Migrationsschübe der Bantuvölker, die von der südl. Peripherie der Bruchzone ihren Ausgang nahmen, durch den Schrumpfungsprozeß des nördl. Siedlungsraums ausgelöst worden.

Afrika ist nicht nur der Kontinent, wo die menschl. Sprache auf die vergleichsweise längste kontinuierl. Geschichte zurückblicken kann, hier sind auch etliche originale Hochkulturen entstanden, d.h. Zivilisationen mit afrikan. Eigenprofil (z.B. die altägypt. und die meroit.), außerdem solche Kulturen, in denen einheim. afrikan. und außerafrikan. Elemente miteinander verschmolzen sind. Dies gilt für einige der alten Mittelmeerkulturen wie die altlibysche und numidische, oder für die Zivilisation der Swahili mit ihrer Fusion arab.-islam. und schwarzafrikan. Charakteristika.

Lit.: Heine et al. 1977, Möhlig 1981, Newman 1995, Solncev 1991

Afrikaans (Afrikaans, afrikaans). Afrikaans wird als Primärsprache von 6,4 Mio. Menschen gesprochen; davon sind die meisten (6,2 Mio.) in Südafrika beheimatet. Rund 1 Mio. Sprecher des Afrikaans sind zweisprachig; außer ihrer Muttersprache sprechen sie → Englisch als zweite Sprache. In den Anrainerstaaten Südafrikas leben etwa 0,17 Mio. Afrikaans-Sprecher: Namibia (0,146 Mio.), Botswana (20 000). Afrikaans gelangte mit Auswanderern auch in außerafrikan. Länder, nach Australien (12 700), Neuseeland (3840) und Kanada (2400).

Die Bewohner Südafrikas mit Afrikaans als Primärsprache machen rund 15 % der Landesbevölkerung aus. Die Sprachgemeinschaft des Afrikaans ist multiethnisch; die Sprache ist bei Weißen ebenso wie bei Schwarzafrikanern verbreitet, und von den Farbigen (engl. Coloureds), d. h. von den in früherer Zeit eingewanderten Indern und Malaien sowie von den Nachkommen gemischt-ethnischer (indisch-europ. oder malaiisch-europ.) Familien, haben sich die meisten ans Afrikaans assimiliert.

In Südafrika wird Afrikaans von rund 4 Mio. Menschen als Zweit- oder Drittsprache gesprochen oder als zusätzl. Sprache (engl.: additional language) verwendet. Davon sind die meisten Sprecher von einheim. afrikan. Sprachen wie → Xhosa, → Zulu, Ndebele u. a. Gegen Ende der Ära der Apartheidpolitik (1994) konnten rund zwei Drittel der Schwarzafrikaner Afrikaans verstehen, mehr als die Hälfte konnten es sprechen und lesen und fast die Hälfte auch schreiben. Seitdem hat das Afrikaans weniger Assimilationsdruck auf die schwarzafrikan. Bevölkerung ausgeübt, da die größeren einheim. Sprachen soziopolit. aufgewertet wurden.

Vor 1994 waren Afrikaans und Engl. die beiden landesweit verwendeten Amtssprachen Südafrikas. Heute sind mehr als zehn Amtssprachen in Gebrauch, und das Afrikaans steht in Konkurrenz zu lokalen Sprachen in offiziellen Funktionen. Im Nachbarland Namibia hat Afrikaans zwar keinen amtl. Status, ist aber als Verkehrssprache (→ Lingua franca) in Gebrauch.

Afrikaans ist eine → germanische Sprache und gehört mit dem → Niederländischen, der am nächsten verwandten Sprache, zum Westgerman. Afrikaans ist eine koloniale, exterritoriale Abzweigung des Niederländ., die sich seit Mitte des 17. Jh. auf afrikan. Boden entfaltete und mit den weißen Siedlern aus der südl. Kapregion nach Nordosten und Norden, ins Landesinnere, transferiert wurde. Die meisten Siedler, die nach Südafrika einwanderten, kamen aus der Provinz Holland. Der holländ. Dialekt des Niederländ. ist daher die Hauptbasis des Afrikaans.

Afrikaans ist eine Fusionssprache mit einer german. Hauptkomponente und mehreren afrikan. Determinanten (Bantu- und → Khoisan-Sprachen). Aber anders als etwa im → Jiddischen, dessen Sprachstruktur ebenfalls die Wirkung mehrerer Determinanten zeigt, beschränkt sich der Einfluß der afrikan. Kontaktsprachen im wesentlichen auf den Wortschatz. Etliche Strukturmerkmale des Niederländ. fehlen in der jüngeren Variante. So gibt es keine Genusunterscheidung, die Infinitivendung *-en* ist weggefallen, das Imperfekt ist verschwunden (mit Ausnahme von *wees* ‚sein‘ und den Modalverben) und durch das Perfekt ersetzt worden.

Wegen dieser Trends zur strukturellen Vereinfachung ist Afrikaans früher (so noch in den 1970er Jahren) als → Kreolsprache klassifiziert worden; diese Identifizierung ist aber in der neueren Forschung aufgegeben worden. Afrikaans ähnelt mit seinen strukturellen Fusionsprozessen Sprachen wie Jidd. oder Engl., die ebenfalls keine Kreolsprachen sind.

Die größten Veränderungen hat die afrikan. Variante des Niederländ. in ihrem Wortschatz erlebt. Um 1800 waren viele in Holland geläufige Wörter der Alltagssprache in der Sprache der Siedler Afrikas verschwunden und ersetzt worden, entweder durch ältere Dialektwörter, lokale Innovationen oder durch Entlehnungen. So verschwanden niederländ. *fruit* ‚Frucht‘ (Afrikaans *vrugte*), *kip* ‚Huhn‘ (Afrikaans *hoender*) und *stier* ‚Bulle‘ (Afrikaans *bul*). Der weitreichende strukturelle Umbau des Lexikons erklärt sich zum Teil daraus, daß die Siedler in Südafrika ganz andere Tätigkeiten ausübten als im Mutterland und viele Berufe in der Kolonie unbekannt waren.

Entlehnungen finden sich nicht nur im Wortschatz spezieller Anwendungsbereiche (berufsbezogen, technisch, fachsprachl.), sondern haben alle Bezeichnungsbereiche berührt. Die Khoisan-Sprachen (insbesondere das Hottentottische) der Kapregion haben dem Afrikaans zahlreiche Bezeichnungen der einheim. Flora und Fauna sowie Namen für geograph. Formationen vermittelt (z. B. Bezeichnungen für Pflanzen, wie *boegoe* oder *dagga*, und für Tiere, wie *kwagga* oder *koedoe*, für Gebrauchsgegenstände, wie *karos* ‚Felldecke‘, für bestimmte Gewohnheiten, wie *abba* ‚ein Kind auf dem Rücken tragen‘; außerdem Geländenamen wie *Gamka* ‚Löwenfluß‘ oder *Karreedouw* ‚Schakalpaß (im Gebirge)‘. In der Toponymie Südafrikas gibt es auch zahlreiche hybride Namen mit einem Khoisan- und einem Afrikaans-Element (z.B. *Tarkastad* < *tarka* ‚Mädchen‘ aus dem Khoikhoi + *-stad* ‚Stadt, Ort‘ aus dem Afrikaans).

Von den anderen einheim. Idiomen haben verschiedene Bantu-Sprachen den Wortschatz des Afrikaans beeinflußt, u.a. das nördl. Sotho (z.B. Afrikaans *maroela* ‚Frucht des gleichnamigen Baums‘), das Tswana (z.B. *tsetsevlieg* ‚Tsetsefliege‘) und das → Zulu (z.B. *mamba* ‚Schlangenart‘).

Im Afrikaans haben sich etliche Lehnwörter malaiischer und portugies. Herkunft erhalten. Aus dem Malaiischen stammen *piering* ‚Pfanne‘, *piesang* ‚Banane‘ und *nooi* bzw. *nonna* ‚Anredeform für die Hausherrin, die von Bediensteten/Sklaven verwendet wurde‘. In der Form *nooi* hat dieses Wort im Afrikaans die Bedeutung ‚Mädchen, junge Frau, Geliebte‘ angenommen. Das → Portugiesische hat dem Afrikaans Wörter wie *aia* ‚nichtweiße Frau‘, *tronk* ‚Gefängnis‘ und *kraal* ‚Viehpferch‘ (< port. *curral*) vermittelt. Aus dem Portugies.-Kreolischen Ostafrikas (Malaio-Portugies.) wurde *sambreel* ‚Sonnenschirm‘ übernommen, das sich über malaio-portugies. *soembreloe* aus portugies. *sombreiro* ‚Hut‘ ableitet.

Einerseits über niederländ. Vermittlung, andererseits auch direkt sind etliche deutsche und französ. Lehnwörter ins Afrikaans gelangt (z.B. *werskaf* ‚wirtschaften, beschäftigt sein‘ aus dem Deutschen, *paweeperske* ‚eine Pfirsichsorte‘ aus dem Französ.).

Der größte Teil des entlehnten Wortschatzes im Afrikaans stammt aus dem Engl., das auf den verschiedensten Ebenen (in gesprochener wie in geschriebener Form) auf das Afrikaans eingewirkt hat. Hunderte von Anglismen sind ins Afrikaans übernommen worden (z.B. *poliesman* ‚Polizist‘, *garage* ‚Garage‘, *posbus* ‚Briefkasten‘, *rekord* ‚Rekord‘).

Bis zum Beginn des 20. Jh. wurde Afrikaans nur als gesprochene Sprache verwendet. Niederländ. fungierte als Amtssprache in der Kapregion, zunächst exklusiv und nach 1806, als die Kapregion britische Kolonie wurde, neben dem Engl. Auch in den Boerenrepubliken Natal, Transvaal und Orange-Freistaat, die die Afrikaanser (Afrikaans-Sprachigen) in den 1830er Jahren im Inland gründeten, war Niederländ. Amtssprache. Als Folge des Boerenkriegs (1899–1902) wurden die Republiken annektiert und mit der Kapregion zur Südafrikanischen Union (1910) zusammengeschlossen. Im Jahre 1925 wurde das Afrikaans als Amtssprache neben dem Engl. in allen Funktionen gleichgestellt. Als die Südafrikanische Union im Jahre

1961 in Republik Südafrika umbenannt wurde, blieben alle offiziellen Funktionen des Afrikaans erhalten.

Lit.: Botha 1983, Donaldson 1988, Raidt 1983

Afroasiatische Sprachen (insgesamt 371 Sprachen). Die Bezeichnung dieser Sprachfamilie als „afroasiatisch" hat sich erst im Lauf der 1960er Jahre durchgesetzt. Länger als ein Jahrhundert waren die näheren verwandtschaftl. Beziehungen zwischen den Hauptgruppierungen (s.u.) umstritten. Aufbauend auf Vorarbeiten deutscher und französ. Afrikanisten hat der amerikan. Linguist Joseph H. Greenberg mit einigen Artikeln in den 1950er Jahren und mit seiner bahnbrechenden Studie „The languages of Africa" (1963) die Konstituenz der Sprachfamilie herausgearbeitet. Die Sprachforschung hatte bereits im 18. Jh. die Verwandtschaft der → semitischen Sprachen erkannt; im Jahre 1781 verwendete August Ludwig Schlözer den Ausdruck „Sprachen der Söhne des Sem" für verwandte Sprachen wie → Hebräisch, → Arabisch, → Aramäisch und Äthiopisch, die früher als „orientalische" Sprachen galten.

Um die Mitte des 19. Jh. verdichteten sich die Erkenntnisse, daß es auf afrikan. Boden zahlreiche Sprachen gibt, die mit den semit. Sprachen verwandt sind. Schon bald bildeten sich zwei sprachhistor. Schulen heraus. Die Vertreter der einen (Lepsius 1863, u. a.) vertraten die Ansicht, daß die mit den semit. verwandten Sprachen zu einer Großgruppe gehören, die man „Hamitisch" nannte. Friedrich Müller sprach 1866 als erster vom „Hamitosemitischen" bzw. „Semitohamitischen". Nach anderer Auffassung (z. B. Beke 1845, Lottner 1860–61) hat man sich die Verwandtschaftsverhältnisse als die zwischen Schwesterfamilien vorzustellen, die gleichrangige Glieder in einer größeren Sprachfamilie sind. Diese Schwesterfamilien-These setzt sich allmählich durch und wird durch neuere Forschungen bestätigt. Auch Greenberg schließt sich dieser These an.

Zur afroasiat. Sprachfamilie gehören etliche Sprachen, die einen bleibenden Einfluß auf die Kulturen in Ost und West hinterlassen haben. Das → Ägyptische wurde seit ca. 3200 v. Chr. geschrieben; die Geschichte seines Schrifttums kann man über fünf Jahrtausende verfolgen (altägypt. Schriftsprache, christl. Schrifttum in → Koptisch, liturg. Gebrauch des Kopt. bei den kopt. Christen bis heute). Das → Akkadische mit seinen beiden Hauptvarianten, dem Babylonischen und dem Assyrischen, ist seit Beginn des 3. Jt. v. Chr.

schriftl. überliefert. Das Hebräische ist die heilige Sprache der Bibel und die Ritualsprache des Judentums, das Arabische das sakrale Medium des Koran und des Islam.

Das Arab. hat seit dem Mittelalter nachdrücklich auf die Sprachen und Kulturen Europas eingewirkt. Die Werke griech. Philosophen der Antike (u. a. die „Poetik" von Aristoteles), deren Originale verloren gegangen waren, sind in arab. Übersetzung erhalten und wurden ins → Lateinische rückübersetzt. Die Übersetzerschule von Toledo hat viel antikes Wissen an die Europäer zurückgegeben. Die kulturellen Zentren des maurischen Spanien (insbesondere Sevilla, Córdoba und Granada) strahlten über lange Zeit nach Westeuropa hinein. Im Wortschatz der Sprachen Westeuropas sind Tausende von arab. Lehnwörtern integriert, die meisten im → Spanischen. Ausdrücke wie dt. *Kaffee* oder *Ziffer*, engl. *cotton* ‚Baumwolle' oder *mummy* ‚Mumie', franz. *amiral* ‚Admiral' oder *sofa* ‚Sofa' sind aus unserem Kulturwortschatz nicht wegzudenken.

Arab. ist die einzige Großsprache dieser Familie; es wird von über 200 Mio. Menschen in Afrika, Asien und Europa gesprochen. Allein in Westeuropa sind mehr als 5 Mio. Sprecher des Arab. beheimatet (Immigranten aus arab. Ländern und deren Nachkommen). Arab. ist die einzige afroasiat. Weltsprache; es fungiert als Amtssprache in zwei Dutzend Staaten Afrikas und Asiens.

Gruppierungen:
* Semitisch (73): Ost-, West- bzw. Nordwest-, Südsemitisch
* Berberisch (29): Östl., nördl., Tamasheq
* Kuschitisch (47): Zentral, östl., nördl., südl.
* Omotisch (28): nördl., südl.
* Ägyptisch (Koptisch) (1)
* Tschadisch (192): Westl., Biu-Mandara, östl., Masa

Lit.: Sasse 1981, Solncev 1991

Ägyptisch, Altägyptisch (Egyptian/ancient Egyptian, égyptien), → Koptisch. Das Ägypt. ist die älteste Kultursprache Afrikas. Als Träger einer der alten Hochkulturen der Welt hat es über sein Schrifttum mytholog., literar. und wissenschaftl. Ideengut an die Mittelmeerkulturen vermittelt. Über griech. und latein. Quellen sind viele Ideen ägypt. Herkunft weiter in die nachantike Welt Europas transferiert worden. Die ägypt. Kulturtradition spielt eine zentrale Rolle in der neuerlichen Diskussion über die Wurzeln der altgriech. Kultur. Während im Zeitalter des Nationalismus (19. Jh.)

die griech. Kultur als rein europ. eingeschätzt wurde, hat sich heute die Erkenntnis durchgesetzt, daß die griech. Kultur in einem Fusionsprozeß entstanden ist, an dem vorindoeurop., → indoeuropäische, kleinasiat. und ägypt. Einflüsse beteiligt waren. Annahmen von einem ägypt. (afroasiat.) Ursprung der griech. Kultur sind allerdings überzogen und bleiben unbewiesen.

Nach neueren Erkenntnissen ist die ägypt. Schrifttradition älter als die altsumer. in Mesopotamien. Die Anfänge reichen bis in die prädynast. Periode Oberägyptens zurück. Solche Beobachtungen fügen sich harmonisch in das Bild ein, das die archäolog. Forschung über die Kulturentwicklung im 4. Jt. v. Chr. vermittelt hat. Danach war das unabhängige Königreich Oberägypten ein Zentrum für Neuerungen (Keramikherstellung, Grabarchitektur, Schriftgebrauch), die sich von dort aus nach Unterägypten (ins Nildelta) verbreiteten. Vom kulturell höher entwickelten Süden gingen vermutlich auch die polit. Impulse zur Vereinigung beider prädynast. Reiche zum ägypt. Pharaonenreich um 3100 v. Chr. aus.

Das Ägypt. übernahm länger als zweieinhalb Jahrtausende fast alle sozialen Funktionen, die eine Hochkultursprache in der Antike übernehmen konnte. In Ägypten selbst fungierte es als Staatssprache und alleinige Verwaltungssprache bis zum Beginn der Ptolemäer-Dynastie (306 v. Chr.). Als Kolonialsprache übernahm das Ägypt. amtl. Funktionen in den ägypt. Kolonien (Palästina, Syrien, Nubien). Die größte Ausdehnung hatte das ägypt. Reich während der Periode des Neuen Reiches (seit dem 15. Jh. v. Chr.; insbesondere unter Ramses II. im 13. Jh.). Damals reichte die militär.-polit. Kontrolle Ägyptens bis tief in das Gebiet des heutigen Sudan (bis zum 4. Nilkatarakt). Das Ägypt. war bis zur Verbreitung des Christentums Zeremonialsprache der ägypt. Staatskulte und das alleinige Medium der religiösen Literatur. Im Bereich der magischen Kultur und Praktiken allerdings konkurrierten auswärtige Sprachen (Nubisch, Minoisch) mit dem Ägypt. Als Sprache der internationalen Diplomatie war nicht das Ägypt. in Gebrauch, sondern das Akkadische.

Ägypt. ist eine → afroasiatische Sprache und repräsentiert innerhalb dieser Sprachfamilie einen selbständigen Sprachzweig (ähnlich wie das Griech. in der indoeurop. Sprachfamilie). Es bestehen engere verwandtschaftl. Beziehungen zum Semit. einerseits, zum → Berberischen andererseits. Frühere Vorstellungen vom Ägypt. als einer Sprache mit hamit. Substrat und semit. „Überschichtung" sind veraltet und längst aufgegeben worden. Die Sprachentwicklung des Ägypt. ist zwar konservativ, im Laufe der Jahrtausende haben sich aber dessen Sprachstrukturen gewandelt.

Das Verhältnis des Neuägypt., das vom 13. Jh. v. Chr. an gesprochen wurde, zum Mittelägypt. ist mit dem des → Italienischen zum → Lateinischen verglichen worden. Im Neuägypt. werden analyt. Konstruktionen (besonders im Verbsystem) bevorzugt, während das Mittelägypt. einen stärker synthet. Charakter hat. Im Alten Ägypten existierten offenbar Dialektunterschiede, denn aus dem 13. Jh. sind Berichte überliefert, wonach ein Ägypter aus dem Delta Schwierigkeiten hatte, das gesprochene Ägypt. aus dem Süden (in der Region von Elephantine beim 1. Katarakt) zu verstehen. Welcher Art die Unterschiede aber waren, darauf gibt es keinerlei Hinweise.

Der ägypt. Wortschatz ist vorrangig durch lexikal. Elemente geprägt, die Parallelen in anderen afroasiat. Sprachen haben. Hierzu gehören Ausdrücke wie ägypt. *yd* ‚junger Mann‘, *nms* ‚Leinentuch zur Bedeckung von Kultbildern‘, *rhbw* ‚Glut (vom Feuer)‘, *hrw* ‚Tag‘, *nwd* ‚sich bewegen‘, *h‘b* ‚senden‘, *wdn* ‚schwer sein‘, *grt* ‚Fuß‘ u. a. Das ältere Ägypt. (Sprache des Alten und Mittleren Reiches) hat relativ wenige Lehnwörter aus anderen Sprachen übernommen. Zahlreicher sind die Entlehnungen, die dem Ägypt. während der Zeit des Neuen Reiches (1539–1292 v. Chr.) vermittelt wurden. Damals sind etwa 300 Wörter aus Sprachen des Nahen Ostens, Mesopotamiens und der Ägäis vom Ägypt. adaptiert worden. In der Hauptsache handelt es sich dabei um Bezeichnungen für Begriffe aus dem asiat. Kulturmilieu wie Tier- und Pflanzennamen, Benennungen von Lebensmitteln, Geräten und der Lebensweisen der von Ägypten unterworfenen oder abhängigen Völker.

Trotz seines hohen Prestiges als Kultursprache hat das Ägypt. nur in bescheidenem Umfang auf die Sprachen Asiens und Afrikas eingewirkt. Im Hebräischen beispielsweise lassen sich nur knapp vierzig Lehnwörter ägypt. Herkunft nachweisen. Hierzu gehören allerdings auch Elemente, die über die Bibelsprache vielen anderen Sprachen vermittelt worden sind. Dies gilt z. B. für den deutschen Ausdruck *Tohuwabohu*, der ein Durcheinander bzw. einen Zustand der Unordnung bezeichnet. Die hebräische Wortkomposition *tohu wa bohu* (wörtl. Tohu ‚und‘ Bohu) stammt aus dem Ägypt. und bezeichnet ursprüngl. das Chaos vor der Weltschöpfung.

Die schriftl. Überlieferung des Ägypt. setzt im ausgehenden 4. Jt. v. Chr. ein. Die ältesten Zeugnisse für den Schriftgebrauch stammen aus der Zeit zwischen 3400 und 3050 v. Chr. Dabei handelt es sich um Beschriftungen von Grabbeigaben, die in den Königsgräbern von Abydos gefunden wurden. In dynast. Zeit fächert sich der Schriftgebrauch vielfältig aus. Das Ägypt. diente als Zeremonialsprache ebenso wie als Literatur- und Handelssprache. Die Funktion des Ägypt. als Kanzleisprache ist u. a. gut bekannt aus den Dokumenten der Archive in den Nekropolen von Theben im 13. Jh. v. Chr.

In ägypt. Sprache entstand ein reiches Schrifttum, das sich in vielerlei Genres verzweigt und eine große Zahl an Einzelwerken hervorgebracht hat. Die meisten literar. Werke der älteren Zeit stehen in einem religiösen Kontext. Zur ägypt. Literatur zählen in der altägypt. Periode die Pyramidentexte und die Autobiographien aus den Grabkammern der administrativen Elite, in der mittelägypt., der sog. klassischen Periode, die Sarkophagtexte, die Lehrtexte (z. B. die „Unterweisungen für Merikare"), die Erzähltexte (z. B. die „Erzählung von Sinuhe") und die Hymnendichtung (z. B. die „Hymne an den Nil", die „Hymne an König Sesostris III.") und in der neuägypt. Periode zahllose Texte religiösen Inhalts. Das Schrifttum der spätägypt. Periode (seit 1300 v. Chr.) umfaßt außer religiösen und dokumentar. Texten auch Werke der Unterhaltungsliteratur (z. B. die „Unterweisungen des Ani").

In seiner langen schriftsprachl. Überlieferung wurde das ältere (= vorkopt.) Ägypt. in drei Schriftarten geschrieben: hieroglyphisch, hieratisch und demotisch. Das Lesen ägypt. Texte wurde ermöglicht, nachdem es Jean François Champollion (1790–1832) gelungen war, die Hieroglyphenzeichen auf der Stele von Rosette (Rosettastein) mit ihrem Text in drei Schriftarten (hieroglyph., demot. und griech.) zu entziffern.

Entgegen früheren Annahmen, wonach die Hieroglyphenschrift (griech. *hieroglyphika* ,eingemeißelte heilige Zeichen') die älteste Schriftart sei, weiß man heute, daß diese ihrerseits als Zeremonialschrift von der hierat. Schrift (griech. *hieratike* ,priesterliche Zeichen') abgeleitet worden ist. Denn zu den ältesten erhaltenen Schriftzeugnissen des Ägypt. gehören keine Inschriften in Hieroglyphen, sondern auf Textilien, Keramik- und Kalksteinscherben mit Tinte oder mit einem Pinsel aus Binse geschriebene Zeichensequenzen.

Das Hierat. ist eine Kursivschrift, in der ein umfangreiches Schrifttum für praktische Zwecke (Alltags- und Verwaltungsangelegenheiten) entstand. Es wurde bis ins 3. Jh. n. Chr. verwendet. Die demot. Schrift entstand als Kursivschrift im 7. Jh. v. Chr. in Unterägypten und war bis ins 5. Jh. n. Chr. in Gebrauch. Sie wurde zunächst für praktische Angelegenheiten verwendet (7.–4. Jh. v. Chr.), seit der Ptolemäerzeit auch als Medium literar. und religiöser Texte.

Die ägypt. Schrift basiert auf dem Prinzip einer segmentalen Schreibweise. Dies bedeutet, daß lediglich das Konsonantengerüst ägypt. Wörter geschrieben wurde, während die Vokale beim Lesen zu ergänzen waren. Der Zeichenbestand gliedert sich in Ein-, Zwei- und Dreikonsonantenzeichen. Mit der Zeit wurde das Inventar der Schriftzeichen erweitert. Zur Zeit der klassischen Schriftsprache (zwischen ca. 2040 und 1650 v. Chr.) umfaßte der Zeichenbestand rund 760 Einzelsymbole. Bis zum Beginn der Ptolemäerzeit war das Inventar auf über 1000 Zeichen angewachsen. In den spätägypt. Tempelinschriften finden sich bis zu 10000 Einzelzeichen.

Nach der Häufigkeit ihrer Verwendung assoziieren sich die Schriftarten Ägyptens in folgender Weise mit den ägypt. Sprachstufen: Altägypt. (hieroglyph., hierat.), Mittelägypt. (hieroglyph., hierat., kursivhieroglyph.), Neuägypt. (hieroglyph., hierat.), Demot. (demot.), Kopt.

In der Periodisierung der ägypt. Sprachgeschichte werden folgende Entwicklungsstufen unterschieden: Altägypt. (ca. 3100–ca. 2000 v. Chr.), Mittelägypt. (ca. 2000–ca. 1300 v. Chr.), Neuägypt. (ca. 1300–9. Jh. v. Chr.), Spätägypt. bzw. Demot. (8. Jh. v. Chr.– 5. Jh. n. Chr.). Die demot. Entwicklungsstufe wird ihrerseits in Früh-, Mittel- und Spätdemot. eingeteilt. Die Sprachentwicklung des demot. Ägypt. geht kontinuierl. in die Phase des Kopt. über.

Lit.: Brunner 1967, Edel 1955–64, Hannig 1995, Helck et al. 1975 ff., Loprieno 1995, Störk 1981

Aimará → Aymará

Ainu (Ainu, aïnou). Ainu wird heutzutage nur noch von wenigen Dutzend Sprechern gesprochen. Nach einer Umfrage der Regionalverwaltung auf Hokkaido, der nördlichsten Insel Japans, aus dem Jahre 1993 gibt es lediglich fünf Personen, die Ainu noch fließend, und weitere 35, die es ein wenig sprechen können. Diese Sprecher sind der verschwindende Rest einer Sprachgemeinschaft, die vor vielen Jahrhunderten die Mehrheit der Inselbevölkerung stellte. In Hokkaido leben noch 23 800 Personen, deren Vorfahren Ainu waren. Bis auf die wenigen Ausnahmen haben sich aber alle an das → Japanische assimiliert.

Ainu ist eine → isolierte Sprache, für die sich keine sichere Verwandtschaft mit irgendeiner anderen Sprache der Welt nachweisen läßt. Als alte einheim. Sprache des nördl. Asien wird Ainu in einen kulturhistor. (weniger eindeutig sprachverwandtschaftl.) Zusammenhang mit den → paläoasiatischen Sprachen gestellt. Innerhalb dieser Sprachfamilie bestehen vielleicht engere Beziehungen zwischen dem Ainu und dem Niwchischen (Giljakischen) einerseits, dem → Eskimo-Aleutischen andererseits.

Der Lautbestand des Ainu ist mit fünf Vokalen und zwölf Konsonanten relativ einfach. Die Nominal- und Verbalflexion ist durch den häufigen Gebrauch von Affixen charakterisiert. Ainu macht keinen morpholog. Unterschied zwischen den Wortarten „Verb" und „Adjektiv". Verbale Konstruktionen sind polysynthetisch (ähnlich wie in Indianersprachen Nordamerikas), wobei Subjekt- und Objektpronomen in die Verbformen inkorporiert werden. Auch ein Nomen im Objekt wird inkorporiert; z. B. *cise-kar-as* ‚wir bauen ein Haus' (wörtl. ‚ein Haus-machen'+ Affix zur Kennzeichnung der 1. Pers. Pl.)

Das histor. Siedlungsgebiet der Ainu erstreckte sich ursprüngl. über ganz Hokkaido, nach Südsachalin und auf die Kurileninseln sowie in den Norden der japan. Hauptinsel Honshu. Einer neueren Hypothese zufolge wäre die Entstehung des Japan. aus einem Fusionsprozeß zu erklären, an dem verschiedene alte Sprachen des japan. Inselarchipels beteiligt waren. Die meisten dieser alten Sprachen sind ausgestorben, lediglich das Ainu ist noch in Resten erhalten. Der Siedlungsdruck der japan. Bevölkerung führte dazu, daß die Ainu entweder nach Norden abgedrängt wurden oder sich assimilierten.

Ainu ist außer für wissenschaftl. Zwecke nicht geschrieben worden. Die mündl. überlieferte Literatur ist reich an Versepen, Liedern und Balladen. Beliebte Erzählstoffe sind Geschichten von den Taten der Götter oder über die Liebesabenteuer und Kriegstaten von Helden. Die Sprache der Versepen (im Ainu *yukar* genannt) wird „klassisches Ainu" genannt. Diese Sprachform ist konservativer und weist weniger dialektale Unterschiede auf als die früher verwendete Umgangssprache. Unterschiede treten insbesondere im Wortschatz und in der Syntax auf.

Lit.: Kirikae 1997, Refsing 1986

Aisor, Neuassyrisch (Assyrian/Chaldean, néoassyrien), → Aramäisch. Aisor (*lišana chata*) ist die sprecherreichste Variante des Neuaramäischen. Neuaramäisch ist die Muttersprache von insgesamt 0,45 Mio. Menschen; von diesen spricht die Mehrheit (0,33 Mio.) Aisor. Die Sprecher des Aisor nennen sich selbst „Assyrer" (*aturaja*), „Syrer" (*suraja*) oder „Chaldäer" (*kaldaja*). Aisor ist in kleineren Gruppen christl. und jüdischer Minderheiten verbreitet, die in der Kaukasusregion, im Nordosten der Türkei, im nördl. Irak und im Nordwesten des Iran leben.

Siedlungen der Neuassyrer finden sich in folgenden Staaten Europas: Russ. Föderation (9600; hauptsächl. in Moskau, St. Petersburg und Rostov), Georgien (6200), Armenien (5900), Großbritannien (4500; hauptsächl. in den Städten London und Manchester), Ukraine (2700), Aserbaidschan (640). Über die in Rußland lebenden Neuassyrer sind Informationen hinsichtl. ihrer Spracherhaltung verfügbar. Aisor wird von 4750 Neuassyrern Rußlands (entspr. 49,4 %) gesprochen. Die übrigen haben sich ans → Russische assimiliert. Die Muttersprachler des Aisor sprechen Russisch als Zweitsprache.

Aisor basiert auf dem Nordostdialekt des Neuaramäischen. Am nächsten verwandt ist es mit der klassischen aramäischen Schriftsprache syr. Prägung (*lišana attika*). Das Lautsystem des Aisor in Europa (Kaukasusregion) unterscheidet 7 Vokale (4 lange und 3 kurze) und 17 Konsonanten. Wie andere → semitische Sprachen auch kennt das Aisor eine Genusunterscheidung (maskulin, feminin) der Substantive (z. B. *nisan* m. ‚April', *ākkla* f. ‚Bein'). Bei den Verbformen wird grundsätzlich zwischen einem Präsensstamm und einem Präteritalstamm unterschieden. Präfixe sind die produktiven Elemente der Wortbildung.

Zum ältesten Bestand des Lexikons im Aisor gehören gemeinsemit. Elemente mit Parallelen in verwandten Sprachen (z. B. *ida* ‚Hand', *ana* ‚ich', *achuna* ‚Bruder'). Der Wortschatz des Aisor umfaßt zahlreiche Lehnwörter der verschiedensten Herkunft, aus dem

→ Persischen (z. B. *akildar* ‚weiser Mensch‘), aus dem → Türkischen (z. B. *topčij* ‚Artillerist‘), aus dem → Griechischen (z. B. *apiskupa* ‚Bischof‘, *kintrun* ‚Zentrum‘), aus dem Russ. (z. B. *istakan* ‚Trinkglas‘) und aus dem → Englischen (z. B. *indžin* ‚Maschine‘). Der Anteil der Lehnwörter ist geringer in der Schriftsprache und größer in der Umgangssprache.

Aisor wird traditionell in drei Schriftarten geschrieben, die sämtlich von der syr. Schrift abgeleitet sind: Estrangelo, Serto und Nestorianisch. Estrangelo ist eine Zeremonialschrift, die für Schriftornamente, Buchtitel und Überschriften verwendet wird. Serto ist bei den jakovitischen Neuassyrern in Georgien in Gebrauch. Die geläufige Schrift ist das nestorian. Alphabet, das aus 29 Buchstaben besteht.

Lit.: Arsanis 1968

Akan (Akan, Akan). Seit den 1960er Jahren werden verschiedene, wechselseitig verständl. Dialekte im südl. Ghana unter dem Namen Akan zusammengefaßt. Akan wird von rund 7 Mio. Menschen gesprochen (entspr. 44 % der Bevölkerung Ghanas). Es ist die sprecherreichste der Tano-Sprachen, die zum Kwa-Sprachzweig der → Niger-Kongo-Sprachfamilie gehören. Die dialektalen Unterschiede decken sich mit ethnischen Differenzierungen. Die meisten Sprecher des Akan sind Angehörige der ethnischen Gruppe der Fante (4,3 Mio.), die an der Küste (Brong-Ahafo-Region) leben. Asante stellen mit 1,17 Mio. Sprechern die zweitstärkste ethnische Gruppe. Auch die Akuapem (0,23 Mio.) im Südosten Ghanas sprechen Akan. Die von den Asante und Akuapem gesprochenen Dialekte des Akan werden auch als Twi bezeichnet.

Im Verlauf des 18. Jh. hat sich die Rolle des Akan als Verkehrssprache gefestigt. Es gibt eine nicht unbedeutende Zahl von Zweitsprachlern (z. B. Ewe, Ga), die Akan als Kommunikationsmedium in ihren interethn. Handelskontakten verwenden. Akan ist auch die Quelle zahlreicher Entlehnungen in den Sprachen Nordghanas. Spuren eines Einflusses des Akan lassen sich sogar in Jamaica und Surinam nachweisen, wohin Sprecher dieser Sprache als Sklaven deportiert wurden.

Wie in anderen Kwa-Sprachen auch, ist das Lautsystem des Akan sehr kompliziert. Es werden neun Vokalqualitäten und zwei Tonhöhen unterschieden. Eine Besonderheit des Akan ist das Fehlen des *l*-Lautes.

→ Englisch ist zwar die einzige Amtssprache Ghanas, Akan fungiert aber als Unterrichtssprache in der schulischen und universitären Ausbildung. Die drei Hauptdialekte werden als regionale Schriftsprachen mit unterschiedl. Standard verwendet. Seit Anfang der 1990er Jahre ist die Orthographie des Akan vereinheitlicht. Für das seit Mitte des 19. Jh. verschriftete Akan (erste übersetzte Auszüge biblischer Texte erschienen 1859) ist eine Variante der Lateinschrift, das sog. „Afrika-Alphabet", in Gebrauch. In Akan wird mehr Literatur produziert als in irgendeiner anderen einheim. Sprache Ghanas.

Lit.: Dolphyne 1988, Kropp Dakubu 1994

Akkadisch (Akkadian, akkadien). Als gesprochene Sprache war das Akkad. zwischen dem frühen 3. Jt. bis zur Mitte des 1. Jt. v. Chr. in einer Region verbreitet, die dem Territorium des Irak, Syriens und einiger angrenzender Gebiete entspricht. Intensive Kontakte zum → Sumerischen, der ältesten Kultursprache Mesopotamiens, führten zu einer frühen Annahme zivilisator. Institutionen und Technologien, wozu auch der Schriftgebrauch gehörte. Akkad. ist die älteste → semitische Sprache, die verschriftet wurde (um 2500 v. Chr.). Das Akkad. und das → Arabische sind die semit. Sprachen mit dem reichsten Schrifttum.

Akkad. fungierte viele Jahrhunderte lang als Staatssprache der mächtigsten Reiche Mesopotamiens, zunächst des Babylonischen, später des Assyrischen Reiches. In der zweiten Hälfte des 2. Jt. v. Chr. avancierte das Akkad. zur wichtigsten diplomat. Verkehrssprache der Alten Welt. Diplomat. Korrespondenz aus dem 14. Jh. v. Chr. ist unter anderen in den Archiven von Akhetaton (Amarna) erhalten, der zwischenzeitl. Hauptstadt Ägyptens unter Pharao Amenophis IV. (Echnaton).

Als gesprochene Sprache kam das Akkad. im Verlauf der letzten Jahrhunderte des 1. Jt. v. Chr. außer Gebrauch. Gegen Ende der assyr. Herrschaft im Nahen Osten (d. h. im 7. Jh. v. Chr.) war bereits das → Aramäische die verbreitetste Sprache der Region. Als Wissenschaftssprache wurde Akkad. aber noch viele Jahrhunderte lang verwendet. Die letzten Spuren dieses spezialisierten Schriftgebrauchs verlieren sich im 2. Jh. unserer Zeitrechnung.

Akkad. wurde in drei Varianten geschrieben, in Altakkad., in Babylon. und in Assyr. Aus der altakkad. Periode (ca. 2500–2000

v. Chr.) sind nur spärliche Schriftzeugnisse überliefert. Die klassische Schriftsprache tritt in zwei Varianten auf (Babylon., Assyr.), deren Literatur jeweils drei Epochen zugeordnet wird: Alt- (d. h. Altbabylon., Altassyr.: ca. 2000–1500 v. Chr.), Mittel- (ca. 1500–1000 v. Chr.), Neu- (ca. 1000–500 v. Chr.). Von den beiden Schriftvarianten kommt das Neuassyr. um 500 v. Chr. außer Gebrauch. Das Babylon. (in Form des Spätbabylon.) wird dagegen bis ins 2. Jh. n. Chr. weiter verwendet.

Obwohl Akkad. eine sehr alte semit. Sprache ist, weisen das Lautsystem und die grammat. Strukturen zahlreiche Erscheinungen auf, die in den verwandten Sprachen unbekannt sind und einen innovativen Trend erkennen lassen. Dazu gehören ein reduzierter Lautbestand, eine Vereinfachung des Kasussystems (mit Nom., Akk. und Gen. im Sg., aber nur zwei Kasus im Pl.), das Fehlen einer Aspekt-Kategorie, die Verwendung periphrast. Konstruktionen (gegenüber flektierten Formen) des Verbs und eine Vorliebe für paratakt. Fügungen in der Syntax (d. h. Vermeidung von Nebensatzkonstruktionen).

Von allen Sprachen des Nahen und Mittleren Ostens hat das Sumer. das Akkad. am tiefgreifendsten beeinflußt. Bereits um 3000 v. Chr. setzen die sumer.-akkad. Sprachkontakte ein. Sumer. und Akkad. waren nicht nur geograph. benachbart, sie wurden auch als Schriftsprachen im selben Kulturmilieu und von denselben Personen verwendet. Akkad. Namen tauchen in den Schreiberlisten sowohl in Sumer als auch in Babylonien auf. In Babylon, dem ältesten und traditionsreichsten Zentrum der akkad. Kultur, wurde Sumer. als Schriftsprache bis ins 1. Jt. v. Chr. gepflegt.

Das Sumer. hat dem Akkad. nicht nur Hunderte von Kulturwörtern vermittelt, sondern auch Einfluß auf die Phonetik und die Syntax genommen. Die für das Akkad. charakterist. Wortstellung Subjekt – Objekt – Verb ist auch typisch für das Sumer., aber ganz untypisch für andere semit. Sprachen. In seiner Spätphase stand das Akkad. unter starkem aramäischen Einfluß.

Lit.: Buccellati 1992, Reiner 1966, Soden 1952, 1965–1981

Albanisch (Albanian, albanais). Alban. (*gjuha shqipe*) wird von 5,7 Mio. Menschen gesprochen, von denen rund 60 % in Albanien (3,4 Mio.) beheimatet sind. Das alban. Sprachgebiet erstreckt sich nördl. von Albanien in das Kosovo, das nominell Teil des Bundesstaates

Serbien in Jugoslawien ist, seit Sommer 1999 faktisch aber unter der Kontrolle von UNO-Friedenstruppen steht. Vor dem Kosovo-Krieg im Frühjahr 1999 lebten dort (nach alban. Angaben) ca. 1,9 Mio. Albaner (Kosovaren).Während des Krieges wurden etwa 1,2 Mio. Kosovaren von der serb. Miliz und der Armee vertrieben. Inzwischen ist die Mehrheit in ihre Heimat zurückgekehrt, der zögernde Wiederaufbau des Landes hat die übrigen bisher davon abgehalten.

Alban.-sprachige Minderheiten leben auch in den übrigen Nachbarstaaten Albaniens und Kosovos: in den Grenzregionen Serbiens und Montenegros, v.a. aber in Makedonien, wo die Albaner (1994: 0,479 Mio.) inzwischen knapp ein Viertel der Landesbevölkerung ausmachen. Die in Griechenland in einigen Enklaven (Attica, Böotien, Euböa, Insel Salamis) lebenden Albaner (ca. 0,11 Mio.) sprechen ein Alban. (Arvanitika) mit starkem Lokalkolorit, das sich von den anderen Varianten des Alban. deutlich unterscheidet. Kleinere alban. Minderheiten leben im Westen der Türkei (rund 15 000 Alban.-sprachige von insgesamt 61 000 Menschen alban. Abstammung), in der Ukraine (4500), in Bulgarien (1200).

Vom übrigen Alban. stark abweichend war die Entwicklung des Alban. in Italien (Arbëreshë), das dort von rund 73 000 Sprechern gesprochen wird (entspr. 71 % der 0,102 Mio. ethnischen Albaner). Alban. Arbeitsimmigranten und Asylanten leben in vielen Staaten Westeuropas und in Übersee. Die größte Zahl der Auslandsalbaner wohnt in Deutschland (mehr als 0,5 Mio.). In den USA gibt es rund 18 000 Albaner, die ihre Muttersprache bewahrt haben.

Alban. gehört zur → indoeuropäischen Sprachfamilie. Es ist der einzige noch existente Vertreter eines eigenen Sprachzweiges, zu dem außerdem die beiden in der Antike ausgestorbenen Sprachen Illyrisch und Messapisch zählen. Das Alban. ist wahrscheinlich das Produkt einer Fusion zwischen dem Illyrischen des Binnenlandes und der Sprache derjenigen Illyrer, die sich im Küstengebiet teilweise an das → Lateinische assimiliert hatten. An der Ethnogenese der Albaner und ihrer Sprache waren auch thrakische Stammesgruppen beteiligt, die sich ebenfalls im Prozeß einer fortschreitenden Romanisierung befanden.

Das alban. Sprachareal gliedert sich in zwei Hauptzonen: Gegisch im Norden und Toskisch im Süden, wobei der Fluß Shkumbini, der Zentralalbanien von Osten nach Westen durchläuft, die histor. Sprachgrenze darstellt. Die Proto-Albaner sind ursprüngl. aus einem

Gebiet weit nördl. des Shkumbini allmählich nach Süden vorgedrungen. Südl. des Flusses haben Albaner nachweislich seit dem 12. Jh. gesiedelt. Geg. wird von ca. zwei Dritteln der alban. Bevölkerung gesprochen, Tosk. von ca. einem Drittel. Die Sprache der Albaner in Griechenland, Unteritalien und Sizilien steht dem tosk. Dialekt am nächsten. Typische Unterscheidungsmerkmale der beiden Dialekte sind die Verwendung des Hilfsverbs ‚haben‘ (alban. *kam*) bei der Futurbildung und von Infinitivkonstruktionen im Geg. gegenüber dem Gebrauch des Hilfsverbs ‚wollen‘ (alban. *do*) und der Vorliebe für konjunktiv. Nebensätze im Tosk.

Zu den ältesten Schichten des alban. Wortschatzes gehören etwa 70 vorröm. Substratwörter, die das Alban. mit dem → Rumänischen gemein hat (z. B. alban. *bardhë* ‚weiß‘, *mal* ‚Berg‘, *maraj* ‚Fenchel‘). Latein war die wichtigste Kontaktsprache des Illyr. in der Zeit zwischen dem 2. Jh. v. Chr. und dem 5. Jh. n. Chr. Im Alban. sind weit über 600 Lehnwörter latein. Herkunft nachzuweisen. Hierzu gehören Ausdrücke des Alltagslebens (z. B. alban. *are* ‚gepflügtes Stück Land; Acker‘, *fёneshtёr* ‚Fenster‘, *qepё* ‚Zwiebel‘) ebenso wie Bezeichnungen im Bereich der Sozialkontakte (z. B. alban. *emtё* ‚Tante‘, *krushk* ‚Schwiegervater‘, *martoj* ‚heiraten‘) oder Elemente der Terminologie für Körperteile (z. B. alban. *faqe* ‚Gesicht‘, *kofshё* ‚Oberschenkel‘, *fshikё* ‚Harnblase‘). Lehnwörter wie die aus den beiden letzteren Bereichen zeugen von einer fortgeschrittenen Akkulturation der autochthonen Bevölkerung an römische Lebensweisen und Sprache.

Griech. Lehnwörter sind in altgriech. Zeit wenig zahlreich (z. B. alban. *moker* ‚Mühlstein‘); ihre Zahl nimmt aber seit der mittelgriech. Periode zu. Hierzu gehören u. a. die zahlreichen Gräzismen in der christl. Terminologie der orthodoxen Kirche (z. B. alban. *konё* ‚Ikone‘, *munёshtir* ‚Kloster‘). Seit dem 6. Jh. sind Lehnwörter aus südslaw. Sprachen ins Alban. übernommen worden (z. B. alban. *rrёp* ‚Rübenkohl‘, *sundoj* ‚herrschen‘, *gribё* ‚Kamm‘). Die meisten slaw. Entlehnungen des Alban. aus neuerer Zeit stammen aus dem → Serbischen. Seit dem 15. Jh. hat das Alban. (insbesondere die tosk. Variante) im Kontakt mit dem Osmanisch- → Türkischen gestanden (z. B. alban. *xhami* ‚Moschee‘, *mavi* ‚blau‘). Die Küstenmundarten des Alban. sind vom Venezian. (seit dem 12. Jh.) und → Italienischen beeinflußt worden.

Die ältesten schriftl. Überlieferungen des Alban. stammen aus dem 15. Jh.: eine kathol. Taufformel (1462) in Geg., einige Textpassagen des Neuen Testaments und das Fragment eines orthodoxen Ostergesangs in Tosk. sowie die erste (deutsch-alban.) Wörtersammlung (1496 von Arnold von Harff). Das erste Buch in geg. Sprachform war das sog. „Mëshari" (Missale) von Gjon Buzuku, das 1554–55 in Venedig gedruckt wurde. 1592 erschien das erste Buch in Tosk., ein Katechismus des italo-alban. Priesters Leke Matranga.

Entsprechend dem unterschiedl. kulturellen Milieu der religiösen Hauptströmungen ist das Alban. im Laufe seiner Geschichte in vier Schriftsystemen geschrieben worden: in Lateinschrift (bei den römisch-kathol. Albanern), in griech. Alphabet (bei den griech.-orthodoxen alban. Christen), in Kyrillica (aufgrund des Einflusses der serb.-orthodoxen Kirche) und in der türk. Variante der arab. Schrift (bei den alban. Muslimen). Im 17. und 18. Jh. entfaltete sich im südl. Albanien eine volkstüml., islamisch geprägte Tradition, die ihre Popularität den *Bejtexhínj* (,Versemachern') verdankt. Die reiche mündl. Überlieferung jener Zeit wurde auch zum Teil aufgeschrieben. Im 19. Jh. wurde die literar. Tätigkeit in alban. Sprache von den osman. Kolonialbehörden untersagt. In jener Zeit entstand alban. Schrifttum in der Diaspora (Rumänien, Bulgarien, Griechenland, Italien); damit wurde die alban. nationale Wiedergeburt (*Rilindja Kombëtare Shqiptare*) eingeleitet, die im 20. Jh. auch im Mutterland Albanien wirkte.

Erst 1908 legte man auf dem Kongreß von Manastir (heute Bitola in Makedonien) das latein. Alphabet als Basis der alban. Schriftsprache fest. Bis zum Ende des Zweiten Weltkriegs wurden beide Hauptdialekte geschrieben. Nach der Errichtung der kommunist. Herrschaft in Albanien (1944) dominierte eine alban. Standardsprache, die sich hauptsächl. auf das Tosk. stützte; sie wurde 1972 offiziell auch im eigentlich geg. Kosovo angenommen. Nach der Zeit der serb. Unterdrückung, die 1989 mit der Aufhebung des Autonomiestatuts für Kosovo ihren Höhepunkt erreichte, erlebt das Geg. mit der Wiedereinsetzung einer alban. Verwaltung und der Verwendung des Alban. im Unterrichtswesen der Kosovo-Region derzeit eine neue Blüte.

Lit.: Bucholz/Fiedler 1984, Bucholz et al. 1977, Genesin 1998, Haarmann 1999a

Algische Sprachen (33 Sprachen). Zu den alg. Sprachen (auch Ritwan-Familie genannt), die sämtlich in Nordamerika verbreitet sind, gehören als Hauptzweig die Algonkin-Sprachen und zwei Einzelsprachen im nordwestl. Kalifornien, das ausgestorbene Wiyot und das nur noch von wenigen Menschen gesprochene Yurok.

Alpenromanisch, Rätoromanisch, → Bündnerromanisch, → Friaulisch, → Ladinisch. Im Alpenraum sind einige → romanische Sprachvarianten verbreitet, die untereinander enger verwandt sind als mit der roman. Nachbarsprache, mit der sie seit Jahrhunderten in Kontakt stehen, mit dem → Italienischen. Einige Forscher kategorisieren diese regionalen Sprachvarianten als selbständige Sprachen, andere klassifizieren sie als „Alpenromanisch" (bzw. Rätoromanisch) mit jeweils regionalen Spezifika.

Geograph. (von Westen nach Osten) verteilen sich die alpenroman. Sprachvarianten wie folgt: Bündnerromanisch (Graubündnerisch bzw. Rumantsch) im Süden der Schweiz, Ladinisch (Dolomiten-Ladinisch) in Südtirol, Friaulisch in Friaul. Das Alpenroman. gehört zur Gruppe der westroman. Sprachen, wozu auch die norditalien. Dialekte zählen. Das Bündnerroman. steht dem Galloroman. (→ Occitanisch, → Französisch) nahe, das Ladin. und Friaul. zeigen Affinität mit den Dialekten Norditaliens.

Lit.: Haiman/Benincà 1992

Altaische Sprachen (65 Sprachen). Die Sprachen dieser Makro-Gruppierung sind nach der Region benannt, die als wahrscheinliche Urheimat ihrer Sprecher in prähistor. Zeit identifiziert worden ist: das Altai-Gebirge in Zentralasien. Sprachverwandtschaftl. Zusammenhänge innerhalb der altaischen Sprachfamilie sind schon in der ersten Hälfte des 18. Jh. vermutet worden, und zwar von Philipp Johann von Strahlenberg in dessen Werk „Das Nord- und Östl. Theil von Europa und Asia, ..." (1730). Damals sprach man von den „skythischen" oder „tartarischen" Sprachen. Um die Mitte des 19. Jh. bürgerte sich das Attribut „altaisch" ein.

Altaische Sprachen werden in einem weiten Gebiet der euras. Landmasse gesprochen, von der Region an der mittleren Wolga (Tatarstan) und den türk. Sprachinseln in Südosteuropa bis in den Fernen Osten, in die Mandschurei. Kleinasien, Zentralasien, das mittlere und südl. Sibirien sowie weite Teile Nordchinas gehören zum Verbreitungsgebiet altaischer Sprachen. Einige altaische Sprachen werden außerhalb dieser Hauptzone gesprochen, so das Kalmükische im Nordwesten des Kaspischen Meeres und das Mogholi in Afghanistan.

Grob gesehen zeigt die altaische Sprachfamilie eine Ausgliederung in drei Hauptzweige: → Turksprachen, → mongolische und tungusische Sprachen. Die Sprachen der letzteren Gruppe werden in der russ. Sprachwissenschaft auch als „tungusisch-mandschurische Sprachen" bezeichnet. Mit einiger Wahrscheinlichkeit gehört auch das → Koreanische zum Kreis der altaischen Sprachen. Versuche allerdings, das → Japanische in eine verwandtschaftl. Beziehung zum Altaischen zu setzen, sind bisher nicht überzeugend.

Die meisten altaischen Sprachen ähneln sich in ihrer Strukturtypik, was nicht unbedingt auf genealog. Verwandtschaft schließen läßt. Die Sprachen Eurasiens haben seit jeher in Kontakt miteinander gestanden. So können viele Gemeinsamkeiten auch das Ergebnis intensiver wechselseitiger Beeinflussung sein.

Weit verbreitet ist Vokalharmonie, die sich als Harmonisierung der Vokalqualitäten in Wörtern darstellt. Im Türk. und Mongol. wird die Gruppe der vorderen Vokale (z. B. ä, ö, ü) von den hinteren Vokalen (z. B. a, o, u) unterschieden, im Tungus. dagegen die der höheren (hellen) von den niederen (dunklen) Vokalen. Vokalharmonie besagt, daß in einem Wort in der Regel nur Vokale derselben Gruppe auftreten. Typisch altaisch ist ein agglutinierender Sprachbau, wobei grammat. Endungen und wortbildende Formantien an den unveränderl. Wortstamm angeheftet werden. In der Wortfolge steht das Verb normalerweise am Ende des Satzes.

Es gibt zwar zahlreiche lexikal. Parallelen zwischen den altaischen Sprachen, die wenigsten aber finden sich in den Sprachen aller Zweige. Zahlreich sind die Wortähnlichkeiten zwischen Türk. und Mongol. (unter Ausschluß des Tungus.) oder zwischen Mongol. und Tungus. (ohne Beteiligung der Turksprachen). Daher bleiben die Möglichkeiten, den Wortschatz einer altaischen „Grundsprache" zu rekonstruieren, begrenzt.

Es gibt allerdings Ähnlichkeiten in den lexikal. Strukturen und im grammat. Bau altaischer Sprachen, die nicht nur die engere Verwandtschaft zwischen türk., mongol. und tungus. Sprachen dokumentieren, sondern die darüber hinaus auch ein Indiz für tiefergreifende genealog. Beziehungen zwischen Altaisch und anderen Sprachfamilien sind. Das Altaische ist in einen weiteren Zusammenhang gestellt worden, und zwar als Mitglied in einer nostrat. oder eurasiat. Makrofamilie (→ Asien).

Darauf könnte beispielsweise die Strukturierung des Pronomi-

nalsystems in altaischen und zahlreichen anderen Sprachen hinweisen. In der 1. Pers. Sg./Pl. des Personalpronomens findet sich im
Anlaut ein Labial (*b-* wie in türk. *ben* ‚ich‘/*biz* ‚wir‘ oder *m-* wie in
finn. *minä* ‚ich‘/*me* ‚wir‘), in der 2. Pers. Sg./Pl. dagegen ein *s-* (wie
in türk. *siz* ‚ihr‘ oder im Mandschu *si* ‚du‘) oder ein *t-* (wie in finn. *te*
‚ihr‘ oder in latein. *te* ‚du/Akk.‘).
Etliche der altaischen Sprachen sind Kultursprachen mit einer
langen Tradition. Die älteste schriftl. Überlieferung sind die in einer
runenähnl. Schrift geschriebenen Inschriften in der Sprache der sibir. Türken; sie wurden in den Flußtälern des Orchon und des Jeni-
sej gefunden, die ältesten stammen aus der Zeit um 700 n. Chr. Die
zweitälteste Schrifttradition ist für das → Uigurische im südl. Sibirien bezeugt. Die ältesten Texte in dieser Sprache stammen aus dem
8. Jh. Die älteste der tungus. Schriftsprachen, das ausgestorbene
Jurtschen, wurde im 12. Jh. geschrieben. Das klassische Mongol. ist
seit dem 13. Jh. schriftl. bezeugt.

Gruppierungen:
- Türkisch (Turksprachen): Protobulgarisch, Wolgabulgarisch – östl. (Uigu-
  risch, Usbekisch u. a.) – nördl. (Altaisch, Chakassisch u. a.) – südl. (Aser-
  baidschanisch, → Türkei-Türkisch u. a.) – westl. (Kasachisch, → Tatarisch
  u. a.) – Urum
- Mongolisch: östl. (Dagur, Monguor, Oiratisch, Khalkha-Mongolisch) –
  westl. (Mogholi)
- Tungusisch: nördl. (Ewenki, u. a.) – südl. (Nanaiisch u. a.)
- Koreanisch (?)
- Japanisch (??)

Lit.: Benzing 1955, Menges 1995, Miller 1996, Poppe 1955, 1965

Amerika, Sprachfamilien in Amerika. Was die frühe Besiedlung
Amerikas durch Menschen betrifft, besteht in vieler Hinsicht Einigkeit in der Forschung, selbst wenn es noch verschiedene Unklar-
heiten hinsichtl. der genaueren Lokalisierung des Ausgangsgebiets
der Migration in Asien sowie der genauen Datierung früher Fundstätten in Alaska gibt. Die einzige Menschenart, die Amerika bewohnt hat, ist moderne Mensch (Homo sapiens sapiens). Die
Existenz anderer Menschenarten, des Frühmenschen wie des
Homo erectus oder des archaischen Homo sapiens (Neandertaler),
deren Vertreter über weite Teile der Alten Welt verbreitet waren, ist
– trotz mancher gegenteiliger Spekulationen – für die Neue Welt
nicht nachzuweisen.

Menschen sind von Asien aus im Verlauf der letzten Eiszeit über die Meerenge der Beringstraße nach Alaska eingewandert. Es ist bislang unklar, ob die Einwanderer direkt aus dem nordöstl. Sibirien oder aus einer Region weiter südl. kamen, aus dem nördl. China und angrenzenden Gebieten. Es gibt zahlreiche Parallelen in der materiellen Kultur paläoasiat. Völker und früher Indianerkulturen des amerikan. Nordwestens. Andererseits weisen einige anthropolog. Merkmale (z. B. Struktur des menschl. Gebisses) auf das nördl. China (äußere Mongolei) als mögl. Ursprungsland der Migranten (von Anthropologen Sinodonten genannt).

Zur Zeit der maximalen Vereisung (zwischen 25000 und 18000 v. Chr.) lag der Wasserspiegel der Weltmeere so niedrig, daß die Beringstraße eine von Eis bedeckte, interkontinentale Landbrücke bildete, die erst um 12000 v. Chr. vom Meer überspült wurde. Unabhängig davon, ob die Landbrücke vollständig oder nur teilweise unter dem Eisschild lag, war der Übergang von Sibirien nach Alaska ohne die Benutzung von Booten möglich. Ab etwa 16000 v. Chr. verbreitete sich im östl. Sibirien eine Kultur von Großwildjägern mit charakterist. Steinwerkzeugen, die Dyukhtai-Kultur (benannt nach einem Fundort im Tal des Aldan, eines Nebenflusses der Lena). Sie dehnte sich nach Nordchina und auf die Kamtschatka-Halbinsel aus. Auf amerikan. Seite wurden Relikte eben dieses Kulturhorizonts aus der Zeit um 9200 v. Chr. (Dry Creek I im nördl. Vorland der Alaska Range) gefunden.

Nach geolog. Erkenntnissen war der Zugang von Alaska in den amerikan. Nordwesten durch zwei Gletscherketten versperrt, die in der Region zwischen Edmonton und Calgary in der heutigen kanad. Provinz Alberta zusammentrafen. Als die Eismassen um 13000 v. Chr. anfingen abzuschmelzen, öffnete sich ein eisfreier Korridor, durch den Menschen ungehindert in die Ebenen Nordamerikas einwandern konnten.

Menschen müssen aber bereits früher in Gebiete weiter südl. gelangt sein, und zwar südl. der Kordillere über die Eisfelder in der Küstenregion des Pazifik, denn der älteste menschl. Lagerplatz in Südamerika (Monte Verde im südl. Chile) wird auf 12000–12500 v. Chr. datiert. Nach allgemeiner Annahme hat es Jahrtausende gedauert, bis Menschen den amerikan. Kontinent vom hohen Norden bis in den extremen Süden durchzogen hatten.

Menschen sind zu verschiedenen Zeiten von Sibirien aus in drei sukzessiven Migrationswellen nach Amerika eingewandert. Während der ersten, eiszeitl. Wanderung kamen Menschen in kleineren Gruppen (Sippenverbänden) nach Alaska. Dies waren Großwildjäger, die den Zügen der Mammutherden folgten. Eine zweite Migrationswelle brachte die Vorfahren der Na-Dene-Populationen nach Amerika. Längere Zeit bewohnten diese „Neuamerikaner" (hauptsächl. Athabasken) das Innere Alaskas und die Yukon-Region. In späteren Migrationen wanderten Gruppen von Athabasken in den Süden und Südwesten Nordamerikas, in Gebiete, die von den „Altamerikanern", den Nachkommen der ersten Migrantenwelle, bewohnt waren. Zu den nach Süden gewanderten Indianern gehören als bevölkerungsstärkste Gruppe die Navaho.

In einer dritten größeren Migrationswelle sind die Vorfahren der heutigen Eskimo eingewandert. Die Expansion der Eskimo steht in Verbindung mit der Verbreitung einer fortschrittl. lithischen Kultur, der Thule-Kultur, deren materielle Hinterlassenschaft sich um 700 v. Chr. auf beiden Seiten der Beringstraße nachweisen läßt. Zu den Besonderheiten dieses Kulturstadiums gehören u. a. fein bearbeitete Klingen aus Feuerstein, technisch hochentwickelte Harpunen aus Elfenbein sowie eine differenzierte Ornamentik und religiöse Symbolik. Die Thule-Kultur gelangte mit den Eskimo über die Küstenregion des nördl. Kanada um 1000 n. Chr. bis nach Grönland. Dort kam es im 12. Jh. zur Konfrontation zwischen Eskimo und skandinavischen Kolonisten.

Im Hinblick auf die chronolog. Ausgliederung der Sprachen Amerikas ist in jedem Fall von einer Dreigliederung auszugehen. Zur ältesten Gruppe gehören alle Sprachen, die sich seit dem Ende der letzten Eiszeit auf amerikan. Boden entwickelt haben. Die zweite Gruppe umfaßt solche Sprachen, die sich als Folge der Einwanderung der Na-Dene-Populationen ausgegliedert haben. Die dritte und jüngste Gruppe sind die regionalen Dialekte des Inuit, d. h. des in Kanada und Grönland gesprochenen → Eskimo und das damit verwandte Aleutische.

Diese Konstellation sukzessiver Migrationen und sprachl. Ausgliederungen ist auch die Orientierung für die von Joseph H. Greenberg (1987) vorgeschlagene Dreiteilung der Sprachen Amerikas. Trotz ihrer inneren Logik ist Greenbergs Klassifizierung methodisch nicht überzeugend, denn unter der großen Zahl an Einzelsprachen, die unter der Rubrik „Amerind" zusammengefaßt werden, lassen sich nur gruppenweise verwandtschaftl. Beziehungen nachweisen, und für eine „amerindische" Superfamilie läßt sich kein Verwandtschaftsprofil erstellen. Die meisten Sprachwissenschaftler stehen daher dieser Dreiteilung skeptisch gegenüber.

Die alternativen Klassifizierungen für die mehr als 1000 Sprachen Amerikas sind komplex und schwer überschaubar. Allein für die Sprachen des nördl. Amerika sind mehrere Dutzend Familien vorgeschlagen worden. Die erste Klassifizierung mit wissenschaftl. Ansprüchen stammt von John Wesley Powell (1891), der insgesamt 58 Sprachfamilien unterschied. Edward Sapir (1929) reduzierte deren Zahl drastisch auf sechs, wobei es sich bei dieser Gruppierung um Makrogruppierungen handelt, die im Englischen als „macrophyla" bzw. „superstocks" bezeichnet werden. Der heutige Trend der Forschung geht dahin, extreme Feingliederungen ebenso wie großzügige Grobgliederungen zu vermeiden und einen Mittelweg zwischen den beiden Extremen einzuhalten. Am verbreitetsten sind Klassifizierungen, in denen zwanzig oder mehr Sprachfamilien unterschieden werden.

Für die mittelamerikan. Großregion werden mindestens sechs Sprachfamilien unterschieden. Seit den ersten Klassifizierungsversuchen südamerikan. Sprachen (angefangen mit der Dokumentation des Jesuiten Lorenzo Hervás y Panduro im 18. Jh.) hat die Sprachforschung die verschiedensten Gruppierungen vorgeschlagen, wobei nicht selten Kriterien der Sprachverwandtschaft und Phänomene des Sprachkontaktes vermengt worden sind. Heutzutage tendiert man dazu, zwischen rein genealog. Gruppierungen und solchen Einteilungen zu trennen, in denen areale Konvergenzen aufgrund von Sprachkontakten berücksichtigt werden. Für Südamerika ist mit einer Zahl von mehr als dreißig Sprachfamilien zu rechnen (→ Arawak, → Chibcha, → Macro-Ge-Familie u. a.).

In den drei amerikan. Großregionen gibt es einzelne Sprachen, die sich keiner der postulierten Sprachfamilien zuordnen lassen. Hierbei handelt es sich um genealog. → isolierte Sprachen mit einem ähnlichen Status wie das → Baskische in Europa. Zu den isolierten Sprachen zählen in Nordamerika das Kutenai (in British Columbia, Kanada und Idaho, USA), das Zuñi (in New Mexico, USA) u. a., in Mittelamerika das Huave (Oaxaca, Mexiko), Taraskische (Michoacán, Mexiko) u. a., in Südamerika das Kaimbé (Bahia, Brasilien), Muniche (Flußtal des Paranapura, Peru) u. a. Die meisten der isolierten Sprachen (mehr als 70) sind in Südamerika verbreitet.

Einige der altamerikan. Sprachen haben sich in präkolumb. Zeit zu Instrumenten hochstehender Zivilisationen entwickelt. Dies gilt für das klassische Nahuatl und das klassische → Maya, beides Sprachen, in denen ein umfangreiches Schrifttum aufgezeichnet worden ist. In Südamerika fungierte das → Quechua als Staatssprache des Inca-Reichs. Mit der Technologie der Quipu-Schnüre war nicht nur die Notation von Zahlbegriffen, sondern auch von Warenbezeichnungen, Personen und Ortsbestimmungen möglich. Zwar haben sich die Hochkulturen Mittelamerikas zeitl. später (seit etwa 500 v. Chr.) als die archaischen Zivilisationen in der Alten Welt entfaltet, ihre autarke Entstehung in der Neuen Welt ohne äußere Einflüsse verdeutlicht jedoch, daß amerikan. Sprachen ebenso wie die Sprachen der Alten Welt das Potential besaßen, hochentwickelte Kulturen aufzubauen.

Lit.: Campbell 1992, Derbyshire/Pullum 1986, Fagan 1995, Klein 1992, Pinnow 1964, Rood 1992

Amharisch, Amharinya (Amharic, amharien). Amhar. wird von etwa 23 Mio. Menschen gesprochen; davon sind 20 Mio. Primärsprachler und 3 Mio. Zweitsprachler. Rund ein Drittel der Bevölkerung Äthiopiens (17,8 Mio. von 53,4 Mio.) sprechen Amhar. als Muttersprache; ein weiteres Drittel spricht es als Zweitsprache, kann es verstehen oder besitzt zumindest Grundkenntnisse. Amhar. ist (nach dem → Arabischen) die zweitstärkste semit. Sprachgemeinschaft. Unter den Sprachgemeinschaften des subsaharan. Afrika ist Amhar. die zahlenmäßig drittstärkste (nach → Swahili und → Hausa). Amhar. Außengruppen sind im Südosten des Sudan und im Süden Ägyptens beheimatet. Ende der 1980er Jahre wurden rund 40 000 jüdische Amharen nach Israel umgesiedelt.

Ursprungsgebiet der Amharen ist die Region Amhara auf der Nordseite des Blauen Nils, im heutigen Gebiet der Provinzen Begemidir und Wello. Von dort aus hat sich das Amhar. im Verlauf der vergangenen acht Jahrhunderte ausgebreitet. Nach der Verfassung Äthiopiens aus dem Jahre 1987 ist Amhar. Staatssprache des Landes.

Amhar. ist eine → semitische Sprache; enge verwandtschaftl. Beziehungen bestehen zur Gruppe der südarab. Sprachen. Innerhalb der äthiop. Untergruppe des Semit. gehört das Amhar. zum Kreis der südl. Sprachen, wozu das Argobba, Gafat, Harari und die Gurage-Sprachen zählen. Die nördl. Gruppe der äthiop. Sprachen umfaßt das ausgestorbene Ge'ez (Gi'iz) und die modernen Sprachen Tigré und Tigrinya. Das amhar. Sprachgebiet ist dialektal kaum differenziert. Unterschiede in der Lautung, in der Syntax und im Lexikon gibt es zwischen der Sprache der urbanen Bevölkerung (Addis Abeba, Gonder) und der Landbevölkerung (insbesondere in den Provinzen Shewa und Wello).

Rund drei Viertel des amhar. Wortschatzes sind semit. Erbwörter (z. B. amhar. *ras* ,Kopf', *hullu* ,alles', *wiha* ,Wasser'). In der Zeit seit der Annahme des Christentums im 4. Jh. haben Entlehnungen aus der Sakralsprache Ge'ez die religiöse Terminologie des Amhar. geprägt. Mit Ge'ez-Elementen werden im Amhar. auch moderne Neubildungen geschaffen. Über das christl. Schrifttum machte sich in der Spätantike und im Mittelalter der Einfluß des → Griechischen auf das Amhar. bemerkbar. Zur Schicht der neueren Lehnwörter gehören Arabismen (z. B. *bunna* ,Kaffee'), Italianismen (z. B. *bosta* ,Post'), Gallizismen (z. B. *bolis* ,Polizeit') und Anglismen (z. B. *tayp* ,Schreibmaschine').

Während des gesamten Mittelalters stand das Amhar. als Volkssprache unter dem Einfluß des Ge'ez, das die wichtigste Schriftsprache der äthiopischen Christen war. Amhar. Schriftzeugnisse aus älterer Zeit sind nur spärlich überliefert. Amhar. gehört zu dem kleinen Kreis afrikan. Sprachen, die den Europäern bereits im 17. Jh. gut bekannt waren. Der deutsche Orientalist J. Ludolf veröffentlichte im Jahre 1698 eine „Grammatica linguae amharicae" und ein „Lexicon amharico-latinum". In den 1820er Jahren wurden zunächst Teile der Bibel und schließlich das Neue Testament ins Amhar. übersetzt.

Das Amhar. wird mit der einzigen noch vitalen Schriftvariante des südsemit. Schriftenkreises geschrieben. Diese sog. „äthiopische Schrift" ist vom Ge'ez adaptiert worden, das damit seit Mitte des 4. Jh. geschrieben wurde. Das Besondere an der äthiop. Schrift ist, daß ihr Zeichenbestand für die Schreibung von Konsonanten nach sieben Vokalreihen variiert ist. Das moderne Amhar. ist erst im Laufe des 20. Jh. standardisiert worden.

Lit.: Bender 1992, Cohen 1936, Titov 1976

Amto-Musa. Zwei miteinander verwandte Sprachen, die südl. des Upper Sepik River in Papua-Neuguinea nahe der Grenze zu Indonesien (Irian Jaya) gesprochen werden und die mit keiner der anderen Papua-Sprachen näher verwandt sind.

Andamanische Sprachen (13 Sprachen). Die Sprachen dieser Familie sind auf der politisch zu Indien gehörenden Inselgruppe der Andamanen verbreitet. Zwischen den andaman. und bestimmten nichtaustrones. Sprachen besteht möglicherweise eine weitläufige genealog. Beziehung. Nach J.H. Greenberg konstituiert das Andaman. einen selbständigen Sprachzweig innerhalb des Indo-Pazifischen, wozu außerdem die Papua-Sprachen, die Bougainville-Gruppe und das ausgestorbene Tasmanische gehören. Die Klassifizierung der indo-pazif. Sprachen ist bisher umstritten.

Andhram → Telugu

Andische Sprachen. Unter dieser Bezeichnung werden Sprachen verschiedener genet. Gruppierung zusammengefaßt, die im Andengebiet Südamerikas verbreitet sind. Ihre Kategorisierung als „andisch" beruht vorrangig auf geograph. Kriterien, weniger auf genealog. Verwandtschaft. Die Ähnlichkeiten zwischen den and. Sprachen sind wahrscheinlich das Ergebnis langfristiger Kontakte zwischen den Andenvölkern.

Die nach ihren Sprecherzahlen bedeutendste and. Sprachengruppe sind die → Quechua-Sprachen, die von Ecuador im Norden bis nach Chile und Argentinien im Süden verbreitet sind. Von den and. Sprachen sind nur die Quechua-Varianten von Cuzco und Ayacucho sowie das → Aymará als Nationalsprachen (in Peru) anerkannt.

Gruppierungen:
• Alacaluf • Kahuapana • Chon (Ona-Chon) • Quechumaran (Kechumaran): Quechua, Aymará • Xibito-Cholon

Lit.: Voegelin/Voegelin 1977

Arabisch (Arabic, arabe). Arab. wird von 209 Mio. Menschen gesprochen; davon sind 202 Mio. (96,6 %) Primärsprachler und 7 Mio. (3,4 %) Zweitsprachler. Ursprüngl. war Arab. die Sprache semit. Nomadenstämme im Nordwesten und Zentrum der Arab. Halbinsel. Seit den Zeiten der islam. Expansion im 7. Jh. hat sich das arab.

Sprachgebiet interkontinental ausgeweitet. Heutzutage ist Ägypten das Land mit den meisten Arab.-Sprachigen (62,5 Mio.).

Das Arab. hat seit der Antike eine enorme Ausweitung seines soziokulturellen Potentials erlebt. Ursprüngl. nur gesprochene Stammessprache, avancierte es als Medium des Koran zur Sakralsprache der islam. Glaubensgemeinschaft, zur Kanzleisprache der histor. arab. Reiche und zur Staatssprache vieler Länder. Arab. ist Amtssprache in 24 Staaten Asiens und Afrikas.

Das moderne Arab. ist in zahlreiche regionale Varianten ausgegliedert, die von den einen als Dialekte, von den anderen als selbständige arab. Sprachen identifiziert werden. In der Tat unterscheiden sich die gesprochenen Varianten teilweise erheblich voneinander, so daß eine Verständigung zwischen einem Sudanesen und einem Marokkaner oder einem Iraqi und einem Jemeniten leichter über das Medium der modernen arab. Standardsprache gegeben ist.

Etliche der lokalen Varianten sind mit Flüchtlingen und Arbeitsimmigranten aus arab. Ländern nach Westeuropa transferiert worden und hier seit Jahrzehnten heimisch. Dies gilt für das maghrebin., alger. und tunes. Arab., die von mehr als 2 Mio. Menschen arab. Herkunft in Frankreich gesprochen werden. Als Sakralsprache ist ebenfalls das Klassische Arab. bei den Muslimen in Europa verbreitet.

Arab. ist eine → semitische Sprache und gehört zur zentralen Gruppe des Westsemit. Am nächsten ist es mit dem → Maltesischen verwandt. Typolog. nimmt das Arab. eine Brückenstellung ein zwischen den nordwestsemit. (Kanaanitisch, → Hebräisch, → Aramäisch, Phönizisch) und den südsemit. Sprachen (altes Südarab.: Sabäisch, Thamudisch u.a.; äthiop. Semit.: Geʿez, → Amharisch u.a.). Mit den letzteren teilt das Arab. konservative Züge im Lautsystem und die Eigenheit des „gebrochenen Plural" mit der Alternation der Stammvokale (z.B. arab. *kitab* ‚Buch/Sg.'/*kutub* ‚Bücher/ Pl.'). Parallele Entwicklungen mit den nordwestsemit. Sprachen sind der präponierte bestimmte Artikel *ha-* (wie im Hebräischen) und die Kennzeichnung der 1. Pers. Perfekt in der Verbalflexion durch das Element *-t-*. Typisch für das Arab. – wie für andere semit. Sprachen – sind Wurzelmorpheme (lexikal. Basismorpheme), die ausschließl. aus Konsonanten bestehen. Der allergrößte Teil dieser Wurzelmorpheme (mehr als 90 %) setzt sich aus drei Konsonanten zusammen, wenige Wurzelwörter haben vier oder fünf Konsonanten. Aus Kombinationen von Wurzelmorphemen und aus der Zuordnung verschiedener Vokalqualitäten entstehen vielfältige Ableitungen von Basismorphemen (z.B. *xabbaz* ‚Bäcker' als Ableitung von der Wurzel *xbz*, *kulayb* ‚kleiner Hund' von *klb*). In der Nominalflexion werden folgende grammat. Kategorien unterschieden: Genus (mask./fem.), Numerus (Sg., Dual, Pl.), Kasus (Nom., Gen., Akk.), Bestimmtheit (best. Artikel vs. unbest. Artikel, als Null-Markierung).

Der semit. Erbwortschatz des Arab. ist weit verzweigt und gut erhalten. Die wichtigste Sprache, der das Klassische Arab. die meisten seiner Kulturwörter verdankt, ist das → Griechische in seiner mittelgriech. Sprachform. Wesentlich bedeutender war jedoch die direkte Einwirkung der islam. Sakralsprache und des klassisch-arab. Schriftmediums auf zahlreiche Sprachen nichtarab. Muslime in Asien und Afrika. Dazu zählen solche mit einer reichen Schrifttradition wie → Persisch, → Türkisch oder → Urdu. Direkte arab. Entlehnungen finden sich auch in geograph. weit entfernten Sprachen, im → Tatarischen an der Wolga, im → Uigurischen, einer Turksprache in Nordwestchina, im → Malaiischen Südostasiens, im → Swahili Ostafrikas, im → Hausa Westafrikas oder in den → Berbersprachen der westl. Sahara.

Das Arab. hat seine sprachl. Spuren auch in vielen Sprachen hinterlassen, die nicht von Muslimen gesprochen werden. Während der Zeit der Maurenherrschaft auf der Pyrenäenhalbinsel, d.h. zwischen dem 8. und 15. Jh., sind Tausende von Arabismen ins → Spanische und → Portugiesische, in geringer Zahl auch ins → Katalanische entlehnt worden. Kulturwörter arab. Herkunft finden sich im Wortschatz aller modernen Sprachen, wie beispielsweise im → Deutschen *Kaffee, Algebra, Sandelholz* oder *Watte*. Hinzu kommt noch die spezielle Terminologie im Zusammenhang mit der arab.-islamischen Kultur (z.B. *Koran, Moschee, Minarett, Mullah*).

Arab. ist seit der Antike schriftl. überliefert. Die ältesten Schriftzeugnisse sind Inschriften aus der Zeit zwischen dem 5. und 3. Jh. v. Chr., die im Nordwesten und im Zentrum der Arab. Halbinsel gefunden wurden. Die für das Altarab. verwendete Schrift ist abgeleitet vom südarab. Alphabet. Das Klassische Arab., wie es im Koran vollständig ausgeprägt ist, bildete sich seit dem 2. Jh. n. Chr. heraus und wurde in vorislam. Zeit zur Aufzeichnung lyrischer Dichtung verwendet.

Zunächst schrieb man arab. Texte in der von den Nabatäern verwendeten Schriftart. Um 500 n. Chr. hatte sich dann die Variante herausgebildet, die wir „arabische" Schrift nennen. Die ursprünglich 22 Zeichen des Nabatäischen wurden um diakrit. Zusatzzeichen (Punkte über oder unter dem Basiszeichen) erweitert, um die 28 Konsonantenphoneme des Arab. wiederzugeben. Jedes Zeichen hat vier elementare Formen, je nach dem, ob es allein oder in Verbindung mit anderen Zeichen auftritt. Auf diese Weise gibt es die Formen des „unabhängigen" Zeichens, des Zeichens am Wortanfang (mit einseitigem Zeichenanschluß), im Wortinlaut (mit beidseitigem Zeichenanschluß) und im Wortauslaut (mit einseitigem Zeichenanschluß). Bereits in vorislam. Zeit prägten sich zwei Schreibstile aus, ein eckiger (Mašq-Schrift) und ein kursiver (Ma'il-Schrift). In der islam. Periode fächert sich das Spektrum der Schreibstile weiter aus. Unter anderem bilden sich das Kufische (Zeremonial- und Buchschrift) und die Neshi-Schrift (davon abgeleitet der ornamentale Thuluth-Stil) heraus. Auf der Neshi-Schrift basieren die Schreibstile aller regionaler Varianten des modernen Arab. Die Flexibilität der arab. Kursive zeigt sich besonders deutlich in der kalligraph. Verwendung von Schriftzeichen.

Mit dem Koran festigte sich der Sprachgebrauch des Klassisch-Arab., das im 8. und 9. Jh. durch die Grammatiker standardisiert wurde. Infolge der islam. Expansion etablierte sich das Klassisch-Arab. als Hochsprache im gesamten islam. Kulturkreis. Als Sakralsprache und Schriftmedium wurde es in drei Kontinenten verwendet: in West- und Zentralasien sowie im südl. Sibirien, in Nord-, Ost- und Westafrika, in Osteuropa (bei den islam. Völkern der Wolgaregion und des Kaukasus) und in Südwesteuropa (maurisches Spanien). Während die von Arabern selbst verfaßte Literatur die Entwicklung des orthodoxen religiösen Schrifttums bestimmte, entfaltete die von Nichtarabern verwendete arab. Sprache ein breit gefächertes Spektrum von regionalen, bei Arabern unbekannten Genres.

Arab. wurde bereits in vorislam. Zeit von nichtarab. Muttersprachlern, auch von Christen und Juden geschrieben; das umfangreichste Schrifttum stammt aus Syrien (Palmyra). Noch heute gibt es Enklaven arab. Christen (Maroniten) auf Zypern. Als Sprache der Wissenschaft wurde Arab. bevorzugt von den sephard. Juden in Spanien verwendet. Diese von Nichtarabern geprägten Varianten des Arab. werden als Mittelarab. klassifiziert.

Das arab. Schrifttum zählt zu den reichsten literar. Traditionen der Welt, sowohl im Hinblick auf die Produktion von Belletristik und Sachprosa als auch was die Vielfalt der vertretenen Genres betrifft. Wichtige Werke dieses Schrifttums sind verloren gegangen, als die christl. Eroberer Córdobas, die die Stadt 1236 im Zuge der Reconquista zurückeroberten, in ihrem arroganten Bewußtsein militär. Überlegenheit über die Mauren die dortige Bibliothek mit mehr als einer Million Handschriften verbrannten. Diese Bibliothek war nicht nur die größte zeitgenöss. Sammlung von Wissen in Europa, sondern auch im gesamten islam. Kulturkreis sowie im weltweiten Vergleich.

Auf Arab. ist außerdem ein umfangreiches Übersetzungsschrifttum entstanden. Durch die Rückübersetzung ursprüngl. griech. Quellen aus dem Arab. ins Latein. sind wichtige antike Werke, die andernfalls verschollen wären, für die europ. Kulturgeschichte gerettet worden. Dazu gehören u. a. auch einige Werke von Aristoteles, die in der Übersetzungsschule von Toledo aus arab. Quellen rekonstruiert worden sind. Die Wissenschaftstradition Westeuropas (Medizin, Astronomie, Geographie, Vermessungswesen u. a.) ist entscheidend durch arab. Originalwerke beeinflußt worden.

Mit der polit. Schwächung arab. Königreiche und Khalifate im 16. Jh. ließ auch das literar. Kulturschaffen in Arab. nach. Im 19. und 20. Jh. erlebte das Klassisch-Arab. eine Renaissance, es wurde standardisiert und modernisiert. Vom Klassisch-Arab. unterscheidet sich das moderne Standardarab. in lexikal. und stilist. Eigenheiten, der grammat. Bau und die Syntax sind aber weitgehend identisch. In den Ländern, wo eine moderne Variante des Arab. verbreitet ist, herrscht Diglossie vor: das Standardarab. überdacht als multifunktionale Hochsprache den lokalen Dialekt.

Die wichtigsten regionalen Varianten:
- *Afrika:* Ägypt.-Arab. (Arab. Unterägyptens; 42,5 Mio. Primärsprachler in Ägypten, Libyen u. a.), alger. Arab. (22,4 Mio. in Algerien, Frankreich u. a.), maghrebin. Arab. (19,5 Mio. in Marokko, Frankreich u. a.), sudanes. Arab. (Khartoum-Arab.; 18 Mio. im Sudan, in Ägypten u. a.), tunes. Arab. (9,4 Mio. in Tunesien, Frankreich u. a.), levantin. Bedawi-Arab. (2,6 Mio. in Ägypten, Jordanien u. a.), Mauri-Arab. (Hassaniya-Arab.; 2,3 Mio. in Mauretanien, Niger u. a.), Tschad-Arab. (Suwa-Arab.; 1,03 Mio. im Tschad, in Nigeria u. a.)
- *Asien:* mesopotam. Arab. (Furati; 15,1 Mio. im Irak, in Syrien u. a.), Najdi-Arab. (9,7 Mio. in Saudi-Arabien, im Irak, in Syrien u. a.), nordjemenit. Arab.

(Sanaa-Arab.; 7,6 Mio. im nördl. Jemen), südjemenit. Arab. (Ta'izzi-Aden-Arab.; 6,8 Mio. im südl. Jemen), syro-mesopotam. Arab. (Moslawi; 6,3 Mio. im Irak, in Syrien u. a.), Westarab. (Hijazi; 6 Mio. in Saudi-Arabien), palästin.-jordan. Arab. (6,2 Mio. in Jordanien, Palästina u. a.), Golf-Arab. (Khaliji; 2,44 Mio. in Kuwait, Saudi-Arabien, Bahrain u. a.)

Lit.: Blau 1988, Fischer 1982, Fischer/Jastrow 1980, Wehr 1968

Aramäisch (Aramaic, araméen). Aram. ist eine der wenigen antiken Kultursprachen (→ Griechisch, → Hebräisch, → Chinesisch), die bis heute nicht nur in geschriebener, sondern auch in gesprochener Form überlebt haben. Die Zahl der Sprecher neuaram. Varianten beläuft sich allerdings auf nicht mehr als 0,45 Mio.

Das Prestige des Aram. als Kultursprache, als Staatssprache und als Sprache der internationalen Diplomatie im Zeitraum zwischen 700 und 200 v. Chr. erklärt sich einerseits aus der Tatsache, daß Aramäer in alle polit. bedeutenden Reiche des Nahen Ostens migrierten und dort zu einem wesentl. Faktor in der Wirtschaft und im Kulturleben avancierten. Zum anderen bot sich mit dem aram. Alphabet eine Schreibtechnologie an, die wesentlich einfacher und übersichtlicher war als die traditionelle Keilschrift.

Das Besondere an der am Aram. orientierten Kulturtradition ist, daß es als sprachl. Medium den Vertretern der verschiedensten religiösen Weltanschauungen diente, des Polytheismus ebenso wie des Judentums und der christlichen Lehre.

Aram. gehört zur nordwestl. Gruppe der → semit. Sprachen und ist am nächsten mit dem Hebräischen verwandt. Bedingt durch die frühe geograph. Zersplitterung des aram. Sprachgebiets und die Einwirkung regionaler Kontaktsprachen haben sich in der Zeit nach 200 n. Chr. verschiedene lokale, teilweise erheblich divergierende Varianten des Aram. ausgebildet, von denen sechs auch eine selbständige Schrifttradition entfaltet haben. Von manchen Forschern werden sie daher als eigenständige Sprachen identifiziert. Demnach wäre der Name „Aramäisch" eine Sammelbezeichnung für eine Gruppe von histor. Einzelsprachen, ähnlich wie sich das → Saamische in Nordeuropa in mehrere selbständige Sprachen ausgegliedert hat.

Die Ausgliederung der modernen aram. Sprachzonen zeigt folgende Verteilung: 1) syrisches Aram. (Dialekte der Ma'lula-Gruppe), 2) Turoyo-Aram. im Südosten der Türkei, 3) nordöstl. Aram. in einer Zone von der Osttürkei über den nördl. Irak bis in den Nordwesten Irans, 4) modernes Mandäisch in Khusistan (Iran). Zum nordöstl. Aram. gehört auch das Assyrische bzw. „Neuassyrische" (→ Aisor) im nördl. Teil des Kaukasus (Südrußland).

Der semit. Erbwortschatz des Aram. ist zu einem großen Teil bis ins Lexikon der modernen Sprachvarianten erhalten geblieben. Wichtige Kontaktsprachen des Aram. in der Antike waren → Akkadisch, → Persisch, Griech. und Hebräisch. Die lokalen Varianten des Aram. zeigen die Einwirkung lokaler Kontaktsprachen wie des → Arabischen, → Kurdischen und → Türkischen.

Aram. war in einem weiten Gebiet verbreitet, das sämtl. Länder des Nahen und Mittleren Ostens einschloß. Inschriften in aram. Sprache sind an der Ostküste der Ägäis, in Südägypten, im Kaukasus, auf der Arab. Halbinsel, im Iran und Afghanistan bis hin nach Indien gefunden worden. Die am weitesten im Osten gelegene Fundstelle ist Kandahar im zentralindischen Bundesstaat Marashtra. Die schriftl. Überlieferung des Aram. begann im 10. Jh. v. Chr. Die älteste geschriebene Variante, das Samalische (bzw. Yaudische), verschwand bald. Alle späteren aram. Sprachvarianten basieren auf dem gemeinen Altaram.

Ein großer Teil der antiken aram. Texte entstand in der Periode, als Aram. offizielle Amts- und Kanzleisprache der Königreiche des Nahen und Mittleren Ostens war, d. h. in der Zeit zwischen 700 und 200 v. Chr. Auch das Mittelaram. in der Zeit danach wurde häufig als Schriftsprache verwendet und in zahlreichen lokalen Varianten gesprochen. Die Muttersprache des histor. Jesus von Nazareth war das Aram. Einige der Texte in den Schriftrollen vom Toten Meer (Qumran) sind in Mittelaram. verfaßt.

In der spätaram. Periode wurden sechs verschiedene Varianten geschrieben, die sich auf lokale Dialekte in einer Zone zwischen Palästina und Mesopotamien stützten: Jüdisch-Aram. und Christl. Aram. in Palästina, Mandäisch und Jüdisch-Babylon. Aram. in Mesopotamien, Jüdisch-Aram. und Christl. Aram. in Syrien. Mit dem Vordringen des Islam im 7. Jh. verlor das Aram. rasch an Bedeutung, und seine sozialen Funktionen als Schriftmedium gingen ans → Arabische über.

Als Bildungssprache und zur Aufzeichnung von biblischen Kommentaren hat sich das Aram. am längsten bei den sephard. und aschkenas. Juden gehalten. Der zweite Teil des Talmud, die Gemara, ist größtenteils auf Aram. verfaßt. Da der Talmud neben der Bibel die wichtigste Textsammlung der jüdischen Tradition ist, ist das Aram. neben dem Hebräischen als Bildungssprache immer lebendig geblieben. Als gesprochene Sprache hat sich das Aram. in zahlreichen christl. und jüdischen Enklaven bis heute erhalten.

Die Ausstrahlung des Aram. als Kultursprache kann man u. a. daran messen, daß seine Schrift das Zeichenrepertoire geliefert hat, von dem sich im Westen die hebräische Quadratschrift und im Osten die Schreibung der indischen Zahlen ableitete. Das Syrisch-Aram. hat verschiedene lokale Schriftvarianten ausgebildet (Serto, Estrangelo, Nestorianisch). Die Araber übernahmen die indische Konvention der Zahlenschreibung und formten danach ihre eigenen Zahlzeichen, die ihrerseits nach Europa transferiert wurden und von dort aus später in alle Welt gelangten.

Die dreitausendjährige Sprachgeschichte des Aram. wird folgendermaßen periodisiert: Altaram. (10.–7. Jh. v. Chr.), Königsaram. (700–200 v. Chr.), Mittelaram. (200 v. Chr.–200 n. Chr.), Spätaram. (200–750 n. Chr.), Modernes Aram.

Lit.: Beyer 1986, Kutscher 1971, Segert 1975

Araukanische Sprachen. Kleine Gruppe von Indianersprachen, mit zwei noch lebenden Vertretern im südl. Chile und im benachbarten Argentinien. Die größte Sprachgemeinschaft ist die des Mapudungun (0,44 Mio.), das von den Mapuche-Indianern gesprochen wird. Es ist keine genealog. Verwandtschaft mit anderen Sprachen Südamerikas bekannt.

Arawakische Sprachen (74 Sprachen). Arawak. ist die Sprachfamilie Mittel- und Südamerikas mit der größten geograph. Ausdehnung. Arawak. Sprachen sind über ein weites Gebiet verbreitet, von Belize in Mittelamerika bis Paraguay in Südamerika, von der Andenregion bis zur Mündung des Amazonas. Die Sprachgemeinschaften leben überwiegend isoliert, umgeben von nichtarawak. Mehrheitsbevölkerung.

Die meisten Sprachen dieser Familie sind Kleinsprachen mit jeweils wenigen hundert oder tausend Sprechern. Lediglich drei Sprachgemeinschaften sind zahlenmäßig bedeutender: Goajiro (0,127 Mio. in Kolumbien und Venezuela), Black Carib (94 000 in Honduras, Belize und Guatemala), Varianten des Campa (47 000 in Peru und Brasilien).

Armenisch (Armenian, arménien). Von den rund 7,4 Mio. Sprechern des Armen. (*Hayeren*) leben 5,1 Mio. in europ. Staaten. Die armen. Sprachgemeinschaft ist sehr zersplittert. Die größte Gruppe sind die Armenier, die in dem seit 1991 unabhängigen Armenien (3,2 Mio.) beheimatet sind. In den anderen Nachfolgestaaten der ehemaligen Sowjetunion leben weitere 1,42 Mio. Armenier (Rußland 0,532 Mio., Georgien 0,437 Mio., Aserbaidschan 0,391 Mio., Usbekistan 50 000, Turkmenistan 32 000, Kasachstan 19 000, Tadschikistan 6000, Kirgisistan 3300).

Zahlenmäßig bedeutende armen. Außengruppen sind auch in den Staaten des Nahen Ostens zu finden (Syrien 0,32 Mio., Libanon 0,234 Mio., Iran 0,171 Mio., Irak 60 000, Türkei 60 000, Jordanien 8000, Israel 3000, Zypern 2700), außerdem in Ägypten (0,1 Mio.). In Südosteuropa leben armen. Gruppen in Bulgarien (27 000), Rumänien (26 000) und Griechenland (21 000). Von den in westeurop. Staaten verstreut lebenden Armeniern (0,386 Mio.) ist die größte geschlossene Außengruppe in Frankreich (71 000) beheimatet.

Viele Armenier sind seit dem 19. Jh. und verstärkt nach dem Ersten Weltkrieg nach Nordamerika ausgewandert. In den USA leben 1,61 Mio. US-Bürger armen. Abstammung, von denen der größte Teil das Armen. als Muttersprache bewahrt hat. Ein kleiner Teil ist auch nach Kanada emigriert (heute rund 41 000). Eine kleine Außengruppe (900) lebt in Honduras.

Das Armen. stellt einen eigenen Sprachzweig innerhalb der → indoeuropäischen Sprachfamilie dar und ist dessen einziger, lebender Vertreter. Möglicherweise ist das in der Antike in Westanatolien verbreitete Phrygisch näher mit dem Armen. verwandt. Nach seiner Stellung im Kreis der indoeurop. Sprachen gehört das Armen. wie die → slawischen, balt. und → indo-iranischen Sprachen zur sog. Satem-Gruppe. Schon im ausgehenden 2. Jt. v. Chr. wurden die Armenier mit ihrem eigenen Namen (altarmen. *Hay*) in hethitischen Inschriften als *Hayasa* erwähnt. Seit etwa 600 v. Chr. taucht auch die Fremdbezeichnung der Armenier in den antiken Quellen auf (griech. *Armenioi*, lat. *Armenii*).

Die dialektale Ausgliederung des modernen Armen. geht auf das 15. und 16. Jh. zurück. Ende des 19. Jh. klassifizierte Arsen Aytenian die Dialekte nach geograph. Kriterien in vier Hauptgruppen: 1) Van (südöstl. Türkei), Mesopotamien, 2) Istanbul, Kleinasien, 3) westl. Polen, Transsylvanien/Rumänien, 4) Ostregion, Astrachan, Iran,

Rußland. Eine zu Beginn des 20. Jh. erstellte Klassifizierung, die grammat.-stilist. Unterschiede berücksichtigt und die armen. Dialekte in drei Hauptgruppen einteilt, ist wesentl. komplexer und weniger übersichtlich. Moderne Dialektstudien unterscheiden zwischen drei und elf Dialektgruppen.

Lediglich der kleinere Teil des armen. Lexikons stammt direkt aus dem indoeurop. Erbwortschatz. Hierzu gehören u.a. die Grundzahlwörter (z.B. *cork*' für 4, *hing* für 5, *hariwr* für 100). Zahlreiche indoeurop. Elemente sind über Entlehnung aus anderen Sprachen dieser Familie sekundär vom Armen. adaptiert worden (z.B. armen. *bžišk* ‚Ersatz' aus dem Parthischen, armen. *dirt* ‚Bodensatz' aus dem → Persischen). Auch einige Substratwörter aus den altanatol. Sprachen sind erhalten (armen. *brut* ‚Töpfer' aus dem → Hethitischen, armen. *xnjor* ‚Apfel' aus dem Hurritischen, armen. *ult* ‚Kamel' aus dem Urartäischen).

Mit der frühchristl. Terminologie wurden auch zahlreiche Kulturwörter aus dem Syrischen (z.B. armen. *xarb* ‚Schwert') und → Griechischen (z.B. armen. *selin* ‚Sitz') entlehnt. Seit dem 9. Jh. stand das Armen. im Kontakt mit dem → Arabischen. Entlehnungen arab. Herkunft stammen entweder direkt aus dieser Gebersprache oder sind auf dem Umweg über das Persische indirekt vermittelt worden (z.B. armen. *mambar* ‚Predigtstuhl, Kanzel' über pers. *mimbar* aus arab. *minbar*). In den vergangenen Jahrhunderten sind zahlreiche Lehnwörter russ. und türk. Herkunft in den armen. Wortschatz integriert worden.

Seit dem Mittelalter haben sich armen. Literaten um Sprachpurismus bemüht. Bis in den modernen Wortschatz haben sich ganz alte Eigenprägungen nach griech. Vorbild gehalten wie armen. *imastaser* ‚Philosoph' (wörtlich ‚Wißbegieriger, Freund des Wissens') nach griech. *filosofos*. Die Sprachpflege des 19. Jh. hat Hunderte von Neologismen geschaffen, die ältere Lehnwörter ersetzten. Seit jener Zeit hat auch die Zahl der Synonymenbildungen in den beiden schriftsprachl. Varianten des Armen. zugenommen; vgl. westarmen. *yelap'oxut'iwn* ‚Revolution' vs. ostarmen. *revoluc'iya* ‚dass.' nach russ. *revoljucija*; westarmen. *heradet* ‚Fernrohr' (wörtl. ‚Fernseher') vs. ostarmen. *herac'oyc'k'* ‚dass.' (wörtl. ‚Fernschauer').

In zarist. und sowjet. Zeit sind mehr als dreitausend Lehnwörter russ. Herkunft ins Armen. übernommen worden; viele davon sind Kulturwörter, die das → Russische selbst aus westeurop. Sprachen entlehnt hat (z.B. armen. *futurizm* ‚Futurismus' oder *kompozic'iya* ‚musikal. Komposition'). Bereits in der Sowjet-Ära wurden viele ältere Russismen durch Lehnprägungen ersetzt (z.B. armen. *banajew* ‚Formel', wörtl. ‚Ding-Form' nach russ. *formula*). In den 1990er Jahren hat sich das armen. Lexikon (insbesondere die ostarmen. Variante) vom Ballast der Sowjetismen befreit. Für die lexikal. Modernisierung werden Anglismen und Eigenschöpfungen bevorzugt.

Armen. wird seit dem Mittelalter in einem eigenen Alphabet geschrieben. Impulse dazu gingen von der christl. Religion aus, deren Ideengut Ende des 3. Jh. in Armenien bekannt wurde. Seit Anfang des 4. Jh. war das Christentum Staatsreligion Armeniens. Der einheim. Überlieferung zufolge schuf der Kleriker Mesrop Maštoc' – vielleicht nach dem Vorbild der zeitgenöss. syrischen Schrift – im Jahre 406 eine alphabet. Schrift für das Armen., die durch die Jahrhunderte bis heute bewahrt blieb. Im Verlauf des Mittelalters wurde das Originalinventar um zwei weitere Zeichen zur Schreibung der fremden Laute [f] (11. Jh.) und [aw] (12. Jh.) ergänzt.

Das armen. Alphabet besteht aus 36 Buchstaben, die auch differenzierte Lautstrukturen effektiv wiedergeben können. Dank dieser Flexibilität wurde es nicht nur zur Aufzeichnung des Armen. selbst verwendet, sondern auch für eine Reihe von Texten in arab., syr., türk., → tatarischer und kiptschak. Sprache. Zum Korpus der mittelalterl. Manuskripte aus Armenien gehören also Texte in zahlreichen anderen Sprachen.

Ob es ein vorchristl. Schrifttum in armen. Sprache gegeben hat, ist umstritten. Jedenfalls ist es erstaunlich, daß die armen. Schriftsprache bereits von Anbeginn ein entwickeltes Stilrepertoire und ein differenziertes Ausdruckspotential aufweist, was von einigen als ein Hinweis darauf gewertet wird, daß es frühere Entwicklungsstadien des armen. Schriftmediums gegeben hat, die von der christl. Tradition verschüttet wurden. Die seit dem 5. Jh. verwendete Schriftsprache (armen. *grabar* ‚das geschriebene Wort'), das klassische Armen., dominierte das literar. Schaffen bis ins 19. Jh. Zwischen dem 12. und 15. Jh. wurde auch das Mittelarmen. (armen. *mijin hayeren*) als Schriftmedium verwendet. Nach dem Zerfall des armen. Königreiches von Kilikien (1375) und der Teilung Armeniens zwischen Persien und dem Osmanischen Reich kam das Mittelarmen. allmählich außer Gebrauch.

Die moderne armen. Sprache (armen. *ašxarhabar*) bildete sich im Verlauf des 18. Jh. heraus. Es gibt bis heute keinen einheitl. Schriftstandard, sondern zwei selbständige Varianten des geschriebenen Armen., die ältere ostarmen. Variante (basierend auf dem Dialekt der Ararat-Region) und die jüngere westarmen. Variante (basierend auf dem Dialekt von Istanbul und der Halbinsel Krim). Die ostarmen. Schriftsprache wird in Armenien und in der armen. Diaspora im Iran verwendet. Die Armenier in den Außengruppen des Nahen Ostens, in Westeuropa und in den USA verwenden die westarmen. Variante.

Die Sprachgeschichte des Armen. unterscheidet folgende Perioden: Altarmen. (5.–Mitte 12. Jh.); Mittelarmen. (Mitte 12.–Ende 16. Jh.); Neuarmen. (seit erste Hälfte 17. Jh.), weiter untergliedert in: Frühneuarmen. (17. Jh.–Mitte 19. Jh.), Periode der Zweiteilung in Ost- und Westarmen. (Mitte 19. Jh. bis 1920), zeitgenöss. Armen. (seit 1920).

Lit.: Greppin/Khachaturian 1986, Hübschmann 1897, Karst 1901, Schmitt 1981, Weitenberg 1990

Arutani-Sapé. Eine Gruppe von Kleinsprachen mit insgesamt wenigen Dutzend Sprechern im östl. Grenzgebiet von Brasilien und Venezuela. Es läßt sich keine Verwandtschaft mit anderen Indianersprachen Südamerikas nachweisen.

Asien, Sprachfamilien in Asien. Der asiat. Kontinent ist ein entscheidendes Brückenglied zwischen → Europa und → Afrika sowie für die Verbindungen nach → Amerika, → Australien und → Ozeanien. Die von Afrika ausgehende Verbreitung des Menschen verlief im wesentlichen über die Landmasse Asiens und von dort aus in geograph. benachbarte Räume. Der Homo erectus gelangte bis Europa und Ostasien, ebenso der archaische Homo sapiens (Neandertaler). Erst der moderne Mensch (Homo sapiens sapiens) wagte den Übergang von Nordostsibirien nach Alaska sowie vom südostasiat. Inselarchipel nach Neuguinea und Australien. Die letzte große Wanderung, die um 1500 v.Chr. begann, führte den Menschen (wahrscheinlich von Südchina und den Philippinen aus) bis weit nach Ozeanien hinein.

Die begriffl. Trennung der Kontinente Asien und Europa ist geograph. nur bedingt und kulturhistor. kaum überzeugend zu rechtfertigen. In der geograph. Makroperspektive ist Europa eine Erweiterung der asiat. Landmasse um eine konturenreiche Halbinsel. Seit dem Altertum stehen die Kulturen Asiens und Europas im Kontakt, und die Sprachen dreier Sprachfamilien (→ indoeuropäisch, → uralisch, → altaisch) sind auf europ. wie asiat. Seite verbreitet. In der polit. Geschichte beider Kontinente waren deren Regionen häufiger territorial miteinander verbunden und sind es auch heute noch (Imperium Romanum, Byzantinisches Reich, Osmanisches Reich, die frühere Sowjetunion und das moderne Rußland).

Von den Versuchen, genealog. Beziehungen zwischen den großen Sprachfamilien zu rekonstruieren (s. u.), abgesehen, gibt es moderne Fortsetzer der ältesten Sprachen Asiens, die sich entweder in ökolog. Randzonen oder in geograph. unzugängl. Regionen des Kontinents erhalten haben. Dies sind Sprachen, die als „→ paläoasiatisch" (d. h. altasiatisch) klassifiziert werden. Sie gliedern sich in mehrere regionale Gruppen und sind nicht alle genealog. miteinander verwandt. Alle aber weisen in ihren Strukturen gemeinsame Merkmale auf, die auf ihre Zugehörigkeit zu den ältesten, erschließbaren Sprachschichten Asiens hindeuten. Die meisten dieser Sprachen sind heutzutage im nördl. und nordöstl. Sibirien verbreitet, weshalb sie auch verschiedentlich „paläosibirisch" genannt werden.

Außerhalb Sibiriens finden wir paläoasiat. Sprachen in Nordamerika und Grönland, wohin die Eskimo ihre Sprache in sukzessiven Migrationen von Asien aus transferiert haben. Gänzlich von allen anderen isoliert ist das → Burushaski in den Tälern des Pamirgebirges (Gilgit District im nördl. Pakistan), dessen Sprecher, die Burusho, schiitische Muslime sind.

Strukturelle Ähnlichkeiten im Lautsystem und im grammat. Bau der paläoasiat. Sprachen weisen auf sehr alte Beziehungen zu Sprachen des westl. Sibirien und des nordwestl. Amerika. Das Jukagirische ist mit den ural. Sprachen, insbesondere mit dessen samojedischem Zweig in Verbindung gebracht worden. In den Indianersprachen der Na-Dene-Sprachfamilie im Nordwesten der USA und im westl. Kanada sind Strukturmerkmale erhalten, die die Annahme von verwandtschaftl. Beziehungen zu den Sprachen im Nordosten Sibiriens bekräftigen. Die Na-Dene-Sprachen werden außerdem in einen weiteren Zusammenhang mit den → kaukasischen Sprachen und mit dem ausgestorbenen Elamischen in Mesopotamien gebracht, so daß sich die Konturen einer ursprüngl. weit verbreiteten alten Sprachfamilie abzeichnen, von der nurmehr Relikte erhalten geblieben sind.

Die südl. der paläosibir. Sprachen und die altaischen Sprachen (→ Turksprachen, → mongolische, tungus. Sprachen, möglicherweise → Koreanisch und → Japanisch) werden in eine weitläufige Beziehung zu den ural., indoeurop. und → dravidischen Sprachen gesetzt. Die Konstellation uralter verwandtschaftl. Beziehungen, die sich in einer nostrat. oder euras. Sprachfamilie auskristallisieren, ist allerdings sehr hypothetisch. Derartige, weit in die Vorgeschichte zurückreichende Beziehungen lassen sich derzeit nicht durch archäolog. oder humangenet. Erkenntnisse ausmachen.

Im Südosten Asiens sind ebenfalls Reste alter Sprachschichten nachzuweisen, die in den Verwandtschaftsbeziehungen der dortigen Sprachen aufscheinen. Etliche der zur → austroasiatischen Sprachfamilie gehörigen Einzelsprachen sind direkte Fortsetzer der Sprachen der Urbevölkerung. Dies bedeutet nicht, daß der Bau der modernen Sprachen durchweg durch archaische Strukturen geprägt wäre, vielmehr besagt dies, daß sich die modernen Sprachen in ihrem heutigen Verbreitungsgebiet organisch aus älteren Sprachzuständen entwickelt haben, also ohne Unterbrechung in einer jahrtausendelangen Tradition.

Dies gilt für die Gruppe der Asli-Sprachen. *Orang Asli* ‚Urbewohner' werden die Bewohner im westl. Teil Malaysias von den Malaien genannt. Als die Malaien in das Land kamen, dem sie ihren Namen gegeben haben, lebten die Asli als Nachkommen der ältesten Vertreter des Homo sapiens in dieser Region. Es gibt etliche humangenet. Merkmale, die auf alte Beziehungen der Asli-Bevölkerung zu den Australiden hinweisen. Eine mögl. alte Verwandtschaft zwischen den Sprachen der Asli-Gruppe und denen Australiens kann aber mit den derzeitigen Methoden der vergleichenden Sprachwissenschaft nicht nachgewiesen werden. Anthropolog. Parallelen existieren ebenfalls zwischen der nichtmalaiischen Bevölkerung und den Melanesiern im westl. Ozeanien. Auch hier bleiben sprachverwandtschaftl. Rekonstruktionen spekulativ.

Die heutige Verbreitung der → sinotibetischen Sprachen im südl. Asien ist das Ergebnis prähistor. und histor. Wanderungen aus dem Norden (Südchina) nach Süden (Südostasien). Möglicherweise hat der Bevölkerungsdruck der sinotibet. Migranten auf die austrones. Populationen des Südens diese ihrerseits zur Abwanderung in Richtung Osten (in den ostasiat. Inselarchipel und nach Ozeanien) veranlaßt.

Im Lauf der Südbewegung sinotibet. Bevölkerungsgruppen entfalteten sich intensive Kontakte zwischen Migranten und Einheimischen auf allen Ebenen: anthropologisch im Sinne genet. Ausgleichstendenzen, kulturell und sprachlich. Das → Vietnamesische ist lange Zeit als sinotibet. Sprache klassifiziert worden. Inzwischen ist nachgewiesen, daß es eine → austroasiatische Sprache der Mon-Khmer-Gruppe ist, die ihr Tonem-System (6 Tonstufen) erst im Laufe des 1. Jt. n. Chr. unter → chinesischem Einfluß ausgebildet hat.

In den Kulturlandschaften Asiens begegnen wir einer ganzen Reihe von Sprachen, die bereits in der Antike oder im Lauf des Mittelalters ausgestorben sind, die aber dem Namen nach und aufgrund ihres bleibenden Einflusses auf spätere Epochen zum festen Bestandteil unseres kulturellen Wissens gehören. Darunter sind bekannte Sprachen wie → Sumerisch und → Akkadisch, Phönizisch und → Hebräisch, auch weniger bekannte Sprachen wie Ugaritisch, → Hethitisch oder Tocharisch. Von diesen hat sich das Sumer. bisher allen Versuchen entzogen hat, es verwandtschaftl. mit irgendeiner anderen Sprache der Alten Welt in Beziehung zu setzen; es ist eine → isolierte Sprache.

Die meisten alten Kultursprachen des Nahen Ostens und Mesopotamiens gehören zur Gruppe der → semitischen Sprachen, einem Hauptzweig der afroasiat. Sprachfamilie. Hier spiegeln sich sehr alte Beziehungen zwischen den Populationen Asiens und Afrikas. Das → Arabische ist die expansivste aller → afroasiatischen Sprachen. Noch um die Mitte des 7. Jh. wurde Arab. nur von den Nomadenstämmen der Arab. Halbinsel gesprochen. Einige Jahrhunderte später reichte sein Einfluß im Westen bis an die Atlantikküste Afrikas und nach Nordspanien, im Norden bis an die mittlere Wolga, im Osten bis nach Indien und Malaysia, im Süden bis an die Küsten Ostafrikas.

Die ethnograph. Karte des westl. Asien hat sich in der Zeit zwischen dem 6. und 12. Jh. insbesondere als Folge einer Großwanderung verändert, nämlich von türkischen Stämmen aus Südsibirien nach Zentralasien, bis an die Küsten des Schwarzen Meeres, nach Anatolien und in den Kaukasus. Die Verbreitung der modernen → Turksprachen (vom Jakutischen in Südsibirien, dem → Tatarischen an der mittleren Wolga, dem → Uigurischen in Westchina, dem

Aserbaidschan. im südl. Kaukasus bis zum → Türkischen in der Türkei) läßt das dauerhafte Siedlungsprofil erkennen, das sich im Zuge der türk. Landnahme herausgebildet hat.

Lit.: Bradley 1994, Hale 1982, Janhunen 1996, Volodin 1997

Assyrisch → Akkadisch

Aussterbende Sprachen (Obsolescent/moribund languages, langues moribondes). Seit der Antike können wir einen Prozeß des Aussterbens von Sprachen beobachten. Das → Griechische hat das Mazedonische in Europa, das Phrygische in Kleinasien und das Sikulische in Sizilien verdrängt. Das → Lateinische entwickelte im Römischen Reich einen enormen Assimilationsdruck, dem das → Etruskische, zahlreiche italische Sprachen, das Festlandkeltische in Gallien, das Iberische in Hispanien, das Dakische in der römischen Provinz Dakien und andere Sprachen erlagen.

Diesem Prozeß diametral entgegengesetzt entfaltete sich ein sprachl. Innovationstrend, als dessen Ergebnis zahlreiche neue Sprachen entstanden. Im Verlauf des Mittelalters gliederten sich die → germanischen, → romanischen und → slawischen Sprachen aus. Bis in die Neuzeit zieht sich der Prozeß der Profilierung finnisch-ugrischer, → türkischer und → sinotibetischer Sprachen hin. In allen Kontinenten sind seit Beginn unserer Zeitrechnung Tausende von Sprachen ausgestorben, aber auch Tausende neu entstanden.

In der Moderne hat sich der Druck dominanter Sprachen auf indominante Sprachen ständig verstärkt, so daß der Prozeß des Aussterbens von Sprachen wesentl. rasanter ist als der der Neuentstehung. Es sind Schätzungen über das Ausmaß des Sprachensterbens angestellt worden. Einige klingen geradezu apokalyptisch. Danach werden möglicherweise etwa 90 % der heute noch verwendeten Sprachen bis zum Ende des 21. Jh. aussterben. Solche pessimist. Schätzungen sind weit übertrieben, denn es gibt derzeit keine Anzeichen für einen massiven Zusammenbruch der sprachl. Infrastruktur der Welt.

Der Tod von Sprachen ist allerdings ein Faktor, der ernstzunehmen und dem mit allen Mitteln entgegenzuwirken ist. Vorsichtige Schätzungen über die Rasanz des Sprachensterbens gehen davon aus, daß vielleicht ein Drittel der heutigen Sprachen in hundert Jahren nicht mehr existiert, und dies unabhängig davon, wie erfolgreich fördernde Maßnahmen zur Erhaltung gefährdeter Sprachen sein werden. Nicht alle Sprachen, die heutzutage gefährdet erscheinen, sind zum Absterben verdammt. Beispiele für eine erfolgreiche Revitalisierung gefährdeter Sprachen sind das → Maori, das → Irische oder das Rapa Nui auf der Osterinsel.

Abgesehen von allgemeinen ethischen Verpflichtungen zur Erhaltung des Weltkulturerbes gibt es zwingende Gründe, selbst die kleinsten der Kleinsprachen (Zwergsprachen) zu erhalten. Denn mit jeder Sprache, die ausstirbt, geht auch viel Wissen über die Welt verloren, das sich über viele Generationen hin in einer Sprachgemeinschaft ansammelt. Angesichts der vielfältigen ökolog. Probleme, mit denen wir uns in unserer heutigen Welt auseinanderzusetzen haben, können wir es uns einfach nicht leisten, auf lokales Know-how über den Umgang mit der natürl. Umwelt, das uns gegebenenfalls für die Zukunftsplanung nützlich sein kann, zu verzichten.

Die gefährdetsten aller Sprachen sind diejenigen mit sehr geringer Sprecherzahl und vollständig indominantem Status. Es gibt auf der Welt fast 2000 Sprachen, die von weniger als jeweils 1000 Menschen gesprochen werden. Zwergsprachen sind in allen Kontinenten verbreitet, die meisten konzentrieren sich allerdings auf Neuguinea und den westl. Pazifik (775). In Amerika gibt es 575 Zwergsprachen, in Australien 255, die sämtlich vom Aussterben bedroht sind. In Asien gehören 231 Sprachen zu dieser Kategorie, in Afrika sind es 122. Europa hat mit 15 die geringste Zahl an Zwergsprachen (Inari- → Saamisch, → Liwisch, Ischorisch u. a.).

Die Existenzbedingungen von Zwergsprachen sind sehr unterschiedlich. So bedeutet etwa die verkehrstechn. Abgeschlossenheit vieler Bergtäler in Neuguinea (Papua-Neuguinea und Irian Jaya) einen natürl. Schutz der Kleinsprachen; außerdem gibt es in diesem Inselstaat keine überregionale dominante Sprache. Ganz anders sind die Verhältnisse im benachbarten Australien, wo sich die meisten Aborigines an die dominante Landessprache, das → Englische, assimiliert haben. Es gibt mehrere Dutzend Aborigine-Sprachen, die nur noch von weniger als jeweils zehn Sprechern gesprochen werden, z.B. Biri, Gungabula, Pinigura, Wamin, Wiradhuri oder Yinggarda.

Australien ist heutzutage der größte Sprachenfriedhof der Welt. Dort hat kaum noch eine Handvoll einheim. Sprachen Aussicht aufs Überleben. In einem anderen Staat mit vielen Kleinsprachen,

Brasilien, sind dagegen viele, selbst ganz kleine Sprachgemeinschaften durch ihre abgeschiedene Lebensweise geschützt. Seit Generationen haben sich bestimmte Kontaktgewohnheiten entwickelt, welche ethnische Gruppe mit welcher anderen regelmäßig verkehrt. Kontakte mit Vertretern der dominanten Sprachgemeinschaft, den →Portugiesisch-Sprachigen, sind häufig auf ein Minimum beschränkt.

Das Hauptproblem derjenigen Zwergsprachen, die unter großem situationellen Druck einer dominanten Sprache stehen, ist die fehlende Motivation ihrer Sprecher, den Fortbestand der Muttersprache im Generationenwechsel zu sichern. Wenn die Kinder nicht mehr in der Sprache der Eltern sozialisiert werden, bricht die Kontinuität im natürl. Sprachgebrauch ab. Die meisten Zwergsprachen der Welt werden nur noch von älteren Menschen gesprochen, während sich die jüngeren Leute an eine dominante Sprache assimiliert haben. Dies ist beispielsweise der Fall beim Liw. in Lettland. Zwar gibt es eine moderne Bewegung zur Erhaltung des liw. Kultur- und Spracherbes, die wenigsten der Aktivisten haben allerdings Liw. als Muttersprache erworben.

In neuerer Zeit ist viel über Planungsmaßnahmen zum Schutz von Zwergsprachen diskutiert worden. Patentlösungen gibt es keine, denn die speziellen Umfeldbedingungen einer jeden Sprache erfordern individuelle Strategien. Der alles entscheidende Faktor dafür, ob Maßnahmen zur Spracherhaltung überhaupt Aussicht auf Erfolg haben, ist die Mobilisierung des sprachl. Selbstbewußtseins und des Erhaltungswillens bei den Sprechern selbst.

Vor einigen Jahren wurde in der finn. Provinz Lappland ein Vorschulprogramm organisiert, um saamische Kinder mit dem Inari-Saamischen, der Sprache ihrer Eltern oder Großeltern, vertraut zu machen. Diese Vorschulgruppen, die im → Finnischen nach dem Vorbild entsprechender Spracherhaltungsprogramme für das Maori in Neuseeland *kielipesä* (,Sprachnest') genannt werden, haben offenbar bei den Kindern der Inari-Region Anklang gefunden. Ob sich aus dieser Phase früher Vertrautheit mit einer gefährdeten Lokalsprache eine Revitalisierung des Inari-Saamischen in späteren Altersstufen ableitet, bleibt abzuwarten.

Lit.: Crystal 2000, Fishman 1991, Haarmann 2001a, Krauss 1992

Australien, Sprachfamilien in Australien. Australien ist seit mindestens 60 000 Jahren von Menschen bewohnt. Die Datierung von Skelettfunden im südl. Australien hat Theorien bestätigt, wonach die Vorfahren der heutigen Aborigines sehr viel früher in diesen Kontinent eingewandert sind, als man noch vor wenigen Jahrzehnten glaubte. Die Aborigines sind anthropologisch Vertreter des modernen Menschen (Homo sapiens sapiens). Hinweise auf die Präsenz anderer archaischer Arten des Menschen (Neandertaler, Homo erectus u. a.) in Australien gibt es nicht.

Während der letzten Eiszeit stand der Wasserspiegel der Ozeane sehr niedrig. Damals waren Australien und Neuguinea noch in einer Landmasse vereint, und die Entfernung zur nächsten Insel des südostasiat. Archipels betrug damals maximal 70 km. Diese Strecke ist bei günstigen Strömungsverhältnissen selbst mit einfachen Booten zu überwinden. Die Landnahme erfolgte in mehreren, unregelmäßigen Migrationswellen und zog sich wohl über Tausende von Jahren hin.

Die Tasmanier im äußersten Süden und die Nyungar im Südwesten Australiens unterscheiden sich anthropolog. und sprachl. von den Aborigines des Ostens und Nordens. Daraus hat man den Schluß gezogen, daß deren Vorfahren zu den ältesten Bewohnern des Kontinents gehörten. Die späteren Einwanderer drängten diese ältesten Populationen in geograph. isolierte Regionen ab. Die Vorfahren der heute noch im Norden (Northern Territory) und Nordwesten (Western Australia) lebenden Aborigines gehörten offensichtlich zu den späten Einwanderern. Diese erreichten Australien, bevor mit dem Ende der Eiszeit vor ca. 12 000 Jahren das ansteigende Wasser der Weltmeere den Seeweg nach Südostasien verbreiterte und den Kontinent von Neuguinea abschnitt. Die Sprachen der Aborigines des Nordens weichen strukturell in mancher Hinsicht von allen anderen Sprachen Australiens ab.

Zwar existierten seit etwa 1000 n. Chr. Handelskontakte zwischen dem nördl. Australien und dem südl. Sulawesi (Celebes), und offensichtlich wußte man im mittelalterl. China von der Existenz des südl. Kontinents. Davon abgesehen verlief jedoch die kulturelle und sprachl. Entwicklung der austral. Urbevölkerung bis zum Kontakt mit Holländern im Westen (17. Jh.) und bis zur Landnahme der Europäer im Osten (Ankunft der ersten Siedler im Jahre 1788) unabhängig von äußeren Einflüssen. Gegen Ende des 18. Jh. war Australien von 500 bis 600 ethnischen Gruppen (local tribes) bewohnt. Über den ganzen Kontinent verstreut wurden ca. 260 verschiedene Sprachen gesprochen.

Von diesen Sprachen sind die meisten bis heute entweder ausgestorben (wie das Tasmanische) oder werden von nicht mehr als jeweils wenigen Sprechern gesprochen. Es gibt Dutzende von Sprachen, die keine Kommunikationsmedien im eigentl. Sinn mehr sind, weil sie nur noch durch jeweils einen einzigen Muttersprachler vertreten sind. Zu den Ein-Sprecher-Sprachen gehören Bandjigali (New South Wales), Djangun (Queensland), Djawi (Western Australia), Mandandanyi (Queensland), Mangerr (Arnhem Land), Nugunu (South Australia) u. a. Australien ist im ausgehenden 20. Jh. nach der Zahl der aussterbenden Sprachen der größte Sprachenfriedhof der Welt.

Die wenigen Sprachen, deren Sprechergemeinschaften noch nicht von vollständiger Assimilation bedroht sind, werden von nur wenigen hundert oder tausend Sprechern gesprochen. Hierzu zählen Gupapuyngu (950 Primär- und Zweitsprachler), Jaru (250 Sprecher), Martu Wangka (720), das östl. Aranda (ca. 1500), Kala Lagaw Ya (3000) und wenige andere. Nur für rund zwanzig moderne Aborigine-Sprachen existiert ein muttersprachl. Schulunterricht, z. B. für das Nyangumarta (Pilbara, Western Australia).

Versuche, für alle Sprachen Australiens eine gemeinsame Proto-Form (d. h. Ursprache) zu rekonstruieren, sind bisher wenig überzeugend. Die Ähnlichkeiten im Lautsystem und grammat. Bau sowie lexikal. Konvergenzen (z. B. die weitverbreiteten Verbstämme *na-* ‚sehen‘ und *bu-* ‚schlagen‘) reichen bei weitem nicht für sprachhistor. Rekonstruktionen aus. Die frühesten, von Europäern zusammengestellten Wörtersammlungen austral. Sprachen sind nicht älter als zweihundert Jahre, was den Blick in eine vieltausendjährige Sprachgeschichte kaum erleichtert. Außerdem sind die meisten ausgestorbenen Sprachen entweder nur spärlich oder gar nicht dokumentiert, weshalb also große Lücken in den Sprachvergleichen bestehen bleiben.

Die Rückführung der modernen Sprachen Australiens auf eine einzige Ursprache – selbst wenn sie gelänge – hätte nur theoret. Wert, denn es ist ohne weiteres anzunehmen, daß bereits die frühen Einwanderer aus Südostasien, die zu verschiedenen Zeiten migrierten, unterschiedl. Sprachen sprachen. Solche alten Beziehungen lassen sich nicht mehr rekonstruieren. Für keine der Sprachfamilien Australiens läßt sich irgendeine Verwandtschaft mit irgendeiner anderen Sprachfamilie der Welt nachweisen.

Die Sprachen Australiens lassen sich in zwei große Gruppen einteilen, in eine größere südl. (Pama Nyungan-Sprachen) und in eine kleinere nördl. (Nicht-Pama Nyungan-Sprachen, also terminologisch lediglich negativ unterschieden). 90 % aller Sprachen Australiens sind solche der Pama Nyungan-Gruppe. Diese Sprachen haben einen agglutinativen Bau, wobei die formbildenden Elemente suffigiert werden. Die nördl. Sprachen haben eine polysynthet. Struktur mit einer Vorliebe für präfigierte Formantien; Suffixe sind hier nicht zahlreich.

Nach ihrer näheren genealog. Verwandtschaft lassen sich die Sprachen Australiens insgesamt 14 verschiedenen Sprachfamilien zuordnen: Bunaban, Burarran, Daly, Djamindjungan, Djeragan, Gunwingguan, Iwaidjan, Laragiyan, Mangerrian, Maran, Nyulnyulan, Pama-Nyungan, West Barkly und Wororan. Einige Sprachen des Kontinents sind isoliert, was bedeutet, daß sie keiner der genannten Familien mit Sicherheit zugeordnet werden können: Anindilyakwa, Gagadu, Garawa, Gungaragany, Limilngan, Ngurmbur, Tiwi und Umbugarla. Alle diese Sprachen sind im Bundesstaat Northern Territory verbreitet.

Das seit dem 19. Jh. in weiten Teilen Australiens dominierende → Englisch hat die austral. Sprachen insbesondere in ihrem Wortschatz überformt. Tausende von engl. Elementen sind in den Alltagswortschatz der einheim. Sprachen aufgenommen worden, wobei die meisten Ausdrücke interregional verbreitet sind. Das in Australien gesprochene Engl. hat seinerseits im Kontakt mit den Aborigine-Sprachen lokales Wortgut adaptiert. Bei der überwiegenden Zahl der etwa 400 austral. Entlehnungen im Engl. handelt es sich um Bezeichnungen für Pflanzen und Tiere, für landschaftl. Formationen, für Gegenstände und Werkzeuge der Aborigines und um spezielle Termini ihres kulturellen Lebens. Die wenigsten davon sind über das Engl. in andere Sprachen der Welt transferiert worden (z.B. engl. *kangaroo* ‚Känguruh‘, *boomerang* ‚Bumerang‘, *koala* ‚Koalabär‘).

Lit.: Dixon 1980, Dixon et al. 1990, Horton 1994

Austroasiatische Sprachen (180 Sprachen). Die Vertreter dieser Makrogruppierung gehören zu den ältesten Sprachen in Ostindien und Südostasien, am bekanntesten sind das → Vietnamesische und das → Khmer (Kambodschanische). Viele der austroasiat. Sprachen stehen seit langem unter dem Einfluß von Sprachen anderer Familien (der → indoeuropäischen, der → sinotibetischen). Langfristige Sprachkontakte sind auch dafür verantwortlich, daß einige austroasiat. Sprachen einen Strukturwandel erlebt haben. Das Vietnames., eine Sprache des Mon-Khmer-Sprachzweigs, hat unter → chinesischem Einfluß Techniken entwickelt, die charakteristisch für sinotibet. Sprachen sind (z. B. das sechsgliedrige Tonemsystem).

Die austroasiat. Sprachen gliedern sich in die beiden Hauptzweige der Mon-Khmer-Sprachen (zahlreich und ihre Verwandtschaftsverhältnisse sehr komplex) und der Munda-Sprachen (ausnahmslos im östl. Indien verbreitet, vorwiegend in den Bundesstaaten Bengalen, Orissa, Bihar und Andhra Pradesh). Mon-Khmer-Sprachen kennen eine Reihe von Strukturmerkmalen, die in den Munda-Sprachen unbekannt sind, so daß manche Forscher die Urverwandtschaft beider Gruppen bezweifeln. Typische Eigenheiten von Mon-Khmer-Sprachen (ohne Parallelen in Munda-Sprachen) sind beispielsweise ein sehr differenziertes Vokalsystem, die Endbetonung von Wörtern und das Fehlen von Suffigierung. Munda-Sprachen dagegen zeichnen sich durch ein nuancenreiches System von Demonstrativpronomen und eine komplexe Morphologie aus.

Gruppierungen:
* Mon-Khmer: nördl. Gruppe (Khmuic, Palaungic, Khasian, Mang) – östl. Gruppe (Khmeric, Bahnaric, Katuic, Pearic) – Viet-Muong (Vietic) – Aslian – Nicobar – Palyu
* Munda

Lit.: Diffloth/Zide 1992

Austronesische Sprachen (insgesamt 1236 Sprachen). Nach der Zahl ihrer Einzelsprachen ist die austrones. Sprachfamilie die zweitgrößte Makrogruppierung der Welt (nach den → Niger-Kongo-Sprachen). Hinsichtl. ihrer geograph. Ausdehnung rangiert sie hinter den → indoeuropäischen Sprachen mit ihrer weltweiten Verbreitung ebenfalls an zweiter Stelle.

Austrones. Sprachen werden von Madagaskar im Westen bis zur Osterinsel im Osten des Pazifik, von Taiwan im Norden bis nach

Neuseeland im Süden gesprochen. Neuguinea nimmt in der austro-nes. Sprachenlandschaft eine Sonderstellung ein, denn Sprachen dieser Familie sind nur im Norden und Osten der Insel verbreitet, während ansonsten einheim. Papua-Sprachen überwiegen.

Die meisten Sprachen gehören zum malaio-polynes. Hauptzweig, der sich in mehrere Untergruppierungen gliedert. Die überwiegende Zahl aller in Polynesien verbreiteten Sprachen läßt sich dem Ozeanischen zuordnen.

Erste Beobachtungen zur mögl. Verwandtschaft des → Malaiischen mit den Sprachen Polynesiens stammen aus dem 17. Jh. Dessen Stellung im Kreis der verwandten Sprachen ist etwas systematischer von Lorenzo Hervás y Panduro im 18. Jh. behandelt worden. Erst im 20. Jh. aber entstand das grundlegende Werk der austrones. Sprachwissenschaft von Otto Dempwolff (1934–38) auf der Basis der histor.-vergleichenden Methode.

Gruppierungen:
- Formosa-Sprachen (23)
- Malaio-Polynesisch (1213): zentral (Aru, Babar, Bima-Sumba, zentrales Maluku, nördl. Bomberai, südl. Bomberai, südöstl. Maluku, Teor-Kur, Timor, westl. Damar) – östl. (Ozeanisch, südl. Halmahera-West/Neuguinea) – westl. (Borneo, Chamorro, zentrale Philippinen, nördl. Philippinen, Palau, Sama-Bajaw, südl. Mindanao, südl. Philippinen, Sulawesi, Sundisch, Yapese)

Lit.: Dahl 1976, Ross 1988, Tryon 1995

Aymará, Aimará (Aymara, aymara). Diese → andische Sprache wird von 2,2 Mio. Menschen in den nördl. Anden gesprochen. Die meisten Aymará leben in Bolivien (1,8 Mio.), wo sie rund 24% der Landesbevölkerung ausmachen. Aymará ist auf der gesamten Hochebene (Altiplano) westl. der östl. Andenkordillere verbreitet. Weitere 0,35 Mio. Aymará-Sprecher sind in Peru (im südl. Teil des Titicaca-Plateaus) beheimatet. Ungefähr 900 Aymará leben in Chile, eine kleinere Zahl in Argentinien.

Im frühen Mittelalter war das Verbreitungsgebiet des Aymará wesentl. ausgedehnter. Während der Zeit der Inca-Herrschaft wurde es allmählich ins Andenhochland zurückgedrängt. Während der span. Kolonialzeit in Südamerika und auch in der postkolonialen Periode hatte das Aymará den Status einer Minderheitsprache ohne Förderungsrechte. Ende der 1970er Jahre wurde es als Nationalsprache Perus anerkannt. Dieser Status gilt ebenfalls für das → Quechua und natürlich für das → Spanische. Die Organisation des zweisprachigen Schulunterrichts (Aymará-Spanisch) ist aber bislang über bescheidene Anfänge nicht hinausgelangt.

Das Aymará ist mit den Quechua-Sprachen verwandt und konstituiert mit diesen den Quechumara-Sprachzweig der andischen Sprachen. Diese Verwandtschaftsverhältnisse sind bereits von H. Steinthal (1890) erkannt worden. Das Aymará gliedert sich in zwei Hauptvarianten, in das zentrale (Bolivien, Peru) und das südl. Aymará (Peru). Missionare haben sich im vergangenen Jahrhundert um die Verschriftung des Aymará bemüht. Im Jahre 1829 wurden Auszüge der Bibel in Aymará-Übersetzung veröffentlicht. Die erste vollständige Ausgabe des Neuen Testaments erschien 1954. Die komplette Bibelausgabe in Aymará wurde 1987 publiziert. Grundlage der Schriftsprache ist das zentrale Aymará.

Lit.: Ortiz Rescaniere 1992, Voegelin/Voegelin 1977

B

Babylonisch → Akkadisch

Bambara (Bambara, bambara). Bambara wird von rund 8 Mio. Menschen in Westafrika gesprochen. Von der Gesamtzahl der Sprecher sind 3 Mio. Primärsprachler, während ca. 5 Mio. Afrikaner Bambara als Zweit- oder Drittsprache sprechen. Die meisten Sprecher des Bambara leben in Mali (fast 80 % der Bevölkerung). Hierzu gehören 2,7 Mio. Primärsprachler (ethnische Bambara, die 32 % der Landesbevölkerung ausmachen) und 5 Mio. Zweit- bzw. Drittsprachler (d. h. Fulbe, Senufo, Tuareg und Angehörige anderer Ethnien). Außerhalb Malis wird Bambara in folgenden Staaten gesprochen: Senegal (55000), Elfenbeinküste (5500), Gambia (4200), Burkina Faso (300), Guinea und Mauretanien.

Bambara ist eine → Niger-Kongo-Sprache und gehört zum Mande-Sprachzweig (nordwestl. Gruppe). Das Sprachgebiet ist dialektal stark ausgegliedert. Von den Hauptdialekten (Bamana, Dyangirte, Kalongo, Masasi, Nyamasa, Somono und Toro) ist Bamana die Basis der modernen Standardsprache. Bamana ist stark von der nahverwandten Sprache des Bambara, vom Malinke (Maninka), beeinflußt worden.

Bambara gehört zu den Sprachen Afrikas, die sich weit über die Grenzen der primären Sprachgemeinschaft (Muttersprachler) hinaus verbreitet haben. Seit dem 13. Jh. hat sich Bambara (als Sprachvariante des Mandingo) infolge der polit.-militär. Expansion des Mali-Reiches vom Landesinneren nach Westen bis an die Atlantikküste ausgedehnt. Die unterworfenen Völker sprachen zwar weiterhin ihre Muttersprache, verwendeten aber im Kontakt mit dem Mali-Herrscher und dessen Vertretern Bambara. Nachdem sich das Mali-Reich im 15. Jh. aufgelöst hatte, breitete sich Dyula, eine nahverwandte Sprache des Bambara, im Zusammenhang mit dem Salz-Fernhandel als Verkehrssprache weiter aus.

Der Einfluß des Islam bewirkte, daß eine zusätzl. Sprachkomponente das Kaleidoskop der regionalen Kommunikationsmedien in

Westafrika erweiterte, nämlich die arab. Sakralsprache. Der situationelle Druck des → Arabischen als Sprache des religiösen Schrifttums und islam. Rituale sowie als Bildungssprache der Muslime hat lange Zeit verhindert, daß Bambara geschrieben wurde. Während der franzöz. Kolonialzeit blieb Bambara chancenlos gegen das Prestige der arab. Bildungssprache und der franzöz. Amtssprache. Erst nach der Unabhängigkeit Malis ist es zur Ausbildung einer modernen Schriftsprache gekommen. Die Orthographie auf der Basis der Lateinschrift wurde im Jahre 1967 festgelegt. Bambara ist heute eine der vier Nationalsprachen (außer Bambara noch Peul, Tamaschiqt und Songhai) Malis, wenn auch bislang das → Französische als alleinige Amtssprache des Landes fungiert.

Lit.: Bailleul 1973, Calvet 1983

Barbaco-Paez. Eine kleine Gruppe von Sprachen, die in Kolumbien und Ecuador verbreitet sind. Sie ist mit keiner anderen Gruppierung südamerikan. Indianersprachen verwandt.

Baschkirisch (Bashkir, bashkire). Von den 1,34 Mio. Baschkiren im Bergland des Urals haben 0,98 Mio. (72,8 %) Baschkir. als Muttersprache bewahrt. Die übrigen haben sich ans → Tatarische (0,228 Mio.) und ans → Russische (0,135 Mio.) assimiliert. Insgesamt 0,86 Mio. Baschkiren leben in der Republik Baschkortostan (Hauptstadt: Ufa) innerhalb der Russ. Föderation. Dort macht ihr Anteil an der Regionalbevölkerung 22 % aus, die stärkste ethnische Gruppe Baschkortostans sind Russen (39 %). Baschkiren leben auch in verschiedenen Verwaltungsgebieten Rußlands, auf der europ. Seite des Uralgebirges (Kujbyšev, Saratov, Perm) und auf dessen sibir. Seite (Orenburg, Sverdlovsk, Čeljabinsk).

Baschkir. ist eine → Turksprache und gehört zu deren nordwestl. Gruppe (Wolga-Kama- bzw. kiptschakische Turksprachen). Verwandtschaftl. am nächsten steht das → Tatarische (Kazan'-Tatar.). Das baschkir. Sprachgebiet gliedert sich in zwei Dialektzonen, in das östl. Kuwakanische und das südl. Jurmatinische. Von den Kontaktsprachen haben hauptsächl. das Tatar. (in älterer Zeit) und das Russ. (in neuerer Zeit) stärkeren Einfluß auf das Baschkir. genommen. Im Baschkir. sind vergleichsweise mehr mongol. Lehnwörter erhalten als im Tatar.

Vom 15. bis 19. Jh. diente der islam. Bildungselite Baschkiriens das Tschagataische als Schriftsprache, gelegentlich auch das Tatar. Baschkir. wird seit 1920 geschrieben. Zunächst wurde die arab. Schrift verwendet, zwischen 1929 und 1939 das latein. Alphabet, und seit 1940 ist die Kyrillica in Gebrauch.

Lit.: Benzing 1959a, Poppe 1964a

Baskisch (Basque, basque). Rund 0,8 Mio. Menschen in der Welt sprechen Bask.; die meisten leben in den von Basken bewohnten Gebieten Nordspaniens und Südwestfrankreichs. In den drei histor. bask. Provinzen Spaniens (Alava, Guipúzcoa und Vizcaya), die das Kerngebiet des heutigen Baskenlandes (Euskadi) ausmachen und seit 1979 in der Comunidad Autónoma Vasca (Autonome Bask. Gemeinschaft) zusammengeschlossen sind, wurden 1991 insgesamt 0,543 Mio. Sprecher gezählt. In der Provinz Navarra machte ihre Zahl 52 000 aus. In den drei Départements mit bask. Bevölkerung auf der franzöś. Seite der Pyrenäen (Labourd, Basse Navarre, Soule) leben 85 000 Sprecher des Bask. Die Anteile der Sprecher an der jeweiligen Gebietsbevölkerung sind sehr unterschiedlich: Basse Navarre (64,5 %), Soule (54,7 %), Guipúzcoa (45,8 %), Labourd (26,0 %), Vizcaya (18,4 %), Navarra (10,0 %), Alava (9,3 %). Auf franzöś. Seite ist insgesamt ein größerer Zusammenhalt der bask. Sprachgemeinschaft zu beobachten als in den bask. Provinzen Spaniens.

Die Auswanderungswellen von Spanien nach Amerika erfaßten auch die Basken. Bask. Emigranten und ihre Nachkommen finden sich hauptsächl. in Mittelamerika (Mexiko, Costa Rica), außerdem in Argentinien und in den USA. Insgesamt leben rund 0,11 Mio. Sprecher des Bask. in amerikan. Staaten, davon 8100 in den USA. Basken leben auch auf den Philippinen und in Australien.

In den bask. Provinzen Spaniens, d. h. in der Comunidad, fungiert das Bask. als regionale Amtssprache und ist in dieser Rolle dem → Spanischen gleichgestellt. In der zweisprachigen Schulausbildung findet das Bask. v.a. in den unteren Ausbildungsstufen Verwendung, während das Span. in der Sekundärstufe dominiert. In Navarra ist Bask. Unterrichtsfach, als Unterrichtsspache wird es jedoch nur in den Bezirken verwendet, wo die Mehrheit der Schulkinder Bask. spricht. In den franzöś. Départements mit bask. Bevölkerung besitzt das Bask. keinen amtl. Status.

Das Bask. ist die einzige lebende → isolierte Sprache in Europa, was besagt, daß eine genealog. Verwandtschaft mit irgendeiner anderen Sprache oder Sprachfamilie in der Welt nicht mit Sicherheit nachzuweisen ist. Dies hat seit Jahrhunderten vielerlei Spekulationen über sehr alte verwandtschaftl. Beziehungen und prähistor. Kontaktsprachen angeregt. Eine der zahlreichen Hypothesen über die Ursprünge des Bask. und die Herkunft der Basken, die sich früher lediglich auf vermutete alte Kontakte zwischen Westeuropa und dem Kaukasus sowie auf die Verbreitung bask. Ortsnamen stützen konnte, ist neuerlich durch Erkenntnisse der archäolog. Forschung und der Humangenetik gestützt worden.

Diese Hypothese geht von alten Beziehungen zur Kaukasus-Region aus. Im bask. Wortschatz und im grammat. Bau sind Parallelismen zu → kaukasischen (insbesondere nordwestkaukas.) Sprachen zu erkennen. Die frühe Besiedlung des Baskenlandes steht wahrscheinl. im Zusammenhang mit der Migration von Vertretern des modernen Menschen (Homo sapiens sapiens) in Gebiete Westeuropas, die damals vom archaischen Menschen (Homo sapiens neandertalensis) bevölkert waren. Die Neandertaler wurden verdrängt oder assimilierten sich. Die entfernten Vorfahren der heutigen Basken haben ein bleibendes Kulturerbe hinterlassen: die paläolith. Malereien in den Höhlen Nordspaniens (Altamira, La Pasiega u. a.) und Südfrankreichs (Lascaux, Pech-Merle u. a.). Im Laufe eines langandauernden ethnischen und sprachl.-kulturellen Fusionsprozesses alter Populationen ist es zur Ausbildung des Volkes der Basken und ihrer Sprache gekommen. Das aus römischer Zeit bekannte Aquitanische ist entweder eine Schwestersprache des Bask. oder dessen entwicklungsmäßige Vorstufe.

Eine andere Hypothese, die nicht unbedingt im Gegensatz zur Annahme von der kaukas. Herkunft steht, sondern diese um eine jüngere histor. Komponente ergänzt, ist sehr umstritten. Es sind immer wieder Vermutungen über Beziehungen zwischen dem Bask. und dem Iberischen, der vorröm. Sprache Spaniens, angestellt worden, die durch zahlreiche Inschriften bekannt ist. Einige Forscher sehen im Iber. die Basissprache, aus der das Bask. entstanden ist, andere betrachten Bask. und Iber. als Schwestersprachen, die sich von einer gemeinsamen, unbekannten Grundsprache herleiten. Die Hypothese von einer bask.-iber. Verwandtschaft hat sich bisher nicht erhärten lassen.

Von den anderen Hypothesen seien hier noch die Annahme von Beziehungen des Bask. zum → Berberischen in Nordafrika erwähnt, außerdem die These, wonach das Bask. ursprüngl. bis nach Mitteleuropa verbreitet gewesen sei. Als Beweis für die weite Verbreitung werden Ortsnamen angeführt, in denen sich alte, vorindoeurop. Elemente erhalten haben (z. B. Namen mit dem Element *kar-* oder *har-*; dies zu bask. *harri* ‚Stein‘). Das Bask. wird aufgrund von Wortvergleichen in einen weiten Zusammenhang mit anderen alten Sprachen und Sprachfamilien gestellt, so mit den → uralischen und paläosibir., verschiedentlich auch mit den → dravidischen Sprachen.

Die Kartierung genet. Eigenheiten der Bevölkerung Westeuropas zeigt einen sog. „Außenlieger“, einen Gentyp, der sich kontrastreich von den umgebenden Genpools abhebt. Dies ist der sog. „bask. Gentyp“. Auffällige Informationen dieses spezif. genet. Profils, das im Baskenland lokalisiert ist, sind eine hohe Frequenz der Blutgruppe 0 (mehr als 70 %) und das häufige Vorkommen des negativen Rhesusfaktors. Der bask. Gentyp setzt sich radial nach Süden (in die Iber. Halbinsel) und nach Nordosten (nach West- und Südfrankreich) fort, wobei seine typischen Eigenheiten schwächer werden. Die Bevölkerungen in weiten Teilen des westl. Europa weisen also in ihrem Genprofil Informationen auf, die auf uralte Fusionsprozesse mit vorbask. Populationen hinweisen.

Die Geschichte der Verbreitung des Bask. in den vergangenen zweitausend Jahren zeigt einen Schrumpfungsprozeß des bask. Sprachgebiets auf einen Bruchteil seiner ursprüngl. geograph. Ausdehnung. Im 1. Jh. n. Chr. wurde Bask. im Westen bis in die Gegend des heutigen Santander und Burgos, im Süden bis Soria und Zaragoza, im Osten bis Andorra und Toulouse, im Norden bis Bordeaux gesprochen.

Im 10. Jh. zeichnete sich bereits das heutige Kernland ab. Noch im 16. Jh. wurde Bask. in Städten wie Vitoria, Pamplona oder Tafalla gesprochen. In den Regionen von Alava und Navarra nimmt die Assimilation der Basken v. a. im 18. Jh. zu. Die Entwicklung der Industrialisierung im 19. und 20. Jh. hatte ein Vordringen des Span. zur Folge. In dieser Periode erlebte das Bask. einen erhebl. Rückgang, der erst durch die kulturfördernden Maßnahmen der Moderne allmählich ausgeglichen wird.

Das bask. Sprachgebiet ist dialektal sehr zersplittert. Dies begründet sich teilweise mit der verkehrstechn. Zerrissenheit des Siedlungsgebiets in den Tälern der Pyrenäen. Die bask. Dialekte gliedern sich in drei Hauptgruppen: 1) Vizcainisch, 2) Guipuzcoanisch, Labourdisch, nördl. Obernavarresisch, südl. Obernavarres., 3) Soulisch, östl. Niedernavarres., westl. Niedernavarres.

Der bask. Wortschatz ist vielschichtig. Zusätzlich zu den Ausdrücken, die mit Sicherheit nicht entlehnt sind (Bezeichnungen für die meisten Verwandtschaftsbeziehungen, für die meisten einheim. Pflanzen und Tiere, für Naturphänomene und elementare Tätigkeiten), hat das Bask. im Laufe seiner langjährigen Kontakte zu Nachbarsprachen zahlreiche Lehnwörter aufgenommen. Die ältesten Elemente fremder Herkunft sind vorröm. Substratwörter (z.B. *zakur* ‚Hund‘, *muño* ‚Hügel‘). Die Kontakte des Bask. mit der Sprache der Keltiberer im Norden Spaniens haben ihre Spuren hinterlassen (z.B. *aran* ‚Pflaume‘, *argi* ‚hell‘, *landa* ‚Ebene‘). Einzelne Wörter sind aus dem Westgotischen (z.B. *ehun* ‚hundert‘) und → Arabischen (z.B. *atorra* ‚Hemd‘, *kutun* ‚Brief‘, seltener ‚Buch‘) entlehnt.

Die wichtigsten Entlehnungsquellen des Bask. sind jedoch das ‚ Lateinische und dessen genealog. Fortsetzer, die → romanischen Sprachen der Region. Seit fast zweitausend Jahren hat das Bask. in ununterbrochenem Kontakt mit latein.- bzw. roman.-sprachiger Bevölkerung gestanden. Tausende von Lehnwörtern sind im Lauf der Zeit übernommen worden. Die latein. Elemente sind den meisten bask. Dialekten gemeinsam (z.B. *lege* ‚Gesetz‘, *diru* ‚Geld‘, *errota* ‚Rad‘, *zapatu* ‚Samstag‘, *boronte* ‚Stirn‘, *aditu* ‚hören, verstehen‘). Die späteren Einflüsse der roman. Sprachen sind regional spezifisch; die span. Lehnwörter finden sich in den bask. Dialekten Spaniens, die französ. Lehnwörter im Bask. nördl. der Pyrenäen. Auf diese Weise hat sich der Lehnwortschatz regional spezifisch ausdifferenziert (vgl. *juez* ‚Richter‘ < span. *juez* und *kotxe* ‚Auto‘ < span. *coche* im span. Baskenland gegenüber *juje* ‚Richter‘ < franz. *juge* und *boitura* ‚Auto‘ < franz. *voiture* im französ. Baskenland).

Die ältesten Zeugnisse des Bask. sind Personennamen aus der römischen Provinz Aquitanien. Aus dem Mittelalter sind verschiedene Glossen und Vermerke über die Grenzen von klösterl. Landbesitz in bask. Sprache überliefert, außerdem eine kleine Wörtersammlung. Das erste, vollständig in Bask. (labourd. Dialekt) geschriebene Werk ist eine Sammlung religiöser Dichtung („Linguae Vasconum Primitiae") von Mosén Bernart Dechepare, die im Jahre 1545 in Bordeaux veröffentlicht wurde.

In der Folgezeit wurden verschiedene regionale Varianten des Bask. als Schriftsprachen verwendet, denn die Ausbildung eines einheitl. Standards gelang erst spät. Das Labourd. diente zur Überlieferung v.a. von religiösem Schrifttum. Das Soul. wurde für populäre Theaterstücke verwendet. Beide Dialekte haben die Bibelsprache maßgeblich beeinflußt; das Neue Testament erschien 1571 in der bask. Übersetzung („Testamentu Berria") von Joanes de Leizarraga. Das Guipuzcoan. wurde im 18. Jh. bevorzugt; das Vizcain. erlebte seine Blütezeit im 19. Jh. Im Verlauf des 20. Jh. hat sich das Schrifttum in bask. Sprache breit ausgefächert und die frühere Dominanz religiöser Thematik überwunden.

Die im Jahre 1919 gegründete Akademie der bask. Sprache (Euskaltzaindia) hatte es sich zum Ziel gesetzt, einen einheitl. Schriftstandard für das Bask. zu schaffen. Bis zur Verwirklichung solcher Vorstellungen dauerte es Jahrzehnte. Erst im Jahre 1968 waren die Grundlagen für eine standardisierte bask. Schriftsprache (Euskara Batua) ausgearbeitet. Euskara Batua (oder einfach Batua) ist eine Ausgleichsform, die sich stark an das Guipuzcoan. anlehnt, aber auch Elemente des Labourd. beinhaltet. Obwohl sich dieser kunstsprachl. Standard allmählich durchgesetzt hat, gibt es auf Seiten derjenigen Basken, die Vizcain. sprechen, etliche Vorbehalte, da ihr Regionaldialekt keinen Anteil an der Schaffung der Batua hat.

Aus dem 16. Jh. ist das erste span.-bask. Wörterverzeichnis (1562) überliefert. Im 18. Jh. entstanden eine Grammatik des Bask. (1729) und ein dreisprachiges (span.-bask.-latein.) Wörterbuch (1745). Aber erst im 19. Jh. weckte Wilhelm von Humboldt mit seiner Schrift „Prüfung der Untersuchungen über die Urbewohner Hispaniens vermittelst der Vaskischen Sprache" (1821) in internationalen Kreisen ein wissenschaftl. Interesse für Sprache und Volkstum der Basken.

Lit.: Aulestia 1989, Haarmann 1998a, Intxausti 1992, King 1994, Lafon 1972, Trask 1997

Bengalisch (Bengali, bengali). Bengal. wird von insgesamt 196 Mio. Menschen im Osten des indischen Subkontinents gesprochen; davon sind 189 Mio. Primärsprachler und 7 Mio. Zweitsprachler. In Bangladesch leben 118 Mio. Sprecher des Bengal., im benachbarten Indien (hauptsächl. im Bundesstaat Westbengalen) sind 76 Mio. Bengalen beheimatet. Bengalen leben heutzutage in vielen Ländern: Großbritannien (0,22 Mio., die meisten von ihnen Immigranten aus Sylhet im Nordosten von Bangladesch), USA (0,15 Mio.), Vereinigte Arab. Emirate (70 000), Saudiarabien (15 000) u. a.

Bengal. ist Staatssprache von Bangladesch und regionale Amtssprache im ind. Bundesstaat Westbengalen. In beschränktem Umfang fungiert Bengal. als fakultative Unterrichtssprache im Schul-
programm für Minderheiten in Großbritannien.

Das Bengal. ist eine → indoeuropäische Sprache und gehört zum
indoarischen Sprachzweig. Die am nächsten verwandten Sprachen
des Bengal. sind Assamesisch und Oriya. Die Ausgliederung des
Bengal. aus dem Kontinuum mittelind. Sprachen setzte im 10. Jh.
ein. Trotz der ausgleichenden Wirkung der einheitl. bengal. Standardsprache haben die bengal. Dialekte ihre Eigenständigkeit bewahrt. Der Dialekt von Chittagong weicht am stärksten von der
überregionalen Umgangssprache ab und ist für Bengalen aus anderen Regionen schwer verständlich. Auch der Dialekt der Region
Sylhet (Sylheti-Bengal.) weist verschiedene Eigenheiten auf, die ihn
von der Umgangssprache unterscheiden.

Mehr als 90 % des modernen bengal. Wortschatzes setzen sich aus
ind. Elementen zusammen. Dazu gehören einerseits bengal. Erbwörter, andererseits Kulturwörter, die aus dem → Sanskrit entlehnt
sind und etwa 44 % des bengal. Grundwortschatzes ausmachen. Der
Anteil von Entlehnungen → arabisch-persischer Herkunft (hauptsächl. Kulturwörter früherer Jahrhunderte) macht 3,3 % aus. Der
Einfluß des → Englischen auf das Bengal. nimmt sich mit einem
Lehnwortanteil von 1 % vergleichsweise bescheiden aus.

Die Schrifttradition des Bengal., das in einer Variante der ind.
Brahmi-Schrift geschrieben wird, geht auf das 11. Jh. zurück. Aus
der mittelbengal. Periode ist ein reichhaltiges Schrifttum überliefert,
mit Versepen, Versbiographien und Liedern. Die ältere Schriftsprache (*sādhu bhāṣā*) hat sich in formellen Funktionen erhalten. Der
größte Teil des modernen bengal. Schrifttums ist allerdings in der
populären Variante der Schriftsprache (*calit bhāṣā*) verfaßt, die sich
dem Sprachgebrauch des Bengal. in Calcutta anschließt. Die Standards der Schriftsprache und der bengal. Umgangssprache unterscheiden sich kaum voneinander.

Die bengal. Sprachgeschichte wird wie folgt periodisiert: Altbengal.
gal. (950–1200 n. Chr.), Mittelbengal. (1200–1800), Neubengal.
(seit Beginn des 19. Jh.).

Lit.: Chatterji 1926 [1970–1972], Dasgupta 1983, Klaiman 1987

Berberisch, Berber-Sprachen (29 Sprachen). Berbersprachen werden von mehr als 5 Mio. Menschen in einem weiten Areal Nordafrikas gesprochen, von Marokko bis Libyen im Norden und bis weit in den Süden (Mali, Niger). Nur fünf berber. Sprachgemeinschaften haben größere Sprecherzahlen. Hierzu gehören das Taschelheit (im Südwesten Marokkos), das Tamazight ('Sprache der Freien'; Atlasgebirge in Zentralmarokko), das Tarifit oder Rif-Kabylische (Riff-Gebirge in Nordmarokko), das Taqbaylit (Kabylien, östl. Algerien) und das Tamaschiqt (Tuareg im südl. Algerien, in Mali und Niger).

Das Berber. ist ein Hauptzweig der → afroasiatischen Sprachfamilie. Einige russ. Sprachwissenschaftler stellen das Altlibysche, das in Inschriften seit dem 2. Jh. v. Chr. überliefert ist, in eine verwandtschaftl. Beziehung zum Berber. Diese Zuordnung ist aber bislang umstritten. Spekulativ sind auch Versuche geblieben, die Berbersprachen in eine Beziehung zum → Baskischen in Europa zu stellen.

Das histor. Verbreitungsgebiet des Berber. lag in römischer Zeit weiter im Norden und konzentrierte sich im Küstengebiet des Mittelmeeres. Zur Zeit der arab. Invasion im 7. Jh. waren die Masmuda, die Sanhaja und die Zanata die Hauptvölker der Region. Durch die nachfolgende Migration von Arabern nach Nordafrika wurden die Berber ins Landesinnere abgedrängt. Etwa die Hälfte der heutigen Bevölkerung Nordafrikas ist berber. Abstammung. Viele haben die berber. Muttersprache ihrer Eltern aufgegeben und sich ans → Arabische assimiliert; andere sind zweisprachig (mit Berber. als Primärsprache und Arab. als Zweitsprache).

Seit der römischen Antike haben Literaten und Forscher Materialien zur Geschichte, Kultur und zu den Sprachen der berber. Bevölkerung gesammelt, v.a. arab. Historiker und Ethnographen. Ibn Khaldun (1332–1406) verfaßte eine Geschichte der Berber. Der berühmteste aller Berber ist der als Kirchenvater bekannte Aurelius Augustinus (354–430), dessen Vater Berber war und dessen Mutter aus einer römischen Familie stammte. Der in einem bikulturellen und zweisprachigen Milieu aufgewachsene Augustinus hat den literar. Kanon der westl. Kirche entscheidend geprägt.

Bei den südl. Berbern, den Tuareg, hat sich eine alte Schriftart erhalten, die *Tifinagh* genannt wird. Diese Schrift ist ganz offensichtlich von der numidischen (altlibyschen) Schrift abgeleitet, die in römischer Zeit bezeugt ist. *Tifinagh* ist eine alphabet. Schrift, die in Felsinschriften, in Gravierungen auf silbernen Armreifen und auch auf Papier (Liebesbriefe) verwendet worden ist. Das Besondere an ihr ist, daß im Wortinneren nur Konsonanten, im Wortauslaut aber auch Vokale geschrieben werden. Heutzutage wird diese Schrift am meisten von den Tuareg in Mali und Niger verwendet. Berber. wird aber seit der franzöś. Kolonialzeit auch in einer Variante des latein. Alphabets geschrieben. V.a. in der Region Kabylien in Nordalgerien und in Marokko haben die berber. Kulturen und Sprachen in den 1980er Jahren eine Renaissance erlebt. Auch die alte Berberschrift wurde wiederbelebt. Die in Rabat publizierte Zeitschrift „Amazigh" widmete die ersten Nummern einer Einführung ins *Tifinagh*.

Lit.: Ajchenval'd/Militarev 1991, Camps 1984 ff., Wolff 1981

Birmanisch → Burmesisch

Bretonisch (Breton, breton). Von den rund 0,85 Mio. Menschen mit breton. Sprachkenntnissen kann die Mehrheit die Sprache nurmehr verstehen, aber nicht mehr selbst sprechen. Anders als in Wales, wo die Verteilung von → Kymrisch und → Englisch in regelmäßigen Abständen durch einen staatl. Zensus ermittelt wird, ist in der Bretagne zu keiner Zeit eine Erhebung durchgeführt worden. Sämtl. Angaben zur Vitalität des Breton. *(brezhoneg)* beruhen daher auf Schätzungen. Die meisten Sprecher des Breton. leben in der Bretagne; die Zahl derjenigen, die im Laufe des 19. und 20. Jh. ins Innere Frankreichs abgewandert sind, ist nicht bekannt.

Schätzungen zur zahlenmäßigen Stärke der breton. Sprachgemeinschaft sind recht vage. Um 1500 soll es etwa 0,43 Mio. Sprecher gegeben haben, zu Beginn des 19. Jh. mehr als 0,9 Mio. Für das Jahr 1905 findet sich die Angabe von 1,4 Mio. Sprechern des Breton. Unabhängig von dem Grad ihrer Verläßlichkeit ist diese Schätzung das absolute Maximum, das in der Geschichte des Breton. jemals für dessen Sprecherzahl ermittelt worden ist. Seinen stärksten Rückgang hat das Breton. im 20. Jh. erlebt. 1962 war die Sprecherzahl auf 0,68 Mio. zurückgegangen. Bis zum Beginn der 1990er Jahre sank der Anteil der aktiven Sprecher auf etwa 0,25 Mio. (d. h. weniger als 30 % der Gesamtzahl).

Das heutige Verbreitungsgebiet des Breton. liegt im westl. Teil der Bretagne, westl. von Paimpol im Norden, von Pontivy im Zentrum und von Vannes im Süden. Es gibt kein geschlossenes Sprachgebiet mehr; dies bedeutet, daß Breton. nirgendwo mehr regelmäßig und überwiegend in der Alltagskommunikation verwendet wird. Die Hafenstädte Brest im Westen und Lorient im Süden waren seit ihrer Gründung im 17. Jh. Zentren des französ. Spracheinflusses in der Bretagne. Seit dem Mittelalter ist das Breton. kontinuierl. nach Westen abgedrängt worden, und gleichzeitig hat sich die Sprachgemeinschaft von innen her zunehmend durch Sprachwechsel aufgelöst.

Das Breton. war noch im 8. Jh. auf die westl. Bretagne beschränkt, breitete sich aber im Zuge der polit. Expansion der breton. Königreiche nach Osten in Gebiete mit roman.-sprachiger Bevölkerung aus. Bis zum Beginn des 10. Jh. machte sich breton. Einfluß im Westen der Normandie und bis nach Angers im Süden bemerkbar. Zwischen 915 und 1532 war die Bretagne ein selbständiges Herzogtum, von 1532 bis 1790 eine halbautonome Provinz Frankreichs. In der Nachfolge der Französischen Revolution verlor die Bretagne jeglichen Sonderstatus und ist seither in mehrere Départements (Finistère, Morbihan, Côte-du-Nord) aufgeteilt.

Im Zuge der mittelalterl. Expansion nach Osten entfalteten sich auch die frühen Kontakte des Breton. zum Altroman. Nordfrankreichs, und zu dessen Fortsetzer, zum Altfranzös. Die Städte Rennes und Nantes im Osten der Bretagne hatten eine überwiegend romanisierte Bevölkerung, und von hier aus breitete sich roman. Spracheinfluß früh nach Westen aus. Maßgebend dafür war die wirtschaftlich wie kulturell einflußreiche, roman.-sprachige urbane Elite.

Breton. ist eine → indoeuropäische Sprache und gehört im engeren Zusammenhang des → keltischen Sprachzweigs zu dessen britann. Untergruppe. Die nächsten Verwandten des Breton. sind das → Kymrische (Wales) und das ausgestorbene Kornische (Cornwall). Das Breton. ist kein direkter Fortsetzer des Festlandkelt. (Gall.), sondern hat sich aus der Sprache kelt. Auswanderer entwickelt, die im 5. und 6. Jh. vor den nach Britannien eindringenden Angeln und Sachsen über den Ärmelkanal nach Armorica (histor. Name für Bretagne) flohen. Reste des damals noch an der Peripherie des römischen Gallien gesprochenen Festlandkelt. sind im Breton. aufgegangen.

Die Einteilung der Dialektzonen folgt traditionellerweise der Gliederung in vier Diözesen: Dialekt von Léon (NW), Dialekt von Tréguier (NO), Dialekt von Quimper (W und mittlere Bretagne),

Dialekt von Vannes (SO). In dieser Ausgliederung spiegeln sich wohl Unterschiede sprachl. Spezifika, die sich als Folge der Siedlungsgeographie während der Zeit der Einwanderung im 5. und 6. Jh. ausgebildet haben. In der Region um Carhaix im Zentrum der Bretagne ist eine Übergangszone entstanden, die das breton. Sprachgebiet von Südwesten nach Nordosten teilt. Carhaix war seit der römischen Zeit ein wichtiger Verkehrsknotenpunkt.

Neben der alten Schicht kelt. Erbwörter finden sich im breton. Wortschatz ältere und jüngere latein. Lehnwörter. Die älteren Entlehnungen latein. Herkunft im Breton., die zwischen dem 2. und 5. Jh. n. Chr. in Britannien übernommen wurden, haben vielfach Parallelen im Lehnwortschatz des Kymr. und Korn. (z. B. breton. *kerez(enn)* ‚Kirsche‘ < latein. *ceraseum, fenestr* ‚Fenster‘ < *fenestra, lizher* ‚Brief‘ < littera). Hierzu gehören auch frühe Elemente des christl. Wortschatzes (z. B. breton. *aoter* ‚Altar‘ < *altare, eskob* ‚Bischof‘ < *episcopu, Pask* ‚Ostern‘ < *Pasc(h)a*).

Die seit dem 5. Jh. in Nordwestfrankreich übernommenen Elemente des damaligen gesprochenen Latein sind typisch für das Breton. (z. B. breton. *kabell* ‚Kapuze‘ < *cap(p)ellu, fouronde*g ‚Käse‘ < *formaticu, suler* ‚Heuboden‘ < *solarium*); solche Elemente finden sich im Kymr. oder Korn. nicht. Seit dem 11. Jh. stand das Breton. im Kontakt zum Altfranzös., seit dem 15. Jh. zum Neufranzös. Das → Französische ist bis heute die wichtigste Entlehnungsquelle geblieben (z. B. breton. *kogn* ‚Keil‘, *eoul* ‚Öl‘, *damnañ* ‚verurteilen‘).

Aus der Zeit vor dem 15. Jh. sind keine breton. Manuskripte erhalten. Zwar entstand im Mittelalter ein Korpus latein. Handschriften in der Bretagne, aufgezeichnet wurden darin aber – außer Personen- und Ortsnamen – nur einige Glossen mit breton. Ausdrücken. Ungeklärt ist bis heute, ob es eine mittelalterl. breton. Literatur gegeben hat, die später verloren ging. Ihre mündl. Tradition hat die altfranzös. Literatur jedenfalls maßgebend beeinflußt.

Aus dem damaligen Nordfrankreich ist die Einteilung der Literatur in drei Stoffgebiete bekannt. Jehan Bodel d‘Arras hat in seinem Sachsenlied („Chanson des Saisnes“, entstanden zwischen 1196 und 1200) unterschieden zwischen einer matière de France (Heldenepik), einer matière de Rome (Antikenromane) und einer matière de Bretagne (Artusepik). Letztere, die sich um den legendären kelt. König Artus rankt, der den Widerstand der Kelten Britanniens gegen die eindringenden Angeln und Sachsen organisierte, stammt aus dem kelt. Sagen- und Mythenschatz, der den Franzosen über die Bretagne zugänglich war.

Meisterhaft wurden die Erzählungen um König Artus und die Ritter seiner Tafelrunde in den höfischen Romanen von Chrétien de Troyes (um 1135–1190) verarbeitet, verfaßt im champagnischen Dialekt des Altfranzös. Auch in den „Lais" (Reimdichtungen) der Äbtissin Marie de France (um 1130–1200) dominiert der Artusstoff. Bei den aus dem kelt. Kulturkreis überlieferten Manuskripten zur Artusthematik handelt es sich entweder um Übersetzungen oder Nachdichtungen altfranzös. Vorlagen; dies gilt etwa für das älteste erhaltene breton. Schriftdenkmal, den um 1450 entstandenen „Chant royal".

Die in der Neuzeit entstandene Originalliteratur in breton. Sprache ist bis ins 19. Jh. vorwiegend religiösen Inhalts, so wie das erste, im Jahre 1530 gedruckte Werk, eine als Bühnenstück bearbeitete Fassung der Passionsgeschichte. Ein beliebtes Medium für die Literatur weltl. Prägung waren Theaterstücke. Die literar. Aktivität hat im Zuge der Renaissance, die das Kulturbewußtsein der Bretonen in der zweiten Hälfte des 19. Jh. belebt hat, beständig zugenommen. Paradoxerweise hat die breton. Literatur in den vergangenen Jahren eine Blüte erlebt, also zu einer Zeit der zunehmenden Auflösung der Sprachgemeinschaft. Das Kulturschaffen in breton. Sprache wird heute immer mehr von Akademikern getragen, die Breton. als Zweitsprache erlernt haben.

In der Periodisierung der breton. Sprachgeschichte werden drei Abschnitte unterschieden: Altbreton. (*vieux-breton*, vor dem 12. Jh.), Mittelbreton. (*moyen-breton*, 12. Jh.–Mitte 17. Jh.), Neubreton. (*breton moderne*, seit Mitte 17. Jh.).

Lit.: Balcou/Le Gallo 1985, Falc'hun 1963, Humphreys 1993

Bulgarisch (Bulgarian, bulgare). Insgesamt 9 Mio. Menschen sprechen Bulgar.; die meisten leben in Bulgarien (7,3 Mio.; entspr. 85,7 % der Landesbevölkerung). Bulgar. Außengruppen gibt es in etlichen Staaten Osteuropas: Moldova (0,3 Mio.), Ukraine (0,234 Mio.), Griechenland (30 000), Rumänien (9000), Jugoslawien (5000). Die bulgar. Siedlungen in Moldova (im histor. Moldawien) und in der Ukraine entstanden als Folge der Abwanderung orthodoxer bulgar. Christen aus der von den Türken (Osmanen) besetzten Balkanregion im 18. und 19. Jh. Die Bulgaren in Rumänien (Banat) sind

Nachkommen römisch-kathol. Flüchtlinge, die in der ersten Hälfte des 18. Jh. aus Bulgarien geflohen waren. Die Zahl der Bulgaren in der Türkei beläuft sich auf 0,27 Mio. Etwa 25 000 bulgar. Emigranten und deren Nachkommen leben in Nordamerika, die meisten von ihnen in den USA.

Die Bulgaren sind Slawen, ihren Namen haben sie aber von einem Turkvolk übernommen. Die türk. Bulgaren (sog. Proto-Bulgaren) gründeten im Jahre 681 n. Chr. den ersten Staat im Siedlungsgebiet der Südslawen. Als Elite regierten sie etwa 150 Jahre in dem Land, das nach ihnen Bulgarien benannt wurde. Danach assimilierten sie sich im slawisch-christl. Kulturmilieu. Außer dem Namen ist kaum etwas von dem alten türk. Kulturerbe erhalten.

Bulgar. ist eine südslaw. Sprache und am nächsten mit dem → Makedonischen verwandt. Das Sprachgebiet gliedert sich in zwei Hauptdialekte, die ihrerseits mundartl. weiter differenziert sind: östl. Bulgar. (nordöstl. Mundart = mösisch, balkanisch, „Rupski" in Thrakien und im Rhodopen-Gebirge), westl. Bulgar. (nördl. und südl. Mundart). Die altertümlichsten Charakteristika im Sprachbau sind in den Rhodopen-Mundarten bewahrt. Die moderne bulgar. Standardsprache basiert im wesentlichen auf dem Mösischen, enthält aber auch einige westbulgar. Elemente. Der westbulgar. Dialekt ist Teil eines sprachl. Kontinuums, das Bulgar. und Makedon. verbindet.

Zum Grundbestand des bulgar. Wortschatzes gehören → slawische Erbwörter, von denen die meisten Parallelen im Makedon. haben. Von den histor. Kontaktsprachen des Bulgar. sind das → Griechische und das → Türkische die wichtigsten. Während des Mittelalters wurden viele Quellen griech.-christl. Originalliteratur ins Bulgar. übersetzt, so gelangten zahlreiche Lehnwörter ins Bulgar. Griech. war die Sprache der orthodoxen Kirche Bulgariens, die bis 1870 dem Patriarchat von Konstantinopel (Istanbul) unterstand. An den bulgar. Schulen wurde im 18. Jh. und in der ersten Hälfte des 19. Jh. auf Griech. unterrichtet. Vom Ende des 14. Jh. bis zur Unabhängigkeit des Landes im Jahre 1878 war Türk. Verwaltungssprache in Bulgarien.

Hunderte von Gräzismen haben alle Schichten des bulgar. Lexikons berührt. Es wurden Substantive ebenso wie Verben und Konjunktionen entlehnt (z. B. bulgar. *pop* ‚Priester', *ala* ‚allerdings', *oti* ‚warum'). Die Ausdrücke türk. Herkunft stellen den größten Anteil am bulgar. Lehnwortschatz, und zwar in allen Bezeichnungsbereichen (z. B. bulgar. *pazar* ‚Markt‘, *kula* ‚Turm‘, *badžak* ‚Oberschenkel‘, *lale* ‚Tulpe‘, *tavan* ‚Zimmerdecke‘, *taman* ‚genau‘, *demek* ‚anders ausgedrückt‘). Seit dem Ende des 19. Jh. hat sich die Sprachpflege bemüht, Turzismen durch Slawismen (insbesondere russ. Kulturwörter) zu ersetzen. In der Schriftsprache hat der Anteil der türk. Lehnwörter bis heute leicht abgenommen, in der Umgangssprache sind sie aber weithin gebräuchlich.

Seit der Zeit der Unabhängigkeit Bulgariens ist das → Russische eine bevorzugte Entlehnungsquelle für Kulturwörter. So sind auch zahlreiche Internationalismen westeurop. Prägung vermittelt worden, überwiegend aus dem → Französischen. Andere histor. und rezente Kontaktsprachen des Bulgar. sind das Balkanlatein., → Ungarisch, → Deutsch und → Rumänisch. Die jüngste Welle von Fremdeinflüssen orientiert sich am → Englischen (z. B. bulgar. *kompjutar* ‚Computer‘, *čip* ‚Chip‘, *trila* ‚Thriller‘).

Die ältesten Schriftzeugnisse des Bulgar. sind Grabinschriften aus dem 10. Jh. Aus jener Zeit stammen auch die frühesten Manuskripte, deren Texte in den beiden slaw. Originalschriften, Glagolitisch und Kyrillisch, aufgezeichnet sind. Im Verlauf des 12. Jh. verdrängte die Kyrillica die Glagolica vollständig. Das altbulgar. Schrifttum ist überwiegend religiösen Inhalts. Die mittelalterl. Schriftsprache wird auch Altkirchenslaw. oder Altslaw. genannt. Damals gehörte Makedonien territorial zum bulgar. Reich. Daher wird auch das in Makedonien entstandene Schrifttum häufig als „altbulgarisch“ bezeichnet. Tatsächlich gab es im 10. Jh. zwei Zentren der Schriftkultur: Ohrid in Makedonien und Preslav in Bulgarien. Das Schrifttum, das in Preslav entstand, ist im eigentlichen Sinn altbulgar., das in Ohrid altmakedon.

Die Periode vom Ende des 9. bis zum Anfang des 11. Jh. wird als „goldenes Zeitalter“ der altbulgar. Literatur bezeichnet. Damals entstanden zahlreiche Übersetzungen griech. Originalwerke (darunter die Texte der Codices aus dem 10. Jh., Apokryphen und Hymnendichtung). Altbulgar. Originalliteratur ist seit dem 9. Jh. überliefert, u. a. das Traktat des Priesters Hrabă über das slaw. (kyrill.) Alphabet (ca. 893). Dieser Textes spiegelt eine starke kulturelle Identität des frühen Bulgarentums wider.

Während der Zeit der byzantin. Vorherrschaft in Bulgarien (1014–1186) erlahmte die literar. Aktivität, wurde aber nicht vollständig unterbrochen. Die altbulgar. Schrifttradition erlebte ihre zweite Blüte im 13. und 14. Jh., als die Hauptstadt des zweiten groß-bulgar. Reiches, Tărnovo, Zentrum des Kulturschaffens wurde. Die Annexion Bulgariens als Provinz des osman. Reiches im Jahre 1396 führte zu einer erneuten Stagnation des bulgar. Kulturschaffens, das sich mit Flüchtlingen nach Serbien und Rußland verlagerte. Seit dem 16. Jh. wird das Bulgar. wieder kontinuierl. als Schriftsprache verwendet.

Der damalige Schriftgebrauch ähnelt in mancher Hinsicht den Anfängen im Mittelalter. Bevorzugt waren Übersetzungen griech. Werke. Die Übersetzungen erbaulicher Literatur ins Bulgar. schufen ein eigenes Genre, die „Damaskinen" (nach dem griech. Autor Da-maskinos Studit). Das erste Buch in Bulgar., eine Sammlung von Ge-beten, wurde 1566 in Venedig gedruckt. In der Sprache des „Abagar" (eine Apokryphe über den gleichnamigen König von Edessa) aus dem Jahre 1651 scheinen die ersten Züge des Neubulgar. auf. Noch lange Zeit war der Schriftsprachengebrauch nicht einheitlich. Dies gilt auch für die Sprache in der „Istorija slaveno-bolgarskaja" (Slavo-bulgar. Geschichte) des Paísi von Chilendar von 1762, in der bulgar. wie kirchenslaw. Elemente gemischt werden. Die grammat. Litera-tur setzte mit der „Bolgarska gramatika" (1835) des Neofit von Rila ein. In jener Zeit festigten sich allmählich die Normen des Neubul-gar. Erst im 19. Jh. erlebte die Tradition der neubulgar. Schriftspra-che ihren eigentl. Aufschwung mit den Werken der Nationallitera-tur (von Karavelov, Botev, Vazov und anderen). Seit dem Ende des 19. Jh. schließt sich die literar. Tradition westeurop. Trends an.

Bis ins 19. Jh. waren zwei Schriftsprachen in Bulgarien verbrei-tet, das archaisierende Altbulgar., dessen Normen im 14. Jh. fest-geschrieben worden waren, und das Kirchenslaw. russ. Prägung, dessen Einfluß sich seit dem 17. Jh. geltend machte. Im 18. und 19. Jh. waren die Anhänger beider Richtungen einflußreich. Die Ideen der „neubulgar. Schule", deren Vertreter die Anlehnung der Schriftsprache an die Umgangssprache propagierten, waren zwar schon in den 1850er Jahren populär, es dauerte aber noch Jahr-zehnte, bis der moderne Schriftstandard festgelegt wurde. Erst in den 1890er Jahren gelang es, die Orthographie des Neubulgar. zu reformieren und die Normen der modernen Standardsprache zu konsolidieren. In der Sprachreform des Jahres 1945 sind diese Nor-men im wesentlichen bestätigt worden. Lediglich zwei seltene Zei-chen wurden abgeschafft.

In der bulgar. Sprachgeschichte werden folgende Perioden unterschieden: Altbulgar. (9.–11. Jh.), Mittelbulgar. (12.–14. Jh.), Neubulgar. (seit dem 15. Jh.), modernes Bulgar. (seit 1900).

Lit.: Gyllin 1991, Kanikova 1998, Mirchev 1978

Bündnerromanisch, auch: Rumantsch, Romantsch; Graubündnerisch (Romansh, romanche), → Alpenromanisch. Die knapp 40 000 Sprecher des Bündnerroman. leben im Südosten der Schweiz, die meisten im Kanton Graubünden. Die große Mehrheit spricht → Deutsch als Zweitsprache. Durch die Zuwanderung von Deutsch- und Italienisch-Sprachigen sowie durch die Abwanderung von Rumantsch-Sprachigen ist der Anteil der letzteren an der Kantonsbevölkerung ständig gesunken; heute machen sie nur noch 22 % aus. Die Sprecherzahl des Bündnerroman. war jahrzehntelang stabil, ist aber heute leicht rückläufig (1970 gab es noch 50 100 Sprecher).

Im Jahre 1938 wurde das Bündnerroman. als vierte Nationalsprache der Schweiz anerkannt, neben Deutsch, → Französisch und → Italienisch. Aber erst 1997 erhielt das Bündnerroman. auch den Status einer Amtssprache. In der Praxis bedeutet dies, daß Schriftstücke der Schweizer Bundesbehörden, die den Kanton Graubünden betreffen, auch in Bündnerroman. ausgefertigt werden.

Das Bündnerroman. ist eine der Hauptvarianten des → Alpenromanischen. Sein Sprachgebiet ist dialektal stark zersplittert.

Lokale Varianten:
- Surselvisch bzw. Obwaldisch (Surselvan; ca. 20000 Sprecher) im vorderen Rheintal und Sutselvisch (Sutselvan; ca. 1500) im hinteren Rheintal
- Oberengadinisch (Puter; ca. 3500), Unterengadinisch (Vallader; ca. 6000) im Engadin (Inntal); das Münstertalische im Val Müstair ist eine besondere Mundart des Unterengadinischen
- Surmiranisch (ca. 3500) in den Gemeinden Julia und Albula in Zentralgraubünden.

Der Wortschatz des Bündnerroman. umfaßt außer Erbwörtern mit Parallelen in anderen → romanischen (v.a. westroman.) Sprachen zahlreiche Lehnwörter deutscher und italien. Herkunft. Die ältesten Zeugnisse des Bündnerroman. sind einige Wörter in einem Kodex aus dem 11. Jh. und eine Übersetzung einer latein. Homilie aus dem 12. Jh.

Die eigentliche schriftsprachl. Tradition setzte im 16. Jh. ein. Das erste literar. Werk ist die in Oberengadin. verfaßte Reimchronik des

Müsserkriegs von G. Travers aus dem Jahre 1527. Andere Werke jener Epoche in der oberengadin. Variante sind ein protestant. Katechismus (1557) – das erste gedruckte Buch – und die Übersetzung des Neuen Testaments (1560), die beide von J. Bifrun verfaßt wurden. Religiöse Literatur entstand auch in anderen Dialekten des Bündnerroman.: die Übersetzung der Psalmen (1562) von D. Chiampel in Unterengadin., ein protestant. Katechismus (1601) von D. Bonifaci in Surselv., ein kathol. Katechismus (1611) von G.A. Calvenzano in Sutselv.

Im Verlauf des 16. und 17. Jh. haben sich insgesamt sechs schriftsprachl. Varianten des Bündnerroman. herausgebildet: Oberengadin. (seit 1527), Unterengadin. (seit 1562), Protestant.-Surselv. (seit 1611), Kathol.-Surselv. mit abweichendem Standard, Sutselv. (seit 1601, Sprachreform 1944), Surmiran. (seit 1673, Sprachreformen 1857 und 1921).

Im 17. und 18. Jh. war das Interesse der Bündnerromanen, ihre Sprache als Schriftsprache zu verwenden, nicht besonders rege. Es wurden nur wenige Bücher in Surselv. und Engadin. gedruckt. Erst gegen Ende des 19. Jh. belebte sich die Schrifttradition wieder. Damals entstand ein für die sprachl. wie kulturelle Identität der Bündnerromanen wichtiges Monumentalwerk, die dreizehnbändige „Rätoroman. Chrestomatie" (1896–1919) von C. Decurtins.

Die 1919 gegründete Lia Rumantscha hat Ende der 1970er Jahre einen Nicht-Bündnerromanen damit beauftragt, eine einheitl. Standardsprache mit normierter Orthographie für das Bündnerroman. auszuarbeiten. 1982 stellte Heinrich Schmid sein Plansprachenprojekt Rumantsch Grischun vor. Der Standard dieser künstl. Schriftsprache basiert auf keinem der regionalen Dialekte ausschließlich, sondern hat dialektale Eigenarten aus allen Varianten unter dem Gesichtspunkt berücksichtigt, daß sie in möglichst vielen Mundarten verbreitet sind. Das Rumantsch Grischun hat sich inzwischen durchgesetzt und ist populär geworden. Die Druckproduktion in der neuen Schriftsprache ist merklich angewachsen.

Lit.: Liver 1995, Lutz et al. 1982, Peer 1979

Burmesisch, Birmanisch (Burmese, birmanien). Burmes. wird von 31 Mio. Menschen gesprochen; davon sind 22 Mio. Primärsprachler und 9 Mio. Zweitsprachler. Die meisten Sprecher sind in Myanmar (seit 1989 Landesname für das ältere Burma) beheimatet. Die burmes.

Primärsprachler stellen rund 69% der Bevölkerung von Myanmar.
Zu den Zweitsprachlern des Burmes. gehören ethnische Minderheiten des Landes wie Arakan (Maghi), Jingpho, schwarze Karen, Lahu, Mon, Parauk, Shan u. a. Die größte burmes. Außengruppe ist die in Bangladesch (0,231 Mio.). Andere Staaten mit burmes. Immigrantengruppen sind Großbritannien, die USA und Kanada.

Burmes. ist Staatssprache Myanmars. In der postkolonialen Periode des Landes, das 1948 seine Unabhängigkeit erreichte, wurde Burmes. zielstrebig im Ausbildungssektor gefördert. 1964 avancierte es zur alleinigen Unterrichtssprache in allen Ausbildungsstufen (einschließl. des universitären Unterrichts). In den 1980er Jahren erfolgte allerdings eine Rückwendung zum kolonialen Sprachgebrauch. → Englisch ist wieder eindeutig die favorisierte Bildungssprache, sowohl in den oberen schulischen Ausbildungsstufen als auch im akadem. Unterricht.

Burmes. ist eine → sinotibetische Sprache und gehört zur Loloburmes. Gruppe des tibeto-birman. Sprachzweigs. Maru (Lawng), Atsi (Tsaiwa) und Lashi stehen dem Burmes. verwandtschaftl. am nächsten. Das Sprachgebiet ist dialektal wenig differenziert. Unterschiede betreffen lediglich die Lautung und den Wortgebrauch. Die Einheitlichkeit des Burmes. wird damit erklärt, daß seit jeher über die Flußläufe und die zentrale Ebene ein reger Kontakt zwischen den Menschen der verschiedenen Regionen bestanden hat. Dieser Kontakt hat lokale Sonderentwicklungen der Sprache verhindert. Der Dialekt des Irrawaddy-Tals ist die Basis der modernen Standardsprache.

Die Burmesen haben viele kulturelle Institutionen von ihren Nachbarn, den Mon, übernommen. Dazu gehören der Theravada-Buddhismus, die Schriftvariante der Mon, die diese ihrerseits aus Südindien adaptiert hatten, sowie Elemente des Kulturwortschatzes, die im Mon und im Burmes. in gleicher Weise vom Pali geprägt sind. Andere Entlehnungsquellen waren das Shan, das → Thai und das → Bengalische. In der Moderne ist der burmes. Wortschatz von Ausdrücken engl. Herkunft überformt worden. Hierzu gehören nicht nur Bezeichnungen für zivilisator. Neubegriffe (z. B. burmes. *kumpani* ‚Gesellschaft‘, *moto ka* ‚Auto‘, *re di yui* ‚Radio‘), sondern auch Modewörter wie burmes. *philin* ‚Feeling, Gefühl‘ oder *shori* ‚sorry, Entschuldigung‘.

Die ältesten Schriftzeugnisse des Burmes., religiöse Inschriften auf Steinplatten und Tontafeln, stammen aus der Zeit vom Ende des 11. Jh. Einer der ältesten Texte, die Myazedi-Inschrift, ist eine Weihinschrift, die in vier Sprachen redigiert ist: Pali, Mon, Pyu und Burmes. Diese Konstellation ist charakteristisch für die mittelalterl. Sprach- und Kulturkontakte Burmas. Die Sprache der zahlreichen Steininschriften aus der Zeit zwischen dem 11. und 15. Jh. wird „inschriftl. Burmes." genannt. Spätere Texte wurden auf Papier und Palmblätter geschrieben. Die Drucktechnik wurde um 1800 von christl. Missionaren eingeführt. Seit Beginn des 20. Jh. sind Schreibmaschinen in Gebrauch, und seit Mitte der 1980er Jahre gibt es Computerprogrammierungen für die burmes. Schrift.

Lit.: Okell 1994, Roop 1972, Wheatley 1992

Burushaski (Burushaski/Burushki/Biltum, burushaski). Etwa 55 000 Sprecher des Burushaski leben in der westl. Gebirgsregion des Karakorum, die administrativ zu Pakistan (Distrikt Gilgit) gehört. Die muslim. Burusho siedeln hauptsächl. in zwei Bergtälern, Hunza-Nagar und Yasin. Burusho wohnen auch in einigen Städten Indiens, v.a. im Bundesstaat Kashmir. Viele Sprecher des Burushaski sprechen andere Sprachen wie Shina, Khowar und neuerdings auch → Urdu als Zweit- und Drittsprachen. Urdu ist am weitesten bei den Männern verbreitet; die Burusho-Frauen sprechen es wenig.

Burushaski ist eine genealog. → isolierte Sprache, da keinerlei Verwandtschaft mit irgendeiner anderen Sprache im südl. Asien nachzuweisen ist. Aufgrund sehr alter Sprachkontakte zum vedischen → Sanskrit weiß man, daß Burushaski zu den alten einheim. Sprachen Asiens gehört. Daher wird es mit anderen alten Sprachen des Kontinents im Nordosten Sibiriens sowie mit dem → Ainu auf Hokkaido als zu einer → paläoasiatischen Sprachfamilie zugehörig klassifiziert. Von den drei Dialekten des Burushaski (Hunza, Nagar und Yasin) hat sich der letztere isoliert von den anderen entwickelt und archaische Züge im Sprachbau bewahrt.

Lit.: Berger 1974, Edel'man 1997, Tikkanen 1994

C

Caddo. Sprachen dieser Familie sind (bzw. waren) auf den Great Plains der USA verbreitet. Keine der noch lebenden Sprachen hat mehr als 200 Sprecher. Für die Caddo-Sprachen sind genealog. Beziehungen zu den → Sioux-Sprachen und zum → Irokesischen postuliert worden; der nähere Verwandtschaftsgrad ist jedoch ungeklärt.

Cahuapan. Diese Sprachfamilie mit wenigen Einzelsprachen ist im nördl. Peru verbreitet. Die Gruppe steht genealog. isoliert da.

Chapacura. Die Sprachen dieser im Nordosten Boliviens und in angrenzenden Teilen Brasiliens verbreiteten Familie gliedern sich in zwei Hauptzweige, in das Guapore und das Madeira. Beide Zweige umfassen jeweils mehrere Einzelsprachen. Die Chapacura-Sprachen sind möglicherweise mit dem → Arawakischen verwandt.

Chibcha (22 Sprachen). Chibcha-Sprachen sind im südl. Teil Mittelamerikas und im nördl. Südamerika verbreitet. Nur zwei der Sprachgemeinschaften sind zahlenmäßig bedeutend: Guaymí (ca. 45 000 Sprecher in Panama und Costa Rica), Kuna von San Blas (ca. 35 000 auf den San Blas-Inseln und auf dem Festland in Panama). Chibcha ist eine isolierte Sprachfamilie ohne Beziehung zu anderen Gruppierungen.

Chimakum. Hierzu gehören zwei miteinander verwandte Sprachen, die im Nordwesten des US-Bundesstaates Washington verbreitet sind (bzw. waren). Von diesen ist das namengebende Chimakum ausgestorben. Die andere Sprache, Quileute, wird nur noch von 10 Menschen gesprochen. Entferntere verwandtschaftl. Beziehungen der Chimakum-Sprachen bestehen vielleicht mit dem → Wakash.

Chinesisch (Chinese, chinois). Chines. gehört zum Kreis der großen und alten Kultursprachen der Welt. Seine Schriftkultur setzte im 2. Jt. v. Chr. ein, und der Einfluß dieser Sprache reichte weit über das Siedlungsgebiet der chines. Bevölkerung hinaus nach Nordosten (Korea, Japan), nach Westen (Tibet und Kleinasien) und nach Süden (Länder Südostasiens). Chinesen sind seit Jahrhunderten aus dem nördl. Teil Asiens nach Süden migriert, seit dem Kontakt mit europ. Kolonialmächten auch in andere Teile der Welt, ab dem 19. Jh. verstärkt nach Nordamerika. Heutzutage leben Chinesen in allen Kontinenten. Es gibt keine andere Sprachgemeinschaft, deren Muttersprachler auf so viele Staaten verteilt sind.

„Chinesisch" ist ein übergreifender Begriff, mit dem verschiedene regionale Sprachvarianten bezeichnet werden, die entwicklungsmäßig ein Kontinuum bilden. Einzelne regionale Sprachformen sind untereinander nur bedingt verständlich. Für die meisten dieser regionalen Sprachvarianten fungiert die chines. Schriftsprache als überdachende Standardsprache (u. a. nicht für die in Zentralasien lebenden muslim. Hui-Zu), deren lokaler Dialekt verschriftet ist. Auch in histor. Perspektive zeigt sich, daß „Chinesisch" eine Sammelbezeichnung für die verschiedenartigsten Sprachzustände ist. Das Chines. des 1. Jt. v. Chr. unterscheidet sich vom modernen Chines. mindestens ebenso stark wie das Latein. vom Italien. oder Französ.

Chines. Sprachvarianten werden heutzutage von mindestens 1,2 Milliarden Menschen gesprochen, die verschiedenen ethnischen Gruppierungen (Han, Hui, Zhuang, u. a.) angehören. Damit ist das Chines. die mit Abstand sprecherreichste Sprache der Welt. Selbst wenn man die regionalen Varianten als selbständige Sprachen kategorisiert, hat allein das Mandarin-Chines. (885 Mio.) mehr Sprecher als irgendeine andere Sprache der Welt. Zählt man sämtliche Primär- und Zweitsprachler des Englischen zusammen, beläuft sich dessen Sprecherzahl vergleichsweise auf „nur" 572 Mio.

Die meisten Sprecher chines. Varianten sind in Kontinental-China beheimatet (1,041 Milliarden; entspr. 92 % der Landesbevölkerung); 21 Mio. leben in Taiwan (Republik China).

Regionalsprachen:
Mandarin (836 Mio., 4,3 Mio. in Taiwan), Wu (77,2 Mio.), Yue / Kantonesisch (51,6 Mio.; davon 5,3 Mio. in Hong Kong), Jinyu (45 Mio.), Xiang (36 Mio.), Min Nan (26,2 Mio.; davon 0,54 Mio. in Hong Kong, 14,4 Mio. in Taiwan), Hakka (25,9 Mio.; davon 0,2 Mio. in Hong Kong, 2,37 Mio. in Taiwan), Gan-Chines. (20,6 Mio.), Min Bei-Chines. (10,3 Mio.).

Außerhalb der beiden Chinas gibt es bedeutende chines. Bevölkerungsgruppen in folgenden Staaten Asiens: Malaysia (4,3 Mio.; 21 % der Landesbevölkerung; v.a. Min Nan und Hakka), Singapur (2,17 Mio.; 77,3 % der Landesbevölkerung; v.a. Min Nan und Yue), Indonesien (2 Mio.; v.a. Min Nan, Hakka und Mandarin), Thailand (1,176 Mio.; v.a. Min Nan), Philippinen (0,6 Mio.; v.a. Min Nan), Vietnam (0,5 Mio.; Yue), Kampuchea (0,34 Mio.; Mandarin), Brunei (22 500; v.a. Min Nan und Min Dong).

Das Chines. ist die sprecherreichste der → sinotibetischen Sprachen und der Hauptvertreter des sinit. Sprachzweigs. Seit dem 19. Jh. gilt die Verwandtschaft der sinit. Sprachen mit den tibeto-birman. Sprachen v.a. aufgrund phonet. Kriterien als erwiesen. Einige Forscher allerdings erkennen lediglich eine weitläufige verwandtschaftl. Beziehung zwischen dem Chines. und dem → Tibetischen oder → Burmesischen an.

Chines. ist wie viele Sprachen in Südostasien eine Tonsprache. Die Anzahl der bedeutungsunterscheidenden Tonhöhen (Toneme) variiert von Dialekt zu Dialekt. Im Mandarin werden vier Toneme unterschieden. In den meisten anderen Dialekten ist das Tonsystem komplizierter; im Yue (Kantones.) beispielsweise gibt es neun Toneme.

Zu den stabilen Charakteristika in der Sprachentwicklung des Chines. gehört der überwiegend monosyllabische Bau des Stammwortes. Im Altchines. wie im modernen Chines. bestehen die allermeisten Wörter aus nur einer Silbe. Vom sprachtypolog. Standpunkt aus betrachtet ist das Chines. eine isolierende (bzw. monothetische) Sprache ohne Formelemente. Die grammat. und syntakt. Beziehungen werden durch die Wortstellung im Satz sowie durch lexikal. Hilfselemente gekennzeichnet. Im modernen Chines. hat sich daneben aber auch ein Trend zur Wortkomposition sowie zur Verwendung von Affixen durchgesetzt.

Die Hauptvarianten des Chines. gliedern sich ihrerseits in zahlreiche lokale Dialekte aus. Da nicht nur Mandarin geschrieben wird, sondern auch etliche der anderen Varianten, existieren in China höchst komplexe diglossische Verhältnisse zwischen hochsprachl. Varianten (Schriftdialekten) und lokalen Umgangssprachen. Die regionalen schriftsprachl. Varianten (z. B. Hakka im östl. und nordöstl. Guangdong) sind ihrerseits überdacht durch die überregionale Schriftsprache Mandarin. Für die regionalen Schriftsprachen stellt sich das Problem, welcher Dialekt zur Standardsprachform wird; im Fall des Hakka ist dies z. B. der Meixian-Dialekt.

Der größte Teil des chines. Wortschatzes besteht aus einheim. sinit. Elementen (z. B. *you* ‚haben‘, *he* ‚und‘, *li* ‚Kraft‘, *ma* ‚Pferd‘, *ren* ‚Mensch‘, *hun* ‚Ehe‘). In der Standardsprache, dem Mandarin, finden sich zahlreiche Ausdrücke, die aus regionalen Dialekten stammen und somit zur Gruppe der sekundären sinit. Elemente im Mandarin-Wortschatz gehören (z. B. *cirtou* ‚Mensch ohne Prinzipien‘ aus dem Hebei-Dialekt, *baida* ‚nutzlos‘ aus dem Shanxi-Dialekt, *huose* ‚Sache, Angelegenheit‘ aus dem Shanghai-Dialekt).

Die Zahl der ins chines. Lexikon integrierten Entlehnungen ist erheblich. Der aus Indien importierte Buddhismus, der sich in den ersten Jahrhunderten unserer Zeitrechnung in China verbreitete, brachte nicht nur die heiligen Schriften, sondern auch deren Sprachen ins Land. Zunächst war dies → Sanskrit, später machte sich auch der Einfluß des Pali bemerkbar. Die tibet. Tradition des Buddhismus, deren Anfänge auf das 8. Jh. zurückgehen, wirkte von Westen her und führte zu Entlehnungen aus dem Tibetischen ins Chines.

Das Chines. hat aber seinerseits über Jahrhunderte weit mehr auf andere Sprachen eingewirkt: auf das → Koreanische, → Japanische, Tibet., → Vietnamesische und andere Sprachen Südostasiens. Sinit. Elemente sind im Korean. und Japan. wie ein Amalgam mit dem Erbwortschatz verschmolzen, und beide Komponenten bilden eine untrennbare Einheit. Diese Verhältnisse sind vergleichbar mit der symbiot. Koexistenz von german. und latein.-roman. Elementen im → Englischen oder mit dem kirchenslaw.-russ. Amalgam des → Russischen.

Der Kontakt mit westl. Sprachen hat dem Chines. zahlreiche Neubezeichnungen für bis dahin unbekannte Begriffe vermittelt. Da die Lautstrukturen des Chines. von denen europ. Sprachen stark abweichen und Fremdelemente dem Tonsystem des Chines. angepaßt werden müssen, ist die lautl. und morpholog. Struktur westl. Lehnwörter im Chines. häufig stark entstellt (z. B. chines. *fei’erpolai* < engl. *fair play*, s*anmingzhi* < engl. *sandwich*, *xiuke* < engl. *shock*). Die kommunist. Sprachpflege hat zahlreiche ältere Internationalismen ausgemerzt und durch einheim. Bildungen ersetzt; z. B. modernes *zichanjieji* ‚Klasse im Besitz der Produktionsmittel‘ für älteres *bu’erqiaoya* ‚Bourgeoisie‘, modernes *wuchanjieji* ‚Klasse, die keine Produktionsmittel besitzt‘ für älteres *puluolietaliya* ‚Proletariat‘.

Etliche ältere Entlehnungen sind allerdings bis heute geläufig wie chines. *mida* ‚Meter' oder *qiaokeli* ‚Schokolade'.

Neologismen werden im Chines. heutzutage bevorzugt mit den Mitteln der einheim. Wortbildung geprägt. Da das moderne Chines. in bestimmtem Umfang die Sprachtechniken Präfigierung und Suffigierung kennt, entstehen neue Termini durch Ableitung von Stammwörtern (z. B. *ji* ‚aufschreiben' + Agenssuffix *-zhe* > *jizhe* ‚Journalist', *jiaoyu* ‚Erziehung' + Agenssuffix *-jia* > *jiaoyujia* ‚Pädagoge', Negationspräfix *fei-* + *shengchan bumen* ‚Produktionsstätte' > *feishengchan bumen* ‚unrentables Unternehmen').

Das Chines. ist seit der Bronzezeit kontinuierl. als Schriftsprache verwendet worden. In der westl. Historiographie hat sich schon früh das Vorurteil gefestigt, wonach Chines. die älteste, noch heute verwendete Schriftsprache der Welt sei. Diese Auffassung ist auch allgemein im chines. Kulturkreis verbreitet. Tatsächlich trifft dies nicht zu, denn das → Griechische besitzt eine noch ältere schriftl. Tradition (seit dem 17. Jh. v. Chr.), nur daß es im Laufe seiner Geschichte in drei verschiedenen Schriftsystemen geschrieben worden ist (Linear B, Kyprisch-Syllabisch, alphabetisch).

Die ersten Schriftzeugnisse des Chines. stammen aus der Spätzeit der Shang-Dynastie (1750–1100 v. Chr.), aus der Periode um 1200 v. Chr. Es handelt sich dabei um Inschriften auf Orakelknochen (Schulterblätter von Hirschen, Panzer von Schildkröten). Etwas später wurden auch Bronzekessel beschriftet und mit Schriftemblemen versehen. Jahrhundertelang stand der Schriftgebrauch ausschließl. im Dienst magischer Rituale. Die Inschriften enthielten Fragen an das Orakel, die der Priester in einer magischen Zeremonie (Scapulomantie), dem Feuerorakel, zu beantworten suchte. Die Inschriften auf den Bronzekesseln waren Weihinschriften an die Ahnen. Der Gebrauch der Schrift war lange Zeit den Angehörigen der Priesterkaste vorbehalten. Ein praktischer Schriftgebrauch (beispielsweise für Handel oder Verwaltung) läßt sich erst für die Zeit der Zhou-Dynastie (1100–256 v. Chr.) nachweisen (seit dem 8. Jh.).

Die alten Schriftzeichen der Shang-Zeit sind piktographisch. Nur ein Teil des Zeichenbestands (ca. 1400 Einzelzeichen) lebt in den späteren chines. Schriftzeichen weiter; viele Shang-Zeichen (mehr als 1100) kamen außer Gebrauch und sind modernen Chinesen unverständlich. Daher sind etliche der Inschriften aus der Shang-Zeit noch nicht mit Sicherheit entziffert. Die Schriftzeichen wurden während der Zeit der Han-Dynastie (206 v. Chr.–220 n. Chr.) systematisiert; damals entstand das System der klassischen chines. Schriftzeichen (*hanzi* ‚Han-Zeichen‘ genannt).

Chines. Schriftzeichen gehören verschiedenen Kategorien an. Es gibt piktograph. Zeichen, die konkrete Objekte abbilden (z. B. das Zeichen für ‚Berg‘). Ideograph. (bzw. logograph.) Zeichen bezeichnen abstrakte Begriffe und Ideen (z. B. die Zahlzeichen für 1, 2 und 3). Ideograph. Zeichen werden auch kombiniert (z. B. die Zeichen für ‚Mann‘ und ‚Wort‘, die zusammen den Begriff ‚ehrlich‘ bezeichnen). Eine vierte Kategorie von Zeichen sind solche, die auf der Übernahme eines phonet. Elements beruhen (z. B. Schreibung des Wortes ‚kommen‘ mit dem gleichlautenden Zeichen für ‚Weizen‘). Die fünfte Kategorie bilden die zusammengesetzten ideograph.-phonet. Zeichen; dies ist die Mehrzahl aller chines. Schriftzeichen (ca. 90 %). Ein ideograph. Element (z. B. ‚Zuckerrohr‘) und ein phonet. Element, Rebus genannt (z. B. *tang*), ergeben in Kombination einen neuen Begriff (‚Zucker‘). Eine weitere, selten auftretende Kategorie von Zeichen sind solche, die sich bedeutungsmäßig mit anderen Ausdrücken assoziieren, auch wenn diese eine ganz andere Lautung besitzen (z. B. das Zeichen für *yue* ‚Musik‘ zur Schreibung des semant. assoziierten Wortes mit der Bedeutung ‚Vergnügen‘ und der Lautung *le*).

Die Zahl der chines. Schriftzeichen hat sich im Laufe der Geschichte erheblich erweitert. In der Shang-Zeit waren rund 2500 individuelle Zeichen in Gebrauch, während der Han-Dynastie waren es bereits etwa 10 000. Im 12. Jh. war die Zahl der Zeichen auf 23 000 angestiegen. In den umfangreichen histor. Wörterbüchern findet man bis zu 50 000 Zeichen. Im Durchschnitt wurden in histor. Zeit zwischen 5500 und 6000 Zeichen verwendet. Die kommunist. Sprachplanung hat zwischen 1955 und 1958 den gesamten Zeichenbestand normiert. Für insgesamt 2238 Zeichen wurde eine vereinfachte Graphie eingeführt, und insgesamt 1055 Zeichen wurden abgeschafft. Im Jahre 1958 wurde auch ein offizielles Transkriptionssystem chines. Schriftzeichen angenommen, *pinyin zimu* (‚phonetisches Alphabet‘), das abgekürzt Pinyin genannt wird.

In der Periodisierung der chines. Sprachgeschichte werden folgende Entwicklungsphasen unterschieden: vorklassisches (archaisches Chines. (ca. 1200–ca. 500 v. Chr.), klassisches Chines. (Altchines.; ca. 500 v. Chr.–ca. 200 n. Chr.), nachklassisches Chines. (Mittel-

und Neuchines.; seit ca. 200 n. Chr.). Während der Zeit der Tang-Dynastie (618–907 n. Chr.) bildete sich eine überregionale Sprachform (Tang-Koiné) heraus, die die Entwicklung der modernen Dialekte entscheidend beeinflußt hat.

Lit.: Arendrup 1994, DeFrancis 1984, Hagège et al. 1983, Norman 1988, Ramsey 1987

Choco (10 Sprachen). Eine kleine Gruppe von Sprachen mit Verbreitung in Panama und Kolumbien.

Chon. Chon-Sprachen, die auch Patagon-Sprachen genannt werden, sind im südl. Argentinien und in angrenzenden Regionen Chiles verbreitet. Ona ist ausgestorben und Tehuelche wird von nicht mehr als zwei Dutzend Menschen gesprochen.

Coahuiltekisch. Die Sprachen dieser Makro-Gruppierung sind alle bis auf eine ausgestorben. Das ehemalige Verbreitungsgebiet erstreckte sich im südl. Texas und im Nordwesten Mexikos.

D

Dänisch (Danish, danois). Insgesamt 5,3 Mio. Menschen sprechen Dän. Die meisten leben in Dänemark (5,05 Mio. Primärsprachler, 87 000 Zweitsprachler; deutsche Minderheit sowie ausländ. Arbeitsimmigranten). Sprecher des Dän. leben in größerer Zahl in folgenden Ländern: USA (0,19 Mio.), Deutschland (48 000 in Südschleswig), Kanada (27 000), Norwegen (12 000), Grönland (7800).

Das dän. Sprachgebiet war im Mittelalter wesentlich ausgedehnter als heute. Bis 1658 war Dän. in den schwed. Provinzen Skåne, Halland und Blekinge Amts- und Kirchensprache; als Umgangssprache hat es sich dort länger gehalten. In der histor. Landschaft Schleswig war Dän. bis in die Gegend südl. der Stadt Schleswig verbreitet, von wo es zunächst durch das Niederdeutsche, später durch das Hochdeutsche allmählich verdrängt wurde. In der ersten Hälfte des 19. Jh. kam das Dän. in der Gegend um Flensburg außer Gebrauch.

Dän. ist Staatssprache Dänemarks und zweite Amtssprache in den Außenbesitzungen mit Autonomiestatus. Dies sind die Färöer-Inseln (mit → Färingisch als erster Amtssprache) und Grönland (mit Inuit als erster Amtssprache). Beide Außengebiete haben eine weitreichende Eigenverwaltung; die außenpolit. Interessen werden allerdings vom dän. Staat vertreten. Dän. ist eine der Amtssprachen der Europ. Union.

Dän. ist eine nordgerman. Sprache und steht den ostnord. Sprachvarianten (→ Schwedisch, ostnorweg. Mundarten) am nächsten. Das dän. Sprachgebiet gliedert sich in drei Hauptdialekte aus: *jysk* (Jütländisch), *ømål* (Inseldän., gesprochen auf Fünen, Seeland, Lolland und den kleineren Inseln), *bornholmsk* (Dialekt von Bornholm). Die Dialekte sind am besten im nördl., südl. und westl. Jütland sowie auf Bornholm erhalten; die meisten Dänen sprechen heutzutage *regionalsprog* ('Regionalsprache'), wo dialektale Eigenheiten weniger stark in Erscheinung treten.

Die meisten → german. Erbwörter im Dän. haben Parallelen in den anderen nordischen Sprachen. Der Wortschatz der mittelalterl.

Gesetzestexte ist, abgesehen von einer geringen Anzahl niederdeutscher Lehnwörter, fast rein nordisch. Seit dem 14. Jh. verstärkte sich der Einfluß des Niederdeutschen. Im 16. und 17. Jh. wurden zahlreiche Kulturwörter deutscher, latein. und franzӧs. Herkunft übernommen. Das dän. Schrifttum in der zweiten Hälfte des 17. und ersten Hälfte des 18. Jh. weist einen hohen Anteil deutscher Elemente auf. Daß deren Zahl in der zweiten Hälfte des 18. Jh. stark abnahm, hing mit dem Erstarken einer purist. Bewegung zusammen, deren Hauptvertreter Jens Schielderup Sneedorff war.

Der deutsche Spracheinfluß machte sich aber weiterhin geltend, denn die sprachpfleger. Innovationen des dän. Wortschatzes im ausgehenden 18. und 19. Jh. basierten häufig auf deutschen Vorbildern. In seiner Rolle als Bildungssprache hat das → Deutsche bis ins 20. Jh. auf das Dän. eingewirkt. Erst seit etwa 1870 machte sich der Einfluß des → Englischen geltend. Schon bald wurde die anfängl. Rivalität zwischen Deutsch und Engl. zugunsten des letzteren entschieden. Engl. Lehnwörter finden sich in vielen Bereichen der dän. Schriftsprache, Umgangssprache und in den Fachsprachen (z. B. Terminologie der Ingenieurwissenschaften, der Elektronikbranche). Zusätzlich zu den direkten engl. Entlehnungen sind auch Lehnprägungen nach engl. Muster in das dän. Lexikon aufgenommen worden (z. B. dän. *hjernevask* ‚Gehirnwäsche' nach engl. *brain-wash*, dän. *sameksistens* ‚Koexistenz' nach engl. *co-existence*).

Dän. ist im Laufe seiner Geschichte in zwei Schriftsystemen geschrieben worden, in Runenschrift und mit dem latein. Alphabet. Vom Beginn des 9. bis zur Mitte des 14. Jh. wurde Dän. mit Runen geschrieben, zunächst mit den Zeichen des älteren Futhark (24 Zeichen), später mit denen des jüngeren Futhark (16 Zeichen). Der längste Runentext ist um 900 entstanden und findet sich auf dem Glavendrup-Stein auf Fünen. Bis heute sind 412 Runeninschriften bekannt. Seit dem 12. Jh. wird Dän. in latein. Schrift geschrieben. Das mittelalterl. Dän. ist am besten in den umfangreichen Gesetzessammlungen dokumentiert, die in den verschiedenen Teilen des dän. Reiches kompiliert wurden, und zwar in Skåne (um 1210), Zealand (um 1210), Julland (1241) und in Schleswig (Anfang des 14. Jh.). Die Texte dieser Gesetzessammlungen sind allerdings nur in Kopien aus der Zeit nach 1300 erhalten.

Im Spätmittelalter bildete sich ein besonderer Schriftstil aus, eine dän. Kanzleisprache auf der Basis des Seeländischen. Einflußreich waren damals bereits die Städte Roskilde und Kopenhagen, die beide auf der östl. Seite der Insel Seeland (Zealand) liegen. An die mittelalterl. Kanzleisprache lehnt sich der Sprachgebrauch des religiösen Schrifttums während der Reformationszeit an. Langfristig bestimmte die Sprache der Bibel in der Ausgabe von 1550 (Bibel Christians III.) den dän. Schriftstandard. Die Orthographie des Neudän. hatte sich bis um 1800 gefestigt, obwohl einige Schreibweisen (z. B. aa vs. å) bis ins 20. Jh. strittig waren. Die Normen der modernen dän. Standardsprache (*rigsdansk*), die im wesentlichen identisch ist mit dem Sprachgebrauch der oberen sozialen Schichten in der Region von Kopenhagen, wurden 1948 festgelegt.

Lit.: Allan et al. 1995, Haberland 1994, Skautrup 1944–70, Vikør 1993, Wessen 1968a

Dai (68 Sprachen). Die vorwiegend im südl. China und in Südostasien verbreiteten Dai-Sprachen gliedern sich in drei Hauptzweige: Kadai (11 Sprachen), Kam-Sui (10), Tai (47). Das → Thailändische ist der Hauptvertreter der Tai-Sprachen.

Deutsch (German, allemand). Insgesamt 101 Mio. Menschen sprechen Deutsch als Primär- oder Zweitsprache: 81,5 Mio. (Deutschland), 7,6 Mio. (Österreich), 4,2 Mio. (germanophone Schweizer), 1,6 Mio. (USA), 1,2 Mio. (Frankreich/Elsaß), 0,95 Mio. (Kasachstan), 0,84 (Rußland; 0,76 Mio. im sibirischen Teil, 78 000 im europ. Teil), 0,7 Mio. (Polen), 0,37 Mio. (Luxemburg), 0,28 Mio. Italien/Südtirol), 0,25 Mio. (Ungarn), 0,15 Mio. (Tschechien), 0,11 Mio. (Australien), 96 000 (Israel), 67 000 (Belgien), 41 000 (Südafrika), 39 500 (Niederlande), 25 000 (Namibia) u. a.

Von der Gesamtsprecherzahl sind 96,5 Mio. Primärsprachler (Muttersprachler), 4,5 Mio. Zweitsprachler Die meisten Zweitsprachler leben in Deutschland (türk., italien., span., griech., alban., iran., serb., kroat. Arbeitsimmigranten und polit. Flüchtlinge). Der größte Teil der Auslandsdeutschen ist zweisprachig (z. B. deutschruss. in Rußland, deutsch-engl. in den USA, deutsch-italien. in Südtirol) oder mehrsprachig (z. B. deutsch-französ.-niederländ. in Belgien, letzeburg.-deutsch-französ. in Luxemburg). Das Deutsche existiert in Form von drei nationalen Hauptvarianten, dem Deutschen in Deutschland, in der Schweiz und in Österreich. Der Status des Deutschen in anderen Staaten ist der einer Minderheitsprache, mit

Förderungsrechten (wie in Italien) oder ohne solche (wie in Rumänien).

Deutsch hat amtl. Status in fünf Staaten Europas: Deutschland (Staatssprache), Österreich (Staatssprache), Schweiz (Amtssprache und Nationalsprache), Belgien (regionale Amtssprache in Ostbelgien), Italien (regionale Amtssprache in Südtirol). Als Amtssprache wird das Deutsche in den Organen der Europ. Union in Brüssel, Luxemburg und Straßburg verwendet. Als Arbeitssprache fungiert es im Europarat. In den Vereinten Nationen besitzt das Deutsche einen Sonderstatus, obwohl es weder Amts- noch Arbeitssprache ist: sämtl. offiziellen Dokumente werden ins Deutsche übersetzt.

Deutsch ist eine → indoeuropäische Sprache und gehört zur Gruppe der → germanischen Sprachen. In deren westgerman. Untergruppe steht das Deutsche in enger Sprachverwandtschaft zum → Niederländischen, → Englischen, → Friesischen und → Jiddischen. Das letztere ist eine sog. Nahsprache des Deutschen. Die Ausgliederung des Deutschen steht im Zusammenhang mit den Migrationen german. Stämme aus dem süddän. Raum nach Südwesten und Süden. Im Verlauf des Mittelalters dehnte sich das deutsche Sprachgebiet im Zuge der Ostkolonisation nach Ostmitteleuropa aus.

Das deutsche Sprachgebiet gliedert sich in drei dialektale Hauptzonen, in eine nördl. (niederdeutsche), eine zentrale (mitteldeutsche) und in eine südl. (oberdeutsche) Zone. Die nördl. Dialektgruppe ist von der zentralen und südl. aufgrund charakterist. Lautentwicklungen klar geschieden. Der Wandel von westgerm. [p, t, k] zu [pf, ts, ch], die sog. zweite deutsche Lautverschiebung, ist typisch für die zentralen und südl. Dialekte; dieser Wandel hat aber im Norden des deutschen Sprachraums nicht stattgefunden (vgl. niederdt. *Pip* vs. mittel- und süddeutsch *Pfeife*; *dat* vs. *das*; *maken* vs. *machen*).

Das Deutsche ist deutlich in verschiedene soziale Varianten gegliedert. Die Standardsprache (Hochdeutsch) überdacht als Schriftsprache sämtliche gesprochenen Varianten. Dazu gehören die Dialekte und lokalen Mundarten ebenso wie die Umgangssprache. Die Entstehung einer überregionalen Umgangssprache steht im Zusammenhang mit der Entwicklung der neuhochdeutschen Schriftsprache. Die Umgangssprache wurde früher fast ausschließlich von der städtischen Bevölkerung gebraucht; diese Sprachform hat sich bis heute nur mäßig in ländlichen Gebiete verbreitet. Die Bevölkerung in kleineren Ortschaften (besonders im Süden Deutschlands) spricht überwiegend Dialekt. In den modernen Städten Deutschlands, der Schweiz und Österreichs haben sich spezielle urbane Dialekte entwickelt, teilweise in Assoziation mit sozialen Sondersprachen (z. B. die Sprache der Drogenszene in Berlin oder Frankfurt). Die lokalen Dialekte vieler Auslandsdeutscher sind nicht von der deutschen Standardsprache überdacht; als Schriftsprache fungiert bei den Rußlanddeutschen das → Russische, in den USA das Englische, in Chile das → Spanische.

Der Sprachbau des Deutschen ist überwiegend durch Techniken des flektierenden Typs charakterisiert, d. h. durch die Flexion von Stammwörtern, wobei sich der Stamm selbst verändern kann (z. B. Umlaut in *Baum* : *Bäume*). Die typische Anfangsbetonung des Deutschen ist wohl ein Reflex früher Kontakte german. mit finn.-ugr. Sprachen im Ostseeraum; Anfangsbetonung finden wir in allen ostseefinn. Sprachen. Abweichungen von dieser Grundregel sind Ableitungen (z. B. *be-gléiten* vs. *gléiten*) und Entlehnungen (z. B. *reparíeren* aus dem Französ.).

Der Anteil des german. Erbwortschatzes im Deutschen ist wesentl. größer als vergleichsweise im Englischen. Das Deutsche hat also weniger Lehnwörter aufgenommen als das Englische. Zu den ältesten und wichtigsten Sprachkontakten des Deutschen gehören die zum → Lateinischen. Diese Sprache hat bereits in vorchristl. Zeit dem Frühdeutschen Kulturwörter vermittelt (z. B. *Keller, Wein, Kaiser*). Der Einfluß des Latein. setzt sich seit dem Frühmittelalter als Medium des christl. Schrifttums fort (z. B. *Kapitel, Talar, Horizont*) und ist spürbar bis in die moderne wissenschaftl. Terminologie (Medizin, Biologie, Rechtswissenschaft u. a.).

Seit dem Hochmittelalter wirkt das → Französische ein. Im deutschen Wortschatz finden sich Elemente sowohl altfranzös. als auch neufranzös. Herkunft (vgl. *Fasan* aus dem Altfranz., *Adresse* aus dem Neufranz.). Wichtige Lehnwörter des deutschen Kulturwortschatzes sind → griechischer (z. B. *Euphorie, Automat, Philosophie*) und → arabischer (z. B. *Ziffer, Algebra, Kaffee*) Herkunft. Vereinzelt übernimmt das Deutsche schon im 19. Jh. engl. Lehnwörter (im Bereich des Sports und des Handels). Im Verlauf des 20. Jh. verstärkt sich der engl. Einfluß und erreicht in den Jahrzehnten nach dem Zweiten Weltkrieg seinen Höhepunkt. Der Wortschatz vieler Industrie- und Wirtschaftszweige (Automobil- und High Tech-Branchen) ist vom Engl. überformt, am stärksten in der Sprache der

Computertechnologie und der digitalisierten Massenmedien (z. B. Internet), der Werbung und des Marketing.

Aus dem deutschen Sprachgebiet sind rund zwei Dutzend Runeninschriften (6. und 7. Jh.) in einer Frühform des Deutschen bekannt. Seit dem Frühmittelalter wird Deutsch in Lateinschrift geschrieben. Ältere Schriftarten sind die ängelsächs. (insulare) Variante und die frühe Karolingische Minuskel. Später kam die gotische Schriftart in Gebrauch, die sich als deutsche Kurrentschrift bis ins 20. Jh. hielt. Bis ungefähr 1940 wurde diese von der gotischen Kursive abgeleitete Kurrentschrift auch im Buchdruck verwendet. Seit dem 15. Jh. setzt sich allmählich die roman. Gemeinschrift durch, die auch unseren modernen Druckstil dominiert.

Das älteste deutsche Schriftdenkmal ist ein Dokument des Fachschrifttums, ein latein.-deutsches Wörterverzeichnis aus der Zeit um 760, das nach dem ersten Lemma „Abrogans" genannt wird. Während in der literar. Produktion des Frühmittelalters noch Übersetzungsliteratur aus dem Latein. vorherrschte, war das Hochmittelalter bereits durch ein thematisch breit ausgefächertes Originalschrifttum charakterisiert.

Die althochdeutsche Periode war ebenso wie die spätere mittelhochdeutsche Epoche gekennzeichnet durch den Partikularismus landschaftl. gebundener Schreibstile. Eine einheitl. schriftsprachl. Basis gab es nicht. In der Zeit zwischen 1250 und 1500 bildeten sich überregionale Schreibsprachen aus, die auch als Kanzleisprachen verwendet wurden. Martin Luther lehnte sich in seinem Sprachgebrauch an die ostmitteldeutsche Kanzleisprache an. Die neuhochdeutsche Schriftsprache ist eine Ausgleichsform mit einer starken südl.-ostfränk. sowie mittelfränk.-hess.-thüring. Komponente und einer schwächeren niederdeutschen Komponente.

Die deutsche Sprachgeschichte gliedert sich in folgende Hauptperioden: Althochdeutsch (ca. 760–ca. 1050), Mittelhochdeutsch (ca. 1050–ca. 1350), Frühneuhochdeutsch (ca. 1350–ca. 1750), modernes Deutsch (seit ca. 1750).

Lit.: Ammon 1991, 1995, Clyne 1995, König 1998, Roelcke 1997, Schlosser 1990, Sturm 1987, Wolff 1994

Dravidische Sprachen (insgesamt 78 Sprachen). Dravid. oder Dravida-Sprachen werden in Pakistan, im südl. Indien und in Sri Lanka gesprochen. Die Familie gliedert sich nach geograph. Gesichtspunkten in drei Hauptzweige (s.u.). Die sprecherreichsten Gemeinschaften vertreten alle die Gruppe der südl. Dravida-Sprachen (→ Kannada und → Malayalam mit jeweils mehr als 25 Mio. Sprechern, → Tamil und → Telugu mit jeweils mehr als 50 Mio. Sprechern).

Die Draviden gehören zur alten Bevölkerung Indiens und Pakistans. Sie wanderten in prähistor. Zeit, zu Beginn des 3. Jt. v. Chr., in den indischen Subkontinent ein, also lange vor Ankunft der Indo-Arier um 1600 v. Chr. Durch die indo-arische Landnahme wurde die dravid. Bevölkerung sukzessive nach Süden und Osten abgedrängt.

Draviden schufen die vorindoeurop. Indus-Zivilisation, deren Blütezeit zwischen 2600 und 1800 v. Chr. liegt. Die alte Indusschrift ist zwar erst teilweise entziffert, die bisherigen Ansätze haben aber deutlich gemacht, daß es sich bei der Sprache um eine Frühform des Dravid. handelt.

Die meisten kleineren dravid. Sprachgemeinschaften leben als Minderheiten umgeben von indo-arischer Mehrheitsbevölkerung (z. B. die Brahui in Südwestpakistan, die Holiya im ind. Bundesstaat Madhya Pradesh). Die größeren Sprachgemeinschaften in den ind. Bundesstaaten genießen kulturelle und administrative Autonomie, ihre Sprachen, deren Schrifttradition teilweise bis zum Beginn unserer Zeitrechnung zurückreicht, fungieren als regionale Amtssprachen.

Als Arbeitsimmigranten sind Sprecher dravid. Sprachen auch in andere Länder Asiens und nach Afrika ausgewandert. Besonders mobil sind die Tamilen. → Tamilisch wird heutzutage außer in Indien auch von Außengruppen in Singapur, in den Vereinigten Arabischen Emiraten und in Südafrika (hauptsächl. in der Industrieregion von Durban) gesprochen.

Vergleichende Studien zu den Verwandtschaftsverhältnissen der dravid. Sprachen untereinander sind im 19. Jh. entstanden. Das grundlegende Werk („A comparative grammar of the Dravidian or South-Indian family of languages", 1856), mit dem die dravid. Sprachwissenschaft begründet wurde, stammt von Robert Caldwell.

Für das Dravid. sind entfernte genealog. Verwandtschaften mit der → indoeuropäischen und der → uralischen Sprachfamilie postuliert worden. Die drei Sprachfamilien werden mit weiteren Sprachen in die Makro-Gruppierungen der nostrat. und eurasiat. Makrofamilie (engl. macro-phylum) gestellt.

Gruppierungen:
- zentral: Ollari u.a. • nördl.: Brahui u.a. • südl.: →⁺ Kannada, →⁺ Tamilisch, →⁺ Telugu u.a.

Lit.: Andronov 1978, Burrow/Emeneau 1984, Krishnamurti 1992, Ruhlen 1994

E

East Bird's Head. Diese Sprachen sind auf der Vogelkop-Halbinsel im westl., zu Indonesien gehörenden Teil Neuguineas (Irian Jaya) verbreitet. Die sprecherreichste Gemeinschaft ist die des Mantion (12 000).

Englisch (English, anglais). Engl. wird am Ende des 20. Jh. von mehr als 570 Mio. Menschen in aller Welt gesprochen, von 337 Mio. als Primärsprache und von 235 Mio. als Zweitsprache. Länder mit großen Sprecherzahlen des Engl. sind die USA (227 Mio. Primär- und 30 Mio. Zweitsprachler), Großbritannien (57 Mio. bzw. 1,1 Mio.) und Nigeria (43 Mio. Zweitsprachler). Zusätzlich ist das Engl. weltweit als Unterrichtssprache und als Fremdsprache verbreitet. Die Zahl derer, die entweder passive oder auch aktive engl. Sprachkenntnisse besitzen, wird auf 1 bis 1,5 Milliarden geschätzt. Damit wäre das Engl. (noch vor dem → Chinesischen) die sprecherreichste Sprache der Welt und zugleich die verbreitetste.

Das Engl. besitzt amtl. Status in 59 Staaten, als exklusive Amtssprache (z. B. USA), als kodominante Amtssprache (z. B. in Kanada mit dem → Französischen), als externe Amtssprache (z. B. in Malta, wo → Maltesisch als interne Amtssprache fungiert), als zusätzl. Sprache (additional language) mit amtl. Funktionen (z. B. Indien), als Unterrichtssprache (z. B. Bhutan). In internationalen Organisationen ist das Engl. die mit Abstand am häufigsten verwendete Sprache. Zahlreiche Organisationen bedienen sich ausschließlich des Engl. (z. B. NATO, OECD, ASEAN), in anderen fungiert Engl. zusammen mit anderen Weltsprachen (z. B. Vereinte Nationen, Europarat).

Seit Jahrzehnten ist Engl. die weltweit wichtigste Wissenschaftssprache, insbesondere in den Sparten der Naturwissenschaften und Technologie. Es nimmt eine Schlüsselrolle im Aufbauprozeß der Wissensgesellschaft ein; es dominiert sprachl. sämtl. Medien, die der globalen kommunikativen Vernetzung dienen (z. B. Internet). Zusätzlich zu seiner praktischen Rolle in der globalen Interkommunikation übernimmt es vielerlei symbol. Funktionen in der modernen Gesellschaft. Als Modernitätssymbol dient das Engl. als Medium des Marketing, der Werbebranche und des Entertainment selbst in vielen Ländern, wo Engl. weder als Amtssprache noch als Muttersprache verbreitet ist (z. B. Finnland, Japan, Ägypten).

Engl. ist eine → indoeuropäische Sprache und gehört zur Gruppe der → germanischen Sprachen. Innerhalb des Westgerman. steht das Engl. in nächster Verwandtschaft zum → Friesischen. Über die Brücke des Niedersächsischen und Niederdeutschen läßt sich die sprachl. Verwandtschaft zwischen Engl. und → Deutsch rekonstruieren.

In England gliedert sich das Engl. in folgende Dialektzonen aus: Lower North, Western Central, Eastern Central, Western, Eastern, South. Die Dialektunterschiede im engl. Sprachgebiet sind weniger markant als vergleichsweise in Deutschland (z. B. der Nord-Süd-Kontrast). In den Regionen Großbritanniens, wo das Engl. in ursprüngl. keltische Gebiete transferiert wurde (Wales, Cornwall, Schottland, Nordirland), hat es lokale Besonderheiten, v.a. in der Aussprache, angenommen. Dies gilt auch für das gesprochene Engl. in der Republik Irland mit seinen irischen Spezifika in der Phonetik, in der Phraseologie und im Wortschatz.

Bis in die zweite Hälfte des 18. Jh. war das Engl. in den außereurop. Besitzungen noch recht einheitl. Erst nach Beendigung des Unabhängigkeitskrieges in Nordamerika und der Separation der USA im Jahre 1783 nahm das amerikan. Engl. eine vom brit. Engl. unabhängige Entwicklung. Im Verlauf der letzten zwei Jahrhunderte haben zahlreiche regionale Varianten des Engl. außerhalb Europas ein Eigenprofil entwickelt. Heutzutage verwendet man den Plural „Englishes", wenn man über das Engl. in Europa, Nordamerika, Nigeria, Südafrika, Indien oder Australien spricht. Im Kontakt mit lokalen Sprachen hat das Engl. ein mehr oder weniger starkes Lokalkolorit entfaltet; diese Varianten werden als Ethnic Styles bezeichnet; z. B. Hindish (das von Hindi-Sprechern verwendete Engl.), Japalish (das von Japanern gesprochene Engl.) u. a.

Die Besonderheiten der „ethnischen Stile" spiegeln sich auch im Schriftgebrauch des Engl., das heißt, nicht nur in Phonetik und Wortschatz, sondern auch in der Orthographie und in der Phraseologie. Es gibt keine einheitl. engl. Schriftsprache; die Hauptvarianten des geschriebenen Engl. sind die britische und die amerikan. Variante. Zusätzl. Besonderheiten treten beim Gebrauch des Engl. als Wissenschaftssprache auf. Das von nichtengl. Muttersprachlern verwendete Engl. weicht mitunter deutlich vom angelsächs. Stilempfinden ab. Bekannt für ihren „schwerfälligen teutonischen Stil" (heavy Teutonic style) sind Wissenschaftler aus dem deutschen Sprachraum, von denen viele immer noch in der Tradition der deutschen Gelehrtensprache vergangener Epochen stehen.

Ursprüngl. war das Engl. nach seiner Strukturtypik eine flektierende Sprache (wie das Deutsche oder Russische). Dieser Sprachzustand ist noch im Altengl. erhalten. Die Entwicklung zum Neuengl. ist durch einen radikalen Strukturwandel gekennzeichnet, in dessen Verlauf das Engl. Eigenheiten des isolierenden Sprachtyps annimmt. Im modernen Engl. gibt es nur noch wenige flexivische Elemente (z.B. die Endung -s in der 3. Pers. Sg. der Verbformen im Präsens: *he/she/it makes*; die Pl.-Bildung auf -s : *houses*). Aus typolog. Sicht steht das Engl. heutzutage dem → Chinesischen näher als dem sprachverwandten Deutschen.

Die Elemente des german. Erbwortschatzes im Engl. weisen auf enge Parallelen zum → Niederländischen und Niederdeutschen auf der einen Seite, zum Friesischen auf der anderen Seite. Es gibt nicht viele → keltische Substratelemente im engl. Gebrauchswortschatz; zahlreich allerdings sind die in ganz Großbritannien verbreiteten Orts- und Gewässernamen keltischer Herkunft (z.B. London, York, Thames). Mehr als 200 frühe → lateinische Lehnwörter gehören ebenfalls zum Substrat, d.h. zu den sprachl. Elementen, die bereits vor der Ankunft der Angeln und Sachsen in Britannien verbreitet waren. Während der Zeit der zweiten Missionierung Englands gelangten weitere latein. Lehnwörter in den Wortschatz des Altengl.

Die Präsenz der Skandinavier (dän. und norweg. Wikinger) in Britannien vom Ende des 8. Jh. bis zur normann. Eroberung (zwischen 1066 und 1071) drückt sich auch kulturell im Lehnwortschatz aus, zu dem ganz geläufige Wörter wie *law* ‚Gesetz', *to take* ‚nehmen' oder *knife* ‚Messer' gehören. Unter den etwa 900 Elementen skandinav. Herkunft im Engl. sind auch Präpositionen (z.B. *till* ‚bis'), die Konjunktion *though* ‚trotz' und Pronomen wie *same* ‚selbst' oder *they* ‚sie'.

Den größten Teil seines entlehnten lexikal. Bestandes aus lebenden Sprachen verdankt das Engl. dem → Französischen, insbesondere dem normann. Dialekt des Altfranzös. und später dem Neufranzös. Mehr als 1200 franzöS. Entlehnungen sind im Laufe des Mittelalters ins Engl. aufgenommen worden. Obwohl ein großer Teil dieser Lehnwörter heute veraltet ist, haben sich bis in den modernen Wortschatz des Engl. zahlreiche, allgemein verbreitete Ausdrücke wie *people* ,Volk, Leute', *very* ,sehr', *marriage* ,Heirat' erhalten.

Bis in die Neuzeit fungierte das Latein. als Kirchensprache wie auch als Bildungssprache. Die seit dem Mittelalter übernommenen latein. Elemente des Engl. haben sich den lexikal. Strukturen flexibel angepaßt. Im Unterschied zum latein. Kulturwortschatz des Deutschen sind viele Latinismen im Engl. volkstüml. geworden (z. B. *stomach* ,Magen', *addiction* ,Abhängigkeit', *miracle* ,Wunder'). Die Lehnwörter latein. und roman. Herkunft, die fast zwei Drittel des engl. Gesamtwortschatzes ausmachen, bilden häufig bedeutungsgleiche oder -ähnliche Paare mit german. Erbwörtern (vgl. *to ask* vs. *to demand*, *to wish* vs. *to desire*, *sheep* vs. *mutton*). Aufgrund seines Synonymenreichtums hat das Neuengl. große stilistische Flexibilität erlangt.

Im Lauf seiner Geschichte wurde das Engl. in zwei Schriftarten geschrieben, zunächst mit Runen, dann mit dem latein. Alphabet. Aus vorchristl. Zeit sind nur wenige kurze Runeninschriften überliefert, die meisten Runentexte stammen aus dem 7. Jh. Der längste dieser Texte (mit fast 400 Zeichen) ist die Inschrift des Ruthwell-Kreuzes (Dumfriesshire). Der Zeichenbestand des latein. Alphabets wurde um einige ältere Runenzeichen erweitert, und zwar zur Schreibung von Lauten, die im Latein. unbekannt waren (die *wynn*-Rune zur Wiedergabe von [w], die *thorn*-Rune zur Schreibung von [þ] und die *eth*-Rune zur Schreibung von [ð]).

Der älteste erhaltene Text (3183 Langzeilen) des Altengl. in Lateinschrift ist das in einer westsächs. Version aus dem 9. Jh. überlieferte Versepos „Beowulf". Das 10. Jh. ist die Blütezeit der altengl. Literatur. Die wichtigsten Kulturzentren der damaligen Zeit liegen im christl. Westsachsen, von wo die Rückeroberung der von den Skandinaviern besetzten Gebiete ausgeht. Die Grundlage der altengl. Schriftsprache ist das Spätwestsächs. Die Schrifttradition des Engl. wird mit der Eroberung Englands durch die Normannen (1066–71) zwar nicht unterbrochen, das engl. Schrifttum hält sich aber nur in nichtöffentl. Nischenfunktionen. Denn das öffentl. Leben ist für einige Jahrhunderte franzos. geprägt. Das Normann. in England entwickelt ein kulturelles Eigenleben, es nimmt ein anglonormann. Gepräge an.

Während der mittelengl. Periode gibt es keinen einheitl. Schriftstandard, und in jener Zeit werden landschaftl. gebundene Schreibsprachen verwendet: Northern, East Midland, West Midland, Southern, Kentish, später noch Scottish. Im Verlauf des 14. Jh. erlangt das Engl. seine öffentl. Funktionen zurück (seit etwa 1350 an den Schulen, seit 1362 in Gerichtsverhandlungen, ab 1388 in den Gildenstatuten), und 1430 erfolgt die entscheidende Umstellung der Kanzleisprache vom Franzos. auf das Engl.

Zwischen 1330 und 1430 verlagert sich das polit. Schwergewicht des Landes nach London, und die Sprachform der Midlands wird zur bevorzugten Variante der Kanzlei. Auch populäre Vertreter des engl. Kulturlebens verwenden diese Sprachform und tragen damit zur Konsolidierung eines neuengl. Standards bei. Hierzu gehören der Reformator Wycliff (gest. 1384), der Dichter Chaucer (um 1340–1400) und William Caxton (1422–1491), der 1476 den Buchdruck in England einführte. Zu dieser Zeit ist der Schriftstandard bereits einheitlich, früher also als etwa im deutschen Sprachraum, wo sich erst im 16. Jh. eine Vereinheitlichung anbahnt.

Die Sprachgeschichte des Engl. wird folgendermaßen periodisiert: Altengl. oder Angelsächs. (bis ca. 1100); Mittelengl. (ca. 1100–ca. 1500); Neuengl. (seit 1500), dieses wird zusätzlich differenziert: frühes Neuengl. (1500–1700), spätes Neuengl. (1700–1900), modernes Engl. (20. Jh.).

Lit.: Blake 1996, Crystal 1995, 1997, Hogg 1992, Smith 1996

Eskimo-Aleutisch (11 Sprachen). Diese Sprachfamilie wird in einem lockeren Zusammenhang mit anderen einheim. Sprachen des sibir. Nordens als → „paläoasiatisch" klassifiziert, da sie sich in prähistor. Zeit von Sibirien aus nach Osten ausbreitete. Die Gruppierung gliedert sich in zwei Hauptzweige, in das Eskimo und in das Aleutische. Die sprachhistor. Trennung erfolgte ungefähr 4000 Jahre vor unserer Zeit. Das Aleut. ist durch eine einzige Sprache gleichen Namens vertreten. Der Zweig der Eskimo-Sprachen gliedert sich in verschiedene regionale Varianten, von denen aber z.B. das Inuit und das Yupik wechselseitig nicht verständlich sind.

Das Verbreitungsgebiet der eskimo-aleut. Sprachen erstreckt sich interkontinental vom östl. Sibirien über das arktische Nordamerika bis hin zur Südspitze Grönlands. Die sibir. Varianten des Eskimo (Naukanisch, Sirenikisch) gehören zur Yupik-Gruppe. Dies gilt auch für das zentrale Yupik im westl. Alaska. Die sprachhistor. jüngste Ausgliederung des Eskimo-Sprachzweigs ist das grönländ. Inuit (Kalaallisut), das um 1000 n. Chr. Eigenprofil gewann.

Eskimo-Sprachen und Aleut. werden von weniger als 75 000 Menschen gesprochen. Die meisten sprechen Grönländ. (rund 40 000 in Grönland, etwa 7000 in Dänemark). Die Varianten des Inuit im Osten Kanadas (Inuktitut) sind vitaler als die von Assimilation bedrohten Sprachen des kanad. Westens und Alaskas (Inupiaq). Während in Alaska der situationelle Druck des →• Englischen Sprachassimilation bei den Eskimo bedingt, fällt diese Rolle in Sibirien dem →• Russischen zu.

Die Beeinflussung der Eskimo-Sprachen und des Aleut. durch Kontaktsprachen ist regional sehr unterschiedl. Das Aleut. und das zentrale Yupik haben zahlreiche Lehnwörter aus dem Russ. übernommen. Die sibir. Varianten des Yupik standen unter dem langfristigen Einfluß des Tschuktschischen, einer anderen paläoasiat. Sprache. Die Inuit-Varianten im Norden Kanadas sind nur mäßig von südl. Indianersprachen (Athabaskisch) oder vom Engl. beeinflußt worden. Im Grönländ. wirkt bei der lexikal. Modernisierung das →• Dänische als Vermittlersprache von Lehnwörtern.

Lit.: Kaplan 1992, Krauss 1973, Vachtin 1997

Esperanto (Esperanto, esperanto). Esperanto ist die einzige der künstl. →• Weltsprachen (Plansprachen), die nicht nur als Zweitsprache von Aktivisten der Weltsprachenbewegung gelernt wird, sondern die auch von etlichen tausend Menschen in der Welt (z. B. in Ungarn, Österreich, Bulgarien, Japan, USA) als Muttersprache erworben worden ist. Inzwischen gibt es Muttersprachler der zweiten und sogar dritten Generation. Die Schätzungen zur Sprecherzahl schwanken zwischen 0,5 Mio. und 1 Mio. Obwohl Esperanto als Plansprache konzipiert wurde, ist es inzwischen eine lebende Sprache und seine Definition als „künstliche" Sprache mutet heutzutage eher künstl. an. Es ist nicht abwegig, Esperanto als natürl. Sprache zu kategorisieren.

Das Esperanto hat mit vielen →• Kreolsprachen, Minoritätensprachen und Diaspora-Sprachen wie →• Jiddisch oder →• Romani den

Status einer indominanten Sprache gemeinsam. In den meisten Staaten, wo Esperanto in Enklaven v.a. im urbanen Milieu verbreitet ist, ist die Pflege und Förderung der Sprache ausschließlich von den Sprechern selbst abhängig. Nirgendwo genießt Esperanto Schutz- oder Förderungsrechte. In der Geschichte des 20. Jh. gab es auch Perioden der Diskriminierung. Unter dem Hitler-Regime und unter dem Stalinismus in der Sowjetunion gehörten die Anhänger der Esperanto-Bewegung zu den polit. Verfolgten.

Die meisten derjenigen, die Esperanto als Zweitsprache lernen, sind Erwachsene mit den verschiedensten Muttersprachen. Esperanto ist nirgendwo Unterrichtssprache in der Schulausbildung eines Landes oder Amtssprache. In Ungarn wurden in den 1990er Jahren Kurse in Esperanto an einigen Schulen und auf Universitätsniveau angeboten. Im Jahre 1985 sprach die UNESCO auf ihrer Versammlung in Sofia eine Empfehlung für Esperanto als Sprache der Interkommunikation aus, die Weltorganisation konnte sich aber nicht darauf einigen, Esperanto als eine ihrer Amtssprachen anzuerkennen.

Esperanto ist das geistige Produkt des jüdischen, in Warschau lebenden Augenarztes Ludovic Lazar Zamenhof (1859–1917), der das Pseudonym „Doktoro Esperanto" (‚der, der hofft') verwendete. Den auf → Russisch (der damaligen Amts- und Bildungssprache des zu Rußland gehörenden Teils von Polen) verfaßten Grundriß seiner Plansprache *(Lingvo Internacia)* publizierte Zamenhof im Jahre 1887. Er begründet das Projekt mit seiner Besorgnis wegen der zunehmenden nationalist. Spannungen im damaligen Polen und in Europa im allgemeinen. Seine Sprache, die frei vom Ballast irgendwelcher Bindungen an eine Nationalkultur ist, war von ihm intendiert als überdachendes Kommunikationsmedium für die Völker der Welt.

Das Pseudonym „Esperanto" setzte sich als Name der Sprache rasch durch, und diese Plansprache fand v.a. in Westeuropa zu Beginn des 20. Jh. viele Anhänger. Im Jahre 1903 wurde in England der noch heute bestehende London Esperanto Club gegründet. Auf dem ersten Weltkongreß der Esperantisten im Jahre 1905 in Boulogne-sur-Mer wurde beschlossen, die Elementarstrukturen des Esperanto nicht zu verändern. Die Esperantisten-Bewegung hat v.a. in den entwickelten Ländern Anklang gefunden, in den Entwicklungsländern ist die Aktivität gering. Die Universala Esperanto-

Asocio (mit Sitz in Rotterdam) hat Mitglieder in mehr als 100 Staaten. Die Weltkongresse der Esperantisten werden in der letzten Zeit von jeweils mehreren tausend Aktivisten besucht.

Das Lautsystem des Esperanto setzt sich aus 5 Vokalen und 23 Konsonanten zusammen. Die grammat. Struktur ist agglutinierend; alle Wörter besitzen also einen unveränderl. Stamm, an den grammat. Endungen angeschlossen werden. Wortklassen besitzen jeweils ein spezif. formales Kennzeichen (z. B. *telefono* ‚Telefon (Substantiv)'/ *telefona* ‚telefonisch (Adjektiv)'/*telefoni* ‚telefonieren (Verb)') Es gibt einen bestimmten (*la*), aber keinen unbestimmten Artikel. Die Verbkonjugation unterscheidet drei Zeitstufen (Präsens – Vergangenheit – Zukunft). Die Wortstellung im Satz ist Subjekt – Verb – Objekt. Adjektive und andere Determinative (z. B. Artikel) werden vorangestellt. Mittel der Wortbildung sind die Zusammensetzung, Präfigierung und Suffigierung.

Der Wortschatz des Esperanto besteht zu drei Vierteln aus Elementen aus → romanischen Sprachen und dem → Lateinischen; ein Viertel sind Wörter auf der Basis → germanischer (→ Deutsch, → Englisch) und → slawischer Sprachen (Russisch, → Polnisch). Neologismen können mit Hilfe von Formantien in unbegrenzter Zahl produziert werden. Der Wortschatz des Esperanto ist in den Jahrzehnten seiner Benutzung beständig erweitert und modernisiert worden. Auch die moderne technolog. Nomenklatur ist in Esperanto verfügbar.

In Esperanto ist eine breit gefächerte Literatur veröffentlicht worden, sowohl Belletristik als auch Sachprosa, Originalschrifttum ebenso wie Übersetzungen, darunter die wichtigsten Werke der Weltliteratur. In einer bestimmten Funktion besitzt das Esperanto ein größeres Prestige als die allermeisten natürl. Schriftsprachen: Anfang der 1980er Jahre wurde die erste vollständige Übersetzung des Koran in Esperanto fertiggestellt. Diese Koranversion wird sogar von den schiitischen Fundamentalisten im Iran als autoritativ anerkannt. Es gibt es nur wenige Sprachen, in die der Koran mit Anerkennung der Muslime aus der heiligen Sprache → Arabisch übersetzt worden ist. Hierzu gehören außer dem Esperanto → Swahili und → Türkisch (in den 1950er Jahren); andere Übersetzungssprachen des Koran wie Englisch, Deutsch oder → Französisch werden von den Muslimen nicht anerkannt.

Nach seinem umfangreichen Schrifttum zu urteilen, ist das Esperanto vitaler als viele natürl. Sprachen mit ähnlich großer Sprecherzahl (etwa das → Friaulische in Italien, das → Kymrische in Wales, das → Friesische in den Niederlanden oder das → Mordwinische in Rußland). Andererseits gibt es auch Sprachen dieser Kategorie, die das Esperanto an Vitalität übertreffen, etwa das → Estnische als Motor des Übergangs zur sog. Network Society im Baltikum.

Die Zukunft des Esperanto hängt heutzutage nicht mehr wie früher von seiner Anerkennung als Amtssprache in irgendeiner internationalen Organisation ab, denn seine Tradierung von einer Generation zur nächsten, sei es als Primärsprache, sei es als Zweitsprache, scheint gesichert. Allerdings würde eine statusmäßige Aufwertung das Prestige dieser Sprache untermauern. Andererseits wird die globale Verwendung des Esperanto wohl immer ein Traum der Esperantisten bleiben, ohne reale Chancen einer Verwirklichung gegen die Dominanz des Englischen.

Lit.: Blanke 1977, Korolevič 1989, Szerdahelyi 1983, Wells 1994

Estnisch (Estonian, estonien). Die Sprecherzahl des Estn. (*eesti keel*) ist in den letzten Jahren leicht angewachsen, auf ca. 1,25 Mio. Von diesen leben 1,065 Mio. in Estland; davon sind 0,963 Mio. geborene Esten (entspr. 62 % der Landesbevölkerung).

Die estn. Sprachgemeinschaft in Estland ist multiethnisch. 0,12 Mio. der Estn.-Sprachigen sind Russen (0,1 Mio.) und Angehörige anderer ethnischer Gruppen (z. B. Ukrainer, Tataren), die als Minderheiten in Estland leben. Während es in der Sowjet-Ära kaum Sprecher gab, die Estn. als Zweitsprache erworben hatten (z. B. finn.-estn. Zweitsprachler in der Estnischen SSR), hat sich die Attraktion des Estn. als Zweitsprache seit der Unabhängigkeit des Landes verstärkt. Angehörige der russ. (bzw. russ.-sprachigen) Minderheit Estlands müssen bei der Beantragung der estn. Staatsbürgerschaft Kenntnisse der Landessprache nachweisen.

Esten leben auch in den Nachbarstaaten Estlands: in Schweden (67 000), Rußland (46 300), Finnland (6000), Lettland (3300), außerdem in anderen ehemaligen Sowjetrepubliken (Ukraine: 4200, Georgien: 2300 u. a.). Größere estn. Außengruppen finden wir in Übersee, v.a. in den USA (21 000) und in Kanada (14 500).

Seit 1991 ist Estn. Staatssprache des souveränen Staates Estland. Diese Funktion hatte das Estn. ebenfalls zwischen 1918 und 1940 inne, sie wurde jedoch mit der Annexion Estlands durch die Sowjetunion aufgehoben. Zwischen 1940 (bzw. 1944) und 1990 hatte das Estn. zwar nominell den Status einer regionalen Amtssprache in Estland, faktisch aber dominierte das → Russische als Arbeitssprache der Administration. Im unabhängigen Estland ist die Staatssprache auch alleinige Unterrichtssprache an allen Schulen des Landes und in allen Ausbildungsstufen; das früher in der höheren Ausbildung dominante Russ. hat seinen Status verloren.

Estn. ist eine finn.-ugr. Sprache und gehört wie das → Finnische zur Gruppe der ostseefinn. Sprachen. Es ist der Hauptvertreter des südl. Ostseefinn.; verwandtschaftl. am nächsten stehen das Wotische und das → Liwische. Die Sprachstrukturen des Estn. weisen einerseits altertüml. Eigenheiten, andererseits Neuerungen auf, wodurch es sich vom Finn. oder → Karelischen abhebt. Eine konservative strukturelle Eigenart des Lautsystems ist die Erhaltung alter Langvokale, die im Finn. diphthongiert worden sind (z. B. estn. *mees* vs. finn. *mies* ‚Mann‘, *soo* vs. *suo* ‚Sumpf‘, *öö* vs. *yö* ‚Nacht‘). Eine Neuerung in der Entwicklung des estn. Vokalsystems im Vergleich zu anderen ostseefinn. Sprachen ist die dreigliedrige Quantitätenkorrelation, d. h. es werden kurze, mittellange und lange Vokale unterschieden.

Das estn. Sprachgebiet is dialektal stark differenziert. Die dialektalen Hauptzonen, Nordestn. und Südestn., gehen letztlich auf die Abgrenzung der mittelalterl. Siedlungsräume estn. Stämme zurück. Das Südestn. weist zahlreiche strukturelle Parallelen zum Karel. und → Wepsischen auf.

Dialektale Gliederung:
- Nordestnisch: Inseldialekt (auf Hiiumaa/Dagö, Saaremaa/Ösel und Muhu/Moon), Westdialekt im westl. Küstengebiet, Zentraldialekt (nördl. und mittleres Estland bis hinunter zum Wirzsee), Ostdialekt (westl. vom Peipussee), Nordost- oder Küstendialekt (sprachl. den westfinn. Dialekten nahestehend)
- Südestnisch: Südwestdialekt (südl. des Wirzsees bis zur estn.-lett. Sprachgrenze), Dialekt von Tartu (Dorpat und südl. davon), Dialekt von Võru (Werro und südöstl. davon bis zur estn.-russ. Sprachgrenze)

Zum Erbwortschatz des Estn. gehören Ausdrücke mit Parallelen in anderen finn.-ugr. Sprachen (z. B. estn. *silm* ‚Auge‘, *lind* ‚Vogel‘, *olema* ‚sein‘), Wörter, die sich nur im Ostseefinn. finden (z. B. estn. *kündma* ‚pflügen‘, *lehm* ‚Kuh‘, *väits* ‚Messer‘) und estn. Eigenprägungen (z. B. *näitsik* ‚Mädchen‘, *rõivas* ‚Kleid‘, *kirev* ‚bunt‘). Wie die anderen ostseefinn. Sprachen hat auch das Estn. Lehnwörter aus dem Balt. (z. B. *hani* ‚Gans‘, *hein* ‚Heu‘), dem → Germanischen (z. B. *pold* ‚Feld‘, *kuld* ‚Gold‘) und dem → Slawischen adaptiert; alte slaw. Entlehnungen im Estn. sind z. B. *aken* ‚Fenster‘ oder *värav* ‚Tor‘.

Vom 13. Jh. an machte sich der Einfluß des Niederdeutschen bemerkbar, das dem Estn. Ausdrücke wie *rääkima* ‚sprechen‘, *piiskop* ‚Bischof‘ und *käärid* ‚Schere‘ vermittelt hat. Bis ins 18. Jh. war das Niederdeutsche bei den Baltendeutschen in Estland gebräuchlich, aber schon seit dem 16. Jh. dominierte das Hochdeutsche als Kontaktsprache. Hochdeutscher Herkunft sind estn. *klaar* ‚klar‘, *kamm* ‚Kamm‘, *tisler* ‚Tischler‘ u. a. Gleichzeitig mit dem hochdeutschen macht sich → schwedischer Einfluß geltend. Im 16. und 17. Jh. stand das gesamte Baltikum unter schwed. Herrschaft. Aus jener Zeit stammen Lehnwörter wie *kepp* ‚Stock‘, *ämber* ‚Eimer‘ u. a. Das Finn. vermittelte dem Estn. im Verlauf des 19. Jh. etliche Kulturwörter (z. B. estn. *tavaline* ‚durchschnittlich, normal‘, *huvi* ‚Interesse‘, *pettumus* ‚Enttäuschung‘).

Seit Jahrhunderten hat das → Russische auf das Estn. eingewirkt, lange Zeit während der zarist. Herrschaft im Baltikum, später in der Sowjet-Ära. Ältere Russismen im Estn. sind *arssin* ‚Längenmaß von 71 cm‘, *rubla* ‚Rubel‘, *pliinid* ‚Pfannkuchen‘, *tolkima* ‚dolmetschen‘ u. a. Von den zahlreichen Sowjetismen, die auch in westeurop. Sprachen zu finden waren (vom Typ „Kolchose“, „Leninismus“, KPdSU u. a.), sind die allermeisten seit Anfang der 1990er Jahre aus dem estn. Wortschatz verschwunden. Stattdessen wirkt das → Englische massiv ein. Der größte Teil des modernen estn. Lexikons, vom Fachwortschatz der Informationstechnologie bis hin zur Terminologie des Global Marketing, ist engl. Herkunft.

Gegen diesen Modernisierungsdruck des Engl. hat sich die estn. Sprachpflege mobilisiert. Für etliche der engl. Neologismen kursieren estn. Eigenprägungen, die mit den Anglismen konkurrieren. Der moderne Sprachgebrauch ist auf diese Weise durch einen besonderen Synonymenreichtum geprägt. Estn. *arvuti* ist ein Synonym zu *kompuuter*, zum Ausdruck *e-mail* gibt es die Alternativen *e-post* und *elektronpost*. Welche Formen sich letztlich durchsetzen werden, wird sich erst noch herausstellen.

Estn. Personen- und Ortsnamen sowie einzelne Wörter findet man bereits in latein. Urkunden und Kompilationen des 13. Jh. Die ältesten zusammenhängenden Texte in estn. Sprache stammen aus dem 16. Jh. Verschollen ist ein viersprachiges Meßbuch aus dem Jahre 1525, von dem man weiß, daß es auch eine estn. Textversion enthielt. 1535 wurde in Wittenberg ein zweisprachiger (niederdeutsch-estn.) Katechismus gedruckt. Bis ins 19. Jh. waren die Verfasser von Schrifttum in estn. Sprache (zumeist Übersetzungen religiöser Literatur und relativ wenig Originaltexte) Nicht-Esten.

Erst mit dem aufkommenden Nationalbewußtsein regte sich auch das Interesse für die Muttersprache bei den Esten selbst. Hier war die aufstrebende Kalevala-Tradition im benachbarten Finnland mit seiner verwandten Sprache ein wichtiger Impulsgeber. Nach dem Vorbild E. Lönnrots mit seiner Sammlung und Bearbeitung epischer Dichtung in finn. Sprache („Kalevala", 1835) sammelte der Landarzt F. R. Kreutzwald estn. Volksdichtung, die unter dem Titel „Kalevipoeg" (1857–61) veröffentlicht wurde. Diese Texte waren der Auslöser für die Entstehung einer estn. Nationalliteratur seit der zweiten Hälfte des 19. Jh.

Bis ins 19. Jh. waren zwei estn. Schriftsprachen in Gebrauch, das Nordestn. (die Sprache von Reval, estn. Tallinn) und das Südestn. (die Sprache von Dorpat, estn. Tartu). Die Orthographie der beiden schriftsprachl. Varianten wurde in Grammatiken des 17. Jh. festgelegt, die von deutschen Pastoren verfaßt wurden. Im Jahre 1637 erschien die erste Grammatik des Nordestn., die „Anführung zu der estnischen Sprach" von Heinrich Stahl; einige Jahre später wurde die erste Grammatik des Südestn. gedruckt, die „Observationes grammaticae circa linguam esthonicam" (1648) von Johann Gutslaff. Erst in der zweiten Hälfte des 19. Jh. gelang die Vereinheitlichung der Schriftsprache auf der Basis des zentralen Dialekts des Nordestn.

Lit.: Erelt 1999, Haarmann 1976, Hasselblatt 1992, Viitso 1998

Etruskisch (Etruscan, étrusque). Etruskisch ist die Sprache der vorrömischen Bevölkerung Mittel- und Norditaliens, deren polit. und kulturelle Zentren hauptsächl. in der histor. Landschaft Etrurien lagen. Die Herkunft der Etrusker ist bis heute nicht eindeutig geklärt. Es spricht vieles dafür, daß die Vorfahren der Etrusker ursprüngl. in der östl. Ägäis (wohl auch im Küstengebiet Kleinasiens) gesiedelt haben. Durch den Zusammenbruch der mykenischen Macht und der nachfolgenden polit. Umwälzungen im 12. und 11. Jh. v. Chr. wurde eine Migration ausgelöst, in deren Verlauf die Etrusker in mehreren

Siedlungsschüben nach Italien abwanderten. In Mittelitalien lassen sich geschlossene etrusk. Siedlungen nachweisen, in Norditalien stellten die Etrusker die polit. und soziale Elite.

Das Etrusk. ist mit keiner modernen Sprache der Welt näher verwandt. Versuche, eine Verwandtschaft mit dem → Sanskrit und anderen → indoeuropäischen Sprachen, mit dem → Baskischen und mit westl. → Kaukasussprachen aufzuzeigen, sind nicht überzeugend. Näher verwandt ist das Etrusk. allerdings mit zwei antiken Sprachen, mit dem Lemnischen auf der Insel Lemnos in der Ägäis sowie mit dem Rätischen in Norditalien. Als gesprochene Sprache starb das Etrusk. zu Beginn unserer Zeitrechnung aus. Allerdings wurde es als Ritualsprache von etrusk. Priestern (*haruspices*) bis zu Beginn des 5. Jh. n. Chr. verwendet. Es ist überliefert, daß Priester etrusk. Gebete sprachen, um im Jahre 408 die Eroberung Roms durch die Westgoten abzuwenden.

Zum ägäischen Kulturerbe der Etrusker gehört u. a. ihre Schrift, die von der westgriech. Variante des Alphabets abgeleitet ist. Bis auf rund 30 spätetrusk. Inschriften, die im römischen Alphabet geschrieben wurden, war die etrusk. Schrift in Gebrauch, und Texte wurden von rechts nach links geschrieben. Die Römer lernten das Schreiben von den Etruskern, und um 600 v. Chr. wurde der älteste latein. Text in etrusk. Schrift (die Inschrift auf dem *lapis niger* ‚schwarzer Stein‘) aufgezeichnet.

Das Etrusk. ist die einzige ausgestorbene Sprache der europ. Antike, in der mehr als nur Textfragmente erhalten sind. Bisher sind mehr als 13 000 Inschriften gefunden worden, von denen die meisten allerdings sehr kurz sind. Sie enthalten überwiegend Namen (Personen und Gottheiten) sowie rituelle Formeln. Die erhaltenen Texte in etrusk. Sprache stammen aus der Zeit zwischen dem 7. und 1. Jh. v. Chr. Diese auf Sarkophagen, in Grabfresken und auf vielerlei Gegenständen (z. B. Vasen, Urnen, Bronzespiegel, Bleiplatten, Elfenbeintäfelchen, Artefakte aus Stein) gefundenen Texte sind lediglich ein kleiner Rest eines ursprüngl. reichen Schrifttums. Der italien. Etruskologe Massimo Pallottino hat die Etrusker das „Volk der Bücher“ genannt, und in den Werken römischer Autoren wird auf heute verlorene Werke der etrusk. Literatur hingewiesen. Beispielsweise findet sich bei Terentius Varro (116–27 v. Chr.) ein Hinweis auf einen etrusk. Dichter namens Volnius (*qui tragoedias Tuscas scripsit* ‚der etrusk. Tragödien schrieb‘).

Es gibt nur wenige längere Texte in etrusk. Sprache. Der längste Text ist gleichzeitig der geheimnisvollste. Er wurde im 19. Jh. auf den textilen Binden einer aus Ägypten stammenden Mumie im Nationalmuseum von Zagreb (Kroatien) gefunden. Insgesamt enthält dieser geschriebene Text rund 1 200 Einzelwörter. Viele Wörter treten wiederholt auf, so daß die Zahl der verschiedenen Wörter etwa 500 ausmacht. Es ist unbekannt, wie der Text nach Ägypten und von dort zurück nach Europa gelangte.

Rund 300 Wörter enthält der etrusk. Ritualtext auf einem Terracotta-Ziegel aus Capua (5. Jh. v. Chr.). Aus Perugia stammt ein 130 Wörter umfassender Text, der in einen Steinpfeiler gemeißelt ist. Im Heiligtum von Pyrgi (in der Nähe der Hafenstadt Caere) wurde eine zweisprachige (phöniz.-etrusk.) Inschrift aus der Zeit um 500 v. Chr. gefunden, dessen etrusk. Text rund 50 Wörter enthält. Die längste Liste etrusk. Götternamen findet sich auf dem Bronzemodell einer Schafsleber aus der Zeit um 150 v. Chr., die im Dienst der Augurentätigkeit stand.

Außer der archäolog. Hinterlassenschaft und dem Umstand, daß die Etrusker vieles an griech. Kunst und Kultur den Römern vermittelt haben, ist das Kulturerbe der Etrusker auch sprachl. erhalten geblieben. Im → Lateinischen gibt es zahlreiche etrusk. Lehnwörter (z. B. *atrium* ,Eingangshalle eines römischen Hauses', *histrio* ,Schauspieler', *Graecus* ,Grieche'). Dazu gehört auch eine größere Zahl solcher Ausdrücke, die über das Latein. in die → romanischen Sprachen und von dort in andere Sprachen Europas gelangten (z. B. *persona* ,Person, Individuum', *populus* ,Volk', *elementum* ,Element', ursprüngl. ,Buchstaben des Alphabets: l, m, n', *stilus* ,Schreibgriffel', davon abgeleitet ,Schreibstil'). Sogar in der Stadt Rom haben sich während der römischen Zeit Geländenamen etrusk. Herkunft erhalten (z. B. Saxum Tarpeium am Südhang des Kapitols).

Lit.: Barker/Rasmussen 1998, G. und L. Bonfante 1983, L. Bonfante 1986, Haarmann 1995a, Pallottino 1984, Pfiffig 1989

Europa, Sprachfamilien in Europa. Vom sprachhistor. Blickwinkel aus betrachtet, ist die Geschichte dieses Kontinents die seiner Indoeuropäisierung. Die meisten Sprachen Europas gehören zur → indoeuropäischen Sprachfamilie. Deren Einzelsprachen sind nicht nur in Europa, sondern über weite Teile Asiens bis nach Indien verbreitet. Berücksichtigt man zusätzlich die Verbreitung europ. → Weltsprachen wie → Englisch, → Französisch oder → Spanisch, außerdem die histor. Migration von Europäern in außereurop. Gebiete, so finden wir indoeurop. Sprachen in fast allen Ländern der Welt.

Das Ursprungsgebiet der indoeurop. Sprachen liegt im östl. Europa. Es gibt noch eine andere Sprachfamilie, deren Herkunft ebenso europ. ist, die → uralische. Die Urheimat der ural.-sprechenden Populationen lag westl. des Gebirgszuges Ural, der dieser Sprachfamilie den Namen gab. Wie die indoeurop. Sprachen, so sind auch die ural. Sprachen nicht nur in Europa, sondern auch in Asien verbreitet (im westl. und nördl. Sibirien). Von den beiden Hauptzweigen der ural. Sprachfamilie, dem finn.-ugr. und samojed., sind die Sprachen des ersteren am bekanntesten (→ Finnisch, → Estnisch, → Ungarisch u. a.).

Wenn es nach dem Alter der Sprachen Europas geht, so ist hier an erster Stelle das schon in vorröm. Zeit ausgebildete → Baskische zu nennen, dessen heutiges Verbreitungsgebiet das polit. in eine französ. und in eine span. Zone aufgeteilte Baskenland ist. In früheren Jahrhunderten war das Verbreitungsgebiet des Bask. ausgedehnter. Für das Bask. läßt sich keine direkte Verwandtschaft mit irgendeiner anderen Sprache der Welt nachweisen, d. h. es ist genealog. isoliert.

Zwischen Schwarzem Meer und Kaspischem Meer bildet das Kaukasus-Gebirge einen geograph. Riegel, der Europa von Asien trennt. Die Region ist auf die Territorien von vier Staaten aufgeteilt: Armenien, Aserbaidschan, Georgien, Rußland (und Tschetschenien).

Die einheim. Kaukasier sind Nachkommen der Urbevölkerung der Region, die dort schon während der letzten Eiszeit beheimatet waren. Die → kaukasischen Sprachen sind weder mit den indoeurop. noch mit den ural. Sprachen verwandt. Der Ausdruck „kaukasische Sprachen" ist genaugenommen ein Sammelbegriff für alle autochthonen Sprachen der Region, die zu drei verschiedenen Sprachfamilien gehören, den (nord)west-, (nord)ost- und südkaukas. Sprachen. Nur einige der mehr als drei Dutzend kaukas. Sprachen werden auch als Schriftmedien verwendet, z. B. → Abchasisch, → Tschetschenisch, → Georgisch.

Die → altaische Sprachfamilie ist mit zwei Sprachzweigen in Europa vertreten, dem → türkischen und → mongolischen. Zwischen

Ural und Balkan sind zahlreiche Turkvölker mit jeweils individuellen Sprachen beheimatet. Seit dem frühen Mittelalter hat sich die sprachl. Landschaft des östl. Europa stark verändert. Über die Ebene, die im Norden vom Ural-Gebirge und im Süden vom Kaspischen Meer begrenzt wird, wanderten Turkstämme, aus Sibirien kommend, nach Europa ein. Schon früh gründeten sie Reiche wie das der Wolgabulgaren und das der Chasaren im nördl. Kaukasus-Vorland. Später dominierten die Tataren, die im Bündnis mit den Mongolen über die Hälfte der russ. Länder zwischen 1245 und 1480 beherrschten.

Einziger Vertreter des mongol. Sprachzweiges in Europa ist das Kalmykische. Die Kalmyken leben in Kalmykien (moderner Name: Chalm-Tangsch) im östl. Kaukasus-Vorland. Dieses Territorium gehört administrativ zur Russ. Föderation. Die Kalmyken sind erst im 17. Jh. aus Sibirien in ihre europ. Heimat eingewandert.

In Europa sind vier → semitische Sprachen heimisch geworden, das → Hebräische, das → Arabische, das → Maltesische und das → Aisor (Neuaramäische). Hebräisch ist als Sakralsprache des Judentums verbreitet, das in Europa von den aschkenas. und sephard. Juden vertreten wird. Arab. finden wir als Sakralsprache der muslim. Gemeinden und, in gesprochener Form, als Muttersprache von Arbeitsimmigranten und Asylanten aus arab. Ländern (z.B. Algerier in Frankreich, Marokkaner in Italien und Deutschland, Ägypter in England). Das → Maltesische, die Nationalsprache Maltas, ist eine lokale Variante des Arab., die sich aufgrund der kulturellen Sonderentwicklung des Inselarchipels zwischen Sizilien und Nordafrika von den übrigen Varianten des Arab. unterscheidet. Die Malteser sind röm.-kathol. Christen und haben daher Anteil an den kulturellen Strömungen Westeuropas. Aisor oder Neuassyr. ist eine moderne Variante des Aramäischen, der Muttersprache des histor. Jesus.

Vom Standpunkt der jüngsten Entwicklung ist die moderne Geschichte Europas die seiner Multikulturalisierung. In keinem anderen Kontinent sind so viele nichtautochthone Sprachen verbreitet. Die Zuwanderung von Nichteuropäern aus den ehemaligen europ. Kolonialgebieten, der Zustrom von Arbeitsimmigranten, Asylanten und polit. Flüchtlingen hat viele Sprachen aus aller Welt in die Staaten Westeuropas gebracht. Hier werden → asiatische Sprachen wie → Vietnamesisch, → Chinesisch, → Hindi, → Kurdisch oder → Thai, → afrikanische Sprachen wie → Somali, → Amharisch, ägypt.

Arab. oder → Swahili, → amerikanische Sprachen wie → Quechua, haitianisches → Kreolisch oder Inuit-→Eskimo, Sprachen → Ozeaniens wie → Tahitianisch oder Fidschianisch gesprochen. Die Gesamtzahl der außereurop. Sprachen, die mit Gruppen sprachl. Minderheiten nach Europa transferiert worden sind, übersteigt die Zahl der autochthonen Sprachen dieses Kontinents.

Lit.: Davies 1996, Haarmann 1993, 1995b

F

Färingisch (Faroese, féroyen). Färing. wird von 47 000 Menschen gesprochen. Verbreitungsgebiet des Färing. sind die polit. zu Dänemark gehörenden Färöer-Inseln, die seit 1948 den Status eines autonomen Landesteils besitzen. Färing. hat den Status einer regionalen Amtssprache und wird in allen Bereichen des öffentl. Lebens verwendet. Selbst in der internen Verwaltung der Inseln ist Färing. dominant; → Dänisch ist nur für wenige spezielle Zwecke in Gebrauch. Seit den 1950er Jahren verfügen die Färöer-Inseln über ein einheim. Radioprogramm, und seit den 1980er Jahren werden auch Fernsehsendungen in Färing. ausgestrahlt.

Färing. (auch Färisch, Färöisch oder Föroyisch genannt) ist eine nordwestskandinav. Sprache und nimmt aufgrund seiner sprachhistor. Entwicklung eine Mittlerstellung zwischen dem → Isländischen und dem Westnorweg. ein. Dem Isländ. steht das Färing. hinsichtl. des grammat. Baus (Flexion), dem → Norwegischen bezügl. der Aussprache und des Wortschatzes nahe.

Im 13. Jh. zeigt das auf den Färöern verbreitete mittelalterl. Skandinavisch nur geringes färing. Kolorit; erst im Lauf der folgenden Jahrhunderte gliedert sich das Färing. als selbständige Sprache aus. Das färing. Sprachgebiet ist dialektal stark zersplittert. Unterschiede zwischen den lokalen Sprachvarianten bestehen v.a. in der Lautung, weniger in der Morphologie oder im Wortschatz.

Zum Grundbestand des färing. Wortschatzes gehören Elemente, die typisch für das Altnord. sind, aus dem sich das Färing. entwickelt hat. Von den altnord. Erbwörtern sind rund zwanzig nur im Färing. (und teilweise im Isländ.) erhalten, in den nord. Sprachen des Festlandes dagegen nicht. Der überwiegende Teil der Lehnwörter ist dän. Herkunft. Lexikal. Neubildungen entstehen heutzutage überwiegend auf der Basis erbwörtl. Materials und mit den Mitteln der einheim. Wortbildung. Damit lehnt sich das Färing. an den sprachpfleger. Trend des Isländ. an.

Die mittelalterl. schriftl. Überlieferung des Färing. ist spärlich. Erhalten sind nur wenige Runeninschriften aus der Zeit zwischen

1000 und 1500 sowie einige Briefe auf Pergament. In einer Verordnung aus dem Jahre 1298 finden sich einige färing. Ausdrücke; der Text basiert vermutl. auf Verhandlungen in der färing. gesetzgebenden Versammlung (*løgting*). Reich ist die seit dem Mittelalter lebendige orale Tradition. Die beliebteste Gattung der färing. Volksdichtung ist das epische Tanzlied, dessen Stoffe den nord. Sagas und den über England vermittelten kontinentaleurop. Ritterromanen entnommen sind. Die Entstehungszeit der ältesten Tanzlieder ist das 14. Jh.; noch im 17. Jh. werden einige neue gedichtet. Mit der Aufzeichnung der färing. Tanzlieder begann man auf Betreiben des dän. Altertumsforschers O. Worm schon im 17. Jh. Die damals gesammelten Texte gingen 1728 verloren, als Kopenhagen durch einen Großbrand verwüstet wurde. Die wichtigsten Liedersammlungen entstanden im 19. Jh.; diese sind sämtlich in das umfangreiche Manuskript des „Corpus carminum Færoensium" (1872–76) von S. Grundtvig und J. Bloch aufgenommen worden.

Ernsthafte Versuche, das Färing. für praktische Zwecke zu verschriften, wurden im 19. Jh. unternommen. V. U. Hammershaimb schuf in den 1840er Jahren eine Schriftnorm, die sich orthograph. an das Altisländ. anlehnt, und veröffentlichte 1854 eine normative Grammatik des Färing. Anders als im Fall des Isländ., dessen schriftsprachl. Variante seit dem Mittelalter ausgleichend auf die Entwicklung der Umgangssprache eingewirkt hat, ist der Unterschied zwischen geschriebenem und gesprochenem Färing. erheblich. Versuche, die Graphie des Färing. der modernen Umgangssprache anzugleichen, scheiterten, und die konservative Schriftform von Hammershaimb ist weiterhin die einzige Alternative einer alle Dialekte überdachenden Hochsprache.

Die soziale und sprachpolit. Gleichstellung des Färing. mit dem Dän. vollzog sich seit Anfang des 20. Jh. in verschiedenen Etappen. 1906 erhielt das Färing. den Status eines Unterrichtsfachs, seit 1912 wird Färing. mündlich in der Unterstufe unterrichtet. Im Jahre 1939 wurde Färing. als allgemeine Unterrichtssprache der Färöer-Inseln anerkannt. Entspr. dem Autonomiestatut von 1948 fungiert Färing. als alleinige Amtssprache der Region. Lediglich für die Angelegenheiten, die den Kontakt mit der dän. Regierung in Kopenhagen erfordern, wird das Dän. verwendet. Institutionen wie die im Jahre 1957 gegründete färing. Gesellschaft der Wissenschaften und die seit 1965 bestehende Akademie für Forschung und höheren Unterricht unterstreichen die kulturelle Selbständigkeit der Inselbevölkerung.

Lit.: Barnes 1998, Werner 1964

Filipino → Tagalog

Finnisch (Finnish, finnois [mit Bezug auf die Sprache]/finlandais [mit Bezug auf die Kultur]). Finn. wird von ca. 5 Mio. Menschen als Primärsprache gesprochen, wovon der größte Teil (4,7 Mio.) in Finnland lebt. Außerhalb Finnlands gibt es zahlenmäßig bedeutende finn. Minderheiten in Schweden (0,3 Mio. in Tornedalen), im nördl. Rußland (Gebiet Leningrad) und in Estland. Finn. wird von rund 0,3 Mio. Menschen als Zweitsprache gesprochen; die meisten sind Finnland-Schweden mit schwed. Primärsprache. Der Zustrom von Immigranten (z. B. protestant. Ingrier aus Rußland) und von Asylanten (z. B. Somalis) hat einen Akkulturationstrend hervorgerufen, bei dem Finn. als Zweitsprache auch bei Neufinnen immer populärer wird. Finnen sind bereits im 17. Jh. nach Nordamerika ausgewandert. Das 19. und frühe 20. Jh. waren die wichtigsten Perioden für die Migration nach Übersee. Schätzungsweise leben 1,2 Mio. Menschen finn. Herkunft außerhalb Europas.

Finn. ist eine der Amtssprachen Finnlands; → Schwedisch ist die zweite Amtssprache der Republik. Die finn. Minderheit in Schweden ist eine anerkannte Minderheit; damit hat die finn. Bevölkerung Anspruch auf Schulunterricht in der Muttersprache. Das Finn. in Rußland und Estland besitzt keinen Sonderstatus. Mit dem Beginn der Mitgliedschaft Finnlands in der Europ. Union ist das Finn. eine der Amtssprachen der Kommission in Brüssel, des Europ. Gerichtshofes in Luxemburg und des Europaparlaments in Straßburg.

Das Finn. ist eine der Hauptsprachen des finn.-ugr. Sprachzweiges in der → uralischen Sprachfamilie. Zusammen mit den am nächsten verwandten Sprachen → Karelisch und → Estnisch sowie einigen anderen Sprachen (Ischorisch, → Wepsisch, → Liwisch und Wotisch) gehört das Finn. zur Gruppe der ostseefinn. Sprachen. Im Norden Finnlands steht das Finn. im Kontakt mit dem → Saamischen. Dessen Varianten bilden eine selbständige Untergruppe der finn.-ugr. Sprachen, zwischen ihnen und dem Finn. besteht also keine nahe, sondern nur eine weitläufige Sprachverwandtschaft.

In den regionalen Varianten des Finn. setzen sich die Sprachformen der alten ostseefinn. Stämme nördl. des Finn. Meerbusens fort. Hierzu gehören die „eigentlichen Finnen" (*varsinais-suomalaiset*), die Tawastier oder Menschen aus der histor. Landschaft Häme (*hämäläiset*) und die Karelier (*karjalaiset*). Entspr. den alten Siedlungszonen untergliedern sich die finn. Dialekte in zwei Hauptgruppen: westl. Dialekte (Mundarten des Südwestens, von Häme, des südl. Ostrobothnien, des mittleren und nördl. Ostrobothnien, der Flußtäler des Tornio und des Kemi, des südl. Lappland), östl. Dialekte (Mundarten von Savo sowie des Südostens). Die lokalen Mundarten im südl. Karelien haben sich 1944 mit der Evakuierung der dortigen Bevölkerung ins Innere Finnlands praktisch aufgelöst. Jene Gebiete gehören seither zu Rußland und sind von Russen, Ukrainern und anderen bewohnt.

Die moderne Schriftsprache ist das Produkt finn. Sprachpflege des 19. Jh. und basiert nicht auf einem bestimmten Dialekt. Im grammat. Bau der finn. Standardsprache finden sich Eigenheiten sowohl westl. als auch östl. Dialekte. Von der Standardsprache unterscheidet sich das gesprochene Finn. deutlich, das seinerseits mehr oder weniger starkes Lokalkolorit aufweist. Der Einfluß der Massenmedien hat Ausgleichstendenzen gefördert, so daß sich im urbanen Milieu eine allgemeine, an das Standardfinn. angelehnte Umgangssprache entwickelt hat. Das Finn. kennt zahlreiche berufsorientierte Varianten, vom speziellen Sprachgebrauch der Rentierzüchter in Lappland bis hin zum technolog. Fachjargon der Computerbranche.

Der Sprachbau des Finn. ist durch Techniken zweier verschiedener Sprachtypen charakterisiert. Einerseits setzt das Finn. die für andere ural. Sprachen kennzeichnenden agglutinierenden Konstruktionen fort (d. h. Ableitungen von Wortstämmen mit Hilfe von Präfixen, Suffixen und Kompositabildungen), andererseits sind auch Techniken eigentl. Flexion vertreten. Letztere sind typisch für indoeurop. Sprachen, mit denen das Finn. jahrhundertelang in nachbarl. Kontakt stand. Bei der Flexion kann sich der Wortstamm verändern (z. B. finn. *joki* ‚Fluß', Stamm *jok-* , *joen* ‚des Flusses'/ Gen.). Die Lautwechsel des flektierten Wortstammes werden „Stufenwechsel" (finn. *astevaihtelu*) genannt. Der Mechanismus des Stufenwechsels ist kompliziert und hängt mit der Silbenstruktur der Ableitungsformantien zusammen.

Obwohl die finn.-ugr. Sprachen (und deren Proto-Formen) seit mehr als viertausend Jahren im Kontakt zu benachbarten → indoeuropäischen Sprachen stehen (d.h. zunächst zu → indo-iranischen, später → germanischen, balt. und → slawischen Sprachen, in der Neuzeit zum → Russischen und Schwedischen), sind fast tausend Ausdrücke des ural. Basiswortschatzes erhalten geblieben. Im Lexikon des Finn. kann man daher gut die entfernte Verwandtschaft mit dem → Ungarischen erkennen (vgl. finn. *kala* ‚Fisch‘ vs. ungar. *hal*, finn. *käsi* ‚Hand; Arm‘ : ungar. *kéz*).

Tausende von Lehnwörtern aus indoeurop. Sprachen sind im Laufe der Zeit ins Ostseefinn. und später ins Finn. aufgenommen worden. Aus Frühformen des Iranischen sind entlehnt finn. *sata* ‚hundert‘ und *porsas* ‚Ferkel‘. Ausdrücke wie *sisar* ‚Schwester‘, *taivas* ‚Himmel‘ oder *napa* ‚Nabel‘ sind balt. Herkunft, finn. *kuningas* ‚König‘, *äiti* ‚Mutter‘ oder *kaunis* ‚schön‘ stammen aus dem Nordgerman. Während finn. *lusikka* ‚Löffel‘, *vapaa* ‚frei‘ und *papu* ‚Bohne‘ mittelalterl. Slawismen sind, hat das Russ. dem Finn. insbesondere im 19. Jh. einige hundert Lehnwörter vermittelt, als Finnland Teil des Zarenreichs war (z.B. *kiisseli* ‚eine Art rote Grütze‘, *raamattu* ‚Bibel‘, *riesa* ‚Last, Belastung‘).

Mehr als tausend schwed. Entlehnungen sind in den finn. Wortschatz integriert worden. Da Finnland-Schweden jahrhundertelang die Elite des Landes stellten, sind über das Schwed. zahlreiche Kulturwörter (auch solche ursprüngl. franzöz. oder latein. Herkunft) vermittelt worden (z.B. *lauantai* ‚Samstag‘, *lasi* ‚Glas‘, *piispa* ‚Bischof‘, *tori* ‚Marktplatz‘). Heutzutage ist der Wortschatz des Finn. – wie der vieler anderer europ. Kultursprachen – überformt vom → Englischen. Im heutigen Sprachgebrauch rivalisiert der engl. Einfluß mit der seit dem 19. Jh. wirkenden Sprachpflege. Für zahlreiche Begriffe existieren Synonymenpaare, mit einem rein finn. und einem Element engl. Herkunft (z.B. finn. *disketti* ‚Computerdiskette‘ vs. *levyke* ‚dass.‘).

Im Mittelalter wurde das Finn. nur sporadisch verwendet (z.B. für die Aufzeichnung bestimmter liturg. Formeln). Aus Novgorod ist eine kurze Inschrift (in ostfinn. Dialekt) in kyrill. Schrift überliefert, die aus dem 13. Jh. stammt. Die Schaffung einer finn. Schriftsprache ist das Verdienst des finn. Reformators Mikael Agricola (ca. 1510–1557), der seine Ausbildung in Wittenberg bei Luther und Melanchthon erhielt. Die von Agricola geschaffene alte finn. Schriftsprache basiert auf dem westfinn. Dialekt der Gegend von Turku (schwed. Åbo), dem damaligen Kulturzentrum des Landes.

Die moderne finn. Schriftsprache verdankt ihre Entstehung dem Zeitgeist des 19. Jh., dem aufstrebenden Nationalismus. Die Sammlungen finn. Volkspoesie, die Elias Lönnrot (1802–1884) in Karelien und Ingermanland anstellte und auf deren Grundlage er das finn. Nationalepos „Kalevala" schuf, wurden sehr populär und sind es bis heute geblieben. Der „Kalevala" ist bislang in 46 Sprachen übersetzt worden. Mit seinem Hauptwerk trug Lönnrot auch entscheidend zur Schaffung eines modernen finn. Schriftstandards bei, der sich um etwa 1880 allgemein durchsetzte. Die moderne Schriftsprache vereinigt in ihrem grammat. Bau die Eigenheiten verschiedener Dialekte, sowohl westl. als auch östl.; es handelt sich also um eine eigentliche überregionale Ausgleichsform.

Die finn. Sprachgeschichte gliedert sich in folgende Perioden: Altfinn. (11. Jh.–ca. 1540), altes Schriftfinn. (ca. 1540–ca. 1820), frühes Neufinn. (ca. 1820–ca. 1880), Neufinn. (seit ca. 1880).

Lit.: Branch 1998, Holman 2000, Karlsson 1983, Lehikoinen/Kiuru 1991, Schoolfield 1998

Finnisch-ugrische Sprachen → Uralische Sprachen

Französisch (French, français). Französ. wird weltweit von 131 Mio. Menschen gesprochen; davon sind 76 Mio. Primärsprachler und 55 Mio. Zweitsprachler. Die meisten Zweitsprachler leben in afrikan. Staaten, in denen Französ. Amts- und/oder Schulsprache ist (z. B. Mali, Senegal, Kamerun). Die zahlenmäßig stärksten französ. Sprechergruppen finden sich in Europa, Afrika und Nordamerika: Frankreich (56 Mio.), Kanada (6,9 Mio.; v. a. in der Provinz Québec), Belgien (3,3 Mio.), Schweiz (1,34 Mio.), USA (1,1 Mio.; v. a. im Bundesstaat Louisiana) u. a.

Französ. ist Amtssprache in insgesamt 28 Staaten in vier Kontinenten. In Europa besitzt Französ. amtl. Funktionen in folgenden Staaten: Frankreich (Staatssprache), Belgien (als Amtssprache gleichrangig mit dem → Niederländischen), Schweiz (als Amtssprache gleichrangig mit dem → Deutschen und → Italienischen), Luxemburg (als Amtssprache gleichrangig mit dem → Letzeburgischen und Deutschen), Italien (regionale Amtssprache im Aostatal), Monaco (Amtssprache).

Französ. ist Amtssprache in verschiedenen internationalen Organisationen, u. a. in den Vereinten Nationen, Europarat, Europ. Union, Organisation für Sicherheit und Zusammenarbeit in Europa. Außerdem ist es die bevorzugte Arbeitssprache der EU-Bürokratie in Brüssel und interne Arbeitssprache des Europ. Gerichtshofes in Luxemburg.

Mit dem nah verwandten → Occitanischen (einschließl. des → Gaskognischen) und dem Frankoprovenzal. gehört das Französ. zur galloroman. Gruppe der → romanischen Sprachen (→ indoeuropäische Sprachen). Das Französ. repräsentiert die Sprachvarianten der nördl. Galloromania (*langue d'oïl*). Die Sprachvarianten des Südens gehören histor. zum Gebiet der *langue d'oc*.

Die Sprachvarianten des Französ. unterscheiden sich teilweise erheblich voneinander. Besonders stark divergieren das geschriebene und das gesprochene Französ. Aufgrund der histor. Entwicklung werden die meisten Endkonsonanten, die in der Schriftform erhalten geblieben sind, nicht mehr gesprochen (z. B. das Pl.-*s*). Die Eigenheiten der französ. Dialekte traten im Mittelalter, als es noch keine einheitl. Schriftsprache gab, stärker als in der Neuzeit hervor. Die Hauptdialekte jener Zeit sind landschaftl. gebundene Sprachvarianten der *langue d'oïl*: Franzisch (Sprache der Île-de-France, des Pariser Beckens), Normannisch, Pikardisch, Wallonisch, Lothringisch, Champagnisch, Südwestdialekt (Poitou, Saintonge, Anjou). Heutzutage haben sich die Unterschiede zwischen den regionalen Dialekten durch den Einfluß der Pariser Umgangssprache nivelliert.

Mehr als andere roman. Sprachen hat sich das Französ. phonet. und morpholog. von seiner sprechlatein. Basis fortentwickelt. So unterscheidet das gesprochene Französ. keine Flexionselemente bei Substantiven und Adjektiven mehr (das geschriebene Pl.-*s* wird nicht gesprochen). In der Verbalflexion werden die Unterschiede der handelnden Personen (außer 1. und 2. Pers. Pl.) durch die obligator. Verwendung der Personalpronomen – in der Funktion von Verbalpräfixen – zum Ausdruck gebracht; vgl. die gleichlautenden Verbformen *je pense* ‚ich denke‘, *tu penses* ‚du denkst‘, *ils pensent* ‚sie denken‘.

Der größte Teil des französ. Wortschatzes stammt aus zwei Hauptquellen, dem gesprochenen und dem geschriebenen → Latein. Die Ausdrücke, die das Sprechlatein fortsetzen, sind an ihrer volkstüml. Lautentwicklung zu erkennen (z. B. latein. *rationem* > französ. *raison* ‚Vernunft‘), während man die Elemente des geschriebenen Lateins im Vokabular der französ. Schriftsprache nach ihrer äußeren Gestalt als gelehrte Adaptionen identifizieren kann (z. B. lat. *nationem* > französ. *nation* ‚Nation, Staats- oder Kulturnation‘). Im französ. Wortschatz sind einige uralte (d. h. vorindoeurop.) Substratwörter erhalten (z. B. das vorkelt. *pot* ‚Topf‘). Die Sprache der → keltischen Bevölkerung Galliens, die sich an das Sprechlatein der Region assimilierte, hat ihre Spuren im Französ. hinterlassen. Hierzu gehören Wörter wie französ. *charrue* ‚Pflug‘, *pièce* ‚Stück‘ oder *mouton* ‚Schaf‘. Kelt. Spracheinfluß hat auch die Syntax des Französ. modifiziert. Die Konstruktion der periphrast. Frage im Französ. vom Typ: *est-ce que tu viens* ‚kommst du (wörtl. ‚ist es, daß du kommst‘)?‘ entspricht der des Fragesatzes im Kelt.

Während der Zeit der Frankenherrschaft in Nordfrankreich (5.–8. Jh.) sind Hunderte von Lehnwörtern in die Volkssprache übernommen worden; viele davon sind nurmehr histor., etliche aber sind bis heute in Gebrauch (z. B. *blé* ‚Weizen‘, *bois* ‚Hain‘, *danser* ‚tanzen‘). Ebenfalls → germanischer Herkunft sind Entlehnungen aus dem Skandinav. während der Wikingerzeit (z. B. *tillac* ‚Deck‘, *vague* ‚Woge‘). Frühe Lehnwörter aus dem → Englischen sind die Bezeichnungen für Himmelsrichtungen (französ. *nord* ‚Norden‘, *sud* ‚Süden‘, *est* ‚Osten‘, *ouest* ‚Westen‘). Die Zahl der älteren → arabischen Lehnwörter ist gering (z. B. *coton* ‚Baumwolle‘, *gazelle* ‚Gazelle‘). Noch während des Mittelalters hat das Französ. zahlreiche Latinismen (d. h. Kulturwörter aus dem Schriftlatein) adaptiert (z. B. *famille* ‚Famille‘, *information* ‚Information‘, *possibilité* ‚Möglichkeit‘).

Das Französ. hat auch Hunderte von Ausdrücken aus dem nah verwandten Occitan. übernommen; die meisten dieser Lehnwörter leben im gesprochenen Französ. und in den südl. Dialekten der *langue d'oïl* weiter. Schriftsprachl. tradiert sind teilweise ganz allgemein gebräuchl. Wörter wie *amour* ‚Liebe‘ (übernommen als Kulturexport der occitan. Troubadourlyrik Südfrankreichs), *caisse* ‚Reisetasche‘ oder *écraser* ‚zerdrücken; vernichten‘. Mit der Renaissance, deren Einfluß sich seit Ende des 15. Jh. in Frankreich bemerkbar macht, erweitert sich das Spektrum der Kontaktsprachen. Damals wirkte das → Italienische auf das Französ. ein (z. B. französ. *appartement* ‚Appartment‘, *architecte* ‚Architekt‘, *concert* ‚Konzert‘).

Seit dem 17. Jh. nimmt das Französ. Lehnwörter aus dem Neuenglischen auf, zunächst in geringer Zahl, seit dem 19. Jh. allerdings in zunehmendem Umfang. Ältere Entlehnungen sind z. B. *flanelle* ‚Flanellstoff‘, *rhum* ‚Rum‘ oder *vote* ‚Stimme (bei der Wahl)‘, neuere *bifteck* ‚Beefsteak‘, *football* ‚Fußball‘ oder *ticket* ‚Fahrschein‘. Im Verlauf des 20. Jh. sind Tausende von Anglismen in den Wortschatz der französ. Schriftsprache, der Fachsprachen und der Umgangssprache eingedrungen (z. B. *computer* ‚Computer‘, *weekend* ‚Wochenende‘, *hot dog* ‚Hot Dog‘). Seit Jahrzehnten bemühen sich Vereinigungen französ. Kulturschaffender und Politiker, außerdem die Mitglieder der Französischen Akademie, den Zustrom von Anglismen einzudämmen und französ. Alternativen zu propagieren. Der amtl. und öffentl. Sprachgebrauch ist sogar durch Gesetze (loi Bas-Lauriol von 1975, loi Toubon von 1994) geregelt, die den Gebrauch neuerer Entlehnungen (praktisch sämtlich aus dem Engl.) verhindern sollen.

Die Volkssprache hat sich in Frankreich verhältnismäßig früh gegenüber der dominanten Hochsprache (Schriftlatein) emanzipiert. Die ältesten Schriftdenkmäler des Altfranzös. stammen aus dem 9. Jh. (roman. Text der Straßburger Eide von 842; Eulalia-Lied, Fragment eines lyrischen Gedichts über das Martyrium der Hl. Eulalia, verfaßt um 880). Ende des 11. Jh. entstand das erste Werk der mittelalterl. epischen Dichtung, das Rolandslied. Der Schriftsprachengebrauch im Mittelalter war nicht einheitl.; Urkunden und literar. Werke wurden in Anlehnung an die jeweilige landschaftl. Sprachform aufgezeichnet. Als Literatursprache sind das Champagnische (höfische Romane von Chrétien de Troyes, z. B. „Perceval le Gallois ou Le conte du Graal“) und Normannische (anglo-normann. Dichtung der Marie de France) bekannt geworden, andere regionale Schriftsprachen wie das Pikardische oder Lothringische verdanken ihre Existenz dem Gebrauch als Kanzleisprachen. Die Sprache von Paris und Umgebung gewann erst gegen Ende des Mittelalters an Bedeutung, hauptsächl. wegen der Ausweitung der polit. Autorität des Königshauses über andere Gebiete Frankreichs.

Das Französische fand seit dem 15. Jh. immer weitere Verbreitung; sein Status wurde durch königl. Dekrete weiter gefestigt. Die weitreichendste aller Sprachverordnungen war die Ordonnance de Villers-Cotterêts, die im Jahre 1539 erlassen wurde. Darin ist der Ausschließlichkeitsanspruch des Französ. (franzischer Prägung) kategorisch festgelegt (*en langaige maternel françois et non autre-*

ment ‚in der französ. Muttersprache, und nicht anders'). Alle anderen Schriftsprachen kamen außer Gebrauch, und die Sprache des Pariser Königshofes und seiner Hofdichter avancierte zum Standard. Das Fundament dieser französ. Standardsprache mit überregionalem Prestige wurde in dem Werk „Deffence et illustration de la langue françoyse" (1549) von Du Bellay festgeschrieben.

Die neufranzös. Schriftsprache ist das Produkt der französ. Hofkultur des 16. Jh. Die im Jahre 1635 gegründete Académie Française hat die Entwicklung des Schriftstandards ständig begleitet. Die regelmäßig neu bearbeiteten Grammatiken und Wörterbücher des Französ. kontrollierten diese Entwicklung. Mit den Werken der klassischen Dichter des 17. Jh. (Corneille, Molière, Racine) verbreitete sich die französ. Schriftsprache in ganz Frankreich; die Vertreter der französ. Aufklärung wie Montesquieu, Rousseau und Voltaire legten den Grundstein für die Verbreitung von „civilisation française" und französ. Sprachkultur in ganz Europa. Das Französ., das in den frankophonen Ländern (francophonie) als Schriftsprache verwendet wird, ist einheitl. und kennt keine prinzipielle Unterscheidung in eine europ. und außereurop. Variante wie das Englische.

Die sprachgeschichtl. Entwicklung des Französ. ist folgendermaßen periodisiert: Altfranzös. (9. Jh.–ca. 1300), Mittelfranzös. (14.–16. Jh.; 16. Jh. Periode der Renaissance), Neufranzös. (seit dem 17. Jh.).

Lit.: Chaurand 1999, Gebhardt 1974, Lodge 1997, Picoche/Marchello-Nizia 1996, Rossillon 1995, Sanders 1993, Walter 1997

Friaulisch (Friulian, friulien), → Alpenromanisch. Friaul. (auch: Friulanisch) wird von rund 1 Mio. Menschen gesprochen. Davon sind ca. 0,7 Mio. im nördl. Teil der Region Friuli-Venezia Giulia (Italien) beheimatet; weitere 0,3 Mio. Friulaner leben als Emigranten und deren Nachkommen in Nordamerika (v.a. in den USA), in Südafrika, Australien und in anderen Staaten. Das friaul. Sprachgebiet grenzt im Norden an Österreich, im Osten an Slowenien, im Westen an die Region Veneto und reicht im Süden bis an die Adriaküste. Die Friulaner sind zweisprachig (friaul.-italien.) oder mehrsprachig (friaul.-venezian.-italien.). Nach einer Umfrage aus dem Jahre 1988 (ISTAT) sprechen 55 % der Friulaner zu Hause ausschließl. Friaul., und 18 % verwenden Friaul. und → Italienisch; mit Freunden und Bekannten sprechen 46 % nur Friaul., 28 % beide Sprachen.

Seit dem Inkrafttreten des Autonomiestatuts für die Region Fri-uli-Venezia Giulia im Jahre 1963 wird das Friaul. verstärkt in den Massenmedien und für praktische Zwecke verwendet. Ein Regionalgesetz aus dem Jahre 1996 garantiert Schutz- und Förderungsrechte für das Friaul. Dieses Gesetz sieht auch eine Vereinheitlichung der Orthographie der friaul. Schriftsprache vor.

Friaul. ist die sprecherreichste Variante des Alpenromanischen und eng verwandt mit dem → Ladinischen und → Bündnerromanischen. Es werden drei Dialekte unterschieden: 1) Zentralfriaul., das von den meisten gesprochen wird und auch in der Hauptstadt der Region, Udine, verbreitet ist, 2) westl. Friaul. mit innovativen Eigenarten (die im wesentl. auf den Kontakten zum Venezian. beruhen), 3) nördl. (Kärntner) Friaul. mit konservativer Sprachentwicklung.

Die ältesten friaul.Texte sind aus der Zeit vom Ende des 14. Jh. überliefert: zwei Balladen nach dem Vorbild provenzal. höfischer Dichtung. Die literar. Produktion nahm einen deutl. Aufschwung im 16. Jh., als Udine kulturelles Zentrum der Region wurde. Der Popularität des Dichters Ermes di Colloredo (1622–1692) ist es zu verdanken, daß sich dessen Sprachgebrauch zu einer Art literar. Koiné entwickelte. Eines der beliebtesten Genres der Sachliteratur waren Almanache; der bekannteste und am weitesten verbreitete war „Strolich furlan" (‚Friaul. Almanach') von P. Zorutti.

Heute ist das Friaul. eine der am häufigsten verwendeten Regionalsprachen Italiens mit einer breiten Palette literar. Gattungen (Almanache, Theaterstücke, Novellen, Romane, Lyrik) und Werken der Sachprosa (Essays und Abhandlungen über Sprache und Kultur Friauls).

Lit.: Benincà 1995, Francescato 1966, Pirona et al. 1992

Friesisch (Frisian, frison). Fries. ist die Muttersprache von rund 0,75 Mio. Menschen. Die meisten von ihnen leben in den Niederlanden und sprechen Westfries. (0,4 Mio. in der Provinz Fryslân/Friesland, 0,3 Mio. in anderen Gebieten des Landes). Der Anteil der fries.-sprachigen Bevölkerung in der Provinz Friesland macht 75 % aus; in den vergangenen Jahren hat der Zustrom von Sprechern des → Niederländischen zugenommen. Friesen bewohnen auch die Inseln Skylge (Terschelling) und Skiermûntseach (Schiermonnikoog) vor der niederländ. Küste. In Deutschland sind zwei Varianten des Fries. verbreitet: Nordfries. in Schleswig-Holstein und auf Helgoland (rund 9000 Sprecher), Ostfries. im oldenburg. Saterland (ca. 1500 Sprecher). Sprecher des Fries. (insbesondere des Westfries.) leben auch in Übersee: USA (ca. 30 000), Kanada u. a.

Von den regionalen Varianten des Fries. besitzt nur das Westfries. amtl. Status. Seit 1986 ist es (neben dem Niederländ.) regionale Verwaltungssprache in der Provinz Friesland, wo es schon seit den 1950er Jahren als fakultative Gerichtssprache fungiert. Das Nordfries. wird noch an ungefähr 30 Schulen in Schleswig-Holstein unterrichtet. Seit 1938 besteht die Fryske Akademy in Leeuwarden als Kultur- und Forschungszentrum im westfries. Sprachgebiet. Eine ähnl. Rolle für die fries. Sprach- und Kulturpflege hat das 1964 gegründete Nordfries. Institut in Bredstedt (Braist) übernommen. Im Jahre 1992 wurde Fries. offiziell als Regionalsprache der EU anerkannt.

Das ursprüngl. Siedlungsgebiet der Friesen ist die Region zwischen Rhein und Weser, die in der Antike Frisia Magna genannt wurde. Die Friesen waren seit dem frühen Mittelalter als Kaufleute bekannt, die die Seewege der Nordsee (Mare Frisicum) besegelten. Im 7. Jh. dehnten sie ihr Siedlungsgebiet auch auf die nordfries. Inseln und das gegenüberliegende Festland aus. Seither ist die Sprachentwicklung des Nordfries. eigene Wege gegangen. Im Jahre 802 wurde mit der „Lex Frisionum" der soziopolit. Status der Friesen im Frankenreich Karls des Großen festgelegt.

Seit dem 13. Jh. ist das Fries. unter dem Bevölkerungsdruck der holländ. und deutschen Nachbarn beständig zurückgedrängt worden. Im Verlauf des 15. Jh. wurde die alte Verbindung zwischen dem westfries. und ostfries. Gebiet unterbrochen. Damals assimilierten sich viele Friesen ans Niederdeutsche. Das Ostfries. auf den deutschen Nordseeinseln ist Anfang des 20. Jh. ausgestorben.

Gleichzeitig mit dem Assimilationsdruck erfolgten funktionale Einbrüche. Das Friesische mußte nach und nach sämtliche öffentl. Sprachfunktionen (z. B. als Verwaltungs- und Geschäftssprache) an die Nachbarsprachen abgeben. Im 16. Jh. avancierte das Niederländ. in Friesland zur Amtssprache und zur Bildungssprache der sozialen Elite; im 17. Jh. verdrängte es das Fries. auch als Kirchensprache.

Fries. ist eine → germanische Sprache und gehört mit dem → Englischen zur Nordseegruppe des Westgerman. Seine regionalen Hauptvarianten unterscheiden sich heute in ähnl. Weise wie das → Alpenromanische mit seiner internen Gliederung in → Bündnerromanisch, → Ladinisch und → Friaulisch. Während das Ostfries. keine mundartl. Differenzierung kennt, gliedert sich das west- und nordfries. Sprachgebiet in regionale Dialekte aus. Das nordfries. Sprachgebiet zeigt eine grundsätzl. Differenzierung in Festland- und Inseldialekte. Westfries. ist in drei Dialekte untergliedert: Súdwesthoeks (nördl. des Ijsselmeeres), Kleifries. (daran anschließend bis Leeuwarden), Wâldenfries. (östl. bis zur niederländ.-deutschen Grenze). Das Niederländ. hat das Fries. im urbanen Kontaktmilieu schon vor langer Zeit so weit überformt, daß sich eine besondere mischsprachl. Variante, das Stadtfries. (*Stedsk*), ausgebildet hat. Das *Stedsk* wird von manchen Forschern als → kreolsprachliche Variante kategorisiert, uund zwar auf niederländ. Basis mit fries. Substrat. Die Anfänge dieses Kreolisierungsprozesses gehen auf das 17. Jh. zurück.

Im altfries. Wortschatz sind die meisten german. Erbwörter bewahrt. Aufgrund der vielfältigen Handelsbeziehungen hat das Fries. seit dem Mittelalter im Kontakt mit allen bedeutenden Sprachen des Nordseegebiets gestanden, mit dem Engl. ebenso wie mit dem Niederdeutschen, mit dem Niederländ. (im Westen) und mit dem → Dänischen (im Norden). Niederdeutscher Einfluß läßt sich in allen regionalen Varianten des Fries. nachweisen. Das Hochdeutsche hat später v.a. auf das Nordfries. eingewirkt.

Von der alten oralen Überlieferung im fries. Sprachgebiet sind nur Fragmente erhalten (z. B. Sagenstoffe in mittelalterl. Textdokumenten). Zwischen dem 13. und 16. Jh. entstand ein reiches nichtliterar. Schrifttum in altfries. Sprache. Dabei handelt es sich um jurist. und administrative Dokumente wie Statute, Verordnungen, Verträge und Briefe mit offiziellem Charakter. Daneben gibt es auch Texte, in denen Rätsel, Legenden und Übersetzungen religiösen Inhalts (z. B. der Psalmen) aufgezeichnet worden sind. Seitdem das Fries. im 16. Jh. als Kanzleisprache (das letzte offizielle Dokument in Fries. ist von 1573) und dann als Geschäftssprache vom Niederländ. abgelöst wurde, beschränkt sich die schriftsprachl. Tradition auf die Produktion literar. Werke. In Westfriesland ist immer ein Bewußtsein lebendig geblieben, daß das Fries. eine dem Niederländ. ebenbürtige Kultursprache ist. Dies wird besonders deutlich in dem 1668 erschienenen Werk „Fryske Rymlerije" (‚Fries. Dichtung') von Gysbert Japicx. Mit seinem Sprachgebrauch schuf Japicx einen überregionalen Schriftstandard, und sein Werk ist bis in die Moderne populär geblieben.

Die Initiative zur Schaffung einer neufries. Literatur ging von Literaten im westfries. Sprachgebiet aus. Fries. wurde zum Medium volkstüml. Unterhaltungsliteratur, in der sich der zeitgenöss. Trend nationaler Selbstreflexion spiegelt. Das klassische Werk dieser Ära ist die Sammlung von Gedichten und Erzählungen in den „Rimen en Teltsjes" (Reime und Geschichten) der Brüder Joast Hiddes und Tiallingius Halbertsma. Die Vertreter der jungfries. Bewegung waren seit 1915 um die soziokulturelle Aufwertung des Fries. bemüht. Es dauerte allerdings noch Jahrzehnte, bis das Fries. an den Schulen (seit 1955), als Gerichtssprache (seit 1956) und als Sprache des Gottesdienstes (seit den 1970er Jahren) zugelassen wurde.

In der Sprachgeschichte des Fries. werden folgende Perioden unterschieden: Altfries. (13.–16. Jh.), Mittelfries. (16. Jh.–1800), Neufries. (seit Anfang des 19. Jh.).

Lit.: Århammar 1968, Breuker/Salverda 1994, Feitsma 1989, Gorter 1987, Sjölin 1969

G

Gagausisch (Gagauz, gagaouze). Gagausen (0,223 Mio.) leben in verschiedenen Staaten Südosteuropas, die meisten in Moldova (0,173 Mio.). Kleinere Gruppen von Gagausen siedeln in der Ukraine (30 500), in Bulgarien (7000), in Makedonien (4000) und in Rußland (9500). Isolierte gagaus. Streusiedlungen gibt es in Kasachstan und in Usbekistan. Insgesamt 0,198 Mio. (88,7 %) Gagausen haben ihre Muttersprache bewahrt; die übrigen haben sich an die Sprachen der Umgebung assimiliert.

Die in Moldova (histor. Region Moldawien) beheimateten Gagausen wohnen im Süden, wo ihr Anteil an der Landesbevölkerung seit langem stabil geblieben (3,5 %) ist. Die Stabilität erklärt sich aus ähnl. starkem Wachstum der gagaus. und moldauischen Bevölkerung. Ein kleinerer Teil der Gagausen lebt jenseits der moldauisch-ukrain. Staatsgrenze auf ukrain. Seite im Gebiet von Izmail. Die Gagausen in Bulgarien siedeln im Nordosten des Landes, im Gebiet von Deli Orman.

Das Gagaus. gehört zusammen mit dem → Türkei-Türkischen, Aserbaidschanischen und Turkmenischen zur Südwest-Gruppe der → Turksprachen. Das Sprachgebiet untergliedert sich in den Zentral- und in den Süddialekt (*čadyrlungsko-komratskij dialekt* und *vulkaneštskij dialekt* in der Terminologie der russ. Turkologie), die sich lautl. und lexikal. unterscheiden.

Der Wortschatz des Gagaus. enthält erbwörtl. Elemente, die für die südwestl. Turksprachen charakterist. sind. Bis zum Ende des 18. Jh. übernahm das Gagaus. Lehnwörter aus dem → Bulgarischen, sowohl in den Bereichen der materiellen Kultur (z.B. Landwirtschaft) als auch des Grundwortschatzes (z.B. Verwandtschaftsbeziehungen). Über osman.-türk. Vermittlung gelangten auch Wörter → arabischer und → persischer Herkunft ins Gagaus. Seit dem vergangenen Jahrhundert steht das Gagaus. im Kontakt mit dem → Russischen, das vor kurzem seine Rolle als Amts- und Bildungssprache in Moldova verloren hat. Das → Rumänische, in seiner moldauischen Variante, hat ebenfalls seit dem 19. Jh. auf das Gagaus.

eingewirkt. Zwischen 1918 und 1940 (bzw. 1944), als Moldawien zum Staatsgebiet Rumäniens gehörte, war Rumän. die wichtigste Kontaktsprache.

Ein nach seinem Umfang bescheidenes Schrifttum in Gagaus. entstand bereits in der Zeit zwischen 1910 und 1938. Dabei handelt es sich um Übersetzungen religiöser Schriften, die vom Episkopat in Chişinău (russ. Kišinёv) verbreitet wurden. Bis 1918 wurden diese in russ. Alphabet, danach in Lateinschrift mit rumän. Orthographie aufgezeichnet. Die Gagausen im Süden Moldawiens nahmen zwar seit 1944 über das Medium des Russ. (weniger häufig über das Moldau-Rumän.) teil an der sowjet. Schriftkultur, aber den propagierten leninist. Idealen entsprechend hatten auch sie das Anrecht auf eine muttersprachl. Schriftkultur. Zu den wenigen Projekten der sowjet. Sprachplanung für eine Neuverschriftung in der Nachkriegszeit gehörte daher die Normierung eines Schriftstandards für diese Turksprache. Nach anfängl. Experimenten Ende der 40er Jahre wurde im Juli 1957 das Planungsprojekt einer gagaus. Schriftsprache vom Obersten Sowjet der Moldauischen SSR institutionalisiert.

Die schriftsprachl. Normen wurden auf der Basis der zentralen Mundart konsolidiert, mit einigen Anleihen an die südl. Mundart. Basis des Schriftsystems ist die Kyrillica, deren Zeichenbestand um vier Sonderzeichen (ä, ö, y, ž) erweitert wurde. Die neue gagaus. Schriftsprache fand auch Eingang in den Schulunterricht, wodurch man für ihre Verbreitung die entscheidenden Weichen stellte. Der muttersprachl. Unterricht wurde in der Primar- und Sekundarstufe gefördert, die höhere Schulausbildung blieb weiterhin dem Russ. vorbehalten. In gagaus. Sprache wurden v.a. Bücher für den schulischen Bedarf gedruckt, auch einzelne Broschüren über folklorist. Themen. Heute übernehmen das Rumän. (in Moldova) und das → Ukrainische (in der Ukraine) Amtssprachenfunktion in den gagaus. Siedlungsgebieten. In der Ukraine genießt das Gagaus. als anerkannte Minderheitensprache besondere Förderungsrechte.

Lit.: Gajdarži et al. 1973, Yasemee 1993

Galicisch, Galegisch (Galician, galicien). Galic. (*Galego*) ist die Muttersprache von 3,15 Mio. Galiciern, die insgesamt 8,1 % der Bevölkerung Spaniens ausmachen. Die meisten Sprecher des Galic. leben in der Region Galicia im Nordwesten Spaniens. Rund 90 % der Bewohner von Galicia verstehen Galic., 60 % sprechen es aktiv. Alle Sprecher des Galic. sind zweisprachig, mit → Spanisch als Zweitsprache.

Das Galic. besitzt seit 1982 amtl. Status in der autonomen Region Galicia, wo es neben dem Span. (*castellano*) als Sprache der Verwaltung verwendet wird. Auch in der Schul- und Universitätsausbildung ist das Galic. dem Span. gleichgestellt. Seit Ende der 1970er Jahre ist die Druckproduktion in galic. Sprache merkl. angestiegen. Während der Franco-Ära (1939–1975) wurde das Galic. von vielen als Sprachform mit geringem Prestige betrachtet. Dies hat sich inzwischen deutl. gewandelt. Es hat sich ein allgemeines Bewußtsein gefestigt, wonach das Galic. eine dem Span. ebenbürtige Kultursprache ist.

Galic. ist eine → romanische Sprache. Mit dem → Katalanischen, Span. und → Portugiesischen gehört es zur Gruppe der iberoroman. Sprachen. Die dem Galic. am nächsten verwandte Sprache ist das Portugies. Aus histor. Sicht hat sich das Portugies. sekundär aus einem sprachl. Kontinuum ausgegliedert, das sich vom Nordwesten (Gebiet der Provinzen Pontevedra und Ourense) nach Süden (bis zum Fluß Douro) erstreckte. Dieser Ausgliederungsprozeß fand im 16. Jh. seinen Abschluß. Sprachhistor. weist das Galic. zahlreiche lautl. und morpholog. Parallelen zum Portugies. auf. Es gibt daneben auch etliche Gemeinsamkeiten mit dem Span., so kennt das Galic. (wie das Span. und im Gegensatz zum Portugies.) kein stimmhaftes intervokal. *s*. Das galic. Sprachgebiet ist in drei Dialektzonen ausgegliedert: Küstengalic., zentraler Dialekt, östl. Dialekt. Die moderne galic. Schriftsprache ist eine Ausgleichsform, die Eigenheiten verschiedener Dialekte in ihrer Struktur vereinigt.

Zu den ältesten Bestandteilen des galic. Wortschatzes gehören vorroman. (überwiegend → keltische) Substratwörter; deren Zahl ist größer als vergleichsweise im Span. Auch die → germanischen Lehnwörter im Galic., die aus dem Suebischen stammen, sind zahlreicher als in den Nachbarsprachen. Aufgrund der mittelalterl. Kulturbeziehungen zu Frankreich wurden viele altoccitan. und altfranzös. Kulturwörter übernommen. Die meisten davon sind auf den Wortschatz der altgalic. Literatursprache beschränkt. Seit dem 15. Jh. hat das Galic. Entlehnungen aus dem *castellano* adaptiert. Die purist. Bewegung, die sich in der zweiten Hälfte des 19. Jh. formierte und deren Tradition bis heute fortgesetzt wird, bemüht sich darum, Kastellanismen zu vermeiden und durch einheim. Prägungen zu ersetzen. In neuerer Zeit werden auch portugies. Lehnwörter bevorzugt.

Das Schrifttum des mittelalterl. Altgalic. stand ganz im Zeichen der von Südfrankreich ausstrahlenden Tradition der Troubadourlyrik. Die Sammlungen dieser höfischen Literatur (*cancioneiros*) enthalten Werke aus dem 12. bis 15. Jh. Gegen Ende des 15. Jh. verlor Galicien seine polit. Selbständigkeit ebenso wie die Kirchenhoheit. Galic. wurde als Schriftsprache vom Span. verdrängt, das auch die Sprache der Bischöfe war, die nach Galicien beordert wurden. Die folgenden Jahrhunderte werden in der kulturellen Erinnerung der Galicier als „os séculos escuros" (dunkles Zeitalter) gewertet. Aus der langen, fast gänzlich schriftlosen Phase des Galic. ist nur ein einziges Gedicht (aus dem 17. Jh.) überliefert.

Die Renaissance (Rexurdimento) des Neugalic. im 19. Jh. verdankt ihre Impulse einer utopist. Zeitströmung. Die Wiederbelebung des kelt. Kulturerbes („Celtic Revival") in Großbritannien führte zu der phantast. Vorstellung galic. Intellektueller, die Verschiedenheit des Galic. vom Span. sei das Resultat eines kelt. Kultureinflusses. Zwar hat sich die Sprache der Keltiberer nach Auskunft der Ortsnamen wohl tatsächlich am längsten in der verkehrstechn. abgeschiedenen Nordwestecke der Pyrenäenhalbinsel erhalten, auf die Entwicklung des Galic. als roman. Sprache hatte das Kelt. bis auf die Übernahme einiger Lehnwörter aber keinen nennenswerten Einfluß. Der Glaube an eine mythisch-kelt. Vergangenheit war aber ausschlaggebend für den Auftrieb, den die Sprach- und Kulturpflege in Galicien erlebte.

Lyrische Dichtung war bis zum Ende des 19. Jh. das wichtigste literar. Genre der neugalic. Schriftsprache. Der erste, vollständig in Galic. geschriebene Text, der gedruckt wurde, sind die 1863 erschienenen „Cantares gallegos" (Galic. Gesänge) von Rosalía de Castro. Die Orthographie des Neugalic. war lange Zeit eine Sache individueller Vorliebe, die Muttersprache eher nach span. oder portugies. Vorbild zu schreiben. Die Orientierung an der span. Graphie überwog. Erst im Jahre 1982 sind die Normen der modernen galic. Standardsprache von der Galic. Akademie und dem Instituto da Lingua Galega endgültig festgelegt worden.

In der Periodisierung der galic. Sprachgeschichte, die sich an der Schrifttradition orientiert, werden das Altgalic. (12. Jh.–2. Hälfte 15. Jh.) und das Neugalic. (seit 2. Hälfte 19. Jh.) unterschieden.

Lit.: Fernández Rei 1990, Lorenzo 1995, Monteagudo/Santamarina 1993, Ramallo/Rei Doval 1997

Gascognisch (Gascon, gascon). Die Sprecherzahl für das Gascogn. in Südwestfrankreich, im Gebiet zwischen der Atlantikküste und den Flüssen Dordogne, Garonne und Ariège, wird auf 0,81 Mio. aktive Sprecher (26 % der Bevölkerung der Region) und ca. 1,2 Mio. passive Benutzer (41 %) geschätzt. Etwa 0,3 Mio. sprechen Gascogn. als Alltagssprache. Das gascogn. Sprachgebiet erstreckt sich bis ins Val d'Aran, das administrativ zur autonomen Region Katalonien (Catalunya) auf der span. Seite der Pyrenäen gehört. Von den Bewohnern dieser Region sprechen rund 3100 (d. h. 58 %) regelmäßig Gascogn.

Vermutlich sind die Gascogner die Nachkommen der Aquitanier, die schon in vorröm. Zeit die nördl. Pyrenäen und deren Vorland bewohnten. Bereits die Römer erkannten, daß die Aquitanier ein von den Galliern (Festlandkelten im heutigen Frankreich) verschiedenes Volk waren. Im Laufe der Jahrhunderte haben sich die Aquitanier an das → Romanische der Region assimiliert. Seit dem 15. Jh. ist die Sprachgrenze des Gascogn. gegenüber dem nördl. → Französisch im wesentlichen stabil geblieben.

Gascogn. gehört zu einem sprachl. Kontinuum in Südfrankreich, das sich von der Atlantikküste bis in den westl. Alpenraum erstreckt. Zu diesem Kontinuum der südl. Galloromania gehören außer dem Gascogn. auch das → Occitanische und Frankoprovenzalische. Die sprachhistor. Entwicklung des Gascogn. ist wie die Kulturgeschichte der Gascogne eigene Wege gegangen, so daß es berechtigt ist, das Gascogn. als eine eigenständige Sprache zu kategorisieren, und das östl. vom Gascogn. verbreitete Occitan. als dessen Nahsprache.

Das gascogn. Sprachgebiet gliedert sich in etliche lokale Dialekte aus, von denen das Bearnesische und die in den Landes gesprochene Variante (*parlar negre* ‚fremdartiges Idiom‘) die meisten Besonderheiten aufweisen. Andere Lokaldialekte des Gascogn. sind die im Médoc, in Bazadais, Albret, Lomagne, Comminges, Couserans, im Val d'Aran und in Armagnac. Das Gascogn. unterscheidet sich lexikal. vom Occitan. durch seine größere Anzahl aquitan. Substratwörter (Bezeichnungen von Pflanzen und Tieren der Region, von landschaftl. und klimat. Eigenheiten) und zahlreiche Parallelen zu iberoroman. Sprachen (z. B. gascogn. *coma* ‚Tal‘ wie im → Katalanischen). Der jahrhundertelange Kontakt mit Sprechern des Französ. hat zu einer starken Durchsetzung des gascogn. Wortschatzes mit

Gallizismen geführt. Französ. Lehnwörter prägen v.a. den Sprachgebrauch im Alltag.

Die ältesten Schriftzeugnisse des Gascogn. stammen aus dem 12. Jh. Hierzu gehören einige Urkunden und kurze Texte der Troubadourdichtung. Die gascogn. Dichter des Mittelalters standen mit ihrer Sprachwahl beständig im Konflikt zwischen der Annahme der occitan. Dichtersprache mit ihrem hohen Prestige oder der Bevorzugung der volkstüml., aber weniger geschätzten gascogn. Litatursprache. Das occitan. Schrifttum ist um ein Vielfaches reicher als das gascogn. Als Geschäftssprache hielt sich das Gascogn. über das Mittelalter hinaus. Im Béarn wurde es bis 1620 als Urkundensprache verwendet. Danach wurden nurmehr Sammlungen des Gewohnheitsrechts (Fors) in Gascogn. aufgezeichnet, und das Gascogn. hielt sich als gesprochene Sprache der Regionalverwaltung bis 1789.

Als Literatursprache erlebte das Gascogn. einen deutl. Aufschwung im 16. Jh. Ähnlich wie im benachbarten → baskischen Sprachgebiet, machte sich auch in der Gascogne der Einfluß der protestant. Bewegung (speziell des Calvinismus) bemerkbar. Die Werke von Pey de Garros aus Lectoure (eine Übersetzung der Psalmen von 1565 und die „Poesias gasconas" von 1567) vermittelten Impulse für eine Wiederbelebung der literar. Tradition in gascogn. Sprache.

Die Orthographie des Gascogn. ist bis heute nicht einheitl. Weder die mehr phonet. orientierte Graphie der Escole Gastoû Febus (ausgearbeitet zwischen 1900 und 1906) noch die mehr histor.-etymolog. orientierte Schreibkonvention des Institut d'Estudis Occitans von 1952 haben sich allgemein durchsetzen können. 1973 wurde die kirchl. anerkannte Übersetzungsversion der kathol. Liturgie in gascogn. Sprache veröffentlicht, und gelegentlich wird Gascogn. im Gottesdienst verwendet. Gascogn. ist fakultatives Unterrichtsfach in der Primar- und Sekundarstufe und universitäres Studienfach. Es erscheinen gascogn. Texte in einigen regionalen Zeitungen, es gibt Radiosendungen und auch einige Fernsehprogramme in Gascogn.

Lit.: Kristol/Wüest 1985, Rohlfs 1977, Séguy et al. 1954–86

Geelvink Bay (34 Sprachen). Die Sprachen dieser Familie sind nach der Region benannt, in der sie hauptsächl. verbreitet sind. Dies ist die Geelvink Bay im Nordwesten des zu Indonesien gehörigen Teils Neuguineas (Irian Jaya). Geelvink Bay-Sprachen werden auch auf der vorgelagerten Insel Yapen gesprochen. Die Geelvink Bay-Sprachen stehen isoliert, und es läßt sich keine Verwandtschaft mit einer der anderen papuan. Sprachfamilien nachweisen.

Georgisch, Grusinisch (Georgian, géorgien). Georg. wird von 4,1 Mio. Menschen gesprochen, von denen 3,9 Mio. in Georgien beheimatet sind. Die Eigenbezeichnung der Georgier ist *kartv-el-i* (,Kartvelier') und ihre Sprache wird *kart-ul-i ena* genannt. „Kartvelisch" ist ebenfalls zur Bezeichnung der südkaukas. Sprachfamilie in Gebrauch, zu der das Georg. gehört. Georg. Außengruppen leben in den Anrainerstaaten Georgiens – Rußland (0,13 Mio.), Türkei (40 000), Aserbaidschan (11 500), Armenien (1300) –, außerdem in Kasachstan (7700), Usbekistan (4000), Iran (3500) u. a.

Georg. ist eine südkaukas. Sprache (auch kartvel., → Kaukasische Sprachen) und der Hauptvertreter dieser Sprachfamilie. Die georg. Dialekte gliedern sich in eine zentrale, nördl. und südl. Zone aus. Die zentrale Dialektzone ist zweigeteilt. Im Inland ist der imeretische Dialekt verbreitet. Der wichtigste Dialekt der zentralen Zone ist das Kartlische, wozu auch die Region von Tbilisi gehört. Darauf basiert die moderne Schriftsprache des Georg. Getrennt davon erstreckt sich die Verbreitungszone des Gurischen und Adscharischen an der Schwarzmeerküste. Diese georg. Dialektzone bildete sich heraus, nachdem Georgier aus Georgien vor der Invasion der Araber im 7. Jh. nach Westen geflohen waren. Die nördl. Dialektzone gliedert sich in die Nordwestdialekte (Lechkhumisch, Rach', Mokhevisch, Mtiuletisch) und in die Nordostdialekte (Khevsurisch, Pschavisch, Tuschetisch). Südl. Dialekte sind das Dschavakhische, das Meskhische sowie die Dialekte der georg. Außengruppen in Aserbaidschan und im Iran (Fereydan). Im Fereydanischen haben sich ältere Eigenheiten des Georg. aus dem 17. Jh. erhalten.

Seit der Antike standen die Bewohner des Kaukasus, so auch die in Mingrelien und Georgien, in Handelskontakten mit den griech. Kolonisten in der Region von Kolchis. Griech. Einflüsse auf die lokalen Kulturen lassen sich seit der hellenist. Periode nachweisen. Im 7. Jh. n. Chr. macht sich arab., später islam.-pers. Kultureinfluß geltend. Kulturelle Kontakte bestanden v.a. zwischen Georgien und Armenien, denn in beiden Ländern entfaltete sich die Tradition zweier orthodoxer christl. Kirchen.

Im Wortschatz der altgeorg. Literatursprache finden sich Entlehnungen aus dem → Griechischen, → Armenischen, → Persischen, → Arabischen und aus anderen Sprachen. Die Zahl der Arabismen hat sich im Neugeorg. deutlich verringert, weil arab. Lehnwörter des Mittelalters veraltet sind. Seit Beginn der Neuzeit hat der Einfluß des Pers. zugenommen. Das → Russische war im 19. und 20. Jh. die wichtigste Kontaktsprache des Georg. Nach 1991 sind aber zahlreiche direkte Entlehnungen oder Lehnprägungen nach russ. Muster, die während der Sowjetära adaptiert worden waren, außer Gebrauch gekommen. Zu den Entlehnungsquellen für das Georg. gehören auch lokale Nachbarsprachen wie das Nachische in Dagestan, das dem Georg. beispielsweise die Bezeichnung *muxa* ‚Eiche‘ vermittelt hat.

Die georg. Schriftsprache gehört mit dem Armen. zu den ältesten Schriftmedien nicht nur der Kaukasusregion, sondern überhaupt ganz Osteuropas. Die georg. Schrift wurde entweder noch im 4. Jh. oder zu Beginn des 5. Jh. n. Chr. eingeführt. Einer Legende zufolge soll der Armenier Mesrop, der die armen. Schrift geschaffen hat, auch für die Ausarbeitung des georg. Alphabets verantwortlich sein. Die georg. Schrift, die ursprüngl. aus 38, heute aus 33 Buchstaben besteht, war in drei Hauptvarianten in Gebrauch. Die älteste Variante (*mrg(v)lovani* ‚gerundet, Rund-‘ oder *asomtavruli* ‚Majuskel-‘ genannt) verwendet gerundete Buchstabenzeichen; die davon abgeleitete Variante (*k'utxovani* ‚eckig‘ oder *nusxuri* ‚Minuskel-‘ genannt) ist durch eckige Zeichen charakterisiert; die im 11. Jh. entstandene Schriftvariante (*mxedruli* ‚militär., Soldaten-‘ genannt) wird bis heute verwendet. Die georg. Kirche hält an den älteren Schriftvarianten fest und benutzt ein Mischsystem aus Minuskel- und Majuskelzeichen (*xucuri* ‚kirchlich‘ genannt).

Das überlieferte Schrifttum in georg. Sprache ist seit ältester Zeit christl. geprägt. Die älteste georg. Inschrift (ca. 430) stammt aus einer Kirche in der Nähe von Bethlehem. In Georgien selbst ist eine Kircheninschrift aus Bolnisi (60 km südl. von Tbilisi) das älteste Schriftdenkmal, das auf das Jahr 494 zurückgeht. Zu den ältesten erhaltenen Manuskripten gehören das „Polycephalon“ vom Sinai (864) und die georg. Fassung der Evangelien im Adysh-Manuskript, das aus dem Jahre 897 stammt. Das „goldene Zeitalter“ der georg.

148

Literatur war die Periode, als Königin Tamar (reg. 1184–1213) in Georgien herrschte. In jener Zeit entstand auch das georg. National-epos „Der Mann im Pantherfell" von Shota Rust(a)veli. Während der tatar.-mongol. Herrschaft (13.–15. Jh.) ist das Georg. nur selten verwendet worden. Im Verlauf des 19. Jh. bildete sich die moderne georg. Schriftsprache heraus.

Die georg. Sprachgeschichte wird in Anlehnung an die literar. Strömungen in drei Hauptperioden eingeteilt: Altgeorg. (5.–11. Jh.), Mittelalterl. Georg. (12.–18. Jh.), Modernes Georg. (seit dem 19. Jh.).

Lit.: Hewitt 1995, 1998, Tschenkéli 1958

Germanische Sprachen. Das German. repräsentiert einen selb-ständigen Sprachzweig innerhalb der → indoeuropäischen Sprach-familie. Bereits um 2000 v. Chr. gliederte sich das Proto-German., das damals in Südskandinavien und in Norddeutschland gesprochen wurde, aus dem indoeurop. Kontinuum aus. Schriftzeugnisse ger-man. Sprachen stammen aus sehr viel späterer Zeit. Das Alter der Inschrift auf dem Helm von Negau (Steiermark) ist umstritten; die Datierung schwankt zwischen dem 3. Jh. v. Chr. und ca. 100 n. Chr. Seit dem 3. Jh. n. Chr. sind Runeninschriften überliefert. Im 4. Jh. entstand die gotische Bibelübersetzung. Bereits in den alten Schrift-zeugnissen spiegeln sich dialektale Unterschiede. German. Sprachen sind in vier verschiedenen Schriftarten geschrieben worden: in Vari-anten der Runenschrift, in Lateinschrift, in einer Ableitung des griech. Alphabets (gotische Schrift) und im hebräischen Alphabet (zur Schreibung des → Jiddischen).

German. Sprachen sind bodenständig in Europa, heute aber auf-grund histor. Migrationen in allen Teilen der Welt verbreitet (z. B. deutsche Außengruppen in Sibirien, Kasachstan und Namibia; nor-weg. Minderheiten in den USA, Kanada und Ecuador). Die größte geograph. und funktionale Reichweite besitzt das → Englische, das von mehr als einer halben Milliarde Menschen gesprochen wird. Der internationale Status des → Deutschen, das sich außerhalb Eu-ropas in vielen Sprachinseln erhalten hat, ist in der Konkurrenz mit dem Engl. sukzessive eingeschränkt worden. Es gibt auch etliche kleinere Sprachgemeinschaften wie das → Färingische auf den Färöer-Inseln oder das → Letzeburgische in Luxemburg. Die Sprachgemeinschaft mit der geringsten Sprecherzahl ist Unserdeutsch, ein Pidgin auf deutscher Basis. Dieses Pidgin sprechen rund 100 Papuaner, die an der Ostküste Papua-Neuguineas leben.

Die german. Sprachen (insbesondere das Gotische, mittelalterl. Varianten des Deutschen und Engl., Altnord.) waren von Anfang an in die Sprachvergleichung miteinbezogen, als sich deren Vertreter ab Ende des 18. Jh. um die Aufdeckung der Verwandtschaft zwischen den Sprachen Europas und Asiens bemühten. Alte Sprachzustände sind in den german. Lehnwörtern der ostseefinn. Sprachen bewahrt. V.a. das → Finnische hat einen alten Lautstand in seinem german. Lehnwortschatz erhalten (z. B. finn. *kuningas* ‚König‘, *airo* ‚Ruder‘, *äiti* ‚Mutter‘). Die Entdeckung, daß das indische → Sanskrit mit dem → Persischen, → Griechischen und German. verwandt ist, bahnte den Weg für die histor.-vergleichende Sprachwissenschaft.

Die systemat. Erforschung des grammat. Baus verwandter Sprachen in seiner histor. Entwicklung setzt zwar schon mit Friedrich Schlegels Studie „Ueber die Sprache und Weisheit der Indier" (1808) ein, die klassischen Werke, von denen die entscheidenden Impulse für die Entfaltung eigener wissenschaftl. Disziplinen ausgehen, entstehen allerdings etwas später. Während mit Franz Bopps „Über das Conjugationssystem…" (1816) die Indoeuropäistik begründet wird, arbeitet Jacob Grimm mit seinem vierbändigen Werk „Deutsche Grammatik" (1819–37) die Grundlagen für die Germanistik aus. Jahrzehntelang sind es v.a. Germanisten, die das histor.-vergleichende Studium der indoeurop. Sprachen vorantreiben.

Gruppierungen:
- Westgermanisch: → Afrikaans, Deutsch, Englisch, → Friesisch, Jiddisch, Letzeburgisch, → Niederländisch
- Nordgermanisch: → Dänisch, Färingisch, → Isländisch, → Norwegisch, → Schwedisch
- Ostgermanisch (ausgestorben): Gepidisch, Gotisch, Wandalisch u. a.

Lit.: Gardt 1999, Koivulehto 1973, König/Auwera 1994

Golf. Alle Sprachen dieser Gruppierung (u. a. Natchez, Tunica) sind ausgestorben. Früher waren diese Sprachen in der Küstenregion des Golfs von Mexiko, und zwar auf US-amerikan. Seite (im südl. Louisiana und in Oklahoma) verbreitet.

Graubündnerisch → Bündnerromanisch, → Alpenromanisch

Griechisch (Greek, grec). Als Kultursprache hat das Griech. seit der Antike die anderen Sprachen Europas beeinflußt, einerseits direkt, andererseits indirekt über die Vermittlung anderer Kultursprachen wie des → Lateinischen. Man spricht von der griech.-römischen Zivilisation der Antike und meint damit die Hochkulturen, die von den Sprechern des Griech. und Latein. getragen wurden. Dabei bleibt zumeist ein wichtiges sprachl. Bindeglied zwischen diesen beiden unbeachtet, das → Etruskische. Denn griech. Einfluß hat sich erst in spätröm. Zeit direkt im Latein. bemerkbar gemacht; griech. Wort- und Kulturgut wurde schon früh von den Etruskern an die Römer vermittelt. Beispielsweise wurde lat. *littera* ‚Buchstabe' (mit dem Pl. *litterae* in der Bedeutung ‚Brief') nicht direkt, sondern über etrusk. Vermittlung aus griech. *diphtera* ‚Tierhaut (auf die geschrieben wurde)' entlehnt.

Die schriftsprachl. Tradition des Griech., die sich in eine alt-, mittel- und neugriech. Periode untergliedert, ist die längste der Welt. Es sind zwar ältere Schriftsprachen bekannt (z. B. → Sumerisch, → Akkadisch, → Ägyptisch), diese sind aber irgendwann ausgestorben. Die Schrifttradition des → Chinesischen, die gern für die älteste gehalten wird, setzt erst um 1200 v. Chr. ein, die des Griech. (Mykenisch-Griech.) aber bereits im 17. Jh. v. Chr.

Griech. wurde zunächst in den myken. Kulturzentren des Festlandes und auf Kreta in Linear B geschrieben (17.–11. Jh.), danach von den aus Arkadien stammenden griech. Flüchtlingen auf Zypern in Kyprisch-Syllabisch (11.–3. Jh.), und frühestens seit dem 9. Jh. in der Ägäis und auf dem Festland in Alphabetschrift. Das sog. „dunkle Zeitalter" nach dem Niedergang der myken. Seeherrschaft war vielleicht auf dem Festland, aber nicht auf Zypern und in der Ägäis „dunkel". Die Verwendung als Schriftsprache zeigt im Fall des Griech. eine Kontinuität im Horizont der Zeit; allerdings haben sich die lokalen kulturellen Schwerpunkte mehrfach verlagert.

Das griech. Sprach- und Ideengut, das bis heute ein essentieller Bestandteil unserer modernen Sprachen ist, stammt überwiegend aus der klassischen (5. und 4. Jh. v. Chr.) und hellenist. Periode (Ende des 4. Jh. v. Chr. bis Mitte des 1. Jh. n. Chr.), es wurde bis in die Spätantike hauptsächl. über das Latein vermittelt. Seit der Renaissance wird Griech. als Bildungssprache gepflegt, mit direkter Einwirkung auf die zeitgenöss. Sprachen in Westeuropa. Im östl. Europa wirkte das byzantin. Griech. als Kirchensprache auf die süd- und ostslawischen Sprachen ein. Der moderne Kulturwortschatz und die wissenschaftl. Terminologie sind in den meisten Sprachen Europas durch lexikal. Elemente aus dem Griech. (und Latein.) geprägt.

Abgesehen von dem in der Antike ausgestorbenen Mazedonisch, das dem Altgriech. verwandtschaftl. am nächsten stand, repräsentiert das Griech. – ähnlich dem → Albanischen und → Armenischen – einen selbständigen Zweig der → indoeuropäischen Sprachfamilie. Die griech. Volkssprache (*Dimotiki*) ist sprachhistor. eine Weiterentwicklung der in hellenist. Zeit (seit Ende des 4. Jh. v. Chr.) auf der Basis der attischen Variante entstandenen Koiné (Gemeinsprache). Die phonet. Besonderheiten, durch die sich das Neugriech. vom Altgriech. unterscheidet, bildeten sich in den ersten Jahrhunderten unserer Zeitrechnung heraus, sind also bereits für das Mittelgriech. charakteristisch.

Die Periodisierung des Griech. unterscheidet folgende Sprachstadien: Frühgriech./Myken. (17.–12. Jh. v. Chr.), archaisches Griech. (11.–9. Jh.), Altgriech. (8. Jh. v. Chr.–ca. 450 n. Chr.), Mittelgriech. (5. Jh. n. Chr. als Ablösung des Altgriech. in byzantin. Zeit – 1. Hälfte 15. Jh.), Neugriech. (seit 2. Hälfte 15. Jh.).

Altgriechisch (Ancient Greek, grec ancien). Die griech. Sprachgemeinschaft bildete sich im Zuge der Besiedlung Griechenlands durch griech. Stämme aus. Seit Ende des 3. Jt. v. Chr. (frühhelladische Periode) zeigt sich in den Kulturschichten ein Profil, das man als „griechisch" bezeichnen kann. Nach älterer Auffassung sind die Frühgriechen aus dem Norden in ihre spätere Heimat eingewandert. Heutzutage hält man es für möglich, daß sich die Herausbildung der griech. Kultur und Sprache bereits in Griechenland selbst, und zwar aus älteren indoeurop. Populationen, vollzogen hat. Die mit der zweiten (3500–3200 v. Chr.) sowie dritten und letzten Kurgan-Migration (ca. 3100–2800 v. Chr.) nach Südosteuropa gelangten Indoeuropäer entwickelten ihr kulturelles Erbe möglicherweise dort im Kontakt mit der vorindoeurop. Bevölkerung (von den Griechen „Pelasger" genannt) zum Griechentum.

Mehr als ein Drittel des altgriech. Wortschatzes, der sich aus indoeurop. Erbwörtern und Lehnwörtern der verschiedensten Herkunft zusammensetzt, stammt aus nichtindoeurop. Sprachen. Die älteste Schicht des bis in die Moderne tradierten griech. Wortschatzes bilden vorindoeurop. Lehnwörter, die aus einer altägäischen Sprache ins Altgriech. übernommen wurden. Charakteristika dieser namentlich nicht bekannten Sprache sind Suffixbildungen auf *-ss-* (z. B. *kuparissos* ‚Zypresse‘) und *-nth-* (z. B. *sminthos* ‚Maus‘). Vorgriech. Herkunft sind Bezeichnungen für die Fauna und Flora der Ägäis, Elemente der technischen Nomenklatur in Bereichen wie Pflanzenanbau (z. B. Weinbau), Bauwesen (z. B. Hauskonstruktion), Handwerk (z. B. Weberei) und Lehnwörter im religiös-kultischen Bereich. Darunter sind Ausdrücke, die den modernen europ. Sprachen von den klassischen Bildungssprachen als antikes Kulturerbe vermittelt worden sind (z. B. griech. *megaron* ‚Allerheiligstes im Tempelbezirk‘, *keramos* ‚Ton‘, daraus dt. *Keramik*, *elaia* ‚Olive‘, daraus über latein. *oliva* dt. *Olive*, *hyakinthos* ‚Hyazinthe‘, *oinos* über latein. *vinum* zu dt. *Wein*).

Die älteste griech. Sprachform, die aus schriftl. Überlieferungen bekannt ist, ist das Mykenische, das mit der Silbenschrift Linear B geschrieben wurde. Die älteste myken. Inschrift aus dem Heiligtum von Olympia stammt aus dem 17. Jh. v. Chr. Myken. gehörte zur östl. Gruppe der altgriech. Dialekte, die in myken. Zeit auf dem Festland und auf den ägäischen Inseln verbreitet waren. Mit der Auflösung der myken. Herrschaft und den dorischen Migrationen der Folgezeit sind etliche lokale Mundarten des Ostgriech. durch das Westgriech. verdrängt worden. In der klassischen Periode des 5. und 4. Jh. v. Chr. war das Ostgriech. begrenzt auf Athen und die Region von Attica, auf die ionischen Siedlungen in der nördl. Ägäis und in Kleinasien sowie auf das Arkadische im Zentrum des Peloponnes und auf Zypern. Westgriech. Dialekte wurden im gesamten Nordwesten Griechenlands, auf dem Peloponnes, auf den Inseln der südl. Ägäis und in den meisten griech. Städten Siziliens und Süditaliens gesprochen.

Das griech. Siedlungsgebiet dehnte sich vom Mutterland auf dem europ. Festland mit der Kolonisation (ab der myken. Zeit) in die Küstengebiete rings ums Mittelmeer aus. Die älteste bekannte Gründung, die auf die Zeit vor dem Trojanischen Krieg zurückgeht (12. Jh. v. Chr.), ist Sestos an der Küste des Marmarameeres. Myken. Ursprungs sind auch einige Städte, die durch die gesamte Antike Bestand hatten wie Milet in Kleinasien und Agrigent in Sizilien. Die klassische Zeit der griech. Kolonisation setzt im 8. Jh. mit der Gründung von Pithekoussai auf der italien. Insel Ischia ein; eine der letzten Gründungen (4. Jh.) ist Nikaia, das heutige Nizza in Südfrankreich. An vielen Orten, wo Griechen ihre Kolonien gründeten, bestanden bereits Siedlungen der einheim. Bevölkerung. Dies gilt für die Mehrzahl der Kolonien in Sizilien. Die bodenständige Bevölkerung wurde entweder ins Hinterland abgedrängt oder assimilierte sich an griech. Sprache und Kultur.

Bis zum Beginn der hellenist. Periode hatte sich das griech. Siedlungsgebiet bereits bis Emporion an der Ostküste Spaniens, bis Kyrene an der libyschen Küste Nordafrikas, bis Naukratis im Nildelta, bis Paphos an der Südküste Zyperns, bis Dioskurias in der Region von Kolchis an der Ostküste des Schwarzen Meeres und bis Tanais am Asowschen Meer ausgedehnt. Als Folge der Übersiedelung griech. Kolonisten in die neugegründeten Städte lebten bald mehr Griechen außerhalb Griechenlands als im Mutterland selbst. Wegen ihres Bevölkerungsreichtums wurden die griech. Kolonien in Sizilien und Süditalien Magna Graecia (Großgriechenland) genannt.

Die militär. Eroberungen Alexanders des Großen (356–323 v. Chr.) öffneten den Weg für griech. Einfluß nach Osten (bis nach Indien) und nach Süden (bis nach Nubien). Bevor Rom als polit. Macht in den Vordergrund trat, war Griech. in Europa, Asien und Afrika eine → Weltsprache: Es hatte die verschiedensten Funktionen in den Kolonien und in deren Hinterland. Es fungierte als Heimsprache für die Kolonisten, als Handelssprache im Kontakt griech. und nichtgriech. Kaufleute, als Bildungssprache der urbanen Elite, als Sprache der Diplomatie und als Staatssprache (wie im ptolemäischen Ägypten).

Das Schrifttum in altgriech. Sprache gehört zu den reichsten Traditionen der Antike, sowohl in Bezug auf seinen Umfang wie auf die Vielfalt seiner Gattungen: epische Dichtung und Dramen, Chroniken und naturwissenschaftl. Traktate, Kaufverträge und Staatsurkunden usw. Ebenso reich und thematisch verzweigt ist die mündl. überlieferte Literatur (insbesondere Mythen als wichtigstes Genre narrativer Literatur). Die orale und die schriftl. Tradition haben sich wechselseitig auf symbiot. Weise beeinflußt.

Das in Linear B aufgezeichnete Schrifttum in Myken.-Griech. ist von geringem literar. und kulturhistor. Interesse, da es sich bei den Texten entweder um Aufzeichnungen der myken. Palastbürokratie (in Form von Tontäfelchen) oder um Weihinschriften (auf Keramik gemalt) handelt. Neuere Ausgrabungen (Theben) haben allerdings Fragmente eines literar. Textes ans Licht gebracht, der vom Demeter-Mythos handelt. Während des sog. „dunklen Zeitalters" (11.–9. Jh. v. Chr.) wurde Griech. nur auf Zypern in kyprisch-syllab. Schrift geschrieben. Von diesem Schrifttum sind nur spärl. Zeugnisse erhalten. Als eigentl. Durchbruch und Neubeginn der literar. Tradition ist die Aufzeichnung episch-lyrischer Texte im 8. Jh. v. Chr. zu werten. Die „Ilias" ist wohl das Werk des legendären Dichters Homer, seine Autorenschaft an der „Odyssee" ist dagegen umstritten.

Seit den Anfängen der griech. Epik ist die literar. Tradition des Griech. nie mehr unterbrochen worden, sondern hat sich beständig verzweigt und geograph. immer mehr verbreitet. Während die epische Literatur ihre Wurzeln auf dem griech. Festland hat, stammen die frühesten philosoph. und wissenschaftl. Werke (des Anaxagoras von Clazomenae, des Heraklit von Ephesos) aus den Kulturzentren der ionischen Griechen in Kleinasien. In jener Region fand bereits seit myken. Zeit ein reger Kulturaustausch statt; hier trafen sich europ., kleinasiat. und mesopotam. Einflüsse.

Kleinasiat. Einflüsse waren auch maßgebend für die Öffnung des Griech. in eine vorher unbekannte Kulturdomäne, in die religiöse Welt des Monotheismus. Von Anbeginn wurde die religiöse Literatur einerseits von der christl., andererseits von der jüdischen Bildungselite verfaßt. Die ältesten Bibeltexte in einer europ. Sprache sind in Griech. aufgezeichnet, das binnen kurzem (neben dem älteren → Hebräischen) zu einer der heiligen Sprachen der Bibeltradition avancierte. Die christl.-religiöse Literatur war der Garant für die Kontinuität des altgriech. Schrifttums über die Spätantike hinaus und gleichzeitig eine Domäne, in der sich der Übergang vom Altgriech. zum Mittelgriech. sprachl. auskristallisiert.

Lit.: Dihle 1994, Schwyzer 1939–1971

Neugriechisch (Modern Greek, grec moderne). Neugriech. wird heute von 12 Mio. Menschen gesprochen. Die meisten (9,9 Mio.) sind in Griechenland beheimatet (entspr. 98,5 % der Landesbevölkerung). Die größte griech. Außengruppe ist die der Zyprioten (0,578 Mio.). Im Gebiet der ehemaligen Sowjetunion leben 0,358 Mio. ethnische Griechen, von denen nur etwa 0,13 Mio. Griech. sprechen: Georgien 0,1 Mio., Ukraine 98 000, Rußland 58 000. Andere zahlenmäßig bedeutende Außengruppen finden wir in Deutschland (0,314 Mio.), Polen (0,114 Mio.), Albanien (60 000), Schweden (50 000), Bulgarien (20 000).

Alte Außengruppen sind die griech. Siedlungen auf der Krim, die auf die Antike zurückgehen. Griech. Siedlungen in Abchasien (westl. Georgien, mit dem antiken Zentrum Dioskurias nahe dem heutigen Suchumi) sind zwar ebenfalls seit der Antike bezeugt, die heute dort lebenden Griechen (Vertriebene von der Schwarzmeerküste) kamen aber erst zwischen 1830 und 1920 ins Land. Über 1000 Griechen wurden im August 1993 nach Nordgriechenland evakuiert. Die griech. Enklaven an der Nordküste des Schwarzen Meeres (Mariupol/früher Ždanov; Doneck) entstanden im 18. Jh., die im nördl. Kaukasus (Krasnodar, Stavropol') im 19. Jh. Siedlungskontinuität der griech. Bevölkerung seit der Antike finden wir auch in Süditalien, wo heute noch rund 16 500 Menschen Griech. sprechen (entspr. 35 % der 46 860 ethnischen Griechen).

Etwa 0,7 Mio. Griechen leben in Übersee. Die größte Außengruppe stellen die Griechen in den USA (0,46 Mio.), in Kanada leben 0,104 Mio. griech. Auswanderer und deren Nachkommen, in Australien 0,106 Mio., in Südafrika 70 000.

Die dialektale Ausgliederung des neugriech. Sprachgebiets geht in ihren Anfängen bis in die Zeit der Koiné zurück. Die heutigen sieben Dialektzonen gliederten sich im Verlauf des 14. und 15. Jh. aus. Bis 1922 wurde noch die Gruppe der pontisch-kappadok. Dialekte unterschieden, die sich mit der Vertreibung der Griechen aus Kleinasien auflöste. Das an der Ostküste des Peloponnes gesprochene Tsakonische geht nicht auf die Koiné zurück, sondern basiert auf dem Lakonischen, einer altgriech. Variante.

Heutige Dialektzonen:
- Dialekt von Zypern
- Dialekte der südöstl. ägäischen Inseln (zwischen Rhodos, Karpathos und Chios)
- Dialekt von Kreta und den umliegenden Inseln
- Dialekte der nördl. ägäischen Inseln
- Dialekte von Thrakien, Makedonien und Thessalien
- Dialekte des südl. Festlandes (Epirus, Mittelgriechenland und Peloponnes), von Euböa und Ägina sowie der ionischen Inseln; die Varianten von Kyme auf Euböa, der Athener Altstadt, von Megara und Ägina heben sich deutlich ab
- Dialekte Unteritaliens (in der Terra d'Otranto und in Bova).

Während der römischen Herrschaft in den Balkanländern sind etwa 3000 → lateinische Lehnwörter ins Griech. übernommen worden. Von diesen Latinismen sind im Verlauf der mittelgriech. Periode viele außer Gebrauch gekommen. Lediglich 207 latein. Lehnwörter haben bis ins Neugriech. überlebt. Über den Lehnwortschatz gelangten auch latein. Formantien in das System der griech. Wortbildung (z.B. das Suffix *-aris* < latein. *-arius*). Slaw. Entlehnungen insbesondere südslaw. Prägung (→ Makedonisch, → Bulgarisch) wurden seit dem 9. Jh. adaptiert. → Italienischer Einfluß machte sich über das Venezian., die → Lingua franca der Levante, im Hochmittelalter geltend. Seit dem 14. Jh. wirkte das → Türkische auf das Griech. ein. Die türk.-griech. Sprachkontakte vertieften sich im Verlauf des 15. Jh. und dauerten bis in die ersten Jahrzehnte des 19. Jh. an. Wie das Latein. hat auch das Türk. dem Griech. Formantien vermittelt (z.B. *-es* wie in *kafés* ‚Kaffee‘). Seit dem 18. Jh. nimmt das Griech. auch Internationalismen westeurop. Prägung in Gestalt französ. und italien. Lehnwörter auf. Im Wortschatz der regionalen Mundarten finden sich Elemente aus lokalen Kontaktsprachen (z.B. aromun. Herkunft).

Seit Jahrhunderten gibt es den Unterschied zwischen der Hochsprache (*Katharevussa*) und der Volkssprache (*Dimotiki*), der sich auch in der Stilistik des Griech. spiegelt. Viele Ausdrücke des Alltagslebens treten als Synonymenpaar auf, je nachdem, ob sie hochsprachl. oder volkssprachl. verwendet werden. Z.B. entspricht hochsprachl. *oínos* ‚Wein‘ volkssprachl. *krasí*, *hydor* vs. *neró* ‚Wasser‘, *artos* vs. *psomí* ‚Brot‘, *oikía* vs. *spíti* ‚Haus‘ u. a. Seit die *Katharevussa* aus dem öffentl. Leben verdrängt worden ist, sind Ausdrücke der *Dimotiki* auch in den offiziellen Sprachgebrauch übernommen worden.

Die Entwicklung der neugriech. Volkssprache als Schriftmedium ist ein Teilaspekt des seit der Antike bestehenden Sprachdualismus von hochsprachl. und volkssprachl. Variante. Vom 8. Jh. v. Chr. bis ins 15. Jh. n. Chr. waren (teils nacheinander, teils gleichzeitig) vier verschiedene schriftsprachl. Varianten in Gebrauch: 1) Altgriech. in regionalen Varianten (8.–4. Jh. v. Chr.), 2) Gemeingriech. Schriftsprache der hellenist. Periode/*Koiné* (2. Hälfte 4. Jh. v. Chr.–4. Jh. n. Chr.), 3) Mittelgriech./Byzantin. (5. Jh. n. Chr.–1453), 4) Klassische attische Schriftsprache/*Katharevussa* (Mitte des 1. Jh. v. Chr. – Neuzeit).

Von diesen schriftsprachl. Varianten stützen sich die ersten drei jeweils auf die zeitgenöss. Form des Griech., wie sie sich im Lauf der natürl. Sprachentwicklung ausgeprägt hatte. Die seit Mitte des

1. Jh. v. Chr. neben der *Koiné* (und später neben dem Byzantin.) verwendete klassische attische Schriftsprache ist ein Kunstprodukt, die künstl. Wiederbelebung einer zur damaligen Zeit nicht mehr gesprochenen altgriech. Variante als Schriftmedium (Attizismus). Die Vertreter der Bildungsschicht lehnten die *Koiné* als vulgäre Sprachform ab. Sie war von der griech. Bürokratie seit den Zeiten Alexanders des Großen in der Verwaltung verwendet worden und fand auch als allgemeine Schriftsprache im griech.-hellenist. Kulturkreis weite Verwendung.

Die konservative attische Schriftsprache konnte die volkssprachl. Schriftmedien nicht verdrängen; sie hielt sich vielmehr als Hochsprache der Bildungselite neben diesen und überdauerte sie sogar. Als das Byzantin. in der zweiten Hälfte des 15. Jh. außer Gebrauch kam, war die attizist. Hochsprache bis zur Verschriftung der neugriech. Volkssprache der einzige Garant griech. Schrifttradition. Während der Zeit der Fanariotenherrschaft (1711–1821) weitete das Hochgriech. seinen Geltungsbereich als Verwaltungs- und Verkehrssprache bis nach Makedonien, Bulgarien, Rumänien und Bessarabien aus.

Die Anfänge eines Schrifttums in neugriech. Volkssprache gehen auf das 17. Jh. zurück und weisen in die ägäische Inselwelt. Auf Kreta, das bis 1669 in venezian. Besitz blieb, entstand nach venezian. klassizist. Vorbildern eine Theaterdichtung (Komödien, Tragödien, Drama) in der kretischen Variante des Griech., z. B. die Verstragödie „Erofili" von G. Chortatzis. Das bedeutendste Werk der kretischen Literatur jener Zeit ist aber erzählende Dichtung. In Anlehnung an den mittelalterl. occitan. Roman „Paris et Vienne" schrieb V. Kornaros um 1660 das 10 000 Verse umfassende Epos „Erotokritos", dessen Erzählstoff den literar. Trends der Renaissance angepaßt ist. Mit dem Beginn der türk. Herrschaft auf Kreta erlosch das literar. Schaffen.

Erst der Zeitgeist der Aufklärung in der zweiten Hälfte des 18. Jh. schuf beim griech. Bildungsbürgertum und bei den Vertretern der Aristokratie auf dem Festland die Voraussetzungen für die Idee einer nationalgriech. Literatur. Besondere Verbreitung fand das Gedankengut des in Paris lebenden Gelehrten A. Korais und von D. Katartzis, der in seinen Schriften für die Verwendung der Volkssprache als Literatursprache eintrat. Mit der Unabhängigkeit Griechenlands (1822) werden zwar die kulturpolit. Bedingungen für

eine Entfaltung der neugriech. Literatursprache verbessert, gleichzeitig aber deren Geltungsbereich durch die archaisierende, purist.
Hochsprache im eigenen Land eingeschränkt. Der in der Antike
entstandene Sprachdualismus wird als Polarität von *Katharevussa*
(Staats-, Bildungs-, Pressesprache) und *Dimotiki* (Umgangssprache,
volkstüml. Schriftsprache mit beschränkter Geltung) im Griechenland des 19. Jh. zum Politikum, dessen Brisanz Schriftsteller, Philologen und Politiker in zwei Lager trennt.

Obwohl der bedeutende Dichter D. Solomos (1798–1857) ausschließlich in *Dimotiki* schrieb, reichte seine Popularität nicht aus,
ihren Geltungsbereichs tatsächlich zu erweitern. Dazu kam es erst
nach der Veröffentlichung des Buches „To taxidi mu" (Meine Reise),
dessen Autor, der Sprachwissenschaftler und Schriftsteller J. Psicha-
ris (1854–1929), die Volkssprache als eigentliches Symbol nationaler
Identität favorisierte. Seit Ende des 19. Jh. fand die volkstüml. Literatur, und damit auch deren schriftsprachl. Ausdrucksform, größeren
Anklang. In den ersten Jahrzehnten des 20. Jh. bahnte sich ein
Gleichstellungsprozeß von *Katharevussa* und *Dimotiki* an, obwohl
die attizist. Hochsprache ihren Vorrang als Wissenschaftssprache
und ihr Monopol als Amtssprache noch lange beibehielt. Auch nach
dem Zweiten Weltkrieg dauerte die komplexe Diglossie weiter an.

Ähnlich wie bei den beiden → norwegischen Schriftvarianten
Bokmål und *Nynorsk* hielt man in Griechenland jahrzehntelang an
der Vorstellung fest, die beiden Varianten der griech. Schriftsprache
könnten sich irgendwann in Richtung auf eine Ausgleichsform ent-
wickeln. Allerdings ist man davon in den 70er Jahren endgültig ab-
gerückt. Durch das Sprachengesetz vom April 1976 wurde der
Schriftsprachengebrauch vereinheitlicht. Danach ist die *Dimotiki*
die alleinige Schriftnorm im öffentl. Leben.

Lit.: Browning 1983, Clairis 1983, Horrocks 1997, 1998, Kalitsunakis 1963, Mirambel 1959

H

Hausa (Hausa, haous[s]a). Hausa wird von mindestens 38 Mio. Menschen gesprochen; davon sind 22 Mio. Primärsprachler und 16 Mio. Zweitsprachler (oder Afrikaner, die es als Drittsprache erworben haben). Von allen Sprachen, die im subsaharan. Afrika verbreitet sind, ist Hausa die sprecherreichste, sowohl hinsichtl. der Gesamtsprecher- als auch der Primärsprachlerzahl.

Die meisten Hausa-Sprecher leben in Nigeria. Dies sind 18,5 Mio. Primärsprachler (etwa 30 % der Landesbevölkerung) und mehr als 10 Mio. Zweitsprachler. Erstere leben überwiegend in den nördl. Provinzen Sokoto, Kaduna, Katsina, Kano und Bauchi. 3,3 Mio. Hausa-Sprecher sind im Nachbarland Niger beheimatet. Größere Sprechergruppen leben außerdem im Sudan (0,42 Mio.), in Kamerun (23 500), in Togo (9600), im Kongo (Brazzaville; 4000).

Trotz seines Sprecherreichtums hat Hausa nirgendwo den offiziellen Status als Amtssprache. Es fungiert als Verkehrssprache (→ Lingua franca) der Händler in weiten Teilen Westafrikas. Dies bedingt in erster Linie die hohe Zahl an Zweit- und/oder Drittsprachlern. Hausa findet Verwendung in den Massenmedien (Presse, Radio, Fernsehen) und als Unterrichtssprache im Ausbildungswesen Nigerias.

Hausa gehört zur Familie der → afroasiatischen Sprachen und zum engeren Kreis der Tschad-Sprachen. Das Sprachgebiet des Hausa ist auffällig einheitlich, es gibt nur minimale dialektale Unterschiede. Hauptsächl. aufgrund phonet. Eigenheiten kann man eine östl. Dialektzone (mit dem Zentrum Kano) und eine westl. Dialektzone (mit dem Zentrum Sokoto) unterscheiden.

Hausa hat zahlreiche Lehnwörter aus afrikan. Kontaktsprachen übernommen. Aus histor. Zeit stammen Entlehnungen aus dem Mandingue; bis heute halten die Lehnbeziehungen des Hausa zum Tuareg, Songhai, Noupé, → Yoruba, Kanuri und zum Fulfulde an. Den mit Abstand stärksten Einfluß hat das → Arabische auf die lexikal. Strukturen des Hausa ausgeübt. Arabismen finden sich nicht nur in den Bereichen der religiösen und weltanschaul. Terminologie, sondern auch im Alltagswortschatz. Entlehnt wurden Substantive ebenso wie Verben (z. B. Hausa *hánkàlí:* ‚gesunder Menschenverstand', *là:bá:rì:* ‚Neuigkeit', *ló:kàcí:* ‚Zeitpunkt, Moment', *yá: tábbàtá:* ‚sich einer Sache sicher sein'). Im 20. Jh. hat sich der Einfluß der europ. Kolonialsprachen bemerkbar gemacht. Das → Englische hat auf das Hausa in Nigeria eingewirkt, das → Französische in Niger.

Wie in anderen Regionen mit muslim. Bevölkerung, so hat auch bei den Hausa das Klassisch-Arab. jahrhundertelang hochsprachl. Funktionen wahrgenommen. Als Schriftsprache blieb es lange ohne Konkurrenz, und die Volkssprache (Hausa) wurde nicht geschrieben. Erst in der zweiten Hälfte des 18. Jh. setzte eine Schrifttradition auch in Hausa ein. Bis ins 20. Jh. schrieb man mit dem arab. Alphabet, das heutzutage nur noch in Koranschulen und von einigen wenigen Schriftstellern für Versgedichte verwendet wird. Anfang des 20. Jh. setzte sich unter dem Einfluß der Kolonialbehörden eine Variante der Lateinschrift *(bó:kò:)* durch, mit dessen Zeichenrepertoire sich allerdings einige Besonderheiten des Lautsystems wie Tonhöhenunterschiede und Vokallängen nicht kennzeichnen lassen. Die moderne standardsprachl. Ausdrucksform des Hausa basiert auf dem östl. Dialekt der Region von Kano.

Lit.: Gouffé 1981, Kraft/Kirk-Greene 1973, Newman 1987

Hawaiianisch (Hawaiian, hawaiien). Hawaiian. wird von nicht mehr als 800 Menschen als Heimsprache gesprochen, von denen die meisten auf den Inseln Niihau und Kauai im Inselarchipel von Hawaii im Nordpazifik leben. Rund 500 Hawaiianer haben die Lokalsprache als Primärsprache erworben, die übrigen 300 benutzen es als Zweitsprache. Weitere 1000 Personen können Hawaiian. verstehen und auch sprechen, obwohl sie dazu selten Gelegenheit haben.

Die kleine Sprachgemeinschaft des Hawaiian. ist der verschwindende Rest der einheim. (polynes.) Bevölkerung von Hawaii, deren kulturelle Identität noch mit der Sprache ihrer Vorfahren verbunden ist. Fast 0,2 Mio. Hawaiianer haben sich ans → Englische assimiliert. Diese sprechen unter sich ein engl. Pidgin, das mit vielerlei Hawaiismen durchsetzt ist. Einige von diesen Elementen haben sich auch im Sprachgebrauch der eingewanderten weißen Bevölkerung etabliert (z. B. hawaiian.-engl. *mauka* ‚nach drinnen', *makai* ‚zum Meer hin').

Hawaiian. ist die nördlichste der polynes. Sprachen, ein Sprachzweig, der zur großen Familie der → austronesischen Sprachen gehört. Dem Hawaiian. stehen das Marquesische und das Mangareva verwandtschaftl. am nächsten. Die Inseln des Hawaii-Archipels wurden um 400 n. Chr. von Insulanern der Marquesas-Inseln besiedelt.

Wie andere polynes. Sprachen auch zeichnet sich das Hawaiian. durch sein stark reduziertes Lautsystem aus, in dem nur acht Konsonanten- und fünf Vokalqualitäten unterschieden werden. Der polynes. Basiswortschatz des Hawaiian. ist seit den ersten Kontakten mit Nichtpolynesiern beständig durch Entlehnungen erweitert worden. Die wichtigste Kontaktsprache ist zu allen Zeiten das Engl. gewesen.

Die erste Sammlung von hawaiian. Sprachmaterial (rund 250 Wörter) wurde im dritten Band von James Cooks Reisebeschreibung („A voyage to the Pacific Ocean", 1778) angelegt. In den 1820er Jahren arbeiteten Missionare ein Schriftsystem für das Hawaiian. aus, das sich auf das latein. Alphabet stützt und sich an der Orthographie des Engl. orientiert. Dieses Schriftsystem wird bis heute verwendet.

Lit.: Elbert/Pukui 1979

Hebräisch (Hebrew, hébreu). Zur Zeit der Aufzeichnung der Texte des Alten Testaments (8.–6. Jh. v. Chr.) war Hebr. die Muttersprache der meisten Juden. Bereits in vorröm. Zeit setzte jedoch ein Sprachwechsel zum → Aramäischen ein. Als gesprochene Sprache in Judäa hörte Hebr. im 2. Jh. n. Chr. auf zu existieren. Danach fungierte es nurmehr als Sprache der Heiligen Schrift, als priesterl. Kultsprache und als Bildungssprache der jüdischen Elite. Durch die Jahrhunderte hat das Hebr. seine Rolle als Sakralsprache (hebr. *leshon hakodesh* ‚heilige Sprache') beibehalten, und es ist das universale Symbol kultureller Identität für das Judentum in aller Welt.

Hebr. ist die einzige antike Bildungssprache, die nach einer langen Periode ihrer Nichtverwendung für die Alltagskommunikation in der Moderne revitalisiert worden ist und heute in Form des Neuhebr. (→ Ivrit) von mehr als viereinhalb Millionen Menschen gesprochen wird.

Hebr. ist eine nordwestsemit. Sprache; mit dem Hebr. am nächsten verwandt sind das Kanaanäische und Aramäische. Das → Semitische seinerseits ist einer der Sprachzweige der → afroasiatischen Sprachfamilie.

Das Hebr. teilt mit anderen semit. Sprachen zahlreiche Elemente des gemeinsemit. Erbwortschatzes. Hierzu gehören Ausdrücke aus den verschiedensten Lebensbereichen: Siedlungsmilieu und Lebensweisen in der Nomadengesellschaft (hebr. *naweh* ‚Weideland', *'ayin* ‚Quelle', *rkb* ‚reiten'), Witterung und natürl. Umgebung (hebr. *majim* ‚Wasser', *šemeš* ‚Sonne', *lajla* ‚Nacht'), die Vielfalt der Fauna und Flora im Nahen Osten (hebr. *namer* ‚Leopard', *'aqrab* ‚Skorpion', *kammon* ‚Kümmel'), soziale Beziehungen und Stammesgliederung (hebr. *goy* ‚Stammland', *bath* ‚Tochter', *ham* ‚Schwiegervater'), Autoritätsstrukturen (hebr. *ama* ‚Sklavin', *melekh* ‚König') u. a.

Der hebr. Wortschatz ist durchsetzt mit Hunderten von Kulturwörtern, die das → Akkadische und das Aramäische vermittelt haben. Die Kontakte zum Akkad. in seiner babylon. Variante gehen zurück auf die Periode vor dem sog. „babylonischen Exil" (hebr. *galut*, 598–539 v. Chr.). Während des Exils wurde in Babylon bereits überwiegend Aramäisch gesprochen. Diese Sprache hat langfristig auf das Hebr. eingewirkt. Etwa vierzig Kulturausdrücke, meist zentrale Begriffe des biblischen Kultlebens, hat das Hebr. aus dem → Ägyptischen entlehnt. Dazu gehören der Name des jüdischen Passafestes (hebr. *pesach*) und die Bezeichnung für das Chaos vor der Schöpfung (hebr. *tohu wa bohu* ‚Tohuwabohu, Durcheinander'; *wa* ist Konjunktion und bedeutet ‚und').

Die Sprache der archaischen poet. Texte (seit dem 12. Jh. v. Chr.) unterscheidet sich von der Standardsprache der biblischen Überlieferung. Diese wiederum ist altertümlicher als die Bibelsprache in der Zeit nach 500 v. Chr. Die im nördl. Königreich Israel verwendete Sprache unterschied sich dialektal vom Hebr. des südl. Königreichs Judäa.

Darüber daß es eine vorbiblische Literatur in Hebr. gegeben hat, informiert die Bibel (z. B. Numeri XXI, 14; Josua X, 13; 2. Samuel I, 18). Auszüge aus jenen mythischen Erzählungen in ihrem frühhebr. poetischen Stil sind in der Bibel wiedergegeben. Neben dem Alten Testament ist der Talmud das wichtigste Monumentalwerk der jüdischen Kultur. Lediglich der erste Teil, die zwischen 200 v. Chr. und 200 n. Chr. entstandene Mischna, ist in Hebr. verfaßt. Der andere Teil, die um 500 n. Chr. in Babylon entstandene Gemara, ist überwiegend auf Aramäisch geschrieben. Ein weiteres klassisches Werk des Judentums ist der Midrasch, ein Sammlung homilet. Literatur (Schriftauslegung), der in derselben Epoche entstanden ist wie der Talmud.

Das Hebr. der Mischna wurde während des gesamten Mittelalters für die Redaktion religiöser Literatur verwendet. Der Wortschatz dieser Sprachform wurde nach und nach von Lehnwörtern aus den wichtigen Kontaktsprachen der Juden bereichert, beispielsweise durch das Jüdisch-Arabische auf der Pyrenäenhalbinsel. Die rabbinische Schrifttradition im Nahen Osten verlor in der zweiten Hälfte des 1. Jt. unserer Zeitrechnung mehr und mehr an Bedeutung. Das jüdisch-hebr. Kulturschaffen verlagerte sich nach Südeuropa, in die Mittelmeerländer Italien und Spanien.

Seit dem 9. Jh. erlebte das Hebr. eine neue Blütezeit in den jüdischen Kulturzentren Süditaliens (v.a. in Palermo) und im maurischen Spanien (Sevilla, Córdoba, Granada in Andalusien). Die 500 Jahre Kulturschaffen der Juden (Sepharden) auf der Pyrenäenhalbinsel werden als das „goldene iberische Zeitalter" bezeichnet. Im 12. Jh. erweiterte sich der hebr. Kulturkreis durch die Emigration von Juden aus der Pyrenäenhalbinsel nach Südfrankreich (Provence). In jener Region entstand im Mittelalter auch eine neue Gattung von Literatur in Hebr., die Kabbalah, das religiös-philosoph. Schrifttum des jüdischen Mystizismus. Zur Zeit der Renaissance interessierten sich Literaten und Gelehrte v.a. in Italien für das kabbalist. Schrifttum, denn hier wurden Erläuterungen zu einem Themenkreis angeboten, zu dem die christl. Tradition nichts bereithielt: zur Beschaffenheit des Universums jenseits der sichtbaren Welt. Einer der nichtjüdischen Kabbalisten ist weltbekannt: Giordano Bruno (1548–1600), der wegen seiner Ansichten auf dem Scheiterhaufen endete.

Hebr. war nicht nur die Sprache der biblischen Überlieferung, sondern auch der zahlreichen Kommentare zu biblischen Themen, die den Midrasch beständig ergänzten, sowie der religiösen und weltl. Dichtung. Über die Verwendung des Hebr. als Wissenschaftssprache war man zerstritten. Das Bibelhebr. als Sakralsprache kam nicht in Frage, da sein Wortschatz keine wissenschaftl. Terminologie ausgebildet hatte. Das Mischna-Hebr. war als Literatursprache geeignet, nicht aber für wissenschaftl. Zwecke. Das vielsprachige Milieu im maurischen Spanien bot eine geeignete Alternative an: → Arabisch. Dieses Medium verwendeten auch die Juden für ihr wissenschaftl. Schrifttum. Arab. Terminologie wurde auch ins Hebr. übernommen, teilweise in Gestalt direkter Entlehnungen oder als Lehnübersetzungen.

Die jüdische Kulturentwicklung in Spanien wurde abrupt mit der Vertreibung der sephard. Juden im Jahre 1492 abgebrochen. Damals verarmten viele Regionen Spaniens kulturell und wirtschaftlich. Das Kulturschaffen der Sepharden verlagerte sich zwangsweise erneut, diesmal in die Balkanländer und nach Holland.

Hebr. war auch die Hochsprache der aschkenas. Juden in Osteuropa, deren Kulturschaffen im Verlauf des 18. und 19. Jh. seine Blüte erlebte. Zur Zeit der Säkularisierung der Juden in Mitteleuropa verstärkte sich das Image des Hebr. als Sakralsprache. Um die Isolation des sakralen Mediums vom alltägl. Sprachgebrauch der Juden abzumildern, bildeten sich zwei gegensätzl. Tendenzen im Kulturschaffen aus. Bei den Vertretern der Hebraisten (Maskilim) wurde Hebr. als Hochsprache gepflegt. Es entstanden Romane sowie zahlreiche Publikationen in Tageszeitungen und literar. Periodika. Als Gegengewicht gegen diese intellektuellen Aktivitäten schufen die orthodoxen Hassidim eine volkstüml. Literatur in Hebr.

Der Holocaust bewirkte den Zusammenbruch nicht nur der jiddischen, sondern auch der hebr. Kulturtradition in Europa. Die heutige Pflege des Hebr. als Kultursprache in europ. Zentren aschkenas. Juden wie Paris, London oder Oxford bleibt weit hinter der Dynamik während der Blütezeit des 19. Jh. zurück.

Lit.: Bergsträsser 1918–29, Ranke-Graves/Patai 1986, Wigoder 1989

Hethitisch (Hittite, hittite). Hethit. wurde im 2. Jt. v. Chr. in Anatolien gesprochen. Es war die Sprache der Mehrheitsbevölkerung im hethit. Königreich, das zwischen ca. 1600 und 1200 v. Chr. Bestand hatte. Dort waren mehrere Sprachen in Gebrauch: Hethit. in gesprochener und geschriebener Form, Luwisch als häufig verwendete und Palaisch als sporadisch verwendete Schriftsprache, Hattisch als Ritualsprache, Sumerisch als Bildungssprache.

Hethit. gehört zum Kreis der → indoeuropäischen Sprachen und bildet mit dem Luwischen, Palaischen, Lydischen und Lykischen den anatol. Sprachzweig. Luwisch ist die nächste Sprachverwandte des Hethit. Das inschriftl. aus der Zeit um 400 v. Chr. bekannte Lykische ist ein später Ableger des Luwischen. Zu den ältesten Bestandteilen des Hethit. gehören indoeurop. Erbwörter (z. B. hethit. *wa-a-tar* ‚Wasser‘, *si-i-us* ‚Gott‘, *at-ta-as* ‚Vater‘).

Zahlreich sind die Lehnwörter aus dem → Sumerischen, das als Bildungssprache verbreitet war. Diese Sprache hat dem Hethit. nicht nur Kulturwörter vermittelt, sondern auch Ausdrücke des Alltagswortschatzes (z. B. hethit. *sal* ‚Frau‘, *babbar* ‚weiß‘, *igi* ‚Auge‘). Über das Sumer. sind auch akkad. Elemente ins hethit. Lexikon gelangt wie z. B. *qabû* ‚sagen‘, *mannu* ‚wer (Fragepronomen)‘ und *sumu* ‚Name‘. Mehr als die Hälfte des hethit. Grundwortschatzes besteht aus sumer. und akkad. Lehnwörtern. Während der Spätzeit des hethit. Reichs wirkte auch das Hurritische auf das Hethit. ein, v. a. auf die religiöse und technische Terminologie.

Das Hethit. wurde fast tausend Jahre lang geschrieben. Die archäolog. Ausgrabungen in der Gegend von Boğazköy (Türkei), wo die ehemalige Hauptstadt des Hethiterreichs, Hattuša, entdeckt wurde, haben reichhaltige Archive mit einer Fülle von Schriftdenkmälern (Tontafeln) aufgedeckt. Andere wichtige Fundstätten liegen auch in Syrien. Die meisten hethit. Texte sind in einer Variante der babylon. Keilschrift aufgezeichnet worden.

Zur Schreibung des Hethit. war auch ein einheim. Schriftsystem in Gebrauch, die hethit. Hieroglyphenschrift, deren Zeichen zum einen als Wortzeichen, zum anderen als Determinative (Hinweis auf die Bedeutungsgruppe eines Wortes im Text) und außerdem mit silbischem Wert verwendet wurden. In dieser Schrift sind Siegeltexte und Zeremonialinschriften auf Stein (in Heiligtümern) verfaßt worden. Aus dem gesamten Zeitraum des hethit. Schrifttums sind mehr als 450 Einzelzeichen überliefert. Zur Schreibung eines Textes reichten zwischen 150 und 200 Zeichen aus. Die Hieroglyphenschrift war bis um 700 v. Chr. in Gebrauch. Auch das Luwische wurde in der einheim. Schriftart geschrieben (Bild-Luwisch).

Die Steininschriften in den Bergheiligtümern waren bereits seit Anfang des 19. Jh. bekannt, die Entzifferung gelang aber erst sehr viel später. Nach Jahrzehnten der Spekulation über mögl. Lesungen der Texte gelang es Friedrich Hrozný, Professor für semitische Sprachen an der Universität Wien, im Jahre 1915, die Sprache eindeutig als indoeurop. zu identifizieren.

Lit.: Friedrich 1960, Neumann 1992, Puhvel 1984–90

Hindi (Hindi, hindi). Die Sprachgemeinschaft des Hindi ist mit 418 Mio. Menschen nach denen des → Chinesischen und des → Englischen die zahlenmäßig drittstärkste der Welt. Mehr als die Hälfte, nämlich 56,5 % aller Sprecher (236 Mio.) sind keine Muttersprachler, sondern Inder, die Hindi als Zweisprache gelernt haben. 182

Mio. Menschen sprechen Hindi als Primärsprache (entspr. 43,5 % der Sprachgemeinschaft).

Hauptverbreitungsgebiet des Hindi ist das nördl. Indien. Hierzu gehört die Region von Delhi, außerdem die indischen Bundesstaaten Uttar Pradesh, Rajasthan, Punjab, Madhya Pradesh, Bihar und Himachal Pradesh. Hindi wird aber auch in etlichen, zahlenmäßig bedeutenden Außengruppen gesprochen: Südafrika (0,9 Mio.), Mauritius (0,68 Mio.), Bangladesch (0,35 Mio.), Jemen (0,23 Mio.), Uganda (0,15 Mio.), USA (27 000), Deutschland (24 000), Neuseeland (11 200), Großbritannien, Kenia, Vereinigte Arabische Emirate, Singapur, Nepal u. a.

Hindi ist die einzige Nationalsprache Indiens mit überregionaler Verbreitung. Zusammen mit dem Engl., dessen offizieller Status in Indien der einer Arbeitssprache der Administration ist, fungiert Hindi als landesweite Amtssprache. Status als regionale Amtssprache besitzt Hindi in folgenden Bundesstaaten: Bihar, Haryana, Himachal Pradesh, Madhya Pradesh, Rajasthan und Uttar Pradesh. In diesen Regionen fungiert Hindi auch als wichtigste Unterrichtssprache. Anders als noch zur Zeit der Erlangung der Souveränität des indischen Staates (1950) steht das Hindi heute nicht mehr im Schatten des Engl., sondern hat in den letzten Jahren als Nationalsprache eine Renaissance seiner praktischen wie auch symbol. Funktionen erlebt. Im Zuge des sich verstärkenden hinduist. Nationalismus spielt Hindi eine zentrale Rolle für die kulturelle Identitätsfindung der Hindu.

Hindi ist eine → indoeuropäische Sprache und die sprecherreichste des indo-arischen Sprachzweigs. Verwandtschaftl. am nächsten steht das → Urdu. In älteren Sprachklassifikationen werden beide als Dialekte dem Hindustani zugeordnet. In älteren Ethnostatistiken Indiens (so noch 1961) werden auch die Sprecher beider Varianten gemeinsam gezählt. Die Identifizierung des Hindi wie des Urdu als selbständige Sprachen ist heute allgemein akzeptiert und entspricht auch dem Selbstverständnis ihrer Sprecher.

Die Anfänge einer selbständigen Sprachentwicklung des Hindi liegen im frühen Mittelalter (8.–10. Jh.), als sich ausländ. Soldaten und Händler in der Anfangszeit der islam. Herrschaft in Nordindien der Sprache der Region von Delhi (*kharī bolī*) bedienten, um mit der lokalen Bevölkerung zu kommunizieren. Die damals entstandene Sprache von Händlern und Einheimischen entwickelte sich zum Hindi. *Hindi* ist eine adaptierte Form des Namens, den die Perser den Völkern und Sprachen Indiens gaben.

Der größte Teil des Wortschatzes im Hindi ist indo-arischer Herkunft. Hierzu gehören außer den Erbwörtern eine große Zahl von Entlehnungen aus dem → Sanskrit, das im Laufe der Jahrhunderte die meisten Kulturwörter vermittelte. Sanskritismen finden sich in allen Bereichen des Lexikons, und auch die Modernisierung des Hindi steht in Abhängigkeit zum Sanskrit als wichtigster Entlehnungsquelle. Die Sanskrit-Lehnwörter, die sich größtenteils dem Lautsystem des Hindi angepaßt haben und äußerlich kaum mehr als Fremdelemente erkennbar sind, erscheinen besonders häufig in der formellen Schriftvariante des Hindi, z.B. *cikitsa* ‚Medizin‘, *akar* ‚Form‘, *urja* ‚Energie; Kraftquelle (nicht im technischen Sinn)‘, *varga* ‚soziale Klasse‘ u.a.

Zwar ist die Zahl engl. Entlehnungen im Hindi relativ gering (nur wenige hundert), sie finden sich aber besonders im modernen Wortschatz (z.B. Hindi *rasid* ‚Beleg, Bescheinigung‘, *injin* ‚Maschine‘, *takniki* ‚Technik‘, *bench* ‚Bank‘, *disturb* ‚stören‘). Anglismen werden häufig gebraucht und treten auch in Zusammensetzungen mit Erbwörtern des Hindi oder mit Sanskritismen auf, z.B. *krsi-bank* ‚Agrarbank‘, aus *krsi* ‚Landwirtschaft‘ (< Sanskrit) + *bank* (< engl. *bank*); *miting karna* ‚ein Treffen vereinbaren‘, aus *miting* ‚Treffen‘ (< engl. *meeting*) + *karna* ‚vereinbaren‘).

Im Hindi gibt es eine Anzahl von Lehnwörtern aus dem → Arabischen und → Persischen, deren Zahl allerdings wesentlich kleiner als vergleichsweise im Urdu ist. Beispiele sind Hindi *hamla* ‚Angriff‘ (< arab.) oder *guzarna* ‚vergehen (von der Zeit)‘ (< pers.). Elemente aus diesen Sprachen finden sich v.a. im Wortschatz der Umgangssprache.

Hindi wird (ebenso wie Urdu) seit dem 12. Jh. als Schriftsprache verwendet. Während die Muslime sich mit ihrer Schrifttradition an den geistigen Strömungen im islam. Kulturkreis orientierten, waren für diejenigen, die Hindi als Schriftsprache verwendeten, immer die heiligen Sprachen des Hinduismus (Sanskrit, Pali) und deren Schrifttum als kulturelle Vorbilder maßgebend. Von Anbeginn wurde Hindi, ebenso wie Sanskrit, in Devanagari geschrieben, der am meisten verwendeten Schrift Indiens.

Die Schriftsprache des Hindi hat verschiedene Stilebenen ausgebildet: 1) einen formellen Stil, der in der Verwaltung, Gesetzgebung, in Philosophie und Religion verwendet wird und dessen Wortwahl stark vom Sanskrit beeinflußt ist, 2) einen populären, von pers. Fremdelementen geprägten Stil, der in den unteren Gerichtsinstanzen, in Filmen und in der Unterhaltungsbranche gepflegt wird, 3) einen Mischstil mit starker engl. Komponente (Hindish = Hindi + English) mit Verwendung im Journalismus, in der praktischen Verwaltung, in der höheren Schulausbildung und im Wissenschaftsbetrieb.

Lit.: Kachru 1980, McGregor 1994, 1997, Rai 1984

Hmong-Mien (32 Sprachen). Sprachen dieser Gruppierung, die auch Miao-Yao genannt wird, sind im südl. China, in Nordvietnam, in Laos und Thailand verbreitet. Die Sprachfamilie gliedert sich in zwei Hauptzweige aus, in die Hmong-Sprachen (Miao) und in die Mien-Sprachen (Yao). Die sprecherreichsten Sprachgemeinschaften sind die des westl. Hmong (Chuanqiandian Miao; etwa 2 Mio. Sprecher) und des östl. Hmong (Qiandong Miao; 1,4 Mio. Sprecher).

Hoka (27 Sprachen). Die Hoka-Sprachen sind im Südwesten der USA (Kalifornien, Arizona) und im westl. Mexiko (bis hinunter in das Gebiet des Bundesstaates Oaxaca) verbreitet. Kern dieser Sprachfamilie sind die Sprachen der Hoka-Gruppe im Nordwesten Kaliforniens. Die Hoka-Sprachen werden von jeweils nur wenigen hundert oder tausend Menschen gesprochen. Das Hochland-Tequistlatec (im südöstl. Oaxaca) mit rund 5000 Sprechern ist die zahlenstärkste Sprachgemeinschaft.

Huave. Varianten des Huave werden im mexikan. Bundesstaat Oaxaca gesprochen. Die größte Sprechergruppe ist die des Huave in San Mateo del Mar (12000).

I

Igbo (Igbo/Ijo/Ijaw, igbo). Igbo ist eine der drei sprecherreichen Sprachen Nigerias. Insgesamt 17 Mio. Menschen sprechen Igbo; dies sind 16,6 % der Landesbevölkerung. Hauptverbreitungsgebiet ist die Region des Nigerdeltas; Siedlungen der Igbo erstrecken sich über das Gebiet der Bundesstaaten Rivers und Ondo. Die strukturellen Unterschiede zwischen lokalen Varianten sind so erheblich, daß manche Forscher Igbo nicht als Einzelsprache, sondern als eine Gruppe nahverwandter Sprachen (Igboid) identifizieren.

Igbo stellt einen selbständigen Sprachzweig innerhalb der → Niger-Kongo-Sprachfamilie dar. In vielfacher Hinsicht weicht der Sprachbau des Igbo von dem anderer Niger-Kongo-Sprachen ab. Beispielsweise ist das für diese Sprachfamilie typische Klassensystem der Nomina im Igbo nicht erhalten; stattdessen hat sich ein Genussystem entwickelt, in dem das natürl. Geschlecht von Substantiven grammat. unterschieden wird. Das Sprachgebiet gliedert sich in zwei Hauptvarianten, in die Gruppe der Inlanddialekte (eigentliches Igbo sowie Biseni, Akita und Tugbeni) und in die Igbon-Gruppe, die ihrerseits westl., zentrale und östl. Dialekte unterscheidet.

Igbo wird seit dem 19. Jh. in Lateinschrift geschrieben. Das älteste Orthographiesystem stammt von den Missionaren S. A. Crowther und J. F. Schön. In den 1930er Jahren wurden die Grundlagen für die moderne Orthographie auf der Basis des „Afrika-Alphabets" geschaffen, die 1961 erneut reformiert wurde. Bis heute ist es nicht zur Ausbildung einer Standardvariante gekommen, die im gesamten Sprachgebiet anerkannt würde. Ansätze dazu finden sich aber in der Verwendung einer Ausgleichsform (einer Art Koiné), der Sprache der Igbo im städtischen Milieu, die immer mehr überregionale Popularität genießt.

In neuerer Zeit verbreitet sich Igbo auch als Zweitsprache, denn es gehört zu den bevorzugten Unterrichtsfächern, die als Pflichtsprachenfächer in der mittleren und höheren Unterrichtsstufe vorgeschrieben sind. Die Vorschrift besagt, daß jeder Nigerianer, der eine höhere Schulausbildung genießt, eine der überregionalen Landessprachen als Zweitsprache lernen muß. Es existiert eine ständig anwachsende Literatur in Igbo; die Sprache wird neben dem → Englischen und den anderen großen Sprachen (→ Hausa, → Yoruba) in den Massenmedien verwendet.

Lit.: Williamson/Emenanjo 1992

Indoeuropäische Sprachen (418 Sprachen). Der histor. Zusammenhang der indoeurop. Sprachen war in groben Umrissen bereits den Sprachenkundlern des 18. Jh. bekannt. Als zusammengehörig sind das → Lateinische, → Griechische, → Persische, Gotische, → Keltische und andere Sprachen dieser Familie bereits in den großen Sprachensammlungen von Lorenzo Hervás y Panduro (1784–87) und Peter Simon Pallas (1786–89) aufgeführt. 1786 publizierte William Jones seine Stellungnahme, wonach auch das → Sanskrit in diesen Sprachenkreis gehöre. Den eigentl. Durchbruch zu einem eigenen Forschungsfeld erlebte das Studium der indoeurop. Sprachen mit dem Werk „Über das Conjugationssystem der Sanskritsprache ..." (1816) von Franz Bopp.

Die Bezeichnung der Sprachfamilie als „indoeurop." schließt sich der international gebräuchl. Namengebung an, in der das Element „europ." integriert ist (vgl. engl. Indo-European, franz. indo-européen, ital. indoeuropeo, russ. indoevropejskij). Der Ausdruck „Indo-European" wurde zuerst von Thomas Young im Jahre 1813 verwendet. In der deutschen Terminologie des 19. Jh. nannte man diese Sprachen „indogermanisch". Diese Namengebung hat sich bis heute in bestimmten Zusammenhängen erhalten (vgl. Indogerman. Forschungen als Name einer Fachzeitschrift, Indogermanistik als Studienfach). Ursprüngl. war der Name als eine Art Klammerbezeichnung gedacht, womit auf die extrem weite Ausdehnung der Sprachen dieser Familie in Europa und Asien hingewiesen werden sollte. Konsequenterweise müßte der Name dann aber „indo-keltisch" sein, denn an der westl. Peripherie des Großareals sind kelt. Sprachen verbreitet.

Heute ist die größte Zahl von histor. Einzelsprachen im Iran, in Pakistan und im indischen Subkontinent verbreitet (über 300). Die große geograph. Ausdehnung des Verbreitungsgebiets indoeurop. Sprachen ist das Ergebnis prähistor. und histor. Migrationen von Indoeuropäern aus ihrer Urheimat in ihre späteren Habitate. Neuere Forschungen auf dem Gebiet der histor.-vergleichenden Sprachwissenschaft, der Kontaktlinguistik, der Archäologie und Humangenetik haben ältere Hypothesen bestätigt, wonach das ursprüngl. Wohngebiet der Indoeuropäer in der Region zwischen Schwarzem Meer, Kaspischem Meer, dem Flußtal der mittleren Wolga und ihrer Nebenflüsse zu suchen ist.

Von dort aus sind indoeurop. Stammesverbände bereits im 5. Jt. v. Chr. bis nach Südosteuropa gezogen. Im 4. Jt. v. Chr. wurde auch Mitteleuropa von ihnen besiedelt. Eine andere Migrationswelle war nach Zentralasien und ins iran. Hochland gerichtet. Von dort aus gelangten Indoarier in einer zweiten Migration in den Norden des indischen Subkontinents. Im ursprüngl. Siedlungsgebiet verblieben iran. Stämme, von denen einige wie Skythen und Sarmaten in den antiken Quellen erwähnt werden. Ein Teil der Skythen gab seine Lebensweise als Viehnomaden auf und wurde in den griech. Städten an der Nordküste des Schwarzen Meeres seßhaft.

Die Ausgliederung der indoeurop. Sprachen in regionale Gruppierungen mit einer unterschiedl. Anzahl von Einzelsprachen war ein langwieriger Prozeß, der im 3. Jt. v. Chr. begann und sich praktisch bis heute hinzieht. Wie sich die Ausgliederung der Sprachen, von denen viele heute ausgestorben sind (z. B. → Hethitisch, Illyrisch, Tocharisch), im einzelnen abgespielt hat, wird bis heute eifrig diskutiert. Ältere Vorstellungen von einem Stammbaummodell der indoeurop. Sprachen, wie es zuerst von August Schleicher (1863) entwickelt wurde, oder von einem Wellenmodell, wie von Johannes Schmidt (1872) in die Diskussion eingeführt, vermitteln ein unvollständiges Bild vom Prozeß der Ausdifferenzierung.

Raimo Anttilas (1972) Schema von elementaren Bündelungen gemeinsamer Lautentwicklungen (Isoglossen) in den indoeurop. Sprachen bietet mehr Details über lokale Besonderheiten. Heutzutage wird der Rolle von Kontakten zu nichtindoeurop. Sprachen, d. h. zu Sprachen, die von Indoeuropäern verdrängt oder assimiliert wurden, mehr Aufmerksamkeit geschenkt. Die Ausgliederung der Einzelsprachen steht sicherlich auch mit den kontaktlinguist. Gegebenheiten im Zusammenhang. Zu den größeren Komplexen, die ihr Profil im Prozeß der Ausgliederung verstärken, gehören das → Indo-Iranische, Altanatolische, Griech.-Thrakische, Tocharische, → Armenische, Balto-Slawische, → Germanische, → Keltische, Italische und Illyrische.

Die modernen Einzelsprachen gliedern sich in zehn Sprachgruppen (s. u.). Die Ausdifferenzierung der german. und kelt. Einzelsprachen geht auf das frühe Mittelalter zurück. Die → romanischen Sprachen gliedern sich um die Wende vom 1. zum 2. Jt. aus, und die slawischen Einzelsprachen bilden ihr Profil im Verlauf des Mittelalters aus. Dies gilt auch für die zahlreichen Sprachen der indischen Gruppe.

In der Neuzeit gliedern sich die zahlreichen → Kreolsprachen der Welt aus, von denen die meisten auf den Strukturen europ. Kolonialsprachen basieren. Das → Afrikaans entsteht als Ableger des → Niederländischen, das mit holländ. Siedlern im 18. Jh. nach Südafrika gelangte. Im letzten Jahrzehnt des 20. Jh. haben wir Europäer den kulturell-sprachl. Trennungssprozeß der Kroaten, Serben und Bosniaken erlebt.

Indoeurop. Sprachen werden heute in allen Teilen der Welt gesprochen. Die Ausbreitung über die histor. Siedlungsräume der Indoeuropäer in Europa und Asien hinaus nach Afrika, Amerika und Australien ist das Ergebnis der Kolonialgeschichte seit dem 16. Jh. Auch mit dem Übergang von der kolonialen zur post-kolonialen Ära sind die ehemaligen Kolonialsprachen in den meisten früheren Kolonialgebieten, den heute selbständigen Staaten der Dritten Welt, für die Administration und das Ausbildungswesen unverzichtbar. Dies bedeutet in der Praxis, daß entweder die ehemaligen Kolonialsprachen in amtl. Funktionen beibehalten werden (z. B. → Englisch in Nigeria, → Französisch im Senegal, → Portugiesisch in Angola), oder daß elementare sprachorientierte Institutionen der Kolonialzeit weiterleben (z. B. die über das Franzöös. vermittelte Lateinschrift zur Schreibung des → Vietnamesischen).

Allein die Zahl der Staaten, in denen ehemalige europ. Kolonialsprachen (Englisch, Französisch, → Spanisch, Portugiesisch, → Deutsch, → Russisch) als Amtssprachen fungieren, beläuft sich auf 122. Die Zahl der Staaten mit indoeurop. Amtssprachen erhöht sich weiter, wenn die Nationalsprachen der Völker einbezogen werden, die keine Kolonialmächte waren (z. B. → Hindi in Indien, → Pashto in Pakistan, → Lettisch in Lettland). In der modernen Staatenwelt sind nichtindoeurop. Amtssprachen die Ausnahme.

Acht der zwölf → Weltsprachen, die von jeweils mehr als 100 Mio. Menschen gesprochen werden, gehören zur indoeurop. Sprachfamilie (Engl., Hindi, Span., Russ., → Bengalisch, Portugies., Franzöös., Deutsch). Nur vier gehören zu anderen Sprachfamilien, und zwar → Chinesisch, → Japanisch, → Arabisch und → Indonesisch.

173

Gruppierungen (in Klammern die Zahl der lebenden Einzelsprachen):
- Germanisch (37): Westgerman. – Nordgerman.
- Italisch
- Romanisch (46): Westroman. (Galloroman., Iberoroman.) – Ostroman. – Sardisch
- Keltisch (7): Inselkelt. (Goidelisch, Brittonisch) – Festlandkelt.
- Griechisch
- Albanisch
- Slawisch (18): Ostslaw. – Westslaw. – Südslaw.
- Baltisch (2): Westbalt. – Ostbalt.
- Armenisch
- Indo-Iranisch (302): Indisch/Indo-Arisch (zentrales, östl., nördl., nordwestl., Nuristanisch, Singhalesisch-Maledivisch, südl.) – Iranisch (östl., westl.)

Lit.: Beekes 1995, Mallory/Adams 1997, Seuren 1998

Indo-Iranische Sprachen. Die indo-iran. Sprachen sind eine der Makrogruppierungen innerhalb der → indoeuropäischen Sprachfamilie. Fast drei Viertel aller indoeurop. Sprachen gehören zum Kreis der ind. und iran. Sprachen (302). Genauer betrachtet handelt es sich um zwei Sprachzweige (ind. bzw. indo-arisch und iran.), die sich verwandtschaftl. sehr nahe stehen. Ind. und iran. Sprachen werden heute von mehr als einem Sechstel der Weltbevölkerung gesprochen, und dieser Anteil wird sich in Zukunft wegen des überdurchschnittl. Geburtenüberschusses in vielen Sprachgemeinschaften noch erhöhen.

In den ältesten Zeugnissen des Indo-Iran. aus dem 2. Jt.v.Chr. sind etliche der grammat. Besonderheiten erhalten, die für das proto-indoeurop. Sprachstadium rekonstruiert worden sind. Dazu gehören die Unterscheidung von Sg., Pl. und Dual im Nominal- und Verbalsystem, eine differenzierte Nominalflexion mit maximal sieben Kasusendungen, im Verbalsystem die Differenzierung von vier temporalen Kategorien (Präsens, Imperfekt, Aorist, Perfekt), drei formal unterschiedenen Modi (Indikativ, Konjunktiv, Optativ) sowie von Aktiv und Mediopassiv. Im Laufe ihrer Entwicklung haben die meisten ind. und iran. Sprachen diese älteren Differenzierungen aufgegeben, und an deren Stelle haben sich neue Sprachtechniken durchgesetzt.

Die Schrifttradition der indo-iran. Sprachen gehört nicht nur zu den ältesten der Welt, sie zeichnet sich auch durch die Vielzahl ihrer Schriftarten aus. Das → Persische ist im Laufe seiner Geschichte in

Keilschrift, Pehlevi und in arab. Schrift geschrieben worden. Von der ind. Brahmi-Schrift, selbst eine Adaption der aramäischen Schrift, sind Dutzende von lokalen Schriftsystemen abgeleitet worden, mit denen nicht nur ind. Sprachen, sondern auch → dravidische und andere nichtindoeurop. Sprachen (z. B. → Burmesisch, → Khmer, → Thai) geschrieben werden. Nach dem latein. Alphabet ist die ind. Brahmi-Schrift die zweitproduktivste Schriftart der Welt.

Ungefähr die Hälfte aller indoeurop. Sprachen sind solche des ind. Sprachzweigs (219). In der engl. Terminologie werden die Sprachen „Indic" oder „Indo-Aryan" genannt. Die Komponente „Aryan" weist auf den Namen der arischen Bevölkerung, die um die Mitte des 2. Jt. v. Chr. nach Nordindien eingewandert ist. Die vedischen Texte, die im „Rigveda" überliefert sind, gehören zu den ältesten Schriftzeugnissen des Indoeurop. → Sanskrit ist die älteste der ind. Schriftsprachen. Als heilige Sprache des Hinduismus und als Bildungssprache ist es in Indien bis heute vital. Außerhalb Indiens ist Sanskrit auch die Bildungssprache der Buddhisten. In dieser Funktion noch wichtiger ist das seit dem Mittelalter gebräuchliche Pali, das als liturg. Sprache des Hinayana-Buddhismus in Sri Lanka und in Südostasien bewahrt worden ist. Die Entwicklung der ind. Sprachen geht vom alten Sprachstadium (repräsentiert durch das Sanskrit) aus, setzt sich fort in den Prakrit-Sprachen der mittelind. Periode und produziert vom Mittelalter bis in die Neuzeit die Vielfalt der modernen ind. Sprachen.

Zu den ind. Sprachen gehören etliche mit großer Sprecherzahl. → Hindi wird von mehr als 400 Mio. Menschen als Primär- oder Zweitsprache gesprochen. Fast 200 Mio. Menschen sprechen → Bengalisch, entweder als Primär- oder als Zweitsprache. Die Zahl der Sprecher des Marathi beläuft sich auf rund 65 Mio. → Urdu ist Muttersprache für mehr als 50 Mio. Inder., das westl. Panjabi und Gujarati für jeweils etwa 45 Mio. Oriya wird von 31 Mio. Indern gesprochen, das östl. Panjabi von etwa 25 Mio. Nepali ist die Muttersprache von rund 16 Mio. Nepalesen. Geograph. isoliert von den ind. Sprachen im Norden des ind. Subkontinents ist das → Singhalesische, das von rund 13,5 Mio. Menschen (hauptsächl. in Sri Lanka) gesprochen wird. Zu den ind. Sprachgemeinschaften gehören auch Dutzende von kleinen Ethnien. Eine der Kleinsprachen ist das Veddah in Sri Lanka, das sich noch bei 300 Sprechern als Muttersprache erhalten hat.

Auch der iran. Sprachzweig des Indoeurop. gliedert sich in zahlreiche Einzelsprachen aus (insgesamt 83). Eigenheiten des Iran. sind bereits in der Lautgestalt einiger Lehnwörter zu erkennen, die in einem → hethitischen Text aus der Mitte des 2. Jt. v. Chr. überliefert sind. Zu jener Zeit lebten die iran. Stämme noch nördl. des iran. Plateaus, wohin sie erst später migrierten. Die Schrifttradition des Iran. geht auf das 6. Jh. v. Chr. zurück. Damals entstanden die zoroastrischen Texte des „Avesta" und die altpers. Königsinschriften des Achämenidenherrschers Dareios (reg. 521–486 v. Chr.).

Sprecherreiche iran. Sprachen sind das Pers. (westl. Farsi und östl. Farsi/Dari mit zusammen 33 Mio. Sprechern), das östl. → Pashto in Pakistan (9,5 Mio.), das westl. Pashto in Afghanistan (8 Mio.), → Kurdisch im Mittleren Osten (14 Mio. Muttersprachler von ca. 18 Mio. ethnischen Kurden), Baluchi (alle Varianten mit rund 5 Mio. Sprechern) und Tadschikisch (rund 4,5 Mio.) in Zentralasien. Iran. sprachen auch einige Völker der Antike, über die griech. Autoren berichtet haben. Dazu gehörten die Skythen, die vom 8. bis 3. Jh. v. Chr. die Steppenregion nördlich des Schwarzen Meeres beherrschten, und die mit den Skythen eng verwandten Sarmaten. Das im nördl. Kaukasus verbreitete → Ossetisch ist ein Fortsetzer des Skythischen.

Gruppierungen:
- Indisch: zentral (Gujarati, Hindi, östl. Panjabi, → Romani, Urdu u. a.) – östl. (Bengalisch, Bihari, Maithili, Oriya u. a.) – nördl. (Nepali, Dogri-Kangri u. a.) – nordwestl. (Kashmiri, Lahnda, Sindhi u. a.) – nuristanisch (Ashkun, Prasuni u. a.) – singhalesisch-maledivisch (Malediv., Singhales., Veddah) – südl. (Konkani, Marathi u. a.)
- Iranisch: östl. (Ossetisch, Jagnobisch, Pamir-Sprachen, östl. und westl. Pashto u. a.) – westl. (Baluchi, Kurdisch, Persisch u. a.)

Lit.: Cardona 1987, Payne 1987, Rastorgueva et al. 1979–88, Schmitt 1989, Turner 1966–69

Indonesisch (Indonesian, indonésien). Indones. (*Bahasa Indonesia*) wird von insgesamt 162 Mio. Menschen gesprochen; davon sind 21 Mio. Primärsprachler und 141 Mio. Sprecher anderer Muttersprachen, die Indones. entweder als Zweitsprache erworben haben oder in gewissem Umfang indones. Sprachkenntnisse besitzen, um sich verständigen zu können. Die meisten indones. Primärsprachler leben auf Java; die Zweitsprachler sind über die gesamte Inselwelt Indonesiens verteilt. Sprecher des Indones. leben auch außerhalb

Indonesiens: in Saudi-Arabien (37 000), in Singapur (8000), auch in den Niederlanden (10 000), in den USA (2500) u. a.

Bereits 1928 war die *Bahasa Indonesia* vom Jugendkongreß der malaiischen Nationalisten zum Symbol der Einigkeit des Landes erklärt worden. Anläßlich der Unabhängigkeitserklärung der Republik im Jahre 1945 wurde Indones. offiziell als Nationalsprache anerkannt, seither ist es die Staatssprache Indonesiens. Seine prominente Rolle verdankt das Indones. seiner histor. Funktion als → Lingua franca in der Inselwelt Südostasiens. Als Verkehrssprache im maritimen Handel fungierte Indones. spätestens seit dem 16. Jh. Die holländ. Ostindienkompagnie verwendete Indones. im Kontakt mit den lokalen Verwaltungsbeamten. Diese Gewohnheit behielten auch die niederländ. Kolonialbehörden bei.

Das Indones. ist eine Variante des → Malaiischen; verwandtschaftl. am nächsten steht das Malaiische Malaysias (→ Malaysisch). Das Malaiische gehört zur → austronesischen Sprachfamilie und wird als eine der Sprachen des westl. malaiisch-polynes. Sprachzweigs klassifiziert. Das Standardindones. orientiert sich am Stadtdialekt von Jakarta (Omong Jakarta).

Der indones. Wortschatz setzt sich aus Elementen unterschiedl. Alters und verschiedener Herkunft zusammen. Zu den ältesten Ausdrücken gehören austrones. Erbwörter und deren Ableitungen wie *anak* ‚Kind‘, *beranak* ‚Kinder haben‘, *keanak-anakan* ‚kindlich, wie ein Kind‘. Im Laufe seiner Geschichte hat das Indones. (wie andere Varianten des Malaiischen auch) zahlreiche Wörter aus Kontaktsprachen entlehnt. Histor. Kontaktsprachen des Indones. sind das → Sanskrit, → Arabische und → Chinesische. Seit dem 16. Jh. wirken europ. Sprachen auf das Indones. ein, zunächst das → Portugiesische, dann das → Niederländische und → Englische, das bis heute wirksam ist.

Indones. *kepala* ‚Kopf‘ und *saudari* ‚Schwester‘ stammen aus dem Sanskrit ; *mesjid* ‚Moschee‘ und *faal* ‚Funktion‘ sind arab. Herkunft; *kemeja* ‚Hemd‘ ist aus dem Portugies. entlehnt, ebenso *minggu* ‚Woche‘ (mit Bedeutungsverschiebung aus portugies. *domingo* ‚Sonntag‘); *kopi* ‚Kaffee‘ und *mikropon* ‚Mikrophon‘ kommen aus dem Niederländ. Engl. Herkunft sind *konperensi* ‚Konferenz‘, *koperasi* ‚Kooperation‘, *pers* ‚Presse‘, *truk* ‚Lastwagen‘ und viele andere. Von den einheim. Sprachen Indonesiens wirkt das Javan. auf das Indones. ein. Indones. *jenggot* ‚Bart‘ (< javan. *jeng-*

got ,Kinn') verdrängt allmählich das ältere malaiische Synonym *janggut*.

Die Schrifttradition des Indones. (im engeren Sinn) beginnt zu einer Zeit, als im 19. Jh. über die Einführung der Lateinschrift zur Schreibung des Malaiischen diskutiert wurde. Vom Beginn des 20. Jh. bis heute hat die latein. Orthographie des Indones. vier Reformen erlebt. Dank ihrer staatl. Förderung hat sich die indones. Standardsprache auf amtl. Ebene, im Unterrichtswesen, in den Massenmedien sowie in der modernen Literatur durchgesetzt. In einigen Regionen Indonesiens fungiert sie als hochsprachl. Komponente in einer literar. Diglossie, deren andere Komponente jeweils eine lokale Sprache mit volkstüml. Schrifttradition ist.

Lit.: Blust 1987, Labrousse 1983, Lombard 1976

Irisch (Irish, irlandais). Die meisten Iren, die Ir. sprechen, haben diese Sprache nicht als ihre Muttersprache, sondern als Zweitsprache erworben; sie sind alle zweisprachig mit → Englisch als Primärsprache. Der Census von 1991 ermittelte für die Republik Irland (Eire) 1,095 Mio. Personen (entspr. 32,5 % der Landesbevölkerung), die ir. Sprachkenntnisse besitzen. In den traditionellen ir.-sprachigen Gemeinden der Gaeltacht areas leben 56 500 Primärsprachler des Ir. Im nördl., zu Großbritannien gehörenden Teil Irlands (Northern Island), gaben 1991 insgesamt 0,142 Mio. der Provinzbevölkerung an, ir. Sprachkenntnisse zu besitzen. Von diesen konnten 79 000 Ir. sprechen, lesen und auch schreiben. In Nordirland gibt es keine Gaeltacht-Zone, d. h. keine Region mit zahlenmäßig bedeutenden ir.-sprachigen Bevölkerungsgruppen. Die Sprecher des Ir. leben in Nordirland verstreut an verschiedenen Orten, ebenso wie die große Mehrheit der Ir.-Sprachigen in der Republik.

In Art. 8.1 der ir. Verfassung aus dem Jahre 1937 ist festgelegt, daß Ir. Nationalsprache ist und als erste Amtssprache der zweisprachigen Republik fungiert. In der Praxis bedeutet dies, daß alle öffentl. Schriftdokumente zuerst in Ir. ausgefertigt werden und danach ins Engl. übertragen werden. Hinsichtl. der Rezeption des amtl. Schriftverkehrs verhält es sich genau umgekehrt. Die große Mehrheit der Bevölkerung hält sich an die engl. Textversion.

Aufgrund eines besonderen Abkommens der Republik Irland mit der Europ. Gemeinschaft im Jahre 1973 besitzt das Ir. keinen Status als Amtssprache in Brüssel oder Straßburg. In EU-Amtsgeschäften verwenden die Vertreter Irlands die zweite Landessprache, Englisch. Am Europ. Gerichtshof in Luxemburg aber ist Ir. als Schriftsprache zugelassen. Dies bedeutet konkret, daß für Fälle, die in ir. Sprache eingereicht werden, auch ein schriftl. Urteil in Ir. erstellt wird, selbst wenn das Französische interne Arbeitssprache des Gerichtshofes ist.

Ir. (*Gaeilge*) ist eine inselkelt. Sprache und der Hauptvertreter der goidel. Untergruppe. Typisch ir. Eigenheiten im Lautsystem und im grammat. Bau treten bereits in den frühesten Dokumenten, den Ogham-Inschriften des 5. Jh. auf. Es gibt heute keine geschlossenen Dialektzonen des Ir. mehr; in histor. Zeit erstreckte sich das Sprachgebiet über die ganze Insel. Nach der Lokalisierung der Sprechergruppen in den Gaeltacht areas werden drei Hauptregionen unterschieden: 1) Munster im Südwesten mit zahlreichen Streusiedlungen, 2) Connacht im Westen (hauptsächl. in Gemeinden der Counties Galway und Mayo), 3) Ulster im Nordwesten (County Donegal).

Wie auf die → keltischen Sprachen der britann. Gruppe (vgl. → Bretonisch, → Kymrisch), so hat das → Lateinische auch auf den ir. Wortschatz nachhaltig eingewirkt. Die älteste Schicht latein. Lehnwörter stammt aus dem 5. und 6. Jh., der Zeit der Christianisierung Irlands von Britannien aus. Mit der christl. Terminologie (z. B. altir. *baislec* ‚Kirche‘ < *basilica*, ir. *eclais* ‚Kirche als Institution; Kirchengebäude‘ < *ecclesia*) wurden auch zahlreiche Ausdrücke des Alltagslebens und der sozialen Beziehungen übernommen, u. a. auch Zeitbestimmungen (z. B. ir. *Sathairn* ‚Samstag‘ < *Dies Saturni*, *Feabhra* ‚Februar‘ < *Februarius*). Die Lehnbeziehungen zwischen dem Ir. und skandinav. Sprachen dauerten vom 9. bis 12. Jh. an. Das Ir. hat auch einige anglonormann. Lehnwörter übernommen.

Den weitaus größten Anteil am Lehnwortschatz des Ir. machen engl. Elemente aus, die im Verlauf der vergangenen drei Jahrhunderte ihren Weg ins Ir. gefunden haben. Außer Substantiven hat das Ir. auch zahlreiche Verben entlehnt, die an ihrer typischen Endung *-áil* erkennbar sind (z. B. ir. *fórsáil* ‚zwingen‘, *pacáil* ‚packen‘, *sórtáil* ‚sortieren, auswählen‘). In der Moderne sind dem Ir. viele Internationalismen latein.-griech. Prägung über das Engl. vermittelt worden (z. B. *geirm* ‚Keim‘, *hormón* ‚Hormon‘, *peinicillin* ‚Penizillin‘).

Seit über hundert Jahren haben sich Vertreter der ir. Sprachpflege bemüht, die Flut der Anglismen einzudämmen und Neologismen auf der Basis einheim. kelt. Sprachmaterials und eingebürgerter Ableitungsformantien zu propagieren. Dabei hat man sich auch an die Vorbilder latein. Entlehnungen und Wortbildung gehalten (z. B. ir. *reifreann* ,Referendum' nach ir. *aifreann* ,Opfer' < lat. *offerendum*).

Das Ir. ist im Lauf seiner Sprachgeschichte in zwei Schriftsystemen geschrieben worden, zunächst in der einheim. Ogham-Schrift und später in Lateinschrift. Die Ogham-Schrift funktioniert nach dem alphabet. Prinzip und unterscheidet zwischen Vokal- und Konsonantzeichen. Die ältesten Inschriften stammen aus der vorchristl. Periode (4. Jh.); es handelt sich dabei hauptsächl. um Namen und stereotype Formeln auf Grab- und Gedenksteinen. Ogham-Inschriften sind in größerer Zahl (ca. 300) im östl. und südl. Irland gefunden worden. Die Christianisierung Irlands im 5. Jh. hat die Schrifttradition in Ogham nicht unterbrochen. Lange Zeit rivalisierte die Ogham-Schrift mit dem latein. Alphabet und das Ir. mit dem Latein. Es entstanden auch ir. Inschriften in zwei Schriftsystemen. Um 650 kam die einheim. Schrift außer Gebrauch; bis weit ins Mittelalter hinein hielt sich aber eine passive Kenntnis der Ogham-Tradition. Die ältesten, latein. geschriebenen Textfragmente in altir. Sprache, die erhalten sind (Annotationen zu den Paulus-Briefen im Codex Wirziburgensis), stammen aus der Zeit um 700. Erst nach der Einführung der Latenschrift wurden die altir. Rechtscodices aufgezeichnet; diese Texte durften nicht in Ogham geschrieben werden und wurden die längste Zeit mündlich tradiert. Im 8. und 9. Jh. entwickelte sich das ir. Schrifttum in verschiedenen Bereichen; es entstanden religiöse Lyrik, Sagendichtung in mehreren Zyklen sowie ab der 2. Hälfte des 10. Jh. Lehrgedichte.

Während das literar. Schaffen bis in die Neuzeit Privileg des Literatenstandes und des Klerus war (ir. *aes dána* ,Stand der Künstler und Gelehrten'), wurde die Schrifttradition seit dem 18. Jh. von Vertretern der verschiedensten Bevölkerungsschichten weitergeführt. Dieser Wandel steht im Zusammenhang mit der Diskriminierung des ir. Schrifttums und der ir. Gelehrsamkeit durch die engl. Herrscher im 17. Jh. Bis zur soziokulturellen Aufwertung des Ir. gegen Ende des 19. Jh. war das Schrifttum in Ir. lokal begrenzt.

In der Sprachgeschichte des Ir. werden folgende Perioden unterschieden: Archaisches Ir. (5. Jh.–Anfang 8. Jh.), Altir. (Mitte 8. Jh.–Mitte 10. Jh.), Mittelir. (2. Hälfte 10. Jh.–13. Jh.), Klassisches Neuir. (13. Jh.–17. Jh.), Neuir. (seit dem 17. Jh.).

Lit.: Ford/Williams 1992, Haarmann 1997a, O Dochartaigh 1992

Irokesisch (engl. Iroquoian). Irokes. ist die Sammelbezeichnung für eine Gruppe verwandter Sprachen, die im Nordosten der USA verbreitet sind (bzw. waren). Die meisten irokes. Sprachen gehören zum nördl. Sprachzweig. Der südl. Zweig hat nur einen einzigen Vertreter, das Cherokesische.

Einige der Indianerstämme, die irokes. Sprachen sprechen (bzw. sprachen), sind durch ihre Erwähnung in Reiseberichten (z. B. Pehr Kalm 1753–61) oder in der von Europäern geschriebenen Unterhaltungsliteratur (z. B. James Fenimore Cooper, Karl May) bekannt geworden, wie die Mohikaner (Mohawk), die Huronen, die Cherokesen oder die Seneca.

Die irokes. Stämme sind in die Geschichtsschreibung Nordamerikas eingegangen, denn sie waren die einzigen, die ein staatsähnl. Gebilde aufgebaut hatten. Als die Europäer in Kontakt mit den Irokesen traten, gab es bereits eine Konföderation der fünf Nationen, wozu die Mohikaner, Oneida, Onondaga, Cayuga und Seneca gehörten. Im Jahre 1722 schlossen sich auch die Tuscarora dem Bund an. Seither wurde dieser Zusammenschluß von den Engländern und US-Amerikanern die Six Indian Nations bzw. die Six Nations Confederacy genannt. Die indian. Eigenbezeichnung dieses Bundes ist *Haudenosaunee* ,Leute des Langhauses'. Die Konföderation hatte bis ins 20. Jh. Bestand.

Lit.: Mithun 1992, Mohawk 1996

Isländisch (Icelandic, islandais). Isländ. wird von 0,28 Mio. Menschen gesprochen; davon leben 0,265 Mio. in Island. Von den isländ. Auswanderern nach Amerika und ihren Nachkommen (28 000 in Kanada, 9800 in den USA) sprechen nur noch wenige ihre Muttersprache.

Isländ. gehört zur westnord. Gruppe der nordgerman. Sprachen. Sprachverwandtschaftl. am nächsten stehen dem Isländ. das → Färingische (auf den Färöer-Inseln) und die südwestnorweg. Mundarten. Das isländ. Sprachgebiet ist ziemlich einheitlich ohne ausgeprägte Dialektzonen. Allerdings sind in den Regionen Islands einige Variationen im Lautsystem und im Wortschatz festzustellen. Der ,Kater' heißt z. B. im Norden Islands *högni*, im Westen *steggur* und im Süden und Osten *fress*.

Von allen skandinav. Sprachen hat das Isländ. seinen german. Erbwortschatz vergleichsweise am besten bewahrt. Im Zuge der

Christianisierung (um 1000 n. Chr.) wurde der Wortschatz des Altisländ. modernisiert, und es gelangten zahlreiche Lehnwörter der latein. und griech. geprägten religiösen Terminologie ins Isländ. Die meisten Entlehnungen des Mittelalters sind solche aus dem Altengl. und Mittelniederdeutschen (z. B. *kirkja* ,Kirche', *skóli* ,Schule', *skrifa* ,schreiben'). Ebenfalls aus dem Mittelalter stammen Ausdrücke der westeurop. Tradition der Ritterromane, und zwar aus mittelniederdeutscher Quelle (z. B. *riddari* ,Ritter').

Der niederdeutsche Einfluß setzte sich bis ins 16. Jh. fort und wurde seit der Reformationszeit abgelöst vom → Dänischen und Hochdeutschen als Entlehnungsquellen. Dänische Lehnwörter im Isländ., die bis heute verwendet werden, sind z. B. *sykur* ,Zucker', *kanske* ,vielleicht' und *bíll* ,Auto'. Seit der Mitte des 18. Jh. machte sich in Island ein starker purist. Trend bemerkbar, der sich einerseits als Gegengewicht gegen den Zustrom dän. Lehnwörter auswirkte, dem andererseits die Funktion eines sprachpfleger. Regulativs zukam. Neologismen jener Periode sind bis heute gebräuchlich (z. B. *gróðurhús* ,Gewächshaus'). Seit dem 19. Jh. haben sich Literaten um lexikal. Neuschöpfungen bemüht. Für die meisten technischen Erfindungen der Moderne haben sich im Isländ. einheim. Ausdrücke eingebürgert (z. B. *sími* ,Telefon', eigentl. ,Drahtsaite'; *tölva* ,Computer', abgeleitet von *tala* ,Zahl').

Zwar sind die ältesten isländ. Überlieferungen themat. bewahrt (in Form von Hinweisen auf die Skalden-Dichtung in den Sagas und in der Edda-Dichtung), die ältesten erhaltenen Manuskripte stammen aber erst aus dem 12. und 13. Jh. Alte Runeninschriften sind ebenfalls nicht erhalten (erst ab dem 12. Jh.). In den ältesten isländ. Manuskripten finden sich ein Kircheninventar, ein Fragment der altisländ. Gesetzessammlung (,,Grágás") und ein Text über Kalenderberechnungen. Das erste gedruckte Buch in isländ. Sprache ist die Übersetzung des Neuen Testaments (1540). Die ganze Bibel in Isländ. erschien 1584.

Das mit der Christianisierung eingeführte latein. Alphabet wurde um einige Runenzeichen erweitert, um spezif. isländ. Laute in der Schreibung wiederzugeben. Hierzu gehören die aus dem altengl. Futhark stammenden Zeichen <þ> und <ð>. Seit jeher hat sich der Schriftgebrauch in Island an die Normen der altisländ. Literatursprache gehalten. Es hat in der Geschichte des isländ. Schrifttums keinen Wechsel standardsprachl. Normen gegeben wie in allen anderen Sprachgemeinschaften Skandinaviens. Im Jahre 1929 erlebte das moderne Isländ. eine Orthographiereform, die 1974 ergänzt wurde. Das isländ. Sprachkomitee (Islensk málnefnd) wurde 1965 gegründet. Seine Aufgabe ist die Schaffung von Neologismen und die Kontrolle der lexikal. Entwicklung des Isländ. Das Komitee ist außerdem in beratender Funktion für staatl. Institutionen und die Öffentlichkeit in Sachen Sprachgebrauch tätig.

Die Geschichte der isländ. Schriftsprache wird in zwei Periode eingeteilt: Altisländ. (Anfang 12. bis Mitte 16. Jh.), Neuisländ. (seit Mitte 16. Jh.).

Lit.: Jónsson 1966, Kress 1982, McTurk 1998, Thráinsson 1994

Isolierte Sprachen. Es gibt auf der Welt mehr als zweihundert Sprachen, die genealog. isoliert sind, davon etwa neunzig allein in Südamerika. Bei ihren Sprechergruppen handelt es sich um Siedlungsenklaven inmitten einer Mehrheitsbevölkerung, deren Sprachen nicht mit denen der Umgebung und auch mit keiner anderen Sprache in keiner anderen Region der Erde verwandt sind (z. B. → Baskisch). Zu den isolierten Sprachen werden hier auch solche gezählt, deren verwandtschaftl. Beziehungen umstritten, also nicht endgültig geklärt sind (z. B. → Japanisch).

Die isolierten Sprachen der Welt sind zwar in Expertenkreisen bekannt und die meisten sind erforscht, aber in der breiteren Öffentlichkeit kennt man die wenigsten von ihnen. Daß diese Gruppe von Sprachen andererseits keine Marginalie ist, zeigt der Umstand, daß zu diesem Kreis einige Millionen-Sprachen gehören. Dies trifft auf das Japanische (122 Mio.) zu, eine der ältesten Kultursprachen Ostasiens, und auf das → Aymará (2,2 Mio.) in Südamerika.

Die Gründe für die genealog. Isolation von Sprachen können regional sehr verschieden sein. Das Bask. in Europa ist isoliert, weil es vermutlich ein moderner Fortsetzer von Sprachen einer sehr alten vorindoeurop. Bevölkerung ist, die – obwohl selbst ursprüngl. aus der Kaukasusregion nach Westeuropa eingewandert – bereits Jahrtausende in den kantabr. Bergen und in den Pyrenäen ansässig war, bevor indoeurop. Populationen dorthin gelangten. Die Isolation des Japan. in Ostasien läßt sich ganz anders erklären. Möglicherweise ist das moderne Japan. ein histor. Fusionsprodukt verschiedener Sprachschichten, die im histor. Rückblick nicht mehr eindeutig identifiziert werden können. Damit entzieht sich das Japan. einer eindeutigen Zuordnung zu irgendeiner der in Ostasien verbreiteten Sprachfamilien.

→ Ainu und → Burushaski werden von vielen Forschern der Ma-kro-Gruppierung der → paläoasiatischen Sprachen zugeordnet. Diese Klassifizierung beruht einzig auf dem Kriterium, daß beide alte Sprachen Asiens sind, beinhaltet aber keine Aussage über ir-gendeine genealog. Verwandtschaft untereinander oder mit anderen alten Sprachen Asiens (z.B. Jukagirisch, Ketisch oder Tschuk-tschisch).

Der Umstand, daß es auch in Amerika und Australien isolierte Sprachen gibt, weist darauf hin, daß die histor.-vergleichende Re-konstruktion sprachl. Verwandtschaftsbeziehungen nur bis in eine bestimmte zeitl. Tiefe gelangen kann. Die Rekonstruktion von

---

Verteilung in den Großregionen der Welt:
- *Europa:* Baskisch (Spanien/Frankreich)
- *Afrika:* Anlo (Togo), Bete (Nigeria), Birale (Äthiopien), Bomou (Tschad), Ekpari (Nigeria), Hwla (Togo/Benin), Kalamse (Burkina Faso), Kokola (Malawi), Koroboré (Burkina Faso), Lufu (Nigeria), Maransé (Burkina Faso), Noumou (Burkina Faso), Rer Bare (Äthiopien), Sininkere (Burkina Faso), Weyto (Äthiopien), Yana (Burkina Faso), Yauma (Angola/Sambia), Zaoré (Burkina Faso)
- *Asien:* Aariya (Indien), Ainu (Japan), Andh (Indien), Arakh (Indien), Ba-deshi (Pakistan), Bathudi (Indien), Bhatola (Indien), Bhim (Indien), Bhot-tara (Indien), Burushaski (Pakistan/Indien), Chero (Indien), Chik-Barik (Indien), Dal (Indien), Japanisch (Japan), Kaghani (Pakistan), Kol (In-dien), Kolai (Indien), Majhwar (Indien), Matia (Indien), Nihali (Indien), Pa-nika (Indien), Reli (Indien)
- *Amerika: Nordamerika:* Beothuk (Kanada), Kutenai (Kanada/USA), Yuchi (USA), Zuñi (USA); *Mittelamerika:* Cuitlatec (Mexiko), → Huave (Mexiko), Taraskisch (Mexiko), Xinca (Guatemala); *Südamerika:* Abishira (Peru), Agavotaguerra (Brasilien), Aguano (Peru), Aymará (Bolivien/Peru/ Chile/ Argentinien), Aksana (Chile), Amikoana (Brasilien), Arára/Acre (Brasilien), Arára/Mato Großo (Brasilien), Cagua (Kolumbien), Callawalla (Bolivien), Camsá (Kolumbien), Canichana (Bolivien), Carabayo (Kolumbien), Cayubaba (Bolivien), Chipiajes (Kolumbien), Chiquitano (Bolivien), Cholón (Peru), Coxima (Kolumbien), Haló Té Sú (Brasilien), Hibito (Peru), Himarimã (Brasilien), Iapama (Brasilien), Itonama (Bolivien), Kaimbé (Bra-silien), Kamba (Brasilien), Kambiwá (Brasilien), Kapinawá (Brasilien), Ka-rahawyana (Brasilien), Kariri-Xuco (Brasilien), Kiriri-Xokó (Brasilien), Ko-horoxitari (Brasilien), Korubo (Brasilien), Kunza (Chile), Leco (Bolivien), Macusa/Guaviare (Kolumbien), Marajona (Brasilien), Miarrã (Brasilien), Mosetena (Bolivien), Movima (Bolivien), Muniche (Peru), Mura-Pirahã

Grundsprachen oder Protoformen geht kaum weiter als 7000, maximal 8000 Jahre zurück (z. B. die Rekonstruktion einer → indoeuropäischen und einer → uralischen „Ursprache"). Sprachzustände, die mehrere zehntausend Jahre zurückliegen, sind mit den derzeit verwendeten sprachvergleichenden Methoden nicht zu erschließen. Bedenkt man, daß die Besiedlung Amerikas vor mehr als 15 000 Jahren und die Australiens sogar vor mehr als 60 000 Jahren erfolgte, ist es nicht verwunderlich, daß mögl. alte Verwandtschaften zwischen Sprachen in jenen Regionen im Lauf des natürl. Sprachwandels verschüttet wurden und heute nicht mehr erkennbar sind.

Selbst auf engerem Raum wie beispielsweise auf Neuguinea kann geograph. Abgeschiedenheit verantwortlich sein für sprachl. Sonderentwicklungen, wobei ältere sprachverwandtschaftl. Beziehungen

---

(Brasilien), Muru (Brasilien), Mutús (Venezuela), Natagaimas (Kolumbien), Negarote (Brasilien), Nereyama (Brasilien), Numbiaí (Brasilien), Pankararé (Brasilien), Pankararú (Brasilien), Papavo (Brasilien), Pataxó-Hãhãhãi (Brasilien), Piajao (Kolumbien), Puelche (Argentinien/Chile), Puinave (Kolumbien/Venezuela), Puquina (Ecuador/Peru), Salumã (Brasilien), Tapeba (Brasilien), Taushiro (Peru), Ticuna (Brasilien/Peru/Kolumbien), Tingui-Botó (Brasilien), Tremembé (Brasilien), Truká (Brasilien), Trumaí (Brasilien), Tuxá (Brasilien), Uamué (Brasilien), Urarina (Peru), Wakoná (Brasilien), Waorani (Ecuador), Warao (Venezuela), Wasu (Brasilien), Yamana (Chile/Argentinien), Yarí (Kolumbien), Yaruro (Venezuela), Yuracare (Bolivien), Yuwana (Venezuela)

- *Australien:* Anindilyakwa (Northern Territory), Gagadu (Northern Territory), Garawa (Northern Territory, Queensland), Gungaragany (Northern Territory), Limilngan (Northern Territory), Ngurmbur (Northern Territory), Tiwi (Northern Territory), Umbugarla (Northern Territory)
- *Ozeanien:* Alai (Papua-Neuguinea), Baso (Indonesien/Irian Jaya), Bembi (Papua-Neuguinea), Bibasa (Papua-Neuguinea), Burmeso (Indonesien/Irian Jaya), Busa (Papua- Neuguinea), Edawapi (Papua-Neuguinea), Gobasi (Papua-Neuguinea), Gorap (Indonesien/Irian Jaya, Maluku), Haroi (Papua-Neuguinea), Itaem (Papua-Neuguinea), Karkar-Yuri (Papua-Neuguinea), Kibiri (Papua-Neuguinea), Koliku (Papua-Neuguinea), Kombai (Indonesien/Irian Jaya), Latoma (Papua-Neuguinea), Maisin (Papua-Neuguinea), Makarim (Papua-Neuguinea), Nemeyam (Papua- Neuguinea), Oganibi (Papua-Neuguinea), Pauwi (Indonesien/Irian Jaya), Sukubatong (Indonesien/Irian Jaya), Uageo (Papua-Neuguinea), Wagumi (Papua-Neuguinea), Warembori (Indonesien/Irian Jaya), Yade (Papua-Neuguinea), Yambiyambi (Papua-Neuguinea), Yauan (Papua-Neuguinea), Zanofil (Papua-Neuguinea)

verdeckt werden. Neuguinea wurde vor über 40000 Jahren besiedelt. Obwohl man theoretisch annehmen könnte, daß alle einheim. Papua-Sprachen bis heute ihre gemeinsame Herkunft erkennen ließen, ist dies in der Realität nicht der Fall. Sie haben sich in mehrere Sprachfamilien ausgegliedert, und es gibt eine Reihe isoliert erscheinender Sprachen. Es ist unmöglich, für die Papua-Sprachen eine gemeinsame Grundsprache zu rekonstruieren.

Italienisch (Italian, italien). Italien. wird von rund 63 Mio. Menschen als Primär- oder Zweitsprache gesprochen. Die Zahl der Primärsprachler beläuft sich auf 59,5 Mio., die der Zweitsprachler auf ca. 3,5 Mio. Die meisten Sprecher des Italien. leben in Italien (58,7 Mio.). Größere Gruppen von Primärsprachlern sind in Argentinien (1,5 Mio.), in Frankreich (ca. 1 Mio.), in den USA (0,906 Mio.), in Kanada (0,76 Mio.), in Deutschland (0,548 Mio.), in Österreich und Brasilien (je 0,5 Mio.), in der Schweiz (0,32 Mio., davon 0,195 Mio. Schweizer Staatsbürger), in Großbritannien (0,2 Mio.) und in anderen Ländern beheimatet. Zu denen, die Ital. als Zweitsprache sprechen, gehören 1,2 Mio. Sarden, 0,74 Mio. Friauler, 0,3 Mio. Tiroler (Trentino-Alto Adige), 0,2 Mio. Frankoprovenzalen, 30000 Ladiner, außerdem Albaner, Kroaten, Slowenen u. a.

Italien. ist Staatssprache in Italien und eine der Amtssprachen der Schweiz. Als Amtssprache fungiert es auch in San Marino und im Vatikanstaat. Bis 1934 hatte es auch auf Malta amtl. Status. Wegen Italiens Mitgliedschaft in der EU ist Italien. ebenfalls eine der Amtssprachen der Staatengemeinschaft. Obwohl → Französisch interne Arbeitssprache des Europ. Gerichtshofes in Luxemburg ist, werden Urteile in geschriebener Form auch in Italien. ausgefertigt. Außerhalb Europas besitzt das Italien. nirgendwo amtl. Status. Zur Zeit des Bestehens des Staates Somalia (bis 1992) fungierte es dort in gewissem Umfang als Bildungssprache.

Das Italien. gehört zusammen mit dem → Rumänischen und dessen Nahsprachen (Aromunisch, Makedo-Rumänisch, Istro-Rumänisch) und dem ausgestorbenen Dalmatischen (nördl. Dialekt das Vegliotische, südl. Dialekt das Ragusäische, die Sprache des mittelalterl. Dubrovnik) zur östl. Gruppe der → romanischen Sprachen. Von allen roman. Sprachen hat das Italien. entwicklungsmäßig die Strukturen seiner sprechlatein. Basis wohl am besten erhalten. Das Sprachgebiet des Ital. ist dialektal stark zersplittert. Vorgegeben durch die Geographie Italiens haben sich drei Dialektzonen ausgebildet: eine nördl., eine zentrale und eine südl. Zur nördl. Dialektgruppe gehören das Piemontesische, Lombardische, Ligurische, Venezianische und das Emiglianisch-Romagnolische. Von den zentralen Dialekten ist das Toskanische der wichtigste, da darauf die moderne Standardsprache basiert. Zu den südl. Dialekten gehören das Napolitanische, Kalabresische, Salentinische und das Sizilianische.

Hinsichtl. der sprachgeograph. Verbreitung des latein. Erbwortschatzes nimmt das Italien. eine Mittelstellung ein zwischen dem Balkanlatein. (Rumän.) einerseits, dem Latein. der Iberoromania (→ Spanisch, → Katalanisch, → Portugiesisch) und der Galloromania (→ Französisch, → Occitanisch) andererseits. Entlehnungen german. Herkunft im Italien. stammen aus drei Quellen: german. Adstratelemente im Sprechlatein Italiens, Langobardisch (v.a. in den nördl. Dialekten), Fränkisch (über Vermittlung des Altfranzös.).

Die Sprachkontakte zum Französ. und Occitan. dauern seit dem 9. Jh. an; im 17. und 18. Jh. war der Einfluß des Französ. auf das Italien. am stärksten. Während der Zeit der aragones. und span. Herrschaft in Italien (13.–17. Jh.) übernahm das Italien. Entlehnungen aus dem Katalan. und Span. Die meisten span. Lehnwörter sind bis heute im Napolitan. gebräuchlich. Während sich der Einfluß des Französ. und → Englischen noch im 19. Jh. die Waage hielt, entwickelte sich im 20. Jh. das Engl. zur Hauptquelle für Entlehnungen. Allerdings konnte das Italien. seine Stellung selbst in der Terminologie der Elektronikbranche behaupten: der ‚Computer' heißt italien. *calcolatrice*.

Die schriftl. Überlieferung des Italien. beginnt im 9. Jh. (Text des Rätsels von Verona). Aus dem 10. Jh. stammt eine Eidesformel aus Capua (um 960). Der erste Text in der toskan. Sprachvariante ist aus dem 12. Jh. überliefert (eine Schiffsinventarliste aus Pisa), das Florentin. erscheint erstmals im Kassenbuch eines Bankiers aus dem Jahre 1211. Im Verlauf des 13. und 14. Jh. entfalten drei regionale Literatursprachen ihren Wirkungskreis, das Sizilian. (höfische Dichtung in Anlehnung an die altoccitan. Troubadourlyrik), das Toskan. (Werke der Klassiker Dante Alighieri, Francesco Petrarca und Giovanni Boccaccio), das Venezian. (Schrifttum unter dem Einfluß der literar. Tradition Nordfrankreichs). Der berühmteste Vertreter des venezian. Schrifttums ist Carlo Goldoni, der im 18. Jh. wirkte.

Die Tradition, Dialekte als regionale Schriftsprachen zu verwenden, hat sich in Italien bis heute erhalten. Dies gilt für das Venezian. ebenso wie für das Piemontes. (insbesondere die Stadtsprache von Turin) oder Napolitan. Andererseits werden Dialekte wie Bolognes. oder Romagnol. lediglich gesprochen (als Heimsprache und im Kontakt mit Bekannten). Toskan. setzte sich erst allmählich als Standardsprache durch. Noch im Jahre 1861, dem Jahr der Gründung des vereinten Königreichs Italien, sprachen kaum 10 % der Bevölkerung diese überregionale Variante. Noch heute sprechen weniger als die Hälfte der Italiener die Standardsprache in der Familie.

Besonderes Prestige erlangte das Toskan. durch den Einfluß A. Manzonis, dessen berühmter Roman „I promessi sposi" (‚Die sich einander die Heirat versprochen haben‘) im Jahre 1840 erschien. Seine Sprache lehnt sich stark an den florentin. Stadtdialekt an. Die moderne Situation der geschriebenen und gesprochenen Sprachvarianten des Italien. ist vielschichtig. Die Standardsprache wirkt als Ausgleichsform über die Massenmedien und die Schulausbildung sowohl auf die regionalen Schriftsprachen als auch auf das gesprochene Italien. in den Regionen ein.

Die Periodisierung des Italien. ist nicht einheitlich. In einer groben Gliederung kann zwischen älterem Italien. (9.–12. Jh.) und neuerem Italien. (seit dem 13. Jh.) unterschieden werden.

Lit.: Maiden/Parry 1997, Muljačić 1971, Renzi 1988–95

Ivrit, Neuhebräisch (modern Hebrew, hébreu moderne). Seit etwa 120 Jahren wird Hebräisch wieder als lebende Sprache verwendet. Neuhebr. ist heute die Muttersprache von 4,61 Mio. Juden. Davon leben 4,51 Mio. in Israel (63 % der Landesbevölkerung) und 0,1 Mio. in den USA. Hinzu kommen noch etwa 0,5 Mio. Zweitsprachler des Ivrit, d. h. aschkenas. Juden mit → jiddischer, → russischer oder anderer Muttersprache und oriental. Juden, die → Arabisch, → Persisch (Farsi) oder eine andere Sprache als Primärsprache sprechen.

Ivrit ist die Nationalsprache der Israelis. Exklusiven Status als Staatssprache besitzt das Ivrit allerdings nicht, denn Israel ist offiziell zweisprachig (Ivrit/Arabisch). In amtl. Funktionen ist Ivrit seit 1922 in Palästina verwendet worden; seit 1948 ist es Amtssprache des Staates Israel mit nominell gleichem Status wie das Arab. Faktisch aber dominiert Ivrit in der Administration und als Arbeitssprache des Parlaments.

Als die Kulturnationen Europas im 19. Jh. von der Strömung des Nationalismus erfaßt wurden, gingen davon auch Impulse für die aschkenas. Gemeinschaften in Europa aus. Das Hebr. erlebte zunächst keinen mit dem Jidd. vergleichbaren Aufschwung, da die meisten Vertreter des gebildeten Judentums den funktionalen Status quo befürworteten, d. h. die Beibehaltung als geschriebenes Medium. Eliezer Ben Yehouda propagierte seit Ende der 1870er Jahre die Wiederbelebung des Hebr. als gesprochene Sprache. Er ging mit gutem Beispiel voran: seit 1883 unterrichtete er ausschließl. in Ivrit an der ersten jüdischen Schule in Jerusalem, im Jahre 1886 gab er die erste hebr. Wochenzeitung Jerusalems („Hatsevi") heraus.

Ben Yehoudas sprachl.-kulturelles Engagement für das Hebr. fand Anklang bei den radikalen Zionisten, die das Jidd. für „degeneriertes" → Deutsch hielten und als Kultursprache nicht akzeptierten. Den entscheidenden Durchbruch zur Rolle einer lebenden Sprache erlebte das Hebr. mit der Einrichtung von Kindergärten, wo seit 1889 ausschließl. Ivrit gesprochen wurde. Seit 1890 bestand ein Hebr. Sprachkomitee, das 1953 in die Hebr. Sprachakademie umgewandelt wurde. Eine organisierte Bewegung für die Förderung des modernen gesprochenen Hebr. entwickelte sich seit Beginn des 20. Jh., insbesondere nach dem ersten Kongreß der zionist. Lehrer und Kulturschaffenden im Jahre 1903.

Zum Zweck der lexikal. Modernisierung des Ivrit haben die Sprachplaner auf verschiedene Quellen und Techniken der Wortbildung zurückgegriffen. In der Tradition von Ben Yehouda stehen diejenigen, die Lehnwörter auf der Basis arab. Wurzelwörter befürworten. Andere Sprachen, aus denen das Ivrit Neologismen entlehnt hat, sind Jidd., Russ., → Englisch und → Französisch.

Die produktivste Technik der Neologismenbildung sind allerdings Ableitungen von hebr. Wurzelwörtern, und zwar mit Hilfe interner Vokalalternation (z. B. *bima* ‚Bühne, Szenerie', davon *biyem* ‚in Szene setzen, aufführen') sowie durch Suffigierung (z. B. *et* ‚Zeit', davon *iton* ‚Tageszeitung'). Zusätzlich sind die Techniken der Wortzusammensetzung sowie der Präfigierung aktiviert worden, mit deren Hilfe Ableitungen von Wortstämmen des Biblisch-Hebr. gebildet werden. Beide Techniken waren dem klassischen Hebr. unbekannt.

Lit.: Glinert 1989, Kutscher 1982, Morag 1987

J

Japanisch (Japanese, japonais). Japan. wird von rund 126 Mio. Menschen gesprochen; es ist die einzige Großsprache der Welt, deren Sprecher fast ausschließl. Primärsprachler sind und zum allergrößten Teil in einem einzigen Staat (124 Mio. in Japan) konzentriert sind. Größere Gruppen von Auslandsjapanern leben in USA (0,8 Mio.), Brasilien (0,38 Mio.), Peru (0,1 Mio.), Kanada (43 000), Mexiko (35 000), Argentinien (32 000), Deutschland (21 000), Singapur (20 000) u. a.

Die Zahl der Zweitsprachler des Japan. ist relativ klein. Hierzu gehören 0,6 Mio. Angehörige der korean. Minderheit, die überwiegend in der Stadt Osaka leben, einige zehntausend Chinesen und wenige tausend Eurasier, d. h. Nachkommen aus Familien mit einem japan. und einem europ. Elternteil. Die Zahl der Ryukyuaner im südl. japan. Inselarchipel, die Japan. als Zweitsprache sprechen, beläuft sich auf ca. 0,5 Mio. Zu den japan. Zweitsprachlern gehören auch die 40 Sprecher des → Ainu auf Hokkaido.

Das Japan. ist Staatssprache Japans; es besitzt außerhalb des Mutterlandes keinen amtl. Status in keiner der Weltorganisationen. Als Handelssprache ist es allerdings in den vergangenen Jahren im ostasiat. Wirtschaftsraum immer wichtiger geworden.

Das Japan. ist mit keiner modernen Sprache der Welt näher verwandt. Allerdings läßt sich eine entfernte Verwandtschaft mit dem → Koreanischen (v.a. in der Syntax) und → altaischen Sprachen (→ Turksprachen, → mongolische und tungusische Sprachen) vermuten. Im Wortschatz des Japan. gibt es eine Reihe von Ausdrücken mit Parallelen in malaio-polynes. Sprachen. Obwohl nach traditioneller Auffassung das Japan. und das → Ainu nicht miteinander verwandt sind, wird neuerlich die These diskutiert, ob nicht das Japan. das Fusionsprodukt eines massiven Sprachkontakts ist, an dem außer dem Ainu noch andere prähistor., längst ausgestorbene Sprachen des japan. Inselarchipels beteiligt waren.

Das Japan. ist relativ einheitlich, und die Unterschiede zwischen einzelnen Dialekten sind weitaus schwächer ausgeprägt als vergleichsweise im Deutschen oder Italien. Größere linguist. Distanzen bis an die Grenzen der gegenseitigen Verständlichkeit ergeben sich nur im Vergleich der Mundarten im hohen Norden (z. B. der Aomori-Dialekt im Nordosten der Hauptinsel Honshu) mit denen im tiefen Süden (z. B. der Kagoshima-Dialekt im Südwesten der Insel Kyushu). Im Japan. haben sich wichtige regionale Stadtdialekte (Tokyo, Kyoto und Osaka) entwickelt.

Japan. ist eine agglutinierende Sprache (ähnl. wie → Türkisch, → Ungarisch oder → Baskisch), deren nominale und verbale Stammwörter mit Hilfe von Ableitungsformantien variiert werden, wobei sich der Stamm selbst nicht verändert. Pluralbildung ist weder beim Nomen noch beim Verb formal obligatorisch. Der Kontext von Äußerungen entscheidet häufig allein über die grammat. Funktion (d. h. ob Sg. oder Pl. gemeint ist). Die Satzgliedstellung ist Subjekt – Objekt – Verb.

Die grammat. Strukturen sind geprägt durch die Dualität von höflichem (formellem) und vertrautem (informellem) Sprachgebrauch. Es gibt markante Unterschiede in Gesprächssituationen zwischen sozial Höherstehenden und Untergebenen sowie zwischen Männern und Frauen. Das Japan. kennt ein komplexes System von Formantien zur Kennzeichnung der sozialen Distanz (honorifics). Hierzu gehören Partikel, grammat. Endungen sowie auch eine unterschiedl. Wortwahl. Japan. *boku* heißt ‚ich‘; dieses Pronomen wird aber nur von Männern verwendet. Das weibl. Äquivalent ist *atakushi*. Der Ausdruck *hara* bedeutet ‚Bauch‘ (in der Männersprache); das Äquivalent der Frauensprache ist *naka*. *Harakiri* (wörtl. ‚Bauchschneiden‘) verweist somit auf die Methode des rituellen Selbstmords bei Männern (die traditionelle Selbstmordmethode der Frauen ist das Durchstechen der Kehle).

Der Wortschatz des Japan. besteht zum überwiegenden Teil aus Lehnwörtern; die meisten davon sind → chinesischer Herkunft (in Texten bis zu 60 %). Der chines. Einfluß erstreckt sich auch auf Bereiche, die traditionell als resistent gegenüber Entlehnungen gelten, etwa die Zahlen (*ichi* – 1, *ni* – 2, *san* – 3 usw.); von den einheim. japan. Zahlwörtern (*hitotsu* – 1, *futatsu* – 2, *mittsu* – 3 usw.) sind nurmehr Reste erhalten geblieben. Ähnlich wie im → Englischen ist der Lehnwortbestand umfangreicher als der einheim. Wortschatz, und es gibt auch im Japan. zahlreiche (japan.-chines.) Synonymenpaare. Für Tausende von Schriftzeichen existiert eine *on*-Lesung (auf chines.

Art) und eine *kun*-Lesung (auf japan. Art). Der Ausdruck für ‚Herz‘ beispielsweise lautet nach der *on*-Lesung *shin* , nach der *kun*-Lesung *kokoro*. Entsprechend vielschichtig ist die japan. Stilistik.

Die ältesten Lehnwörter aus europ. Sprachen stammen aus dem → Portugiesischen. Von den im 16. Jh.́ entlehnten portugies. Wörtern sind noch einige Dutzend erhalten (z. B. *tempura* ‚tempuriertes Gemüse‘). Seit der zweiten Hälfte des 19. Jh. hat das Japan. Tausende von Lehnwörtern aus westl. Sprachen aufgenommen, die meisten aus dem Engl. Auch das → Französische und → Deutsche (z. B. japan. *arubaito* ‚Arbeit‘, heute in der Bedeutung ‚Teilzeitarbeit, Job‘) haben dem Japan. Kulturwörter vermittelt. Das Engl. ist in neuerer Zeit die mit Abstand wichtigste Entlehnungsquelle. Im Sprachgebrauch der modernen Massenmedien und insbesondere in der Medienwerbung erfüllt es teilweise die traditionelle Rolle des Chines. für die Synonymenbildung. In der japan. Werbesprache findet man Synonymenpaare wie *kuroi* ‚schwarz‘ und *burakku* (< *black*) oder *atarashi* ‚neu‘ und *nyu* (< *new*).

Die chines. Schrift ist seit dem frühen 6. Jh. in Japan bekannt, womöglich schon eher. Obwohl diese für eine isolierende Sprache (das Chines.) geeignete Schrift nur schwer und unvollkommen auf eine Sprache mit ganz anderem Bau wie das Japan. anzuwenden ist, gab es zum chines. Schriftimport keine Alternative. Die ältesten in Japan geschriebenen Texte sind chines. Chroniken. Seit Mitte des 8. Jh. werden chines. Schriftzeichen (*kanji*) auch zur Schreibung des Japan. verwendet. Die älteste Adaption chines. Zeichen für das Japan. wird *man'yogana* genannt.

Moderne japan. Texte verwenden Zeichen aus drei Schriftsystemen. Die Kanji-Zeichen (seit der Schriftreform von 1981 insgesamt 1945) dienen in erster Linie dazu, japan. Wortstämme zu schreiben; Ableitungselemente und grammat. Formantien werden mit der Silbenschrift *hiragana* (auch *onnade* ‚Frauenschrift‘ genannt) geschrieben. Dieses System mit seinen 48 Zeichen ist von chines. Zeichen abgeleitet. Zur Schreibung von Lehnwörtern aus westl. Sprachen wird heute eine eigene Silbenschrift verwendet, *katakana* (eigentlich ‚eckige Schrift‘), die ebenfalls aus 48 Zeichen besteht. Auch dieses System leitet sich von chines. Zeichen ab. Hiragana und Katakana waren zu Beginn des 10. Jh. voll ausgebildet. Erstere wurde von den weibl. Hofdichtern bevorzugt, während letztere lange Zeit von Mönchen als eine Lesehilfe buddhist. Texte in Chines. verwendet wurde.

Die älteste Sammlung zusammenhängender Texte auf Japan. ist eine Kompilation lyrischer Dichtung, „Man'yoshu" genannt, die um 759 entstand. Kyoto war vom ausgehenden 8. Jh. bis zur Zeit der Meiji-Restauration führendes Kulturzentrum, und dessen urbaner Sprachgebrauch wurde zum Standard der Literatursprache. Im Zuge der Modernisierung Japans in der zweiten Hälfte des 19. Jh. erfolgte ein Wandel. Mit der Verlegung der kaiserl. Residenz von Kyoto nach Tokyo gewann die Sprache der dortigen Elite Prestige und wurde zum neuen Standard der Schriftsprache erhoben. Seither ist die Stadtsprache Tokyos Grundlage der japan. Schriftsprache.

Jahrhundertelang war das Japan. auf bestimmte Gattungen und Genres des Schrifttums beschränkt. Hierzu gehörten Lyrik und Prosaliteratur, d. h. Belletristik. Das religiöse Schrifttum wie auch Texte im Bereich der staatl. Verwaltung blieben bis ins Spätmittelalter eine Domäne des formellen Sprachgebrauchs, und der war dem Chines. vorbehalten. Bis ins 19. Jh. fungierte Chines. auch als Bildungssprache der Elite Japans. Eine radikale Änderung erfolgte mit der „Öffnung" Japans für die westl. Welt in den 1860er Jahren. Seither dominiert das Japan. als Schriftsprache in allen Bereichen des öffentl. und kulturellen Lebens.

In der Periodisierung der Sprachgeschichte werden folgende Epochen unterschieden: Altjapan./Nara-Periode (710–794), Spätaltjapan./Heian-Periode (794–1185), Mitteljapan./Kamakura-, Muromachi- und Azuchi-Momoyama-Perioden (1185–1600), Frühneujapan./Edo-Periode (1600–1868), Neujapan./Meiji- und Post-Meiji-Periode (seit 1868).

Lit.: Haarmann 1989, Kuno 1973, Lewin 1959, Loveday 1996, Miller 1971, Shibatani 1990, Tsujimura 1996

Jiddisch (Yiddish, yiddish). Jidd. wird heute von rund 2 Mio. Menschen in verschiedenen Regionen der Welt gesprochen. Davon leben die meisten in den USA (1,25 Mio.). In Kanada leben fast 50 000 Jidd. sprechende Juden, in Israel 0,215 Mio., davon sind die meisten Auswanderer aus der ehemaligen Sowjetunion. In Europa sind etwa 0,265 Mio. Sprecher des Jidd. beheimatet, davon rund 0,19 Mio. in den Ländern Osteuropas (68 000 in der Ukraine, 47 700 in Rußland, 15 000 in Belarus, 9200 in Moldova u. a.). Die Zahl der Jidd.-Sprachigen in Westeuropa beträgt höchstens 75 000. Heutige Zentren jidd. Sprachkultur sind Antwerpen, London und Manchester. Jidd. Enklaven gibt es außerdem noch in der Schweiz, bis vor kurzen auch noch in den Niederlanden und im Elsaß.

Vor hundert Jahren lebten weit über 7 Mio. Sprecher des Jidd. in Europa, die Mehrzahl im zarist. Rußland und in der Doppelmonarchie Österreich-Ungarn. Die Kulturzentren des Jidd. lagen vor dem Zweiten Weltkrieg in Osteuropa. Durch die Genozidverbrechen deutscher Hitleristen und ihrer nichtdeutschen Kollaborateure wurden die meisten Träger der jidd. Kultur in Europa physisch vernichtet. Als Folge des Holocaust ist eine bleibende Lücke in der europ. Kultur- und Sprachlandschaft entstanden.

In manchen Quellen werden die Gesamtsprecherzahlen mit bis zu 3 Mio. angegeben. Dies erklärt sich v.a. durch die Art, wie für das Gebiet der früheren Sowjetunion ethnostatist. Daten zu den jüdischen Bevölkerungsgruppen und ihren Sprachen interpretiert werden. Unkritische Betrachter übersehen, daß die sowjet. (ebenso wie die moderne russ.) Statistik zwischen ethnischen Juden und Sprechern jüdischer Sprachen (insbesondere des Jidd.) unterscheidet. Die beiden Zahlen divergieren stark. Für das Territorium des modernen Rußland wurden im Jahre 1989 insgesamt 0,537 Mio. ethnische Juden, aber nur 47 700 Sprecher des Jidd. (8,9 % der russ.-jüdischen Bevölkerung) ermittelt. Die meisten Juden in Rußland haben sich sprachl. ans → Russische assimiliert. Ähnl. Diskrepanzen bei den Vergleichszahlen ergeben sich auch in den Ethnostatistiken für die Ukraine und Belarus. Zählt man jeweils die ethnischen Juden als potentielle Jidd.-Sprecher, erhöht sich in der Berechnung die Gesamtzahl der Jidd.-Sprachigen in der Welt.

Jidd. ist ein histor. Identitätssymbol der aschkenas. Juden. Der Name Aschkenasim bezeichnete im Mittelalter zunächst das Siedlungsgebiet der mitteleurop. Juden im deutschsprachigen Raum. Später wurde das Attribut „aschkenasisch" auf die Kultur aller europ. Juden (mit Ausnahme der Sepharden in Südeuropa) bezogen. Als Kennzeichen jüdischer Identität ist das Jidd. die zweitstärkste der → jüdischen Sprachen, zu denen außerdem das → Hebräische als Sakralsprache, das moderne Hebräisch (→ Ivrit), das Judenspanische (Ladino) u. a. gehören.

Jidd. ist eine german. Sprache und am nächsten mit dem → Deutschen verwandt. Das Besondere an den Strukturen des Jidd. ist, daß sie das Ergebnis langwieriger Fusionsprozesse sind. Jidd. ist eine Fusionssprache („Mischsprache" in der älteren Terminologie) mit verschiedenen Determinanten: Deutsch (urbane Varianten des Mittelhochdeutschen), → Semitisch (post-klassisches Hebräisch und → Aramäisch), → Slawisch (→ Polnisch, → Ukrainisch, → Weißrussisch, Russ.). Das Lautsystem, der grammat. Bau, die Wortbildung und der Wortschatz des Jidd. zeigen gleichermaßen seinen Fusionscharakter. In der Morphologie der jidd. Nominalflexion sind beispielsweise Pluralendungen german. Herkunft (z. B. -er wie in *lider* ‚Lieder‘, Umlaut + -er wie in *beymer* ‚Bäume‘, -en wie in *tishen* ‚Tische‘) wie auch semit. Ursprungs (z. B. -im wie in *khaveyrim* ‚Freunde‘, -(e)s wie in *khasenes* ‚Hochzeit‘) integriert. Diese Pluralendungen können beliebig an Wörter verschiedener Herkunft treten (z. B. *seder* ‚Obstgärten‘ mit Umlaut + german. -er zu dem slaw. Lehnwort *sod* ; *entfers* ‚Antworten‘ mit dem semit. -s zu dem german. Wort *entfer*; *bobes* ‚Großmütter‘ mit dem semit. -s zu dem slaw. Lehnwort *bobe*). Viele Diminutivsuffixe des Jidd. sind slaw. Herkunft (z. B. -inke, -shi, nju, wie in *fusinke* ‚Füßchen‘, *mamenju* ‚Mütterchen‘). Ebenfalls aus dem Slaw. sind Suffixe zur Bezeichnung von Personen, insbesondere weiblichen, entlehnt (z. B. -ke, -she, -nitse; wie in *shnayderke* ‚Schneiderin‘).

Das histor. jidd. Sprachgebiet in Europa gliederte sich in zwei dialektale Hauptzonen: in das ältere Westjidd. und das jüngere Ostjidd. (seit etwa 1500). Das Westjidd. differenziert sich in drei regionale Varianten: nordwestl. (Holland, nördl. Deutschland, Dänemark), zentrales (Mitteldeutschland), südwestl. (südl. Deutschland, Elsaß, Schweiz). Die regionale Ausgliederung des Ostjidd. zeigt folgende Variation: nordöstl. (Litauen, Belarus, Lettland), zentrales (Polen, Ungarn), südöstl. (Ukraine, Rumänien). Das Westjidd. hat v.a. im Zuge der Assimilation und Säkularisierung des Judentums in seiner deutschsprachigen Umgebung seit dem 18. Jh. an Bedeutung verloren. Vor dem Holocaust war das Ostjidd. die bei weitem vitalste Variante des Jidd.

Ein großer Teil des lexikal. Bestandes in beiden jidd. Hauptdialekten ist mittel- und oberdeutscher Herkunft, wobei teilweise im Westjidd. andere Wortstämme weiterleben als im Ostjidd. Zu den ältesten nichtgerman. Elementen gehören Ausdrücke aus dem Hebräischen (Bibelhebräisch, Mischnahebräisch), das als Sakral-, Schrift- und Bildungssprache eine ständige Quelle für die Bereicherung der Volkssprache war. Auch das Aramäische (als Medium der Kabbalah-Literatur) wirkte auf das Jidd. ein. Hebraismen und

Aramäismen des Jidd. beschränken sich nicht nur auf Substantive, sondern es gibt auch Verben, Adjektive, Adverbien und Partikel (z. B. *sho* ‚Stunde', *dor* ‚Generation', *tomer* ‚falls', *efsher* ‚vielleicht'. Eigennamen von Frauen und Männern sind überwiegend bibelhebräischer Herkunft. Ebenso tiefgreifend wie die Einflußnahme des Hebräischen war auch die Einwirkung slaw. Sprachen, insbesondere des Poln. und ostslaw. Sprachen (z. B. *tate* ‚Vater', *khotsh* ‚obwohl', *ozere* ‚See'). Im Kontakt mit europ. Sprachen hat das Jidd. eine beträchtl. Anzahl von Kulturwörtern latein. und griech. Prägung angenommen.

Das Jidd. diente zunächst als Umgangssprache der Juden in Mitteleuropa. Die schriftl. Überlieferung setzt im 13. Jh. ein. Von den mittelalterl. Texten des Westjidd. sind nur wenige erhalten geblieben. Die Anfänge der jidd. Schriftsprache stehen im Zeichen eines nach Geschlechtern differenzierten Sprachgebrauchs. Der Zugang zum Hebräischen als Bildungssprache war den Männern vorbehalten. Die Motivation, das Jidd. zu verschriften, bestand darin, Mädchen und Frauen Literatur zur Erziehung und Erbauung zu vermitteln. Die Hochsprache und volkstüml. Schriftsprache hatten allerdings ein wesentl. Kriterium gemeinsam: die hebräische Quadratschrift.

Didaktische und unterhaltsame Themen überwogen in der älteren Literatur des Jidd., seit etwa 1600 dann eher pietist. Werke. Das Westjidd. trat allmählich in den Hintergrund, und das Ostjidd. fand immer mehr literar. Vertreter. Im 19. Jh. verlagerte sich das Schwergewicht der jidd. Schriftkultur immer mehr nach Osteuropa. Damals entstand auch der Kanon der klassischen jidd. Literatur mit ihren bekanntesten Autoren (Sholem-Yankev Abramovitsh, Y.L. Peretz und Sholem Aleichem). In jidd. Sprache ist auch Weltliteratur entstanden: der Jidd. schreibende Autor Bashevis Singer erhielt 1978 den Nobelpreis für Literatur.

Das Schrifttum in jidd. Sprache steht nach seiner literar. Qualität und Themenvielfalt den literar. Traditionen anderer europ. Kultursprachen in nichts nach. Es gibt sogar Eigenheiten, wo das Jidd. Vorreiter war. Im wohl bedeutendsten Literaturdenkmal der altjidd. Periode, in dem im frühen 16. Jh. entstandenen lyrischen Werk „Bovo d'Antona" von Elijah Levita, wird die aus dem → Italienischen stammende Reimoktave zum ersten Mal für eine german. Sprache adaptiert.

Das Ostjidd. hat die meisten seiner Sprecher im Holocaust verloren. In der Sowjetunion hat der stalinist. Terror in den späten 1940er und 1950er Jahren das nach dem Krieg wieder aufkeimende Kulturschaffen der überlebenden Jidd.-Sprachigen durch die Liquidierung zentraler Persönlichkeiten der jüdischen Bildungselite erstickt. In Europa gibt es heutzutage nur zwei Kulturzentren, wo Jidd. als Literatursprache gepflegt wird, Paris und Oxford. 1995 hat der Europarat eine Resolution zur Aufrechterhaltung und zum Schutz der jidd. Kulturtradition verabschiedet. Jidd. Sprache und Kultur werden heute v.a. in Kreisen (ultra)orthodoxer chassidischer Juden in Israel und in den USA gepflegt.

Es werden drei Perioden der jidd. Sprach- und Literaturgeschichte unterschieden: Altjidd. (12. Jh.–1500), Mitteljidd. (1500–1750), Neujidd. (seit 1750).

Lit.: Althaus 1972, Birnbaum 1974, Fishman 1981, Weinreich 1980

Jüdische Sprachen (Jewish languages, langues juives). Als Folge der vielfältigen Sprach- und Kulturkontakte der jüd. Diaspora in der Welt hat sich das Spektrum jüd. Sprachen vom anfängl. hebräischen Monolingualismus erheblich erweitert. Typische Kennzeichen kultureller Identität des Judentums sind die (alt)hebräische Sakralsprache und die hebräische Quadratschrift. Diese Schriftart wird auch für alle anderen jüd. Sprachen verwendet. Das → Hebräische wurde ausschließl. in dieser Schriftart geschrieben, für das → Jiddische dagegen waren zwei Schriftarten in Gebrauch: die Quadratschrift für religiöse Literatur, eine Kursive für weltl. Literatur.

Es gibt keine einheitl. Nationalsprache für das gesamte Judentum. → Ivrit (Neuhebräisch) ist Symbol der israel. Identität, nicht aber der Juden, die außerhalb Israels leben. Die jüd. Diaspora hat sich vor über tausend Jahren in zwei kulturell-sprachl. Hauptgruppen ausgegliedert, in die der oriental. und der aschkenas. (europ.) Juden. Auf dem ersten Kongreß für jiddische Sprache und Kultur in Tschernowitz (Černovcy/südl. Ukraine) im Jahre 1908 wurde Jidd. zur Nationalsprache der Aschkenasim erklärt. Die oriental. Juden sprechen zahlreiche Sprachen. Die einflußreichste Gruppe sind die Sepharden, deren histor. Identitätssymbol das Judenspanische (Ladino) ist.

- Hebräisch/Althebräisch: Sakralsprache; Medium der religiösen Literatur
- Aramäisch: Medium der kabbalist. Literatur und von Kommentaren zum Talmud bei den Aschkenasim
- Ivrit/Neuhebräisch: Nationalsprache Israels, von 63 % der Landesbevölkerung als Muttersprache gesprochen
- Jiddisch: Histor. Nationalsprache der aschkenas. Juden; nach dem Holocaust überwiegend in den USA und in Israel verwendet
- Judenspanisch/Ladino: Sprache der sephard. Juden; nach der Vertreibung der Juden aus Spanien im Jahre 1492 hauptsächl. in den Balkanländern (bis zum Holocaust) und heute in Israel verwendet
- Jüdisch-Aramäisch (Lishani Deni), Jüdisch-Griechisch (Jevanitisch), Jüdisch-Persisch (Dzhidi), Jüdisch-Tadschikisch (Bucharisch), Jüdisch-Tatisch (Dzhuhurisch), Jüdisch-Georgisch, Jüdisch-Irakisch (Jahudisch), Jüdisch-Jemenitisch, Jüdisch-Marokkanisch, Jüdisch-Berberisch u. a.
- Karaimisch: Sprache eines zum Judaismus übergetretenen Turkvolkes; die Karaimen lebten zunächst auf der Halbinsel Krim, später in der westl. Ukraine, in Litauen und Ostpolen; bis um 1940 wurde Karaimisch in hebräischer Schrift geschrieben

Lit.: Fishman 1985

Jurakisch, Nenzisch (Yurak, juraque). Insgesamt 34 200 Juraken (Nenzen) leben im äußersten Norden Rußlands, die meisten im europ. Teil (d. h. westl. des Uralgebirges). Der Name Nenzen (jurak. *nenecja*) ist die Eigenbezeichnung und bedeutet ‚Leute‘. Von der jurak. Gesamtbevölkerung sprechen 26 550 (77,7 %) Jurak. als Muttersprache, die übrigen haben sich sprachl. assimiliert, überwiegend ans → Russische.

Die jurak. Bevölkerung verteilt sich in der Hauptsache auf drei autonome Kreise: auf den jurak. Kreis im Gebiet Archangel'sk (Bevölkerungsanteil 12,8 %), auf den jamal-nenz. Kreis im Gebiet Tjumen' (11 %) und auf den dolgan-nenz. Kreis in der Region Krasnojarsk (5,2 %). In allen jurak. Siedlungsgebieten stellen die Russen die Bevölkerungsmehrheit. Kleinere Gruppen von Waldjuraken leben im autonomen Kreis der Chanten und Mansen, und einige Tundrajuraken im Gebiet Murmansk.

Jurak. gehört zur Gruppe der samojedischen Sprachen, ist nach der Sprecherzahl deren stärkster Vertreter und nach der Verbreitung die einzige samojed. Sprache auf europ. Boden. Die samojed. Sprachen bilden mit den finn.-ugr. Sprachen die → uralische Sprachfamilie.

Auffällige Charakteristika im Sprachbau sind u. a. der auch im →

Deutschen und → Dänischen bekannte Stimmritzenverschlußlaut (Knacklaut), die Unterscheidung zwischen kurzen, mittellangen und langen Vokalen (wie im → Estnischen) und die dreigliedrige Numeruskorrelation (Sg., Dual, Pl.) in der nominalen, pronominalen und verbalen Flexion.

Im Verhältnis zur geograph. Weiträumigkeit des Siedlungsgebietes zeigt die dialektale Ausgliederung keine starke Differenzierung. In Europa sind die westl. (ca. 4500 Sprecher) und die zentralen (ca. 15 000 Sprecher) Mundarten des Jurak. verbreitet; die zentralen Mundarten sind eine Übergangsform zwischen den westl. (europ.) und den östl. (sibir.) Mundarten des Tundra-Jurak.

Zum lexikal. Grundbestand des Jurak. gehören ca. 450 Wurzelwörter, die den samojed. und finn.-ugr. Sprachen gemeinsam sind (z. B. jurak. *tide* ‚jüngerer Bruder der Mutter‘ / finn. *setä* ‚Onkel‘; waldjurak. *kojka* ‚Birke‘ / finn. *koivu* ‚dass.‘; jurak. *sie* ‚Zunge‘ / finn. *kieli* ‚Zunge, Sprache‘). Die westl. Mundarten sind stark vom Russ. beeinflußt; in den Zentralmundarten (v. a. im Süden) finden sich syrjänische Lehnwörter. Der Wortschatz aller jurak. Mundarten ist seit den 1920er Jahren durch russ. Lehnwörter modernisiert worden. Von den in den 1930er Jahren propagierten Eigenbildungen haben sich nur wenige durchsetzen können. Bis heute ist das Russ. die wichtigste Kontaktsprache, als Primärsprache der jurak. Assimilanten, als Zweitsprache der jurak. Muttersprachler, als Sprache der Schulausbildung und damit als potentielle Quelle für die Entlehnung von Neologismen.

Jurak. Ausdrücke finden sich verstreut in den Schriften westeurop. Reisender, die im 17. und 18. Jh. mit den Juraken in Kontakt kamen. Aus dem Jahre 1787 stammt der Text einer jurak. Erzählung. In der ersten Hälfte des 19. Jh. entstanden Übersetzungen religiöser Texte aus dem Russ. ins Jurak. Ein selbständiges Schrifttum hat sich jedoch erst im 20. Jh. entfaltet.

Wichtige Beiträge zur Erforschung des Jurak. finden sich in den Werken von P. S. Pallas (1786–89), J. S. Vater (1811), H. C. von der Gabelentz (1851), M. A. Castrén (1842–49), J. Budenz (1882) und T. V. Lehtisalo (1911–14). Seit Ende der 1920er Jahre arbeiteten die Russen G. N. Prokof'ev und G. D. Verbov sowie der Jurake A. P. Pyrerka die Normen des modernen Schriftjurak. aus, das auf den zentralen Tundra-Mundarten basiert. Obwohl das Kyrillische bereits im 19. Jh. zur Aufzeichnung jurak. Texte verwendet worden war, schrieb man zwischen 1931 und 1937 in Lateinschrift. 1937 erfolgte aber eine radikale Umstellung auf das kyrill. Alphabet.

Im Jahre 1932 erschien die erste Fibel in Jurak. Bis heute sind über hundert Bücher in jurak. Sprache veröffentlicht worden. In erster Linie sind dies Materialien für die ersten drei Klassen des Schulunterrichts. Belletrist. Originaltexte, Übersetzungen aus dem Russ. sowie Sammlungen von Liedern und Erzählungen erscheinen überwiegend in Zeitschriften. Jurak. wird in bescheidenem Umfang auch in den Massenmedien verwendet; es werden Rundfunksendungen ausgestrahlt, und im autonomen Kreis der Jamal-Nenzen erscheint eine jurak. Zeitung.

Lit.: Tereščenko 1965, 1993

K

Kambodschanisch → Khmer

Kannada, Kanaresisch (Kannada, kannada). Kannada wird von 44 Mio. Menschen gesprochen; davon sind 33,6 Mio. Primärsprachler und 10,4 Mio. Zweitsprachler. Die meisten Kanaresen leben im südind. Bundesstaat Karnataka (früher Mysore). Sprecher des Kannada gibt es auch in anderen Bundesstaaten (Andhra Pradesh, Tamil Nadu, Maharashtra). Kannada ist Amtssprache in Karnataka.

Die Entwicklung des Kannada, das zur → dravidischen Sprachfamilie gehört, setzte relativ früh ein. Kannada war die erste selbständige Sprache, die sich aus dem Proto-Süddravid. ausgliederte. Verwandtschaftl. am nächsten stehen das Kodagu und das Badaga (eine sekundäre Abspaltung vom Kannada). Das Sprachgebiet ist dialektal stark zersplittert. Große Divergenzen bestehen zwischen den Küstendialekten sowie den Dialekten im nördl. Teil Karnatakas, die sich deutlich von der Umgangssprache und den Stadtdialekten von Bangalore und Mysore City unterscheiden. Es gibt auch zahlreiche soziale Sprachschichtungen (entspr. der Kastenhierarchie) sowie Unterschiede im Sprachgebrauch religiöser Gruppierungen (brahmanisch vs. nichtbrahmanisch).

Kannada ist inschriftl. seit dem 6. Jh. n. Chr. bezeugt. Im Verlauf des 9. und 10. Jh. fächerte sich das Schrifttum mit Originalwerken und Übersetzungen (aus dem → Sanskrit, Prakrit und Pali) breit aus. Während des Mittelalters machte sich ein starker Einfluß des Sanskrit geltend, der sich in der Literatur, in der Lexik und auch im Lautsystem des Kannada niedergeschlagen hat. Kannada wird mit einer Variante der Brahmi-Schrift geschrieben. Diese Schriftvariante ist im wesentlichen identisch mit der Schrift des → Telugu.

In der Periodisierung der Schrifttradition in Kannada werden folgende Phasen unterschieden: Altes Kannada (6.–10. Jh.), Mittel-Kannada (13.–19. Jh.), Modernes Kannada (20. Jh.).

Lit.: Sridhar 1989, Schiffman 1992

Karelisch (Karelian, carélien). Der größte Teil der 0,124 Mio. Karelier, von denen 60 700 (48,6 %) Karel. als Muttersprache bewahrt haben, ist in der an Finnland angrenzenden Republik Karelien im Norden der Russ. Föderation beheimatet. Dort wohnen 81 000 aller Karelier (entspr. 58 % der karel. Gesamtbevölkerung). Der Anteil der Karelier an der Republiksbevölkerung macht lediglich 10 % aus; die Mehrzahl (74 %) sind Russen.

Am Oberlauf der Wolga und in den Ausläufern des Valdai-Gebirges leben rund 30 000 Karelier im Gebiet Tver', es sind Nachkommen von Kareliern, die in der ersten Hälfte des 17. Jh. aus dem nordwestl. Küstengebiet des Ladogasees ins Wolgagebiet abwanderten. Karel. Siedlungsgruppen findet man auch im Gebiet Leningrad (d. h. in den Landbezirken außerhalb der Stadt St. Petersburg), im Gebiet Murmansk sowie in den Gebieten Nowgorod und Kaluga.

Die Sprecherzahl des Karel. ist in diesem Jahrhundert beständig zurückgegangen. Während die Volkszählung von 1926 insgesamt 236 840 (entspr. 95,5 % der damaligen Zahl der Karelier) Sprecher des Karel. aufführt, geben die Ethnostatistiken nach dem Krieg 119 070 karel. Muttersprachler (entspr. 71,3 % aller Karelier) für 1959, 91 980 Sprecher (63,0 %) für 1970 und 76 730 Sprecher (55,6 %) für 1979 an. Der ständige Zustrom russ. und anderer Immigranten nach Karelien hat den situationellen Druck des Russ. erhöht und damit den Trend zur Assimilation verschärft. Im Herbst 1944 entgingen die Karelier, deren Wohngebiet während des Krieges von finn. Truppen besetzt war, und von denen nicht wenige mit den Besatzern sympathisierten, nur knapp der Massendeportation.

Das Karel. ist eine ostseefinn. Sprache und steht innerhalb dieser Gruppe dem → Finnischen am nächsten. Die ostfinn. Mundarten bilden eine Übergangszone zwischen den beiden histor. Einzelsprachen. Das ursprüngl. Karel. ist am besten im Sprachgebrauch der Nordkarelier und bei den Tver'-Kareliern bewahrt. Im südl. Karel. haben sich Substrateinflüsse einer ehemals → wepsisch-sprachigen (später assimilierten) Bevölkerung erhalten; bedingt durch diese Eigenheiten haben sich besondere lokale Varianten des Südkarel. ausgeprägt: das Lüdische (im Gebiet westl. von Petrozavodsk und im nordwestl. Küstengebiet des Onegasees) und das Olonetzische (im nordöstl. und östl. Küstengebiet des Ladogasees). Lüd. und Olonetz. stellen ein Bindeglied dar zwischen dem Karel., das mit dem

Finn. die nördl. Gruppe der ostseefinn. Sprachen bildet, und dem südöstl. Vertreter, dem Weps.

Die meisten finn.-ugr. Erbwörter hat das Karel. mit dem Finn. gemein (z. B. *pil'vi* ‚Wolke‘, *el'iä* ‚leben‘, *nahka* ‚Haut‘). Hierzu gehören auch solche Wörter, die in beiden Sprachen gleiche Lautstruktur, aber verschiedene Bedeutung haben (z. B. karel. *haju* ‚Verstand, Sinn‘ vs. finn. *haju* ‚Gestank, Geruch‘, karel. *ruma* ‚anspruchslos (im Essen)‘ vs. finn. *ruma* ‚häßlich‘). Im Karel. findet sich eine Reihe spezif. Ausdrücke ohne Parallelen in anderen ostseefinn. Sprachen (z. B. *tuhjo* ‚Strauch‘). Mit den anderen ostseefinn. Sprachen teilt der karel. Wortschatz Entlehnungen balt., → germanischer und → slawischer Herkunft während der ostseefinn. Periode (z. B. *hammaš* ‚Zahn‘, *kulda* ‚Gold‘, *luz'ikka* ‚Löffel‘). Unterschiedl. war der Einfluß des → Russischen in den Nachbarsprachen: während es im Finn. nur etwa 350 russ. Lehnwörter gibt, beläuft sich ihre Zahl im Karel. auf fast 2000.

Karel. Sprachmaterial, insbesondere Personen- und Ortsnamen, ist seit dem 14. Jh. überliefert. Im 16. und 17. Jh. entstand religiöse Übersetzungsliteratur, deren Texte in der Bibliothek des Klosters Solovec aufbewahrt werden. In das vergleichende Wörterbuch von P. S. Pallas (1786–89) gingen fast 300 karel. Ausdrücke ein. Die Übersetzungsliteratur des 19. Jh. wurde umfangreicher und vielfältiger. Noch vor 1810 entstanden zwei Gebetsammlungen, eine im Dialekt der Tver'-Karelier, die andere in Olonetz. 1820 wurde eine Übersetzung des Matthäusevangeliums in St. Petersburg gedruckt, eine Übersetzung des Markusevangeliums ist nur handschriftl. überliefert. Die Sprachform dieser Texte ist der tver'-karel. Dialekt.

Am generellen Trend der an religiöser Übersetzungsliteratur orientierten karel. Schriftlichkeit änderte sich bis 1918 wenig. In karel. Sprache ist eine reiche Volksdichtung mündl. überliefert. Die von E. Lönnrot aufgezeichnete epische Volksdichtung, die er in seinem Epos „Kalevala" verarbeitet hat, basiert auf karel. (und ostfinn.) Sprachmaterial. Seit dem vergangenen Jahrhundert ist die orale Literatur in verschiedenen Sammlungen aufgezeichnet worden. Die Verschriftung der Volksdichtung lief parallel zur wissenschaftl. Erforschung des Karel. seit der zweiten Hälfte des 19. Jh.

In den 1930er Jahren wurden von der sowjet. Sprachplanung zwei voneinander unabhängige Versuche unternommen, eine karel. Standardsprache zu kodifizieren. Zunächst stand der Dialekt der Tver'-

Karelier im Vordergrund des Interesses. Zwischen 1931 und 1937 wurden vom Forschungszentrum für karel. Sprache und Kultur in Lichoslavl (Gebiet Kalinin) etwa fünfzig Publikationen (Schulbücher, Broschüren zur polit.-sozialen Bildung, Belletristik) in der neuen Schriftsprache herausgegeben. Im Jahre 1939 verlagerte sich der Mittelpunkt des kulturellen Lebens nach Petrozavodsk in Karelien, wo seither die Zweigstelle der Akademie der Wissenschaften die Forschungstätigkeit organisiert. Abweichend vom Schriftstandard der frühen 1930er Jahre arbeitete D.V. Bubrich 1937 eine neue Norm auf der Basis des Nordkarel. aus. In dieser Sprachform erschienen zwischen 1938 und 1940 rund zweihundert Bücher, außerdem eine Zeitschrift.

Die Verlagerung des Schwerpunktes der standardsprachl. Norm und des Schriftsprachengebrauchs von den Enklaven der Tver'-Karelier nach Karelien hatte polit. Hintergründe. Noch in den frühen 1930er Jahren fungierte vorrangig Finn. als Schriftsprache in Karelien, das Karel. wurde dort nur gesprochen. Gleichzeitig mit der Einführung der nordkarel. Schriftsprache wurde das Finn. bewußt verdrängt. In der neu gegründeten Finn.-karel. Republik (russ. Finsko-karel'skaja SSR) diente die Betonung des eigenständigen karel. Charakters als Mittel der polit. Abgrenzung gegenüber dem benachbarten „bourgeoisen" Finnland. Nach dem Winterkrieg, d.h. im Frühjahr 1940, wurde dieses polit.-kulturelle Projekt, damit auch die nordkarel. Schriftsprache, aufgegeben.

Nach 1945 fungierte eine Zeitlang – neben dem Russ. – das Finn. als Schriftsprache in Sowjetkarelien. In den 1950er Jahren wurde es radikal abgeschafft, und erst wieder in den 1970er Jahren in bescheidenem Umfang im Pressewesen verwendet. Das Nordkarel. wird seit 1989 wieder als Schriftsprache in latein. Graphie verwendet; in dieser Sprachform sind verschiedene Schulbücher für die Unterstufe gedruckt worden. Es gibt auch einige regionale Zeitschriften in karel. Sprache. Russ. ist weiterhin Amtssprache Kareliens.

Lit.: Rjagoev 1993, Virtaranta 1968, 1972

Karibisch (29 Sprachen). Karib. Sprachen sind hauptsächl. im nördl. Küstengebiet Südamerikas verbreitet (nordöstl. Brasilien, Französ.-Guiana, Surinam, Guyana, Venezuela). Das auch auf einigen Inseln der Karibik verbreitete Insel-Karib. ist ausgestorben. Die Verwandtschaftsbeziehungen der karib. Sprachen untereinander hat als erster Filippo Salvadore Gilij im Jahre 1782 erkannt. In den vergangenen Jahrzehnten sind verschiedentlich Versuche unternommen worden, das Karib. mit anderen Sprachfamilien (z. B. → Macro-Ge, → Tupí) in Verbindung zu bringen. Die meisten Amerikanisten stehen solchen Vergleichen skeptisch gegenüber.

Kaschubisch (Kashubian/Cassubian, cassoube). Kaschub. sprechen oder verstehen nach maximalen Schätzungen 0,15 Mio. Menschen; davon spricht aber nur ein kleiner Teil (ca. 50 000) Kaschub. als Alltagssprache. Kaschub. wird heute nordwestl. und südwestl. von Danzig im Norden des histor. Westpreußen und in Ostpommern gesprochen. Der Dialekt der lutheran. Kaschuben, das Slowinzische, ist um die Mitte des 20. Jh. außer Gebrauch gekommen.

Kaschub. ist eine westslaw. Sprache und gehört zur lechischen Untergruppe; am nächsten verwandt ist es mit dem → Polnischen. Der heutige soziokulturelle Status des Kaschub. ist der einer geförderten Minderheitensprache in Polen. Kaschub. wird an einigen wenigen Schulen unterrichtet, es gibt kaschub. Radio- und Fernsehsendungen. Neuerdings wird auch die kathol. Messe in einigen Kirchen der Region auf Kaschub. zelebriert.

Den größten Teil seines slaw. Erbwortschatzes hat das Kaschub. mit dem Poln. gemein. Zu den ältesten Lehnwörtern des Kaschub. gehören Substratelemente aus dem Altpreußischen, einer ausgestorbenen balt. Sprache. Das Poln. hat das Kaschub. im Laufe der Jahrhunderte am stärksten beeinflußt; poln. Elemente finden sich nicht nur im Wortschatz des Kaschub., sondern auch in dessen Grammatik und in der Wortbildung. Den zweitstärksten Einfluß hatte das → Deutsche. Es gibt mehr deutsche Lehnwörter im Kaschub. als vergleichsweise im Poln.

Kaschub. wird seit Anfang des 15. Jh. geschrieben. Die Sprache des älteren Schrifttums war ein stark vom Poln. überformtes hybrides Kaschub. In dieser Sprachform sind auch die ältesten Druckwerke verfaßt, evangel.-luther. Devotionalien des 16. und 17. Jh. Der erste Schriftsteller, der sich vom Einfluß der poln. Schriftsprache befreite und reines Kaschub. schrieb, war Florian Ceynowa (1817–1881). 1993 wurde eine kaschub. Übersetzung des Neuen Testaments veröffentlicht. Das Kaschub. ist immer in Lateinschrift nach dem Vorbild der poln. Orthographie geschrieben worden.

Lit.: Stone 1993

Katalanisch (Catalan, catalan). Katalan. wird von rund 6,5 Mio. Menschen gesprochen, von denen die meisten in der seit 1980 autonomen Region Katalonien (katalan. Catalunya, span. Cataluña) sowie in der seit 1982 autonomen Region Valencia leben. Als Primärsprache wird Katalan. von etwa 6 Mio. Menschen gesprochen, ca. 0,5 Mio. sind Zweit- oder Drittsprachler. Praktisch alle Katalanen sind zweisprachig, das gilt auch für die katalan. Minderheiten außerhalb Spaniens. Das Verbreitungsgebiet des Katalan. erstreckt sich auf folgende Regionen in vier Staaten:

1) Spanien: Katalonien (Generalitat de Catalunya), der größte Teil der autonomen Region von Valencia (Comunitat Valenciana), die östl. Randzone der Provinz Aragón, eine kleiner Landstrich in der Provinz Murcia (el Carxe), die Balearen (Mallorca, Menorca, Eivissa/Ibiza, Formentera); ca. 5,8 Mio. Sprecher.; 2) Frankreich: Département Pyrénées-Orientales, dessen Bewohner mehrheitlich Katalan. sprechen; ca. 0,3 Mio. Sprecher; 3) Andorra: ca. 22000 Sprecher; 4) Italien: Stadt Alghero an der Westküste Sardiniens; ca. 22000 Sprecher; Zweitsprache neben → Italienisch auch → Sardisch.

Eine Umfrage des Jahres 1991 zur Erhaltung des Katalan. zeigt unterschiedliche Proportionen für die drei Hauptregionen. Eine Differenzierung der Sprachfertigkeiten ergibt folgendes Bild, jeweils für Katalonien – Valencia – Balearen: Verstehen (93,7 % – 77,1 % – 88,7 %), Sprechen (68,3 % – 49,4 % – 66,7 %), Lesen (67,6 % – 24,3 % – 54,9 %), Schreiben (39,9 % – 7 % – 25,9 %). In Alghero wurde ermittelt, daß rund 58 % der Stadtbevölkerung Katalan. verstehen.

Katalan. ist eine westroman. Sprache und gehört mit dem → Spanischen, → Galicischen und → Portugiesischen zur Gruppe der iberoroman. Sprachen. Nach seiner engeren Sprachverwandtschaft nimmt das Katalan. eine Brückenstellung zwischen den iberoroman. und galloroman. Sprachen (→ Französisch, → Occitanisch) ein. Dies erklärt sich aus dem Umstand, daß im 9. Jh. Varianten des Altroman. aus Frankreich mit der fränkischen Eroberung Kataloniens nach Süden „verpflanzt" wurden. Im 11. Jh. konsolidierte sich das katalan. Kernland (Perpignan, Gerona, Barcelona, Tarragona), das sog. „Altkatalonien" (Catalunya Vella). Im Verlauf der Rückeroberung der arab. besetzten Regionen der Pyrenäenhalbinsel wurde die katalan. Sprachzone weiter nach Süden ausgedehnt. Diese

Gebiete gehören sprachl. und kulturhistor. zu „Neukatalonien" (Catalunya Nova). Dort kam es während des Mittelalters zur Assimilation von Sprechern des → Arabischen und des Roman. (Mozarabisch) der bodenständigen Bevölkerung.

Das katalan. Sprachgebiet gliedert sich in zwei dialektale Hauptgruppen (Ost- und Westkatalan.), wobei die Unterschiede zwischen den lokalen Sprachvarianten hauptsächl. die Phonetik und die Morphologie des Verbsystems betreffen. Zu den östl. Dialekten gehören das Katalan. im französ. Roussillon (*rosellonès*), das zentrale Katalan. im östl. Katalonien, das Balearische und der Dialekt von Alghero (*alguerès*). Die westkatalan. Dialektgruppe umfaßt das im Westen und Süden Kataloniens sowie im östl. Aragonien gesprochene Katalan., außerdem das Valenzian.

Der aus dem Sprechlatein ererbte Wortschatz des Katalan. setzt sich aus Elementen zusammen, die einerseits Parallelen in den iberoroman. Sprachen (z. B. katalan. *casa* ‚Haus' / span. *casa* vs. franz. *maison*), andererseits in den galloroman. Sprachen (z. B. katalan. *taula* ‚Tisch' / franz. *table* vs. span. *mesa*) haben. In den Orts- und Gewässernamen Kataloniens haben sich alte Substratelemente iber., → baskischer und → keltischer Herkunft erhalten. Der → germanische Einfluß (Fränkisch, Westgotisch) beschränkt sich ebenfalls im wesentlichen auf die Toponymie. Allerdings sind bis heute Personennamen westgot. Prägung beliebt (z. B. Ramò, älter Ramon < Raimundo). Die Zahl der arab. Entlehnungen im Katalan. (ca. 230 bis heute gebräuchl. Ausdrücke, z. B. katalan. *cotó* ‚Baumwolle' < arab. *qutún*) ist im Vergleich zum umfangreichen Repertoire der Arabismen im Span. wesentl. geringer.

Während des Mittelalters stand das Katalan. unter französ. und occitan. Einfluß. Die Kontakte zum Französ. setzten sich im Katalan. des Roussillon nördl. der Pyrenäen kontinuierl. fort, im Süden nahm allmählich der Einfluß des Aragones. (seit dem 14. Jh.) und später des Span. (seit dem 15. Jh.) zu. Das Span. (*castellano*) ist heute die Hauptquelle für Entlehnungen im Katalan. Im Katalan. von Alghero finden sich hingegen nicht nur zahlreiche Lehnwörter aus den Kontaktsprachen Sard. und Italien.; auch die grammat. Strukturen sind von diesem massiven Fremdeinfluß berührt worden.

Schon im 9. Jh. tauchen katalan. Personennamen in latein. Dokumenten der östl. Pyrenäen auf, die daraufhin deuten, daß sich das Katalan. bereits deutlich vom → Latcinischen unterschied. Vom

Ende des 12. Jh. ist die erste Sammlung katalan. Texte erhalten („Homilies d'Organyà"). Im 13. Jh. erlebte die katalan. Schrifttradition eine frühe Blüte. Das Katalan. fungierte damals als Literatursprache und als Kanzleisprache. Der berühmte katalan. Philosoph Ramon Llull (1232–1315) verfaßte seine Werke auf Katalan. Wichtige Gesetzessammlungen wurden in Katalan. aufgezeichnet, u. a. das „Llibre de Consolat de Mar", dessen Inhalt die Grundlage des späteren internationalen Seerechts wurde. In jener Zeit war die Sprache der höfischen Dichtung das Occitan.; erst im 15. Jh. verdrängte das Katalan. diese Sprache.

Die Zeit vom 16. bis 19. Jh. war für das Katalan. eine Phase des Niedergangs, während der es als Schriftsprache nur sporadisch verwendet wurde. Damals dominierte das Span. das kulturelle und polit. Leben. Im frühen 19. Jh. erlebte die katalan. Literatursprache ihre „Renaissance" (katalan. Renaixença), zunächst mit Lyrik und volkstüml. Theater, später mit Romanliteratur und journalist. Texten. Damals entwickelte sich der Sprachgebrauch der Stadt Barcelona zum Standard der neukatalan. Schriftsprache. Daneben haben sich auf den Balearen und in der Region von Valencia regionale Standards entfaltet, deren Unterschiede vergleichbar sind mit denen zwischen brit. und amerikan. Englisch.

Während der Zeit der Francodiktatur, insbesondere von 1939 bis 1960, war das Katalan. aus dem öffentl. Leben verbannt. Seit den 1960er Jahren wurde es als Schriftsprache reaktiviert und erlebte in den 1970er Jahren eine moderne Renaissance. Seit der Reinstitutionalisierung als regionale Amtssprache Kataloniens im Jahre 1983 nimmt es erneut öffentl. Funktionen wahr.

Die Sprachgeschichte des Katalan. wird folgendermaßen periodisiert: ältere Schriftsprache (Ende 12. Jh.–18. Jh.), neukatalan. Schriftsprache (seit Anfang 19. Jh.).

Lit.: Bruguera i Talleda 1996, Carulla 1990, Ferrando/Nicolás 1993, Wheeler 1998

Katukina. Sprachen dieser Familie sind im östl. Brasilien verbreitet. Keine der lokalen Sprachgemeinschaften zählt mehr als 650 Sprecher.

Kaukasische Sprachen (insgesamt 37). Wenn von den „Sprachen des Kaukasus" die Rede ist, so geht es dabei um etwas anderes, als wenn man von den „kaukas. Sprachen" (die in russ. Terminologie auch „iberisch-kaukas. Sprachen" genannt werden) spricht. Zu den Sprachen des Kaukasus gehören alle diejenigen, die von den Bewohnern der Gebirgsregion und deren Vorland gesprochen werden. Dies sind einheim. wie importierte Sprachen. Die Bezeichnung „kaukas. Sprachen" bezieht sich im engeren Sinn auf die autochthonen Sprachen der Kaukasier. Davon gibt es nach den Erkenntnissen der russ. Forschung etwas mehr als drei Dutzend.

Im Kaukasus sind außerdem zahlreiche andere Sprachen verbreitet, die mit Zuwanderern in diese Region gelangten. Dies sind → indoeuropäische Sprachen (z. B. → Armenisch, → Ossetisch, → Kurdisch), → Turksprachen (z. B. Aserbaidschan., Kumükisch, Nogaisch), → semitische Sprachen (z. B. → Hebräisch, → Aisor), eine → mongolische Sprache (Kalmykisch) u. a. Die Gesamtzahl der im Kaukasus beheimateten Sprachen beläuft sich auf fast 60.

Bereits den Griechen der Antike war bekannt, daß der Kaukasus die Heimat vieler Völker und eine Region mit vielen Sprachen ist. Der Geograph Strabo (63 v. Chr.–20 n. Chr.) berichtet in seinem Werk „Geographica" (11, 2, 16) von der griech. Kolonie Dioskurias (in der Nähe von Suchumi), daß dort „70 Völker zusammenkommen". Auf die Vielsprachigkeit dieser Handelsstadt weist auch Plinius der Ältere (23–79 n. Chr.) in seiner „Historia Naturalis" (6, 5) hin. Auch der arab. Geograph al-Mas'udi hebt im 10. Jh. die Vielzahl der Völker und Sprachen hervor und nennt den Kaukasus ein „Gebirge der Sprachen".

Die autochthonen kaukas. Sprachen sind direkte Fortsetzer der Sprachen, die von der Urbevölkerung der Region gesprochen wurden und von denen im Laufe der Zeit etliche ausgestorben sind (Hurritisch, Agwanisch, Apsilisch u. a.). Alle kaukas. Sprachen sind gekennzeichnet durch ein komplexes Lautsystem, insbesondere durch eine Vielzahl von Konsonanten (im Ubychischen mehr als 80). Aufgrund ihrer näheren genealog. Verwandtschaft werden die kaukas. Sprachen in drei (nach anderer Klassifizierung, die das Ostkaukas. in zwei Makrogruppen trennt, in vier) Sprachfamilien eingeteilt (s. u.).

Der Gebrauch von Schrift ist in der Kaukasus-Region seit der Antike bekannt. Als älteste Schriftart wurde die Keilschrift verwendet (zur Schreibung des Urartäischen). Später verbreitete sich die Kenntnis von Alphabetschriften (zunächst griech. und latein., später auch syrischer und hebräischer Prägung). Die ältesten Schriftsprachen des Kaukasus (→ Georgisch und Armen.), die in jeweils lokalen Originalschriften geschrieben werden und in denen bereits im 5. Jh. christl.-religiöse Literatur aufgezeichnet wurde, sind zugleich die ältesten Schriftsprachen des östl. Europa. Von den kaukas. Sprachen sind insgesamt zwölf verschriftet. Vom Georg. mit seiner frühmittelalterl. Schrifttradition abgesehen, wurden die übrigen Sprachen erst im Verlauf des 19. und 20. Jh. zu Schriftsprachen ausgebaut, u.a. das → Abchasische und Kabardinische, das → Tschetschenische und Inguschische.

Gruppierungen:
- Westkaukasisch (Nordwestkaukas.): z.B. Abchasisch, Kabardinisch
- Nordostkaukasisch (dagestanische Sprachen): Nachisch; Awarisch-Andisch-Tsesisch; Lakkisch-Darginisch; Lesgisch
- Nordkaukasisch (Vei-Nach-Sprachen): z.B. Inguschisch, Tschetschenisch, Bats(bi)isch
- Südkaukasisch (kartvelische Sprachen): z.B. Georgisch

Lit.: Bokarev 1967, Hewitt 1998, Klimov 1969

Keltische Sprachen. Die kelt. Sprachen sind ein eigener Zweig der → indoeuropäischen Sprachfamilie. Die Ausgliederung des kelt. Sprachzweigs aus dem indoeurop. Kontinuum erfolgt im Verlauf des 3. Jt. v. Chr. Kelt. Traditionen wurzeln zweifellos in der Urnenfelderkultur Mitteleuropas (1200–750 v. Chr.), deren Fortsetzer die ältere Hallstatt-Kultur ist (750–600 v. Chr.). Um 600 v. Chr. hat sich das Mosaik kultureller und sprachl. Eigenheiten ausgeprägt, die von den antiken Autoren den Kelten (griech. Keltoi, lat. Celti) zugeschrieben werden.

Die älteste Sprachform des Kelt. ist das Festlandkelt., das in der Antike weit verbreitet war. Zwischen dem 4. und 1. Jh. v. Chr. expandierten die Kelten ihre Siedlungen aus dem Kerngebiet der Hallstatt- und La Tène-Kultur (Alpentäler Österreichs und der Schweiz, Süddeutschland), hauptsächl. nach Westen und Osten. In vorröm. Zeit wurden Varianten des Festlandkelt. in Spanien (Keltiberisch), Frankreich (Gallisch), Norditalien (Lepontisch), in Mitteleuropa bis nach Rumänien und Bulgarien gesprochen. Kelten siedelten auch in Kleinasien (Galater). Die Galater assimilierten sich sprachl. schon bald an die bodenständigen Kulturen; für das 2. Jh. v. Chr. ist nur noch an den Personennamen zu erkennen, daß deren Träger kelt. Abstammung waren.

Die Besiedlung der britischen Inseln durch Kelten war ein langwieriger Prozeß, der sich vom 6. bis zum 1. Jh. v. Chr. hinzog. Auf diesen Zeitraum geht auch die Ausbildung des Inselkelt. zurück. Die britischen Inseln sollten zum eigentl. Rückzugsgebiet kelt. Kultur und Sprache werden. Überall auf dem Festland assimilierte sich die lokale kelt. Bevölkerung früher oder später. In der histor. Landschaft Ar(e)morica (Bretagne) hielt sich das Festlandkelt. am längsten. Als kelt. Flüchtlinge im 5. Jh. n. Chr. aus Britannien in die Armorica flüchteten, trafen sie dort auf Festlandkelten, die noch Kelt. sprachen. Diese assimilierten sich an das nah verwandte Inselkeltisch, dessen moderner Fortsetzer das → Bretonische ist.

Die kelt. Bewohner der britischen Inseln und ihre Sprachen waren lange Zeit Objekt von Spekulationen über ihre mögl. Herkunft. Man hielt das → Irische und → Kymrische für die ältesten Sprachen Europas und spekulierte sogar über direkte Ableitungen vom → Hebräischen, der biblischen „Mutter" aller Sprachen. Die Bewegung des Celtic Revival im 18. Jh. war zeitgleich mit der Besinnung anderer Europäer auf ihre kulturellen und sprachl. Wurzeln. Damals wurden Altertümer und sprachl. Überlieferungen gesammelt. In Irland wurde die erste Kulturinstitution gegründet, die Royal Irish Academy (1785).

Es entstanden zahlreiche Sammelwerke, von denen die von Charlotte Brooke (um 1740–1793) herausgegebene Anthologie „Reliques of Irish Poetry" (1789) besonders einflußreich war. Die Ossiantexte von James MacPherson (1736–1796), eine nostalg. Rückblende in die episch-heroische Zeit der Kämpfe der Iren gegen die Wikinger, stellten sich zwar später zum Teil als Fälschungen heraus, sie hatten aber nachhaltige Wirkung auf das kulturelle Selbstbewußtsein der kelt. Bevölkerung.

Die philolog. Sammeltätigkeit des 18. Jh. mündete im 19. Jh. in die wissenschaftl. Erforschung kelt. Kulturen und Sprachen. Aufbauend auf den Erkenntnissen von Franz Bopp zu den Verwandtschaftsbeziehungen der indoeurop. Sprachfamilie erarbeitete Johann Kaspar Zeuss (1806–1856) in seiner „Grammatica Celtica" (1853) die Grundlagen der modernen Keltologie.

Gruppierungen:
- Inselkeltisch: Goidelisch/Gälisch (Irisch, Manx, → Schottisch-Gälisch) – Britannisch/Britisch (Kymrisch, Kornisch, Bretonisch)
- Festlandkeltisch (ausgestorben): Gallisch – Keltiberisch u. a.

Lit.: Haarmann 1997a, Lewis/Pedersen 1961, Russell 1995

Keres. Die Sprachen dieser Gruppierung werden im US-amerikan. Bundesstaat New Mexico gesprochen. Das westl. Keres zählt 4500 Sprecher. Bisher ist es nicht gelungen, irgendeine Verwandtschaft der Keres-Sprachen mit anderen Indianersprachen nachzuweisen.

Khmer, Kambodschanisch (Cambodian, cambodgien). Das Khmer (zentrale Khmer) ist die Hauptsprache Kampucheas (Kambodschas). Es wird heute von weitaus weniger Menschen gesprochen als noch Anfang der 1970er Jahre. Grund dafür sind die Genozidverbrechen des Pol Pot-Regimes. Der Tyrannei der „roten Khmer" sind ca. 2 Mio. Menschen zum Opfer gefallen. Khmer ist die Muttersprache von 7,1 Mio. Menschen, von denen 5,95 Mio. in Kampuchea (ca. 90 % der Landesbevölkerung) beheimatet sind. Zahlenmäßig bedeutende Außengruppen der Khmer leben in den Nachbarstaaten Vietnam (0,7 Mio.) und Thailand (0,5 Mio.); rund 11 000 Khmer sind nach Laos abgewandert. Flüchtlinge aus Kampuchea sind v. a. nach Frankreich (ca. 50 000) und in die USA (ca. 50 000) emigriert.

Khmer ist eine → austroasiatische Sprache und der Hauptvertreter des Mon-Khmer-Sprachzweigs. Das Sprachgebiet des Khmer ist dialektal wenig differenziert. Unterschiede im Vokalismus sind zwischen der Region von Phnom Penh und den Provinzen Battambang und Ta Keo zu beobachten. Die moderne standardsprachl. Variante des Khmer ist in allen Regionen Kampucheas verständlich.

Anders als seine Nachbarsprachen → Vietnamesisch, → Thai und → Laotisch kennt das Khmer keine Tonhöhenunterschiede. Das Vokalsystem ist stark differenziert, während der Konsonantismus relativ einfach strukturiert ist. Die meisten Wörter des Khmer sind ein- oder zweisilbig. Der grammat. Formenschatz und die lexikal. Strukturen sind im Hinblick auf das soziale Verhältnis von Sprecher und Angeredetem differenziert. Hierzu gehört die Unterscheidung im Sprachgebrauch zwischen Männern und Frauen, z. B. *cah* ‚ja' (Frauen) vs. *ba:t* ‚ja' (Männer). Das Khmer kennt auch eine Reihe sondersprachl. Varianten, etwa die Sprachvariante der buddhist. Mönche, die deutlich von der Alltagssprache abweicht (z. B. *chan* ‚essen' in der Sprache der Mönche vs. *nam ba:y* ‚essen' in der Normalsprache), und die histor. Sprachform der Angehörigen des Königshauses („Königssprache").

Trotz der jahrhundertelangen Überformung des Khmer-Wortschatzes durch indische Kultursprachen haben sich teilweise ganz alte Elemente des Erbwortschatzes erhalten. Hierzu gehören etwa Ausdrücke, die im Zusammenhang mit der einheim. animist. Religion stehen (z. B. *bankak* ‚Glück bringen‘, *praphno:l* ‚Vorzeichen‘ oder *ci:* ‚Amulett, das von Kindern getragen wird‘). Seit dem frühen Mittelalter hat das → Sanskrit dem Khmer nicht nur die meisten seiner Kulturwörter vermittelt (z. B. Khmer *ne:em* ‚Name‘, *chan* ‚Poesie, Dichtung‘, *bat* ‚Text‘), sondern es hat auch die elementarsten Schichten des Wortschatzes berührt. Aus dem Sanskrit sind ebenfalls zahlreiche Ausdrücke für alltägl. Begriffe im Khmer entlehnt wie *prok* ‚Baum‘, *nitre:e* ‚schlafen‘, *hem* ‚kalt‘ oder *to:u* ‚zwei‘.

Mit der Verbreitung des Hinayana-Buddhismus aus Indien im 15. Jh. machte sich die Wirkung einer anderen indischen Sprache bemerkbar, des Pali. Auch das Pali hat den Wortschatz des Khmer tiefgreifend beeinflußt. Zu den Entlehnungen im Bereich des Kulturwortschatzes (einschließl. der Schriftkultur) gehören u. a. Khmer *kat* ‚schriftl. festhalten, aufzeichnen‘, *koantha* ‚Buch‘ und *nimit* ‚Erscheinung; Bild‘. Aus dem Pali entlehnte Elemente des Basiswortschatzes im Khmer sind z. B. *macha* ‚Fisch‘, *cakho* ‚Auge‘, *thet* ‚stehen‘ und *nisa:* ‚Nacht‘. Jüngere Lehnwörter sind Ausdrücke aus dem Thai (z. B. *tu:o* ‚Person‘, *ha:en* ‚trocken‘, *kla:v* ‚sagen‘), aus dem Vietnames., → Chinesischen und Cham. Die franzos. Kolonialherrschaft hat auch im Khmer ihre Spuren hinterlassen (z. B. *sanal* ‚Verkehrszeichen‘, *ta:em* ‚Briefmarke‘, *prike:* ‚Feuerzeug‘).

Das Khmer ist eine der ältesten Schriftsprachen Südostasiens. Andere Sprachen mit frühen Schriftzeugnissen sind das Mon und das Cham. Die älteste Inschrift in Khmer stammt aus dem Jahre 611 n. Chr. und ist in einer Variante der damals in Südindien verbreiteten Pallava-Schrift geschrieben. Ungefähr 120 Inschriften stammen aus der Periode vor der Gründung Angkors. Aus der Zeit des Reiches von Angkor Wat (802–1431 n. Chr.) sind etwa 500 Inschriften in Khmer erhalten, die nicht nur in Kampuchea selbst, sondern auch in Vietnam, Laos und in Thailand gefunden worden sind. Aus späterer Zeit sind literar. Texte auf Palmblättern, Textilien und Papier überliefert. Hierzu gehört auch das bekannteste Werk der Khmer-Literatur, das Epos „Ramakerti“ (nach dem Vorbild des indischen „Ramayana“). Das moderne Khmer bildete sich im Verlauf des 18. Jh. aus.

Die Periodisierung der Sprachgeschichte unterscheidet zwischen

Alt-Khmer aus der vor-angkorian. Periode (Anfang 7. Jh.–Anfang 9. Jh.), angkorian. Alt-Khmer (Anfang 9. Jh.–Mitte 15. Jh.), Mittel-Khmer (Mitte 15. Jh.–Mitte 18. Jh.) und dem modernen Khmer (seit 2. Hälfte 18. Jh.).

Lit.: Coedès 1937–66, Diffloth 1992, Gorgoniev 1966

Khoisan-Sprachen (insgesamt 35). Khoisan-Sprachen werden im südl. Afrika von etwa 0,35 Mio. Sprechern gesprochen. Die in der Khoisan-Sprachfamilie gruppierten Sprachen haben eine lautl. Eigenheit gemein, und dies ist das Vorkommen von Schnalzlauten. In der älteren Forschungsliteratur wird auch der Name „Schnalzsprachen" (engl. click languages) verwendet. Nach ihrer Artikulationsstelle werden insgesamt vier Schnalzlaute unterschieden: dental, alveolar, lateral und zerebral. Schnalzlaute haben sich durch den Kontakt mit Khoisan-Sprachen auch in einigen südöstl. und südwestl. Bantu-Sprachen (Gruppierung der → Niger-Kongo-Sprachfamilie) entwickelt. Die so typische Charakteristik der „Schnalzsprachen" weist also über den engeren Kreis der Khoisan-Sprachen hinaus.

Die Namenbildung Khoi-san läßt die beiden Hauptgruppen mit ihren Sprachen erkennen: die Khoi oder Khoikhoi (Selbstbezeichnung der Hottentotten) und die San (Sammelname der Khoikhoi für die sog. Buschmänner und deren Sprachen). Zu den Khoisan-Sprachen gehören weiterhin die Sprache der Kwadi (Angola), das Sandawe und Hadza (beide isoliert von den anderen Khoisan-Sprachen in Tansania). Die meisten Khoisan-Sprachen sind in Namibia, Südafrika und Botswana verbreitet.

Die grundlegende Dreiteilung der Khoisan-Sprachen geht auf Dorothea Bleek (1927) zurück. Besonders durch ihre Studien über die Sprachen der San wurde dieser Zweig der Sprachfamilie besser bekannt. Bleek erkannte auch, daß das Nama, die am weitesten verbreitete und soziokulturell am höchsten entwickelte Buschmannsprache, zur Khoisan-Familie gehört und keine hamit. Sprache mit späteren Einflüssen von Buschmannsprachen ist, wie man früher annahm. Bleeks Klassifizierung wurde später um die isoliert stehenden Sprachen Sandawe und Hadza ergänzt.

Die histor.-vergleichende Rekonstruktion der verwandtschaftl. Beziehungen zwischen den Khoisan-Sprachen wird erheblich dadurch erschwert, daß es über frühere Entwicklungsstadien lediglich spärliches und lückenhaftes Material gibt. Zwar haben sich europ. Reisende und Gelehrte, die nach Südafrika kamen, schon im 17. Jh. darum bemüht, Sammlungen von Sprachmaterial anzulegen und die Besonderheiten des Lautsystems zu dokumentieren, die Qualität der Aufzeichnungen ist aber individuell sehr unterschiedlich und erlaubt keine allgemein verbindl. Rückschlüsse auf frühere Sprachzustände. Bemerkenswerterweise hat der erste Europäer, der die Sprache der damals noch in der Kapregion lebenden Hottentotten aufzeichnete (der Engländer Thomas Herbert im Jahre 1626), feinere Differenzierungen bei den Schnalzlauten wahrgenommen als die meisten nach ihm.

Von den mehr als 140 Sprachvarianten, die früher einmal zur Khoisan-Sprachfamilie gehört haben, sind die meisten ausgestorben. Die einzige Khoisan-Sprache, in der ein nennenswertes Schrifttum entstand, ist das rezente Nama, und keine der ausgestorbenen Sprachen war je verschriftet. So bleibt für die Rekonstruktion von Entwicklungsstadien, wie sie bei der Erforschung → indoeuropäischer oder → afroasiatischer Sprachen erreicht werden (bis zu 7000 bzw. 8000 Jahren zurückreichend), im Fall der Khoisan-Sprachfamilie nur wenig Spielraum.

Obwohl die Khoisan-Sprachen (vom Nama abgesehen) nach der Gesamtzahl ihrer Sprecher und ihren sozialen Funktionen in den modernen afrikan. Staatswesen nur eine marginale Rolle spielen, sind sie sowohl vom linguist. als auch vom kulturanthropolog. Standort von besonderer Bedeutung. „Ohne Zweifel gehören diese Sprachen zu den Nachfahren der ältesten menschl. Sprachen auf dem afrikan. Kontinent" (Winter 1981: 347). In den lautl. und grammat. Strukturen sowie im lexikal. Bestand der Khoisan-Sprachen sind also uralte Bausteine menschl. Sprachbildung zu finden (z. B. die Kriterien der Genusunterscheidung bei Nomina bzw. deren Einteilung nach semant. Klassen; Verwandtschaftsterminologie).

Nach den Erkenntnissen der humangenet. Forschung gehören die Khoisan zur Urbevölkerung des südl. → Afrika. Die Vorfahren der heutigen Khoisan lebten also schon dort, bevor schwarzafrikan. Populationen von Norden und Nordosten nach Süden wanderten. Die Khoisan unterscheiden sich sowohl im Hinblick auf ihre anthropolog. Merkmale als auch hinsichtl. ihres genet. Profils von den schwarzafrikan. Völkern in ihrer Nachbarschaft. Dies sind in der Hauptsache Bantu-Völker (→ Zulu, Xhosa, Tswana, Herero u. a.).

Gruppierungen:
- zentrale Khoisan-Sprachen (Hain, Kwadi, Nama, Tshu-Khwe)
- nördl. Khoisan-Sprachen
- südl. Khoisan-Sprachen (!Kwi, Hua)
- isoliert: Sandawe, Hadza

Lit.: Traill 1985, Winter 1981

Kiowa-Tano. Diese Sprachen sind im Südwesten der USA verbreitet. Kiowa wird im Bundesstaat Oklahoma gesprochen, die Sprecher der übrigen Sprachen leben in New Mexico. Das südl. Tiwa hat die meisten Sprecher (2500). Die Kiowa-Tano-Sprachen sind entfernt mit den → uto-aztekischen Sprachen verwandt.

Komi, Komi-Syrjänisch, Syrjänisch (Komi/Zyrian, komi/ziryène). Von den insgesamt 0,336 Mio. in Rußland beheimateten Komi (Syrjänen) sprechen 0,238 Mio. (71,0 %) Syrjän. als Muttersprache. Die Mehrzahl der Syrjänen lebt im Gebiet der Komi-Republik im Nordosten des europ. Rußland. Russen stellen in diesem Gebiet die Bevölkerungsmehrheit (57,7 %), der Anteil der Syrjänen macht 23,3 % aus. Der Bevölkerungsanteil der Syrjänen hat sich beständig verringert, hauptsächl. bedingt durch die Zuwanderung russ. Arbeitsimmigranten, insbesondere im Kohlerevier von Workuta. Im Jahre 1970 waren noch 30,5 % der Gebietsbevölkerung Syrjänen.

Kleinere syrjän. Siedlungsgruppen gibt es in anderen Regionen der Russ. Föderation, auf der Kola-Halbinsel (Gebiet Murmansk), im Kreis der Mansen und Chanten sowie im Kreis der Jamal-Nenzen (beide im Gebiet Tjumen' in Westsibirien). Außerhalb Rußlands leben Syrjänen in der Ukraine (ca. 3900) und in Kasachstan (ca. 1500).

Heute entspricht der soziokulturelle Status des Syrjän. dem einer modernen Kultursprache; es wird in der Unter-, Mittel- und Oberstufe sowie im syrjän. Zweig der Hochschule unterrichtet. Im Frühjahr 1992 wurde das neue Sprachengesetz verabschiedet. Danach ist die Komi-Republik offiziell zweisprachig, mit Syrjän. und → Russisch als Amtssprachen. Um amtl. Funktionen zu übernehmen, mußte für das Syrjän. eine moderne polit.-parlamentarische Terminologie geschaffen werden.

Das Syrjän. bildet mit dem am nächsten verwandten → Permjakischen sowie dem → Udmurtischen die permische Gruppe der finn.-ugr. Sprachen. Im Verlauf des 12. Jh. gliederten sich das Syrjän. und Permjak. aus einer gemeinsamen histor. Basis aus. Das heutige syrjän.

Sprachgebiet ist dialektal stark zersplittert. Aufgrund phonet. Kriterien werden insgesamt zehn Dialekte unterschieden. Für die Entwicklung der syrjän. Schriftsprache ist der Dialekt von Syktywkar (Hauptstadt der Komi-Republik) und Umgebung von besonderer Bedeutung. Diese regionale Sprachvariante nimmt eine Brückenstellung ein zwischen den Dialekten am Unterlauf der Wytschegda, an deren Oberlauf und dem Dialekt am Mittellauf der Sysola.

Der Bestand finn.-ugr. Wurzelwörter im syrjän. Wortschatz umfaßt ca. 1000 Elemente mit Parallelen in anderen Sprachen dieser Gruppe (→ Mordwinisch, → Estnisch, → Ungarisch). Innerhalb der permischen Sprachen ergeben sich die meisten Parallelen im Erbwortschatz zwischen Syrjän. und Permjak., der Anteil der syrjän.-udmurt. Parallelen macht rund 80 % aus. Der finn.-ugr. Grundwortschatz enthält auch frühe Entlehnungen proto-indoeurop. und → indo-iranischer Herkunft, die im Syrjän. weiterleben. Die jüngeren indo-iran. Sprachkontakte dauerten bis ins 7. Jh. n. Chr. an. Vorslaw. Kontakte des Syrjän. sind die zum türk. Wolgabulgarischen (vom 8. bis 11. Jh.) und die zu anderen finn.-ugr. Sprachen, und zwar zur Sprache der Tschuden, der Vorfahren der heutigen Wepsen und Karelier (vom 11. bis 15. Jh.).

Ende des 14. Jh., fast hundert Jahre früher als im benachbarten Siedlungsgebiet der Permjaken, setzten die Kontakte zum → Russischen ein, das in seinen verschiedenen Varianten eingewirkt hat, in Form der Schrift- und Umgangssprache sowie der nordgroßruss. Mundarten. Im Verlauf des 19. und 20. Jh. wird der russ. Einfluß intensiver; aus dieser Periode stammen die meisten russ. Lehnwörter des Syrjän.

Bereits während der Zeit der Christianisierung (14./15. Jh.) entstanden Neuprägungen, um eine Überfremdung des Syrjän. durch Russismen zu vermeiden. Aber erst im 19. Jh. entwickelte sich aus der purist. Sprachpflege syrjän. Literaten und Philologen eine eigentlich nationale einheim. Sprachkultur. Dennoch blieb während der Periode der sowjet. Sprachplanung das Russ. die wichtigste Quelle für die Modernisierung des syrjän. Wortschatzes. Die Dominanz des Russ. im zweisprachigen Milieu der heutigen Komi-Republik zeigt sich sowohl in der Terminologie der Wissenschaftssprache als auch im Wortgebrauch der Alltagssprache.

Die Geschichte des syrjän. Schrifttums gliedert sich in zwei zeitl. nicht zusammenhängende Perioden: Altsyrjän. (14. und 15. Jh.) und

Neusyrjän. (seit Mitte des 18. Jh.). Der russ. Missionar Stefan von Perm (gest. 1396) entwickelte im Jahre 1375, hauptsächl. unter Verwendung einheim. Eigentumsmarken (*Tamga*), eine alphabet. Schrift (Abur-Schrift) für das Syrjän. Anfangs übertrug Stefan Gebete und Lieder, später auch längere religiöse Texte aus dem Russ. ins Syrjän. Vom altsyrjän. Schrifttum sind nur kürzere Texte (z. B. auf Kirchenbildern), Glossen und Fragmente in russ. Codices erhalten. Abschriften älterer Texte wurden im 17. und 18. Jh. in kyrill. Schrift angefertigt. Das von Stefan geschaffene Schrifttum hatte zunächst bei den Syrjänen im Flußtal der Wytschegda praktische Bedeutung. Auf deren Dialekt stützte sich die altsyrjän. Schriftsprache. Erst zu Beginn des 15. Jh. verbreitete sich die Schriftsprache auch bei den Syrjänen im Flußtal der Petschora.

Seit Mitte des 18. Jh. entstanden Übersetzungen religiöser Literatur, und es wurden auch kürzere Originaltexte (z. B. Erzählungen) in Syrjän. aufgezeichnet. Als erstes gedrucktes syrjän. Buch erschien im Jahre 1823 die Übersetzung des Matthäus-Evangeliums von A. Sergin. Ein Originalschrifttum in syrjän. Sprache wurde insbesondere von I. A. Kuratov (gest. 1875) gepflegt, der als Klassiker der syrjän. Literatur gilt. Von seinen lyrischen Gedichten sind nur wenige zu seinen Lebzeiten veröffentlicht worden. Die Gedichtsammlung „Menam muza" (Meine Muse) blieb bis 1921 verschollen und wurde erst 1939 gedruckt. Von Kuratov stammen auch Übersetzungen der Werke westeurop. Dichter (Béranger, Heine, Burns) ins Syrjän. Für schulische Zwecke entstanden seit der zweiten Hälfte des 19. Jh. Fibeln und folklorist. Textsammlungen. Im 19. Jh. wurden mit grammat. Werken und Wörterbüchern die philolog. Grundlagen für das Studium des Syrjän. und die Konsolidierung seines Schriftstandards geschaffen.

Der syrjän. Philologe G. S. Lytkin stellte die Weichen für eine Normierung des Schriftsyrjän. auf der Basis des Dialekts von Syktywkar. Die von Lytkin eingeschlagene Richtung einer Festschreibung schriftsprachl. Normen wurde auch von den sowjet. Sprachplanern befürwortet. Zunächst blieb auch die Schreibung kyrillisch. Zwischen 1932 und 1938 wurde dagegen das latein. Alphabet verwendet. Im Jahre 1939 erfolgte die endgültige Umstellung auf die Kyrillica.

Lit.: Batalova 1993a, Hausenberg 1998

Koptisch (Coptic, copte), → Ägyptisch. Kopt. ist die Sprache, die seit dem 3. Jh. n. Chr. in Ägypten gesprochen und geschrieben wurde. Die Araber nannten die einheim. Christen Ägyptens Qibt (Kopten), und dieser Name ist abgeleitet vom griech. Namen für die Ägypter (Aigyptioi). Das Kopt. hat sich aus dem Spätägypt. entwickelt, das in Ägypten vom 11. Jh. v. Chr. bis ins 4. Jh. n. Chr. gesprochen wurde. Die gesprochene und geschriebene Sprache läßt eine Differenzierung in zwei Hauptdialekte erkennen: oberägypt. Kopt. (Sahidisch) und unterägypt. Kopt. (Boheirisch bzw. Memphitisch).

Mit dem Ägypt. hat das Kopt. einen großen Teil des → afroasiatischen Erbwortschatzes gemeinsam. Anders als das ältere Ägypt. hat das Kopt. eine große Anzahl von Lehnwörtern übernommen. Das → Griechische hat das kopt. Lexikon tiefgreifend überformt. In erster Linie betrifft dies den religiösen Wortschatz, denn über die Übersetzung biblischer Texte aus dem Griech. ins Kopt. sind die meisten griech. Elemente in die Sprache der ägypt. Christen gelangt. Auch die Syntax des Kopt. hat sich unter der Einwirkung des Griech. gewandelt. Während für das Ägypt. die Wortfolge Verb – Subjekt – Objekt typisch ist, findet im Kopt. ein Wandel zu SVO statt.

Kopt. ist die Sprache des christl. Schrifttums. Die Zeit der klassischen christl. Texte ist die Periode zwischen dem 3. und 11. Jh. Dies bedeutet, daß Kopt. auch nach der islam. Invasion Ägyptens und der Migration von Arabern ins Land geschrieben wurde. Die meisten Texte in kopt. Sprache entstanden im Zeitraum zwischen dem 3. und 7. Jh. Mit zunehmender sprachl. Assimilation der einheim. Kopten an die Importsprache → Arabisch beschränkte sich die Rolle des Kopt. auf die einer Schrift- und Ritualsprache. Als solche behielt sie auch bis ins 11. Jh. in Nubien Geltung. Diese Region war zwar polit. unabhängig, unterstand aber der kopt. Kirche Ägyptens. In spätkopt. Zeit wurde Kopt. nicht mehr so häufig wie früher als Schriftsprache verwendet. Im 18. Jh. ist so gut wie kein kopt. Schrifttum entstanden. Im 20. Jh. hat das Kopt. als Schrift- und Ritualsprache eine Renaissance erlebt.

Die kopt. Schrift ist vom griech. Alphabet abgeleitet und weicht damit fundamental von der einheim. ägyptischen Schrift ab. Insgesamt werden 31 Zeichen (32 zur Schreibung des Boheirischen) verwendet. Von diesen sind 6 Zeichen aus der demotischen Schrift entlehnt, mit denen ebenso wie mit den griech. Buchstaben Einzellaute geschrieben werden.

Bereits im Verlauf des 9. Jh. assimilierten sich viele Kopten an die Sprache der arab. Einwanderer. Bis ins 14. Jh. wurde Kopt. gesprochen, danach nurmehr geschrieben. Es gibt allerdings Berichte, wonach das gesprochene Kopt. in einigen abgelegenen Oasen noch bis ins 19. Jh. in Gebrauch war. Die rund 6 Mio. Angehörigen der christl.-kopt. Minderheit in Ägypten sprechen heute sämtlich Ägypt.-Arab. als Muttersprache.

In der Sprachgeschichte des Kopt. werden folgende Perioden unterschieden: Altkopt. (1.–5. Jh. n. Chr.), Klassisches Kopt. (3.–11. Jh. n. Chr.), Spätkopt. (11.–17. Jh.), Neokopt. (ab 19. Jh.).

Lit.: Stern 1880, Vergote 1973, Westendorf 1965–67

Koreanisch (Korean, coréen). Korean. wird von rund 75 Mio. Menschen gesprochen; die meisten Koreaner sind in den beiden korean. Staaten auf der Korean. Halbinsel beheimatet. Insgesamt 42 Mio. Sprecher des Korean. leben in Südkorea, 20 Mio. in Nordkorea. Bedeutende korean. Außengruppen gibt es in China (1,92 Mio.; südl. und östl. Mandschurei), Japan (0,67 Mio.; hauptsächl. in der Region von Osaka), Rußland (0,107 Mio.), Saudi-Arabien (66 000), Deutschland (14 000), Singapur (5200). In Amerika haben sich Koreaner in folgenden Staaten niedergelassen: USA (0,7 Mio.; davon 50 000 auf Hawaii), Kanada (29 000), Paraguay (6000), Panama. Kleinere Enklaven korean. Bevölkerung findet man auch in Thailand, auf den Philippinen, in Bahrain, Brunei, auf Guam u. a. Die korean. Sprachinseln in Usbekistan (0,1 Mio.), Kasachstan (51 500) und Kirgisistan (18 000) sind als Folge der Deportation von Koreanern aus Sowjetsibirien (Region Chabarovsk und Vladivostok) im Jahre 1937 nach Zentralasien entstanden. Das Niveau der Spracherhaltung bei den dort lebenden Koreanern liegt unter 60 %.

Korean. ist Nationalsprache in beiden korean. Staaten, und es fungiert als Staatssprache. Als Schriftsprache wird Korean. außerdem in Japan, China, in den zentralasiat. Republiken und in den USA verwendet.

Die Sprachverwandtschaft des Korean. ist bisher nicht eindeutig geklärt. Nach Ansicht vieler Forscher ist es eine isolierte Sprache. Andere stellen es in eine Beziehung zu den → altaischen Sprachen. In diesem Fall hätte die gesonderte Entwicklung des Korean. schon früh eingesetzt, so daß diese Sprache der Vertreter eines eigenen Sprachzweigs innerhalb des Altaischen wäre (vergleichbar mit dem

Status des → Griechischen oder → Armenischen innerhalb der → indoeuropäischen Sprachfamilie). Die größte Ähnlichkeit im grammat. Bau besteht zwischen dem Korean. und den Sprachen des tungusischen Sprachzweigs.

Die für die altaischen Sprachen charakterist. Sprachtechnik der Agglutination (d. h. der Bildung von Wortableitungen mittels morpholog. Elemente ohne Veränderung des Wortstamms) ist im Korean. in besonderer Weise ausgeprägt. Es werden zwei Gruppen von Wortarten unterschieden: a) Wortarten mit veränderl. Formen (Verben zur Bezeichnung von Tätigkeiten und Vorgängen, Eigenschaften und Zuständen, das Existenzverb „sein"), b) Wortarten mit unveränderl. Formen (Nomina, Demonstrativ- und Personalpronomina, Zahlwörter, Adverbien, Konjunktionen und Interjektionen). Die Wortarten werden jeweils durch unterschiedl. Mittel in einen syntakt. Zusammenhang gestellt, die unter (a) genannten durch Suffixe, die unter (b) aufgeführten durch Postpositionen. Typisch für das Korean. (wie für andere Sprachen Ostasiens auch) ist das System der Honorifika, das heißt von Suffixen und lexikal. Elementen zur Kennzeichnung des Verhältnisses von Sprecher und Angeredetem, der Beziehung zu einer dritten Person, über die geredet wird, und der Art und Weise, wie man zu anderen über sich selbst spricht. Die grammat. und lexikal. Strukturen des Korean. registrieren zahlreiche Nuancen im sozialen Netzwerk der korean. Gesellschaft.

Das korean. Sprachgebiet gliedert sich in sechs dialektale Hauptzonen aus: nordöstl., nordwestl., zentraler, südöstl., südwestl. Dialekt sowie der deutlich unterschiedene Dialekt der Insel Cheju. Diese Ausgliederung geht in ihren Anfängen auf die Zeit des polit. Partikularismus auf der Korean. Halbinsel zurück. Noch vor der Zeitenwende entstanden regionale Königreiche. Der histor. Puyo-Dialekt wurde im Norden (im Reich Kokuryo) gesprochen, der Han-Dialekt im Süden (im Reich Silla). Letzterer avancierte im Verlauf des 10. Jh. zur privilegierten überregionalen Sprachform und stellte auch die Basis für die korean. Schriftsprache.

Der alte, nicht entlehnte Bestand des korean. Wortschatzes weist zahlreiche Parallelen zu altaischen Sprachen auf. Seit etwa zweitausend Jahren hat das → Chinesische auf das Korean. eingewirkt, nicht nur auf das Lexikon, sondern auch auf die grammat. Strukturen. Der Anteil chines. Entlehnungen am korean. Gesamtwortschatz macht mehr als 50% aus. Sinokorean. Wörter finden sich in allen Schichten des Wortschatzes, z.B. *puin* ‚Ehefrau; Gattin‘, *iryoil* ‚Sonntag‘, *kesanso* ‚Rechnung‘, *uson* ‚zuerst‘. Im Korean. sind viele Aktionsverben gebräuchlich, die aus dem Chines. stammen. Basis-element ist jeweils ein chines. Substantiv, das durch das korean. Verb *hada* ‚tun‘ ergänzt wird (z.B. sinokorean. *kamsa* ‚Dank‘ + *hada* ‚tun‘ > *kamsa-hada* ‚danken‘). Chines. Elemente werden bis heute für die Modernisierung des korean. Wortschatzes eingesetzt (z.B. sinokorean. *nokhwagi* ‚Videorecorder‘).

Selbst die Zählweisen und das Zahlensystem im Korean. weisen tiefgreifenden chines. Einfluß auf. Es sind zwei voneinander unab-hängige Zahlenreihen in Gebrauch, eine einheim. korean. und eine andere, die komplett aus dem Chines. entlehnt ist. Die Zahlwörter treten in Dubletten auf (1 – korean. *hana* vs. sinokorean. *il*, 2 – *tul* vs. *i*, … 10 – *yol* vs. *sip*). Für die höheren Zahlbegriffe 100, 1000 und 10000 gibt es nur sinokorean. Bezeichnungen. Beide Zahlreihen sind in einem komplexen System von Kontextfunktionen festgelegt. Bei Zeitangaben werden z.B. korean. Zahlwörter zur Stundenzäh-lung verwendet (z.B. *ne-si* ‚vier Uhr‘), sinokorean. Zahlwörter da-gegen zur Minutenzählung (z.B. *sip-pun* ‚zehn Minuten‘). In einer Zeitangabe können also Zahlwörter beider Reihen auftreten.

Die chines. Schrift ist bereits seit etwa zweitausend Jahren in Korea bekannt. Bereits im 4. Jh. n. Chr. wurde sie auch von Korea-nern verwendet. In der zweiten Hälfte des 7. Jh. wurde eine spezielle Ableitung für das Korean. geschaffen, das Ido-System. Chines. Schriftzeichen, die im Chines. Wortstämme bezeichneten, wurden phonet. umgedeutet, so daß sie bei der Schreibung des Korean. pho-net. Wert erhielten und zumeist syllab. gelesen wurden. Es gelang aber nicht, den Zeichenbestand zu standardisieren, so daß die Ido-Schreibweise immer uneinheitl. blieb. Viele korean. Autoren ent-schieden sich daher für die Alternative, ausschließl. das Chines. als Schriftsprache zu verwenden.

Im 15. Jh. erlebte Korea eine Schriftrevolution. König Sejong (reg. 1418–1450) ließ eine praktische Schrift für das Korean. ausarbeiten, ein jahrelanges Projekt, an dem er sich aktiv beteiligte. In der korean. Historiographie wird die Leistung von König Sejong be-sonders herausgestellt und er selbst als Kulturheros verehrt. Allge-mein wird angenommen, daß diese korean. Schriftschöpfung eine alphabet. Originalschrift ohne Vorbild ist. Einige sind der Ansicht, daß verschiedene Zeichen (z. B. für p, n oder l) Ähnlichkeiten mit dem damals im mongol. Reich weit verbreiteten ḥPhags-pa-Alphabet aufweisen. Die neue Schrift mit 28 Buchstaben (mit 17 Konsonanten- und 11 Vokalzeichen) wurde *Hunmin chong'um* (die richtigen Laute für die Unterweisung des Volkes) genannt und 1446 in einem königl. Sprachedikt propagiert. Aber sie wurde von der aristokrat. Elite des Landes als *onmun* (vulgäre Schrift) abgewertet und ihre Schriftzeichen als „Heuschrecken" bespöttelt. Nur wenige Gebildete verwendeten sie. In den folgenden Jahrhunderten entfaltete sich in Korea eine komplexe Schriftkultur. Chines. Sprache und Schrift wurden für offizielle Zwecke und für Literatur mit hochsprachl. Prestige verwendet, das Korean. und die *Onmun*-Schrift für private Zwecke und für volkstüml. Unterhaltungsliteratur.

Lange Zeit lag die Tradition der Onmun-Schrift in der Verantwortung der Frauen, bei denen die volkstüml. Genres der lyrischen Dichtung, der Volkslieder und der einfachen Prosa besonders beliebt waren. Erst gegen Ende des 19. Jh. wurde die korean. Schriftkultur von ihrem „niederen" Image befreit. Ausschlaggebend war die Bibelübersetzung ins Korean. Der in der Mandschurei wirkende schottische Missionar John Ross (1841–1915) verwendete die Onmun-Schrift für seine Übersetzung des Neuen Testaments. Diese erschien im Jahre 1887 und wurde schnell populär. Auf Initiative des korean. Sprachforscher Chu Sigyong wurde die korean. Schrift in *han'gul* (Schrift der Han-Leute, d. h. der Koreaner) umbenannt. Der 9. Oktober ist seit langem Gedenktag zur Erinnerung an die Verbreitung der Schrift.

Im höheren Schreibstil wurden weiterhin chines. Schriftzeichen zusammen mit der Han'gul-Schrift in Zeitungen, Zeitschriften und in wissenschaftl. Publikationen verwendet. In Südkorea hat sich diese Tradition bis heute erhalten. Korean. Abiturienten verfügen über einen chines. Zeichenschatz von rund 1800 Elementen. Von Seiten der Regierung Südkoreas sind nie ernsthafte Versuche unternommen worden, die hybride Schreibweise zu regeln oder die chines. Schrift gänzlich abzuschaffen. Diesen radikalen Schritt unternahm die Regierung Nordkoreas. Als Ergebnis einer rigiden sprachplaner. Kampagne in den 1940er Jahren ist Han'gul dort das einzige Schriftsystem. In beiden korean. Staaten ist Han'gul ein nationales Identitätssymbol.

Lit.: Grayson 1994, Haarmann 1998b, Lee 1977, Miller 1996

Kreolsprachen und Pidgins. In vielen Regionen der Welt, in allen Erdteilen haben sich Kreolspr. und Pidgins entwickelt; ihre Zahl beläuft sich auf mehr als 170. In bestimmten Gebieten sind sie besonders zahlreich, beispielsweise in der Karibik, im westl. und östl. Afrika. Bis heute hat sich ein hartnäckiges Vorurteil über ihre Entstehung erhalten. Danach wären die ältesten bekannten Pidgin-Varianten und Kreolspr. in der Anfangsphase des kolonialen Zeitalters entstanden, als europ. Sprachen in ihrer Funktion als Kolonialsprachen in andere Teile der Welt exportiert wurden und dort im Kontakt mit lokalen Sprachen Wandlungen durchgemacht haben.

Die Herkunft des Ausdrucks „Pidgin" ist bis heute ungeklärt. Als Quelle sind folgende Ausdrücke vorgeschlagen worden: *Pidian* (Eigenname eines südamerikan. Indianerstamms), die chines. Aussprache des engl. *business* oder des portugies. *ocupação* („Beschäftigung'), hebr. *pidjom* ‚Tauschhandel', portugies. *pequeno* ‚klein' (mit der Assoziation von Pidgin als Baby Talk). Es gibt auch noch die Vermutung, „Pidgin" könnte verquickt sein mit engl. *pigeon* ‚Taube'. Der Ausdruck „Kreol(sprache)" bezieht sich ursprüngl. auf die in Amerika geborenen, reinrassigen Nachkommen von europ. Einwanderern. Später wurden auch Einwanderer aus Afrika als Kreolen bezeichnet. Die ethnische Assoziation erweiterte sich unter Bezugnahme auf die Sprachvarianten der Kreolen, sofern diese die europ. (bzw. afrikan.) Sprachen ihrer Vorfahren aufgegeben haben.

Es trifft zu, daß sich viele Pidgins und Kreolspr. während der Kolonialzeit entwickelt haben. Wandlungsprozesse, über die sich aus Kontaktsituationen Strukturen neuer Sprachen mit eigenen sozialen Funktionen aufbauen, hat es aber lange vor dem kolonialen Zeitalter gegeben. Das älteste Pidgin der Sprachgeschichte, das bis heute verwendet wird, ist das → Malaiische der Händler in den Hafenstädten der Malakka-Straße und an den Küsten der Malaiischen Halbinsel. Entstanden ist es wahrscheinlich schon vor zweitausend Jahren als Kontaktsprache chines. und ind. Kaufleute, die mit den Malaiien Handel trieben. Auch das älteste Pidgin Europas (→ Lingua franca) stammt aus der vorkolonialen Ära.

Bereits im 17. Jh. hat man Betrachtungen über Kreolspr. angestellt, die bis ins 20. Jh. diskutiert worden sind. Pierre Pelleprat (1655) war der erste Europäer, der sich mit dem Problem der Pid-

ginisierung auseinandersetzte und sich speziell mit dem Franzos.-
Kreol. in der Karibik beschäftigte. Seiner Meinung nach waren die
aus Afrika importierten Sklaven dafür verantwortlich, daß sich
das europ. → Französisch veränderte und sich dann auch die Kolonialherren dieser gewandelten Sprachform bedienten. Wenig
später stellte André Chevillard (1659) die Gegenthese auf, die
Europäer selbst hätten ihren Sprachgebrauch im Kontakt mit den
Sklaven vereinfacht, wobei sich strukturelle Vereinfachungen durch-
setzten.

Tatsächlich sind Pidginisierungsprozesse wesentlich komplexer,
und die Ausbildung von Kreolspr. steht in Abhängigkeit zur Wech-
selwirkung einer Vielzahl intralinguist. (struktureller) und extralin-
guist. (die sozialen Bedingungen betreffender) Variablen. Was man
noch vor wenigen Jahrzehnten als das wesentl. Erkennungsmerk-
mal von Pidgins und Kreolspr. gewertet hat, nämlich die Vereinfachung des Bestandes grammat. Formen, ist zumindest nicht generell
gültig. Pidginisierte Formen des → Russischen, des → Romani oder
des Chinook weisen zum Teil komplizierte grammat. Strukturen
auf.

Obwohl man sich bereits seit der zweiten Hälfte des 19. Jh. mit
dem speziellen Prozeß des Erlernens einer fremden, nicht mit der
Muttersprache verwandten Sprache beschäftigt hatte, sind diesbe-
zügl. erst im 20. Jh. gesicherte Erkenntnisse der Kreolistik erarbeitet worden. In jedem Fall ist davon auszugehen, daß sich eine Inter-
ferenzwirkung der Muttersprache in der zu erlernenden Sprache
bemerkbar macht, die zur Basis eines Pidgins bzw. der Kreolisie-
rung wird.

Die Wirkung der Muttersprache (z.B. einer → Niger-Kongo-
Sprache, die mit Sklaven in die Karibik transferiert wurde) muß
sich im Pidginisierungsprozeß nicht unbedingt als Übernahme
von direkten Entlehnungen oder grammat. Elementen zeigen,
sondern v.a. in unterschwellig wirkenden Aussprachegewohnhei-
ten, im Wortgebrauch, in der Art und Weise, wie Gedankengänge
in Sätzen ausformuliert werden. Ein wesentl. Kriterium bei der
Pidginisierung ist der Umstand, daß der Lernprozeß der Fremdsprache unkontrolliert, d.h. ohne schulisch-normative Aufsicht,
erfolgt. Lernstrategien sind ungesteuert, und die fremde Sprache
wird unvollkommen adaptiert. Das Anfangsstadium der Pidginisierung mutete wahrscheinlich die europ. Kolonialherren wie eine

Verfremdung des Engl., Französ. oder Portugies. „im Munde" von Afrikanern oder Asiaten an.

Pidgins und Kreolspr. ihrerseits unterscheiden sich nicht aufgrund ihrer Strukturen, sondern im Hinblick auf ihren Status im Spracherwerb. Pidgins sind solche Sprachformen, die von den betreffenden Sprechern als Zweitsprachen verwendet werden, als Medium im Kontakt mit anderen, für die das Pidgin die einzige gemeinsame Sprache ist. Die Definition einer Kreolspr. ist davon abhängig, ob es Muttersprachler gibt, die also keine andere Primärsprache als das Kreol. erworben haben.

Das Kamerun-Pidgin (Wes Cos) ist ein Pidgin auf der Basis des →Englischen, denn es wird von Afrikanern mit verschiedener Muttersprache als Kontaktsprache verwendet. Andererseits ist das Sranan eine Kreolspr. auf engl. Basis, weil es von vielen Bewohnern in Surinam als Muttersprache erworben wird. Tok Pisin in Papua-Neuguinea war, wie der Name besagt (Tok Pisin = *Talk Pidgin*), lange Zeit ein Pidgin. Heute hat es aber auch den Charakter einer Kreolspr., denn im urbanen Milieu gibt es bereits ca. 50 000 Muttersprachler. Der Status des Tok Pisin illustriert den Sachverhalt, daß eine Sprachform nach ihrem Status sowohl ein Pidgin sein kann (Tok Pisin wird von rund 2 Mio. Menschen als Zweit- und Verkehrssprache verwendet), als auch den Wandel zu einer Kreolspr. erleben kann (Tok Pisin als Muttersprache von in den Städten lebenden Papuanern).

Pidgins und Kreolspr. sind nicht nur außerhalb Europas, in ehemaligen Kolonialgebieten europ. Staaten, entstanden. Auch in Europa selbst gab und gibt es pidginisierte Sprachvarianten. Ein histor. Pidgin ist das Russenorsk, eine von norweg. und russ. Pelzhändlern gesprochene „Mischsprache". Bis 1917 bestand eine Kolonie norweg. Händler auf der Kola-Halbinsel, Handelszentrum war Murmansk. Zu Beginn der sowjet. Herrschaft wurden alle Norweger repatriiert, und das Russenorsk kam außer Gebrauch.

Es gibt auch moderne Pidgins in Europa. Als in den 1960er Jahren türk. Arbeitsimmigranten in immer größerer Zahl in die Bundesrepublik, später auch in andere Länder Westeuropas kamen, lernten sie unkontrolliert die Sprache des jeweiligen Gastlandes. Damals entstand das sog. „Gastarbeiterdeutsch", ein Pidgin auf deutscher Grundlage. Die zweite und dritte Generation der Immigranten lernte →Deutsch als Zweitsprache in der Schule. Dieses von Türken gesprochene Deutsch ist kein Pidgin, selbst wenn es etliche Interferenzen mit dem → Türkischen aufweist.

Moderne Pidgins sind insbesondere in den Metropolen Westeuropas entstanden, v.a. in Paris, Brüssel, London und Berlin. Zum Kaleidoskop der Sprachen in diesen urbanen Ballungszentren gehören verschiedene pidginisierte Varianten wie das von alger. Immigranten gesprochene Franzsös. in Paris, das von Tamil-Muttersprachlern aus Indien verwendete Engl. in London, das von westafrikan. Asylanten gebrauchte Deutsch in Berlin.

Pidginisierungsprozesse sind auch in Sprachkontakten zu beobachten, an denen keine europ. Sprachen beteiligt sind, die mit dem Aufbau der Kolonialreiche zur Zeit des Imperialismus nach Übersee exportiert wurden. Dies gilt für das von Südasiaten in Kenia verwendete Cutchi-→Swahili, für das sudanes.-kreol. Juba-→Arabisch, für das Fanagalo auf der Basis des Xhosa in Südafrika oder für das Chinook Wawa in Kanada.

Außerhalb von Expertenkreisen sind die sozialen Funktionen von Pidgins und Kreolspr. wenig bekannt. In der Vorstellung des unbefangenen Betrachters assoziieren sich mit den beiden Termini allzu leicht Wertungen von sozial niedrigen Sprachformen, deren Verwendung im Schatten von europ. Kultursprachen steht. Tatsächlich haben etliche der Kreolspr. einen Schriftstandard ausgebildet, in diesen Sprachen ist Literatur produziert worden, und einige haben in der postkolonialen Ära sogar den Status von Amtssprachen erlangt. Dies gilt beispielsweise für das Franzsös.-Kreol. auf Haiti, für das Franzsös.-Kreol. (Seselwa) auf den Seychellen und für das Tok Pisin in Papua-Neuguinea.

Pidgins und Kreolspr. werden auf der Welt von vielen Millionen Menschen gesprochen. Die Kreolspr. mit den meisten Sprechern ist das Franzsös.-Kreol. (fast 7,5 Mio.) auf Haiti. Krio, das im Senegal, in Gambia, in Guinea und in Äquatorial-Guinea verbreitete Engl.-Kreol., wird von ca. 4,5 Mio. Menschen gesprochen (0,5 Mio. Muttersprachler, 4 Mio. Zweitsprachler). Tok Pisin in Papua-Neuguinea wird von mehr als 2 Mio. Papuanern als Verkehrssprache verwendet. Auch das Kamerun-Pidgin wird von mehr als 2 Mio. Afrikanern in der Südwest- und in der Nordwestprovinz Kameruns gesprochen.

Lit.: Hancock 1981, 1988, Mühlhäusler 1986, Rickford 1992

Pidgins und Kreolsprachen im Überblick

1) auf der Basis europäischer Sprachen
a) Englisch:
- Afro-Seminolisch (USA: Texas und Oklahoma; Mexiko; unterscheidet sich vom Engl.-Kreol. der Sea Islands; selbständige Entwicklung seit etwa 1760)
- Aukaans (Djuka, Njuka; Surinam; Französ.-Guiana)
- Engl.-Kreol. der Bahamas
- Engl.-Kreol. von Belize (Kriol)
- Bislama (Bichelamar; Vanuatu; Neukaledonien: Noumea)
- Kamerun-Pidgin (Wes Cos; Kamerun: Südwest- und Nordwestprovinz)
- Chines. Pidgin-Englisch (Nauru)
- Engl.-Kreol. von Guyana (Creolese, Guyanese; Guyana: Georgetown und Küstenregion)
- Engl.-Kreol. von Hawaii (Hawaii Pidgin English, Da Kine, Polynes.-Engl.
- Krio (Creole; Sierra Leone, Senegal, Guinea, Äquatorial-Guinea, Gambia)
- Kriol (Roper-Bamyili-Kreol.; Australien: Northern Territory, Western Australia)
- Engl.-Kreol. der Kleinen Antillen (Grenada, Tobago, Britisch-Westindien)
- Liberia-Pidgin
- Matawari (Matoewari, Matawai; Surinam)
- Neo-Nyunga (Noonga, Noogar; Australia: Southwest Australia)
- Nigeria-Pidgin (südl. Nigeria)
- Pijin (Engl.-Kreol. der Salomonen; Salomonen)
- Pitcairn-Engl. (Pitcairn-Norfolk; einige Sprecher der zweiten Generation in Australien und Neuseeland)
- Rupununi (Engl.-Kreol. von Guyana)
- Engl.-Kreol. von Samaná (Dominikan. Republik: Bucht von Samaná)
- Saramaccan (Engl.-Kreol. in Surinam)
- Engl.-Kreol. der Sea Islands (Gullah, Geechee; USA: Inseln vor der Küste von Georgia)
- Sranan (Engl.-Kreol. in Surinam, Sranan Tongo, Taki-Taki; Surinam, Niederlande, Niederländ. Antillen)
- Tok Pisin (Pisin, Neo-Melanes., Pidgin-Engl. von Neuguinea; Papua-Neuguinea)
- Torres Strait-Pidgin (Australien: Queensland, Torres Strait Islands)
- westkarib. Engl.-Kreol. (Jamaika, westl. Antillen, Kolumbien: Inseln San Andrés und Providencia)
b) Französisch:
- Französ.-Guianes. (Patois, Patwa; Französ.-Guiana)
- Französ.-Kreol. von Haiti (Haiti, Dominikan. Republik)
- Caldoche (Kaldosh; Neukaledonien: Ploum, Mont-Dore, Saint-Louis nahe Noumea)

- Karipúna-Kreol. (Crioulo; Brasilien: Amapá, nahe der Grenze zu Französ.-Guiana)
- Französ.-Kreol. der Kleinen Antillen (Patwa, Kweyol; Guadeloupe, Martinique, St. Lucia, Dominica, Frankreich)
- Französ.-Kreol. von Louisiana (USA: Louisiana, östl. Texas, Kalifornien: Sacramento)
- Morisyen (Kreole; Mauritius)
- Französ.-Kreol. von Réunion (Réunion)
- Französ.-Kreol. von San Miguel (Panama)
- Seselwa (Französ.-Kreol. der Seychellen; Seychellen: Tromelin, Aglega; Brit. Territorium im Indischen Ozean: Chagos-Archipel)
- Tay Boi (annamitisches Französ., vietnames. Pidgin-Französisch, verwendet zwischen 1862 und 1954; Vietnam)
- Französ.-Kreol. von Trinidad (Trinidadien; Trinidad: nördl. Bergland, Küstenregion; Tobago)
c) Portugiesisch:
- Cafundo-Kreol. (Portugies.-Kreol. von Cafundo; Brasilien: Cafundo, 220 km von Sao Paulo; Geheimsprache)
- Crioulo (Portugies.-Kreol. von Westafrika; Guinea-Bissau: Bijagos-Inseln, Senegal: Ziguinchor; Kapverden; Gambia)
- Crioulo von Sao Tomé (Portugies.-Kreol. von Sao Tomé; Sao Tomé e Príncipe)
- Fa D'ambu (Portugies.-Kreol. von Äquatorial-Guinea, Pagalu; Äquatorial-Guinea: Annobon)
- Indo-Portugies. (Portugies.-Kreol. von Sri Lanka; Sri Lanka: Distrikt von Batticaloa; ausgestorben in Indien: Goa)
- Korlai-Kreol. (Indien: nahe Bombay)
- Macanesisch (Portugies.-Kreol. in Macao; nicht mehr verwendet in Macao; rund 4000 Sprecher in Hong Kong; außerdem in den USA)
- Malakkisch (Papia Kristang, Portugies.-Kreol. entlang der Meerenge von Malakka; Malaysia, Festland)
- Papiamentu (Papiamento, Papiam, Curaçoleño, Curassese; Niederländ. Antillen, Niederlande, Puerto Rico, US-Jungferninseln)
- Ternatenyo (Portugies.-Kreol. der Molukken, ausgestorben; Indonesien: nördl. Maluku/Molukken, Insel Ternate westl. von Halmahera)
- Timor-Pidgin (ausgestorben; Indonesien: Nusa Tenggara, Insel Timor)
d) Niederländisch:
- Niederländ.-Kreol. von Berbice (Guyana: Flußtal des Berbice)
- Negerhollands (USA: Jungferninseln, Puerto Rico)
- Niederländ.-Kreol. von Skepi (Guyana: Flußtal des Essequibo)
e) Spanisch:
- (Palenque Chavacano (Zamboangueño; Philippinen: Mindanao, Zamboanga; Cavite, Ternate und Ermita nahe Manila; Malaysia: Sabah)
- Palenquero, Lengua; Kolumbien: südöstl. von Cartagena)
f) Deutsch:
- Unserdeutsch (Rabaul-Kreol.; Papua-Neuguinea: West New Britain;

Australien: südöstl. Queensland; entstanden im Milieu von Mischehen zwischen Papuanern und Deutschen [Vunapope] während der deutschen Kolonialzeit)

g) Russisch:
- Russenorsk (Kontaktsprache zw. Norwegern und Russen auf der Kolahalbinsel vom Ende des 18. Jh. bis 1917; Murmansk war das nördl. Handelszentrum)

2) auf der Basis von Sprachen in Afrika
a) Arabisch:
- Sudanes.-Kreol. Juba-Arabisch, Arabisch von Bahr el Ghazal; südl. Sudan: Equatoria, Bahr el Ghazal; Regionen am oberen Nil)
- Kinubi (Nubi, Arab.-Kreol., seit etwa 1900 verschieden von Sudanes.-Kreol.; Kenya: Nairobi, Kibera; Uganda: West Nile District)
b) Swahili:
- Cutchi-Swahili (asiat. Swahili; Kenia, von Südasiaten verwendetes Swahili-Kreolisch)
- Settla (Kisettla, Swahili-Pidgin; Sambia)
c) Kongo:
- Kituba (Kikongo Ya Leta, Kileta; Zaire: Bas-Zaire, südl. Bandundu)
- Munukutuba (Monokutuba; südl. Kongo: westl. von Brazzaville, bis Mayoko)
d) Xhosa:
- Fanagalo (Fanakalo, Fanagolo, Fanekolo, Chilapalapa, Kitchen Kaffir, Mine Kaffir, Piki, Isipiki, Lololo, Isilololo; Südafrika, Sambia)
e) Ngbandi:

Kroatisch (Croat, croate). Kroat. ist die Muttersprache von rund 5,8 Mio. Menschen, von denen die meisten in Kroatien (4,8 Mio.) beheimatet sind. Kroat. Außengruppen gibt es in Bosnien-Herzegowina (0,605 Mio.), in Jugoslawien (im Bundesstaat Serbien), in Makedonien, außerdem als Arbeitsimmigranten in den Ländern Westeuropas (Deutschland, Schweiz, Schweden, Österreich u. a.). In Süditalien (Molise) leben 2 400 Kroaten, von denen noch knapp zwei Drittel ihre Muttersprache sprechen. Für die → serbokroatische Sprachgemeinschaft außerhalb Kroatiens und Bosnien-Herzegowinas gibt es keine Spezifizierung nach ethnischen Gruppen (d. h. Serben und Kroaten).

Seit 1991 ist Kroat. (*hrvatski književni jezik* ,kroat. Literatursprache') Staatssprache der Republik Kroatien. In Bosnien-Herzegowina fungiert Kroat. als regionale Amtssprache in dem von Kroaten verwalteten Landesteil. Im alten jugoslaw. Staatsverband war

- Sango (Sangho; 0,2 Mio. Primärsprachler/4,9 Mio. Zweitsprachler; Zentralafrikan. Republik, Zaire, Tschad, Kamerun)

f) Afrikaans:
- Oorlans (Afrikaans-Kreol. in Südafrika)

3) auf der Basis asiatischer Sprachen
a) Malaiisch
- Betawi (Malaiisch-Kreol. von Jakarta; Indonesien: Java, Jakarta)
- Malaiisch-Kreol. von Sri Lanka (Melayu Bahasa; Sri Lanka: Haussprache im städtischen Milieu)

b) Motu
- Hiri Motu (Police Motu, Pidgin Motu, Hiri; Papua-Neuguinea: Central Province, Gegend von Port Moresby, Oro, Central, Gulf, Milne Bay; westl. Provinzen)

c) Assamesisch
- Naga-Pidgin (Nagamesisch, Nagassamesisch, Kachari-Bengali; Indien: Nagaland, Dimapur)

4) auf der Basis amerikanischer Sprachen
a) Chinook:
- Chinook Wawa (Chinook-Jargon, Chinook-Pidgin; Kanada: British Columbia; nordwestl. USA)

b) Cree:
- Mitchif (Französ.-Cree; USA: North Dakota; Kanada)

c) Muskogee:
- Mobilian (Mobilian-Jargon; USA: südl. Mittelwesten)

---

das Kroat. überdacht vom überregionalen Serbokroat.; als Folge der gewaltsamen Auflösung des alten Jugoslawien hat sich auch die ehemalige sprachl. Einheit aufgelöst.

Kroat. ist eine südslaw. Sprache, wozu außerdem das → Serbische, → Slowenische, → Bulgarische und → Makedonische gehören; am nächsten verwandt ist das Serb. Die Weichen für eine divergente Sprachentwicklung des mittelalterl. Südslaw. wurden im Zuge der Christianisierung und der damit verbundenen kulturellen Orientierung gestellt. Die Bevölkerung Kroatiens nahm den kathol. Glauben an und orientierte sich am Westen. In Serbien führte die polit. Abhängigkeit vom byzantin. Reich zur Orientierung am orthodoxen Christentum des Ostens.

Das kroat. Sprachgebiet gliedert sich in drei Hauptdialekte aus, in das Kajkavische (nördl. Kroatien, Region von Zagreb), Čakavische (Istrien, dalmatin. Küste und Adriainseln) und das Štokavische (zentrales und südl. Kroatien, westl. Bosnien-Herzegowina). Die kroat. Dialekte werden überlagert von einer Differenzierung lautl. Kriterien mit supradialektaler Reichweite. Dies betrifft die regional unterschiedl. Entwicklung des urslaw. *Jat'*-Lautes. In Kroatien finden wir verschiedene Reflexe: *(i)je* (Jekavisch, v.a. im Westen, Süden und im Zentrum), *e* (Ekavisch, v.a. von der dalmatin. Küste bis ins östl. Kroatien), *i* (Ikavisch, v.a. im Nordwesten, auch Istrien). So wird der kroat. Ausdruck für ‚Fluß' regional als *rijeka*, *reka* oder *rika* ausgesprochen. Die kroat. Schriftsprache basiert auf dem Jekavischen.

Kroat. und Serb. haben von allen slaw. Sprachen den gemeinslaw. Erbwortschatz am besten bewahrt. Das Čakavische ist hierin besonders konservativ. Zu den ältesten Sprachkontakten des Kroat. gehören solche zum → Lateinischen. Später wirken → romanische Sprachen wie das Dalmatische und das → Italienische (Venezian. und Standardsprache) auf den kroat. Wortschatz ein. → Deutscher Spracheinfluß macht sich seit dem Mittelalter geltend, hauptsächl. in bayrisch-österreich. Prägung). Zum Lehnwortbestand des Kroat. gehört ebenfalls eine kleinere Zahl → ungarischer Wörter. Kulturausdrücke aus westeurop. Sprachen gelangten zumeist über deutsche und italien. Vermittlung ins Kroat.

Die älteste Schriftsprache der Kroaten und Serben war das Altkirchenslaw., das bis ins späte 12. Jh. sowohl in Kroatien als auch in Serbien in glagolit. Schrift geschrieben wurde. Die Glagolica, die von dem „Slawenapostel" Kyrillos geschaffene Schrift, hielt sich im religiösen Schrifttum bis zum Beginn des 20. Jh. In Serbien dagegen wurde sie schon im Mittelalter von der kyrill. Schrift abgelöst. Die ältesten Schriftdenkmäler des Kroat. sind Steininschriften (u. a. die von Baška auf der Insel Krk) aus dem späten 11. und frühen 12. Jh. Aus jener Periode stammen auch die frühesten glagolit. Handschriften. Seit dem 14. Jh. setzte sich die Lateinschrift allgemein durch; nur im Schriftgebrauch der kathol. Priester Dalmatiens hielt sich das Glagolit.

Das erste Buch in kroat. Sprache ist ein glagolit. geschriebenes Meßbuch (Missale), das 1483 in Wien gedruckt wurde. Kroatien (mit Ausnahme von Slawonien) und die Republik von Ragusa (Dubrovnik) verblieben außerhalb des osman. Machtbereichs auf dem Balkan, und das Kroat. wurde kontinuierl. als Schriftsprache verwendet. Bis zum 18. Jh. hatten sich zwei regionale Varianten der kroat. Schriftsprache herausgebildet, eine auf kajkav. Basis in Nordkroatien und eine andere auf štokav. Basis in Bosnien. Das durch das Sprachabkommen von 1850 propagierte → Serbokroatisch basierte auf dem ostherzegowin. Dialekt und der in Dubrovnik verwendeten štokavischen Schriftsprachenvariante, die Kroaten wie Serben geläufig war. Schon während des Zweiten Weltkriegs und dann ab den 1970er Jahren wurde die Eigenständigkeit der kroat. Schriftsprache propagiert. Seit Beginn der 1990er Jahre werden mit großem sprachpfleger. Eifer erneut die Unterschiede zum Serb. und kroat. Regionalkolorit betont.

Die Sprachgeschichte des Kroat. gliedert sich in folgende Perioden: Altkroat. (9.–13. Jh.), Mittelkroat. (14. Jh.–18. Jh.), Neukroat. (seit Anfang 19. Jh.).

Lit.: Brozović 1974, Herrity 1998, Rehder 1998

Kurdisch (Kurdish, kurde). Kurd. ist die Muttersprache von rund 14 Mio. Kurden, von denen die meisten in der Region mit dem histor. Namen Kurdistan leben. Das kurd. Siedlungsgebiet ist geopolit. zerrissen und verteilt sich auf die Territorien mehrerer Staaten im Nahen und Mittleren Osten: Türkei (4 Mio. Kurd.-Sprachige von ca. 6,5 Mio. ethnischen Kurden), Iran (3,6 Mio.), Irak (2,8 Mio.), Syrien (0,94 Mio.), Libanon (70 000), Armenien (58 000), Georgien (33 000), Aserbaidschan (20 000). Zahlenmäßig bedeutende kurd. Außengruppen (Arbeitsimmigranten und Flüchtlinge) gibt es auch in Westeuropa: Deutschland (ca. 0,5 Mio.), Belgien, Frankreich, Großbritannien u. a.

Das Kurd. ist in zwei geograph. Hauptvarianten ausgegliedert, die wechselseitig nicht verständlich sind. Mit einiger Berechtigung kann man davon ausgehen, daß es zwei kurd. Sprachen und entsprechende kurd. Sprachgemeinschaften gibt. Die zwei Varianten des Kurd. verteilen sich wie folgt: 1) nördl. Kurd. (*Kurmanji, Kirmanji*): 7,5–8 Mio. (Türkei, Syrien, Libanon, Armenien, Aserbaidschan, Georgien); 2) südl. Kurd. (*Sorani, Kurdi*): 6,1 Mio. (Irak, Iran).

Kurd. ist eine nordwestiran. Sprache; die → indo-iranischen Sprachen bilden einen der Hauptzweige der → indoeuropäischen Sprachfamilie. Die jahrhundertelangen Kontakte des Kurd. zu Nachbarsprachen (→ Türkisch, → Arabisch, → Armenisch, → Georgisch usw.) haben bewirkt, daß im Sprachgebrauch der lokalen kurd. Dialekte heute mehr Lehnwörter als iran. Erbwörter gebräuchlich sind.

Die älteste schriftl. Überlieferung des Kurd. (nördl. Kurd.) geht auf das 17. Jh. zurück. Kontinuierlich ist das Kurd. erst seit Ende des 19. Jh. verwendet worden. Das nördl. Kurd. wurde zwischen 1946 und 1990 in der Sowjetunion mit dem kyrill. Alphabet geschrieben. In den 1970er Jahren erlebte das südl. Kurd. als Schriftsprache (auf der Basis des Dialekts von Sulaimaniya) eine Renaissance im Irak. Der Schriftsprachengebrauch des Kurd. ist in der Türkei und im Iran untersagt. Kurd. wird heutzutage als Schriftmedium überwiegend in Emigrantenkreisen gepflegt.

Lit.: Bedir Khan et al. 1970, Kreyenbroek/Sperl 1992, McCarus 1992

Kwomtari-Baibai. Die Sprachen dieser Familie werden im Nordwesten von Papua-Neuguinea gesprochen. Es ist keine Verwandtschaft mit irgendeiner anderen Gruppierung der Papua-Sprachen bekannt.

Kymrisch, Walisisch (Welsh, gallois). Kymr. wird von 0,508 Mio. (1991) Menschen in Wales gesprochen; dies sind 18,6 % der Bevölkerung dieser histor. Landschaft, die seit der ersten Hälfte des 16. Jh. polit. von England abhängig ist. Die Zahl der als Arbeitsimmigranten nach England abgewanderten Waliser, die Kymr. sprechen, ist ebenso wenig bekannt wie die Zahl der Kymr.-Sprecher, deren Vorfahren nach Amerika (USA, Chile/Patagonien) ausgewandert sind, und die noch ihre Muttersprache bewahrt haben. Von den in Wales wohnhaften Kymr.-Sprechern sind 9,6 % (d. h. 48 900 Personen) außerhalb von Wales geboren.

Die Sprecherzahlen des Kymr., die im Zehn-Jahres-Rhythmus ermittelt werden, sind seit 1911 ständig abgesunken. Damals wurden 0,977 Mio. Sprecher gezählt. Den stärksten Rückgang erlebte die kymr. Sprechergemeinschaft im Zeitraum zwischen 1961 und 1971, als die Zahl von 0,656 Mio. um 17,3 % auf 0,542 Mio. sank. In der zweiten Hälfte des 20. Jh. haben Assimilationsprozesse dazu geführt, daß die ursprüngl. zusammenhängende kymr. Sprachzone in zwei Areale geteilt worden ist, in eine nördl. und eine südl. Zwischen diesen Arealen existiert nur eine relativ schmale Brücke, die sich von der Westküste ins Inland erstreckt.

Die Counties, in denen Kymr. heute noch mehrheitlich gesprochen wird, sind Anglesey, Caernarfonshire, Cardiganshire, Carmarthenshire und Merioneth. Der situationelle Druck des → Englischen hat sich seit dem 19. Jh. v.a. im industrialisierten Süden von

Wales bemerkbar gemacht. In der Zeit vor dem Ersten Weltkrieg, als die sozialen Gegensätze besonders kraß waren, herrschte in vielen Bergarbeiterfamilien die Auffassung vor, daß es im Sinn des sozialen Fortschritts sinnvoll sei, die Muttersprache aufzugeben und sich zu assimilieren, denn die Sprache des Sozialismus war das Engl. In den vergangenen Jahrzehnten ist aber ein allgemeines Bewußtsein für den Eigenwert des Kymr. vitalisiert worden, das weit über die Kreise walis. Kulturaktivisten hinaus wirksam ist.

Die meisten Waliser, die Kymr. sprechen können, sind zweisprachig aufgewachsen, und zwar mit Kymr. als Primärsprache und Engl. als Zweitsprache. Im Jahre 1901 sprachen noch 0,281 Mio. Waliser (15 % der damaligen Landesbevölkerung) ausschließl. Kymr. Ende des 20. Jh. waren noch 21 500 Personen (weniger als 1 %) einsprachig.

Trotz des rasanten Rückgangs der Sprecherzahlen in früheren Jahren ist heutzutage eine Stabilisierung der kymr. Sprachgemeinschaft zu beobachten. Dies hängt ursächlich mit einer Stärkung des Sprachbewußtseins bei den Sprechern selbst und mit einem differenzierteren Verständnis für die Belange der Regionalkulturen auf Seiten der Mehrheitsbevölkerung in England und allgemein in den EU-Staaten zusammen. Befürchtungen, das Kymr. werde in den nächsten Jahrzehnten aussterben, sind unbegründet.

Lange Zeit blieb das Kymr. von offiziellen Sprachfunktionen ausgeschlossen. In dem Edikt, mit dem Wales im Jahre 1536 England einverleibt wurde, wurde verfügt, daß in allen Staatsangelegenheiten (also auch in der Landesverwaltung) ausschließl. Engl. zu verwenden sei. Erst mit dem Welsh Courts Act (1942) wurde diese Verfügung aufgehoben und das Kymr. als fakultative Gerichtssprache anerkannt. Der Geltungsbereich des Kymr. wurde 1967 durch den Welsh Language Act ergänzt, der die Verwendung des Kymr. bei Regional- und Parlamentswahlen (z.B. Ausstellung von Wahlzetteln) vorsieht. Seit Ende der 1940er Jahre wird Kymr. neben dem Engl. als Unterrichtssprache verwendet. Seit den 1950er Jahren werden Radio- und Fernsehprogramme in Kymr. ausgestrahlt. Im Jahre 1980 wurde ein vierter nationaler Fernsehkanal in Betrieb genommen, der etwa 30 Stunden pro Woche Programme in Kymr. anbietet.

Kymr. ist eine → keltische Sprache und gehört mit dem nah verwandten → Bretonischen (Bretagne, Frankreich) und dem ausgestorbenen Kornischen (Cornwall) zur britann. Gruppe (p-Keltisch) der inselkelt. Sprachen. Als Sprache mit regionalem Eigenkolorit hob sich das Kymr. bereits gegen Ende des 6. Jh. von anderen Varianten des Inselkelt. ab. Das kymr. Sprachgebiet gliedert sich in zwei größere Dialektzonen. Zum nördl. Areal gehören der Dialekt von Gwynedd (Venedotian dialect) in Nordwestwales sowie der Dialekt von Powys (Powysian dialect) in Nordost- und Mittelwales. Der Hauptdialekt des südl. Areals ist der Dialekt von Gwent und Morgannwg (Gwentian dialect) in Südostwales.

Zum kelt. Erbwortschatz traten bereits ab dem 2. Jh. n. Chr. Entlehnungen infolge der Kontakte des Keltischen zum → Lateinischen in der damaligen römischen Kolonie Britannien. Diese direkten Kontakte dauerten bis ins 5. Jh. an. Zusätzlich zu den etwa 700 latein. Lehnwörtern, die im mittelalterlichen Kymr. überliefert sind, wurden auch zahlreiche Namen (hauptsächl. Personennamen) übernommen. Latein. Entlehnungen finden sich breit gestreut in vielen lexikal. Bezeichnungsbereichen des Kymr., in Bereichen der Sachkultur (z. B. *mur* ‚Mauer‘, *cyn* ‚Keil‘, *fforch* ‚Gabel‘), in der Terminologie für Körperteile (z. B. *boch* ‚Wange‘, *coes* ‚Bein‘, *pluf* ‚Federn‘) und für soziale Beziehungen (z. B. *gefell* ‚Zwilling‘, *plant* ‚Kinder‘, *pobl* ‚Volk‘) bis hin zum frühchristl. Wortschatz (z. B. *eglwys* ‚Kirche‘, *esgob* ‚Bischof‘, *pechod* ‚Sünde‘).

Aus dem Altengl. hat das Kymr. wenige Lehnwörter übernommen. Der Einfluß des Engl. verstärkte sich ab der mittelengl. Periode zunehmend; Tausende von engl. Ausdrücken sind in den vergangenen zwei Jahrhunderten in den Wortschatz des Kymr. integriert worden. Die engl. Lehnwörter finden sich in den verschiedensten Bezeichnungsbereichen (z. B. *abl* ‚fähig; kräftig‘, *ffald* ‚Falte‘, *pram* ‚Kinderwagen‘). Im kymr. Wortschatz gibt es zahlreiche Synonymenpaare mit einem einheim.-keltischen Erbwort und einem engl. Lehnwort (z. B. *rhagair* vs. *prolog* ‚Vorspann; Vorrede‘, *chwilio* vs. *profi* ‚untersuchen‘, *cred* vs. *opiniwn* ‚Meinung; Ansicht‘).

Das literar. Schrifttum des Kymr. gehört zu den ältesten Überlieferungen des Mittelalters in Westeuropa. Das älteste kymr. Sprachmaterial stammt aus dem 7. und 8. Jh. (Personennamen, Steininschrift von Tywyn in Gwynedd). Der älteste erhaltene Manuskripttext aus dem frühen 9. Jh. ist eine Rechtsbelehrung in kymr. Sprache, die sich in einem latein. Evangeliar findet. Aus derselben Zeitepoche ist eine kleine Sammlung kymr. Dichtung überliefert (Juvencus-Manuskript).

In der Geschichte der kymr. Literatur lebt die Erinnerung an zwei Dichter des 6. Jh. weiter, Aneirin und Taliesin, von denen angenommen wird, daß sie histor. Persönlichkeiten waren. Die ihnen zugeschriebenen Werke (lyrische Dichtung) sind erst in Manuskripten des 13. Jh. bewahrt. Die mittelalterl. Texte sind aber wohl nur sprachl. leicht veränderte Fassungen ursprüngl. viel älterer Originaltexte. Ebenfalls auf ältere Vorlagen geht die Sammlung von Prosaerzählungen „Mabinogion" (11.–13. Jh.), zurück. Weitere bedeutende Werke des Mittelalters sind die Gesetzeskodifikation von Hywel Dda (10. Jh.) und die Bardenlyrik von Dafydd ap Gwilym (13. Jh.).

Das erste gedruckte Buch in Kymr. erschien 1547. Zwanzig Jahre später wurden die Übersetzungen des Gebetbuches und des Neuen Testaments von William Salesbury veröffentlicht. Die erste vollständige Übersetzung der Bibel erschien 1588. Die zweite, verbesserte Auflage wurde 1620 gedruckt, und die Sprache dieser Fassung entwickelte sich zur Leitform für die neukymr. Schriftsprache. Erst 1975 erschien eine modernisierte Übersetzung des Neuen Testaments, 1988 der ganzen Bibel. In den Strukturen der modernen kymr. Schriftsprache ist die über die Bibelsprache vermittelte Tradition der mittelalterl. Literatursprache unverkennbar. Trotz mancher altertüml. Züge hat dieser Schriftstandard seine Bindungen an die Umgangssprache nicht verloren.

Die Sprachgeschichte des Kymr. gliedert sich in die folgenden Perioden: Frühkymr. (Early Welsh; Ende 6. Jh.–Ende 8. Jh.), Altkymr. (Old Welsh; Anfang 9. Jh.–Ende 11. Jh.), Mittelkymr. (Medieval Welsh; Anfang 12. Jh.–Ende 14. Jh.), Neukymr. (Modern Welsh; seit Anfang 15. Jh.).

Lit.: Aitchison/Carter 1994, Davies 1993, Watkins 1993

L

Ladinisch, Dolomiten-Ladinisch (Ladin/Dolomitic Ladin, ladin), → Alpenromanisch. Die ca. 30 000 Sprecher des Ladin. in Südtirol sind fast ausnahmslos mehrsprachig. Außer Ladin. sprechen die meisten auch → Italienisch oder → Deutsch (oder beides). Das ladin. Siedlungsgebiet verteilt sich auf zwei Regionen und drei Provinzen: die Alpentäler Val Gardena und Val Badia in der Provinz Bolzano/Bozen, Val di Fassa in der Provinz Trento/Trentin. Diese Siedlungen gehören administrativ zur Region Trentino – Alto Adige (Trentin-Oberes Etschtal). Außerhalb dieser Region liegen Livinallongo und Ampezzo in der Provinz Belluno. Zwischen 1363 und 1919 wurde die Region mit ladin. Bevölkerung von Österreich verwaltet; nach den Bestimmungen des Versailler Vertrags (1919) fiel das Gebiet an Italien.

Die sieben Dialekte des Ladin. weichen so stark voneinander ab, daß es bisher nicht gelungen ist, eine gemeinsame schriftsprachl. Basis oder eine einheitl. Orthographie zu schaffen. Ladin. wird seit Beginn des 18. Jh. in lokalen Varianten geschrieben. In den Tageszeitungen Südtirols („Die Dolomiten" in deutscher Sprache, „Alto Adige" in Italien.) finden sich auf je einer Seite Texte in Ladin. Zwei Zeitschriften („Mondo Ladino", überwiegend auf Italien.; „Ladinia", überwiegend auf Deutsch) bringen Forschungsbeiträge, Artikel über kulturelle Aktivitäten und polit. Diskussionen. Ladin. Sprache und Kultur werden in der Primarstufe unterrichtet.

Lit.: Benincà 1998

Laotisch (Lao/Laotian, lao). Laot. wird von rund 4 Mio. Menschen gesprochen; davon sind 3,2 Mio. Primärsprachler (Laoten) und 0,8 Mio. Zweitsprachler (Angehörige sprachl. Minderheiten in Laos wie Hmong, Khmu, Phuan, Tai Dón, Tai Nüa, Thro u. a.). Die meisten Sprecher des Laot. (3,8 Mio.) sind in Laos beheimatet. Zahlenmäßig bedeutende laot. Außengruppen leben in Thailand, in Frankreich und in den USA. In Thailand gibt es mehr als 6 Mio. Sprecher des nordöstl. Tai (Isan) und des nördl. Tai (westl. Laot.), deren

Sprachformen dem Laot. in Laos sehr ähnlich sind. Einige Forscher zählen diese Regionalsprachen mit zum Laot. Nach dieser Kategorisierung beläuft sich die Zahl aller Laot.-Sprachigen auf mehr als 10 Mio.

Das Laot. gehört zur südwestl. Untergruppe der Tai-Sprachen. Wie andere Sprachen Südostasiens (→ Vietnamesisch, → Thai) auch, ist das Laot. eine Tonsprache. Unterschieden werden sechs Toneme. Das Laot. ist am nächsten mit dem Thai verwandt. Das Thai hat weitreichenden Einfluß in Laos; Radio- und Fernsehsendungen in dieser Sprache sind bei den Laoten beliebt. Das Sprachgebiet des Laot. ist dialektal stark differenziert. Der Dialekt in der Region der Hauptstadt Vientiane ist die Basis der modernen Standardsprache, die als → Lingua franca von den Nichtmuttersprachlern des Laot. verwendet wird. Laot. ist National- und Amtssprache von Laos.

Die meisten Erbwörter des Laot. sind einsilbig. Die Lehnwörter aus dem → Sanskrit und Pali haben v.a. den Wortschatz der gehobenen Sprache geprägt. Elemente aus anderen Kontaktsprachen sind solche aus dem → Khmer, Thai und → Chinesischen. Obwohl Laos zum franzöz. Kolonialreich gehörte, ist die Zahl der Entlehnungen franzöz. Herkunft im Unterschied zum Khmer relativ gering.

Das Laot. war die längste Zeit seiner Geschichte schriftlos. Während der franzöz. Kolonialzeit übernahm das → Französische hoch- und bildungssprachl. Funktionen. Erst im 20. Jh. ist es zur Ausbildung eines laot. Schriftstandards gekommen. Da die Analphabetenrate in Laos verhältnismäßig hoch liegt (Männer: 38%, Frauen: 70%), sind der Verbreitung der laot. Schriftsprache bei der Bevölkerung elementare Grenzen gesetzt.

Lit.: Morev et al. 1979, Smyth 1994

Lappisch → Saamisch

Lateinisch (Latin, latin). Das Latein. ist in vieler Hinsicht die erfolgreichste und produktivste Kultursprache der Welt. Die Geschichte des Latein. und der latein. Schriftkultur bietet einige Superlative, von denen hier drei hervorgehoben werden sollen:

1) Die lexikal. Produktivität und das Transferpotential latein. Kulturwörter. – Keine andere Sprache der Welt hat einen so massiven Einfluß auf so viele verschiedene Sprachen ausgeübt wie das Latein. Berücksichtigt man die aus dem Latein. direkt in andere Sprachen

entlehnten Ausdrücke sowie diejenigen Elemente latein. Herkunft, die über Mittlersprachen weiterwanderten, dann ist das Latein. die produktivste aller Kultursprachen der Welt. Für die Weitervermittlung sind in erster Linie die europ. → Weltsprachen (→ Englisch, → Französisch, → Spanisch, → Portugiesisch, → Deutsch, → Russisch) verantwortlich, die Elemente des Latein. in alle Teile der Welt transferiert haben, z. B. engl. Lehnwörter im → Yoruba oder → Hindi, franz. Lehnwörter im → Türkischen oder → Vietnamesischen, span. Lehnwörter im → Quechua oder → Maya, portugies. Lehnwörter in Minderheitensprachen Brasiliens oder im → Indonesischen, dt. Lehnwörter im → Ungarischen oder → Japanischen, russ. Lehnwörter im → Mari oder → Georgischen.

2) Die Popularität und der Variantenreichtum des latein. Alphabets. – Die Schrift, mit der die Sprache der Latiner geschrieben wird, nennt man „Lateinschrift". Diese Variante des Alphabets ist das produktivste Schriftsystem aller Zeiten, denn es werden heute mehr Sprachen in Lateinschrift als in irgendeiner anderen Schriftart geschrieben. Sie ist in allen Kontinenten verbreitet, in zwei Kontinenten ist sie absolut dominant, und zwar in Amerika und Australien. In zwei Kontinenten ist das latein. Alphabet kodominant: in Europa (mit Lateinschrift im Westen und Kyrillica im Osten) und Afrika (mit Lateinschrift im Süden und arab. Schrift im Norden). Lediglich in Asien ist das latein. Alphabet indominant gegenüber anderen Schriftsystemen, wenn auch bei großen Sprachgemeinschaften vertreten (z. B. Indones., Vietnames.). Keine andere Schriftart hat so viele verschiedene Schreibstile hervorgebracht wie die latein., als Handschrift (z. B. karolingische Minuskel, deutsche Kurrentschrift) und/oder als Druckschrift (z. B. Antiqua, gotische Kursive, Courier).

3) Die produktive Vermittlerrolle des Latein für antikes Kulturgut. – Die Tradierung und Verbreitung griech. Ideengutes (v.a. mytholog., polit.-philosoph. und literar. Thematik) in der westl. Zivilisation ist größtenteils das Verdienst des Latein. als Vermittlersprache. Zwar hat auch das Arab. zur Tradierung literar. und wissenschaftl. Texte griech. Herkunft beigetragen, die Inhalte der antiken Werke sind aber erst durch ihre Übersetzung aus dem Arab. ins Latein. der westl. Welt zugänglich geworden (Texte der Übersetzerschule in Toledo aus dem 12. und 13. Jh.). Die reiche Tradition des griech. Mythenschatzes ist im wesentlichen in ihrer latein. Transformation

der westl. Welt vermittelt worden. Ebenso wie die Namen der Götter und Helden latinisiert wurden (z.B. Zeus > Iuppiter, Aphrodite > Venus, Herakles > Hercules), wurden auch die Stoffe nach röm. Geschmack verändert. Gleiches gilt für die literar. Stoffe der Weltliteratur (z.B. die Tradition des Alexanderromans).

Um 300 v. Chr., im Zeitalter des Hellenismus, als sich das → Griechische in seiner Rolle als Bildungssprache bereits bis ins westl. Mittelmeer, bis nach Nubien in Afrika, bis an die Nordküste des Schwarzen Meeres, bis nach Zentralasien und Persien ausgedehnt hatte, war Latein nur in einer kleinen Region im Süden der Landschaft Latium verbreitet. Von dort aus wurde es von der röm. Armee, von röm. Kaufleuten und italischen Kolonisten in weite Teile Europas, Afrikas und Asiens getragen. Nachdem die röm. Expansion im 2. Jh. n. Chr. zum Stillstand gekommen war und das Röm. Reich wenig später zerfiel, hatten bereits andere das Latein. als Kultursprache adaptiert und setzten ihrerseits vom Latein. geprägte Traditionen fort. Dies gilt für das Oström. Reich mit seinem polit. Zentrum Konstantinopel, für die Germanenreiche des frühen Mittelalters und für den inselkelt. Kulturkreis, wo christl.-latein. Kultur gepflegt wurde.

Das Latein. ist eine → indoeuropäische Sprache und gehört zum italischen Sprachzweig. Italische Sprachen sind das Faliskische, Oskische, Sikulische, Umbrische und einige andere. Sämtliche ital. Sprachen sind ausgestorben, lediglich Latein wird bis heute als Schriftsprache verwendet. Als Folge ihrer Ausbreitung in den Regionen Italiens übte die röm. Kolonialsprache einen assimilator. Druck auf alle anderen Sprachen aus, auf die indoeurop. (ital.) Sprachen ebenso wie auf das nichtindoeurop. → Etruskisch, eine Kultursprache, die schon vor der Verbreitung des Latein ihre Blütezeit erlebte. Spätestens zu Beginn unserer Zeitrechnung kamen sämtl. Regionalsprachen außer Gebrauch.

Bereits vor der Zeit der röm. Machtentfaltung sind dialektale Unterschiede des Latein. in Latium zu beobachten. Das Schriftlatein der Frühzeit war nicht einheitlich und zeigt lexikal. Variation (z.B. *popina* vs. *coquina* ‚Kantine, öffentl. Küche‘). Der röm. Sprachgebrauch setzte sich letztlich durch und wurde als Standard akzeptiert, während regionale Latinismen als „rustikal" abgewertet wurden. Die röm. Stadtsprache hat nicht nur den Schriftstandard geprägt, sondern auch entscheidend zum Ausgleich des gesprochenen Latein beigetragen. Das Sprechlatein blieb auch außerhalb Italiens, in den Provinzen des Imperium Romanum, lange Zeit einheitlich. Dort, wo das Schriftlatein die gesprochene Sprache nur unzureichend überdachte, entwickelten sich regionale Besonderheiten. Dies gilt z. B. für das Balkanlatein. mit seiner lexikal. Differenzierung in eine Donauvariante (gesprochen v. a. in Dakien) und eine Küstenvariante (in Illyrien).

Der allergrößte Teil des latein. Wortschatzes besteht aus indoeurop. Elementen. Dies sind einerseits ital. Erbwörter und andererseits aus anderen indoeurop. Sprachen entlehnte Ausdrücke. Zu den ältesten Entlehnungen des Latein. gehören Wörter etrusk. Herkunft (z. B. latein. *histrio* ‚Schauspieler (am Theater)‘, *fenestra* ‚Fenster‘, *populus* ‚Volk‘). Im Kontakt mit anderen ital. Sprachen hat das Latein. verschiedene lokale Ausdrücke aufgenommen wie z. B. *coda* ‚Schwanz‘, *arbiter* ‚Zeuge‘, *basium* ‚Kuß‘ oder *familia* ‚Haushalt; Menschen, die zum selben Haushalt gehören‘.

Aus dem Griech. hat das Latein. nicht nur zahlreiche Elemente seines Kulturwortschatzes entlehnt (z. B. latein. *stylus* ‚Schreibgriffel‘, *rhetor* ‚Redner‘, *symbolus* ‚Zeichen‘, *architectus* ‚Architekt‘), sondern auch Wörter der Alltagssprache wie *machina* ‚Gerät‘, *amphora* ‚Amphore, Flüssigkeitsbehälter mit zwei Henkeln‘, *apotheca* ‚Vorratslager für Wein‘ oder *bracchium* ‚Arm‘. → Keltische Lehnwörter im Latein. sind z. B. *camminus* ‚Weg, Straße‘, *carrus* ‚Wagen‘ und *cambiare* ‚wechseln‘. Aus dem → Germanischen hat das Latein. u. a. *caupo* ‚Händler, Inhaber eines Ladens‘ und *clamo, clamare* ‚ausrufen‘ entlehnt. Die Herkunftssprachen etlicher Entlehnungen im Latein. können nicht mit Sicherheit identifiziert werden (z. B. latein. *cenaculum* ‚Eßzimmer‘, *conea* ‚Storch‘, *manes* ‚die Geister der Ahnen‘, wörtl. ‚die Guten‘).

Die ältesten Schriftdenkmäler des Latein. stammen aus dem 6. Jh. v. Chr. Erst seit dem 3. Jh. v. Chr. aber wird Latein kontinuierlich als Schriftsprache verwendet. Traditionellerweise wird der Beginn einer eigentlichen literar. Überlieferung in Latein. mit den Werken von Livius Andronicus (um 240 v. Chr.) assoziiert, wozu außer Theaterstücken nach griech. Vorbild auch eine Übersetzung von Homers „Odyssee“ gehören. Im 2. und 1. Jh. v. Chr. wurde die Schriftsprache zunehmend standardisiert. Über die Werke bekannter Autoren wie Caesar, Cicero, Catull, Sallust, Livius, Vergil, Horaz und anderer hat diese normierte Sprachform ihr Prestige als klassische Literatursprache erlangt. Für spätere Generationen von Literaten sind die Klassiker immer Vorbild geblieben.

Das Verbreitungsgebiet des Latein. in den Provinzen des Röm. Reiches war viel ausgedehnter als das Areal, in dem später → romanische Sprachen gesprochen wurden. Zusätzlich zur eigentl. Romania gibt es eine „verlorene" Romania, wo früher das Latein. wirkte, wo aber dessen Einfluß nicht zur vollständigen Assimilation der einheim. Bevölkerung führte. Deren Muttersprachen blieben erhalten. An der Peripherie des röm. Kulturkreises findet man heute die Relikte der ehemaligen Präsenz des Latein. in den zahlreichen Entlehnungen aus dieser Sprache. Latein. Lehnwörter aus röm. Zeit sind im German. (z.B. deutsch *Keller, Mauer, Kirsche, Kastanie, Pfeiler*, engl. *mile* ‚Meile', *pound* ‚Pfund', *silk* ‚Seide'), im Inselkelt. (z.B. → kymrisch *gwyrdd* ‚grün', *llyfr* ‚Buch', → bretonisch *koulm* ‚Taube', *sec'h* ‚trocken'), im → Baskischen (z.B. *boronte* ‚Stirn', *arima* ‚Seele', *apexa* ‚Fisch'), im → Albanischen (z.B. *fill* ‚Faden', *pushtoj* ‚erobern', *ungj* ‚Onkel', *kal* ‚Pferd'), im Griech. (z.B. *sterna* ‚Zisterne', *kalantari* ‚Kalender', *fourno* ‚Backofen') und im → Berberischen Nordafrikas (z.B. tuareg *angelus* ‚Engel', *émerkid* ‚Gnade', *abekkad* ‚Sünde') erhalten geblieben.

Die aufgeführten latein. Lehnwörter im Berberischen weisen auf den frühchristl. Sprachgebrauch hin. Das Latein. zeigte seine enorme Anpassungsfähigkeit u. a. dadurch, daß es nicht nur als sprachl. Instrument der älteren polytheist. Weltanschauung fungierte, sondern daß es sich flexibel der neuen christl. Ideologie anzupassen vermochte, die sich seit dem 3. Jh. im Röm. Reich verbreitete. In der Anfangszeit lagen die Zentren der latein. geprägten christl. Kultur in Nordafrika. Carthago war schon früh eine christl. Hochburg. Der berühmteste aller Berber ist der aus Numidien stammende Kirchenvater Augustinus (354–430 n. Chr.), der seine Werke auf Latein schrieb.

In ganz Westeuropa wurde das christl. Kulturerbe über die Antike hinaus in latein. Sprache tradiert. Christentum und Latein waren jahrhundertelang die Grundpfeiler westeurop. Zivilisation. Außer dieser besonderen Funktion, die das Latein. in der Spätantike entwickelte, blieben viele der traditionellen Funktionen dieser Sprache auch in der Nachantike erhalten. Als gesprochene Sprache allerdings kam es außer Gebrauch. Genauer gesagt erlebte das Sprechlatein in weiten Teilen des ehemaligen Imperium Romanum durchgreifende Transformationen. Als Ergebnis dieses mehrere Jahrhunderte andauernden Wandlungsprozesses entstanden die romanischen Sprachen. Wenn man vom Latein. als ausgestorbener Sprache spricht, ist dies eigentlich nur die halbe Wahrheit, denn das latein. Sprach- und Kulturerbe lebt in seiner roman. Transformation bis heute weiter.

Während des Mittelalters war Latein als Urkundensprache, als Geschäfts- oder Kanzleisprache in vielen Regionen Europas in Gebrauch, im Byzantin. Reich (als Gerichtssprache bis ins 11. Jh.), in Mitteleuropa, Skandinavien und Finnland, auf den britischen Inseln und fast in der gesamten Romania (mit Ausnahme Sardiniens und Transsylvaniens). Bis in die Neuzeit hat das Latein. amtl. Funktionen übernommen. Es ist die Geschäftssprache der röm.-kathol. Amtskirche im Kontakt mit dem Vatikan. In diesem Stadtstaat fungiert das Latein. neben dem → Italienischen als Amtssprache. Jahrhundertelang besaß das Latein. amtl. Status in Ungarn, worin es erst im Jahre 1848 vom → Ungarischen abgelöst wurde.

Die europ. Zivilisation ist ohne das latein. Kulturerbe nicht vorstellbar. Die Tradition des Latein. als Urkunden-, Bildungs- und Wissenschaftssprache reicht ebenfalls bis weit in die Neuzeit. Dies betrifft nicht nur die Verwendung des Latein. als Schriftsprache, sondern auch die Ausstrahlung, die vom Latein. auf die Terminologiebildung in den verschiedensten Bereichen ausging und ausgeht. So ist die Rechtstradition in Westeuropa durch die Ideen und Prinzipien des röm. Rechts geprägt, und in der jurist. Terminologie aller Kultursprachen des Westens finden sich für zahlreiche Schlüsselbegriffe Termini latein. Herkunft. Die wissenschaftl. Fachterminologien aller europ. Sprachen – und dies gilt ebenfalls für östl. Sprachen wie Ungar., → Estnisch oder → Russisch – sind mit Latinismen durchsetzt.

Seinen globalen Siegeszug hat das Latein. mit der Verbreitung der europ. Weltsprachen angetreten. Insbesondere das → Englische, dessen Wortschatz zu mehr als der Hälfte aus latein. und roman. Elementen besteht, hat den maßgeblichen Anteil an der indirekten Vermittlung latein. Wortgutes. Über engl. Entlehnungen sind zahlreiche latein. Wurzelwörter und deren Ableitungen in Dutzende von Sprachen in allen Teilen der Welt gelangt. Das Engl. ist der stärkste Motor der Globalisierung im digitalen Zeitalter und damit auch der beste Garant für die Vitalität dcs latein. Spracherbes.

Lit.: Glare 1982, Haarmann 1979a, 1999a, Leumann et al. 1963–72, Munske/Kirkness 1996

Left May (Arai). Für diese Papua-Sprachen, die im Nordwesten Papua-Neuguineas gesprochen werden, läßt sich keine Verwandtschaft mit irgendeiner der anderen einheim. Sprachfamilien nachweisen. Die sprecherreichste Sprache ist das Nimo (415).

Lettisch (Latvian, letton). Lett. wird von 1,55 Mio. Menschen gesprochen; davon leben 1,394 Mio. in Lettland (entspr. 54,5 % der Landesbevölkerung). Mehr als eine halbe Million der lett. Muttersprachler sind Lettgallen. Die größte nichtlett. Sprachgemeinschaft in Lettland sind Russen (0,861 Mio. = 33,5 %). Lett. Außengruppen gibt es in verschiedenen Anrainerstaaten Lettlands sowie in Westeuropa und Übersee: Rußland (29 000), Litauen (5000), Estland (2000), Ukraine (2600), Deutschland (8000), Großbritannien (8000), Schweden (6000), USA (50 000), Kanada (15 000), Australien (25 000) u. a.

Lett. ist seit 1990 Staatssprache Lettlands. In dieser Funktion knüpft es an seine traditionelle Rolle an, die es in den 1920er und 1930er Jahren bereits ausgefüllt hatte. Mit der Annexion Lettlands durch die Sowjetunion im Jahre 1940 änderten sich die Verhältnisse. → Russisch wurde als zusätzl. Amtssprache der Lett. Sowjetrepublik eingeführt. In der Praxis bedeutete dies, daß das Russ. in der Verwaltung dominierte. Das Lett. behielt zwar nominell seinen Status als Amtssprache, hatte aber praktisch nur eine zeremoniale Funktion (etwa in öffentl.-amtl. Schriftstücken). Heute wird Lett. auf allen Ebenen der Landesverwaltung als Arbeitssprache und im Schriftverkehr verwendet.

Der balt. Sprachzweig der → indoeuropäischen Sprachfamilie wird durch zwei lebende Sprachen vertreten; eine ist das Lett., die andere das → Litauische. Beide Sprachen gehören zur ostbalt. Gruppe, die sich im Verlauf des 5. Jh. aus dem Proto-Balt. ausgliederte. Bis ins 7. Jh. n. Chr. verlief die Sprachgeschichte des Lett. und Litauischen im wesentlichen gemeinsam. Danach setzte sich das Lett. aufgrund innovativer Entwicklungstrends vom konservativen Litauischen ab. Ursprüngl. war Lett. nur die Sprache eines balt. Stammes, der Lettgallen. Zwischen ca. 1000 und 1550 n. Chr. verbreitete sich das Lett. auch bei anderen balt. Stämmen (Kuren, Semgallen, Seler), die schließlich eine sprachl.-kulturelle Einheit bildeten.

Das lett. Sprachgebiet gliedert sich in drei Dialektzonen: Liwonisch (bzw. Tamisch) in der nördl. Küstenregion, Mittellett. in einem Gürtel von Südwesten nach Nordosten, Oberlett. im Osten und Südosten Lettlands. Das Liwon. hat seinen Namen von den Liwen, einem ostseefinn. Volk, dessen Siedlungsgebiet sich im Mittelalter von der Küste bis ins Inland erstreckte. Die meisten Liwen haben sich im Laufe der Zeit ans Lett. assimiliert. Das Liwon. ist gekennzeichnet durch eine Vereinfachung der grammat. Strukturen. Das Oberlett., das dem Litauischen am nächsten steht, hat mehr archaische Züge bewahrt als vergleichsweise die anderen Dialekte. In der literar. Tradition war von Anfang an das Mittellett. im Hinblick auf Lautung und grammat. Formen die Basis der Schriftsprache.

Zum Erbwortschatz des Lett. gehören Elemente, die entweder gemeinindoeurop. sind oder deren Verbreitung auf die balt.-slaw. Sprachgruppe beschränkt ist. Gegenüber dem geringen Anteil an Entlehnungen aus dem → Liwischen und → Estnischen, die sich überwiegend im Wortschatz des Liwon., nicht aber in der lett. Schriftsprache finden, ist die Zahl der Lehnwörter ostslaw. (insbesondere russ.) Herkunft bedeutend. Auch das → Deutsche hat das Lett. seit dem Mittelalter beeinflußt. Entlehnungsquelle war zunächst das Mittelniederdeutsche, später das Hochdeutsche. Der sich in der zweiten Hälfte des 19. Jh. verstärkende Sprachpurismus bemühte sich darum, ältere Lehnwörter aus der deutschen Kirchensprache durch Eigenprägungen zu ersetzen. Deutscher Einfluß manifestiert sich nicht nur im Lexikon, sondern auch in der lett. Syntax und Phraseologie. Auch Partikel (wie lett. *ja* ‚ja‘) und Konjunktionen (wie lett. *un* ‚und‘) wurden entlehnt. Das lett. Tempussystem ist ähnlich wie das des Deutschen strukturiert. In beiden Sprachen werden zwei Formen der einfachen Vergangenheit unterschieden: Präteritum (Imperfekt) und Perfekt. Unter deutschem Einfluß zeigt sich im älteren Schriftgebrauch des Lett. eine hohe Gebrauchshäufigkeit der Perfektformen. Imperativformen des Verbs wurden nach deutschem Vorbild umschrieben (z.B. *tev nebus* + Infinitiv nach dem Vorbild von deutsch *du sollst nicht* + Infinitiv).

Nach 1940 wurden die Strukturen des lett. Wortschatzes durch zahlreiche Russismen und Sowjetismen überformt. In gewissem Umfang konnte der situationelle Druck des Russ. dadurch gelindert werden, daß russ. Ausdrücke ins Lett. lehnübersetzt wurden. Seit

Beginn der 1990er Jahre erlebt das Lett. einen enormen Modernisierungsprozeß. Die sowjet. Gesellschaftsnomenklatur ist lexikal. abgebaut worden, und an ihre Stelle sind Entlehnungen aus dem → Englischen getreten. Das Engl. hat zwar schon vor hundert Jahren auf das Lett. eingewirkt, damals aber noch indirekt über deutsche oder russ. Vermittlung. Heute steht die technolog. Modernisierung des lett. Lexikons ganz im Zeichen seiner Anglisierung.

Die Anfänge des lett. Schrifttums liegen im 16. Jh. und stehen im Zusammenhang mit der Reformationsbewegung im Baltikum. Aus der zweiten Hälfte des 16. Jh. stammen die ersten Übersetzungen des Katechismus. Die erste vollständige Bibelübersetzung erschien im Jahre 1689. Die Orthographie der alten lett. Schriftsprache wurde von deutschen Pastoren nach dem Vorbild der zeitgenöss. Schreibung des Niederdeutschen für das Lett. adaptiert. Um die Mitte des 19. Jh. bemühten sich die „Neuletten", die Vertreter des „nationalen Erwachens", darum, die geschriebene und gesprochene Sprache einander anzunähern. Diese Kulturaktivisten, die später zu Vorreitern einer Bewegung für die Schaffung einer Nationalsprache und einer Nationalliteratur wurden, sammelten lett. Lieder und volkstüml. Dichtung. Die umfangreiche Kompilation lett. Volkslieder (1894–1916) ist als Werk der Weltliteratur anerkannt. In den 1880er und 1890er Jahren wurde die lett. Schriftsprache reformiert; mit der Orthographiereform von 1908 war die moderne Standardsprache kodifiziert. Diese im Jahre 1937 reformierte Orthographie ist bis heute in Gebrauch.

Bei der lettgall. Bevölkerung entfaltete sich im 18. Jh. ein vom Schriftlett. unabhängiger literar. Gebrauch. Im Jahre 1730 wurde ein kathol. Gesangbuch in Oberlett. herausgegeben. Das Oberlett. wird seither als schriftsprachl. Medium verwendet. Während noch im 18. Jh. religiöses Schrifttum dominierte, entstanden im 19. Jh. auch Werke der weltl. Literatur; auch wurden Zeitschriften in Oberlett. publiziert. Die oberlett. Variante der Schriftsprache war auch im Westen in Kreisen der lett. Emigranten populär. Um die Mitte der 1980er Jahre war die literar. Aktivität fast ganz erlahmt. Im Zuge des „dritten nationalen Erwachens" der Letten in den 1990er Jahren hat auch die oberlett. Schriftsprache einen neuen Aufschwung erlebt.

Die Periodisierung des Lett. orientiert sich an den Entwicklungsphasen der Schriftsprache: Altlett. (16. Jh.–Mitte 19. Jh.), „Neulett." (Mitte 19. Jh. – 1880er Jahre), modernes Lett. (seit den 1880er Jahren).

Lit.: Endzelin 1922, Fennel 1980, Ruke-Dravina 1977, 1990

Letzeburgisch (Luxemburgish/Luxembourgian, luxembourgeois). Insgesamt 0,32 Mio. Menschen (Luxemburger) sprechen Letzeburg. (Lëtzebuergesch). Die meisten Luxemburger wohnen in dem Land, dem sie ihren Namen verdanken (0,275 Mio.; entspr. 71,5 % der Landesbevölkerung). Im benachbarten Belgien leben 12 000 Sprecher des Letzeburg. Die Zahl der Luxemburger in Amerika (v.a. in den USA) beläuft sich auf 21 000. Die einheim. Luxemburger sind fast alle mehrsprachig. Außer Letzeburg. sprechen sie auch → Deutsch (Hochdeutsch) und → Französisch.

Im Jahre 1984 wurde dem Letzeburg. der Status einer Nationalsprache zuerkannt. Seither ist Luxemburg offiziell dreisprachig. Außer dem Letzeburg. besitzen das Deutsche und Französ. amtl. Funktionen. Französ. ist die autoritative Sprache der Gesetzestexte, Deutsch überwiegt in der Regionalverwaltung sowie in den unteren und mittleren Ausbildungsstufen. Letzeburg. übernimmt eine Art Nischenplatz in der Dreierkonstellation. Es fungiert als Arbeitssprache im Parlament. Hinsichtl. seiner schriftl. Verwendung im Amtsverkehr sind Verwaltungsbeamte gehalten, Letzeburg. zu benutzen, wenn ein Luxemburger Bürger einen Antrag in dieser Sprache stellt.

Letzeburg. gehört zum moselfränk. Kontinuum, das sich auf deutscher Seite im Moseltal fortsetzt. Die besondere sprachl.-kulturelle Entwicklung im Großherzogtum, der Gebrauch als Schriftsprache, der sprachpolit. Status und die Selbstidentifizierung der Sprecher machen das Letzeburg. zu einer selbständigen Sprache, die sich von sprachverwandten deutschen Dialekten soziokulturell deutlich unterscheidet. Innerhalb des letzeburg. Sprachgebiets gibt es einige dialektale Differenzierungen: nördl. Dialekt (Luxemburger Ardennen; Oesling), östl. Dialekt (Echternach), südöstl. Dialekt (Remich), südwestl. Dialekt (Esch-sur-Alzette und Umgebung), Stadtdialekt von Luxemburg.

Zum Charakter des moselfränk. Kontinuums gehört es, daß es viele Parallelen im Erbwortschatz des Letzeburg. und des Moselfränk. auf deutscher Seite gibt. Die beiden Kontaktsprachen des Letzeburg., Deutsch und Französ., haben seit langem auf den Wortschatz eingewirkt. Die Zahl der Entlehnungen deutscher Herkunft ist insgesamt größer als die der franzöz. Lehnwörter. Für viele Begriffe existieren Synonymenpaare, die in der Alltagssprache je nach individueller Vorliebe verwendet werden (z. B. letzeburg. *Schrauwenzéier* vs. *Tournevis* ‚Schraubenzieher‘, *Killschaff* vs. *Frigidaire* ‚Kühlschrank‘, *Eisebunn* vs. *Chemin de Fer* ‚Eisenbahn‘). Im selben Begriffsbereich treten ein deutsches und ein franzöz. Lehnwort parallel auf (z. B. letzeburg. *Fernseh* ‚Fernseher, Fernsehgerät‘ vs. *Television* ‚Fernsehen‘).

Sprachl. Eigenheiten letzeburg. Prägung findet man bereits in mittelalterl. Texten aus der Zeit vom 9. bis 13. Jh. (z. B. in den „Echternacher Glossen“ und im „Trierer Capitular“), eine eigenständige schriftsprachl. Tradition setzt allerdings erst im 19. Jh. ein. Seit den 1820er Jahren wird Letzeburg. kontinuierlich als Schriftsprache verwendet, obwohl es bis heute vielen Luxemburgern leichter fällt, in Deutsch oder Französisch als in der Muttersprache zu schreiben. In Letzeburg. ist ein reiches Schrifttum entstanden. In der Presse wird Letzeburg. für Lokalmeldungen (z. B. Sportereignisse), Familienanzeigen und in der lokalen Werbung verwendet, es dominieren jedoch Deutsch und Franzöz.

Es sind zwar mehrere Versuche unternommen worden, die letzeburg. Schriftsprache zu normieren (insbesondere die Orthographie), bis heute aber hat sich kein Standard entwickelt, der allgemein akzeptiert wäre. Die im 19. Jh. populärste Schreibweise des Letzeburg. wurde von Edmond de la Fontaine (1823–1891) – der unter dem Pseudonym Dicks schrieb – im Jahre 1855 vorgeschlagen. Sie wurde 1912 von René Engelmann reformiert. Eine mehr phonet. Schreibweise (Margue-Feltes) wurde im Jahre 1946 eingeführt. Während sich diese Graphie bewußt von der hochdeutschen Orthographie unterscheidet, erfolgte mit der Reform vom Oktober 1975 eine deutliche Anlehnung an deutsche Schreibkonventionen. Der Sprachgebrauch in Luxemburg unterliegt aber keinerlei Dirigismus, was bedingt, daß auch die neuen Schreibnormen nicht verbindlich sind.

Lit.: Bruch 1955, Kramer 1994, Newton 1996

Lingua franca. Ursprüngl. bezeichnete Lingua franca ein Pidgin, das seit dem 14. Jh. im Mittelmeerraum im Kontakt zwischen Europäern und Arabern, später auch Türken verwendet wurde. Nach dem überlieferten Sprachmaterial zu urteilen, handelte es sich um ein Pidgin auf der Basis norditalien. Dialekte. Das → Italienische war lange Zeit wichtige Kontaktsprache im östl. Mittelmeer und im Schwarzmeerraum, wo v.a. Genueser Handelsstützpunkte unterhielten. Im 16. und 17. Jh. war das Venezianische die bevorzugte Diplomaten- und Handelssprache zwischen Westeuropäern und Orientalen (z. B. den Türken des Osman. Reiches).

Die Byzantiner und Araber bezeichneten alle Kreuzfahrer als „Franken", unabhängig von ihrer ethnischen Herkunft und sprachl. Zugehörigkeit. Von diesem Sammelbegriff leitet sich der Name der Verkehrssprache (*lingua franca* ‚Frankensprache') ab. Heutzutage wird dieses histor. Pidgin, das noch im späten 19. Jh. in Algier gesprochen wurde, „Lingua franca des Mittelmeers" genannt. Die ursprüngl. Bedeutung des Namens „Lingua franca" hat sich im modernen Sprachgebrauch erheblich erweitert. Im → Englischen hat sich der Ausdruck *lingua franca* als allgemeine Bezeichnung für „Verkehrssprache" durchgesetzt, womit die Rolle des → Akkadischen im Nahen Osten ebenso beschrieben wird wie die des → Griechischen in der Ära des Hellenismus, des → Lateinischen in Europa oder des → Swahili in Ostafrika.

Lit.: Cremona 1998, Minervini 1996

Litauisch (Lithuanian, lituanien). Etwa 3,5 Mio. Menschen sprechen Lit.; die meisten von ihnen (3,023 Mio.) sind in Litauen beheimatet (entspr. 81,4 % der Landesbevölkerung). Fast 0,5 Mio. Litauer leben in den Nachbarstaaten Litauens, in Westeuropa und in Übersee: Lettland (35 000), Polen (12 000), Belarus (7000), Estland (3000), Russische Föderation (60 000), Ukraine (10 000), Großbritannien (9000), Deutschland (7000), USA (0,3 Mio.), Kanada (18 000), Australien (10 000).

Lit. ist eine → indoeuropäische Sprache und gehört mit dem Lettischen zur östl. Gruppe des balt. Sprachzweigs. Das Westbalt. war durch das Altpreußische vertreten, das gegen Ende des 17. Jh. ausstarb. Im Laufe des 7. Jh. n. Chr. gliederte sich das Lit. als selbständige Sprache aus dem Ostbalt. aus. Die Sprachentwicklung des Lit. ist konservativer als die der Nachbarsprache → Lettisch. Überhaupt weisen die lautl. und morpholog. Strukturen des Lit. erstaunlich altertüml. Züge auf. Im Lit. hat sich der freie Akzent, der für die indoeurop. Grundsprache rekonstruiert worden ist, in Resten erhalten, während sämtliche indoeurop. Sprachen westlich des

Baltikums diese Eigenart aufgegeben haben. Im Paradigma der lit. Kasusflexion (acht Kasus) sind alte Differenzierungen erkennbar, die ansonsten nur noch in der Morphologie des → Sanskrit auftreten.

Das Kernland des Lit. war zu allen Zeiten das Gebiet des heutigen Litauen. Im 12. Jh. dehnte das Großfürstentum Litauen seine Einflußsphäre nach Osten und Süden ins Gebiet der Kiever Rus aus. In einigen Regionen von Belarus (Grodno, Lida, Braslav) war Lit. lange Zeit als Sprache des Landadels in Gebrauch. Die Expansion des Lit. kam zum Stillstand, als Litauen wegen der äußeren Bedrohung durch Rußland und Schweden seine polit. Selbständigkeit aufgab und sich in der Lubliner Union (1569) mit dem Königreich Polen vereinigte. Die Gebiete außerhalb Litauens, in denen sich für das Mittelalter lit. Spracheinfluß nachweisen läßt, wurden polonisiert.

Das lit. Sprachgebiet gliedert sich in zwei Hauptdialekte: Žemaitisch bzw. Samogitisch (Niederlit.) mit nördl., westl. und südl. Mundarten; Aukštaitisch (Oberlit.) mit westl., östl. und südl. Mundarten. Die žemait. Dialektzone bildete sich unter kurischem Einfluß im Verlauf des 15. und 16. Jh. heraus. Das Žemait. hat gegenüber dem Aukštait. etliche sprachl. Neuerungen entwickelt, so die Verlagerung der Betonung vom Wortende auf den Wortanfang und die Reduzierung grammat. Endungen in der Morphologie. Die westl. Mundarten des Aukštait. sind die Basis der lit. Standardsprache.

Der indoeurop. Erbwortschatz des Lit. setzt sich aus drei Schichten zusammen: gemeinindoeurop. Elemente (z. B. Verwandtschaftsterminologie, Bezeichnungen für Naturphänomene), Erbwörter der protobalt. Periode (z. B. Pflanzen- und Tierbezeichnungen, Benennungen von Metallen und Werkzeugen), Ausdrücke ostbalt. Prägung (z. B. Bezeichnungen für Körperteile, Bekleidung, Speisen).

Seit dem 9. Jh. stand das Lit. im Kontakt mit ostslaw. Sprachvarianten. Im 13. und 14. Jh. wirkte das → Weißrussische (Slawonische), das in Litauen bis ins 17. Jh. als Kanzleisprache fungierte, auf das Lit. ein. Seit Ende des 14. Jh. und verstärkt seit dem 16. Jh., machte sich → polnischer Einfluß geltend, der bis 1918 andauerte. Im Wortschatz der alten lit. Schriftsprache des 17. Jh. finden sich rund 3000 Slawismen; deren Zahl ist aber durch den Sprachpurismus des 19. Jh. stark reduziert worden. Nach den slaw. Sprachen ist das → Deutsche (in Form des Niederdeutschen und des Baltendeutschen) die zweitstärkste Entlehnungssprache des Lit. Die ältesten Lehnwörter stammen aus dem 13. Jh., als sich deutsche Kaufleute und Handwerker in Litauen niederließen. Spätere Kontakte richteten sich nach Ostpreußen aus.

Ähnlich wie im Fall des Lett. begann auch für die Sprachentwicklung des lit. Lexikons nach 1940 eine Phase der Überformung durch russ.-sowjet. Nomenklatur. Die Hauptquelle für Neologismen zwischen 1940 und 1990 war das → Russische, entweder in Gestalt direkter Entlehnungen oder in Form von lit. Lehnprägungen nach russ. Vorbildern. Die Entwicklung der 1990er Jahre ist durch eine doppelspurige Modernisierung gekennzeichnet. Einerseits wurde die Schicht russ. Lehnwörter der Sowjetära abgebaut, andererseits steht das Lit. im Prozeß einer rasanten Anglisierung seines Wortschatzes. Berücksichtigt man zusätzl. zur Alltagssprache die verzweigten Fachterminologien der Berufssparten und wissenschaftl. Disziplinen, so geht die Zahl der neueren → englischen Lehnwörter in die Tausende.

Lit. wird seit dem 16. Jh. geschrieben. Das älteste Schriftzeugnis ist der handschriftl. Text eines Gebets auf der letzten Seite eines Traktats in latein. Sprache aus dem Jahre 1503. Ebenfalls nur handschriftl. überliefert ist eine Gebetsammlung (Dsukische Gebete) aus dem Jahre 1515. Das älteste gedruckte Buch ist der Katechismus (1547) von Martynas Mazvydas, dessen Sprachform das südl. Žemaitisch ist. Die ersten Werke, in denen die Schriftsprache dokumentiert wird, sind das dreisprachige (latein.-poln.-lit.) Wörterbuch („Dictionarium trium linguarum", 1620) von K. Sirvydas und die auf Latein. verfaßte Grammatik („Grammatica lituanica", 1653) von Daniel Klein. Die in diesen Werken dokumentierte lit. Schriftsprache basiert bereits auf dem westl. Aukštait.

Während der Zeit der zarist. Herrschaft in Litauen (1795–1915) war die Verwendung des Lit. als Schriftsprache stark eingeschränkt. Es war verboten, Lit. in Lateinschrift zu schreiben. Versuche, das kyrill. Alphabet einzuführen, scheiterten aber am Widerstand der gebildeten Litauer. Seit 1904 war die Verwendung der latein. Graphie wieder erlaubt. Die Ausarbeitung der Normen der modernen lit. Standardsprache ist das Verdienst von I. Jablonskis, dessen grundlegendes Werk „Lietuviškos kalbos gramatika" (Lit. Grammatik) im Jahre 1901 in Tilsit erschien.

In der Periodisierung der lit. Schriftsprache werden zwei Hauptphasen unterschieden: Älteres Schriftlit. (Anfang des 16. Jh.–Ende des 17. Jh.), Jüngeres Schriftlit. (seit ca. 1700). Innerhalb des jüngeren Schriftlit. ist zwischen der literar. Tradition bis Ende des 19. Jh. und der modernen Periode (ab Anfang 20. Jh.) zu differenzieren.

Lit.: Ambrazas 1997, Otrębski 1956–65, Press/Ramoniene 1996, Senn 1966

Liwisch (Livonian, livonien). Nach der letzten Zählung von 1989 hatten von den insgesamt 226 ethnischen Liwen noch kaum 100 Personen liw. Sprachkenntnisse. Die meisten davon konnten Liw. verstehen, es aber nicht mehr aktiv sprechen; nur noch 21 Sprecher sprachen fließend Liw. Die Mehrzahl der Liwen hat sich ans → Lettische, teilweise auch ans → Russische assimiliert. Nach derselben Zählung lebten 135 Liwen (ca. 60 % der ethnischen Gruppe) in Lettland, hauptsächl. in Dörfern der kurischen Nehrung am Westufer der Rigaer Bucht sowie in den Städten Riga und Ventspils. 91 Liwen (40 %) lebten verstreut in Städten der Russ. Föderation. Als Schulsprache fungiert das Liw. nicht, und selbst als Heimsprache ist es bereits erloschen.

Die Zahl der liw. Muttersprachler ist in diesem Jahrhundert ständig zurückgegangen. Die Statistik Lettlands von 1925 gab ihre Zahl noch mit 1238 an. Alle in Kurland lebenden liw. Muttersprachler sind seit ihrer Jugend zweisprachig und sprechen außer Liw. auch Lettisch.

Liw. ist eine ostseefinn. Sprache und bildet mit dem → Estnischen und Wotischen die südwestl. Untergruppe. In der Morphologie und Syntax sowie im Wortschatz des Liw. haben sich verschiedene archaische Elemente erhalten, die in den anderen ostseefinn. Sprachen nicht bekannt sind.

Früher wurden zwei regionale Varianten des Liw. unterschieden: das seit langem ausgestorbene liwländ. Liw. in der histor. Landschaft Liwland und das kurländ. Liw. Letzteres gliederte sich in drei Dialekte, in das westl. und östl. Liw. sowie in eine mittel- bzw. zentralliw. Übergangszone.

Der liw. Wortschatz enthält neben finn.-ugr. und speziell ostseefinn. Erbwörtern sowie liw. Regionalismen Lehnwörter lett., estn., deutscher und russ. Herkunft. Verschiedene niederdeutsche Entlehnungen haben über lett. Vermittlung ebenfalls ihren Weg ins Liw. gefunden. Das Russ. hat seit dem 19. Jh. auf das Liw. eingewirkt. Aber selbst während der sowjet. Periode (1940 bzw. 1944 bis 1991), d. h. während der Zeit direkten Einflusses des Russ. in Lettland, waren die Kontaktsprachen Lett. und Estn wichtiger. So zeigt die Eweiterung des schriftsprachl. Wortschatzes eine Anlehnung an estn. Sprachtechniken, etwa bei der Neubildung abstrakter Begriffe (z. B. liw. *puudus* ‚Reinheit‘, mit Hilfe des estn. Suffixes *-us* abgeleitet von liw. *pudaz*; liw. *andoks and* ‚vergeben‘ nach estn. *andeks anda* ‚dass.‘).

Einige liw. Orts- und Personennamen sind in mittelalterl. Urkunden überliefert. Während der Reformationsbewegung im 16. Jh. war auch das Liw. Objekt des Interesses einiger Reformatoren. Eine 1525 in Lübeck gedruckte liw. Übersetzung des Katechismus ist verlorengegangen. Das Buch wurde von den Vertretern der Gegenreformation konfisziert und ist seither verschollen. Eine kleinere Wortsammlung nebst Sprachproben des Liw. in Liwland (Gegend von Lemsal und Wenden) hat der Historiker T. Hiärne im 17. Jh. aufgezeichnet.

Als eigentl. Durchbruch für die wissenschaftl. Erforschung und gleichzeitig für die Verschriftlichung des Liw. können die liw. Grammatik und das liw.-deutsche sowie deutsch-liw. Wörterbuch von A. J. Sjögren angesehen werden, die 1861 von F. J. Wiedemann im Auftrag der Akademie in St. Petersburg herausgegeben wurden. Die Grundlagen der von Sjögren vorgeschlagenen Orthographie (mit latein. Buchstaben) fanden Anwendung in den ersten Druckwerken von 1863, Übersetzungen des Matthäusevangeliums ins Westliw. (von J. Princ) und ins Ostliw. (von N. Pollmann). Zwischen 1880 und 1943 wurde hauptsächl. der ostliw. Dialekt mit Eigenheiten der zentralen Mundarten als Schriftform verwendet. In den 1920er und 1930er Jahren dieses Jahrhunderts entstand außer Übersetzungs- auch ein Originalschrifttum in Liw. (Lese- und Gesangbücher, Kalender, Zeitschriftenartikel). In Helsinki und Mazirbe wurde von 1931 bis 1939 die Zeitschrift „Livli" herausgegeben.

Auch nach dem Zweiten Weltkrieg versuchte man, die liw. Schriftsprache wiederzubeleben. In den 1970er und 1980er Jahren verwendete man vorzugsweise den mittelliw. Dialekt, der sich wegen seiner Brückenstellung zwischen West- und Ostliw. als Ausgleichsform besonders eignet. Realistisch betrachtet bestehen jedoch heute kaum Überlebenschancen für das Liw.

Lit.: Vääri 1971, Viitso 1993

Lule-Vilela. Die beiden verwandten Sprachen Lule und Vilela, deren wenige Sprecher in der Chaco-Provinz Argentiniens leben, sind die Relikte einer ehemals im nördl. Argentinien verbreiteten Sprachfamilie.

M

Maasai (Maasai, maasai). Maasai ist die Muttersprache von 0,883 Mio. Menschen, die auf beiden Seiten der kenian.-tansan. Grenze leben. Im Südwesten Kenias leben 0,453 Mio. Maasai, im nördl. Teil Tansanias 0,43 Mio. Vor hundert Jahren lebten die Maasai-Clans als Rindernomaden auf dem Laikipia-Plateau und im Rift Valley bei Nakuru. Von dort wurden sie verdrängt. Heute reichen die wesentlich kargeren Weidegründe allein für die Viehwirtschaft nicht aus. Einige Maasai-Gruppen haben sich an den Ackerbau gewöhnt.

Maasai ist eine ostnilotische Sprache. Die nilot. Sprachen sind ein Zweig der → nilo-saharanischen Sprachfamilie. Nahverwandte Sprachen des Maasai sind Camus und Ongamo. Die meisten Maasai in Kenia sprechen den Purko-Dialekt. Die verbreitetsten Dialekte des Maasai in Tansania sind Arusha und Baraguyu. Seit Beginn des 20. Jh. ist Maasai, wenn auch nur sporadisch, als Schriftsprache verwendet worden. Im Jahre 1905 wurde die erste Sammlung mit Übersetzungen von Textauszügen aus der Bibel veröffentlicht. Die erste komplette Fassung des Neuen Testaments in Maasai erschien 1923. Eine vollständige Bibelausgabe liegt seit 1991 vor. In den vergangenen Jahrzehnten sind auf Initiative der kenian. Regierung Unterrichtsmaterialien für den Schulgebrauch in Maasai herausgegeben worden.

Lit.: Mol 1978, Sankan 1995

Macro-Ge (32 Sprachen). Diese amerikan. Sprachfamilie war früher im östl. Teil Südamerikas, insbesondere in Brasilien, verbreitet. Viele Sprecher von Macro-Ge-Sprachen haben sich ans → Portugiesische assimiliert und ihre ehemalige Muttersprache aufgegeben. Die Sprachgemeinschaften sind zahlenmäßig klein. Die sprecherreichste Sprache ist das Kaingang (18 000) in den brasilian. Bundesstaaten São Paulo, Paraná, Santa Catarina und Rio Grande do Sul.

Makedonisch (Macedonian, macédonien). Makedon. wird von rund 2 Mio. Menschen gesprochen, von denen 1,3 Mio. in der Republik Makedonien beheimatet sind. Maked. Minderheiten leben in den Nachbarstaaten Griechenland (ca. 0,12 Mio.), Albanien (ca. 30 000) und Bulgarien; dazu kommen Außengruppen in Übersee (Kanada, USA).

Von 1944 bis 1991 fungierte das Makedon. als regionale Amtssprache in der jugoslaw. Teilrepublik Makedonien (Hauptstadt: Skopje). Seit 1991 ist Maked. Staatssprache der unabhängigen Republik Makedonien.

Makedon. ist eine südslaw. Sprache und nicht zu verwechseln mit dem Mazedonischen, das in der Antike in der histor. Landschaft Mazedonien gesprochen wurde. Zwar war das Mazedon. der Antike ebenso wie das moderne Makedon. eine →‎ indoeuropäische Sprache, stand aber verwandtschaftl. dem (Alt-)Griechischen nahe. Es war bei der Ankunft der Südslawen auf dem Balkan längst ausgestorben. Lediglich das antike Mazedonische wird von griech. Seite als selbständige Sprache anerkannt, das moderne (slaw.) Makedon. nicht, obwohl es im Norden Griechenlands gesprochen wird.

Das moderne Makedon. steht in einem sprachl. Kontinuum zwischen dem →‎ Serbischen und dem →‎ Bulgarischen. Der westl. Dialekt des Bulgar. unterscheidet sich nur wenig vom Makedon. Da die Entwicklung der Schrifttradition beider Sprachen und die kulturpolit. Geschichte der beiden Länder eigene Wege gegangen sind, kristallisiert sich nach dem Empfinden der Sprecher im Makedon. eine andere sprachl.-kulturelle Identität aus als im Bulgar. Das südslaw. Kontinuum erstreckt sich über das Makedon. hinaus nach Nordwesten bis in die serb. Sprachzone. In lautl. und morphosyntakt. Hinsicht steht das Nordmakedon. dem Serb. näher, das Südmakedon. dem Bulgar. Die moderne makedon. Standardsprache basiert auf den Dialekten in der Region zwischen Titov Veles, Prilep und Bitola, die sich am meisten vom Serb. einerseits und vom Bulgar. andererseits unterscheiden.

In der Zusammensetzung des slaw. Erbwortschatzes im Makedon. zeigen sich vielfältige Parallelen zum Lexikon des Serb. und Bulgar. Die wichtigste mittelalterl. Kontaktsprache war das →‎ Griechische, das dem Makedon. mehr als 700 Entlehnungen vermittelt hat. Entlehnt wurden fast alle Wortarten, nämlich Substantive (z. B. makedon. *avlija* ‚Hof‘, *magare* ‚Esel‘, *drum* ‚Straße‘), Adjektive (z. B. makedon. *harin* ‚gut‘, *eftin* ‚billig‘, *nepraksan* ‚ungebildet‘), Verben (z. B. makedon. *zografisam* ‚malen‘, *mirisam* ‚duften‘, *zapikasam* ‚wahrnehmen‘), Konjunktionen (z. B. makedon. *ami* ‚aber‘, *makar* ‚wenn auch') und Interjektionen (z. B. makedon. *pa, pa!* ‚ach!'/Ausdruck der Überraschung). Das Griech. war auch die Quelle für indirekte Entlehnungen (z. B. makedon. *bobak* ‚Baumwolle' < griech. *bambaki* < pers. *pambak*; makedon. *pogan* ‚unrein, böse' < griech. *paganos* < latein. *paganus*).

Den größten Anteil am makedon. Lehnwortschatz haben Elemente → türkischer Herkunft (z. B. makedon. *tendzera* ‚Pfanne', *kanara* ‚Fels', *javas* ‚langsam', *asla* ‚ganz genau'). Der türk. Einfluß setzte im 15. Jh. ein, verstärkte sich im 16. Jh. und dauerte bis Anfang des 20. Jh. an. Die Anzahl der Turzismen in der makedon. Umgangssprache ist wesentlich größer als in der Schriftsprache. Von den slaw. Sprachen hat das Serb. das Maked. wesentlich nachhaltiger beeinflußt als vergleichsweise das Bulgar. Die Zahl der Russismen im Maked. ist andererseits wesentlich geringer als im Bulgar. Geringeren Einfluß haben andere Sprachen auf das Maked. ausgeübt, wie das → Albanische, Aromunische, Venezianische und das Standarditalienische. Die Modernisierung des makedon. Wortschatzes hat seit einigen Jahren das → Englische übernommen.

Die Schrifttradition des Makedon. (Altmakedon.) setzt im 10. Jh. ein. Damals entwickelte sich Ohrid zu einem bedeutenden Kulturzentrum, wo u. a. Kliment, ein Schüler des Slawenmissionars Kyrillos, wirkte. Zunächst war die glagolit. Schrift in Gebrauch. Bis zum Beginn des 12. Jh. hatte sich aber das kyrill. Alphabet durchgesetzt. Zu den Hauptwerken der Übersetzungsliteratur aus dem Griech. ins Altmaked. gehören Codices (Codex Zographensis, Codex Assemanianus, Euchologium Sinaiticum, Psalterium Sinaiticum). Es entstanden außerdem zahlreiche Originalwerke. Die Literatur in der südslaw. Sprachvariante der damaligen Zeit ist überwiegend religiösen Inhalts. Die Sprache dieses Schrifttums ist in Makedonien das (Alt-)Kirchenslawische auf maked. Basis. Nach der Eroberung Makedoniens durch die Türken in der zweiten Hälfte des 15. Jh. verfiel die altmakedon. Schriftkultur. Als bevorzugte Schriftsprache wurde damals die serb. Variante des Kirchenslaw. verwendet.

Etwa hundert Jahre später entstanden die ersten Texte, deren Sprache sich am zeitgenöss. gesprochenen Makedon. orientierten. Dies sind Übersetzungsversionen von Predigtsammlungen des Griechen Damaskinos Studit, die sog. „Damaskinen". Weiterhin blieb aber das Serb.-Kirchenslaw. als Hochsprache in Gebrauch, das im 18. Jh. allmählich vom Russ.-Kirchenslaw. abgelöst wurde.

Der Schriftsprachengebrauch des Makedon. war lange Zeit sporadisch.

Zu Beginn des 19. Jh. entstanden die ersten literar. Originalwerke in Neumaked., und in der zweiten Hälfte des Jahrhunderts wurde das Makedon. auch zum Medium lyrischer Dichtung. Im Verlauf der 1860er und 1870er Jahre festigte sich der Schriftstandard auf der Basis einer Ausgleichsform. In seinem Buch „Za makedonskite raboti" (‚Über makedon. Angelegenheiten') 1903 erläuterte K. P. Misirkov die Grundprinzipien des neuen Schriftstandards.

Diese standardsprachl. Ausdrucksform wurde auch in der Sprachreform von 1944 beibehalten, durch die das Makedon. prestigemäßig als Amtssprache und im Ausbildungswesen der jugoslaw. Teilrepublik Makedonien aufgewertet wurde. Innerhalb von zehn Jahren hatte sich das Makedon. soweit modernisiert, daß es die vorgesehenen soziokulturellen Funktionen auch faktisch wahrnehmen konnte. Heute ist das Makedon. eine voll ausgebaute moderne Kultursprache, die auch als Medium der Wissenschaft fungiert.

In der Periodisierung der makedon. Sprachgeschichte wird zwischen Altmakedon. (10.–15. Jh.) und Neumakedon. (seit dem 16. Jh.) unterschieden. Mit der Konsolidierung der Standardsprache zu Beginn des 20. Jh. setzt die Periode des modernen Makedon. ein.

Lit.: Friedman 1993, Koneski 1965, Lunt 1952

Makú. Makú-Sprachen sind im nordwestl. Brasilien und in Kolumbien verbreitet. Die Sprache mit den meisten Sprechern ist das Hupdé Makú (1300 Sprecher). Eine entfernte Verwandtschaft ist zwischen Makú und Puinave postuliert worden.

Malaiisch (Malay, malais). Malaiisch (Mal.) ist die histor. Basis für zwei moderne National- und Staatssprachen: → Malaysisch und → Indonesisch. Einen maßgebl. Anteil an der Ausdifferenzierung des Mal. hatte die koloniale Teilung Südostasiens in eine niederländ. Hemisphäre (der indones. Inselarchipel) und in eine britische Einflußzone (die mal. Halbinsel und die Insel Sarawak/Sumatra). Das Mal. ist ein Vertreter der westl. Gruppe des mal.-polynes. Sprachzweigs innerhalb der → austronesischen Sprachfamilie.

Als → Lingua franca hatte das Mal. seit den ältesten Handelskontakten zwischen Indien und China (seit dem 1. Jh. n. Chr.) Bedeutung. Das Mal. der Händler in den Häfen auf beiden Seiten der

Meerenge von Malakka (zwischen Sumatra und der mal. Halbinsel) war ein Pidgin, das von indischen und chines. Kaufleuten im Kontakt mit den einheim. Malaien verwendet wurde. Diese pidginisierte Handelssprache wurde später von den Chinesen *K'un-lun* und von den Malaien *bahasa Melayu pasar* ‚Basar-Mal.' genannt. Eine modifizierte Form dieser alten Handelssprache ist bis heute gebräuchlich.

Das Altmal. ist inschriftl. seit dem 7. Jh. bezeugt. Die ältesten Inschriften sind in einer südind. Schriftvariante geschrieben und stammen aus dem südl. Sumatra. Seit dem 14. Jh. schrieb man Mal. in der pers.-arab. Schriftvariante. Die damals entstandenen Texte waren ausschließl. der islam. Kultur und ihrer Verbreitung gewidmet. Seit dem 16. Jh. war das Mal. in arab. Schrift auch ein Medium der Verbreitung christl. Gedankenguts. Während der europ. Kolonialzeit konnte sich das Klassische Mal. als Schriftsprache halten. Kulturell-geistiges Zentrum der mal. Schrifttradition war damals das Sultanat von Riau-Johore, das seine Unabhängigkeit behielt. Auf der Basis der älteren mal. Schriftsprache entwickelten sich die beiden modernen mal. Standardsprachen.

Lit.: Arps/Phillips 1994, Teeuw 1961

Malayalam (Malayalam, malayalam) Etwa 34 Mio. Menschen (Malayali) sprechen Malayalam; davon lebt die Mehrzahl (33,67 Mio.) in Indien. Mit Arbeitsimmigranten ist Malayalam auch außerhalb Indiens heimisch geworden, und zwar in den Vereinigten Arabischen Emiraten (0,3 Mio.), Malaysia (37 000), Singapur (10 000), Bahrain, Qatar und in Großbritannien. Die Malayali gehören verschiedenen Religionen an; der Brahmanismus, das Christentum und der Islam haben einen tiefgreifenden Einfluß auf Sprache und Kultur ausgeübt. Die Anhänger der verschiedenen Religionen unterscheiden sich auch in ihrem Sprachgebrauch voneinander.

Der Name der Sprache leitet sich ab von dem Wort *malayalam* ‚bergiges Land' (*mala-* ‚Berg' + *-alam* ‚Land'). Malayalam ist Amtssprache des südind. Bundesstaates Kerala mit seiner Bevölkerungsmehrheit (96 %) von Malayali. Die meisten Malayali können lesen und schreiben. Die Analphabetenrate liegt in Kerala so niedrig wie in westeurop. Staaten (für indische Verhältnisse eine große Ausnahme).

Malayalam ist eine → dravidische Sprache und am nächsten mit dem → Tamilischen verwandt. Aus einer gemeinsamen süddravid.

Basis gliederten sich Tamil. und Malayalam in einem langen Prozeß (9.–13. Jh.) als selbständige Sprachen aus.

Als Bildungs- und Verwaltungssprache hat zunächst das verwandte Tamil das Malayalam stark beeinflußt. Etwas später, dafür noch intensiver entfaltete sich der Kontakt zum indoeurop. → Sanskrit. Im formalen Stil der Malayalam-Schriftsprache finden sich mehr Sanskrit-Elemente als dravid. Erbwörter.

Malayalam ist inschriftl. seit dem 9. Jh. bezeugt. Die Gattungen der mittelalterl. Literatur illustrieren bereits deutlich die unterschiedl. Kulturströmungen in Kerala, die sich im wesentlichen bis heute fortsetzen: a) klassische Lieddichtung (*pattu*) nach der Tamil-Tradition, b) Texte (*manipravalam*) nach der Sanskrit-Tradition, c) volkstüml. Lieder und Balladen nach der einheim. Tradition. Malayalam wird in einer südind. Variante der *Brahmi*-Schrift geschrieben.

Lit.: Mohanan 1992

Malaysisch (Malaysian, malaisien). Malays. (*Bahasa Malaysia*) wird von rund 12 Mio. Menschen auf der malaiischen Halbinsel und auf Sumatra gesprochen; davon sind 7,2 Mio. Primärsprachler und etwa 4,8 Mio. Zweitsprachler. Außengruppen leben in Myanmar (21000), Hong Kong (12000), in den USA (7500) und in anderen Ländern.

Die *Bahasa Malaysia* ist neben → Indonesisch einer der modernen Fortsetzer des histor. → Malaiischen. Die malays. Variante besitzt amtl. Status in drei Ländern: in Malaysia, im Inselstaat Singapur und im Sultanat Brunei (auf Sarawak).

Der malaiische Erbwortschatz wird im Malays. und im Indones. in gleicher Weise tradiert. Auch der größte Teil des Lehnwortschatzes ist in beiden Nationalsprachen ähnlich strukturiert. Die ältesten Sprachkontakte sind die des Malaiischen zum → Sanskrit, die etwa um die Zeitenwende einsetzten. Sanskrit-Elemente haben den malays. Wortschatz massiv durchsetzt. Es sind nicht nur Ausdrücke in den Bereichen der Religion und des Staatswesens entlehnt worden, sondern auch wichtige Elemente der Verwandtschaftsterminologie (z. B. *isteri* ‚Ehefrau‘, *putera* ‚Sohn‘, *saudara* ‚Bruder‘).

Der Anteil der Lehnwörter → arabischer und → europäischer Herkunft am malays. Lexikon ist insgesamt größer als der Lehnwortschatz aus dem Sanskrit. Das Malays. unterscheidet sich vom Indones. darin, daß hier die Entlehnungen aus dem → Englischen besonders zahlreich sind, während im Indones. der Anteil → niederländischer Lehnwörter ins Gewicht fällt. Die im Indones. geläufigen Elemente javan. Herkunft sind im Malays. unbekannt.

Die klassische malaiische Schriftsprache war während der britischen Kolonialherrschaft im 19. Jh. terminologisch verarmt, denn unter dem Druck des Engl. entfaltete sich keine Sprachpflege für das Malaiische. Lange Zeit wurde es als hoffnungslos veraltete Sprache angesehen. In einem radikalen Prozeß wurde die malays. Standardsprache, die zwischen 1957 und 1969 *Bahasa Kebangsaan* ‚Nationalsprache‘ genannt wurde, modernisiert. Die staatl. Sprachkommission (Dewan Bahasa dan Pustaka) des seit 1957 unabhängigen Malaysia führte Tausende von Neologismen ein. In einem zweiten Schritt wurde die modernisierte Sprachform, die seit 1969 *Bahasa Malaysia* genannt wird, in das staatl. Schulwesen integriert. Seit 1972 wird sie in der gleichen Orthographie geschrieben wie das Indones.

Das Malays. hat sich seit den 1980er Jahren immer mehr als Zweitsprache bei den Völkern Malaysias verbreitet, die es nicht als Muttersprache sprechen.

Lit.: Prentice 1987, 1992

Maltesisch (Maltese, maltésien). Maltes. ist die Muttersprache von 0,48 Mio. Menschen. Die meisten (0,37 Mio.) bewohnen die Inseln des maltes. Archipels (Malta, Gozo, Comino). Maltes. Außengruppen leben außerdem in Italien (28 000), Tunesien, Großbritannien und in Amerika (USA, Kanada). Die meisten Auslandsmalteser sind in Australien beheimatet. Für die dort lebenden 85 000 maltes. Aussiedler und deren Nachkommen werden einige Wochenzeitungen gedruckt und Radiosendungen ausgestrahlt.

Fast alle Malteser sind zweisprachig und sprechen außer Maltes. auch → Englisch. Als dritte Sprache wird → Italienisch an den Schulen Maltas unterrichtet. Maltes. ist Nationalsprache und interne Amtssprache Maltas. Als externe Amtssprache im Kontakt mit dem Ausland fungiert das Engl., die ehemalige Kolonialsprache. Die Malteser gehören zu den wenigen arab. Bevölkerungsgruppen mit soziokultureller Sonderentwicklung. Wie die arab.-sprachigen Maroniten in Zypern sind auch die Malteser Christen.

Maltes. ist eine → semitische Sprache, die sich histor. aus dem maghrebinischen → Arabisch ausgegliedert hat. Die Elemente des semit. Erbwortschatzes im Maltes. haben lexikal. Parallelen in den arab. Dialekten Nordafrikas (z. B. maltes. *ktieb* ‚Buch‘, *id* ‚Hand‘, *oht* ‚Schwester‘). Da Malta zwischen 1090 und 1530 zum Hoheitsgebiet des Königreichs Sizilien gehörte, hat das Sizilian. den maltes. Wortschatz in vielen Bereichen überformt. Die Spezialterminologie des Bauwesens und der Fischerei ist weitgehend sizilian. Ursprungs.

Mit der Übernahme der Verwaltung der Inseln durch den Maltes. Ritterorden im Jahre 1530 avancierte die toskan. Variante des Italien. zur wichtigsten Kontaktsprache des Maltes. Ein großer Teil des maltes. Kulturwortschatzes hat sich damals unter italien. Einfluß ausgebildet (z. B. maltes. *partenza* ‚Abreise‘, *kontorn* ‚Umriss‘, *memorja* ‚Erinnerung‘). Während des 17. und 18. Jh. differenzierte sich das Maltes. unter dem situationellen Druck des Italien. in soziale Varianten aus. Das von der Landbevölkerung gesprochene Maltes. bewahrte seinen semit. Charakter, während die Sprache der Stadtbevölkerung immer stärker italianisiert wurde. Deutliche Unterscheide zeigen sich im Sprachgebrauch (vgl. ländl. Maltes. *kewkba* vs. urbanes Maltes. *stilla* ‚Stern‘, *kitf* vs. *spalla* ‚Schulter‘, *tama* vs. *spera* ‚Hoffnung‘).

Italien. war jahrhundertelang die Verwaltungssprache, auch noch nach dem Beginn der britischen Kolonialherrschaft im Jahre 1798. In amtl. Funktionen wurde es erst im 19. Jh. vom Engl. abgelöst. Seit dem 19. Jh. konkurrieren beide Sprachen als Quelle für lexikal. Entlehnungen im Maltes. Beide waren maßgebend an der Modernisierung des maltes. Wortschatzes beteiligt, das Engl. dominiert allerdings in den Bereichen der technischen Terminologiebildung (z. B. maltes. *friza* ‚Kühlschrank‘, *kamera* ‚Kamera‘, *petrol* ‚Benzin‘, *it-television* ‚Fernsehen‘). Die seit dem 19. Jh. wirkende Sprachpflege, deren Vertreter sich um die Ersetzung italien. Ausdrücke durch semit. und um die Anpassung engl. Lehnwörter an das maltes. Lautsystem bemühen, kann die Modernisierung des Maltes. durch die unkontrollierte Übernahme von Anglismen nicht steuern.

Das Maltes. wird in Lateinschrift geschrieben. Das früheste Schriftzeugnis ist ein Gedicht (Cantilena) von Petro de Caxaro aus der zweiten Hälfte des 15. Jh. Weitere Texte sind erst aus dem 17. Jh. überliefert. Erst seit Ende des 18. Jh. wird Maltes. regelmäßig als Schriftsprache verwendet. Der erste Dichter, der mit seinen Werken die maltes. Literatur auf internationales Niveau anhob, war Dun

Karm Psaila (1871–1961). Die orthograph. Normen für die moderne Standardsprache wurden in den 1920er Jahren ausgearbeitet und offiziell im Jahre 1934 angenommen. Seit der Unabhängigkeit Maltas im Jahre 1964 hat sich das Schrifttum in Maltes. breit ausgefächert, und die Schriftsprache wird für öffentl. wie private Zwecke verwendet.

Lit.: Borg/Azzopardi-Alexander 1997, Hull 1994, Krier 1976

Maori (Maori, maori). Maori ist die Sprache der Urbevölkerung Neuseelands und wird von etwa 70 000 Menschen gesprochen; weitere 0,1 Mio. Maori verstehen die Sprache ihrer Vorfahren, verwenden sie aber nicht aktiv. Beide Gruppen machen kaum die Hälfte der ethnischen Maori aus, deren Anteil an der Landesbevölkerung des Inselstaates bei knapp 10 % liegt. Fast alle Sprecher des Maori sind zweisprachig (mit → Englisch als Zweitsprache).

In der zweiten Hälfte des 19. Jh. erlebte die Maori-Bevölkerung einen dramat. Rückgang. Viele Menschen starben an den von den Europäern eingeschleppten Krankheiten, andere, die physisch überlebten, verloren ihre kulturelle Identität und assimilierten sich ans Engl. Erst in den 1970er Jahren wurde ein von den Maori selbst initiiertes Revitalisierungsprogramm (die *aatarangi*-Bewegung) ins Leben gerufen, deren Ziel es war, das Maori im Kreis der Erwachsenen populär zu machen.

Anfang der 1980er Jahre wurden auch Anstrengungen unternommen, Maori in Kindergärten zu verwenden, um Kinder im Vorschulalter daran zu gewöhnen. Diese intensive Sprachvermittlung in Vorschulgruppen wird *kohanga reo* ‚(wörtl.) Sprachnest'/engl. language nest' genannt. Ende der 1980er Jahre waren bereits 8000 Kinder an diesem Programm beteiligt. Maori wird heute in mehreren hundert Schulen unterrichtet. In offizieller Funktion wird es im Zusammenhang mit gerichtl. Auseinandersetzungen über Ansprüche der Maori hinsichtl. von Land- und Fischereirechten verwendet.

Maori ist eine polynes. Sprache und gehört zum Ozeanischen als Sprachzweig der → austronesischen Sprachfamilie. Innerhalb des Polynes. steht das Maori mit dem → Tahitianischen, Tuamotu und anderen Sprachen des östl. Pazifik in näherer Verwandtschaft. Das Maori entwickelte sich als selbständige Sprache, nachdem um 1000 n. Chr. Neuseeland von den Gesellschaftsinseln (Hauptinsel: Tahiti) aus besiedelt worden war.

Wie andere polynes. Sprachen, so hat auch das Maori ein sehr einfaches Lautsystem. Unterschieden werden 15 Lautqualitäten, 5 Vokale und 10 Konsonanten. Vokale sind entweder kurz oder lang; diese Quantitätskorrelation ist phonematisch (bedeutungsunterscheidend). Das Sprachgebiet ist dialektal nur geringfügig (westl. – östl.) differenziert; die regionale Variation beschränkt sich auf die Phonetik. Maori ist heute fast ausschließlich auf der Nordinsel (North Island) verbreitet. Nur im äußersten Norden der Südinsel (South Island) wird noch Westmaori gesprochen. Die lokalen Dialekte der Südinsel sowie das Moriori auf den zu Neuseeland gehörigen Chatham Islands sind bereits im 19. Jh. ausgestorben.

Vom Bestand der austrones. Erbwörter sind im Maori etwa 350 Elemente (entspr. 16 %) erhalten. Der größte Teil des Wortschatzes setzt sich aus lexikal. Innovationen des Ostpolynes. bzw. speziell des Maori (z. B. *huka* ‚Schnee') und aus Lehnwörtern zusammen. Aufgrund des reduzierten Lautbestandes des Maori sind Lehnwörter aus europ. Sprachen (→ Englisch, → Französisch) phonet. entstellt (z. B. Maori *miraka* ‚Milch' < engl. *milk, karaaihe* ‚Gras' < engl. *grass, piiwa* ‚Fieber' < engl. *fever, miere* ‚Honig' < franz. *miel*).

Im Maori gibt es zahlreiche lexikal. Sonderbildungen, die sich aus den besonderen Bedingungen des Kontaktes zwischen den Maori und Europäern erklären. Der Name der Maori für Franzosen ist *Wiiwii*. und geht auf franz. *oui oui* ‚ja, ja' zurück. Diese lautl. Imitation spiegelt den Eindruck der Fremdheit des Französ. für die Maori in früherer Zeit.

Die ältesten Sprachproben des Maori sind von James Cook im Jahre 1769 aufgezeichnet worden. Im ersten Band des Werkes „An account of the English colony..." (1798) von D. Collins hat der Autor eine kleine Wörterliste des Maori zusammengestellt. T. Kendall verfaßte die erste Grammatik (1815) und das erste Wörterbuch (1820) des Maori. In den 1830er Jahren begannen Missionare, christl.-religiöse Literatur ins Maori zu übersetzen. Zunächst wurden biblische Texte in Auszügen (1833), später auch die Bücher des Neuen Testaments (1837) übersetzt. Eine Übersetzung der kompletten Bibel erschien im Jahre 1858.

Die reiche orale Überlieferung der Maori ist erst im Verlauf des 19. und 20. Jh. aufgezeichnet worden. Obwohl in der Auffassung der Maori das gesprochene Wort bei weitem wichtiger ist als die Schriftform, konnten mit der Verschriftung dessen, was Anthropologen als „folkloristische" Texte bezeichnen, Begriffe und Bezeichnungen von sozialen Institutionen gesichert werden, die ansonsten in Vergessenheit geraten wären. Denn viele Elemente des *maoritanga*, der ‚traditionellen Lebensweise', mit der sich die histor.-kulturelle Identität assoziiert, sind von der christl. Lebensanschauung überformt oder ganz verdrängt worden. Das Maoritanga ist mit den Lebensbedingungen im ländl. Siedlungsmilieu verbunden. Die Stadt-Maori stehen daher in einer besonderen Konfliktsituation bei ihrer kulturellen Identitätsfindung.

Lit.: Krupa 1967, Le Cam 1992

Mari, Tscheremissisch (Mari/Cheremis, mari/tchérémisse). Von den insgesamt 0,643 Mio. in der Russ. Föderation beheimateten Mari (Tscheremissen) sprechen 0,527 Mio. (81,9 %) Mari als Muttersprache. Das Niveau der Spracherhaltung ist kontinuierlich gesunken (vgl. 1959: 95,2 %, 1979: 86,7 %). Etwa 55 % aller Mari wohnen in der Republik der Mari (Marij-El) an der mittleren Wolga. Dieses Territorium grenzt im Südosten an Tatarstan, im Süden an Tschuwaschien. In Marij El ist die Mari-Bevölkerung seit den 1960er Jahren in der Minderheit. Ihr Anteil beträgt heute 43,3 % an der Republiksbevölkerung; auf die Russen in der Region entfallen 47,5 %. Außerhalb von Marij-El leben Mari in Baschkortostan, Tatarstan, Udmurtien und in den Gebieten Gor'kij, Kirov, Sverdlovsk, Perm und Orenburg in der Russ. Föderation.

Die tscheremiss. Bevölkerung setzt sich aus drei Gruppen zusammen, die sich sprachl. und nach ihren Lebensgewohnheiten voneinander unterscheiden: Die Wiesenmari (bzw. Tieflandmari; russ. *lugovye Mari*) siedeln auf der linken Seite der Wolga. Die Bergmari (russ. *gornye Mari*) bewohnen das Bergland beiderseits der Wolga, hauptsächl. auf der rechten Seite des Flusses. Von diesen beiden Gruppen geograph. getrennt leben die Ostmari in Baschkirien und in benachbarten Gebieten Rußlands. Die östl. Mari sind Nachkommen von Wiesenmari, die im 18. Jh. in das westl. Vorland des Ural abwanderten.

Mari wird mit den → mordwinischen Sprachen (Erzjanisch und Mokschanisch) zur Gruppe der wolgafinn. Sprachen gezählt, die ihrerseits einen besonderen Zweig der finn.-ugr. Sprachen innerhalb der → uralischen Sprachfamilie darstellen. Das tscheremiss. Sprachgebiet gliedert sich in die folgenden Dialektzonen aus: Wiesendialekt, Bergdialekt, östl. und nordwestl. Tscheremiss. Die dialektalen Unterschiede sind so erheblich, daß für die Mari zwei verschiedene Schriftsprachen in Gebrauch sind.

Im Wortschatz des Mari sind etwa 700 aus der finn.-ugr. Grundsprache stammende Wurzelwörter erhalten (z. B. *sede* ‚dieser‘, *pu* ‚Baum‘, *kü* ‚Stein‘). Die ältesten Lehnwörter aus → Turksprachen, die bis ins 13. Jh. übernommenen Elemente aus dem Wolgabulgar., finden sich sowohl im wiesen- als auch im bergtscheremiss. Wortschatz. Seit dem Ende des Mittelalters bestehen die Sprachkontakte zum → Tschuwaschischen (v.a. Berg-Mari), → Tatarischen (v.a. Wiesen-Mari) und → Baschkirischen (v.a. östl. Mari).

Mit den von Westen her vordringenden Russen kamen die Mari bereits im 10. Jh. in Kontakt. Die tscheremiss.-russ. Sprachkontakte intensivierten sich aber erst, nachdem das Tatarenkhanat von Kazan' im Jahre 1552 von den Russen zerschlagen und damit die tatar. Vorherrschaft in der Wolgaregion gebrochen worden war. Zu den älteren Russismen aus dem 16. und 17. Jh. gehören u. a. *solá* ‚Dorf‘ < russ. *selo* und *vedrá* ‚Eimer‘ < russ. *vedro*). In sowjet. Zeit wurden aus dem Russ. zahlreiche Neologismen übernommen (z. B. *revoljucij* ‚Revolution‘ < russ. *revoljucija*, *stancij* ‚Haltestelle‘ < russ. *stancija*); gerade in der Schriftspache förderte die sowjet. Sprachpflege aber auch tscheremiss. Neuprägungen mittels einheim. Elemente (z. B. *oncylmut* ‚Vorwort‘ < *oncyl* ‚vor‘ + *mut* ‚Wort‘ nach dem Vorbild von russ. *predislovie*).

Wie im Fall anderer Sprachen in der Wolga-Region auch findet man die ersten Aufzeichnungen tscheremiss. Sprachmaterials in den Berichten europ. Reisender seit dem Ende des 17. Jh. Von der Kaiserlichen Akademie der Wissenschaften in St. Petersburg wurde 1775 eine Grammatik des Tscheremiss. in russ. Sprache veröffentlicht, in der hauptsächl. Morphologie und Wortbildung behandelt werden, aber auch eine Sammlung von etwa 1000 nach Wortarten geordneten Ausdrücken enthalten ist.

Bereits im 18. Jh. wurden kürzere Texte in tscheremiss. Sprache aufgezeichnet, so ein Begrüßungsgedicht zu Ehren des Besuchs der Zarin Katharina II. in Kazan' im Jahre 1767, sowie Übersetzungen aus dem Russ. (Gebete). In der ersten Hälfte des 19. Jh. entstand eine umfangreiche (bergtscheremiss.) Übersetzungsliteratur, u. a. ein Katechismus, das Evangelium und das Neue Testament. In jene Zeit fallen auch die Anfänge einer wissenschaftl. Erforschung des

Tscheremiss. Obwohl die ersten Grammatiken (1837 anonymus, 1841 von H.C. von der Gabelentz, 1845 von M. A. Castrén, 1847 von F. J. Wiedemann) wegen der Fehlerhaftigkeit der benutzten Quellen zahlreiche Ungenauigkeiten enthalten, sind diese Werke doch wegen ihrer korrekten Beschreibung der grammat. Struktur des Tscheremiss. von Bedeutung. Die Grundlagen für die moderne Darstellung des Tscheremiss. legten J. Budenz (1864–65), F. Vasil'ev (1887) u. a. Seit den 1880er Jahren entwickelte sich das populäre Kalenderwesen. Jedes Jahr wurde in Kazan' ein Kalender in tscheremiss. Sprache veröffentlicht, eine Art Jahrbuch, das außer religiösen Texten auch allerlei Wissenswertes für das Alltagsleben enthielt. Bis in die 1930er Jahre basierte das Schrifttscheremiss. jeweils auf einem der lokalen Dialekte. Im Zusammenhang mit der Orthographiereform des Jahres 1938 wurden auch die Normen für zwei getrennte Schriftstandards festgelegt.

Seither besitzt das Tscheremiss. einen bizentrischen hochsprachl. Standard, eine wiesen- und eine bergtscheremiss. Schriftvariante. Zu allen Zeiten hat man das Tscheremiss. in kyrill. Schrift, in Anlehnung an die Graphie des Russ., geschrieben. Schon im 19. Jh. wurden einige Sonderzeichen eingeführt (so von G. Jakovlev in seiner Fibel aus dem Jahre 1870), die auch heute noch in Gebrauch sind. Experimente mit der Lateinschrift – wie bei anderen Sprachen im europ. Teil der Sowjetunion – sind im Fall des Tscheremiss. nicht gemacht worden. Beide Schriftsprachen werden regional in Marij-El im Grundschulunterricht verwendet, außerdem im nationalen Zweig der höheren Ausbildungsstufen. Zum soziokulturellen Geltungsbereich des Tscheremiss. gehören auch die Massenmedien (Zeitungen, Radio- und Fernsehsendungen).

Lit.: Galkin 1964–66, Kangasmaa-Minn 1998

Mascoi (8 Sprachen). Mascoi-Sprachen sind in Zentral-Paraguay verbreitet. Das nördl. Lengua ist mit rund 4500 Muttersprachlern die sprecherreichste Sprache.

Mataco-Guaicuru (11 Sprachen). Die Sprachen der beiden Zweige des Mataco und des Guaicuru sind im nördl. Argentinien (Region des Gran Chaco), in Paraguay und im südl. Grenzgebiet von Brasilien verbreitet. Sprecherreichste Sprache ist das Wichí Lhamtés Vejoz (rund 25 000).

Maya (68 Sprachen). Maya-Sprachen sind im südl. Mexiko, in Guatemala, in Belize und in einem kleinen Areal im Nordwesten von Honduras verbreitet. Die sprecherreichsten Maya-Sprachen sind heute das Yukatekische (0,5 Mio. auf der Halbinsel Yucatán; Mexiko und Belize), das südwestl. Quiché bzw. Cantel-Quiché (0,355 Mio.; Guatemala) und das Kekchí (0,28 Mio.; Guatemala und Belize).

Die modernen Maya-Sprachen sind Fortsetzer vorkolumb. Sprachvarianten, zu denen auch die klassischen Maya-Sprachen mit ihrer jahrhundertealten Schrifttradition gehören. In der älteren Periode der Hochkultur (300–900 n. Chr.) sprachen die Maya der urbanen Zentren Chol, später wurde auch Yukatek. verwendet. Quiché war als Hochsprache bei den Tiefland-Maya erst nach 1200 in Gebrauch.

Die verwandtschaftl. Beziehungen der Maya-Sprachen untereinander sind gut bekannt. Es besteht weitgehende Übereinstimmung in der Forschung, daß sich der huastekische Sprachzweig als erster aus dem grundsprachl. Kontinuum ausgegliedert hat, danach das Yukatek. Erst im Anschluß daran haben sich auch die Sprachen der übrigen Untergruppen abgespalten.

Das Ende der Periode, während der eine für die Maya-Sprachen rekonstruierte gemeinsame Grundsprache (Proto-Maya) verbreitet war, wird auf ca. 2200 v. Chr. angesetzt. Die Protoform wurde in der Region von Soloma (Provinz Huehuetenango) in den Cuchumatanes-Bergen von Guatemala gesprochen. Die Sprecher des Proto-Maya betrieben Ackerbau (mit Mais als Hauptanbaupflanze) und nutzten sowohl die Hochlandregion als auch das Tiefland wirtschaftlich. Aus ihrer Urheimat sind Maya-Stämme in die histor. Verbreitungszonen ihrer Sprachen migriert.

Maya-Sprachen haben seit ältester Zeit in Kontakt mit den Olmeken und ihrer fortgeschrittenen Kultur gestanden. Von diesen sind auch die wichtigsten Strukturelemente der vorkolumb. Maya-Schrift übernommen worden. Das Olmekische selbst war keine Maya-Sprache, sondern gehörte zur Familie der → Mixe-Zoque-Sprachen. Infolge der jahrhundertelangen Kontakte der Indianersprachen Mittelamerikas in vorkolumb. Zeit gibt es etliche Eigenschaften, die für alle Sprachen der Region, auch für das Maya, charakteristisch sind. Dazu gehören u. a. die Zählweise nach dem Vigesimalsystem (Zwanziger-System; also 20, 20 + 10 = 30, 20 x 2 = 40, usw.) und eine Wortfolge, bei der das Verb nicht am Satzende plaziert ist.

Gruppierungen:
- Chol-Tzeltal (Chol, Tzeltal) • Huastekisch • Kanjobal-Chuje (Chuje, Kanjobal) • Quiché-Mame (Mame, Quiché) • Yukatekisch

Lit.: Bricker 1986, Campbell/Kaufman 1985

Mazedonisch → Makedonisch

Misumalpa (4 Sprachen). Diese Sprachfamilie gehört zum Kreis der mesoamerikan. Sprachen. Ihr Verbreitungsgebiet sind El Salvador, Nicaragua und Honduras. Die sprecherreichste Sprache ist das Mískito (0,14 Mio.), das überwiegend in Nicaragua gesprochen wird. Eine mögl. Verwandtschaft mit den → Chibcha-Sprachen ist bisher nicht gesichert.

Mixe-Zoque (16 Sprachen). Mixe-Zoque-Sprachen werden vorwiegend im mexikan. Bundesstaat Oaxaca und in angrenzenden Regionen gesprochen. Die zahlenstärkste Sprachgemeinschaft sind die Sprecher des Hochland-Popoluca (25000), von denen die Hälfte einsprachig ist, die andere Hälfte → Spanisch oder Nahuatl als Zweitsprache spricht.

Mongolisch (Mongolian, mongole). Insgesamt 5,2 Mio. Menschen sprechen Mongol. Davon sind 2,33 Mio. Sprecher des Khalkha-Mongol. (zentrales Mongol.) und 2,71 Mio. Sprecher des südöstl. Mongol. (inneres Mongol.). Die Sprecher des Khalkha-Mongol. leben überwiegend in der Mongolei (2,32 Mio.; entspr. 89,7 % der Landesbevölkerung); kleinere Außengruppen findet man in Taiwan (6000) und in Rußland (von den rund 2000 Mongolen haben 88 % ihre Muttersprache bewahrt).

Die Mongolen, die südöstl. Mongol. sprechen, sind in der inneren Mongolei beheimatet, die als autonome Region (Nei Monggol Zizhiqu) zu China gehört. Dort wohnen 2,71 Mio. Mongolen, deren Anteil an der Gesamtbevölkerung der Region nur 11,5 % ausmacht. Die Mongolen der inneren Mongolei sind in verschiedene Stämme gegliedert. Hierzu gehören Khorchin (1,347 Mio.), Kharachin (0,593 Mio.), Bairin (0,317 Mio.), Chakhar (0,3 Mio.), Ordos (0,123 Mio.), Ejine (34000). Die Mongolen in China, die Mongol. als Primärsprache bewahrt haben, sind fast alle zweisprachig und sprechen → Chinesisch als Zweitsprache. Die Zahl der Menschen mongol. Abstammung in der inneren Mongolei, die kein Mongol. mehr sprechen und sich ans Chines. assimiliert haben, beläuft sich auf mehr als eine halbe Million.

Mongol. ist eine → altaische Sprache und der Hauptvertreter des gleichnamigen Sprachzweigs. Khalkha-Mongol. und südöstl. Mongol., die beiden Hauptdialekte, sind wechselseitig gut verständlich. Unterschiede sind in der Lautung und im Wortgebrauch zu beobachten. Das Khalkha-Mongol. stand in Kontakt mit dem → Russischen, während die Hauptquelle für die Bereicherung des Lexikons des südöstl. Mongol. das Chines. ist. Der altaische Erbwortschatz des Mongol. weist auf Parallelen entweder mit den → Turksprachen oder mit den tungus. Sprachen; die wenigsten Ausdrücke haben eine gesamtaltaische Verbreitung und sind in den Sprachen aller drei Sprachzweige zu finden. Das Chines. hat den längsten Einfluß auf das Mongol. ausgeübt. Der entlehnte mongol. Kulturwortschatz ist auch durch das → Uigurische, → Tibetische und vom → Sanskrit geprägt worden. Diese Sprachen waren die wichtigsten Vermittler des buddhist. Schrifttums bei den Mongolen. Der Wortschatz der modernen mongol. Schriftsprache ist durch zahlreiche russ. Entlehnungen modernisiert worden (z. B. mongol. *antenn* ‚Antenne‘, *kino* ‚Kino‘, *akkumul'ator* ‚Akku(mulator)‘, *toormos* ‚Bremse‘, *kharandaa* ‚Schreibstift‘). Die mongol. Sprachpflege hat sich daneben um die Popularisierung einheim. Wortgutes bemüht. Dazu gehört die Übernahme dialektaler Ausdrücke in die Umgangs- und Schriftsprache sowie die Revitalisierung von Elementen der alten Literatursprache in moderner Bedeutung.

Mongol. wird seit Anfang des 13. Jh. geschrieben. Das älteste Schriftsystem, das bis heute in Gebrauch ist, ist eine Variante der uigurischen Schrift. Die Uiguren, ein Turkvolk Südsibiriens, hatten die Schrift ihrerseits im 8. Jh. n. Chr. übernommen, und zwar aus der sogdischen Kursive, die sich von der aramäischen Schrift ableitet. Wegen der enormen Machtausdehnung des mongol. Reiches im Mittelalter war diese Schriftart die verbreitetste im damaligen Asien.

Zu Beginn des 17. Jh. nahmen die Mongolen den Buddhismus lamaist. Prägung an. Das Schrifttum der Folgezeit wandelte sich dementsprechend thematisch. Dieser Wandel im Trend der literar. Produktion hatte aber keine Auswirkungen auf die Schrifttradition selbst, denn das mongol. Alphabet blieb weiterhin in Gebrauch. Die ältere Schriftsprache wurde in der äußeren Mongolei noch bis in die 1920er Jahre verwendet. In der inneren Mongolei (China) wird die traditionelle Schrift zur Schreibung des Mongol. bis heute verwendet.

Durchgreifende Wandlungen fanden in der äußeren Mongolei statt, die seit den 1920er Jahren unter dem polit. und kulturellen Druck des Sowjetstaates stand. Die Reform der mongol. Schriftsprache, die nach dem sowjet. Vorbild der Sprachplanung für andere mongol. Sprachen wie Burjatisch und Kalmykisch vorgenommen wurde, hatte praktisch zwei Ziele: Ersatz der traditionellen Schrift durch das latein. Alphabet (1931) und die Orientierung der Schriftsprache am gesprochenen Mongol. Im Laufe der Zeit hatte sich die Entwicklung des gesprochenen Mongol. in Lautung und Lexikon immer mehr von der klassischen mongol. Schriftsprache entfernt. Zur Modernisierung des Mongol. gehörte deshalb auch die Wahl einer neuen schriftsprachl. Basis. Der Khalkha-Dialekt liegt der modernen Schriftsprache zugrunde.

Im Jahre 1937 erfolgte ein Wechsel zur kyrill. Schrift, und im Jahre 1941 wurde die traditionelle mongol. Schrift offiziell abgeschafft. Jahrzehntelang wurde Mongol. in der Mongolei ausschließl. in einer Variante der russ. Graphie geschrieben. Anfang der 1990er Jahre jedoch wurde die mongol. Schrift wieder eingeführt. Seither ist der Schriftgebrauch in beiden Teilen der Mongolei wieder synchronisiert.

In der Sprachgeschichte des Mongol. werden folgende Perioden unterschieden: Altmongol. (vor dem 12. Jh.), Mittelmongol. (13.–16. Jh.), Neumongol. (seit dem 17. Jh.).

Lit.: Bese 1983, Poppe 1964b, 1970

Mordwinisch (Mordvin, mordvine). Mordwin. wird in der Region der mittleren Wolga gesprochen, und zwar in zwei Hauptvarianten: Erzjanisch und Mokschanisch. Von den insgesamt 1,154 Mio. Mordwinen sind rund zwei Drittel (0,769 Mio.) Erzjanen, ein Drittel Mokschanen. Ihre Muttersprache haben 67,1 % (1989) bewahrt, die Quoten für Spracherhaltung sind aber seit den 50er Jahren ständig zurückgegangen (1959 78,1 %, 1979 72,6 %). Die übrigen haben sich überwiegend ans → Russische assimiliert.

Das Siedlungsgebiet der Mordwinen ist sehr zersplittert. Nur 29 % der mordwin. Bevölkerung lebt in dem Territorium, dessen

Namengeber sie ist: in der Teilrepublik Mordowien in der Russ. Föderation. Dort macht sie 32,5 % der Republiksbevölkerung aus, etwa die Hälfte sind Erzjanen, die hauptsächl. im Nordosten und Osten des Territoriums leben. Erzjanen sind auch in Tatarstan, Baschkirien sowie in verschiedenen Gebieten der Russ. Föderation (Samara, Gor'kij, Kujbyšev, Orenburg u. a.) beheimatet.

Bedingt durch die Siedlungsstreuung über weite Gebiete mit fremder Bevölkerung haben sich lokale Gruppen der Mordwinen an ihre anderssprachige Umgebung assimiliert. In der Nähe der Stadt Gor'kij leben die Terjuchanen (ca. 12 000), die sich noch in den 20er Jahren als Mordwinen bezeichneten, heute aber alle Russ. sprechen. In ihrem Sprachgebrauch gibt es aber noch zahlreiche erzjan. Substratelemente. Ehemalige mordwin. Bevölkerungsgruppen in der Umgebung der Stadt Kazan', die Karataien, sprechen heute → Tatarisch.

Aufgrund der erhebl. Unterschiede zwischen den beiden Hauptvarianten ist es nicht zur Ausbildung einer gemeinsamen Schriftsprache gekommen. Heute werden zwei mordwin. Schriftsprachen mit unabhängigen Standards verwendet. In der Sowjetära wurde der öffentl. Sprachgebrauch in Mordowien vom Russ. dominiert. In den 1990er Jahren hat das Mordwin. zwar eine nominelle Aufwertung erlebt, steht aber faktisch weiterhin unter russ. Einfluß.

Mordwin. ist eine finn.-ugr. Sprache und gehört mit dem → Mari (Tscheremiss.) zum wolgafinn. Zweig. Die Unterschiede zwischen den mordwin. Hauptvarianten betreffen v.a. das Lautsystem (freier Wortakzent im Erzjan. gegenüber Anfangsbetonung im Mokschan.) sowie die Morphologie (zehn Kasus der bestimmten Deklination im Erzjan. gegenüber drei im Mokschan.; das Erzjan. kennt sechs Modi, das Mokschan. drei).

Das Gemeinmordwin. gliederte sich aus der wolgafinn. Basis im Verlauf des 7. Jh. aus, als sich die bis dahin bestehende Siedlungsgemeinschaft zwischen Mordwinen und Tscheremissen auflöste. Die Ausgliederung in Erzjan. und Mokschan. geht auf das 15. Jh. zurück, als größere mordwin. Bevölkerungsgruppen aus dem Kerngebiet abwanderten. Das Sprachgebiet des Mokschan. ist dialektal wesentlich stärker differenziert als das des Erzjan.

Etwa 90 % des finn.-ugr. Grundwortschatzes, der im Mordwin. erhalten ist, hat Parallelen sowohl im Erzjan. als auch Mokschan. Der Bestand an Entlehnungen aus → Turksprachen ist aber im Erzjan. wesentl. geringer als im Mokschan. Das Erzjan. kam später als das Mokschan. in Kontakt mit dem Russ., das für Jahrhunderte, in Gestalt sowohl seiner gesprochenen Varianten (großruss. Dialekte, Umgangssprache) als auch der Schriftsprache, die Hauptquelle des Mordwin. für Lehnwörter wurde. Im Lauf der Zeit sind Bezeichnungen russ. Herkunft in die meisten Bereiche der materiellen und geistigen Kultur eingedrungen (z. B. *kuksin* ‚Krug‘, *tjur'ma* ‚Gefängnis‘, *olja* ‚Wille; Freiheit‘). Verschiedene erzjan. Eigenprägungen, die in den 30er Jahren des 20. Jh. als sprachplaner. Gegengewicht gegen die Flut russ. Lehnwörter entstanden, sind nicht populär geworden und blieben auf den Fachwortschatz (z. B. der grammat.-philolog. Terminologie) beschränkt.

Die ältesten Aufzeichnungen mordwin. Sprachmaterials stammen vom Ende des 17. Jh., z. B. die Wörtersammlung (überwiegend mokschan.) von N. Witsen, des Bürgermeisters von Amsterdam, der Rußland bereiste. Im 18. Jh. werden umfangreichere Wortsammlungen angelegt, von denen die meisten jedoch nicht zwischen den beiden mordwin. Varianten unterscheiden. Erst P. S. Pallas unterscheidet in seinem vergleichenden Wörterbuch (1786–89) zwischen Erzjan. (von ihm *mordovski* genannt) und Mokschan. (*mokšanski*).

Seit Beginn des 19. Jh. entstanden ähnlich wie im Mari verschiedene Übersetzungen russischer kirchl. Texte. Eine weitere, noch produktivere Übersetzungsperiode setzte in der zweiten Hälfte des 19. Jh. ein. Bis 1917 wurden ungefähr 70 Bücher in mordwin. Sprache gedruckt, darunter auch Fibeln für den Schulunterricht. Sammlungen von Volksdichtung sind die wichtigste Quelle der reichhaltigen erzjan. Literatur seit Beginn des 20. Jh. Der Leserkreis der von Mordwinen geschriebenen russ.-sprachigen Literatur ist aber naturgemäß größer als der Kreis derer, die Mordwin. lesen.

Anfang der 1930er Jahre wurden die Normen der erzjan. Schriftsprache endgültig auf der Basis des zentralen Dialekts festgelegt. Die mokschan. Presse orientierte sich seit Mitte der 1920er Jahre am Westdialekt. In den 1930er Jahren verschob sich die Basis des Schriftmokschan. allmählich zum Zentraldialekt. Mordwin. wird in den von Mordwinen bewohnten Bezirken Mordowiens in der Grundschule unterrichtet. Wie das Mokschan. auch wird Erzjan. im bescheidenen Umfang in den Massenmedien (Zeitungen, Radio, Fernsehen) verwendet.

Die sprachhistor. Entwicklung zeigt folgende Differenzierung:

archaisches Mordwin. (15. Jh.–Ende 17. Jh.), Altmordwin. (18. Jh.–Mitte 19. Jh.), Neumordwin. (ab 2. Hälfte 19. Jh.).

Lit.: Feoktistov 1976, Paasonen 1990–92

Muskogee. Muskogee-Sprachen, die sich in zwei Hauptzweige (westl. und östl.) ausgliedern, sind im Südosten der USA verbreitet. Das Choctaw-Chickasaw (12 000) hat die meisten Sprecher. In einigen Klassifizierungen werden die Muskogee-Sprachen mit den → Golf-Sprachen zusammengestellt.

N

Nambiquara. Die Vertreter dieser Sprachfamilie sind in der Region des Mato Grosso (Brasilien) verbreitet. Die Sprachgemeinschaften sind klein und zählen jeweils nur wenige hundert Sprecher. Das südl. Nambikuára ist mit rund 900 Sprechern die zahlenstärkste Gemeinschaft.

Nenzisch → Jurakisch

Neuassyrisch → Aisor

Niederländisch (Dutch, néerlandais). Mehr als 22 Mio. Menschen sprechen Niederländ. (*Nederlands*). Davon sind 15 Mio. in den Niederlanden beheimatet (entspr. 95 % der Landesbevölkerung) und 5,64 Mio. in Belgien (entspr. 57 %). Sprecher des Niederländ. leben auch in Deutschland (0,1 Mio.) und in Frankreich (90 000). Mehr als eine halbe Million Sprecher leben in Nordamerika, die meisten von ihnen in den USA (0,41 Mio.). Niederländ. Außengruppen gibt es auch in Australien (48 000) und Suriname (1200).

Niederländ. ist Staatssprache in den Niederlanden und eine der Amtssprachen im mehrsprachigen Belgien. Als Amtssprache fungiert Niederländ. ebenfalls in der Karibik (auf Aruba und den niederländ. Antilleninseln), außerdem in der ehemaligen Kolonie Niederländ.-Guyana, dem seit 1975 unabhängigen Suriname in Südamerika. Die Niederlande und Belgien sind EU-Mitgliedsländer, und daher ist das Niederländ. Amtssprache in Brüssel (EU-Kommission, EU-Ministerrat), Luxemburg (Europ. Gerichtshof, Europ. Rechnungshof) und in Straßburg (Europaparlament).

Niederländ. wird von zwei Hauptgruppen gesprochen, den Holländern (*Hollands*) und den Flamen (*Vlaams*). Letztere leben im nördl. Teil Belgiens, im Nordosten Frankreichs und im äußersten Süden der niederländ. Provinz Zeeland (Zeeuws-Vlaanderen). Holländ. und Fläm. sind keine selbständigen Sprachen, sondern Dialekte des Niederländ. Zwischen 1585, dem Jahr, in dem sich die

Nordprovinzen der Niederlande für unabhängig erklärten, und 1831, dem Jahr der Unabhängigkeitserklärung Belgiens, verlief die Entwicklung des Niederländ. in zwei voneinander getrennten Gemeinschaften: im einsprachigen protestant. Norden und im zweisprachigen kathol. Süden, wo das → Französische hochsprachl. Funktion übernahm und auch in der Verwaltung der span. Kolonie verwendet wurde. Später entwickelten sich über die Kulturkontakte Ausgleichstendenzen in beiden Regionen.

In Flandern war das Niederländ. seit dem Mittelalter dem Prestigedruck des Französ. ausgesetzt, das jahrhundertelang die alleinige Verwaltungssprache war. 1831 wurde das Niederländ. zwar als Nationalsprache des neu gegründeten belg. Staates anerkannt, aber es dauerte noch Jahrzehnte, bevor dieser Sprache auch offizielle Funktionen zugestanden wurden. Nominell ist Niederländ. seit 1898 Amtssprache in Belgien, aber erst in den 1930er Jahren wurde es dem Französ. auch faktisch gleichgestellt. Die sprachl.-administrative Territorialgliederung Belgiens in einen niederländ.-sprachigen Landesteil Flandern, in einen französ.-sprachigen Landesteil Wallonie, in eine deutsch-sprachige Region und in den zweisprachigen Großraum Brüssel geht auf die Reform von 1963 zurück.

Das Niederländ. gehört zur westl. Gruppe der → germanischen Sprache, das Niederdeutsche steht verwandtschaftl. am nächsten. Das Sprachgebiet gliedert sich in drei dialektale Hauptzonen, die sich im Mittelalter ausgebildet haben: die Dialekte von Holland, Zeeland und Flandern, die südöstl. Dialekte (Brabant und Limburg), die nordöstl. Dialekte (niederländisierte, ursprüngl. niederdeutsch geprägte Mundarten).

Zwischen dem Norden und dem Süden des Sprachgebiets existieren lexikal. Unterschiede. Diese haben sich aus ursprüngl. sozialen Schichtungen entwickelt, als sprachl. Elemente von Flüchtlingen (vornehmlich aus Brabant) in den Norden transferiert wurden und dort im Sprachgebrauch der sozialen Elite tradiert wurden. Solche alten Ausdrücke aus dem Süden sind heute im Norden beibehalten worden, während sich im Süden volkstüml. Innovationen durchgesetzt haben (vgl. nördl. *vaak* vs. südl. *dikwijls* ‚oft‘, *al* vs. *reeds* ‚schon‘, *huilen* vs. *wenen* ‚weinen‘).

Auch der französ. Spracheinfluß hat zur lexikal. Differenzierung des Niederländ. in Holland und in Flandern beigetragen. Seit dem 18. Jh. sind zahlreiche Kulturwörter übernommen worden, die v.a.

den Wortschatz des Südens prägen (vgl. südl. *visite* vs. nördl. *bezoek* ‚Besuch‘, *feliciteren* vs. *gelukwensen* ‚beglückwünschen‘). Der niederländ. Wortschatz ist auch durch Exotika bereichert worden. Diese stammen zum größten Teil aus dem → Malaiischen, der wichtigsten Kontaktsprache des Niederländ. in den ostindischen Kolonien.

Das Niederländ. war seinerseits Quelle für Entlehnungen in anderen Sprachen. Dies gilt etwa für Schlüsselelemente der nautischen Terminologie im → Englischen (z.B. *dock, buoy, yacht, freight* oder *keelhaul* ‚kielholen‘) und → Deutschen (z.B. *Boje, Fahrwasser, Kombüse, Vordersteven, Reede*). Niederländ. Lehnwörter finden sich in großer Zahl sogar in Sprachen, die weit entfernt von den Niederlanden gesprochen werden. Ein Beispiel dafür ist das → Russische. Auf die Initiative von Zar Peter I., dem Großen (reg. 1689–1725), niederländ. Schiffsbau-Fachleute einzuladen, geht die entspr. Modernisierung des russ. Wortschatzes zurück. In kurzer Zeit wurden mehr als 1500 nautische und schiffsbautechn. Termini aus dem Niederländ. ins Russ. übernommen. Etwa 260 Ausdrücke sind bis heute gebräuchlich, u.a. russ. *bort* ‚Schiffsrand‘ < ndl. *boord, buj* ‚Boje‘ < *boei* oder *šturval* ‚Steuerrad‘ < *stuurwiel*.

Die schriftsprachl. Überlieferung des Niederländ. setzte im 10. Jh. ein. Die ältesten Schriftzeugnisse sind ein Liebesgedicht und ein religiöser Text. Die Sprachform beider Texte basiert auf dem Niederfränk., das damals noch den niederdeutschen Dialekten (Sächsisch) sehr nahe stand. Die mittelniederländ. Schrifttradition begann mit den Werken des Troubadours Hendrik van Veldeke in der zweiten Hälfte des 12. Jh. Veldeke stammte aus der Gegend von Maastricht in Limburg, dessen Dialekt in einem Kontinuum mit der lokalen Sprachform auf deutscher Seite stand. Insofern ist verständlich, daß Veldeke auch in der Literaturgeschichte des Mittelhochdeutschen seinen Platz findet.

Im Verlauf des 13. Jh. gewannen die Dialekte von Flandern und Brabant an Prestige. Diese Entwicklung stand im Zusammenhang mit dem Aufstieg eines urbanen Patriziertums in Städten wie Brügge, Gent und Ypres. Das Niederländ. wurde in seinen lokalen Varianten mehr und mehr auch für die Produktion von nichtliterar. Schrifttum verwendet. Aus der Tradition der Verwendung des Niederländ. als Geschäftssprache entwickelte sich gegen Ende des Mittelalters eine relativ einheitl. Schriftsprache, deren Geltungsbereich im Herzogtum Burgund besonders gefördert wurde. Die Bedeutung Burgunds für die Entwicklung der niederländ. Schriftsprache schwächte sich merklich ab, nachdem das Herzogtum im Jahre 1477 an Frankreich fiel.

Die polit. Abspaltung der Nordprovinzen vom span. Kolonialreich im Jahre 1585 hatte zur Folge, daß sich der Schwerpunkt des kulturellen Lebens nach Norden verlagerte. Im 17. Jh. erlebten die Niederlande ihr goldenes Zeitalter, eine wirtschaftl. und kulturelle Blütezeit. Das Niederländ. florierte als Literatursprache, und das Projekt der Bibelübersetzung („Statenbijbel" von 1637) bereitete einen sprachl. Ausgleich zwischen den verschiedenen Dialektzonen vor. Normen für die erste Einheitsorthographie des Niederländ. (die Siegenbeek-Schreibweise) wurden 1804 veröffentlicht. Die erste normative Grammatik des Niederländ. erschien im Jahre 1805. Später erfolgte eine Sprachreform, die von De Vries und Te Winkel getragen wurde. Die Grundlagen dieser Reform von 1863 wurden in den Niederlanden sowie im belg. Flandern eingeführt und sind mit geringen Änderungen bis heute gültig. Die jüngste Sprachreform erfolgte im Jahre 1996.

Lit.: Haeseryn et al. 1997, Vandeputte et al. 1995, Vismans 1998, Vries et al. 1994

Niger-Kongo-Sprachen (insgesamt 1436 Sprachen). Die Niger-Kongo-Sprachfamilie, die in der deutschen Afrikanistik auch als „Niger-Kordofanisch" bezeichnet wird, ist die größte in → Afrika und diejenige genealog. Makrogruppierung der Welt mit den meisten histor. Einzelsprachen. Die interne Verzweigung der Niger-Kongo-Sprachen ist derzeit noch umstritten. Beispielsweise werden die Sprachen der Kwa- und der Benue-Kongo-Gruppe von den einen als getrennte Sprachzweige klassifiziert, von den anderen in einer Großgruppe zusammengefaßt. Die näheren verwandtschaftl. Beziehungen der Gur-Sprachen zu den übrigen Niger-Kongo-Sprachen ist noch nicht abgeklärt.

Die verwandtschaftl. Beziehungen der Sprachen innerhalb der westatlant. Gruppe waren schon im 19. Jh. bekannt (S.W. Koelle 1854). Die ersten Umrisse der afrikan. Makrogruppierung (Niger-Kongo) erkannte Diedrich Westermann (1911), der Kwa, Benue-Cross, die Togorestsprachen, Gur, Mande und Westatlant. als miteinander verwandte „Sudansprachen" klassifizierte. In diesen Kreis stellte Westermann später auch die Bantu-Sprachen. Westermann

(1927: 6) hebt hervor, daß es sich bei dieser Verwandtschaft zwischen den einzelnen Gruppen nicht nur um eine „Übereinstimmung einzelner Wörter, sondern um gemeinsamen Sprachbau und gemeinsame Sprachanschauung handelt".

Joseph Greenberg (1963) verwendete als erster die Bezeichnung „Niger-Kongo-Sprachen" und trug wesentlich zur sprachgenealog. Rekonstruktion dieser Makrogruppierung bei. Greenberg bemühte sich insbesondere um eine Klassifizierung der Bantu-Sprachen und erkannte, daß diese Sprachen zwar in Afrika nach ihrer Sprecherzahl dominieren, genealog. aber nur eine von insgesamt sieben Bantoid-Gruppen darstellen. Die Bantoid-Sprachen ihrerseits sind nur eine von mehreren Untereinheiten des Benue-Kongo-Sprachzweigs.

Die bekannteste und bedeutendste aller Bantu-Sprachen ist das → Swahili, das von mehr als 32 Mio. Menschen im östl. und südl. Teil des Kontinents gesprochen wird. Swahili ist neben → Hausa und → Arabisch eine der wenigen Großsprachen Afrikas. Die Bantu-Sprachen unterscheiden sich in sprachpolit. Hinsicht von allen anderen Gruppen der Niger-Kongo-Sprachfamilie dadurch, daß etliche amtl. Status besitzen (z. B. Swahili in Kenia und Tansania, Ruanda in Ruanda, Tswana in Botswana, → Zulu und Xhosa in Südafrika).

Gruppierungen:
- Mande (58): östl. (Bobo Fing, südöstl.) – westl. (nordwestl., südwestl.) – Sambla-Samogho – Soninke-Bozo
- Kordofanisch (31): Kadugli (zentral-östl., westl.) – eigentliches Kordofanisch (Heiban, Katla, Rashad, Talodi)
- Atlantisch (65): Bijago (Bidyogo) – nördl. (Bak, Cangin, östl. Senegal-Guinea, Mbulungisch-Nalu, Senegambisch) – südl. (Limba, Mansoanka, Mel)
- Ijoid (10): Defaka – Ijo (zentral, östl.)
- Kru (41): Aizi – östl. (Bakwe, Bété, Dida, Kwadia) – westl. (Bassa, Grebo, Klao, Wee) – Kuwaa; Siamou
- Gur (100): zentral (nördl.-zentral, südl.-zentral) – Senufo (Karaboro, Kpalaga, Nafaanra, Senari, Suppire-Mamara, Tagwana-Djimini, Tyeliri, Kulere, Tiéfo) – Moru
- Dogon (1)
- Adamawa-Ubangi (157): Adamawa (Fali, Gueve, Kam, La'bi, Leko-Nimbari, Mbum-Day, Waja-Jen) – Ubangi (Banda-Ngbandi-Sere, Gbaya, Zande)
- Kwa (78): Left Bank (Avatime-Nyangbo, Gbe, Kebu-Animere, Kposo-Ahlo-Bowili) – Nyo (Agneby, Attié, Avikam-Aladian, Ga-Adangme-Krobo, Potou-Tano, Esuma) – Cenka

- Benue-Kongo (895): Bantoid (nördl. B.: Dakoid, Fam, Mambiloid, Tiba; südl. B./Broad Bantu: Beboid, Ekoid, Jarawan, Mamfe/Nyang, Narrow Bantu, Tivoid, Wide Grassfields) – Cross River – Defoid – Edoid – Idomoid (Idoma-Etulo) – Igboid – Kainji (östl., westl.) – Nupoid (Niger-Kaduna) – Platoid – Ukaan-Akpes

Lit.: De Wolf 1981, Möhlig 1981

Nilo-Saharanische Sprachen (194 Sprachen). Bei dieser Makro-Gruppierung von Sprachen → Afrikas, die vom südl. Libyen bis in den Norden Ugandas, von Mali im Westen bis zum Sudan im Osten gesprochen werden, handelt es sich nicht um eine genealog. wohl definierbare Sprachfamilie, wie im Fall anderer großer Sprachfamilien Afrikas (→ afroasiatische Sprachen, → Niger-Kongo-Sprachen), sondern um ein Ensemble von Sprachen, die sich einer Klassifizierung innerhalb anderer Makro-Gruppierungen entziehen. Die Kriterien, nach denen die nilo-saharan. Sprachen kategorisiert werden, sind genet. wie auch typolog., geograph. wie auch areallinguist.

In der nilo-saharan. Sprachfamilie, die als solche von dem amerikan. Linguisten Joseph Greenberg in den 1960er und 1970er Jahren zusammengestellt worden ist, sind Sprachen zusammengefaßt, die noch in den 1950er Jahren in insgesamt 22 unabhängigen Gruppen klassifiziert wurden. Die Zusammenhänge zwischen den nilo-saharan. Sprachen sind auf den verschiedensten Ebenen zu suchen, in genealog. Verwandtschaft, in der Ähnlichkeit struktureller Typik, in Konvergenzen aufgrund langfristiger wechselseitiger Kontakte und aufgrund geograph. Nachbarschaft.

Das Nilo-Saharan. gliedert sich in die beiden Hauptzweige des Nilot. und des Saharan. Nach der Anzahl der Einzelsprachen sowie nach deren Gesamtsprecherzahl (fast 8 Mio. Menschen) stellen die nilot. Sprachen die größte Gruppe dar. Sprachen mit mehr als 1 Mio. Sprechern sind das Luo (Kenia, Tansania), das Dinka (südl. Sudan), das Kanuri (nordöstl. Nigeria) und das Songhai (Mali, Niger).

Als nilo-saharan. Sprache wird auch das histor. Meroitisch klassifiziert, die Sprache des Königreichs Meroe in Nubien. Diese vom 8. Jh. v. Chr. bis ins 4. Jh. n. Chr. existierende Zivilisation war stark ägypt. geprägt. Zunächst wurde → Ägyptisch als aus dem Norden importierte Schriftsprache in Meroe verwendet, seit dem 2. Jh. v. Chr. jedoch wurde das einheim. Meroitisch verschriftet, und zwar in zwei ägypt. Schriftvarianten (hieroglyphisch und demotisch).

Die meroit. Zivilisation ist die älteste Hochkultur Schwarzafrikas. Von den lebenden nilo-saharan. Sprachen sind etwa 45 verschriftet.

Gruppierungen:
• Songhai • Saharanisch • Schari-Nil (Ostsudanisch, Zentralsudanisch, Berta, Kunama) • Maba • Fur • Koma

Lit.: Greenberg 1971, Schadeberg 1981

Norwegisch (Norwegian, norvégien). Von den rund 5 Mio. Sprechern des Norweg. sind 4,3 Mio. in Norwegen beheimatet. Im Nachbarland Schweden leben 28 000 Norweger. Die größte Außengruppe sind die US-Amerikaner norweg. Abstammung. Noch 1970 wurden 0,613 Mio. Amerikaner gezählt, die Norweg. sprechen konnten. Dies sind Nachkommen der norweg. Auswanderer, die zwischen 1815 und 1920 nach Amerika übersiedelten. Bis heute hat sich deren Zahl bedeutend verringert. Andere norweg. Außengruppen gibt es in Kanada (27 000) und in Ecuador (11 000).

Bis 1917 bestand eine norweg. Kolonie an der Küste der Kola-Halbinsel auf russ. Territorium. Deren Bewohner wurden nach dem Staatsstreich der Kommunisten in ihre Heimat repatriiert. Die frühere Präsenz von Norwegern in der Region spiegelt sich bis heute im Namen der Stadt Murmansk. Er basiert auf der Adaption von *nordmann*, dem das russ. Suffix *-sk* (zur Bildung von Ortsnamen) angehängt worden ist. Murmansk bedeutet eigentlich ‚Siedlung der Nordmänner‘.

Norweg. war auch die Sprache der Nordmänner, die von Norwegen aus über Island nach Grönland fuhren und dort Siedlungen gründeten. Von der berühmten Fahrt Eriks des Roten (983–986 n. Chr.), der von Thingvellir auf Island in Richtung Westen fuhr, und von seiner Landnahme (*landnám*) an der Südspitze Grönlands wird in der Grönländer Saga und in der Saga von Erik dem Roten berichtet. Seit dem 11. Jh. siedelten Nordmänner in einer westl. und in einer östl. Siedlung. Das Klima war in jenen Breiten zwischen dem 10. und 13. Jh. wesentl. milder als heute. Die Nordmänner betrieben in bescheidenem Umfang Ackerbau, die Gewässer in Küstennähe waren extrem fischreich. Um 1300 hatte Grönland eine nordländ. Bevölkerung von etwa 2500–3000 Kolonisten.

Im Verlauf des 14. Jh. jedoch verschlechterte sich das Klima, es kam häufiger zu bewaffneten Auseinandersetzungen mit den nach Süden vordringenden Eskimo, und die Versorgungsschiffe von

Norwegen aus kamen immer unregelmäßiger. Die Westsiedlung wurde um 1350 aufgegeben, um 1450 auch die Ostsiedlung; damit endete die Kolonisation Grönlands durch Nordmänner.

Norweg. ist eine nordgerman. Sprache und gehört mit dem → Isländischen und → Färingischen zur Gruppe der westnord. Sprachen. Im Verlauf des 8. und 9. Jh. gliederte sich das Norweg. allmählich aus der altnord. Basis aus. Bereits in den mittelalterl. Texten des 13. Jh. sind die dialektalen Unterschiede zwischen West- und Ostnorweg. zu erkennen. Diese elementare Differenzierung setzt sich bis in die Neuzeit fort. Die Dialektzone des Ostnorweg. erstreckt sich im Südosten und im gesamten Osten des Landes, östl. der Wasserscheide im zentralen Gebirgszug. Das Westnorweg. ist westl. der Wasserscheide verbreitet. Auch die meisten der im nördl. Teil des Landes gesprochenen Mundarten zeigen westnorweg. Prägung.

Das Norweg. weist in seinem Lautsystem eine Besonderheit auf, die bei den Sprachen Europas ansonsten nur noch im → Schwedischen vorkommt, nämlich die Unterscheidung von Tonstufen. Wörter, die phonet. gleichlauten, werden mit Hilfe zweier Tonstufen differenziert (Toneme). Im Hinblick auf die sprachhistor. Entwicklung der Toneme ist „Akzent 1" (niedrig-hoch) einsilbig, „Akzent 2" (hoch-niedrig-hoch) dagegen mehrsilbig. In der Mehrzahl aller regionalen Varianten des Norweg. ist die Unterscheidung der Akzente relevant. Ausnahmen sind der Dialekt in der Region von Bergen sowie die Mundarten im äußersten Süden des Landes und im hohen Norden.

Zum Grundbestand des norweg. Wortschatzes gehören typisch nord. Elemente, die fast ausnahmslos Parallelen in anderen nord. Sprachen haben. Seit der zweiten Hälfte des 14. Jh. machte sich schwed. Einfluß geltend. Um die Mitte des 15. Jh. begann das → Dänische auf den Wortschatz der norweg. Umgangssprache der Stadtbevölkerung einzuwirken. Gleichzeitig mit dem dän. Spracheinfluß wirkte das Niederdeutsche auf das Norweg. ein, nicht nur mit zahlreichen Lehnwörtern, sondern auch mit Formantien (Suffixen). In den folgenden Jahrhunderten wurde das im urbanen Milieu verwendete Norweg. lexikal. vom Dän. überformt, das teilweise selbst tiefgreifend vom Niederdeutschen beeinflußt war. Der einheim.-norweg. Charakter der Umgangssprache auf dem Land blieb im wesentlichen erhalten.

Die verstärkte Verwendung norweg. Wörter im offiziellen Schriftsprachengebrauch seit den 1830er Jahren förderte die Verselbständigung des „Dänisch-Norweg." (*riksmål*) als schriftsprachl. Variante. Seit der zweiten Hälfte des 19. Jh. wurde sowohl die Sprache der Landbevölkerung (*landsmål*) als auch die Stadtsprache durch Umdeutung dialektaler Ausdrücke und durch Neuschöpfungen bereichert. Das lexikal. Ausdruckspotential beider moderner Schriftsprachen ist bis heute nicht normiert.

Zwar entstanden Runeninschriften in Norwegen bereits im 4. Jh. n. Chr., der sprachl. Charakter dieses Schrifttums ist aber bis ins 8. Jh. altnordisch. Die meisten der mehr als 600 norweg. Runentexte stammen aus dem 11. Jh. Seit Mitte des 11. Jh. verbreitete sich die Lateinschrift, die das Runenalphabet bald aus der offiziellen Schriftlichkeit verdrängte. Als „Jedermanns Alphabet" wurden Runen aber das ganze Mittelalter hindurch bis zum Beginn der Neuzeit verwendet. In einigen Randzonen (z. B. Oppdal) überlebte die Runenschrift bis ins 18. Jh.

In der altnorweg. Schriftsprache, die sich der Lateinschrift bediente, sind Gesetzessammlungen, Texte religiösen und histor. Inhalts, Übersetzungen von Ritterromanen, Balladen der Skaldendichtung, Sagendichtung nach isländ. Vorbild und auch Urkunden entstanden. Im 13. Jh. bildete sich eine Hochsprache heraus, deren Basis im Drontheimischen und in der Sprache des Westlandes verankert ist. Im 14. Jh. entwickelte sich neben der drontheim.-bergener Kanzleisprache eine volkstüml. Schriftsprache, die sich ans Ostnorweg. anlehnte. Die schriftsprachl. Varianten des mittelalterl. Norwegen kamen aber im 15. Jh. außer Gebrauch.

An ihre Stelle trat das Dän., das nach 1500 als alleinige Amtssprache, später auch als Kirchensprache Norwegens fungierte. Nach der Unabhängigkeit des Landes von dän. Herrschaft wurde die dän. gefärbte norweg. Stadtsprache (*riksmål*) offizielle Landessprache. Sie entfaltete ein umfängl. Schrifttum; seit 1929 wird diese norweg. Sprachvariante *bokmål* genannt. In den 1830er Jahren wurde auch die norweg. Volkssprache (1929 von *landsmål* in *nynorsk* umbenannt) als Schriftsprache verwendet.

In den 1880er Jahren wurden beide Formen als Unterrichts- und Schriftsprachen des Landes anerkannt, deren Rechtschreibung in mehreren Reformen (1907, 1917, 1938) normiert wurde. Obwohl drei Viertel aller Norweger Mundarten sprechen, die dem *nynorsk* nahestehen, hat nur rund ein Viertel die Grundschulausbildung in *nynorsk* absolviert. In der Funktion einer alltägl. Umgangssprache und als Schriftmedium ist *nynorsk* eine Minderheitensprache im eigenen Land. Die am meisten gebrauchte Variante im Berufsleben und in den Medien ist *bokmål*.

In der norweg. Sprachgeschichte werden folgende Perioden unterschieden: Altnordisch (8. Jh. – 1350), Mittelnorweg. (1350 – 1536), Neunorweg. (seit 1536).

Lit.: Haugen 1976, Moen/Pedersen 1983, Seip 1971

O

Occitanisch (Occitan, occitan). Es gibt keine amtl. Statistiken zur Verbreitung des Occitan. in Südfrankreich. Einer Umfrage von 1991 zufolge können ca. 0,75 Mio. Südfranzosen Occitan. sprechen; weitere 1–1,5 Mio. verstehen die Sprache. Bezogen auf die Bevölkerung von vier südfranzös. Départements in der histor. Landschaft des Languedoc sind dies 28 % bzw. rund 48 % der regionalen Bevölkerung.

Das Occitan. hat als Regionalsprache Frankreichs von den kulturellen Förderungsmaßnahmen profitiert, die in der Loi Deixonne von 1951 vorgesehen sind. Zwar gab es erhebl. Verzögerung bei der Einrichtung von Schulkursen für Occitan. als Unterrichtsfach, und erst seit 1970 ist das Occitan. als fakultatives Abiturfach anerkannt, durch ergänzende Verfügungen wie die Loi Haby (1975) und den Circulaire Savary (1982) sowie durch die besondere Förderung des Lehrerausbildungsprogramms für Occitan. (CAPES seit 1992) ist die Situation des Occitan. in der Schulausbildung heute wesentl. stabiler als noch vor wenigen Jahren.

Das Occitan. ist eine → romanische Sprache und gehört zum engeren Kreis der galloroman. Sprachen. Das südl. Galloroman. ist ein sprachl. Kontinuum, das sich von der Atlantikküste bis in die Westalpen erstreckt. In diesem Kontinuum steht das Occitan. im Zentrum, grenzt im Westen an das → Gascognische, im Osten an das → italienische Sprachgebiet und im Norden ans → Französische.

Während das Französ. die sog. *langue d'oïl* vertritt, ist das Occitan. der Hauptvertreter der *langue d'oc* (*oïl* ist die nordfranzös., *oc* die südfranzös. Form für ‚ja‘). Im Mittelalter verlief die Grenze zwischen beiden Sprachzonen in Höhe der Loire. Die moderne Übergangszone liegt viel weiter südl., im Limousin, in der Auvergne und im Dauphiné. Im Rhônetal hat sich das Französ. zu Beginn der Neuzeit durchgesetzt.

Das occitan. Sprachgebiet ist dialektal folgendermaßen ausgegliedert: Languedokisch und Provenzalisch im Süden, Limousinisch und Auvergnatisch (Périgord blanc) im Norden. Die südl. Dialekte sind zwar vom Franzö. beeinflußt, ihre Sprachstrukturen sind aber nicht so stark von dieser Sprache überformt wie im Fall der nördl. Dialekte.

Der roman. Erbwortschatz des Occitan. weist mehr Parallelen zu den Sprachen Frankreichs als zu denen der Pyrenäenhalbinsel auf (z. B. occitan. *voler* ‚wollen' / franzö. *vouloir* vs. span. *querer*; *finestra* ‚Fenster' / *fenêtre* vs. *ventana*). Der roman. Anteil des occitan. Lexikons ist wesentl. umfangreicher, wenn man auch die zahlreichen Entlehnungen aus roman. Nachbarsprachen berücksichtigt.

Die meisten Lehnwörter hat das Occitan. aus dem Franzö. übernommen. Während des Mittelalters, als das kulturelle Niveau im Süden und Norden Frankreichs gleich war, bestand ein Gleichgewicht im Austausch von Kulturwörtern. Mit dem Niedergang der höfischen Kultur im Süden verstärkte sich der franzö. Einfluß auf das Occitan. einseitig. In der Neuzeit hat das Occitan. aber die lokalen Varianten des in Südfrankreich gesprochenen Franzö. lexikal. beeinflußt. Dieser hybride Sprachgebrauch wird *francitan* genannt.

Der Kulturwortschatz des Occitan. enthält viele Elemente, die aus dem → Griechischen (über → lateinische Vermittlung) stammen (in der Terminologie der Architektur und des christl.-religiösen Vokabulars), und solche, die der latein. Bildungssprache entlehnt sind. Viele Ortsnamen in der Gegend zwischen Agde (< Agathe) und Monaco (< [Heracles]-Monoikos) sind griech. Ursprungs und deuten auf Siedlungen hin, die zur Zeit der vorröm. phokäischen Kolonie Massalia (Marseilles) entstanden sind. Über andere roman. Sprachen sind dem Occitan. auch etliche → arabische Lehnwörter vermittelt worden. Hierzu gehören u. a. occitan. *azur* ‚blau', *magazin* ‚Vorratslager' und *alcova* ‚Schlafkammer'.

Die schriftl. Überlieferung des Occitan. setzt im späten 10. Jh. ein. Der älteste Text besteht aus wenigen Zeilen in einem zweisprachigen Lied, das in Altoccitan. und Latein. redigiert ist. Die ersten längeren Schriftzeugnisse, die „Canczon de sancta Fides d'Agen" und das Fragment eines Boethius-Liedes, stammen aus dem 11. Jh. Ab Anfang des 12. Jh. wurden auch Kanzleidokumente in immer größerer Zahl erstellt (ab 1103 in der Provence, ab 1120 im Limousin, ab 1134 im Gévaudan, ab 1177 im Vivarais, ab 1185 im Périgord, ab 1195 in der Auvergne).

Das altoccitan. Schrifttum besaß bis ins 12. Jh. lediglich regionale Bedeutung. Dann aber erhob sich die Literatur mit den Werken

Guillaumes VII. (1071–1127), des Grafen von Poitiers und Herzogs von Aquitanien, zu hoher Blüte und internationalem Ansehen. Guillaume ist zweifellos der vornehmste der frühen Dichter, und er gilt als der Begründer der höfischen Dichtung der Troubadours (occitan. *troubadour* < lat. *tropator*, wörtl. ‚Tropendichter'). Dieses Schrifttum gehört zum Erbe der Weltliteratur. Der Nachwelt sind die Werke von etwa 460 Hofdichtern erhalten geblieben. Fast zwei Jahrhunderte lang war die altoccitan. höfische Literatur Ausdruck eines Zeitgeistes, der nicht nur auf die Schriftkultur des nördl. Frankreich einwirkte, sondern auch nach Norditalien, Sizilien und Spanien ausstrahlte. Neben den berühmten Dichtern wie Bernart de Ventadorn, Raimbaut de Vaqueiras oder Arnaut Rudel, für die Occitan. Muttersprache war, schrieben auch Katalanen und Italiener in Occitan. (z. B. Sordello di Goito und Rambertino Buvalelli). Der wohl bekannteste Spanier, der ebenfalls occitan. Lyrik verfaßte, ist Alfons X., der Weise, der Kastilien von 1252 bis 1282 regierte.

Die Ausstrahlungskraft der occitan. Schriftkultur auf das nördl. Frankreich kann man allein daran ermessen, daß das Französische seit dem 12. Jh. über 600 occitan. Lehnwörter adaptierte. Das Occitan. rangiert an dritter Stelle hinter dem → Englischen und Italienischen unter den Sprachen, aus denen das Französ. Lehnwörter übernommen hat. Unter den Occitanismen sind auch solche mit hoher Frequenz im modernen französ. Wortschatz wie *paraître* ‚erscheinen', *arriver* ‚ankommen' oder *payer* ‚bezahlen'.

Gegen Ende des 13. Jh. erlahmte die Kreativität der Hofdichter, und die altoccitan. Literatursprache verlor immer mehr ihren klassischen stilist. Schliff. Als letzter Troubadour wird der Narbonnenser Guiraud Riquier in der zweiten Hälfte des 13. Jh. genannt. Auch die 1323 in Toulouse gegründete Dichtervereinigung, das Consistori del Gai Saber, konnte in ihrem Bemühen um die Bewahrung der klassischen Dichtersprache den Verfall der literar. Tradition nicht aufhalten, die von Epigonen bis in die zweite Hälfte des 14. Jh. fortgesetzt wurde. Die literar. Hinterlassenschaft des Mittelalters blieb zwar lebendig, ist aber trotz besonderer Anstrengungen im 16. und 17. Jh. qualitativ nie mehr erreicht worden.

Parallel dazu ging auch im offiziellen Schriftsprachengebrauch die bis dahin bestehende Einheitlichkeit verloren. Seit dem 14. Jh. nahm die Urkunden- und Kanzleisprache lokales Kolorit an. Mit dem Sprachenedikt der Ordonnance de Villers-Cotterêts von 1539 wurden schließlich das Languedok. wie das Gascogn. vom Französ. in amtl. Funktionen abgelöst.

Im Zeitalter der Besinnung auf das nationale Kulturerbe erlebte auch der Süden Frankreichs eine Renaissance seiner Troubadourdichtung mit der monumentalen Textsammlung „Choix des poésies originales des troubadours" (1816–21) von F. Raynouard. In einer populären Bewegung wurde an die Tradition der Versdichtung in occitan. Sprache angeknüpft. 1854 wurde eine Schriftstellervereinigung (Félibrige) gegründet, die sich zum Ziel setzte, die Schriftkultur des Occitan. wiederzubeleben und das nationale Kulturerbe zu pflegen. Von den Schriftstellern des Félibrige hat Frédéric Mistral (1830–1914) mit seinen in Provenzal. geschriebenen Werken „Mireio" (1859), „Calendau" (1867) und „Nerto" (1884) Weltruhm erlangt. Im Jahre 1904 wurde Mistral der Nobelpreis für Literatur zuerkannt.

Die Orthographie des Occitan. war nach dem Niedergang der mittelalterl. Schriftkultur jahrhundertelang chaotisch. Als im 19. Jh. die literar. Tradition in Neuoccitan. einsetzte, ergaben sich für eine Schriftreform drei elementare Orientierungen: 1) Anlehnung an die graph. Konventionen des Altoccitan., also eine etymologisierende Schreibweise, denn das Neuoccitan. hatte sich von der mittelalterl. Sprachform entfernt (in radikaler Form propagiert von S.-J. Honnorat, in vereinfachter Version befürwortet von P. Estieu und A. Perbosc); 2) Anlehnung an die orthograph. Normen des kulturell dominierenden Französ. als Leitsprache (propagiert vom Félibrige und insbesondere von F. Mistral); 3) Orientierung an der Lautung des Neuoccitan. und dessen Wiedergabe in vereinfachter Schreibweise (propagiert von L. Alibert zur Schreibung des Languedok. seit den 1920er Jahren).

Aliberts Orthographie wurde 1936 von der Societat d'Estudis Occitans angenommen, später vom Institut d'Estudis Occitans (1945), und diese Schreibweise ist sukzessive in anderen Regionen adaptiert worden: Provence (1951), Auvergne (1971), Limousin (1974), außerdem im benachbarten gascogn. Sprachgebiet (1952).

Lit.: Bec 1986, Blanchet 1992, Davies 1998, Kremnitz 1974, 1992, Rieger 2000

Ossetisch (Ossetian/Ossetic, ossète). Insgesamt 0,55 Mio. Menschen sprechen Osset. Die meisten Osseten sind im nördl. Kaukasus beheimatet, zum größeren Teil in Rußland, zum kleineren Teil in Georgien. Den 0,403 Mio. Osseten in Rußland ist es in hohem Maße gelungen, ihre Muttersprache gegen den Druck des → Russischen zu bewahren; der Anteil derer, die Osset. sprechen, liegt bei 93,2 % (0,375 Mio.). Die Osseten wohnen in der Republik Nordossetien, wo ihr Anteil an der Landesbevölkerung 53 % ausmacht. Etwa 0,16 Mio. Osseten sind in Georgien beheimatet; ca. 65 000 von ihnen wohnen im autonomen Gebiet Südossetien (rund 66 % der Gebietsbevölkerung). Osset. Außengruppen leben in einer Vielzahl anderer Staaten: Usbekistan (6000), Ukraine (4500), Aserbaidschan (2300), Ungarn, Türkei, Deutschland u. a.

Osset. ist eine → indoeuropäische Sprache und gehört zur östl. Gruppe der iran. Sprachen. Das Osset. ist wahrscheinlich der einzige lebende Fortsetzer des Skythischen (genauer des westl. Skythischen), das seit der Antike bekannt ist. Das osset. Sprachgebiet gliedert sich in zwei Dialektzonen aus: Iron im Osten (von der Mehrheit gesprochen), Digor im Westen. Iron-Sprecher sind überwiegend Christen, Digor-Sprecher sind sunnit. Muslime.

Der Grundwortschatz hat zu mehr als 85 % iran. Erbwörter bewahrt; allerdings sinkt der Erbwortanteil erheblich (auf 40 % bis 30 %), wenn der gesamte Wortschatz berücksichtigt wird. Das Osset. hat zahlreiche Entlehnungen aus den benachbarten → kaukasischen Sprachen übernommen. Der kaukas. Einfluß ist auch im Lautsystem des Osset. zu erkennen. Aus neuerer Zeit stammen → russische Lehnwörter. In den 1990er Jahren ist die alte sowjet. Nomenklatur abgebaut worden, die bis 1990 die osset. Lexik überformt hatte.

Seit dem Ende des 18. Jh. wird Osset. geschrieben. Mit seiner „Ossetische(n) Grammatik" aus dem Jahre 1844, der ersten wissenschaftl. Beschreibung dieser Sprache, schuf A. J. Sjögren die Voraussetzungen für die spätere Normierung der Schriftsprache. Das von Sjögren verwendete kyrill. Alphabet wurde auch später zur Schreibung des Osset. beibehalten. Die sowjet. Sprachplanung experimentierte zwischen 1923 und 1938 mit dem latein. Alphabet. Seit 1938 wird aber wieder die Kyrillica verwendet. Das Osset. in Südossetien wurde zwischenzeitlich (1938–1954) im georg. Alphabet geschrieben.

Lit.: Abaev 1964, Bielmeier 1977

Ost-Papua (36 Sprachen). Der Name dieser Sprachfamilie, die zu den größeren Gruppierungen der einheim. Sprachen Papuas gehört, weist auf ihre vornehml. Verbreitung auf den östl. Inseln hin, die Papua-Neuguinea vorgelagert sind. Ost-Papua-Sprachen werden auch auf den Salomonen gesprochen. Die interne Ausgliederung der Ost-Papua-Sprachen berücksichtigt geograph. Kriterien. Unterschieden werden papuanische Sprachen von Bougainville, der Reef Islands und von Santa Cruz sowie der Yele-Salomonen und von New Britain.

Lit.: Wurm 1982

Oto-Mangue (173 Sprachen). Die Vertreter dieser Sprachfamilie sind in Mittelamerika, vorwiegend in Mexiko, verbreitet. Hierzu gehören auch die modernen Fortsetzer der Sprachen einiger vorkolumb. Völker wie der Mixteken und Zapoteken. Sprecherreichste Sprache ist das Isthmus-Zapotekische (rund 85 000) in der Küstenregion des mexikan. Bundesstaates Oaxaca.

Gruppierungen:
• Amuzgo • Chiapanec-Mangue • Chinantekisch • Mixtekisch • Otopame (Chichimekisch, Otomi, Pame) • Popoloca • Zapotekisch

Lit.: Campbell 1992

Ozeanien, Sprachfamilien in Ozeanien. Ozeanien umfaßt die Inselwelt des Pazifik, von Neuguinea im Westen, dem Hawaii-Archipel im Norden, Neuseeland im Süden und der Osterinsel im Osten. Neuguinea wurde bereits vor ca. 40 000 Jahren besiedelt; Spuren der ältesten, bisher gefundenen Feuerstelle (auf der Huon Peninsula) werden auf ca. 38 000 v. Chr. datiert. In die Weiten des Pazif. Ozeans sind Menschen erst relativ spät vorgedrungen. Um 1500 v. Chr. setzte eine Migration von den Philippinen in Richtung Südosten ein. Damals wurden die Inseln Mikronesiens besiedelt. Zwischen 1500 und 1000 v. Chr. wurde die östl. und südöstl. Inselwelt von Neuguinea aus bis zum Fidschi-Archipel und nach Samoa erschlossen. Mit den letzten Fernwanderungen gelangten Menschen zur Osterinsel (um 300 n. Chr.), nach Hawaii (um 400 n. Chr.) und nach Neuseeland (um 1000 n. Chr.)

Die Einteilung der Inselwelt Ozeaniens in Kulturzonen berücksichtigt gleichermaßen geograph. und kulturanthropolog. Kriterien.

- *Melanesien* (griech. *melos* ‚schwarz, dunkel‘ bezieht sich auf die dunkle Hautfarbe der autochthonen Bevölkerung): Neuguinea, Salomonen, Vanuatu, Neukaledonien, Fidschi;
- *Mikronesien* (griech. *mikros* ‚klein‘ bezieht sich auf die Größe der dort liegenden Inseln): Belau, Guam, nördl. Marianen, Föderation Mikronesien, Marshall-Inseln, Kiribati, Nauru;
- *Polynesien* (griech. *poly-* ‚viel-‘ bezieht sich auf die Vielzahl der Inseln der Region): Tuvalu, Tonga, Wallis & Futuna, Samoa, Tokelau, Niue, Hawaii, Französ.-Polynesien (Gesellschaftsinseln mit Tahiti, Tuamotu-Archipel), Cook-Inseln, Neuseeland, Osterinsel.

Auf Neuguinea finden wir die längste, kontinuierl. Kulturentwicklung, auf Neuseeland ist die autochthone Kultur der Maori kaum tausend Jahre alt. Die Kulturen Polynesiens unterscheiden sich von denen Melanesiens hinsichtl. ihrer evolutiven Chronologie. Da alle Kulturen Polynesiens jüngere Ableger melanes. Entwicklungsstadien sind, finden sich von Fidschi in Richtung Nordosten, Osten und Südosten vielerlei Transformationen älterer melanes. Kulturschichten. In der Kultur der Fidschi-Insulaner spiegeln sich solche Transformationsprozesse besonders deutlich.

Die Sprachen Ozeaniens (ohne Neuguinea) gehören zur → austronesischen Sprachfamilie, die in der älteren Fachliteratur auch malayo-polynes. Familie genannt wird. Im weiteren Sinne zählen dazu auch die autochthonen Sprachen Taiwans (Formosa-Sprachen). Innerhalb dieser Sprachfamilie, deren Vertreter über die Inselwelt zweier Weltmeere verbreitet sind – Indischer Ozean und Pazifik (Madagaskar im Westen, Taiwan im Norden und der Osterinsel im Osten) – werden drei Hauptzweige unterschieden: westl., zentrales und östl. Malayo-Polynes. (einschließl. Ozeanisch).

Neuguinea ist sprachl. sehr zerrissen. Von seinen mehr als tausend Sprachen ist rund ein Drittel austrones.; die übrigen gehören zu den autochthonen Papua-Sprachen. Während diese von den Nachkommen der ältesten Einwanderer gesprochen werden, die vor rund 40 000 Jahren auf die Insel kamen, sind die Sprecher austrones. Sprachen mit einer späteren Migration – um 3000 v. Chr. von Südostasien aus über Indonesien und die Philippinen – nach Neuguinea gelangt. Die austrones. Sprachen Neuguineas gehören zum östl. malayo-polynes. Sprachzweig.

Die Sprachen im Nordwesten der Insel werden als eigene Untergruppe klassifiziert, die Sprachen im Südosten Neuguineas zählen zur ozean. Sprachengruppe. Hierzu gehören alle anderen Sprachen der pazif. Inselwelt östl. von Neuguinea. Die ozean. Sprachen lassen sich auf eine ursprachl. Form zurückführen, das Proto-Ozean., das vor etwa 4500 Jahren im Nordwesten Neuguineas verbreitet war. Diese Annahme von der Urheimat der Ozeanier wird gestützt durch archäolog. Funde eines bestimmten Typs von Tonware, Lapita genannt, auf den Inseln Melanesiens bis nach Tonga.

Die ozean., insbesondere die polynes. Sprachen zeichnen sich in phonet. Hinsicht durch eine auffallend geringe Zahl der Konsonanten aus, verglichen etwa mit dem hohen Grad an lautl. Differenzierung in den Sprachen Südostasiens. Das ostpolynes. → Tahitianisch hat von allen Sprachen der Welt den kleinsten Phonembestand.

Lit.: Nile/Clerk 1996, Ross 1988, Wurm/Hattori 1981 – 1984

P

Paläoasiatische Sprachen (insgesamt 18 Sprachen). Die griech. Komponente *paläo-* (‚alt') deutet an, daß die hier gruppierten Sprachen die Fossilien in der Sprachenlandschaft Asiens sind. Da es sich aber um (noch) lebende Sprachen handelt, sind sie genau genommen keine Fossilien, wohl aber die Fortsetzer der ältesten Sprachschichten, die für diesen Kontinent rekonstruiert werden können. Die heutige Verbreitungszone aller paläoasiat. Sprachen ist durch die ökolog. Bedingungen eines Rückzugsgebiets charakterisiert.

In der deutschsprachigen Terminologie ist auch der Ausdruck „paläosibirisch" gebräuchlich, der dem engl. „Paleo-Siberian" entspricht. Die meisten paläoasiat. Sprachen sind in der Tat in Sibirien verbreitet, und zwar im äußersten Nordosten. Ausnahmen sind beispielsweise das → Ainu auf Hokkaido, der nördlichsten der großen Inseln im japan. Archipel, oder das → Burushaski, das im Pamirgebirge gesprochen wird, vorwiegend auf pakistan. Territorium.

„Paläoasiatisch" ist ein Sammelbegriff für Sprachen, die nicht alle auch genet. miteinander verwandt sind. Innerhalb der Makrogruppierung gibt es verschiedene Untergruppen mit untereinander verwandten Sprachen. Dies gilt für das → Eskimo-Aleutische und das Tschuktschisch-Kamtschadalische. Andere Einzelsprachen werden nach geograph. Kriterien gruppiert, wie die Jenisej-Sprachen. Das Jukagirische ist in einen verwandtschaftl. Zusammenhang mit den → uralischen Sprachen gestellt worden. Etliche paläoasiat. Sprachen sind genealog. wie geograph. isoliert (Ainu, Niwchisch, Burushaski).

Gruppierungen:
- Tschuktschisch-Kamtschadalisch: Tschuktschisch, Korjakisch, Kerekisch, Itelmenisch
- Eskimo-Aleutisch: Sibir. Yupik, Sienik-Eskimo, Eskimo der Beringstraße, Alaska-Yupik, Alaska-Inupiat, Kanad. Inuit, Grönländisch, Aleutisch, Copper Island-Aleutisch
- Jenisej-Sprachen: Ketisch, Jugisch, Kottisch
- Isolierte paläoasiat. Sprachen: Jukagirisch, Ainu, Niwchisch/Giljakisch, Burushaski

Lit.: Comrie 1992, Volodin 1997

Panoa (29 Sprachen). Panoa-Sprachen sind im Quellgebiet des Amazonas verbreitet, d. h. in Peru, im Nordosten Boliviens und in angrenzenden Regionen Brasiliens. Mögl. weitläufige genealog. Beziehungen bestehen zwischen den Panoa- und den → Tacana-Sprachen.

Pashto (Pashto/Pushto/Pakhto, pashto/u). Pashto ist die Sprache der Pashtunen oder Pathanen und wird von rund 20 Mio. Menschen in drei Hauptvarianten gesprochen: östl. Pashto in Pakistan (9,6 Mio.), westl. Pashto in Afghanistan (8,5 Mio.) und südl. Pashto in Pakistan (1,5 Mio.). Sprecher des Pashto in Afghanistan machen etwa die Hälfte der Landesbevölkerung aus; in Pakistan sind es rund 14 %, wobei die meisten Pashto nicht schreiben können. In der an Afghanistan angrenzenden Nordwestprovinz Pakistans stellen die Sprecher des Pashto die Mehrheit der Bewohner. Das südl. Pashto ist im Südwesten Pakistans (Provinz Baluchistan) und im Südosten Afghanistans (Provinz Qandahar) verbreitet.

Sprecher des Pashto leben auch in anderen Staaten Asiens: Iran (0,113 Mio.), Vereinigte Arabische Emirate (0,1 Mio.), Indien (14 000). Aufgrund des Krieges in Afghanistan (1979–89, sowjet. bzw. russ. Intervention seit 1989, Bürgerkrieg) haben Tausende von Flüchtlingen Zuflucht in europ. Staaten gesucht, in Deutschland, Großbritannien, usw.

Pashto ist eine der Landessprachen Afghanistans mit amtl. Status; die andere Amtssprache des Landes ist Dari, die östl. Variante des → Persischen. Während Pashto in Afghanistan obligator. Unterrichtssprache der Schulausbildung ist, wird es nur im Nordwesten Pakistans in begrenztem Umfang an einigen Schulen unterrichtet. Wichtigste Schriftsprache für diejenigen, die dort Lesen und Schreiben gelernt haben, ist → Urdu.

Pashto gehört zur östl. (bzw. nordöstl.) Gruppe der iran. Sprachen, einem Hauptzweig der → indoeuropäischen Sprachfamilie. Die nächsten Sprachverwandten sind kleinere Sprachen im Nordosten Afghanistans und in der Pamirregion (Jasgulami, Munji). Das Sprachgebiet des Pashto gliedert sich in drei dialektale Hauptzonen aus, in das westl. (bzw. südwestl.) Pashto (mit der hochsprachl. Variante der Region von Qandahar), in das östl. (bzw. nordöstl.) Pashto (Jusufsay-Pashto) und in das südl. Pashto.

Der größte Teil des Wortschatzes setzt sich aus Erbwörtern zusammen, die Parallelen in anderen iran. Sprachen haben. Bezogen auf die fünfhundert Ausdrücke des Pashto, die am gebräuchlichsten sind, macht der Anteil der Erbwörter rund 55 % aus. Die übrigen Wörter sind entlehnt, etwa 25 % aus dem → Arabischen, 15 % aus dem Persischen, 5 % aus indischen Sprachen (hauptsächl. Urdu) und 5 % aus dem → Türkischen, → Englischen und anderen Sprachen. Im östl. Pashto ist der Anteil an Entlehnungen aus dem Urdu besonders hoch.

Das Pashto wird seit dem 16. Jh. als Schriftsprache verwendet. Seit jeher wird es in einer arab.-pers. Variante des Alphabets geschrieben, d. h. mit arab. Buchstaben und einigen pers. Zusatzzeichen. Es existiert keine moderne normierte Standardsprache. Die beiden Hauptdialekte des westl. Pashto in Afghanistan und des östl. Pashto in Pakistan werden als Schriftmedien mit jeweils regionalem Standard verwendet.

Lit.: Grjunberg 1987, MacKenzie 1992

Peba-Yagua. Von dieser → aussterbenden Sprachfamilie ist nur noch eine lebende Sprache, das Yagua (rund 4000 Sprecher) erhalten. Verbreitungsgebiet ist (bzw. war) das nordöstl. Peru.

Penuti (27 Sprachen). Die genealog. Beziehungen zwischen den Sprachen dieser Gruppe, von denen etliche ausgestorben sind, sind teilweise noch ungeklärt. Das Hauptverbreitungsgebiet liegt (bzw. lag) in einigen der westl. Bundesstaaten der USA, insbesondere in Kalifornien, Oregon und Washington. Die sprecherreichste Penuti-Sprache ist das Yakima (3000) im südl. Washington.

Permjakisch, Komi-Permjakisch (Permyak, permyake). Von den 0,147 Mio. ethnischen Permjaken sprechen 0,104 Mio. (71,1 %) Permjak. als Muttersprache, die übrigen → Russisch. Die meisten Permjaken leben im komi-permjak. autonomen Kreis, der administrativ zum Gebiet Perm in der Russ. Föderation gehört. Der Anteil der Permjaken an der Gesamtbevölkerung des autonomen Kreises beträgt knapp 60 %.

Das Permjak. gehört mit dem Syrjänischen zur Gruppe der → Komi-Sprachen, die ihrerseits mit dem → Udmurtischen (Wotjakischen) den perm. Zweig der finn.-ugr. Sprachen bilden. Aus einer ursprüngl. gemeinsamen histor. Basis der Komi-Sprachen gliederte sich das Permjak. im Verlauf des 12. Jh. aus. Das permjak. Sprachgebiet gliedert sich in eine nördl. und eine südl. Mundart, außerdem in die Mundart von Zjuzdinsk (ca. 7000 Sprecher) an der oberen Kama (im Nordosten des Gebiets Kirov), die in typolog. Hinsicht eine Brückenstellung zwischen dem Permjak. und dem nah verwandten Syrjän. einnimmt. Der komi-jazvinische Dialekt (ca. 5000 Sprecher am Fluß Jazva im Gebiet Perm) wird in der russ. Linguistik zum Permjak. gezählt.

Im permjak. Wortschatz sind rund tausend Wurzelwörter aus der finn.-ugr. Grundsprache erhalten. Dazu gehören auch frühe Entlehnungen aus dem Proto-→Indoeuropäischen und → Indo-Iranischen. Diese alten Sprachkontakte dauerten bis zum 7. Jh. n. Chr. an. Seit dem Ende des 15. Jh. hat das Russ. auf das Permjak. eingewirkt. In den lexikal. Strukturen sind Tausende von russ. Lehnwörtern, darunter auch Partikel wie permjak. *dak* ,so' (< russ. *tak*), zum festen Bestandteil des Wortschatzes geworden. Der Einfluß des Russ. reicht bis in die Wortbildung des Permjak., wo Adjektivendungen (permjak. -*ovöj* < russ. -*ovyj*) und Verbalsuffixe (permjak. -*nit* < russ. -*nut'*) russ. Herkunft integriert sind. Im Zuge der sowjet. Sprachplanung entstanden in den 1920er und 1930er Jahren verschiedene Neuprägungen mittels permjak. erbwörtl. Elemente. Deren Zahl ist aber weitaus geringer als die der russ. Neologismen, die während der sowjet. Periode übernommen wurden. Der Einfluß des Russ. hält in der post-sowjet. Ära unverändert an.

Die Christianisierung der Permjaken (1472) hatte nicht, wie im benachbarten syrjän. Sprachgebiet, die Verschriftung des Permjak. zur Folge. Erst aus dem 18. Jh. stammen die ersten Aufzeichnungen permjak. Sprachmaterials. Seit der Mitte des 19. Jh. entstanden einige Übersetzungen religiöser Texte aus dem Russ., praktische Texte für Schulzwecke und Wörterbücher wie das von N. A. Rogov (1869). Die Schriftform des damaligen Permjak. war uneinheitl., die kyrill. Graphie orientierte sich am Russ. In der Periodisierung des Permjak. wird die ältere Entwicklungsphase (18. Jh. bis 1918) von der neueren Periode des Schriftgebrauchs (seit 1918) getrennt. Dies hat nicht nur seine histor. Berechtigung, sondern begründet sich auch damit, daß ein eigenständiger Schriftstandard für das Permjak. erst in sowjet. Zeit ausgebildet wurde.

Zu Beginn der 1920er Jahre arbeiteten sowjet. Sprachplaner moderne schriftsprachl. Normen für das Permjak. aus, die vom Syrjän.

unabhängig sind. Zwischen 1921 und 1931 wurde die ältere Tradition der Schreibung im kyrill. Alphabet fortgesetzt. Zwischen 1932 und 1938 bediente man sich dagegen der Lateinschrift. 1939 erfolgte die endgültige Umstellung auf die Kyrillica, die seither Grundlage der permjak. Orthographie ist. Dialektale Basis der Schriftsprache ist die südl. Mundartzone der Gegend von In'va-Kudymkar. Im autonomen Kreis der Komi-Permjaken wird das Permjak. als Schriftsprache für literar. und praktische Zwecke, im Schulunterricht, im Rundfunk, im Pressewesen und für Theateraufführungen verwendet.

Lit.: Batalova 1993

Persisch (Persian, persan). Pers. wird von rund 65 Mio. Menschen gesprochen; davon sind 38 Mio. Primärsprachler und mindestens 26 Mio. Zweitsprachler. Die Sprecher verwenden jeweils eine der beiden Hauptvarianten: das westl. Pers. (Farsi, Parsi) oder das östl. Pers. (Dari). Farsi ist die Muttersprache von etwa 31 Mio. Iranern (entspr. 50 % der Landesbevölkerung des Iran). Weitere 24 Mio. Menschen (Aserbaidschaner, Kurden, Luren, Armenier u. a.) im Iran sprechen Farsi als Zweitsprache. Dari ist die Muttersprache von rund 5,6 Mio. Afghanen (ca. 25 % der Landesbevölkerung), mindestens 2 Mio. Angehörige ethnischer Minderheiten in Afghanistan sprechen es als Zweitsprache. Dari wird auch in Pakistan von etwa 1,4 Mio. Menschen gesprochen.

Zahlenmäßig bedeutende Außengruppen von Pers.-Sprachigen (Farsi und Dari) leben in anderen Ländern Asiens und in Europa: Türkei (0,5 Mio.), Irak (0,19 Mio.), Saudi-Arabien (0,1 Mio.), Vereinigte Arabische Emirate (80 000), Qatar (65 000), Bahrain (48 000), Oman (25 000) u. a.; Deutschland (90 000), Großbritannien (12 000), Griechenland (10 000), Dänemark (9000), Österreich (2000) u. a.

Pers. hat amtl. Status im Iran, wo es als Staatssprache fungiert, und in Afghanistan, wo es (neben dem → Pashto) eine der anerkannten National- und Amtssprachen ist. Als Sprache der staatl. Administration hat das Pers. eine lange Geschichte, die bis ins 6. Jh. v. Chr. zurückreicht. Damals avancierte es zur Staatssprache des Perserreichs unter den Herrschern der Achämenidendynastie. Als moderne Staatssprache im Iran übernimmt das Pers. nicht nur für Iraner pers. Abstammung, sondern auch für viele andere ethnische Gruppen des Landes eine zentrale Rolle im Ausbildungswesen und in der Administration.

Pers. ist die sprecherreichste der iran. Sprachen, die zusammen mit der Gruppe der indischen Sprachen zum → indo-iranischen Sprachzweig innerhalb der → indoeuropäischen Sprachfamilie gehören. Mit dem Pers. am nächsten verwandt ist das Tadschikische, das in älteren Sprachklassifikationen auch als Dialekt des Pers. identifiziert wurde. Es existieren aber eine Reihe von strukturellen Unterschieden, die das Tadschik. vom Pers. (Farsi und Dari) unterscheiden. Auch die sprachl. Selbstidentifizierung der Tadschiken ist am Tadschik. als selbständiger Nationalsprache orientiert, und die Einwirkung der Sprachplanung auf das Tadschik. während der Sowjetära hat die lexikal. Strukturen dieser Sprache vom Pers. im Iran und in Afghanistan entfernt.

Im Verlauf seiner Sprachgeschichte hat sich das Pers. strukturell von den anderen iran. Sprachen abgesetzt. Die für indoeurop. Sprachen charakterist. synthet. Nominal- und Verbalflexion ist im Pers. aufgegeben worden. Auch gibt es keine Genusunterscheidung. Das Pers. kennt keinen Artikel, nur in der Umgangssprache markiert das Suffix -e die Bestimmtheit eines Objekts im Sg. Farsi und Dari unterscheiden sich hauptsächl. in der Phonetik (6 Vokale im Farsi gegenüber 8 im Dari) und im Lexikon.

Weniger als die Hälfte des lexikal. Bestands des Pers. sind iran. Erbwörter mit Parallelen in anderen indoeurop. Sprachen (z. B. pers. *pedar* ‚Vater‘, *nam* ‚Name‘, *panj* ‚fünf‘). Der Anteil der → arabischen Entlehnungen am pers. Gesamtwortschatz macht ungefähr 50 % aus. Aber viele von ihnen haben unterschiedl. Bedeutung in beiden Dialekten oder werden auf unterschiedl. Stilebenen verwendet. Im Dari sind mehr Arabismen in der Umgangssprache gebräuchlich, im Farsi dagegen eher in der gehobenen Schriftsprache und im altertüml. Schreibstil. Beispiele für Arabismen im Pers. sind *abyaz* ‚weiß‘, *emkan* ‚Möglichkeit‘, *tajer* ‚Kaufmann‘, *jadid* ‚neu‘ und *xale* ‚Tante (mütterlicherseits)‘. Das Arab. hat dem Pers. auch Kulturwörter aus anderen Sprachen vermittelt, so aus dem → Griechischen und → Lateinischen. Sein Einfluß auf das Pers. zeigt sich darüber hinaus im Lautsystem und in der Grammatik.

Seit dem 18. Jh. macht sich der Einfluß europ. Sprachen auf das Pers. bemerkbar. → Französische Lehnwörter sind zu Hunderten übernommen worden (im Farsi deutlich mehr als im Dari), z. B. *normal* ‚normal‘, *uniform* ‚Uniform‘, *diplom* ‚Diplom‘ und *vaksœn* ‚Impfstoff‘. Zahlreich sind auch die Entlehnungen aus dem → Englischen, z. B. *tayer* ‚Autoreifen' < engl. *tyre*, *gilas* ‚Glas' < *glass*, *pelak* ‚Steckdose' < *plug*.

Die Modernisierungskampagnen, die im 20. Jh. im Iran von den Herrschern der Pehlevi-Dynastie (1925–79) durchgeführt wurden, verfolgten eine doppelte Strategie. Auf der einen Seite bemühte sich die Sprachpflege, das arab. Element abzubauen und durch Neologismen zu ersetzen. Auf der anderen Seite sollte verhindert werden, daß Fremdelemente aus europ. Sprachen ungehindert das Pers. „überschwemmten". Es wurden zahlreiche Neologismen auf der Basis iran. Erbwörter mit Hilfe der pers. Wortbildung neu geprägt. V.a. in den ersten Jahrzehnten machte die Modernisierung rasante Fortschritte. Der Umbau des Pers. war so umfassend, daß manche die moderne Sprache als „neues Farsi" bezeichneten. Seit 1979 ist die Sprachpflege im Iran durch den rigiden antiwestl. Kurs der islam. Fundamentalisten gekennzeichnet, und Arabismen werden erneut bewußt gefördert.

Das Pers. gehört zum Kreis der alten Schriftsprachen der Welt; es ist inschriftl. zuerst im 6. Jh. v. Chr. (Königsinschriften von Dareios I. in Bisotun) dokumentiert. Altpers. war die Kanzlei- und Bildungssprache während der Zeit der achämenid. Herrscher (559–331 v. Chr.). Das Mittelpers. war die Sprachform, die unter den Sassaniden (um 225–651 n. Chr.) im Mittleren Osten dominierte. Die Sprachentwicklung des modernen Pers. geht in ihren Anfängen auf die Periode vom 7. bis 9. Jh. zurück, als sich eine pers. Koiné (Gemeinsprache) ausbildete.

Das Pers. ist in mehreren Schriftsystemen geschrieben worden, in einer Variante der Keilschrift (Altpers.), in Pehlevi (Pahlavi), einer von der aramäischen Schrift abgeleiteten Schriftart (Mittelpers.), und in einem modifizierten arab. Alphabet (Neupers.). In arab. Schrift wird Pers. seit dem 12. Jh. geschrieben. Seinerseits hat das Pers. in dieser Schriftart andere Schriftkulturen beeinflußt, so das Osmanisch-→ Türkische und das → Urdu. Das Türkische hat die arab.-pers. Schriftart bis in die 1920er Jahre beibehalten, Urdu bis heute.

Lit.: Jazayery 1983, Jensen 1931, Windfuhr 1979, 1992

Pidgins → Kreolsprachen und Pidgins

Polnisch (Polish, polonais). Poln. wird von rund 45 Mio. Menschen gesprochen, von denen die meisten in Polen (37 Mio.) beheimatet sind. In den Nachbarstaaten Polens wohnen über 2 Mio. Polen: in der Ukraine (1,15 Mio.), in Belarus (0,4 Mio.), in Litauen (0,258 Mio.), in Lettland (57000), in Rußland (94000), in Deutschland (0,241 Mio.). Auch in anderen Staaten Mitteleuropas (Tschechien, Slowakei, Ungarn, Österreich) gibt es zahlenmäßig bedeutende poln. Außengruppen. Die größte Außengruppe sind die poln. Emigranten, die seit dem 19. Jh. in die USA emigriert sind, und deren Nachkommen (2,5 Mio.). Im benachbarten Kanada leben 0,135 Mio. Polen. Die 0,1 Mio. poln. Muttersprachler, die in Israel wohnen, sind poln. Juden, die während der Periode der kommunist. Herrschaft emigriert sind. Am weitesten von ihrer ehemaligen Heimat entfernt leben die rund 14000 Polen in Australien.

Poln. ist eine → slawische Sprache und am nächsten mit dem → Kaschubischen verwandt. Diese beiden Sprachen vertreten den lechischen Zweig des Westslaw. Das poln. Sprachgebiet gliedert sich in zwei dialektale Hauptzonen, in die sog. masurierenden – die Laute *ż, cz, sz* und *dż* werden durch *z, c, s* und *dz* ersetzt – und in die nichtmasurierenden Dialekte. Masurierende Dialekte sind der schlesische Dialekt (ohne Oppeln-Teschen), der kleinpoln. Dialekt, der masowische, masurische und podlachische Dialekt. Zu den nichtmasurierenden Dialekten zählen der großpoln. Dialekt, der kujawische Dialekt, der Dialekt von Kulm-Dobrin sowie die neuen Mischdialekte in den poln. Westgebieten (seit 1945).

Die poln. Standardsprache vereinigt in ihren Strukturen Eigenheiten verschiedener Dialekte. Es finden sich sowohl Elemente des großpoln. Dialekts (Poznań/Posen und Gniezno/Gnesen) als auch Merkmale des Kleinpoln. der Gegend von Krakau, allerdings ohne das für den Krakauer Dialekt typische Masurieren. Die Verlagerung des polit. Schwerpunktes vom Westen (Großpolen) nach Krakau im 15. Jh. hatte auch einen Transfer der höfischen Sprache zur Folge. Als im 16. Jh. Masowien mit Warschau als kulturellem Zentrum Mittelpunkt der poln. Staatsmacht wurde, hatte dieser Umschwung keine nennenswerten Auswirkungen mehr auf die bereits gefestigte ältere Standardsprache, die bis heute ihren Charakter einer großpoln.-kleinpoln. Ausgleichsform erhalten hat.

Hinsichtl. seines gemeinslaw. Erbwortschatzes steht das Poln. dem ausgestorbenen Ostseeslaw. und dem Kaschub. am nächsten.

Von den slaw. Schwestersprachen hat besonders das → Tschechische eingewirkt, aus dem bis ins 16. Jh. Entlehnungen übernommen wurden. Der Einfluß des → Deutschen auf das mittelalterl. Poln. macht sich besonders im 13. und 14. Jh. bemerkbar, v. a. in der Terminologie des Handels, des Handwerks, des Bauwesens und des Militärwesens (z. B. *warsztat* ‚Werkbank', *wachmistrz* ‚Wachtmeister', *rejtar* ‚Kavallerist'). Seit der Periode der poln. Teilungen im 18. Jh. hat sich der Einfluß des Deutschen wiederbelebt.

Im Mittelalter machte sich der Einfluß des → Lateinischen geltend, das seit dem 9. Jh. als Urkundensprache, seit dem 11. Jh. als Kirchensprache in Polen Geltung hatte. Am stärksten wirkte das Latein zwischen dem 16. und 18. Jh. auf das Poln. ein und prägte dessen Kulturwortschatz. In jener Zeit machte sich ebenfalls der Einfluß östl. Kontaktsprachen (→ Weißrussisch, → Ukrainisch) und westl. Kultursprachen (→ Französisch, → Italienisch, später erneut Deutsch (z. B. *szlafmyca, hundswot*) bemerkbar. Die Zahl → ungarischer und → türkischer Lehnwörter im Poln. ist relativ gering. Ebenfalls begrenzt war der Einfluß des → Russischen (auch nach 1945).

Die wichtigste Kontaktsprache für die Modernisierung des Wortschatzes ist das → Englische, das seit dem 19. Jh. einwirkt. Zunächst beschränkte sich der engl. Einfluß auf Neologismen der Seefahrt, des Sports und des Reiseverkehrs. Heutzutage etablieren sich engl. Modernismen in öffentl. und privaten Lebensbereichen (Politik, Freizeit, Entertainment), des Berufslebens (Warenverkehr, Marketing, Elektronikindustrie) und in den verschiedensten Sparten der Wissenschaft (Technologie, Informatik, Naturwissenschaften).

Zwar sind poln. Namen und vereinzelte Sätze bereits seit dem frühen Mittelalter in latein. Urkunden überliefert, zur Ausbildung einer selbständigen poln. Schriftsprache ist es aber erst verhältnismäßig spät gekommen. Seit dem 13. Jh. wurden Predigttexte in Poln. aufgezeichnet, und im 14. Jh. entstanden poln. Übersetzungen des Psalters. Im Verlauf des 15. Jh. setzte sich die poln. Schriftsprache allmählich ab von der latein. und tschech. Schriftsprache, die bis dahin in Stilistik und Wortgebrauch Vorbildcharakter für den poln. Schriftgebrauch besaßen. Im 15. Jh. wurde das Poln. noch vorwiegend von Vertretern des Klerus als Schriftsprache verwendet, seit dem 16. Jh. auch von Angehörigen des Adels und des Bürgertums.

Das 16. Jh. wird als das „goldene Zeitalter" der poln. Literatursprache bezeichnet. In jener Zeit entstanden auch die erste Grammatik des Poln. („Polonicae grammatices institutio", 1568), die von Piotr Stojeński-Statorius (einem polonisierten Franzosen) verfaßt wurde, und verschiedene Wörterbücher, von denen das „Lexicon latino-polonicum" (1564) von Jan Mączyński am bedeutendsten ist. Die Werke der damals entstandenen Literatur werden bis heute gelesen (z. B. Jan Kochanowskis ‚Treny' ‚Klagen' und „Psalmy" ‚Psalmen').

Im Verlauf des 17. Jh. verlor die literar. Tradition in poln. Sprache ihre Unabhängigkeit und kam unter starken französ. Einfluß. Seit Ende des 18. Jh., als Folge der poln. Teilungen, war das poln. Kulturschaffen dezentralisiert. Wichtige Werke der poln. Literatur entstanden damals im Ausland (z. B. die romant. Dichtung von Adam Mickiewicz). Im 20. Jh. gingen vier Nobelpreise für Literatur an poln. Autoren, an Henry Sienkiewicz, Władysław S. Reymont, Czesław Miłosz und Wisława Szymborska.

Die Periodisierung der poln. Sprachgeschichte gliedert sich folgendermaßen: Altpoln. (10. Jh.–15. Jh.), Mittelpoln. (16. Jh.–Mitte 18. Jh.), Neupoln. (seit 2. Hälfte 18. Jh.).

Lit.: Klemensiewicz et al. 1965, Rothstein 1993, Schenker 1980

Portugiesisch (Portuguese, portugais). Vor dem kolonialen Zeitalter war Portugies. eine Europasprache; seit dem 15. Jh. hat es sich kontinuierl. in anderen Kontinenten verbreitet. Heute lebt der kleinste Teil der portugies. Sprachgemeinschaft (10 Mio.) in Europa; bezogen auf die Gesamtzahl der Portugies.-Sprachigen sind dies nur 5,5 %. Die meisten Sprecher des Portugies. sind in Südamerika (153 Mio.) beheimatet. Auch in Afrika wird das Portugies. von mehr Menschen als in Europa gesprochen.

Portugies. wird von insgesamt 182 Mio. Menschen in der Welt gesprochen; davon sind 170 Mio. Primärsprachler (93,4 %) und 12 Mio. Zweitsprachler (6,6 %). Die meisten Zweitsprachler leben in den afrikan. Staaten Angola und Mosambik. In Mosambik gibt es nur 30 000 Primärsprachler gegenüber rund 6 Mio. Zweitsprachlern, in Angola 57 600 gegenüber 3 Mio.

Portugies. gehört aufgrund seiner großen Sprecherzahl, im Hinblick auf seine Verbreitung in vier Kontinenten und seine Verwendung in amtl. Funktionen zum Kreis der → Weltsprachen. Portugies. ist Amtssprache in acht Staaten der Welt: Portugal, Brasilien, Angola, Guinea-Bissau, Mosambik, São Tomé e Príncipe, Kap Verde; 1999 verlor das Portugies. seinen amtl. Status in Macao, der letzten portugies. Kolonie, deren Territorium der Volksrepublik China angeschlossen wurde; im selben Jahr wurde es dagegen in Osttimor, wo es seine offizielle Geltung mit der Aufgabe der Kolonie Portugals 1975 ebenfalls verloren hatte, nach dem Abzug indones. Truppen und der Unterstellung der Region unter UN-Verwaltung unerwartet erneut Amtssprache.

Die Mitgliedschaft Portugals (seit 1986) in der Europ. Union sichert dem Portugies. amtl. Status in den europ. Institutionen (Brüssel, Luxemburg, Straßburg). Im Unterschied zu den anderen europ. Weltsprachen fungiert es aber nicht als Amtssprache der Vereinten Nationen.

Portugies. ist eine → romanische Sprache und gehört zur Gruppe der iberoroman. Sprachen. Verwandtschaftl. am nächsten steht dem Portugies. das → Galicische im Nordwesten Spaniens. Sprachhistor. ist es ein Ableger des mittelalterl. Galic. Noch bis ins 11. Jh. existierte eine galic.-portugies. Einheit, die sich mit der Rückeroberung der von Mauren besetzten Gebiete der iber. Halbinsel allmählich auflöste. Seit dem 11. Jh. breitete sich die roman. Sprachform Galiciens in die Region südl. des Douro aus. Als Folge der Unabhängigkeit Portugals (seit 1128) und im Zuge der Verlagerung des polit. Zentrums nach Süden (Lissabon ist seit 1288 Hauptstadt) setzte sich die Sprachentwicklung des Portugies. allmählich von der des Galic. im Norden ab.

Dialektal gliedert sich das portugies. Sprachgebiet in eine konservative nördl. Zone und eine progressivere südl. Zone. Im Norden setzen sich das Minhoto, der Dialekt der Provinz Minho, und die Dialektgruppe der nordöstl. Region Trás-os-Montes gesondert ab. Im Süden zeigen die Dialekte des Alentejo und der Algarve Eigenprofil. Zwischen den beiden extremen Dialektzonen im Norden und im Süden übernehmen die Dialekte von Beira Alta und Beira Baixa im Zentrum Portugals eine Art Brückenfunktion.

Zu den ältesten Elementen des portugies. Wortschatzes gehören Substratwörter aus den vorröm. Sprachen (z.B. portugies. *veiga* ‚Ebene' < bask. *ibaiko*, *esquerda* ‚links' < bask. *eskerra*). Zahlreicher als im Lexikon selbst sind vorröm. Einflüsse in der Toponymie; Ortsnamen kelt. Herkunft sind z.B. Coimbra < Conimbriga (mit dem typisch kelt. Suffix -briga) oder Ambrões (assoziiert mit dem Namen eines kelt. Stammes der Antike, Ambrones). Der größte Teil des portugies. Lexikons besteht aus Erbwörtern → lateinischer Herkunft wie *dor* ‚Schmerz‘ < lat. *dolore(m)*, *mão* ‚Hand‘ < *manu(m)*, *bom* ‚gut‘ < *bonu(m)* u. a. Die meisten Parallelen zeigt der portugies. Erbwortschatz mit dem eng verwandten Galic. Zahlreich sind auch die dem Portugies. und Spanischen gemeinsamen Erbwörter. Portugies.-katalan. Parallelismen gibt es vergleichsweise weniger.

Frühmittelalterl. Entlehnungen sind solche aus dem Westgot. wie portugies. *roupa* ‚Kleider‘ oder *luva* ‚Handschuh‘. Ähnlich wie in Spanien sind auch in Portugal bis heute Personennamen got. Herkunft beliebt (z. B. Rodrigo, Gonçalo, Afonso). Der sprachl. und kulturelle Einfluß des → Arabischen auf das Portugies. war wesentl. kürzer und schwächer als im Spanischen, denn bereits um 1250 war ganz Portugal von den Christen zurückerobert worden, während das letzte maurische Königreich, das von Granada, auf span. Seite erst 1492 fiel.

Im Portugies. sind im wesentlichen die gleichen Wortschatzbereiche von arab. Entlehnungen berührt worden wie im → Spanischen. Arabismen findet man in Ackerbau und Viehhaltung (z. B. portugies. *alface* ‚Lauch‘, *algodão* ‚Baumwolle‘, *rabadão* ‚Schafhirte‘), Handel und Handwerk (z. B. portugies. *armazém* ‚Vorratslager; Kaufladen‘, *alvanel* ‚Maurer‘), Verwaltung (z. B. portugies. *alfândega* ‚Zoll(amt)‘, *alvará* ‚Dekret, Verfügung‘, *bairro* ‚Stadtviertel‘) u. a. Das Portugies. hat auch einige wenige grammat. Bindewörter aus dem Arab. entlehnt, z. B. die Präposition *até* ‚bis‘, das entweder das arab. *hátta* fortsetzt oder auf dessen Fusion mit dem Ausdruck portugies. *atees* (< latein. *ad tenus*) beruht.

Der Kontakt des Portugies. mit den Sprachen in den Kolonien (insbesondere in Südamerika) hat der Kolonialsprache etliche Exotismen vermittelt (z. B. portugies. *piranha* ‚Piraña/Fischart‘, *maracujá* ‚Passionsfrucht‘ aus dem → Tupí in Brasilien; portugies. *chávena* ‚Tasse‘, *louro* ‚Papagei‘ aus dem → Malaiischen; portugies. *bunda* ‚Hinterteil‘, *carimbo* ‚Stempel‘ aus dem Kimbundu in Angola). In der brasilian. Variante des Portugies. sind wesentl. mehr Indianismen in Gebrauch als im europ. Portugies.

Jahrhundertelang waren das Altroman., das in Galicien gesprochen wurde, und später die roman. Volkssprache portugies. Prägung eingebunden in eine literar. Diglossie. Zunächst herrschte Latein als Schriftsprache vor, während sich allmählich auch die roman. Sprachvarianten als Schriftmedien emanzipierten. In den latein. Texten vom 9. bis 12. Jh. finden sich portugies. Namen und vereinzelte Ausdrücke. Die ersten zusammenhängenden Texte in Portugies. stammen erst vom Anfang des 13. Jh. (eine notarielle Eingabe und zwei testamentar. Verfügungen). Im 13. Jh. vollzog sich ein Ablösungsprozeß in den amtl. Sprachfunktionen, in dessen Verlauf Latein als Kanzleisprache abgeschafft wurde und das Portugies. diese Rolle übernahm.

Im 13. und 14. Jh. blühte die höfische Kultur in Galicien und Nordportugal. Die Werke der *trovadores* ‚iberische(n) Troubadoure' wurden überwiegend in Altgalic. aufgezeichnet. Nur in einigen dieser lyrischen Texte sind sprachl. Eigenheiten des Portugies. zu erkennen. Das Portugies. wurde verstärkt für Sachtexte und in amtl. Funktionen verwendet. Die ältesten Druckwerke in portugies. Sprache wurden in den 1480er und 1490er Jahren veröffentlicht. Die klassische Periode der portugies. Literatur im 16. Jh. wurde mit dem epischen Werk „Os Lusíadas" (Die Lusiaden) – einer Verherrlichung der Entdeckung Indiens durch Vasco da Gama im Jahre 1498 – von Luis de Camões, mit den Dichtungen von Antonio Ferreira und mit den Theaterstücken von Gil Vicente eingeleitet.

Das Brasilian. hat seinen eigenen Schriftstandard entwickelt, der nicht nur in Stil und Vokabular, sondern auch orthograph. von dem des Portugies. in Europa abweicht. 1986 scheiterte ein Versuch, die Orthographie des Portugies. beiderseits des Atlantik zu vereinheitlichen. Es gibt keine kulturelle Institution in der portugies.-sprachigen Welt, die eine Vereinheitlichung des Schriftsprachengebrauchs erreichen könnte. Die 1779 gegründete Academia das Ciências de Lisboa hat keine sprachplaner. Aktivitäten entfaltet.

In der Sprachgeschichte des Portugies. werden folgende Perioden unterschieden: Altportugies. (Anfang 13. Jh.–1540), klassisches Portugies. (1540–1850), modernes Portugies. (seit Mitte 19. Jh.).

Lit.: Cunha/Cintra 1984, Hutchinson/Lloyd 1996, Teyssier 1980

Q

Quechua (47 Sprachen). Der Name für die in vorkolumb. Zeit im Inca-Staat verwendete Sprache und im weiteren Sinn für die Sprachfamilie, der die modernen Quechua-Sprachen angehören, ist einheimisch und bezeichnete ursprüngl. die fruchtbaren Hochtäler der Anden und ihre Bewohner. Ein anderer, auch von den heutigen Sprechern selbst benutzter Name ist *runa simi* ‚Sprache der Menschen (= Indianer)‘. Die span. Kolonialherren nannten das Quechua *lengua general* ‚allgemein verbreitete Sprache (Gemeinsprache)‘ oder *lengua general del ynga* ‚Gemeinsprache des Inca‘. Die Namen *inga, ingano* sind in Kolumbien in Gebrauch. In Ecuador und Argentinien wird der Name *quichua* verwendet.

Quechua-Sprachen werden heutzutage von knapp 9 Mio. Menschen gesprochen. Mehr als die Hälfte aller Sprecher lebt in Peru. Andere Sprachgemeinschaften verteilen sich auf Regionen in Ecuador, Kolumbien, Bolivien, Chile und Argentinien. Sprecherreiche Quechua-Sprachen sind das Quechua von Cuzco (1,5 Mio.; Peru), das Ayacucho-Quechua (mehr als 1 Mio.; Peru) und das Hochland-Quichua (Chimborazo; 1 Mio.; Ecuador). Zahlreiche Quechua-Sprachen werden jeweils von nur wenigen tausend Menschen gesprochen.

In der zweiten Hälfte des 16. Jh. beschrieb der span. Grammatiker Santo Tomás eine heute ausgestorbene Variante des Quechua, die damals entlang der zentralen Küstenregion von Peru gesprochen wurde. Diese Sprachform war vermutlich die im Inca-Staat verwendete, weit verbreitete Verkehrssprache (→ Lingua franca). Ein anderer Spanier, González Holguín, dokumentiert in einer Grammatik (1607) und in einem Wörterbuch (1608) eine frühe Variante der heutigen Quechua-Sprache von Cuzco.

Eigentl. Fortschritte bei der Klassifizierung der modernen Quechua-Sprachen und ihrer histor.-vergleichenden Strukturanalyse sind erst in den 1960er Jahren gemacht worden. Auf Studien der damaligen Zeit geht auch die prinzipielle Einteilung der Sprachfamilie in die Sprachzweige Quechua A (bzw. Quechua II) und Quechua B (bzw. Quechua I) zurück. Quechua B (I) wird im zentralen Bergland Perus gesprochen. Alle anderen Quechua-Sprachen gehören zum Sprachzweig A (II).

Das zentrale Hochland Perus ist vermutlich die Urheimat der Quechua-Sprecher. Gegen Ende des 1. Jt. unserer Zeitrechnung begannen die modernen Varianten des Quechua, sich auszugliedern. Derzeit ist keine engere Verwandtschaft der Quechua-Sprachen mit anderen Sprachfamilien Südamerikas bekannt. Die einzige Sprache, zu der sich eine entfernte genealog. Beziehung nachweisen läßt, ist das → Aymará (Titicaca-Region in Bolivien und Peru sowie nördl. Chile).

Lit.: Adelaar 1992, Cerrón-Palomino 1987, Ortiz Rescaniere 1992

R

Romani, Romanes (Romani/Gypsy language, langue tsigane). Die Zahl derjenigen, die Varianten des Romani (Romanes) als Primär- oder Zweitsprache sprechen, wird auf weltweit 5–6 Mio. geschätzt. Dies ist etwa die Hälfte der schätzungsweise insgesamt 9–12 Mio. ethnischen Roma. In Europa sind ca. 4,5 Mio. Romani-Sprecher heimisch, die meisten von ihnen leben in den Staaten des östl. Europa: Staaten des ehemaligen Jugoslawien (0,65 Mio.), Rumänien (0,54 Mio.), Ungarn (0,5 Mio.), Bulgarien (0,37 Mio.), Rußland (0,131 Mio.), Gebiet der früheren Tschechoslowakei (0,22 Mio.), Griechenland (90 000). Rund 0,5 Mio. balkan. Roma leben in der Türkei. In Westeuropa ist Spanien das Land mit den meisten Roma (0,5 Mio.). Mehr als eine Million wlachische Roma sind heute in Amerika beheimatet, davon 0,65 Mio. in Nordamerika (v.a. in den USA) und mehrere hunderttausend in Lateinamerika (Mexiko, Brasilien u. a.).

Während man früher die Roma, deren deutsche Benennung „Zigeuner" als abwertender Ausdruck aus dem offiziellen Sprachgebrauch verschwunden ist, in zwei Hauptgruppen einteilte (wlachische vs. nichtwlachische Zigeuner), unterscheidet man heute mindestens drei, teilweise fünf Hauptgruppen. Diese Gruppen sprechen Dialekte mit besonderen Eigenheiten, die sich als Ergebnis der Kontakte mit Regionalsprachen entwickelt haben: nördl. Romani (am besten vertreten durch die Sprachform der *chaladytka roma* ‚russische Roma'), zentrales Romani (am besten vertreten durch die Gruppe der ungar. und slowak. Roma; *ungrike roma*), wlachisches Romani (am besten vertreten durch das Kalderaš-Romani), balkan. Romani (am besten vertreten durch Dialekte in Makedonien). Zu den balkan. Roma gehören auch die Gruppen im Gebiet von Odessa (*ursari*) und auf der Halbinsel Krim (*kyrymitika roma*). Die meisten Roma Europas sprechen Kalderaš (ca. 2,5 Mio.).

Romani ist eine balkanisierte neuind. Sprache, die sich seit mehr als 800 Jahren unabhängig von anderen indischen Sprachen entwickelt hat. Seit mindestens 700 Jahren wird Romani in Europa gesprochen. In Wortschatz und Lautsystem weist das Romani die meisten Parallelen zu den ind. Sprachen der zentralen Gruppe auf. Etliche Eigenheiten weisen dagegen in den Nordwesten Indiens. Als balkan. Eigenheiten können Einflüsse südosteurop. Sprachen auf die Syntax des Romani gewertet werden. Am stärksten hat das byzantin. → Griechisch auf das Romani eingewirkt. Der griech. Spracheinfluß ist sehr alt, denn die balkan. Eigenheiten sind auch charakterist. für Varianten des Romani außerhalb der Balkanregion.

Die Herkunft der Roma ist nicht mit Sicherheit geklärt. Sehr wahrscheinlich sind die Roma Nachkommen von Söldnertruppen mit ihrem Anhang, die im 11. Jh. von den Hindu eingesetzt wurden im Kampf gegen das pers.-islam. Heer. Diese Gruppen wurden später nach Westen verschlagen und gelangten auf ihren Wanderungen in den Kaukasus (Armenien) und über Kleinasien nach Europa.

Älteren Klassifizierungen zufolge hätte sich die Sprache der Roma noch vor deren Ankunft in Europa (zwischen 1250 und 1300) in drei Varianten ausgegliedert, in das (später aus Europa bekannte) Romani, in das Domari im Nahen Osten sowie in Nordafrika, und in das Lomavren Armeniens. Heute geht man davon aus, daß Romani und Lomavren entfernt miteinander verwandt sind, während Domari eine selbständige Sprache ist, die schon im 7. Jh. n. Chr. mit Migranten aus Indien nach Westasien gelangt ist. Domari wird von ca. 0,5 Mio. Menschen gesprochen, die in Syrien, im Irak und im Iran beheimatet sind. In Ägypten leben 1,1 Mio. muslim. Zigeuner; wie viele von ihnen Domari sprechen, ist nicht bekannt.

Ähnlich wie das → Jiddische als Sprache der aschkenas. Diaspora, so hat auch das Romani Entlehnungen von zahlreichen Kontaktsprachen adaptiert. In allen Romani-Dialekten ist die Zahl der ind. Erbwörter geringer als die der Lehnwörter verschiedener Herkunft. Der Einfluß des Griech. macht sich bis heute in allen regionalen Varianten des Romani bemerkbar. Wie tiefgreifend die verschiedensten Kontaktsprachen auf das Romani eingewirkt haben, kann man u. a. daran erkennen, daß auch solche lexikal. Strukturen berührt worden sind, die sich auf den Kernwortschatz beziehen.

Beispielsweise ist die einheim. Zahlenreihe nurmehr fragmentar. erhalten, und es werden viele entlehnte Zahlwörter verwendet. In der Sprache der deutschen Roma sind folgende Zahlwörter entlehnt: 1 – *enslo* (< schwed.), 4 – *tschetteri* (< lett.), 6 – *kuus* (< estn.), 7 – *seize* (< estn.), 8 – *ochto* (< neugriech.), 9 – *enja* (< neugriech.), 15 –

dekapente (< neugriech.), 30 – *trianda* (< neugriech.), 40 – *saranda* (< neugriech.), 50 – *penda* (< neugriech.), 90 – *doxan* (< türk.), 1000 – *mίja* (< rumän.). Von den einheim. Zahlwörtern haben sich *jek* (alternativ für 1), *dui* (2), *trin* (3), *pants* (5), *sob* (6), *efta* (alternativ für 7), *des* (10), *bis* (20), *sel* (100) und einige andere erhalten.

Die ältesten Sprachproben des Romani stammen aus dem 16. Jh. Bis ins 19. Jh. entstanden keine längeren Texte, und das Romani wurde nicht von Roma selbst, sondern nur von Laienforschern und Chronisten zur Aufzeichnung von Sprachmaterial geschrieben. Da die Roma seit Jahrhunderten vom ind. Kulturkreis getrennt sind, wurde keine der ind. Schriften zur Schreibung des Romani adaptiert. Versuche, das Romani als Schriftsprache zu etablieren, sind erst im 20. Jh. erfolgreich gewesen. Zu den frühen Projekten gehörte das der sowjet. Sprachplanung der 1920er und 1930er Jahre, das russ. Romani zu verschriften.

Seit den 1980er Jahren bemüht sich die Sprachkommission der internationalen Romani-Union um eine standardisierte Orthographie auf der Basis der Lateinschrift und um die Propagierung einer internationalen schriftsprachl. Variante auf der Basis des wlachischen Romani. Der Nationalrat der Roma und die Romani-Union verwenden die normierte Schriftsprache in ihrer internen Korrespondenz. Seit der Öffnung der Grenzen im östl. Europa Ende der 1980er Jahre hat der Schriftsprachengebrauch des Romani einen merklichen Aufschwung erlebt. Autoren wie Leksa Manus, Rajko Djurić und Sejdo Jašarov haben literar. anspruchsvolle Werke in Romani verfaßt, es erscheinen eine Reihe lokaler Zeitschriften (z. B. „Patrin" in der Slowakei, „Džaniben" in Tschechien, „Informaciaqo Lil" und „Rrom po Drom" in Polen, „Buhazi" in den USA).

Lange Zeit war nichts Genaues über die Herkunft der Roma und ihrer Sprache bekannt. Der Engländer Andrew Boorde erwähnte sie im Jahre 1542 in seiner Beschreibung Ägyptens. Der erste Forscher, der das Romani nicht wie seine Zeitgenossen abwertend betrachtete, sondern es zu einem würdigen Objekt der Wissenschaft machte, war Johann Christian Christoph Rüdiger (1751–1822). In einem Aufsatz aus dem Jahre 1782 erkannte Rüdiger die Herkunft der Roma aus Indien und die Verwandtschaft des Romani mit dem → Sanskrit, der einzigen damals in Europa näher bekannten ind. Sprache. Wenige Jahre danach bestätigten andere Forscher (H.M.G.

Grellmann und W. Marsden) Rüdigers Erkenntnisse. Die erste umfangreiche wissenschaftl. Abhandlung über die Roma wurde von A. F. Pott (1844–45) erarbeitet.

Lit.: Boretzky 1994, Haarmann 1979b, Hancock 1995, Rüdiger [1782] 1990, Sărau 1991, Tcherenkov/Heinschink 1997

Romanische Sprachen. Das Attribut „romanisch" bezieht sich auf die Hauptquelle für die Ausbildung der so benannten Sprachen, nämlich auf das → Lateinische als Träger röm. Kultur. Im → Französischen, → Spanischen und anderen roman. Sprachen verwendet man auch die Begriffe „neulatein." bzw. „neolatein." (französ. *langues néolatines*, span. *lenguas neolatinas*, ital. *lingue neolatine* u. a.). Dieser Name ist auch im Englischen (*neo-Latin*) gebräuchlich; im Deutschen dagegen ist „neulatein." veraltet.

Seit der Zeit der Spätantike hat das Sprechlatein, das mit der Expansion des Imperium Romanum bis nach England, Bayern, an die Küsten des Schwarzen Meeres und nach Nordafrika „verpflanzt" worden war, einen durchgreifenden Wandel erlebt, als dessen Ergebnis in vielen Regionen Sprechweisen der lokalen, romanisierten Bevölkerung gebräuchlich wurden, die sich immer deutlicher vom Latein. fortentwickelten. Im Verlauf des Frühmittelalters haben sich die histor. roman. Sprachen herausgebildet, in denen Texte seit dem 9. Jh. (z. B. Altfranzös.) aufgezeichnet worden sind.

Bereits seit dem Mittelalter haben sich Gelehrte über das Verhältnis der roman. Volkssprachen zum Latein. geäußert. Dante Alighieri (1265–1321) kontrastierte in seinem Werk „De vulgari eloquentia" (Von der volkstüml. Sprachkunst, 1303–04) die „Grammatica" des nach seiner Meinung künstl. Schriftlatein und die lebende Sprache Italiens in Gestalt ihrer regionalen Dialekte. Dante erkannte auch klar den verwandtschaftl. Zusammenhang der westroman. Sprachen. Poggio Bracciolini (1380–1459), der ebenfalls die Verwandtschaft der roman. Sprachen hervorhob, richtete seine Aufmerksamkeit auch darauf, daß Latein nicht nur als Schriftsprache existierte, sondern daß es auch gesprochen wurde. Hier finden wir den ältesten Hinweis darauf, daß sich die roman. Sprachen aus dem gesprochenen Latein entwickelt haben.

Darüber, wieso sich die roman. Sprachen (z. B. das Französ.) teilweise erheblich von ihrer latein. Basis unterscheiden, ist jahrhundertelang spekuliert worden. Einer weit verbreiteten Annahme zufolge hätte die german. Völkerwanderung die natürl. Sprachentwicklung in den roman. Ländern beeinträchtigt, so daß die Menschen nur noch „verderbtes Latein" mit allerlei german. „Beimischungen" sprachen. Bis zu der Erkenntnis, daß sich die roman. Sprachen in einem komplizierten Wandlungsprozeß aus dem Sprechlatein entwickelten und auf ihre Strukturen Adstrateinflüsse autochthoner Sprachen eingewirkt haben (z. B. des Gallischen in Frankreich, des → Etruskischen und Rätischen in Italien, des Iberischen und → Baskischen in Spanien), dauerte es bis ins 19. Jahrhundert.

Als Begründer der roman. Sprachwissenschaft gelten François Raynouard (1761–1836) und Friedrich Diez (1794–1876). Raynouard machte sich um die Sammlung alter Texte verdient, weil er zu der Erkenntnis gelangt war, daß das Studium der alten Literatur wichtige Aufschlüsse über die histor. Sprachentwicklung vermittelt. Er veröffentlichte eine umfangreiche Anthologie der altprovenzal. Troubadourlyrik („Choix des poésies originales des Troubadours", Paris 1816–21). Diez kommt das Verdienst zu, als erster die histor.-vergleichende Methode der Sprachwissenschaft auf die roman. Sprachen angewandt zu haben. Seine dreibändige, zwischen 1836 und 1843 in Bonn erschienene „Grammatik der Roman. Sprachen" enthält die Grundlagen des wissenschaftl. Sprachenvergleichs.

Die Zugehörigkeit des → Rumänischen zur Gruppe der roman. Sprachen war lange Zeit Gegenstand von Spekulationen. Johann Thunmann war der erste, der in seinen Untersuchungen über die Geschichte der östl. europ. Völker (1774) die sprachl. Verwandtschaft mit dem Latein. erkannte und die Rumänen als romanisierte Daker identifizierte. Thunmanns Erkenntnisse wurden durch die Forschung zu Sprache und Kultur der Rumänen im 19. Jahrhundert bestätigt.

Gruppierungen:
- Westromanisch: Galloroman. (Französisch, → Gascognisch, → Occitanisch) – Iberoroman. (Spanisch, → Katalanisch, → Portugiesisch, → Galicisch) – Alpenromanisch (→ Bündnerromanisch, → Ladinisch, → Friaulisch)
- Sardisch
- Ostromanisch: → Italienisch – Korsisch – → Rumänisch – Dalmatisch (ausgestorben)

Lit.: Harris/Vincent 1988, Posner 1996

Rumänisch (Romanian, roumain). Insgesamt 27 Mio. Menschen sprechen Rumän. als Primär- oder Zweitsprache. Die meisten Sprecher des Rumän. leben in Rumänien, 20,4 Mio. Primärsprachler (Rumänen; entspr. 89,5 % der Landesbevölkerung) und 1,75 Mio. Zweitsprachler (Ungarn, Deutsche und Angehörige anderer nationaler Minderheiten, die Rumän. zusätzlich zu ihrer jeweiligen Muttersprache sprechen). Rumän. wird auch im Nachbarstaat Moldova gesprochen, wo Rumän. (Moldau-Rumän.) die Muttersprache von 2,78 Mio. Moldauern ist (entspr. 64,5 % der Landesbevölkerung). Rumän. Außengruppen leben in den Nachbarstaaten Ukraine (0,35 Mio.), Jugoslawien (0,25 Mio.), Ungarn (0,1 Mio.), Bulgarien (ca. 15 000) sowie in Griechenland (ca. 0,25 Mio.).

Moldova war bis zur Unabhängigkeit im Jahre 1991 eine sowjet. Teilrepublik (Moldawische S.S.R.). Moldau-Rumänen sind während der Sowjet-Ära aufgrund von Deportation oder Arbeitsmigration in andere Gebiete des Sowjetstaates gelangt, wo sie noch heute wohnen: Rußland (0,18 Mio.), Kasachstan (33 000), Usbekistan (3150), Kirgisistan (1375), Turkmenistan (1560). Nach Israel sind 0,25 Mio. Rumän. ausgewandert. Weniger als 0,1 Mio. leben in Nordamerika, die meisten in den USA (57 000).

Rumän. ist National- und Staatssprache in zwei Staaten: Rumänien und Moldova. In beiden Staaten wird dieselbe Standardsprache verwendet. Auch in Moldova ist also der Standard des Nachbarlandes anerkannt. Frühere Eigenheiten der moldau-rumän. Schriftsprache, die während der Sowjet-Ära propagiert wurden, sind aufgegeben worden. Die Sprecher des Rumän., die südl. der Donau in anderen Staaten leben, sind fast ausnahmslos zwei- oder mehrsprachig. Außer Rumän. sprechen sie die Hauptsprache des jeweiligen Landes, in dem sie wohnen.

Das Rumän. hat sich in vier Hauptvarianten ausdifferenziert, die sich seit langem geograph. getrennt voneinander entwickelt haben. Eine davon, das Dakorumän., wird nördl. der Donau gesprochen, die übrigen verteilen sich auf Gebiete südl. davon. Zu diesen subdanub. Varianten gehören das aussterbende Istro-Rumän. auf der Halbinsel Istrien (Kroatien, auch: Istro-Walachisch), das Aromun. (bzw. Makedo-Rumän.), das in Makedonien, Bulgarien, Griechenland, Jugoslawien und im Südosten Rumäniens (Dobrudscha) gesprochen wird, und das Meglено-Rumän. (im südl. Bulgarien und im Nordosten Griechenlands). Traditionellerweise werden alle diese regionalen Varianten als Dialekte des Rumän. klassifiziert. In einigen neueren Klassifikationen werden Rumän. und Aromun. auch als selbständige Sprachen kategorisiert.

Rumän. ist eine → romanische Sprache und gehört zusammen mit dem ausgestorbenen Dalmatischen zur Gruppe der balkanroman. Sprachen. Die Periode der gemeinsamen Entwicklung aller regionalen Varianten des Rumän. dauerte bis ins 10. Jh. an; spätestens dann gliederte sich das Gemeinrumän. aus. Das Megleno-Rumän. ist vermutl. in einem sekundären Ausgliederungsprozeß aus dem Aromun. entstanden, das Istro-Rumän. hat sich spätestens im 13. Jh. vom Dakorumän. abgespalten. Anders als die westroman. Sprachen, die während ihrer frühen Entwicklung vom → Lateinischen als Hochsprache überdacht waren, verlief die Entwicklung des Rumän. ohne den Kontakt mit der latein. Schriftsprache.

Zusätzlich zur Ausdifferenzierung des Rumän. in die regionalen Hauptvarianten ist v.a. im Rumän. nördl. der Donau eine dialektale Feingliederung zu erkennen. Das Dakorumän. hat sich in die folgenden Dialekte ausgegliedert: Moldau-Rumän. (gesprochen im heutigen Moldova und im nördl. Transsylvanien/Rumänien), walach. Rumän. (südl. Transsylvanien und Walachei), das Banater Rumän. (im Südwesten Rumäniens). Die rumän. Standardsprache basiert auf dem Dakorumän., insbesondere auf dem in der Region von Bukarest verbreiteten walach. Dialekt.

Die Basis des rumän. Wortschatzes sind die Elemente des gesprochenen Balkanlatein, die sich erbwörtl. entwickelt haben. Während die westroman. Sprachen bereits während des Mittelalters ihren Kulturwortschatz mit latein. Entlehnungen ausbauten, wurden dem Rumän. latein. Kulturwörter erst im 18. Jh. in größerer Zahl vermittelt. Im rumän. Wortschatz haben sich etwa 80 Substratwörter erhalten, die aus der vorröm. Sprache Transsylvaniens, dem Dakischen, stammen. Hierzu gehören Ausdrücke wie *balaur* ‚Ungeheuer‘, *mal* ‚Küste, Erhebung‘ und *vatra* ‚Herd‘.

Die längsten Sprachkontakte des Rumän. waren die zu → slawischen Sprachen. Quellen slaw. Lehnwörter im Rumän. waren das frühe Südslaw. der Migranten, die im Frühmittelalter ins Siedlungsgebiet der roman. Bevölkerung einwanderten, → Bulgarisch, Kirchenslaw., später auch → Ukrainisch und → Russisch. Slaw. Herkunft sind rumän. Wörter wie *pod* ‚Brücke‘, *glas* ‚Stimme‘, *sfânt* ‚heilig‘, *sută* ‚hundert‘ und *(a) iubi* ‚lieben‘. Andere Kontaktspra-

315

chen des Rumän. waren das → Griechische (z. B. *buzunar* ,Hosentasche', *trandafir* ,Rose'), das → Ungarische (z. B. *fel* ,Sorte', *(a) făgădui* ,versprechen'), das → Türkische (z. B. *cafea* ,Kaffee', *cioban* ,Hirte') und das → Deutsche (z. B. *cartof* ,Kartoffel', *chelner* ,Kellner'). Seit dem 18. Jh. und verstärkt seit dem 19. Jh. hat das Rumän. → französische Kulturwörter übernommen (z. B. *(a) deranja* ,stören', *birou* ,Büro', *creion* ,Bleistift', *șansă* ,Chance, Gelegenheit'). Der Einfluß des → Englischen hat sich im 20. Jh. bemerkbar gemacht, insbesondere seit Anfang der 1990er Jahre (z. B. *manager, marketing, computer, standard*). Rund 40% des rumän. Wortschatzes besteht aus Internationalismen westeurop. Prägung. Das Französ. hat daran den Hauptanteil.

Das früheste Zeugnis des auf dem Balkan gesprochenen Romanischen ist ein kurzer Satz (*torna, torna fratre* ,dreh um, dreh um, Bruder'), der in griech. Schrift in einer byzantin. Chronik aus dem Jahre 587 aufgezeichnet ist. Der erste zusammenhängende Text in Rumän. ist ein Brief aus dem Jahre 1521, der etwa 200 Wörter umfaßt. Das erste Buch in rumän. Sprache ist ein Katechismus, der 1544 in Sibiu (Hermannstadt) gedruckt wurde. In der zweiten Hälfte des 16. Jh. wurde in Tîrgoviște eine Druckerei eingerichtet, wo verschiedene Werke der Übersetzungsliteratur veröffentlicht wurden.

Ein Originalschrifttum in rumän. Sprache entstand im 17. Jh. Die ersten Werke sind die Prosachroniken Moldawiens von Grigore Ureche und Miron Costin. Constantin Cantecuzino verfaßte eine Chronik der Walachei. Während der Ära der Aufklärung entstand der erste Roman in Rumän., „Istoria hieroglifica" (Geschichte in Hieroglyphen) von Dimitrie Cantemir (1705). Im Verlauf des 19. Jh. schließt sich das Kulturschaffen rumän. Literaten den Trends der westeurop. Literatur an. Der Dichter mit dem größten Prestige ist sicherlich Mihai Eminescu (1850–1889).

Das Rumän. ist im Laufe seiner Geschichte in zwei Alphabeten geschrieben worden. Die ältere Schriftart, die drei Jahrhunderte lang dominierte, war das Kyrillische. Der Zeichenbestand vereinfachte sich von ursprüngl. 43 auf 28. Schon seit Ende des 16. Jh. wurde Rumän. in Transsylvanien auch mit latein. Alphabet geschrieben, das aber bis ins 19. Jh. weniger gebräuchlich war als die Kyrillica. Es wurde populär im Zuge der Nationalbewegung, die v. a. von den Literaten der sog. transsylvan. Schule getragen wurde. Die Lateinschrift wurde zum Symbol kultureller Identität für die

Rumänen, die mehr und mehr ihre roman. Herkunft betonten. 1779 wurde das erste Buch in Lateinschrift gedruckt. 1837 führte Heliade Rădulescu (1802–1872) eine gemischte Schreibweise für das Rumän. ein, die einige Jahrzehnte als Übergangsorthographie in Gebrauch war. Das damalige Schriftsystem bestand aus 19 kyrill. und zehn latein. Buchstaben, die Zeichen < i, o > waren ambivalent. Die Lateinschrift wurde 1860 in der Walachei, 1863 in Moldawien offiziell angenommen.

Im 20. Jh. kam es zur Spaltung des einheitl. rumän. Schriftsprachenstandards. Teile des rumän. Sprachgebiets (Transnistrien im östl. Teil Moldawiens) und seit 1940 (bzw. 1944) ganz Moldawien gehörten zum Territorium der Sowjetunion, und die sowjet. Sprachpolitik war bemüht, Abstand gegenüber dem Sprachgebrauch im Nachbarland Rumänien zu halten. Die Normen der moldau-rumän. Standardsprache unterlagen dem Dirigismus der sowjet. Sprachplanung und waren abhängig von den willkürl. Kurswechseln der sowjet. Innenpolitik.

Es kam zu häufigen Wechseln der Graphie. Zwischen 1924 und 1929 wurde das latein. Alphabet verwendet, zwischen 1930 und 1933 die Kyrillica, von 1933 bis 1937 erneut das latein. Alphabet. 1937 erfolgte ein endgültiger Wechsel zur Kyrillica. Die kyrill. Orthographie wurde 1957 reformiert und blieb in dieser Form bis zum Ende der Sowjetära (1989) in Gebrauch. Mit dem polit. Umschwung erfolgte auch ein radikaler Wechsel zur Lateinschrift für das Moldau-Rumän., das seither nach den orthograph. Normen des Rumän. in Rumänien geschrieben wird.

Die sowjet. Sprachplanung hatte auch Anstrengungen unternommen, die lexikal. Strukturen des Rumän. in Moldawien denen des Rumän. im Nachbarland zu entfremden. Außer der Vielzahl russ. Lehnwörter, die im Sprachgebrauch Rumäniens unbekannt waren, wurden zahlreiche Eigenprägungen mit Hilfe moldau-rumän. Erbwörter und Ableitungsformantien (Präfixe, Suffixe) geschaffen. Die meisten dieser Bildungen blieben aber als sprachplaner. Produkte isoliert und wurden nicht populär. Seit Anfang der 1990er Jahre sind die Sowjetismen im Wortschatz des Moldau-Rumän. ausgemerzt worden, und die lexikal. Modernisierung in Moldova folgt den Trends in Rumänien.

Lit.: Haarmann 1978, 1997b, Rohr 1987, Rosetti 1986, Rosetti et al. 1971

Rumantsch → Bündnerromanisch, → Alpenromanisch

Russisch (Russian, russe). Die russ. Sprachgemeinschaft ist heutzutage multiethnisch und auf die Territorien zahlreicher Staaten verteilt. Russ. wird von 233 Mio. Menschen gesprochen; davon sind 164 Mio. Primärsprachler und 69 Mio. Sprecher anderer Sprachen, die Russ. als Zweitsprache adaptiert haben. Insgesamt 119 Mio. Primärsprachler und 27,1 Mio. Zweitsprachler des Russ. sind in Rußland (Russische Föderation) beheimatet. Außerhalb Rußlands, d. h. in den souveränen Anrainerstaaten, die früher Teil der Sowjetunion waren, leben 43 Mio. Primärsprachler und 41,9 Mio. Zweitsprachler des Russ.

Die meisten Sprecher des Russ. sind ethnische Russen; außerdem gibt es viele Millionen von Nichtrussen, die sich entweder ans Russ. assimiliert haben oder die zweisprachig sind (mit Russ. als Zweitsprache). Der multiethn. Charakter der russ. Sprachgemeinschaft läßt sich nach folgenden Kategorien aufschlüsseln:

1) In Rußland lebende ethnische Russen mit russ. Muttersprache (ohne Kenntnisse einer anderen Landessprache): 119,8 Mio.; 2) außerhalb Rußlands lebende ethnische Russen mit russ. Muttersprache (von denen nur ein geringer Teil Zweitsprachenkenntnisse lokaler Landessprachen wie → Estnisch, → Lettisch oder → Ukrainisch besitzt): 23 Mio. (davon allein 11 Mio. in der Ukraine und 6,2 Mio. in Kasachstan); 3) in Rußland lebende nichtruss. Assimilanten (Ukrainer, Tataren, Mordwinen u. a.) mit russ. Primärsprache: 7,5 Mio.; 4) außerhalb Rußlands lebende nichtruss. Assimilanten (Letten, Weißrussen, Moldauer, Kasachen, u. a.) mit russ. Primärsprache, die sich zur Zeit des Bestehens der Sowjetunion (d. h. vor 1991) assimiliert hatten: etwa 20 Mio. (davon die meisten in der Ukraine); 5) in Rußland lebende zweisprachige Nichtrussen, die Russ. im Vorschulalter oder über die Schulausbildung als Zweitsprache gelernt haben (z. B. Kalmyken mit Kalmykisch als Primärsprache): 16,4 Mio.; 6) außerhalb Rußlands lebende zweisprachige Nichtrussen, die Russ. vor 1991 als Zweitsprache adaptiert haben (z. B. Esten in Estland): 41,9 Mio.

Außerhalb des früheren sowjet. Territorialbereichs leben ethnische Russen und russ.-sprachige Nichtrussen in größerer Zahl, die meisten in westl. Ländern (Israel: 0,5 Mio., USA: 0,46 Mio., Deutschland: 0,36 Mio., Kanada: 32 000, Australien: 18 000 u. a.).

Dabei handelt es sich um Emigranten, die seit 1918 in verschiedenen Wellen in den Westen gekommen sind, und deren Nachkommen. Die russ. Diaspora in Paris lebt dort bereits in der fünften Generation. In Rumänien, das ähnlich wie Jugoslawien unter Tito einen eigenen, vom Sowjetismus unabhängigen sozialist. Kurs steuerte, leben rund 40 000 Russ.-Sprachige. Davon sind 31 000 Lippowaner, Altgläubige der russ.-orthodoxen Kirche, die im 18. Jh. ins Deltagebiet der Donau flohen.

Keine andere Weltsprache hat so viele internationale und amtl. Funktionen in so kurzer Zeit eingebüßt wie das Russ. innerhalb des vergangenen Jahrzehnts. Es gilt hier zu bedenken, daß sich viele der heute nicht mehr existenten Funktionen des Russ. durch den Ausgang des Zweiten Weltkriegs und die sowjet. Expansion bis nach Mitteleuropa gleichsam künstl. und nicht aufgrund einer natürl. kulturhistor. Entwicklung etabliert hatten. Die einzige internationale Funktion, die das Russ. seit deren Einrichtung bis heute wahrnimmt, ist die, daß es seit 1945 als eine der Amtssprachen der Vereinten Nationen Verwendung findet. Das frühere Monopol des Russ. als Arbeitssprache des COMECON und des Warschauer Paktes löste sich zusammen mit diesen Vereinigungen auf.

Der amtl. Status des Russ., das vor 1991 als „All-Unions-Sprache" (russ. *vsesojuznyj jazyk*) alle offiziellen Funktionen einer Staatssprache im Sowjetstaat wahrnahm, hat sich seither erheblich gewandelt. Geltung als Staatssprache (russ. *gosudarstvennyj jazyk*) besitzt das Russ. nurmehr im Kernland des russ. Sprachbereichs, in Rußland. Seit 1995 ist Russ. neben dem → Weißrussischen in Belarus als zweite Amtssprache anerkannt; in der Ukraine ist es regionale Amtssprache unter besonderem gesetzl. Schutz. In Kasachstan fungiert Russ. als interne Arbeitssprache der staatl. Administration, allerdings ohne offiziellen Status und auf unbestimmte Zeit. In allen anderen ehemaligen Sowjetrepubliken ist das Russ. eine Minderheitensprache, zumeist ohne Förderungsrechte.

In seiner dominanten Funktion als Unterrichtssprache in den nichtruss. Territorien der früheren Sowjetunion ist das Russ. aufgegeben worden. Der privilegierte Status, den das Russ. vor der polit. Wende in Osteuropa als erste Fremdsprache im Ausbildungswesen der sozialist. Satellitenstaaten besaß, ist aufgehoben. An seine Stelle ist das → Englische getreten. Als fakultative Fremdsprache hat das Russ. in ost- wie in westeurop. Ländern eine gewisse Bedeutung.

Eine ganz neue Domäne hat sich dem Russ. im Tourismus erschlossen. Die neureichen Russen, die in die Metropolen der westl. Welt reisen, sind willkommene Gäste in Hotels und Restaurants, gehören zur bevorzugten Klientel in Makler- und Investmentfirmen und sind außerdem geschätzte Kunden in exklusiven Modeboutiken und anderen Luxusgeschäften. In diesen Geschäften, deren Umsatz zum nicht geringen Teil von den russ. Touristen abhängt, findet man auch Personal mit russ. Sprachkenntnissen.

Russ. ist eine → slawische Sprache; am nächsten ist es mit dem Weißruss. und Ukrain. verwandt, die zusammen die Gruppe der ostslaw. Sprachen bilden. Auf einer gemeinsamen ostslaw. Basis hat sich das Russ. bereits im frühen Mittelalter profiliert. Weißruss. und Ukrain. haben sich als selbständige Sprachen im Verlauf des 14. und 15. Jh. ausgegliedert. Von allen slaw. Sprachen ist Russ. diejenige mit der vergleichsweise größten Sprecherzahl und der weitesten Verbreitung (im östl. Europa, in Sibirien und in Zentralasien). Als Schriftsprache ist es allerdings jünger als das Alt-→ Makedonische, dessen früheste Texte aus dem 9. Jh. stammen.

In einer groben Einteilung der russ. Dialekte des Kernlandes (d. h. des europ. Rußland) lassen sich zwei Hauptzonen unterscheiden, eine nördl. und eine südl. von Moskau. Die nördl. Dialekte haben sich im Verlauf des Mittelalters aus der Gegend um Novgorod nach Nordosten verbreitet, die des Südens im Zusammenhang mit der Eroberung der Tatarenkhanate im 16. Jh. und der russ. Expansion bis in den Kaukasus im 18. Jh. Der Sprachgebrauch des Nordens unterscheidet sich von dem des Südens u. a. in der Aussprache der Konsonanten *g* (gesprochen als Verschlußlaut im Norden, als Reibelaut im Süden) und *č* ([ts] im Norden vs. [tš] im Süden) sowie in lexikal. Hinsicht; in den nördl. Dialekten sind zahlreiche Lehnwörter aus ostseefinn. Dialekten verbreitet, die im Süden nicht gebräuchlich sind.

Im Erbwortschatz des Russ. gibt es viele Elemente mit Parallelen in anderen slaw. Sprachen und in den Varianten anderer → indoeuropäischer Sprachzweige (z. B. in balt., → keltischen, → indo-iranischen Sprachen). Erbwörter des Russ. sind u. a. *zub* ‚Zahn‘, *sestra* ‚Schwester‘, *utro* ‚Morgen‘, *rjad* ‚Reihe; Ordnung‘, *um* ‚Verstand‘. Seit dem 1. vorchristl. Jt. stand das Urslaw. im Kontakt mit nichtslaw. Sprachen, mit → germanischen und iran. Sprachvarianten. Sowohl die german.-slaw. als auch die iran.-slaw. Sprachkontakte zogen sich bis weit ins 1. nachchristl. Jt. hin. Beispiele für german. Lehnwörter sind russ. *duma* ,Gedanke; Ratsversammlung', *cholm* ,Hügel' und *korol* ,König' (abgeleitet vom Namen Karls des Großen). Iran. Entlehnungen im Russ. sind *sapog* ,Stiefel', *topor* ,Axt' u. a.

Zu den älteren Sprachkontakten des Russ. zählen auch die zum Nordgerman. Skandinav. Lehnwörter sind vom 8. bis 10. Jh. übernommen worden. Diese Sprachkontakte stehen im Zusammenhang mit den Wikingerfahrten über die Wasserstraßen durch Rußland (Wolchow, Don, Wolga) ins Schwarze Meer und ins Kaspische Meer. Die Nordmänner wurden seit altruss. Zeit *varjagi* ,Waräger' genannt. Waräger waren nicht nur als Kaufleute in Rußland tätig, sondern standen auch als Elitesoldaten und Offiziere in den Diensten russ. Fürsten. In mythischer Verklärung dieser alten Beziehungen hat das Moskauer Zartum seine Entstehung mit dem legendären Wikingerführer Rurik verknüpft, der die Dynastie der Rurikiden begründet haben soll. Die Kontakte des Russ. zu den nordischen Sprachen setzen sich besonders zum → Schwedischen bis in die zweite Hälfte des 18. Jh. fort. Beispiele für Entlehnungen aus jener Epoche sind russ. *kragi* ,Gamaschen' und *skat* ,Rochen'.

Das Russ. hat seit dem Frühmittelalter im Kontakt mit → Turksprachen gestanden, zunächst mit dem Awarischen und Wolgabulgarischen, später mit dem → Tatarischen, Krimtatarischen, mit den Turksprachen im nördl. Kaukasus, im südl. Sibirien und in Zentralasien. Frühe Turzismen stammen aus der Zeit, als der größte Teil des russ. Sprachgebiets unter tatar. Herrschaft stand (1240–1480); bereits im 13. Jh. wurden z. B. *baskak* ,tatar. Steuerbeamter', *jarlyk* ,Diplom des Tatarenkhans' (alt); ,Etikett' (heute) oder das auch im Deutschen bekannte *tolmač* ,Dolmetscher' entlehnt. Spätere Lehnwörter aus dem Tatar. und anderen türk. Sprachen sind *ambar* ,Speicher', *izjum* ,Rosine', *kulak* ,Faust', *tuman* ,Nebel', *tajga* ,arktischer Urwald' u. a.

Die russ. Kultur des Mittelalters ist durch zwei Sprachen entscheidend beeinflußt worden, und zwar durch das → Griechische und das Kirchenslaw., die beide für den Transfer christl.-orthodoxen Ideenguts aus Südosteuropa nach Rußland verantwortlich sind. Der Wortschatz des mittelalterl. Russ. hat Hunderte von Gräzismen und Kirchenslawismen adaptiert. Dem Griech. sind zahlreiche Elemente des Kirchenwortschatzes, christl. Weltanschauung und wissenschaftl. Terminologie entlehnt; z. B. russ. *evangelie* ,Evange-

lium', *angel* ‚Engel', *ikona* ‚Ikone', *gramota* ‚Urkunde, Schriftstück'
(ältere Bedeutung), ‚Lesen und Schreiben' (neuere Bedeutung).
Griech. Ausdrücke wurden auch häufig lehnübersetzt (z. B. russ.
bogoslovie ‚Theologie' nach griech. *theologia*, *samovidec* ‚Augen-
zeuge' nach griech. *autoptes*). Zu den griech. Elementen in der russ.
Wortbildung, die in alten und neuen Lehnwörtern als Formantien
produktiv sind, gehören *-izm* (z. B. russ. *parlamentarizm* ‚Parlamentarismus'), *-ija* (z. B. russ. *demokratija* ‚Demokratie') oder
proto- (z. B. russ. *prototip* ‚Prototyp').

Die verwandtschaftl. Nähe des Kirchenslaw. südslaw. Prägung hat
bedingt, daß nicht nur das Lexikon, sondern auch die Morphologie
(Partizipbildung), die Wortbildung und die Syntax des Russ. von
diesem hochsprachl. Medium durchdrungen worden sind. Manche
Forscher sprechen von einem Stadium des „Miteinander-Verwach-
sen-Seins" der Elemente aus beiden Sprachen, andere charakterisie-
ren das Verhältnis als „kirchenslaw.-russ. Amalgam". Im Russ. finden sich zahlreiche russ./kirchenslaw. Dubletten, z. B. russ. *gorod*
‚Stadt' vs. kirchenslaw. *grad* (in russ. Ortsnamen wie Volgograd, Leningrad u. a.), *golova* ‚Kopf' vs. *glava* ‚Kapitel', *seredina* ‚Mitte' vs.
sreda ‚Zentrum; Medium; Mittwoch'. Beispiele für kirchenslaw. Elemente der russ. Wortbildung sind die Partizipendung *-juščij* bzw. *-
uščij* (z. B. russ. *verujuščij* ‚gläubig') und das Suffix *-jat'* zur Bildung
iterativer Verben (z. B. russ. *brivat'* ‚rasieren', *pevat'* ‚mitsingen').

Das Russ. hat seit dem Mittelalter im Kontakt mit dem → Deutschen gestanden, zunächst mit dem Baltendeutschen, später mit
dem Hochdeutschen. Durch die Sprachreformen Zar Peters des
Großen (reg. 1689–1725) wurde dem Deutschen – zusammen mit
dem → Niederländischen – eine Schlüsselrolle für die Modernisierung des russ. Wortschatzes übertragen. Bis in die zweite Hälfte des
19. Jh. übte es einen bleibenden Einfluß auf das Russ. aus. Über 500
deutsche Lehnwörter finden sich im Wortschatz vieler Handwerks-
bereiche und Berufssparten, in der wissenschaftl. Terminologie und
im Kulturwortschatz. Ausdrücke wie *apparat* ‚Apparat', *kurs* ‚Kurs'
oder *publicistika* ‚Publizistik' gehören seit langem zum russ. Alltagswortschatz. Vereinzelt sind deutsche Lehnwörter noch nach
dem Zweiten Weltkrieg ins Russ. gedrungen, u. zw. in den Slang
(z. B. russ. *bundi* ‚Deutscher aus der Bundesrepublik', *gruppenseks*
‚Gruppensex').

Keine andere Sprache hat so kurzfristig und intensiv, gleichzeitig aber mit so großer Langzeitwirkung auf das Russ. eingewirkt wie das → Niederländische. Die Erstbelege für niederländ. Lehnwörter stammen sämtlich aus der Zeit zwischen 1697 und 1724. Aufgrund der besonderen Beziehungen des Zaren zu Holland, wo er sich zum Schiffsingenieur ausbilden ließ, sind die meisten niederländ. Lehnwörter Elemente der Fachterminologie des Schiffsbaus (z.B. russ. *bras* ‚Brasse‘, *kil'* ‚Schiffskiel‘, *kambuz* ‚Kombüse‘). Auch die Rangordnung und Arbeitsteilung der Schiffsmannschaften wurden nach holländ. Muster sprachl. neu strukturiert (z.B. russ. *botsman* ‚Bootsmann‘, *šturman* ‚Steuermann‘). Verschiedene niederländ. Kulturwörter sind bis heute im Russ. volkstüml. (z.B. russ. *apel'sin* ‚Apfelsine‘, *kofe* ‚Kaffee‘, *sirop* ‚Sirup‘).

Der → französische Einfluß auf das Russ. war zur Zeit Peters des Großen noch nicht so stark, aber ab den 1760er Jahren – u.a. durch die Förderung Katharinas der Großen (reg. 1762–1796) – entfaltete es sich als Bildungssprache par excellence der Kulturschaffenden Rußlands. Bis zum Ersten Weltkrieg war Französ. erste Fremdsprache an den russ. Schulen, und aus dieser Sprache sind mehr als tausend Ausdrücke in den Kulturwortschatz des Russ. transferiert worden, z.B. *bluza* ‚Bluse‘, *bjuro* ‚Büro‘, *rajon* ‚Verwaltungsbezirk‘, *pal'to* ‚Mantel‘, *tip* ‚Typ‘ oder *etaž* ‚Stockwerk‘.

Auch das Inventar wortbildender Elemente (Prä- und Suffixe) wurde im 18. Jh. umstrukturiert. Beispielsweise sind von den etwas mehr als 200 Nominalsuffixen des Russ. 32 entlehnt (wie russ. *-až*, *-ant*, *-essa*, *-itet*, *-istika*); von den 62 im modernen Russ. gebräuchlichen Präfixen stammt mehr als ein Drittel aus westeurop. Sprachen (wie *anti-*, *archi-*, *sub-*, *eks-*). Sie wurden im Russ. produktiv, mit ihnen wurden also auch Ableitungen von russ. Erbwörtern gebildet.

Im gesamten 18. Jh. sind nur 14 → englische Lehnwörter ins Russ. aufgenommen worden (z.B. russ. *vokzal* zunächst als ‚Tanz- und Konzertsaal‘, später ‚Bahnhof‘ < engl. *Vauxhall*). Bis um 1900 gab es nur knapp 100 engl. Entlehnungen. Im Verlauf des 20. Jh. nahm der engl. Einfluß ständig zu. Während der Sowjet-Ära wurde er sprachplanerisch kontrolliert; aufgenommen wurden Fachtermini, aber keine Ausdrücke der „dekadenten“ westl. Lebensweise. Seit den 1980er Jahren ist zunächst die Sprache der russ. Massenmedien, darüber auch die Allgemeinsprache stärker von Anglismen berührt worden. In den 1990er Jahren konnte sich der Zustrom engl. Ausdrücke ungehindert entfalten. Der moderne russ. Wortschatz ist durchsetzt mit Tausenden von Anglismen, in allen Bereichen der geschriebenen und gesprochenen Sprache. Heutzutage emanzipieren sich auch Varianten des Russ., die in sowjet. Zeit tabuisiert wurden wie der Slang der Jugendlichen, der Armeejargon und die Sprache der Kriminellenszene. Hier finden sich nach neuesten Forschungen bereits seit den 1960er Jahren haufenweise Anglismen (z.B. *vork* ‚Arbeit‘, *daun* ‚miese Stimmung‘, *trably* ‚Schwierigkeiten, Trouble‘).

Weiterhin ist die Mediensprache der Vorreiter für die Verbreitung von Neologismen. Die Modernisierung des Russ. bedeutet nicht nur die Umstrukturierung alter, ideologisch verkrusteter Bezeichnungsbereiche, sondern auch den Aufbau gänzlich neuer lexikal. Domänen (z.B. marktwirtschaftl. Terminologie, Wortschatz des modernen Parlamentarismus, des Tourismus und der Informatik). Hier haben sich engl. Neubildungen als unverzichtbar erwiesen. Die in kurzen Zeitabständen veröffentlichten Wörterbücher des modernen Russ. dokumentieren jedes Mal mehr Anglismen (z.B. russ. *broker* ‚Makler‘, *lizing* ‚Leasing‘, *bodibilder* ‚Bodybuilder‘, *interaktivnyj* ‚interaktiv‘, *chaker* ‚Hacker‘).

Die Anfänge der russ. Schriftkultur liegen noch vor den religiösen Schriften der christl. Epoche. Im 10. Jh. waren in Novgorod Kerbhölzer in Gebrauch, mit denen Abgaben vermerkt wurden. In den Reiseberichten arab. Geographen wird auch auf eine andere Schriftart der Russen hingewiesen, deren Duktus an syrische Vorbilder erinnert. Mit der Annahme des Christentums als Staatsreligion im Jahre 988 öffnete sich die Schriftlichkeit Rußlands ganz den Einflüssen aus Griechenland und Bulgarien. Die Aufzeichnung von Übersetzungsliteratur und in geringerem Umfang von Originalliteratur in Russ. stand ganz im Zeichen des Transfers von christl. Ideengut aus dem byzantin. und altbulgar. Kulturkreis nach Rußland.

Die mittelalterl. Schriftkultur in Rußland war multimedial; daran waren drei Sprachen (Griech., Kirchenslaw., Russ.) und zwei Schriftarten (griech., kyrill.) beteiligt. Das Griech. war für alle religiösen Übersetzungstexte die sprachl.-autoritative Quelle, das Kirchenslaw. war die Sprache der Amtskirche (auch im Geschäftsverkehr zwischen Kiew, Bulgarien und Byzanz verwendet) und ihrer kanon. Texte; das Russ. fungierte als gleichsam freies Schriftmedium und diente praktischen sowie literar. Zwecken.

Praktisch war das Schrifttum im alten Novgorod, wo zwischen dem 11. und 15. Jh. öffentl. Texte (z.B. Kaufverträge, Urkunden des

Stadtparlaments) und private Texte (z. B. Warenlisten, Liebesbriefe) auf Birkenrinde und Holztafeln geschrieben wurden (russ. *berestjanye gramoty* ‚Birkenrindenschrifttum'). Literar. Wert besitzen die Ermahnung („Poučenie") des Fürsten Vladimir Monomach an seine Söhne (um 1125) und die Predigt des Abtes Ilarion von Berestovo bei Kiev („Slovo o zakone i blagodati" ‚Das Wort von Gesetz und Gnade') aus dem Jahre 1040. Sachprosatexte finden wir in den altruss. Chroniken (z. B. die sog. „Nestorchronik", die um 1113 entstand) und in der Kodifikation altruss. Rechtstraditionen; die „Russkaja Pravda" (Russ. Recht) stammt aus den 20er Jahren des 11. Jh.

Bis in die erste Hälfte des 18. Jh. war das Kirchenslaw. (bzw. Russ.-Kirchenslaw.) die dominante Hochsprache Rußlands. Erst durch die Sprachreformen Zar Peters des Großen wurde es auf die Nische kirchensprachl. Funktionen begrenzt und das Russ. prestigemäßig aufgewertet. Aber erst M. Lomonosov hat in seiner „Rossijskaja grammatika" (Russ. Grammatik) von 1755 die Stilebenen der russ. Schriftsprache festgelegt und damit den Weg für eine Popularisierung der russ. Volkssprache geebnet. Nach Lomonosow gibt es drei Stilebenen des Russ. mit eigenem Ausdruckspotential. Der hohe Stil (in Oden, epischer Dichtung und Festreden) verwendet zahlreiche Kirchenslawismen, der mittlere Stil (im Gebrauch der Bildungselite sowie für Prosa- und Theaterliteratur) eher wenige, und für den niederen Stil (für den umgangssprachl. und alltägl. Gebrauch) fordert Lomonosow reines Russ.

Am Durchbruch des Russ. zum Status einer Nationalsprache hat Katharina die Große in der zweiten Hälfte des 18. Jh. entscheidend mitgewirkt. Auf ihr Betreiben entstand eine umfangreiche Übersetzungsliteratur aus westeurop. Sprachen ins Russ. Katharinas reges Interesse für russ. Altertümer und die Pflege der russ. Sprache schuf eine Atmosphäre, in der das am Russ. orientierte Kulturschaffen aufblühte. Aus diesem Zeitgeist erwuchs die nationalsprachl. Tradition des 19. Jh. mit den bekannten Werken der russ. Klassiker wie Puškin, Gogol', Dostoevskij, Turgenev und Tolstoj.

Seit dem 18. Jh. hat das Russ. seine Geltung als Schriftmedium funktional, geograph. und interethn. ausgeweitet. Ab dem 19. Jh. verwendeten auch immer mehr Nichtrussen das Russ. als Kultursprache. Dieser Trend verstärkte sich in der Sowjet-Ära mit dem forcierten Abbau des Analphabetismus, wurde aber nach dem Zerfall der Sowjetunion rückgängig gemacht.

In der russ. Sprachgeschichte gibt es keine so differenzierte Periodisierung wie für viele andere Sprachen. Das älteste Schrifttum ist in einer dialektal kaum variierten ostslaw. Sprachform aufgezeichnet. Altruss. profiliert sich im sprachhistor. Sinn erst im 12. Jh. Mit wenigen Veränderungen wird diese Sprachform bis ins 17. Jh. verwendet. Erst die petrin. Sprachreformen – u. a. die Modernisierung der Orthographie durch die Einführung der reformierten „bürgerl. Schrift" (russ. *graždanka*) 1708 – markieren die Wende von der altruss. zur neuruss. Sprachperiode.

Lit.: Filin 1979, Haarmann 1999b, Kappeler 1993, Kiparsky 1963–75, Ryazanova-Clarke/Wade 1999, Vlasto 1988

S

Saamisch, Lappisch (Saamic, lapon). Wenn vom Saam. im Singular gesprochen wird, so ist dies eine grobe Vereinfachung des Tatbestands, daß unter dieser Rubrik zehn verschiedene geograph. Varianten zusammengefaßt werden, die zwar untereinander verwandt, aber voneinander durch klare Verständigungsbarrieren getrennt sind. In der modernen Forschung hat sich die Auffassung gefestigt, daß es mehrere saam. Einzelsprachen gibt. Die Volks- und Sprachennamen „Lappen" bzw. „Lappisch" werden von den Saamen selbst als pejorative Fremdbezeichnungen empfunden. Die Gesamtzahl der ethnischen Saamen (mit saam.-sprachigem Eltern- oder Großelternteil) wird auf 45 000 bis 60 000 geschätzt.

Saam. Sprachen werden heute noch von ca. 23 000 Menschen im Norden Skandinaviens und Fenno-Skandiens gesprochen: in Norwegen (ca. 12 000 Sprecher), Schweden (7000), Finnland (2500) und Rußland (770). Nach der zahlenmäßigen Stärke ihrer Sprachgemeinschaften lassen sich die saam. Sprachen folgendermaßen gruppieren: nördl. Saam. (drei Viertel aller Sprecher, ca. 16 800; davon ca. 10 000 in Norwegen, ca. 5000 in Schweden und 1800 in Finnland), Lule-Saam. (ca. 2800), Kildin-Saam. (650), Inari- und Skolt-Saam. sowie südl. Saam. (jeweils zwischen 300 und 350 Sprecher), Ume-, Pite-, Akkala- und Ter-Saam. werden nur noch von jeweils wenigen älteren Menschen gesprochen.

Seit 1991 besitzt das Saam. in der finn. Provinz Lappland (Lappi) amtl. Status. Die drei saam. Sprachen der Region (nördl. Saam., Inari-Saam., Skolt-Saam.) fungieren als fakultative Amtssprachen. Dies bedeutet, daß auf Anforderung die betreffende regionale Variante des Saam. in der Gemeinde- und Provinzverwaltung mündl. und schriftl. verwendet wird. Das → Finnische ist obligator. Amtssprache der gesamten Provinz. Erlasse, Verfügungen und Gesetze, die die Provinz Lappland betreffen, werden von den zuständigen Ministerien in Finn. und in Saam. ausgefertigt. In allen Staaten mit saam. Bevölkerung ist Saam. als Unterrichtssprache zugelassen. In Finnland können auch Prüfungen an der Universität auf Saam. abgelegt werden.

Die saam. Sprachen gehören zur → uralischen Sprachfamilie und bilden einen selbständigen Sprachzweig innerhalb des Komplexes der finn.-ugr. Sprachen. Den saam. Sprachen stehen die ostseefinn. Sprachen (mit dem Finn. als deren Hauptvertreter) verwandtschaftl. am nächsten. Fast 700 Basiselemente des saam. Wortschatzes haben Parallelen in anderen ural. Sprachen (z. B. saam. *nieida* ‚Mädchen‘, *beallji* ‚Ohr‘, *várri* ‚Berg‘).

Zu den ältesten Entlehnungen des Saam. (mehr als 50) gehören solche aus dem Proto-→Indoeuropäischen (z. B. *dolgi* ‚Feder‘, *sohka* ‚Familie‘, *veaiki* ‚Kupfer‘). Später wurden auch Entlehnungen aus regionalen indoeurop. Sprachzweigen und Einzelsprachen übernommen (z. B. *sarvva* ‚Elch‘ aus dem Balt., *gáma* ‚Schuh‘ aus dem German., *áiru* ‚Ruder‘ aus dem Altnord.). Auch aus den verwandten ostseefinn. Sprachen sind Lehnwörter übernommen worden (z. B. *áigi* ‚Zeit‘, *dulvi* ‚Flut‘, *sorbmi* ‚Tod‘).

Der Wortschatz der saam. Regionalsprachen ist jeweils durch die Kontakte zu den Kultursprachen der einzelnen Länder geprägt. Dies bedeutet, daß es im nördl. Saam. zahlreiche Entlehnungen → norwegischer Herkunft gibt. Im Lule-Saam. überwiegt der Anteil der → schwedischen Lehnwörter. Das Inari-Saam. ist stark vom Finn. beeinflußt, und das Lexikon des Kildin-Saam. ist stark → russisch beeinflußt.

Von den zehn saam. Sprachen sind fünf als Schriftsprachen in Gebrauch. Die Schrifttradition des südl. Saam. in Schweden, die auf das 17. Jh. zurückgeht, ist die älteste. Im Jahre 1619 erschien eine Fibel und 1648 das „Manuale lapponicum“ von J. J. Tornaeus. Die Geschichte des Schrifttums in Norwegen (im nördl. Saam.) setzt in der ersten Hälfte des 18. Jh. mit der Veröffentlichung einer Übersetzung von Luthers Katechismus (1728) ein. Seit den 1950er Jahren wird in Schweden und Norwegen dieselbe saam. Schriftsprache verwendet, deren Basis der saam. Dialekt im Westteil Finnmarks (Norwegen) ist und der dem Saam. in Nordschweden nahesteht. Das nördl. Saam. ist die am häufigsten verwendete schriftsprachl. Variante. Seit 1978 wird das nördl. Saam. in Norwegen, Schweden und Finnland in einer einheitl. Orthographie geschrieben. Es erscheinen u. a. vier Zeitschriften, und diese Sprachform ist auch das Medium verschiedener Radiosendungen.

In Finnland wird seit den 1970er Jahren Skolt-Saam. in der Schule (Primarstufe) unterrichtet; in dieser saam. Sprache sind im wesentlichen nur Materialien für Schulzwecke veröffentlicht worden. Das Skolt-Saam. wie auch das Inari-Saam. werden für amtl. Schriftstücke verwendet. Seit den 1980er Jahren wird auch das Kildin-Saam. bei den Saamen auf der zum Verwaltungsgebiet Murmansk gehörenden Kola-Halbinsel unterrichtet. Die westl. saam. Sprachen werden in Lateinschrift (mit diakrit. Zusatzzeichen) geschrieben, das Saam. in Rußland im kyrill. Alphabet.

Lit.: Kert 1971, Korhonen 1981, Ruong 1970, Sammallahti 1998

Salish (27 Sprachen). Salish-Sprachen wurden und werden noch im westl. Teil Nordamerikas, beiderseits der Grenze zwischen den USA und Kanada, gesprochen. Die meisten Sprachen dieser Gruppe sind in den nordwestl. Bundestaaten der USA (Washington, Oregon, Idaho, Montana) verbreitet. Einige Salish-Sprachen finden wir im südl. Teil von British Columbia (Kanada). Alle noch existenten Sprachen sind Kleinsprachen; die Sprache mit den vergleichsweise meisten Sprechern ist das Kalispel-Flathead (800). Die einzige verwandtschaftl. Beziehung der Salish-Sprachen zu anderen Sprachfamilien, die einigermaßen wahrscheinlich ist, ist die zum Kutenai im Südosten von British Columbia.

Saliv. Die zwei Sprachen dieser Gruppe sind im südl. Venezuela verbreitet. Das Piaroa (12 000) hat die meisten Sprecher. Es sind keine verwandtschaftl. Beziehungen zu anderen südamerikan. Indianersprachen bekannt.

Samojedische Sprachen → Uralische Sprachen

Sanskrit (Sanskrit, sanskrit). Sanskrit war und ist die heilige Sprache des Hinduismus und gehört (mit dem → Hethitischen und Altpersischen) zu den ältesten → indoeuropäischen Schriftsprachen. Mit der Migration von Ariern gelangte das Sanskrit um 1600 v. Chr. in den Nordwesten des ind. Subkontinents und verbreitete sich mit den Eroberungen der arischen Einwanderer später in ganz Nordindien. Als Muttersprache kam Sanskrit bereits vor der Zeitenwende außer Gebrauch.

Die Verbreitung des Sanskrit als Sprache der sozialen und polit. Elite geht auf die Periode der Fremdherrschaft in Indien zurück, als skythische Herrscher (Dynastie der Śaka), die Gupta und „neuen"

Ksatriya den Norden Indiens regierten. Damals war Sanskrit auch Amts- und Kanzleisprache jener Reiche. Als Sprache hinduist. Texte und als Bildungssprache ist das Sanskrit bis in unsere Zeit vital geblieben. Seine aktuelle Rolle in der hinduist. Gemeinschaft kann mit der des → Latein in Westeuropa vor etwa 150 Jahren verglichen werden. Bis heute wird Sanskrit in Tempelritualen – in Mantras und in Stotras (‚Lobeshymnen‘) – und in individuellen Gebeten verwendet. Als Schriftsprache für praktische literar. Zwecke ist Sanskrit allerdings nurmehr selten in Gebrauch. All India Radio sendet einmal täglich eine Nachrichtensendung in Sanskrit.

Ähnlich wie das Latein. in histor. Zeit hat auch das Sanskrit einen bleibenden Einfluß auf die Sprachen des nördl. Indien ausgeübt. Der größte Teil des Kulturwortschatzes in den neuind. Sprachen (z. B. → Hindi, → Bengalisch) ist vom Sanskrit geprägt, entweder in Form direkter Entlehnungen oder in Gestalt von Lehnprägungen. Auch die Syntax und die Phraseologie vieler moderner Sprachen ist vom Sanskrit überformt worden. Der Einfluß des Sanskrit macht sich ebenfalls in den → dravidischen Sprachen (z. B. → Tamilisch, → Telugu) Südindiens bemerkbar.

Auch für die Buddhisten ist Sanskrit eine histor. Bildungssprache. Elemente des Sanskrit finden sich im Wortschatz vieler Sprachen außerhalb Indiens, wo sich der Buddhismus verbreitet hat (z. B. → Birmanisch, → Khmer, → Tibetisch, → Chinesisch). Über chines. Vermittlung sind Sanskrit-Ausdrücke der religiösen Sphäre bis ins → Koreanische und → Japanische gelangt.

Die Sprachkontakte des Sanskrit zeitigten auch Wirkung in umgekehrter Richtung. Als die Arier den Norden Indiens besiedelten, verdrängten sie die dort ansässige Bevölkerung, die Varianten des Dravid. sprachen. Aus jener Zeit früher Sprachkontakte hat das Sanskrit verschiedene dravid. Substratelemente bewahrt, wie beispielsweise den Ausdruck für ‚schwarz’, Sanskrit *kala-*. Seit der Zeit, als Sanskrit nicht mehr als Primärsprache in Gebrauch war, haben Sprechgewohnheiten der Sprecher fremder Sprachen, die Sanskrit als Zweitsprache lernten, deren Strukturen beeinflußt. Fremdeinwirkungen solcher Kontaktsprachen haben sich im Lautsystem, in der Syntax und auch im Wortschatz des Sanskrit niedergeschlagen.

Sanskrit ist die bekannteste der indo-arischen Sprachen, die mit den iran. Sprachen den → indo-iranischen Sprachzweig der indoeurop. Sprachfamilie konstituieren. Zur Zeit seines Transfers nach

Indien unterschied sich das Sanskrit noch wenig von dem nah verwandten Altiran. Diese älteste Variante des Sanskrit ist das Vedische. Spätestens um 500 v. Chr. hatte sich das Vedische soweit verändert, daß es vom zeitgenössischen gesprochenen Sanskrit erheblich abwich. Die seit der zweiten Hälfte des 1. Jt. v. Chr. verwendete Sprache ist das Klassische Sanskrit. Während dieses als Schriftsprache konserviert wurde, entwickelte sich die gesprochene Sprache weiter zu den Varianten des Prakrit der mittelind. Periode.

Die orale Tradition in Sanskrit reicht sehr viel weiter zurück als die schriftl. Überlieferung. Die ältesten Werke, deren Texte mündl. tradiert wurden, sind die rituellen Hymnen, die „Veda" (Sanskrit *veda* heißt ‚Wissen'), die später in einer umfangreichen Sammlung, dem „Ṛgveda" (Rigveda), zusammengefaßt worden sind. Diese Sammlung umfaßt 1028 Hymnen, die zwischen 1200 und 1000 v. Chr., vielleicht sogar schon früher, entstanden. Die Veda-Texte wurden ursprüngl. mündl. vom Lehrer an dessen Schüler vermittelt. Die vedischen Hymnen wurden als *sruti* ‚Hörtexte' von den nichtvedischen *smṛti* ‚memorierte(n) Texte(n)' unterschieden.

Die ältesten Inschriften in Sanskrit stammen erst aus dem 2. Jh. v. Chr. (Inschriften des Rudradaman, Herrscher der Śaka-Dynastie). Die Literatur in Klassischem Sanskrit umfaßt lyrische Dichtung, literar. Prosawerke und eine verzweigte Sachprosa mit Werken zur Philosophie und Rhetorik, zu verschiedenen wissenschaftl. Bereichen wie Medizin, Astronomie und Mathematik sowie zu jurist. Fragen (*dharma sutras*, Abhandlungen über religiöses Gewohnheitsrecht). Eine besondere Rolle für die kulturelle Identität der Hindu besitzen die beiden Nationalepen, das „Mahabharata" (die große Erzählung von den Bharata) und das „Ramayana" (Erzählung über Rama).

Zum Schrifttum in Sanskrit gehört auch eine umfassende Literatur über grammat. Fragen. Von den ältesten Werken ist nichts erhalten; lediglich der Name eines von den Hindu verehrten Grammatikers (Sakatayana) ist tradiert. Das älteste erhaltene Werk dieser Tradition ist das um 400 v. Chr. entstandene Traktat „Aṣṭādhyāyī" von Pāṇini, eine Sammlung von acht Unterweisungen. Die grammat. Tradition ist motiviert durch das Auseinanderdriften der heiligen Sprache der Veda und der Alltagssprache. Als das vedische Sanskrit für die Sprecher der Umgangssprache immer weniger verständlich wurde, ergab sich die Notwendigkeit, die heilige Sprache zu kodifizieren und ihre Strukturen exakt zu beschreiben.

Das Sanskrit hat eine außergewöhnliche Rolle für die Entwicklung der histor.-vergleichenden Sprachwissenschaft in Europa gespielt. Lange vor dem Beginn der britischen Kolonialzeit im 18. Jh. hatten Europäer sprachverwandtschaftl. Vergleiche des Sanskrit mit europ. Sprachen angestellt, so Thomas Stevens im Jahre 1583 und Filippo Sassetti im Jahre 1585. Als eigentl. Vorreiter der Sanskritwissenschaft gilt jedoch William Jones, der in einem Vortrag vor der Asiatick Society in Calcutta 1786 die Ähnlichkeit des Sanskrit mit dem → Griechischen, Latein. und anderen Sprachen herausstellte. Aus diesen bescheidenen Anfängen gingen starke Impulse für die vergleichende Sprachenkunde des ausgehenden 18. und frühen 19. Jh. aus, die in den klassischen Werken der indoeurop. Sprachwissenschaft kulminierten.

Lit.: Cardona 1988, Coulson 1992, Deshpande 1992, Wackernagel/Debrunner 1896–1930

Sardisch (Sardinian, sarde). Von den 1,7 Mio. Bewohnern der Mittelmeerinsel Sardinien sprechen rund zwei Drittel (1,2 Mio.) Sard. Den stärksten Rückhalt findet das Sard. in seiner Funktion als Heimsprache. Anfang der 1990er Jahre verwendeten fast 70 % der Inselbevölkerung Sard. zu Hause, dagegen nur etwa 45 % außerhalb des Familienkreises. Im Sozialkontakt mit Bekannten und Freunden, am Arbeitsplatz und im öffentl. Leben dominiert dagegen das → Italienische.

Sard. ist eine → romanische Sprache und nimmt eine Sonderstellung zwischen dem Westroman. (→ Französisch, → Spanisch u. a.) und dem Ostroman. (→ Italienisch, → Rumänisch u. a.) ein. Bedingt durch die geograph. Isolation (Insellage) sowie möglicherweise unter dem Einfluß vorröm. Sprachen hat das Sard. archaische Züge bewahrt, die die meisten anderen roman. Sprachen nicht kennen (z. B. Differenzierung des Vokalismus, Erhaltung von *k* und *g* vor hellen Vokalen, Bewahrung des flexiv. -*s*).

Das sard. Sprachgebiet gliedert sich in mehrere Dialektzonen aus. Die größten Kontraste finden sich im Vergleich des sprachhistor. konservativen Logudoresischen im mittleren Teil der Insel mit dem Campidanesischen im Süden, das sich unter dem Einfluß des Toskanischen (importiert seit dem 11. Jh. durch Siedler aus Pisa) entwickelt hat. Im Norden sind das Sassaresische (Nordwesten) und das Galluresische (Nordosten) verbreitet. Auf das Sassares. haben das Toskan. und Genues. eingewirkt; das Gallures., das sich erst im 16. Jh. ausbildete, stand unter korsischem Einfluß.

Der Wortschatz des Sard. ist vielschichtig. Zu den ältesten Elementen gehören vorröm. Substratwörter und einige punische (karthagische) Entlehnungen. Der latein. Erbwortschatz des Sard. enthält zahlreiche Ausdrücke, die entweder ausschließl. im Sard. oder nur in wenigen roman. Sprachen weiterleben (z. B. latein. *discere, initium, vetus*).

Im Campidanes. sind eine Reihe → katalanischer Entlehnungen erhalten geblieben. Das Katalan. hatte das Sard. seit dem 14. Jh. beeinflußt, und noch in der zweiten Hälfte des 19. Jh. war es für notarielle Angelegenheiten in Gebrauch. Im 16. und 17. Jh. machte sich der Einfluß des → Spanischen (Kastil.) geltend. Erst im Jahre 1764 wurde es durch das → Italienische als Amtssprache Sardiniens abgelöst. Seit dem 19. Jh. ist dies die wichtigste Kontaktsprache des Sard. und hat es kontinuierlich beeinflußt, v. a. die im urbanen Milieu verwendeten sard. Sprachvarianten. Sämtl. Modernismen des Sard. sind italien. Herkunft.

Im Mittelalter hatte das Sard. in den verschiedensten Funktionen (literar. wie amtl.) Geltung; abweichend von der Situation in anderen Ländern mit roman. Sprache wurde Latein als Schriftsprache nicht verwendet. Die ältesten Schriftzeugnisse des Sard. sind amtl. Urkunden und beglaubigte Kaufverträge (*condaghi*) aus dem 11. Jh. Diese wurden im Norden der Insel in logudores., im Süden in campidanes. Sprachform redigiert. Im 14. Jh. entstand eine bedeutende Gesetzessammlung („Carta de Logu de Arborea"). Als Sardinien polit. vom Königreich Aragón abhängig wurde, ersetzte das Katalan. das Sard. in amtl. Funktionen; der Umschwung erfolgte im Süden der Insel im Jahre 1337. Im nördl. Teil blieb das Sard. bis zum Beginn des 17. Jh. in amtl. Funktionen in Gebrauch.

Volkstüml. Dichtung in Sard. ist erst seit dem 16. Jh. erhalten. Ende des 19. Jh. begann man damit, sard. Lieder, Erzählungen und Märchen sowie den Sprichwörterschatz der Inselbewohner aufzuzeichnen. Es gibt bis heute keine normierte schriftsprachl. Ausdrucksform des Sard. Geschrieben wurde und wird in Anlehnung an die lokale Umgangssprache und an die Sprache der Predigt. Die orale Tradition der sard. Volkskultur ist vital und reich; trotzdem hat sich keine vergleichbar vielseitige Schriftkultur entwickelt.

In den 1990er Jahren sind Vorschläge gemacht worden, die beiden

Hauptdialekte, Logudores. und Campidanes., als gleichrangig für den Schriftstandard des Sard. anzuerkennen. Eine Vereinheitlichung des Schriftsard. ist nicht in Sicht. Heute wird es in begrenztem Umfang in der Presse verwendet (als Medium in ein- und zweisprachigen Zeitungen), es gibt Radio- und Fernsehsendungen, und Sard. ist auch Unterrichtssprache in einigen zweisprachigen Schulen der Insel. Die Aktionspartei Sardiniens hat sich, bisher vergebens, für die Anerkennung sprachl. und kulturpolit. Autonomie in der Region eingesetzt.

Lit.: Blasco Ferrer 1994, Wagner 1951, 1960–64

Schottisch-Gälisch (Scottish Gaelic/Scots Gaelic, gaélique d'Écosse/gaélique écossais). Nach den Angaben der Ethnostatistik von 1991 leben in Schottland, dem autonomen Landesteil Großbritanniens, 68 400 Sprecher des Schott.-Gäl. Im Zeitraum zwischen 1981 und 1991 ist ein Rückgang der Sprecherzahl um mehr als 10 % zu beobachten. Rund die Hälfte aller Sprecher bewohnt die Inseln der Äußeren Hebriden, außerdem Skye und die Inneren Hebriden. Auf dem schott. Festland findet man Sprecher des Schott.-Gäl. hauptsächl. im westl. und nordwestl. Küstengebiet sowie im Hochland. Die genannten Gebiete sind die Gàidhealtachd areas. Die übrigen Sprecher verteilen sich auf die Städte und Ortschaften des Südens. → Englisch ist bei allen Sprechern des Schott.-Gäl. als Zweitsprache verbreitet.

Noch im 15. Jh. wurde Schott.-Gäl. von der Mehrheit der Bevölkerung Schottlands und in fast allen Landesteilen gesprochen wurde. Seither ist die Assimilierung an das Engl. ständig fortgeschritten, gleichzeitig ist das Sprachgebiet ständig geschrumpft. Während noch vor hundert Jahren weit mehr als die Hälfte der Schotten in den nördl. Highlands und in der westl. Küstenregion Schott.-Gäl. sprachen, ist es dort heute die Sprache einer Minderheit. Anteile von mehr als 50 % finden sich nurmehr bei den Bewohnern der westl. Inseln.

Im Zuge der Industrialisierung sind viele Highlander im 19. Jh. in die Städte des Südens abgewandert. Die allermeisten ihrer Nachkommen haben sich assimiliert und sprechen kein Schott.-Gäl. mehr. Die Zahl der Sprecher dieser Sprache, die heute im Süden Englands leben, ist nicht bekannt. In früherer Zeit sind gälisch-sprachige Schotten ausgewandert nach Übersee, insbesondere nach Australien,

Neuseeland, auf die Karolinen und nach Kanada. Nur in Kanada (Cape Breton Island in Nova Scotia) gibt es noch eine schott.-gäl. Kolonie. Diese zählte noch in den 1970er Jahren rund 5000 Mitglieder; die meisten davon haben sich aber bis heute sprachl. assimiliert. Das Schott.-Gäl. besitzt keinen offiziellen Status. Als Unterrichtssprache ist es neben dem Engl. in den Volksschulen der Äußeren Hebriden und auf der Insel Skye in Gebrauch. Außerhalb der Gàidhealtachd areas wird das Schott.-Gäl. in der Primarstufe einiger Schulen als Sprachfach unterrichtet (z. B. in Glasgow).

Schott.-Gäl. (*Gàidhlig*) ist eine inselkelt. Sprache und gehört mit dem → Irischen und dem am nächsten verwandten Manx-Gäl. zur goidelischen Gruppe (q-Keltisch; → Kymrisch zum p-Keltischen). Trotz der Verwendung einer gemeinsamen gäl. Schriftsprache, die in Irland und Schottland bis ins 17. Jh. verwendet wurde, nahm das gesprochene Schott.-Gäl. im Verlauf des 13. Jh. Lokalkolorit an und entwickelte sich als selbständige Sprachform.

Die Dialektzonen des Schott.-Gäl. sind durch die Bevölkerungsfluktuationen im 18. und 19. Jh. nicht mehr so klar zu erkennen wie in histor. Zeit. Heutzutage läßt sich eine Ost-West-Trennung ausmachen, wobei die westl. Dialekte (Inseln und Küstenregion) in ihrem Sprachbau konservative Züge bewahrt haben, die es in der östl. Dialektzone nicht gibt. Andere Dialektkontraste zeigen eine Nord-Süd-Trennung, wobei sich die Dialekte im Süden (insbesondere in Argyllshire) von den nördl. Dialekten u. a. durch das häufige Auftreten des Knacklautes (glottal stop) unterscheiden. Im Zuge des Sprachwechsels bahnt sich eine Auflösung der östl. und südöstl. Dialektzone an. Das gesprochene Schott.-Gäl. verliert immer mehr von seinen histor. Eigenheiten im Laut- und Formensystem.

Der Wortschatz des Schott.-Gäl. setzt sich aus → keltischen Erbwörtern und → lateinischen und engl. Entlehnungen zusammen. Die Kontakte zum Engl. verstärken sich seit der mittelengl. Periode. Purist. Bestrebungen zur Bereicherung des Wortschatzes durch Eigenschöpfungen wie im Kymr. oder Ir. haben im Fall des Schott.-Gäl. keine Breitenwirkung gezeigt.

Die Schrifttradition in gäl. Sprache folgt in Schottland dem vom Ir. vorgegebenen Standard. Das Prosaschrifttum ist weniger literar. als vielmehr gelehrt. Es handelt sich dabei um Textsammlungen für die Vertreter bestimmter Berufszweige (Ärzte, Rechtsgelehrte, Verfasser von Genealogien der Highland-Clans); die Zahl der medizin.

Traktate ist auffällig hoch. Die mündl. tradierte Balladenliteratur und Bardenlyrik in schott.-gäl. Sprache, die überwiegend aus dem 16. und 17. Jh. stammt, ist erst im 19. Jh. oder später aufgezeichnet worden. Die Vertreter des Celtic Revival, des aufkommenden kelt. Nationalbewußtseins, haben sich seit den 1870er Jahren um die Aufzeichnung traditioneller Erzählerstoffe bemüht.

Lit.: Dorian 1981, Gillies 1993, Price 1966

Schwedisch (Swedish, suédois). Schwed. ist die Primär- und Zweitsprache von 9,5 Mio. Menschen; von diesen sind mehr als 95 % Primärsprachler. Die meisten Sprecher sind in Schweden (7,83 Mio.) beheimatet; größere Gruppen finden sich in folgenden Ländern: USA (0,6 Mio.), Finnland (0,296 Mio.), Kanada (22 000), Norwegen (21 000). Zu den Zweitsprachlern des Schwed. gehören Angehörige einheim. sprachl. Minderheiten in Schweden wie Saamen oder Finnen, außerdem Arbeitsimmigranten der ersten und zweiten Generation wie Serben, Italiener oder Türken. Auch polit. Flüchtlinge aus dem ehemaligen sowjet. Machtbereich, die nach Schweden emigriert sind, haben Schwed. als Zweitsprache adaptiert (z. B. Esten, Ingrier). Die in Finnland lebenden schwed. Primärsprachler (Finnland-Schweden) sind zweisprachig und sprechen → Finnisch als Zweitsprache.

Schwed. besitzt amtl. Status in zwei Staaten, als Staatssprache in Schweden, und als zweite Sprache im offiziell zweisprachigen Finnland. Der Status als zweite Amtssprache besagt, daß amtl. Schriftstücke in Finn. ausgefertigt werden und die schwed. Version eine Übersetzung des finn. Originals ist. Bei formellen Anlässen (z. B. Reden des Staatspräsidenten, Parlamentseröffnung, feierl. Einweihungen) wird zuerst Finn. gesprochen, und Schwed. folgt an zweiter Stelle. Die schwed. Version von öffentl. Reden ist in der Regel kürzer als die finn. Seit Schwedens Mitgliedschaft in der Europ. Union (seit Beginn 1995) gehört das Schwed. zum Kreis der EU-Amtssprachen.

Das heutige Verbreitungsgebiet des Schwed. in Skandinavien und Finnland ist nurmehr der Rest einer histor. wesentlich größeren Zone schwed. Spracheinflusses. Im 17. Jh. dehnte sich der Machtbereich des schwed. Königreiches weiter nach Osten und Süden aus. Der größte Teil des Küstengebiets rings um die Ostsee und deren Hinterland standen damals unter schwed. Herrschaft; dies betraf

Karelien und Ingermanland ebenso wie das gesamte Baltikum sowie Teile von Pommern und Mecklenburg. In diesen Gebieten haben sich auch schwed. Siedler niedergelassen, die später entweder nach Schweden rückgewandert sind oder sich sprachl. assimiliert haben. Noch bis ins 20. Jh. hat sich das Schwed. bei einigen Muttersprachlern in Estland lebendig erhalten, und zwar auf den Inseln Dagö und Ösel.

Schwed. ist eine nordgerman. (skandinav., nord.) Sprache. Mit dem Schwed. eng verwandt sind andere ostnord. Sprachvarianten wie → Dänisch und → Norwegisch (ostnorweg. Mundarten); sprachverwandtschaftl. etwas weiter entfernt zum Schwed. stehen → Färingisch und → Isländisch. Das Schwed. gliederte sich bereits im 8. Jh. aus dem altnord. Sprachkontinuum aus, also früher als die anderen nord. Einzelsprachen. Entspr. seiner nord. Basis war Schwed. ursprüngl. eine Sprache mit einem reichen grammat. Formenbestand. Dieser synthet. Sprachcharakter wandelte sich durch die Aufgabe der Dat.- und Akk.-Formen sowie durch den Verlust der grammat. Kongruenz von Nomen und Adjektiv. Wie im → Englischen werden auch im Schwed. Kasusbeziehungen analytisch, d. h. mit Hilfe von Präpositionen gebildet.

Durch die Ausdehnung des ursprüngl. Siedlungsgebiets nach Finnland steht das Schwed. dort seit Jahrhunderten im Kontakt mit dem → Finnischen, einer nichtindoeurop. Sprache. Dadurch hat es Züge angenommen, die im Kernland unbekannt sind (z. B. Adaption der finn. Intonation; Sonderentwicklungen im Wortschatz, s.u.).

Das schwed. Sprachgebiet gliedert sich in fünf Dialektzonen aus. Das Schwed. auf der Insel Gotland, das Gotländische (Gutnische), unterscheidet sich von den übrigen schwed. Mundarten v.a. wegen seines altertüml. Lautsystems.

Dialektzonen:
• südschwed. Mundarten (Skåne, Bornholm, Blekinge, Halland) • gautische Mundarten (Västergötland, westl. Östergötland, Småland) • eigentl. schwed. Mundarten *(sveamål)*, die in mittelschwed. *(mellansvenska)* und oberschwed. *(uppsvenska)* eingeteilt werden (Uppland, Södermanland, Närke, Västmanland, Dalarna) • norrländ. Mundarten • ostschwed. Mundarten (Finnland: Åland-Inseln, westl. Nyland, südl. Österbottnien)

Den Grundbestand des schwed. Wortschatzes machen gemeingerman. und speziell nord. Elemente aus. Zu den ältesten Lehnwörtern gehören solche → keltischer und → lateinischer Herkunft, die bereits ins Urnord. übernommen wurden und im Schwed. weiterleben. Während der Zeit der christl. Mission in Skandinavien übernahm das Altschwed. zahlreiche Kulturwörter latein.-griech. Prägung (z. B. schwed. *brev* ‚Brief‘ < lat. *breve scriptum, kloster* ‚Kloster‘< lat. *claustrum, präst* ‚Priester‘ < lat. *presbyter*).

Zur gleichen Zeit machte sich der Einfluß des Niederdeutschen bemerkbar. Die Lehnwörter aus dieser Quelle finden sich in Bereichen wie Handel, Handwerk und Dienstleistungen (z. B. schwed. *ränta* ‚Zinsen‘, *verkstad* ‚Werkstatt‘, *tyg* ‚Tuch‘, *krydda* ‚Gewürz‘). Der niederdeutsche Spracheinfluß vermittelt dem Schwed. ebenfalls Elemente der Wortbildung wie Präfixe (schwed. *an-, be-, und-*) und Suffixe (schwed. *-het, -bar, -aktig*). Im 15. Jh. macht sich → dänischer Spracheinfluß im Süden Schwedens (Skåne) geltend, bedingt durch die polit. Dominanz Dänemarks.

Im 16. Jh. wird die Einwirkung des Niederdeutschen auf das Schwed. schwächer, und mit der Ausbreitung des Protestantismus nimmt der Einfluß des Neuhochdeutschen zu, das im 17. Jh. die dominante Kontaktsprache des Schwed. ist. Zu diesen → deutschen Entlehnungen gehören u. a. zahlreiche Termini in spezialisierten Handwerksbereichen (z. B. schwed. *blyerts* ‚Graphit, Bleierz‘, *schakt* ‚Schacht‘ oder *skikt* ‚Schicht, Schichtung‘ in der Bergwerksterminologie).

Im Verlauf der zweiten Hälfte des 17. Jh. machte sich der Einfluß des → Französischen bemerkbar. Bis zur Mitte des 18. Jh. war diese Sprache als Quelle für Entlehnungen in Bereichen des schwed. Kulturwortschatzes vorrangig (z. B. schwed. *allians* ‚Allianz‘, *kusin* ‚Cousine‘, *paraply* ‚Regenschirm‘, *affär* ‚geschäftliche Angelegenheit‘). Das → Englische wirkte schon im 18. Jh. auf das Schwed. ein; erst seit Mitte des 19. Jh. aber verstärkt sich dessen Einfluß und wird im Verlauf des 20. Jh. wie auch in anderen Sprachkulturen zur dominanten Kontaktsprache. Das Schwed. hat engl. Lehnwörter meist mit deren Originalbedeutung übernommen (z. B. schwed. *bicykel* ‚Fahrrad‘ oder *juice* ‚Saft‘), zum Teil hat sich die Bedeutung verändert (z. B. schwed. *babysitter* ‚Babystuhl‘, *freestyle* ‚Walkman‘).

Das Schwed. in Finnland weicht lexikal. in vieler Hinsicht vom Schwed. im Mutterland ab. Einerseits hat der finnland-schwed. Wortschatz ältere Ausdrücke bewahrt, die im Nachbarland veraltet sind (z. B. finnland-schwed. *aktionär* ‚Aktionär‘ für neueres *aktieägare, gravgård* ‚Friedhof‘ für neueres *kyrkogård*), andererseits hat das Finn. dem Finnland-Schwed. zahlreiche Lehnwörter und Lehn-prägungen vermittelt (z. B. finnland-schwed. *batteri* ‚Heizkörper' nach finn. *patteri* ‚dass.' vs. *batteri* ‚Batterie' in Schweden; *alkobutik* ‚Alkoholladen' nach finn. *alkokauppa* ‚dass.' vs. *systembolag* ‚dass.' in Schweden).

Schwed. wurde im Laufe seiner Geschichte in zwei Schriftsyste-men geschrieben, während des Mittelalters in Runen, später in La-teinschrift. Länger als vier Jahrhunderte wurde das Runenalphabet verwendet; die meisten der rund 3500 Inschriften sind im späten Futhark-Alphabet mit 16 Buchstaben geschrieben. Der längste Text ist der auf dem Stein von Rök in Östergötland (850 Runen). Das schwed. Schrifttum in Lateinschrift gliedert sich im 13. und 14. Jh. in verschiedene Gattungen aus: Gesetzessammlungen, Übersetzungs-literatur religiösen Inhalts aus dem Latein., Chroniken und Ritter-romane. Während des späten Mittelalters entwickelte sich der Sprachgebrauch des Klosters St. Birgitta in Vadstena (Östergötland) zur Leitform. Diese durch die religiöse Literatur stark beeinflußte Schriftsprache erlebte mit der Übersetzung der Bibel ins Schwed. (1526 Übersetzung des Neuen Testaments, 1540–41 Fertigstellung der „Gustav Wasa-Bibel") ihren Durchbruch.

Bis ins 20. Jh. dominierte der Sprachgebrauch der Bibelüberset-zung den Schriftstandard. Die Bibelsprache ihrerseits lehnte sich an die Mundarten Mittelschwedens an, der Region zwischen dem Mälar-See, Uppsala und Stockholm. Hier sind auch die typischen Eigenheiten der modernen schwed. Umgangssprache zu finden.

Die schwed. Sprachgeschichte wird in zwei Hauptperioden eingeteilt, die jeweils weiter untergliedert sind: Altschwed. ca. 800–1526 (Runenschwed. ca. 800–ca. 1225, klassisches Altschwed. ca. 1225–ca. 1375, Spätaltschwed. ca. 1375–1526) und Neuschwed. seit 1526 (Frühneuschwed. 1526–1732, späteres Neuschwed. seit 1732).

Lit.: Ahlbäck 1971, Holmes/Hinchcliffe 1993, Wessén 1968b

Semitische Sprachen. Die semit. Sprachen sind ein Hauptzweig der → afroasiatischen Sprachfamilie. Ihren Namen haben sie vom hebräischen Namen Shem (Genesis 10, 21–31; 11, 10–26). Er wurde zuerst von A. L. Schlözer im Jahre 1781 verwendet, der die Sprach-verwandtschaft zwischen dem → Arabischen, → Aramäischen und → Hebräischen erkannte. Die genaue Zahl der semit. Sprachen ist bis heute ungeklärt; einige Varianten wurden erst im ausgehenden 20. Jh. entdeckt.

Das ursprüngl. Verbreitungsgebiet der semit. Sprachen war auf die Arabische Halbinsel begrenzt. Durch die amoritische Migration im 2. Jt. v. Chr. und die aramäische Migration im 1. Jt. v. Chr. dehnte sich das Gebiet weiter nach Westen (in den Nahen Osten) und nach Norden (ins nördl. Mesopotamien) aus. Die Funktionen des → Akkadischen und Aramäischen als Staats- und Bildungssprachen sowie als Medien der internationalen Diplomatie erweiterten den Geltungsbereich semit. Sprachen. Die phöniz. Kolonisation hat ihrerseits zur Verbreitung des Semit. (in der phöniz. und karthag./punischen Variante) in vielen antiken Küstenstädten des Mittelmeeres beigetragen.

Ihre heutige weite Ausdehnung verdanken die semit. Sprachen v.a. der histor. Verbreitung des Arab., das im Zuge der islam. Expansion im 7. und 8. Jahrhundert bis nach Mittelasien, bis an die afrikan. Atlantikküste und nach Europa (Pyrenäenhalbinsel) transferiert wurde. Von allen semit. Sprachen hat das Arab. das ausgedehnteste Verbreitungsgebiet. Berücksichtigt man auch seinen Geltungsbereich als Sakralsprache der islam. Gemeinschaften sowie des Hebr. als Ritualsprache des Judentums, so sind semit. Sprachen in allen Kontinenten verbreitet.

Zum Semit. gehören einige der großen Kultursprachen der Welt: Aram., Hebr., Akkad., Phöniz., Arab. Texte in semit. Sprachen sind seit fast fünftausend Jahren geschrieben worden. Die älteste der Schriftsprachen ist das Akkad. Diejenigen Sprachen mit der längsten, kontinuierl. Schrifttradition sind Hebräisch und Arab. Die Originalsprachen der heiligen Bücher (Altes Testament, Koran) der beiden großen monotheist. Religionen, des Judaismus und des Islam, sind semit. (Hebr., Arab.).

Es sind Versuche unternommen worden, eine Verwandtschaft zwischen dem Semit. und dem Minoischen, in dem die Texte des kretischen Schriftsystems Linear A aufgezeichnet worden sind, nachzuweisen; diese Ansätze sind jedoch erfolglos geblieben. Aller Wahrscheinlichkeit nach war das Minoische nichtsemitisch und auch nichtindoeurop.

Lit.: Bergsträsser 1963, Moscati et al. 1964

Sepik-Ramu (105 Sprachen) Die Sepik-Ramu-Sprachen sind eine der großen Sprachfamilien, in die sich die einheim. Sprachen Neuguineas ausgliedern. Diese Papua-Sprachen sind im Nordwesten und im mittleren Teil Papua-Neuguineas verbreitet. Die Sprachgemeinschaften, in denen Sepik-Ramu-Sprachen gesprochen werden, sind zumeist Kleingruppen mit wenigen Dutzend oder hundert Mitgliedern. Nur wenige Sprachen haben eine in die Tausende gehende Sprecherzahl. Die sprecherreichsten Sprachen sind das Ambulas (44 000, Sepik) und das Botin (7000, Ramu).

Serbisch (Serbian, serbe). Serb. wird von ca. 12 Mio. Menschen gesprochen. Davon leben die meisten in Jugoslawien, d. h. in dem seit 1991 bestehenden Nachfolgestaat des alten (Tito-)Jugoslawien mit den beiden Bundesstaaten Serbien (6,7 Mio. Serben) und Montenegro (0,535 Mio. Montenegriner). Die Serben machen 62,3 % der Landesbevölkerung Jugoslawiens aus, die Montenegriner 5,0 %. In Bosnien-Herzegowina wird Serb. von 1,01 Mio. Serben (31,4 % der Landesbevölkerung) gesprochen; die 1,53 Mio. Bosniaken (Muslime) in Bosnien-Herzegowina (43,7 % der Bevölkerung) nennen ihre Sprache heute Bosnisch (auch: Bosniakisch).

Viele Serben leben außerhalb Jugoslawiens und Bosnien-Herzegowinas in anderen Balkanländern, als Arbeitsimmigranten in Westeuropa und als Auswanderer in Übersee. Für die Außengruppen sind derzeit keine statist. Angaben zur Differenzierung der früheren serbokroat. Sprachgemeinschaft nach Ethnien verfügbar. Die zahlenmäßig stärksten Sprechergruppen des Serbokroat. außerhalb der Kernregion auf dem Balkan leben in Deutschland (0,8 Mio.), Schweiz (0,142 Mio.), Schweden (0,13 Mio.) sowie in den USA (0,25 Mio.) und Kanada (94 000). Die meisten Arbeitsmigranten jugoslaw. Herkunft sind ethnische Serben.

Serb. ist heute Staatssprache der Bundesrepublik Jugoslawien und regionale Amtssprache in den von Serben besiedelten Regionen Bosnien-Herzegowinas (sog. Republika Srpska). Serb. wird überwiegend (in Serbien heute fast ausschließl.) in kyrill. Schrift geschrieben; neben der Kyrillica ist in Montenegro und in Bosnien auch die Lateinschrift in Gebrauch.

Serb. ist eine südslaw. Sprache und am nächsten mit dem → Kroatischen verwandt. Es ist in zahlreiche lokale Mundarten ausgegliedert, die jedoch alle zur štokavischen Dialektzone gehören. Was das phonet. Kriterium der supradialektalen Gliederung (Reflex des urslawischen *Jat'*-Lautes) im serb. Sprachgebiet betrifft, so herrscht hier *e* (Ekavisch) vor, in westl. Gebieten Serbiens und Montenegros sowie in Bosnien-Herzegowina *-(i)je* (Jekavisch). Štokav.-Ekav. ist die Basis der serb. Schriftsprache.

Ebenso wie im Kroat. sind auch im Serb. mehr Elemente des gemeinslaw. Erbwortschatzes bewahrt als in anderen slaw. Sprachen. Durch den Einfluß der griech.-orthodoxen Kirche in Serbien übernahm das Serb. seit dem Mittelalter zahlreiche → griechische Lehnwörter. Vom 15. bis 19. Jh. dauerten die Lehnbeziehungen des Serb. zum Osman.-→ Türkischen an. Die Zahl → deutscher und → ungarischer Entlehnungen im Serb. ist bedeutend kleiner als vergleichsweise im Kroat. Dafür finden sich im serb. Wortschatz mehr → albanische Lehnwörter als im Kroat. Neologismen sind im Serb. mit Hilfe griech. Internationalismen und nach den Wortbildungsmustern des Russ.-Kirchenslaw. gebildet worden.

Die älteste slaw. Schriftsprache im Gebiet der Serben war das Altkirchenslaw. (seit der zweiten Hälfte des 9. Jh.). Im Verlauf des Mittelalters nahm diese Sprachform auf allgemein südslaw. Basis immer mehr Lokalkolorit an, so daß sich bis zum 12. Jh. eine serb.-kirchenslaw. Variante ausgebildet hatte. Die zunächst verwendete glagolit. Schrift wurde im 12. Jh. von der Kyrillica verdrängt. Die kyrill. Schrift wurde – in Anlehnung an die griech. Majuskelschrift – von Kliment von Ohrid entwickelt, einem Schüler des Slawenapostels Kyrillos, der seinerseits Schöpfer der Glagolica war. Während sich im Nachbarland Kroatien die Lateinschrift durchsetzte, blieb die Kyrillica in Serbien zu allen Zeiten in Gebrauch. Im 14. Jh. wurde sie in Serbien unter bulgar. und griech. Einfluß reformiert, während sich in Bosnien eine lokale Graphie entwickelte (Bosančica).

Zu den ältesten Schriftzeugnissen des Serb. gehören Steininschriften (z. B. die kyrill. Temnik-Inschrift aus Zentralserbien). Seit dem Ende des 12. Jh. sind daneben auch Manuskripte in Kirchenslaw. überliefert. Das älteste gedruckte Buch im serb.-orthodoxen Kulturkreis ist eine Sammlung liturg. Hymnen (Oktoechos), die im Jahre 1494 in Montenegro erschien. Die Schriftkultur in Serbien erlahmte, nachdem die Region im 15. Jh. osman.-türk. Provinz wurde. Aus den folgenden Jahrhunderten ist lediglich ein bescheidenes Schrifttum in Serb.-Kirchenslaw. überliefert.

Um einerseits dem Druck der osman. Herrschaft standzuhalten und andererseits den Versuchen der kathol. Kirche Ungarns entgegenzuwirken, bei den Serben in der Vojvodina zu missionieren, übernahm die orthodoxe Kirche Serbiens das Russ.-Kirchenslaw. als Schriftsprache. Nach Auffassung der serb. Kirche war die russ. Kirche damals der einzige Garant des orthodoxen Christentums. Als Folge dieser Entscheidung wurde in Serbien im 18. Jh. ein hybrides Schriftmedium verwendet, das willkürlich russ.-kirchenslaw. und serb.-volkssprachl. Eigenheiten vermischte, das sog. Slaweno-Serb.

Erst in der ersten Hälfte des 19. Jh. wird der Volkssprache (einer Koiné auf štokav. Basis) Aufmerksamkeit als Schriftmedium gewidmet. Die Neuanfänge des regional-serb. Schrifttums blieben aber von kurzer Dauer, denn die seit 1850 propagierte → serbokroatische Schriftsprache verbreitete sich rasch und wurde im Jahre 1868 als Staatssprache des Königreichs Serbien anerkannt. Als Reaktion auf die sprachpolit. Entwicklung in Kroatien in den 1970er Jahren verstärkte sich auch auf serb. Seite die Opposition gegen die als künstl. empfundenen Normen des Serbokroat. Es wurde die „serb. Literatursprache" (*srpski književni jezik*) propagiert. Seit der offiziellen Auflösung der serbokroat. Spracheinheit zu Beginn der 1990er Jahre werden im Schriftgebrauch Serbiens die traditionellen Eigenheiten des Serb. betont.

Lit.: Ivić 1971, Herrity 1998, Rehder 1998

Serbokroatisch (Serbo-Croat[ian], serbo-croate). Vor 150 Jahren gelang mit der Annahme einer einheitl. schriftsprachl. Ausdrucksform durch Serben und Kroaten der Durchbruch zur Vereinheitlichung des literar. Kulturschaffens, das noch in der ersten Hälfte des 19. Jh. durch regionalen Pluralismus gekennzeichnet war. Während in Kroatien und Bosnien verschiedene Varianten der → kroatischen Volkssprache verwendet wurden, bestand in Serbien zwischen der → serbischen Volkssprache und dem Kunstprodukt des Slaweno-Serb. eine unüberbrückbare Kluft.

Vuk Karadžić wich als erster von dem in Serbien gebräuchl. Kirchenslaw. ab und verwendete die Sprache seiner Heimatregion, den neo-štokavischen Dialekt im östl. Teil Herzegowinas. Auf sein Betreiben hin wurde auch das kyrill. Alphabet zur Schreibung dieser Schriftsprache reformiert und vereinfacht. Im Jahre 1850 unterzeichneten die serb. Literaten V. Karadžić und G. Daničić sowie die Kroaten J. Kukuljević, D. Demeter und I. Mazuranić die sog. Wiener Schriftsprachen-Vereinbarung, mit der man sich auf eine gemeinsame štokav.-jekav. Basis der Schriftsprache einigte. Die neue Schriftsprache (Serbokroat. bzw. Kroatoserb.) entsprach im wesentlichen der von Karadžić verwendeten Sprachform. Die Serben gaben damit das Slaweno-Serb. auf, die Kroaten den ikav. und den lokalen Schriftdialekt von Dubrovnik.

Bald schon wurde die gemeinsame Basis der Schriftsprache regional modifiziert. In Serbien wurde die ekav. Lautung des Štokavischen angenommen, in Kroatien, Bosnien, Herzegowina und in Montenegro hielt man an der jekavischen Lautung fest (also *mleko* vs. *mlijeko* ‚Milch'). In Serbien war der Sprachgebrauch durch eine Vielzahl von → türkischen Lehnwörtern und durch Internationalismen gekennzeichnet, in Kroatien lehnte man Turzismen weitgehend ab und propagierte Neologismen unter Verwendung slaw. Elemente (entweder entlehnt aus dem → Tschechischen und → Slowenischen oder als Ableitungen von slaw. Erbwörtern). Zudem wurde die Schreibung des Serbokroat. in zwei Alphabeten (Kyrillica und Latinica bei den Serben, ausschließl. Lateinschrift bei den Kroaten) beibehalten.

Während der Zeit des Ultranationalismus im unabhängigen Kroatien der Kriegsjahre 1941–44 betonten die Kroaten die Selbständigkeit der kroat. Schriftsprache gegenüber dem überregionalen Serbokroat. Im neuen sozialist. Jugoslawien versuchte man den kroat. Regionalismus durch sprachl.-normative Kompromisse abzumildern. Das Serbokroat. in seinen Varianten war die Hauptverkehrssprache aller Ethnien, auch der Slowenen, Albaner und Makedonen in Jugoslawien. Bereits in den 1960er Jahren zeichnete sich jedoch ein Scheitern der normativen Sprachpflege des Serbokroat. ab. 1967 veröffentlichten kroat. Wissenschaftler und Literaten eine Deklaration, worin die Existenz zweier Schriftsprachen, Kroat. und Serb., anerkannt wird. Seit den 1970er Jahren sprach man in Kroatien von der „kroat. Literatursprache"; eine ähnl. Entwicklung vollzog sich in Serbien. Der Zerfall Jugoslawiens 1991 bedeutete das offizielle Ende des Serbokroat. Auch die muslim. Bosnier propagieren heute ihre eigene Sprache (*bosanski jezik*).

Lit.: Herrity 1998, Popović 1960, Rehder 1998

Shona (Shona, shona). Shona gehört zu den sprecherreichen Bantusprachen im südl. Afrika. Es ist die Muttersprache von rund 7 Mio. Menschen verschiedener ethnischer Affiliation. Dazu gehören 2,25

Mio. Karanga, 1,8 Mio. Zezuru, 1,26 Mio. eigentliche Shona, 0,3 Mio. Korekore und andere Stämme. Die meisten Sprecher des Shona (6,225 Mio.) sind in Simbabwe (Mashonaland) beheimatet, wo sie rund 55 % der Landesbevölkerung ausmachen. Shona wird auch in Mosambik (0,76 Mio.), Sambia (15 000 Goba/Korekore), Botswana und in Malawi gesprochen.

Shona gehört zu den eigentlichen Bantu-Sprachen (Narrow Bantu) und innerhalb dieser Gruppierung zur südl. Untergruppe (Bantu S). Shona ist dialektal stark zersplittert. Es hat seit Jahrhunderten im Kontakt zu anderen afrikan. Sprachen gestanden, und seit dem 19. Jh. auch zu europ. Sprachen, v.a. zum → Afrikaans und → Englischen. Aus afrikan. Kontaktsprachen sind u. a. folgende Ausdrücke entlehnt: *mosi watunya* ‚Victoriafälle‘ (wörtl. ‚Rauch des Donners‘) aus dem Tonga, *bwidi* ‚Immigrant aus Malawi‘ aus dem Nyanja, *ndege* ‚Flugzeug‘ aus dem → Swahili. Dem Afrikaans sind Shona-Begriffe wie *dhoropa* ‚Dorf‘, *hure* ‚Prostituierte‘, *hembe* ‚Hemd‘ oder *bhirifi* ‚geschriebener Arbeitsvertrag‘ entlehnt. Der größte Teil des modernen Wortschatzes im Shona ist aber engl. Herkunft (z. B. *foni* ‚Telefon‘, *shopu* ‚Geschäft, Laden‘, *tayira* ‚Autoreifen‘, *firimu* ‚Kinofilm‘, *chikoro* ‚Schule‘).

Als gegen Ende des 19. Jh. Teile der Bibel ins Shona übersetzt wurden und damit diese Sprache erstmals als Schriftmedium fungierte, waren der Karanga- und Zezuru-Dialekt die wichtigsten schriftsprachl. Varianten. Erst in den 1930er Jahren gelang es, auf der Basis von sechs Shona-Dialekten eine Ausgleichsform zu schaffen. Karanga und Zezuru stellen im wesentlichen die grammat. Basis, weitere vier Dialekte sind die Quellen, aus denen sich der Wortschatz der Standardsprache zusammensetzt. Aufgrund einer Orthographiereform des Jahres 1967 orientiert sich die Schreibung des Shona an der Lautung des Zezuru-Dialekts von Salisbury.

Da die grammat. und lexikal. Infrastruktur des Standard-Shona ein Planprodukt ist, hat dieses künstl. Shona zwar interregionale Verbreitung als Schriftsprache, es wird aber von niemandem gesprochen. Das gesprochene Shona orientiert sich wie früher auch an lokalen Varianten der Sprache. Shona wird in der Primarstufe der Schulausbildung in Simbabwe unterrichtet.

Lit.: Ansre 1971, Brauner 1994

Siamesisch → Thailändisch

Singhalesisch (Sinhala/Sinhalese, sinhala). Singhales. ist die Muttersprache von etwa 13,5 Mio. Singhalesen, von denen die meisten in Sri Lanka beheimatet sind (ca. 72% der Landesbevölkerung). Der Anteil der Singhalesen an der Bevölkerung lag noch in den 1980er Jahren bei etwa 75%, ist aber seither gesunken. Grund dafür ist der Zuwachs der zweitgrößten ethnischen Gruppe Sri Lankas, der tamilischen Minderheit (3 Mio.). Deren Geburtenüberschuß übersteigt den der Singhalesen. Die Tamilen sprechen → Tamilisch als Primärsprache und auf unterschiedl. Niveau Singhales. als Zweitsprache. Außerhalb Sri Lankas leben Singhalesen in folgenden Staaten: Vereinigte Arabische Emirate (25 000), Kanada (3000), Malediven (1400), Singapur (850), Thailand u. a.

Das Singhales. besitzt in Sri Lanka seit 1956 amtl. Status. Offiziell fungiert auch das Tamil. seit 1987 als regionale Amtssprache neben dem Singhales. in den Siedlungsgebieten der Tamilen (im Norden und Nordosten des Landes). In den von den tamil. Separatisten kontrollierten Regionen wird aber ausschließl. Tamilisch verwendet. Das → Englische ist offiziell als Arbeitssprache der Verwaltung Sri Lankas anerkannt.

Singhales. ist eine indische (indo-arische) Sprache; der → indoiranische Sprachzweig gehört zur → indoeuropäischen Sprachfamilie. Das Singhales. hat eine eigenwillige Entwicklung durchgemacht. Schon vor mehr als 2000 Jahren hat es sich aus dem areallinguist. Kontinuum der übrigen ind. Sprachen gelöst. Mit Migranten unter dem legendären Führer Vijaya ist die Sprache wahrscheinlich im Laufe des 6. oder 5. Jh. v. Chr. vom ind. Festland nach Sri Lanka (ins histor. Ceylon) gelangt. Dem Ursprungsmythos zufolge war Vijaya der Enkel eines mythischen Tigers mit Namen Sinha. Die Anhänger Vijayas nannten sich daher Sinhala.

Ebenso isoliert wie das Singhales. hat sich das genealog. am nächsten verwandte Divehi auf den Malediven entwickelt. Diese beiden Sprachen repräsentieren mit dem Veddah im Südosten Sri Lankas die singhales.-malediv. Untergruppe des ind. Sprachzweigs. Innerhalb dieser Makrogruppe weisen die verwandtschaftl. Beziehungen des Singhales. zum → Bengalischen im Osten und zum Gujarati im Westen.

Im Sprachgebrauch des Singhales. existiert ein großer Unterschied zwischen der geschriebenen Hochsprache (Ebene des formalen Stils) und der gesprochenen Umgangssprache (informeller Stil).

Während beispielsweise in der Schriftsprache grammat. Kongruenz der Verbformen im Hinblick auf die Markierung von Person, Numerus und Genus gilt, existieren entsprechende Unterscheidungen im gesprochenen Singhales. nicht. Auch die Kasus werden unterschiedl. gebildet. Während der Wortschatz der Hochsprache durch eine Vielzahl von Kulturwörtern aus dem → Sanskrit geprägt ist (z.B. singhales. *prema* ‚Liebe‘, *musika* ‚Maus‘, *samyoga* ‚Verbindung‘), fehlen die meisten davon im gesprochenen Singhales.

Der Wortschatz des Singhales. hat zwar seinen elementaren ind. Charakter bewahrt, im Laufe der Jahrhunderte sind seine Strukturen aber vom Einfluß → dravidischer Kontaktsprachen (hauptsächl. des Tamil. und → Malayalam) deutlich überformt worden. Zu den vielen hundert Ausdrücken dravid. Herkunft im Singhales. gehören auch Elemente der Verwandtschaftsterminologie; z.B. singhales. *massinā* ‚Cousin‘, *akkā* ‚ältere Schwester‘, *appocci* ‚Vater (umgangssprachl.)‘. Auch in der Syntax des Singhales. manifestiert sich die Einwirkung des Dravid. Während das Singhales. mit anderen ind. Sprachen die Endstellung des Verbs im Satz teilt, werden wie im Dravid. modifizierende Elemente sämtlich vor das Beziehungswort gestellt. Diese syntakt. Sprachtechnik wird „Linksverzweigung“ (nach engl. left-branching) genannt.

Seit dem 16. Jh. steht das Singhales. im Kontakt mit europ. Sprachen, zunächst mit dem → Portugiesischen und → Niederländischen (z.B. singhales. *mēsaya* ‚Tisch‘ < portug. *mesa*, *kantōruva* ‚Büro‘ < niederl. *kantoor*), später auch mit dem Engl. Seit etwa 150 Jahren hat das Engl. einen entscheidenden Anteil an der Modernisierung des singhales. Wortschatzes. Neologismen engl. Herkunft oder mit einer engl. Komponente gibt es zu Hunderten (z.B. singhales. *kār*, *kāraya* ‚Auto‘ < engl. *car*, *dismiss karanavā* ‚entlassen‘ < engl. *dismiss* + singhales. *kara* ‚machen‘, *inspektar kenek* ‚Inspektor‘ < engl. *inspector* + singhales. *kenek* ‚Person‘).

Die Schrifttradition des Singhales. geht auf das 3. Jh. v. Chr. zurück; aus jener Zeit sind Inschriften erhalten. Kontinuierlich wird das Singhales. als Schriftsprache seit dem 9. Jh. n. Chr. verwendet. Man weiß zwar, daß auch in der Zeit davor zahlreiche Texte entstanden sind, diese sind aber sämtlich verschollen. In singhales. Sprache ist eine umfangreiche Literatur aufgezeichnet worden. Der größte Teil der Texte sind solche buddhist. Inhalts. Im 13. Jh. ist ein klassisches Werk der grammat. Literatur („Sidatsaṅgarā“) entstanden. Die singhales. Schrift ist von der ind. Brahmi-Schrift abgeleitet und besteht aus 58 Buchstaben (16 Zeichen für Vokale, 42 für Konsonanten). Dieses komplexe Schriftsystem ist erfolgreich für den Gebrauch in Schreibcomputern adaptiert worden.

In der Sprachgeschichte des Singhales. werden die folgenden Perioden unterschieden: mittelind. Prakrit mit singhales. Eigenheiten (ca. 200 v. Chr.–5. Jh. n. Chr.), Altsinghales. (5. Jh.–8. Jh.), mittelalterl. Singhales. (8.–13. Jh.), Neusinghales. (seit dem 13. Jh.).

Lit.: Disanayaka 1991, Gair 1992, Jayawardena-Moser 1990

Sinotibetische Sprachen (insgesamt 360 Sprachen). Sprachen dieser Makro-Gruppierung werden von Nordchina bis zur Malaiischen Halbinsel, von Zentralasien bis nach Nordvietnam gesprochen. Der sinit. Sprachzweig ist vertreten durch verschiedene Varianten des → Chinesischen. Am zahlreichsten sind die Sprachen des tibetisch-burmes. Zweigs, der sich in mehrere Untergruppen ausgliedert. Der genealog. Zusammenhang der sinotibet. Sprachen ist wesentl. lockerer als in anderen Sprachfamilien (z. B. → indoeuropäische oder → uralische Sprachen). Aufgrund der Verschiedenheiten zwischen den Sprachen des tibetisch-burmes. Sprachzweigs und des sinit. Komplexes der chines. Sprachvarianten ist es bisher nicht gelungen, eine proto-sinotibet. „Ursprache" zu rekonstruieren.

Die Wortstruktur des Chines. ist überwiegend einsilbig, die grammat. Strukturen isolierend. Demgegenüber sind die Sprachen des tibetisch-burmes. Zweigs agglutinierend, weshalb mehrsilbige Wörter häufig vorkommen. Zu den in den sinotibet. Sprachen weit verbreiteten lautl. Besonderheiten gehört die Unterscheidung von Tonhöhenstufen. Tonsysteme können einfach (z. B. Unterscheidung von zwei Tonemen im Dzongkha) oder komplex sein (z. B. vier Toneme im Mandarin-Chines., acht Toneme im Kaduo oder neun Toneme im Kantones.).

Die verwandtschaftl. Beziehungen der tibetisch-burmes. Sprachen wurden in den 1880er und 1890er Jahren erkannt und wissenschaftl. begründet. Die Verwandtschaft mit dem Chines. ist erst im 20. Jh. nachgewiesen worden. Da zu dieser Sprachfamilie zahlreiche kleinere Sprachen gehören, die nur spärlich dokumentiert sind, existiert bislang keine umfassende vergleichend-histor. Grammatik der sinotibet. Sprachen.

Einige sinotibet. Sprachen haben als Kultursprachen eine lange Tradition. Das Chines. wird seit etwa 1200 v. Chr. geschrieben, die → tibetische literar. Überlieferung setzt im 7. Jh. ein, und → Burmesisch (Birmanisch) ist seit dem 11. Jh. verschriftet. Bedingt durch die große Sprecherzahl der chines. Sprachvarianten (1,2 Milliarden) machen die sinotibet. Sprachgemeinschaften rund ein Fünftel der Weltbevölkerung aus.

Gruppierungen:
- Chinesisch (14)
- Tibeto-Burmesisch (345): Barisch (Kachinisch, Konyak-Bodo-Garo, Kuki-Naga) – Bodisch – Burmesisch-Lolo (Burmesisch/Birmanisch, Lolo) – Karen (Pho, Sgaw-Bghai) – Nungisch – Qiang

Lit.: Benedict 1972, DeLancey 1992, Shafer 1966–74

Sioux (17 Sprachen). Sprachen dieser Gruppierung wurden vor Ankunft der Europäer im zentralen Tiefland Nordamerikas gesprochen, von der kanad. Tiefebene bis hinunter zum südl. Flußtal des Mississippi, von den Appalachen im Osten bis zu den Rocky Mountains im Westen. Heute haben sich Sioux-Sprachen nur in einigen Enklaven dieses ehemals weiten Verbreitungsgebiets gehalten. Die Sprecher einer von den anderen Sioux-Sprachen geograph. isolierten, aber mit ihnen verwandten Sprache, des Catawba, leben im Osten der USA, im nördl. Teil von South Carolina. Die sprecherreichste Sioux-Sprache ist das Dakota (19000), das in Nebraska, Minnesota, Nord- und Süd-Dakota sowie in Montana verbreitet ist.

Sko. Diese Sprachen, von denen die sprecherreichste das Warapu (3000) ist, gehören zu den einheim. Papua-Sprachen. Sie werden sowohl auf indones. Seite, in Irian Jaya, als auch im westl. Papua-Neuguinea gesprochen.

Slawische Sprachen. Die slaw. Sprachen sind ein Hauptzweig der → indoeuropäischen Sprachfamilie. Mit dem balt. Sprachzweig bestehen die engsten Beziehungen. Während die Forschung früher davon ausging, daß die sprachl. Ähnlichkeiten des Slaw. und Balt. das Ergebnis eines gemeinsamen Ausgliederungsprozesses aus dem protoindoeurop. Kontinuum sind, stellt man heutzutage die Frage, ob sich solche Ähnlichkeiten nicht vielleicht aus langfristigen wechselseitigen Kontakten beider Gruppen erklären. Die Ausgliederung des Slaw. als indoeurop. Sprachzweig kann in der Zeit nicht so weit zurückverfolgt werden wie beispielsweise die Ausgliederung des → Indo-Iranischen und weiter des Indischen sowie Iranischen. Im Zeitraum zwischen dem 5. und 9. Jh. n. Chr. migrierten die Slawen in ihre späteren Siedlungsgebiete, und in jener Periode löst sich das gemeinslaw. Sprachstadium auf.

Die Rekonstruktion eines proto-slaw. Sprachzustands (Urslawisch) vor dieser Zeit ist zwar sprachwissenschaftl. berechtigt, bleibt aber kulturhistorisch problematisch, denn ein solches linguist. Konstrukt läßt sich kulturchronolog. nur schwer mit der Abfolge regionaler Kulturstufen im östl. Europa koordinieren und nur bedingt in eine Beziehung zu den frühen Migrationen der Slawen setzen. Viele Slawisten stimmen dahingehend überein, daß die Zarubinec-Kultur (2. Jh. v. Chr.–2. Jh. n. Chr.) am oberen Dnepr wohl mit der Urheimat der Slawen gleichzusetzen ist, während die zeitgleiche Przewor-Kultur im Nordwesten davon mit dem Siedlungsgebiet der frühen Balten zu assoziieren ist. Die Tschernjakovo-Kultur, die sich vom 2. bis 5. Jh. n. Chr. nördl. des Schwarzen Meeres entfaltete, wurde nicht nur von Slawen, sondern auch von ostseefinn. Völkern im Norden, von iran. Steppennomaden im Süden und von ostgerman. Stämmen (Goten, Gepiden) getragen.

Die slaw. Einzelsprachen (Slawinen) werden aufgrund phonet. Kriterien in drei Hauptgruppen eingeteilt, in die westl., östl. und südl. Sprachen. Im Mittelalter waren slaw. Sprachen bis an die Elbe verbreitet (Elbslawisch), und bis zum Beginn des 18. Jh. wurde im Kreis Dannenberg Polabisch (Drawäno-Polabisch) gesprochen. Während das Verbreitungsgebiet slaw. Sprachen vom Mittelalter bis zur frühen Neuzeit in Mitteleuropa geschrumpft ist, dehnte es sich mit der russ. Kolonisation seit Beginn der Neuzeit in die von Nichtrussen (türk. Völkern) bewohnten Regionen Osteuropas, nach Südsibirien hinein und schließlich bis an die Pazifikküste aus.

Aufgrund der ständigen Migrationsbewegung von Angehörigen slaw. Völker seit dem 19. Jh. nach Übersee sind slaw. Sprachen insbesondere nach Nordamerika (in die USA und Kanada) exportiert worden. In diesen beiden Ländern mit ihren zahlreichen europ. Migrantengruppen werden alle slaw. Sprachen gesprochen, größere wie → Russisch, → Polnisch oder → Bulgarisch ebenso wie kleinere (z. B. → Slowenisch, → Kaschubisch oder → Sorbisch). Mit mehr als 240 Mio. Sprechern (Primär- und Zweitsprachlern) ist Russ. die mit Abstand sprecherreichste der slaw. Sprachen. Kaschub. oder Sorb. werden dagegen nur von wenigen zehntausend Sprechern gesprochen.

Die slaw. Einzelsprachen haben sich seit dem Mittelalter in einem kontinuierl. Ausgliederungsprozeß herausgebildet, und dieser Prozeß dauert bis heute an. Nach ihrer Entstehungsperiode kann man ältere Slawinen (z.B. → Makedonisch, Bulgar., Russ.) von jüngeren Sprachen (z.B. → Ukrainisch, → Slowakisch, Kaschub.) und alle diese wiederum von den erst in der Neuzeit entstandenen Sprachen unterscheiden. Zu den modernen slaw. Sprachen gehören etwa das Westpolessische, das seit dem 18. Jh. in der Region zwischen Brest und Kiev Eigenprofil gewinnt, das Resianische der Slowenen in der norditalien. Provinz Udine, das Russinische (Ruthenische) in Serbien, Kroatien, im Südwesten der Ukraine, im Südosten Polens, im Osten der Slowakei und im nördl. Ungarn, das Banater Bulgarisch, das Molise-Kroatisch in Süditalien und das Bosnische, die Sprache der Muslime in Bosnien. Eine Folge der Auflösung des sozialist. Jugoslawien ist die neuerliche offizielle Trennung des → Kroatischen und → Serbischen.

Die slaw. Schriftkultur blickt auf eine mehr als tausendjährige Tradition zurück. Während das dominierende Medium der Schriftlichkeit in den meisten Regionen Westeuropas (mit Ausnahme Irlands) bis weit ins Mittelalter hinein das → Lateinische blieb, setzte sich im slaw. Sprachraum schon früh der Gebrauch einer einheim. Schriftsprache durch. Die Initiative zur Ausbildung dieses sog. Altkirchenslaw., einer dem Gemeinslaw. nahestehenden Sprachform mit südslaw. Kolorit, gingen im 9. Jh. von den als „Slawenapostel" bekannten, aus Saloniki stammenden Missionaren Kyrill und Method aus. Einer von Kyrills Schülern, Kliment, führte die Tradition in Makedonien weiter.

Über das Mittelalter hinaus behielt das Kirchenslaw. sein Prestige als Hochsprache des orthodoxen Klerus und als Bildungssprache bei, in Rußland wie auch in Bulgarien und Serbien. Bis ins 18. Jh. war das Russ.-Kirchenslaw. in Rußland als Schriftsprache gebräuchlicher als das Russ. Die Dominanz des Kirchenslaw. als Hochsprache bei den Ost- und Südslawen förderte einerseits die Entstehung eines reichen Schrifttums, führte andererseits aber zu einem Konflikt mit lokalen slaw. Volkssprachen, deren Emanzipation als Schriftmedien behindert wurde. In einem langwierigen Ablösungsprozeß setzten sich schließlich Russ., Bulgar. und Serb. gegen den

Prestigedruck des Kirchenslaw. durch und profilierten sich als neuzeitl. Nationalsprachen.

Eine der slaw. Sprachen hat Geltung als → Weltsprache erlangt, das Russ. Dies erklärt sich aus dem polit. Gewicht des histor. und modernen Rußland, aus dem Umstand, daß Russ. – als Folge des Sowjetimperiums – nicht nur bei Russen, sondern auch bei Nichtrussen verbreitet ist (als Primärsprache der Assimilanten oder als Zweitsprache), daß seit über hundert Jahren ein nicht geringer Teil des wissenschaftl. Originalschrifttums in Russ. verfaßt worden ist und daß Russisch zum Kreis der Sprachen mit mehr als 100 Mio. Sprechern gehört. In seiner internationalen Geltung rangiert es allerdings weit hinter dem → Englischen, → Französischen und → Spanischen.

Gliederung:
- Westslawisch: → Polnisch, → Tschechisch, → Slowakisch, Kaschubisch, Ober- und Niedersorbisch
- Ostslawisch: Russisch, Weißrussisch, Ukrainisch, Russinisch, Westpolessisch
- Südslawisch: → Serbokroatisch (Serbisch/Kroatisch/Bosnisch), Slowenisch, Bulgarisch, Makedonisch, Resianisch, Molise-Kroatisch u. a.

Lit.: Bräuer 1961–69, Comrie/Corbett 1993, Rehder 1998

Slowakisch (Slovak, slovaque). Als Muttersprache wird Slowak. von etwa 5,7 Mio. Menschen gesprochen. Einige Schätzungen belaufen sich auf über 7 Mio. Die meisten Slowaken sind in der Slowakei (4,9 Mio.; entspr. 85,7 % der Landesbevölkerung) beheimatet. Zahlreiche Slowak.-Sprecher leben in anderen Staaten Ostmitteleuropas: Tschechien (0,3 Mio.), Ungarn (0,1 Mio.), Polen (38000), Ukraine (12000), Rumänien (34000), Jugoslawien (0,1 Mio.). Die meisten slowak. Außengruppen in Übersee gibt es in Nordamerika (USA: 0,51 Mio., Kanada: 17000). Slowak. ist Nationalsprache und Staatssprache der Slowakei, die sich 1993 aus dem ehemaligen Staatsverband der Tschechoslowakei gelöst hat.

Slowak. ist eine → slawische Sprache und gehört mit dem → Tschechischen, → Polnischen und → Sorbischen zur Gruppe der westslaw. Sprachen. Verwandtschaftl. am nächsten steht dem Slowak. das Tschech. Das Sprachgebiet gliedert sich in drei Dialektzonen aus: Westslowak. (mit eigentlich slowak. Mundarten sowie dem Mährisch-Slowak., das dem Tschech. in Mähren sehr ähnlich ist); Mittelslowak. bis zu einer Linie Hohe Tatra – Niedere Tatra – Erzgebirge – Rimavská Sobota; Ostslowak. Der ostslowak. Dialekt hebt sich von den anderen Dialekten deutlich durch seine Betonung ab. Während im Slowak. allgemein Anfangsbetonung vorherrscht, liegt der Wortakzent im Ostslowak. auf der vorletzten Silbe. Die älteste Schicht im slowak. Wortschatz stellen slaw. Erbwörter, von denen die meisten Parallelen im Tschech. haben (z. B. slowak. *stôl* vs. tschech. *stůl* ‚Tisch‘, slowak./tschech. *vyvoj* ‚Entwicklung‘, slowak. *riadit'* vs. tschech. *řídit* ‚führen, lenken‘). Die Zahl der Elemente slaw. Herkunft im Slowak. erhöht sich durch die Entlehnungen aus verwandten Sprachen. Tschech. Lehnwörter haben ihre Gestalt nur wenig durch die Anpassung an das slowak. Lautsystem verändert (z. B. slowak. *zmluva* ‚Vertrag‘ < tschech. *smlouva, jazda* ‚Fahrt‘ < *jízda*). Zu den Russismen im Slowak. gehören u. a. *príroda* ‚Natur‘, *obzor* ‚Horizont‘ und *vzduch* ‚Luft‘.

Im slowak. Sprachgebiet hat sich der Einfluß des → Lateinischen bemerkbar gemacht. Die Slowakei gehörte territorial zum Königreich Ungarn, wo Latein bis Mitte des 19. Jh. Amts- und Bildungssprache war. Latinismen im Slowak. sind z. B. *škola* ‚Schule‘, *žiak* ‚Anhänger‘ und *tabul'a* ‚Tafel‘. Lehnwörter → ungarischer Herkunft finden sich v. a. in den Dialekten, aber auch in der Schriftsprache (z. B. *chýr* ‚Kunde, Nachricht‘, *kefa* ‚Bürste‘ und *gazda* ‚Bauer‘). Das → Deutsche hat dem Slowak. Hunderte von Lehnwörtern vermittelt (z. B. slowak. *farba* ‚Farbe‘, *d'akovat'* ‚danken‘, *papier* ‚Papier‘).

Das → Englische wirkt erst seit kurzem direkt auf das Slowak. ein, während vor dem Zweiten Weltkrieg Anglismen über das Tschech. oder Deutsche vermittelt wurden. Ältere Anglismen sind z. B. *dzez* ‚Jazz‘, *gol* ‚Tor (beim Fußball)‘ und *sport.* Moderne engl. Lehnwörter werden lautl. nur wenig angeglichen (z. B. *dizajn* ‚Design‘, *komputer, rock, kvazar*).

Die Geschichte der slowak. Schriftsprache ist die ihrer Abstandnahme von der tschech. Nahsprache, unter derem hochsprachl. Einfluß das Slowak. lange gestanden hat. Slowak. Ausdrücke sowie Personen- und Ortsnamen finden sich in tschech., latein. und kirchenslaw. Texten seit dem 14. Jh. Jahrhundertelang wurde Slowak. nicht als selbständige Schriftsprache verwendet. Die slowak. Protestanten bedienten sich des Tschech., das durch die klassische Übersetzung der Kralitzer Bibel Popularität gewonnen hatte. Andere slowak. Autoren schrieben latein. Es sind lediglich slowak. Eigenheiten in zahlreichen tschech. Texten festzustellen, die von

Slowaken geschrieben wurden. In einigen Traktaten über das Tschech. aus dem 17. Jh. werden die Slowaken aufgefordert, sich um die Pflege ihrer Sprache zu bemühen.

In einer Zeit, als sich in der Slowakei ein Nationalbewußtsein entfaltete, unternahm Anton Bernolák (1762–1813) den ersten systemat. Versuch, das Slowak. zu verschriften. In seinen latein. geschriebenen Werken („Dissertatio philologico-critica de litteris Sclavorum..." von 1787, „Lingvae slavonicae... orthographia" von 1788, „Grammatica slavica" von 1790) arbeitete Bernolák Normen für das Slowak. auf der Basis des westslowak. Dialekts aus. Die *Bernoláčina* (,Sprache Bernoláks') konnte sich aber nur bei den Katholiken durchsetzen.

Im 19. Jh. erfolgte der eigentl. Durchbruch zur Konsolidierung einer gemeinslowak. Schriftsprache. Das neue slowak. Schriftmedium ist im wesentlichen die Leistung von L'udovít Štúr (1815–1856). Indem er das Mittelslowak. als Basis der Schriftsprache wählte, brach Štúr mit der Schrifttradition des Tschech. und der Sprache Bernoláks. Die *Štúrčina* (,Sprache Štúrs') wurde 1844 von der Kulturorganisation Tatrín angenommen; Štúrs grundlegende Grammatik erschien im Jahre 1846. Seit 1863 wurde die Pflege der slowak. Schriftsprache vornehmlich von dem slowak. Bildungszentrum Matica Slovenská getragen.

Seit Mitte des 18. Jh. wurde auch das Ostslowak. geschrieben, und zwar von den Kalvinisten. Im 19. Jh. gelangte diese Schriftsprachenvariante auch mit Auswanderern in die USA. Dort erschienen in den 1880er Jahren einige Zeitungen auf Ostslowak. Die griech.-kathol. Slowaken in Serbien (Vojvodina) und in Kroatien (Slawonien) verwenden bis heute das Ostslowak. (Zempliner Mundart) als Schriftsprache. Geschrieben wird diese Variante des Schriftslowak. im kyrill. Alphabet.

Lit.: Mistrík 1983, Mistrík/Ehrgangová 1994, Short 1993

Slowenisch (Slovene, slovène). Insgesamt 2,4 Mio. Menschen sprechen Slowen.; davon sind die meisten in Slowenien beheimatet (1,75 Mio.; entspr. 87,8 % der Landesbevölkerung von knapp 2 Mio.). Slowenen leben auch in Österreich (45 000), Italien (0,1 Mio.), Ungarn (4200) und in den Staaten des ehemaligen Jugoslawien. Die Zahl der Auslandsslowenen in Westeuropa (Deutschland, Frankreich) sowie in Übersee (USA, Kanada, Argentinien) wird auf 0,5 Mio. geschätzt. Slowen. ist Nationalsprache und Staatssprache des seit 1991 unabhängigen Slowenien.

Slowen. ist eine südslaw. Sprache. Am nächsten verwandt ist das Slowen. mit dem → Kroatischen. Beide Sprachen sind Vertreter der westl. Untergruppe des Südslaw. Das Sprachgebiet ist dialektal stark zersplittert. Unterschieden werden sieben Hauptgruppen mit zahlreichen lokalen Mundarten: pannon. (*panonski*) Dialekte, steirische (*štajerski*) Mundarten, Kärntner (*koroški*) Dialekte, Küstenmundarten (*primorski*), Gereutermundarten (*rovtar*), oberkrain. (*gorenjski*) Dialekte, unterkrain. *(dolenjski)* Dialekte. Die moderne Standardsprache ist eine Ausgleichsform, die im wesentlichen Eigenheiten der beiden krainischen Dialekte sowie des Kärntner Dialekts aufweist.

Zu den ältesten Bestandteilen des slowen. Wortschatzes gehören slaw. (gemeinslaw., südslaw.) Erbwörter (z. B. slowen. *drug* ‚anders (Adj.)‘, *kraj* ‚Rand‘, *žena* ‚Ehefrau‘). Der slaw. Anteil im Slowen. ist aber bedeutend größer. Rund ein Drittel des slowen. Wortschatzes wurde aus anderen slaw. Sprachen entlehnt, darunter zahlreiche Entlehnungen aus dem Kirchenslaw. und Kroat. (z. B. slowen. *život* ‚Leben‘, *podoba* ‚Bild‘, *zdravilo* ‚Medikament‘, *stolp* ‚Turm‘, *milo* ‚Seife‘). Bereits im 16. Jh. bemühten sich Sprachpfleger, deutsche Lehnwörter (s. u.) durch Slawismen zu ersetzen. Dieser Trend hat sich im 20. Jh. verstärkt und noch stärker nationalisiert, indem auch ältere kroat. und kirchenslaw. Elemente durch einheim. slowen. Ausdrücke ersetzt worden sind.

Den stärksten Einfluß auf das Slowen. hat das → Deutsche genommen, das seit dem Mittelalter in gesprochener und geschriebener Form wirkte. Die Sprache der religiösen Schriften im 16. Jh. ist stark von Germanismen überformt (z. B. slowen. *gmajna* ‚Gemeinde‘, *nuc* ‚Nutzen‘, *gnada* ‚Gnade‘). Ältere deutsche Lehnwörter, die später durch Slawismen ersetzt wurden, sind *erbati* ‚erben‘, *pild* ‚Bild‘, *kista* ‚Kiste‘ und *frišen* ‚frisch‘. Im Sprachgebrauch des slowen. Prosaschrifttums und der Publizistik finden sich weniger Germanismen als in der Belletristik, wo alte Entlehnungen wie slowen. *kant* ‚Bankrott‘ (< bairisch), *jerob* ‚Vormund‘ (< bairisch) und *zemlja* ‚Semmel‘ durchaus gebräuchlich sind.

Das erste Schriftdenkmal einer slaw. Sprache in Lateinschrift, das einige slowen. Eigenheiten aufweist, sind die gegen Ende des 10. Jh. entstandenen „Freisinger Denkmäler“ (eine Beichtformel, eine Ho-

milie über die Beichte und ein Beichtgebet). Mit diesen Textfrag-
menten beginnt aber keine kontinuierl. Schriftgeschichte des Slowen. Auch einige religiöse Texte aus dem 14. und 15. Jh. stehen isoliert da.

Erst Primož Trubar, der Vertreter des Protestantismus in Slowenien, legte die Grundlage für eine eigentliche schriftsprachl. Tradition des Slowen. Die ersten Bücher in slowen. Sprache sind Trubars
Werke („Catechism" und „Abecedarium"), die beide 1550 in Tübingen gedruckt wurden. Seine Übersetzung des Neuen Testaments
war 1560 vollendet. Die vollständige Bibelübersetzung ins Slowen.
von J. Dalmatin erschien im Jahre 1584 in Wittenberg. Im gleichen
Jahr veröffentlichte A. Bohorič die erste Grammatik des Slowen. (in
latein. Sprache: „Arcticae Horulae"). H. Megiser erarbeitete das erste Wörterbuch der neuen Schriftsprache („Dictionarium quatuor
linguarum", 1592 und 1603).

Gegen Ende des 16. Jh. gewann die Gegenreformation in Slowenien an Boden, und die protestant. Schriftkultur verfiel. Erst in der
zweiten Hälfte des 18. Jh. begannen auch die Katholiken, sich des
Slowen. als Schriftsprache zu bedienen. Vorbereitet durch die 1808
erschienene Grammatik von J. Kopitar, der die dialektale Basis des
protestant. Schriftslowen. bei gleichzeitiger Vermeidung von Germanismen befürwortete, stabilisierte sich die Grundlage des slowen. Schriftstandards (mit seiner deutl. Anlehnung an die Krainer
Dialekte) um die Mitte des 19. Jh. Ähnlich wie im → Tschechischen
besteht eine große Diskrepanz zwischen slowen. Schrift- und Umgangssprache.

Lit.: Pohl 1994, Striedter-Temps 1963, Svane 1958

Somali (Somali, somali). Somali wird von rund 8,4 Mio. Menschen
gesprochen. Die meisten Sprecher sind in Somalia beheimatet (6,7
Mio.; rund 95 % der Landesbevölkerung). Das histor. Siedlungsgebiet der Somali erstreckt sich in den südl. Teil Äthiopiens, wo 2,5
Mio. Sprecher des Somali leben. Andere Außengruppen von Somali
gibt es in Kenia (0,312 Mio.), im Jemen (0,29 Mio.), in Dschibuti
(0,181 Mio.), in den Vereinigten Arabischen Emiraten (0,1 Mio.), in
Saudi-Arabien u.a.

Infolge der Bürgerkriegsunruhen haben viele Somali ihre Heimat
in den 1990er Jahren verlassen und sind als Asylsuchende in die
Staaten West- und Nordeuropas gekommen. In Finnland liegt der

Anteil der Somali-Flüchtlinge an der Gesamtzahl der „Neufinnen" im Land besonders hoch. Unter den Neufinnen nichteurop. Herkunft sind die Somali (fast 2000) nach Vietnamesen und Arabern die drittstärkste ethnische Gruppe.

„Somali" ist ein Sammelbegriff für eine Vielzahl von Clan-Organisationen, denen jeweils lokale ethnische Gruppen (Somal-Stämme) untergeordnet sind. Die wichtigsten dieser Clan-Verbände sind die Isaaq, Absami, Habargidir, Abgal, Darod, Digil, Issa, Hawiya und Rahanwiin. Die Darod leben beiderseits der Grenze von Somalia (Nordosten) und Äthiopien (Ogaden-Region), außerdem im äußersten Süden Somalias und im Nordosten Kenias. Die meisten Bewohner im Süden Somalias gehören zum Clan-Verband der Rahanwiin.

Seit Anfang der 1990er Jahre ist Somalia in einen permanenten Bürgerkrieg zwischen den Clanen verstrickt, und Mogadischu (Muqdisho) hat seine ehemalige Bedeutung als Hauptstadt verloren. Es gibt de facto keinen Staat Somalia mehr. Das Standard-Somali (Common Somali) war die einheitl. Nationalsprache des Landes vor den Unruhen. Zwar wird diese auf dem nördl. Dialekt basierende Sprachform auch weiterhin im Norden des Landes, in der 1991 abgespaltenen Republik Somaliland, für alle öffentl. und privaten Angelegenheiten verwendet, sie wird aber von den Clans im Süden nicht mehr ohne weiteres als autoritativ anerkannt.

Somali ist eine → afroasiatische Sprache und gehört zum kuschitischen Sprachzweig. Innerhalb dieser Gruppierung wird es den östl. Sprachen zugeordnet. Hier steht das Somali im engeren Kreis der niederkuschitischen Sprachen, wozu außerdem das Saho-Afar und das Galla (= Oromo) gehören. Das Sprachgebiet gliedert sich in drei Hauptzonen, in die nördl., zentrale (Rahanwiin) und in die Küstenzone (Benaadir). Das Küsten-Somali hat besondere lokale Dialekte in Mogadischu (Xamar-Dialekt) sowie in Merka und Barawa (Tunni-Dialekt) ausgebildet. Das Af-Ashraaf, das in Merka und Mogadischu gesprochen wird, weicht stark von den übrigen Dialekten ab und ist bei Sprechern des nördl. Somali kaum verständlich.

Der Erbwortschatz des Somali besteht aus Ausdrücken mit Parallelen in anderen kuschit. und afroasiat. Sprachen (z. B. *dabo* ‚Schwanz eines Tieres‘, *gole* ‚Versammlungsort unter freiem Himmel‘, *degmo* ‚Dorf‘, *hawl* ‚Arbeit‘). Das Somali hat spezielle Terminologien entwickelt, die die besonderen ökolog. Existenzbedingungen der Viehnomaden widerspiegeln. Hierzu gehört die Ausdifferenzierung des Wortschatzes im Bereich der Kamelzucht.

Im Somali werden Dutzende von speziellen Ausdrücken zur Bezeichnung von Kamelen mit besonderen Kennzeichen unterschieden; z.B. *aaran* ,junges Kamel, das nicht mehr am Muttertier säugt', *awr* ,männl. Kamel, das als Lasttier verwendet wird', *baatir* ,geschlechtsreifes weibl. Kamel, das noch keine Jungen hatte', *dhoocil* ,Kamelbulle', *garruud* ,altes männl. Kamel', *gayax* ,weibl. Kamel, das Milch gibt', *gool* ,dickes weibl. Kamel', *rakuub* ,Reitkamel', *ramag* ,Kamel, das vor kurzem ein Junges zur Welt gebracht hat', *sidkan* ,weibl. Kamel als Ersatzmutter', *toon* ,rundl., kompakt gebautes Kamel', *xagjir* ,Kamel, das Milch gibt und teilweise abgemolken ist'.

Die meisten Lehnwörter des Somali stammen aus dem → Arabischen als Kultursprache des Islam. Das Arab. hat nicht nur Ausdrücke der religiösen Sphäre und des städtischen Lebensstils vermittelt, sondern auch zahlreiche Termini für technische Innovationen, die außerhalb des islam. Kulturkreises zumeist mit Entlehnungen aus westeurop. Sprachen bezeichnet werden (z.B. *jamhuuriyad* ,Republik', *xisbi* ,polit. Partei', *baad* ,Flugzeug', *nood* ,Papier', *baaruud* ,Schießpulver').

→ Englisch und → Italienisch haben als Kolonialsprachen auf das Somali eingewirkt. Obwohl man in der postkolonialen Ära ältere Lehnwörter systemat. durch Somalismen ersetzt hat, sind Anglismen bis heute im modernen Wortschatzes des Somali unverzichtbar (z.B. *atam* ,Atom', *maatar* ,chemische Substanz', *ordinayt* ,Ordinate (in der Geometrie)').

Im Siedlungsgebiet der Somali waren drei fremde Schriftsprachen in Gebrauch: jahrhundertelang das Arab., im 20. Jh. auch das Engl. und Italien. Diese drei Sprachen haben bis in die jüngste Zeit Bedeutung als Bildungssprachen gehabt. Unter dem Prestigedruck dieser importierten Schriftmedien haftete dem Somali lange Zeit das Image einer unkulturierten Sprache an, die für die Kommunikation in einer modernen Gesellschaft ungeeignet sei. Erst im 20. Jh. sind ernsthafte Versuche unternommen worden, das Somali als Schriftsprache zu verwenden. Im Laufe der kurzen Geschichte seiner schriftsprachl. Verwendung ist es hauptsächl. in drei Schriften geschrieben worden: im arab. Alphabet, in *Far Soomaali* (Osmania) und in Lateinschrift.

Far Soomaali ist ein Schriftsystem mit künstl. Schriftzeichen, das in den 1920er Jahren von Cismaan Yuusuf Keenadiid erfunden wurde. Obwohl der Schriftschöpfer kein Sprachwissenschaftler war, hat er mit seinem Schriftsystem, dessen Zeichen sich vorzüglich für die Wiedergabe der Laute im Somali eignen, eine erstaunl. linguist. Sensibilität bewiesen. In den 1960er Jahren war *Far Soomali* bei etwa 40000 Somali in Gebrauch, die zumeist zur urbanen Bildungsschicht gehörten. Texte in *Far Soomali* wurden auch in einer Zeitschrift („Horseed' ‚Vorreiter') veröffentlicht.

Ende der 1960er Jahre wurde eine Orthographie für das Standard-Somali auf der Basis des latein. Alphabets ohne diakritische Sonderzeichen entwickelt. Das neue Schriftsystem wurde im Oktober 1972 zum alleinigen Medium für die Schreibung der Nationalsprache dekretiert.

Lit.: Andrzejewski 1983, Lamberti 1986, Saeed 1987, Zorc/Osman 1993,

Sorbisch (Sorbian/Lusatian, sorabe). Etwa 67000 (1987) Sorben haben ihre Muttersprache bis in unsere Zeit bewahrt. Ihr Siedlungsgebiet liegt in der äußersten Südostecke Deutschlands, nahe den Grenzen zu Polen und Tschechien, seine nördl. Ausläufer sind rund 80 km von Berlin entfernt. Die meisten Muttersprachler leben in der Oberlausitz und sprechen Obersorb. (ca. 55000); ca. 12000 Menschen in der Niederlausitz sprechen den niedersorb. Dialekt. Drei Viertel der sorb. Bevölkerung sind Protestanten, knapp ein Viertel Katholiken.

Die öffentl. Beschilderung im sorb. Siedlungsgebiet ist zweisprachig (deutsch und sorb.). Nach der Wiedervereinigung Deutschlands und der Einrichtung der neuen Bundesländer ist Sorb. als Schulfach sowohl in Sachsen als auch Brandenburg unterrichtet worden, aber nur an den Schulen in Sachsen fungiert es auch als Unterrichtssprache. Dafür gibt es nur in Brandenburg sorb. Fernsehsendungen. Die tägl. Radiosendungen werden überwiegend in der obersorb. Variante ausgestrahlt.

Noch im 10. Jh. wurde Sorb. in einem ausgedehnten Areal gesprochen, das im Westen durch die Saale und im Osten durch Bober und Queis begrenzt war. Damals lebten Sorben auch im Raum von Berlin und von Frankfurt an der Oder. Im Zuge der deutschen Ostkolonisation wurde einerseits das Siedlungsgebiet der Sorben immer weiter eingeschränkt, andererseits wuchs der assimilator. Druck des → Deutschen auf die einheim.-slaw. Bevölkerung. Das Sorb. war in einem ständigen Rückzug begriffen. Allein die relative verkehrs-techn. Isolation der Region hat eine vollständige Assimilation und Akkulturation verhindert.

Sorb. ist eine westslaw. Sprache. In sprachtypolog. Hinsicht nimmt es eine Brückenstellung zwischen dem → Polnischen und → Tschechischen ein. Das Niedersorb. steht dem Poln. nahe, das Obersorb. dem Tschech. Das Sprachgebiet gliedert sich in zwei dia-lektale Hauptzonen: Niedersorb. im Norden (mit dem städtischen Zentrum Cottbus) und Obersorb. im Süden (mit dem Zentrum Bautzen). Zwischen diesen beiden Dialektzonen erstreckt sich eine Übergangszone.

Zu den alten Elementen im sorb. Wortschatz gehören einerseits gemeinslaw. Erbwörter, andererseits frühe Entlehnungen aus dem → Germanischen. Seit Jahrhunderten hat das Deutsche (als gespro-chenes Mitteldeutsch und als hochdeutsche Schriftsprache) auf das Sorb. eingewirkt, nicht nur auf das Lexikon, sondern auch auf die Syntax. Seit Mitte des 19. Jh. waren sorbische Sprachpfleger darum bemüht, den Einfluß des Deutschen auf die sorb. Schriftsprache zu mindern. Statt deutscher Lehnwörter wurden damals slaw. Kultur-wörter bevorzugt, die v.a. das Tschech. vermittelte. Im modernen Schriftsorb. macht der Anteil deutscher Lehnwörter nicht einmal 5 % aus. Der Wortschatz der sorb. Umgangssprache ist dagegen zu mehr als 50 % mit Germanismen gesättigt.

Die ältesten Schriftzeugnisse des Sorb. stammen aus dem 11. Jh. Dies sind Personen- und Ortsnamen sowie Einzelwörter. Der erste zusammenhängende Text in Sorb. ist ein Eidspruch aus Bautzen (1532). In der Reformationszeit setzte die eigentl. Tradition des sorb. Schrifttums mit der Übersetzung des Neuen Testaments von M. Jakubica (1548) in die heute ausgestorbene Sorauer Mundart ein. Das erste gedruckte Buch in Sorb. ist Albin Möllers „Wendisches Gesangbuch" aus dem Jahre 1574. Bedeutende Werke der religiösen Literatur aus späterer Zeit sind die Übersetzung des Matthäus- und Markusevangeliums (1670) und des Neuen Testaments (1706) ins Obersorb. Im 18. Jh. hatten sich drei Varianten der Schriftsprache herausgebildet: Niedersorb., Protestant.-Obersorb. und Kathol.-Obersorb. Eine gemeinsame sorb. Standardsprache hat sich erst in den späten 1940er Jahren ausgebildet.

Lit.: Frinta 1955, Norberg 1996, Stone 1993b

Spanisch (Spanish, espagnol). Der Ausdruck „Spanisch" (*español*) ist ein Sammelbegriff, der einerseits das Kastilische (span. *castellano*) im engeren Sinn sowie andererseits alle dialektalen Varianten einschließt, die von der auf dem Kastil. basierenden Standardsprache überdacht werden. Wenn die Namen *español* und *castellano* als Synonyme verwendet werden, so beziehen sich diese auf die Standardsprache und ihre Funktionen.

Span. wird von 352 Mio. Menschen gesprochen; davon sind 266 Mio. Primärsprachler und 86 Mio. Zweitsprachler. Mit seiner Sprecherzahl steht das Span. an vierter Stelle in der Rangordnung der sprecherreichen Sprachen der Welt, hinter → Chinesisch, → Englisch und → Hindi. Die proportionale Verteilung der Sprechergruppen des Span. in der Staatenwelt sieht heute folgendermaßen aus: Mexiko (91,2 Mio.), Spanien (38,9 Mio.), Kolumbien (35,3 Mio.), Argentinien (34,8 Mio.), Venezuela (21,6 Mio.), USA (20,4 Mio.), Peru (19,1 Mio.), Chile (12,9 Mio.), Kuba (11,1 Mio.), Dominikan. Republik (7,3 Mio.) usw.

Das Span. besitzt amtl. Status in insgesamt 21 Staaten, die meisten davon in Lateinamerika. Als Weltsprache gehört das Span. zum Kreis der Amtssprachen der Vereinten Nationen, und es ist Amtssprache zahlreicher anderer internationaler Organisationen, entweder als exklusive Amtssprache (z. B. im Andenpakt/Pacto Andino) oder zusammen mit anderen Weltsprachen (z. B. im Mercosur, dem gemeinsamen Markt im Süden Lateinamerikas mit den Amtssprachen Span. und → Portugiesisch). Als Amtssprache des EU-Mitgliedsstaates Spanien fungiert das Span. in amtl. Funktionen in der EU-Bürokratie.

Das Span. gehört zum engeren Kreis der Sprachen des westroman. Typs und ist der Hauptvertreter der iberoroman. Gruppierung. Die anderen → romanischen Sprachen der iber. Halbinsel sind → Galicisch, Portugies. und → Katalanisch. Die Nominalflexion des Span. unterscheidet sich – wie dies typisch für alle roman. Sprachen ist – durch ihre Einfachheit von dem formenreichen Verbalsystem. Die Deklination der nominalen Elemente (Substantive, Adjektive) ist periphrastisch, d. h. die Kasus werden mit Hilfe von Präpositionen umschrieben (vgl. *la casa* ‚das Haus/Nom.; Akk.‘, *de la casa* ‚des Hauses/Gen.‘, *a la casa* ‚dem Haus/Dat.‘, *en la casa* ‚im Haus‘ usw.).

Im Verbsystem werden drei einfache Zeiten (Präsens, Vergangenheit, Zukunft/Futur I) und drei zusammengesetzte Zeiten (Perfekt,

Plusquamperfekt, Futur II) unterschieden; für die einfache Vergangenheit gibt es zwei verbale Kategorien, das Imperfekt (womit eine andauernde, nicht abgeschlossene Handlung ausgedrückt wird) und das Präteritum (zur Bezeichnung einer einmaligen, abgeschlossenen Handlung). Die Wortbildung des Span. ist reich an Formantien (in erster Linie Suffixe, außerdem Präfixe).

Im Verlauf des Mittelalters bildeten sich die drei dialektalen Hauptgruppierungen heraus; im Westen gliederten sich das Galic. und Portugies. aus, in der Mitte entwickelte das span. Dialektkontinuum sein Eigenprofil, im Osten das Katalan. Bis zum 11. Jh. gruppierten sich die altspan. Dialekte v.a. in der Gegend um die Stadt Burgos. Im Zuge der Rückeroberung der von den Mauren besetzten Gebiete der iber. Halbinsel dehnten sich die Varianten des Span. von Norden nach Süden aus. In den rückeroberten Gebieten überlagerten die span. Dialekte das bodenständige Altroman. (Mozarab.).

Die Verlagerung der Hauptstadt Kastiliens von Burgos nach Toledo (1085) förderte die Entwicklung dieser Stadt zum wichtigsten Kulturzentrum des christl. Spanien. Die Sprache des span. Hochlandes (meseta) wurde in der Folge zur Leitform für alle Varianten im kastil. Machtbereich. Im Mittelalter besaßen die Hauptdialekte des Span. auch als regionale Schriftsprachen Prestige (Asturisch-Leonesisch, Kastil., Navarro-Aragonesisch). Durch den Zusammenschluß der Königreiche Kastilien und Aragón im Jahre 1479 avancierte Kastil. zur Staatssprache des Landes; es wirkt seither als Standardsprache auf die lokalen gesprochenen Varianten des Span. ein.

In Lateinamerika verbreitete sich das Span. seit Beginn des 16. Jh. v.a. in zwei Varianten: mit andalus. Prägung in gesprochener Form, mit kastil. Prägung in schriftsprachl. Funktionen. Dort wo die span. Kolonialverwaltung besonders einflußreich war, ist der regionale Sprachgebrauch von der Standardsprache geprägt (in Mexiko, Peru und Chile). In den anderen Gebieten hat sich ein mehr oder weniger starkes andalus. Flair des gesprochenen Span. erhalten (z.B. in der La Plata-Region). Der Schriftsprachengebrauch des Span. in Europa und Amerika ist verhältnismäßig einheitl.; Unterschiede betreffen hauptsächl. die Differenzierung der Stilniveaus und die Wortwahl.

Der sprechlatein. Erbwortschatz des Span. zeigt zusätzlich zu seinen panroman. und speziell westroman. Parallelen enge Beziehungen zu den iberoroman. Nachbarsprachen Galic. und Portugies. Im

Span. sind sehr alte Substratwörter erhalten, die aus Sprachen der vorröm. Zeit stammen. Hierzu gehört z. B. span. *izquierda* ‚links‘, das → baskischer Herkunft ist. Im Lehnwortschatz des Span. gibt es einige westgotische Elemente (z. B. span. *ropa* ‚Kleidung‘ oder *sacar* ‚herausnehmen‘). Die meisten der aus dem Westgot. entlehnten Ausdrücke sind sowohl im Span. als auch im Portugies. verbreitet.

Das Span. hat von allen roman. Sprachen die meisten → arabischen Lehnwörter übernommen und davon einen großen Teil bis heute bewahrt. Arabismen finden wir nicht nur im Kulturwortschatz (z. B. span. *café* ‚Kaffee‘, *almendra* ‚Mandel‘), sondern breit gestreut in vielen Sachbereichen des Lexikons (z. B. Handwerk, Architektur, Wohnkultur, Obstanbau, Bewässerung), außerdem in Bereichen des Sozialwesens und der staatl. Organisation (z. B. span. *alcalde* ‚Dorfältester‘). Es wurden nicht nur Substantive entlehnt, sondern auch Adjektive (z. B. *azul* ‚blau‘), Verben (z. B. *ahorrar* ‚Geld sparen‘), syntakt. Bindeelemente (z. B. die Konjunktion *hasta* ‚bis‘) und die Interjektion *ojalá* (Ausdruck der Überraschung und des Erstaunens, ursprüngl. ‚oh Allah!‘). Im Span. werden bis heute arab. Lehnwörter für Begriffe verwendet, die in anderen roman. Sprachen durch einheim. Ausdrücke bezeichnet werden (vgl. span. *albañil* ‚Maurer‘ < arab. vs. katalan. *picapedrer*, franz. *maçon* ‚dass.‘).

Während das Span. in Europa seit der Renaissance von den westl. Kultursprachen (→ Französisch, → Italienisch, später → Englisch) beeinflußt wird, geht das Span. in Amerika eigene Wege. Tausende von Lehnwörtern sind aus dem Wortschatz einheim. → amerikanischer Sprachen übernommen worden. Aus dem ausgestorbenen → Karibisch stammen Ausdrücke wie *canoa* ‚Kanu‘, *huracán* ‚Hurrikan‘ oder *maíz* ‚Mais‘. Die Sprache der Azteken, das Nahuatl, hat dem Span. Wörter wie *cacao*, *chocolate*, *tomate* und viele andere vermittelt. Aus dem → Quechua stammen Entlehnungen wie span. *coca* ‚Coca-Pflanze‘, *papa* ‚Kartoffelart‘, *llama* ‚Lama‘ u. a.

Die schriftl. Überlieferung des Span. setzt im 10. Jh. ein. Die ältesten Zeugnisse sind Glossen zu latein. Kirchentexten (Glosas Emilianenses, Glosas Silenses). Der älteste zusammenhängende Text ist zugleich das Hauptwerk der span. epischen Literatur des Mittelalters, das Versepos „Poema de Mío Cid“, das gegen Ende des 12. Jh. entstand und die Taten des legendären Eroberers von Valencia besingt. Aus dem 13. Jh. ist die religiöse Dichtung Gonzalo de Berceos überliefert. König Alfons X. (reg. 1252–1282), genannt „der Weise“, trug mit seinem Sprachgebrauch entscheidend zur Konsolidierung des span. Schriftstandards bei. Das wichtigste Werk des 14. Jh. ist das „Libro de buen amor" (Buch der guten Liebe) von Juan Ruiz, dem Erzbischof von Hita. Die Periode des 16. und 17. Jh. ist das „Goldene Zeitalter" (siglo de oro) der span. Literatur. In jener Zeit entstanden die Werke von Lope de Vega, Pedro Calderón de la Barca, Miguel de Cervantes Saavedra, Luis de Góngora, Francisco de Quevedo u. a.

Die span. Schriftsprache hat sich zu keiner Zeit von ihrer klassischen Basis, dem kastil. Zentraldialekt, entfernt. Anders als im Engl., → Deutschen oder Italien. stehen sich die span. Standardsprache und Umgangssprache sehr nahe.

Die Geschichte des Span., und insbesondere der Schriftsprache, wird wie folgt periodisiert: Altspan. (10.–14. Jh.), Neuspan. (seit dem 15. Jh.).

Lit.: Green 1988, Lipski 1994, Penny 1991

Sprachfamilien. Alle Sprachfamilien haben im vorliegenden Lexikon einen eigenen Artikel.

1) Sprachfamilien mit mehr als jeweils 1000 Einzelsprachen:

Benennung:	*Hauptsächl. Verbreitungsgebiet:*
Niger-Kongo (1436)	Sub-saharan. → Afrika
Austronesisch (1236)	Inselwelt des Indischen Ozeans (einschließl. Madagaskar), Südostasiens, Ostasiens (Philippinen) und → Ozeaniens

2) Sprachfamilien mit jeweils zwischen 100 und 1000 Einzelsprachen:

Benennung:	*Hauptsächl. Verbreitungsgebiet:*
Trans-New-Guinea (539)	Neuguinea
Indoeuropäisch (418)	→ Europa, → Asien, → Amerika, (exoglossische Sprachen in Afrika und Australien)
Afroasiatisch (371)	Westl. Asien, nördl., nordwestl. und westl. Afrika
Sinotibetisch (360)	Ost- und Südostasien
Nilo-Saharanisch (194)	subsaharan. Afrika
Austroasiatisch (180)	Indien, Südostasien
Oto-Mangue (173)	Mexiko
Sepik-Ramu (105)	Neuguinea

3) Sprachfamilien mit jeweils zwischen 10 und 100 Einzelsprachen:

Benennung:	*Hauptsächl. Verbreitungsgebiet:*
Dravidisch (78)	Indien, Pakistan, Nepal

Arawakisch (74)	nördl. Südamerika, Karibik
Tupí (70)	Brasilien, Paraguay, Peru, Bolivien
Dai (68)	China, Vietnam, Laos, Thailand, Myanmar, Indien
Maya (68)	Mexiko, Guatemala
Altaisch (65)	Eurasien (europ. Teil Rußlands, Sibirien), Türkei, Mittelasien, Nordchina
Uto-Aztekisch (60)	USA, Mexiko
Torricelli (48)	Papua-Neuguinea
Quechua (47)	Peru, Ecuador, Kolumbien, Bolivien, Argentinien, Chile
Na-Dene (42)	Kanada, USA
Ost-Papua (36)	Papua-Neuguinea, Salomonen
Khoisan (35)	Südafrika, Botswana, Namibia, Angola, Tansania
Uralisch (34)	Finnland, Estland, mittleres Rußland, Ungarn, West- und Nordsibirien
Nordkaukasisch (34)	Rußland
Geelvink Bay (34)	Indonesien (Irian Jaya)
Algisch (33)	Kanada, USA
Hmong-Mien (32)	China
Macro-Ge (32)	Brasilien
Karibisch (29)	Brasilien, Kolumbien, Venezuela, Guyana
Panoa (29)	Brasilien, Peru, Bolivien
Penuti (27)	USA, Kanada
Hoka (27)	USA, Mexiko
Salish (27)	Kanada, USA
West-Papua (27)	Indonesien (Irian Jaya)
Tucano (26)	Kolumbien, Brasilien
Chibcha (22)	Ecuador, Kolumbien, Panama, Costa Rica
Sioux (17)	USA
Mixe-Zoque (16)	Mexiko
Andamanisch (13)	Indien
Eskimo-Aleutisch (11)	Ostsibirien, Alaska, Kanada, Grönland
Totonakisch (11)	Mexiko
Mataco- Guaicuru (11)	Brasilien, Argentinien, Paraguay
Choco (10)	Kolumbien, Panama

4) Sprachfamilien mit weniger als jeweils 10 Einzelsprachen (außerdem isolierte und nicht klassifizierte Sprachen):

Amto-Musa, Araukanisch, Arutani-Sapé, Aymará, Barbaco-Paez, Baskisch, Caddo, Cahuapan, Chapacura, Chimakum, Chon, Chukotko-Kamchatka, Coahuiltekisch, East Bird's Head, Golf, Huave, Irokesisch, Japanisch, Jukagirisch, Katukina, Keres, Kiowa Tano, Kwomtari-Baibai, Left May, Lule-Vilela, Maku, Mascoi, Misumalpa, Mosetena, Mura, Muskogee, Nambiquara, Peba-Yagua, Saliv, Sko, Südkaukasisch, Subtiaba-Tlapaneco, Tacana, Uru-Chipaya, Wakash, Witoto, Yanomam, Yuki, Zamuco, Zaparo

Suaheli → Swahili

Subtiaba-Tlapaneco. Von dieser mesoamerikan. Sprachfamilie ist allein das Tlapaneco als lebende Sprache übriggeblieben. Es wird heute von 40 000 Sprechern im mexikan. Bundesstaat Guerrero gesprochen.

Sumerisch (Sumerian, sumérien). Sumer. ist die älteste Kultursprache des Vorderen Orients. Sumer. Ideengut und kulturelle Errungenschaften (wie beispielsweise die Keilschrift) haben sich weit verbreitet und sind von zahlreichen Völkern adaptiert worden. Über die kulturellen Traditionen des Judentums und die narrativen Inhalte des Alten Testaments sind elementare Wissensinhalte der sumer. Zivilisation in unser kulturelles Gedächtnis eingegangen. Hierzu gehört u. a. die Einteilung der Woche als Zeiteinheit in sieben Tage.

Die Anfänge der sumer. Zivilisation sind im südl. Mesopotamien auf das Ende des 4. Jt. v. Chr. mit der Einführung der Schrift anzusetzen. Seit ca. 3200 v. Chr. sind Texte der Verwaltungsbürokratie in den sumer. Stadtstaaten des südl. Mesopotamien überliefert. Bis etwa 1800 v. Chr. wurde Sumer. gesprochen, dann starb es als lebende Sprache allmählich aus. Noch lange danach hatte das Sumer. aber Geltung als Literatur-, Bildungs- und Wissenschaftssprache. Erst in den ersten Jahrhunderten vor unserer Zeitrechnung verlieren sich die Spuren der schriftl. Überlieferung in Sumer.

Sumer. ist eine → isolierte Sprache, d. h. es kann keine genealog. Verwandtschaft mit irgendeiner anderen Sprache der Welt nachgewiesen werden. Versuche, das Sumer. in eine verwandtschaftl. Beziehung zu → kaukasischen, → dravidischen, → sinotibetischen oder → altaischen Sprachen zu setzen, haben keine überzeugenden Ergebnisse erbracht.

Über die Herkunft der Sumerer und den Ursprung ihrer Sprache ist viel spekuliert worden. Nach neueren Forschungen hat sich die ethnische Gruppierung, die man in histor. Zeit als „Sumerer" identifizieren kann, im Zuge der Migration von Trägern der Ubaid-Kultur um 4000 v. Chr. aus dem nördl. ins südl. Mesopotamien profiliert. In einem Fusionsprozeß kultureller und sprachl. Elemente hat sich die sumer. ethnische Identität herausgebildet. Diese Auffassung steht älteren Spekulationen entgegen, wonach die Sumerer als klar definierbares Volk entweder aus dem Norden oder aus dem Süden in ihre mesopotam. Heimat eingewandert wären.

Typolog. gehört Sumer. zu den agglutinierenden Sprachen. Grammat. Elemente sowie Formantien der Wortbildung (Präfixe, Suffixe) werden an den unveränderl. Wortstamm „angeheftet". Die meisten Wörter des Sumer. sind einsilbig. Das Sumer. kennt kein grammat. Geschlecht. Substantive werden in zwei Nominalklassen eingeteilt: belebte vs. unbelebte Nomina. Die elementare Satzordnung ist Subjekt-Objekt-Verb. Diese Satzordnung setzte sich auch im → Akkadischen unter sumer. Einfluß durch.

Im Schriftgebrauch des Sumer. werden zwei Varianten unterschieden: *eme-gir* ‚Sprache der Prinzen' (Hauptdialekt oder Normalsprache), *eme-sal* ‚feine Sprache; dünne (?) Sprache' (Sprache der Frauen; Ritualsprache). *Eme-sal* wird bevorzugt in der hymnischen Dichtung und in Klageliedern verwendet. Als Ritualsprache fungiert *Eme-sal* in den religiösen Texten, die die „heilige Hochzeit" (zwischen einer Göttin oder deren irdischer Vertretung, einer Priesterin, und dem König, dem weltl. Herrscher) beschreiben. Die alten Kulttexte in *Eme-sal* sind später immer wieder kopiert und übersetzt worden; davon existieren auch neuassyr. Versionen.

Der Charakter des Sumer. als isolierte Sprache bedingt, daß auch der autochthone Wortschatz keine Parallelen mit anderen Sprachen erkennen läßt. Eine der lexikal. Besonderheiten des Sumer. hat die Identifizierung der ältesten Texte als sumer. ermöglicht. In den Texten aus Uruk wird das Wort ‚zurückkehren' mit einem piktograph. Zeichen geschrieben, das Schilf (Riedgras) darstellt. In keiner anderen Sprache des Vorderen Orients, nur im Sumer., werden die Begriffe ‚zurückkehren' (Verb) und ‚Schilf' (Substantiv) mit dem gleichlautenden Ausdruck *gi* bezeichnet. Diese lautl. Identität ermöglichte es dem Schreiber, beide Ausdrücke mit demselben Zeichen zu schreiben.

Seit Beginn des 3. Jt. v. Chr. stand das Sumer. in engen kulturellen Kontakten mit dem Akkad., der → semitischen Sprache im nördl. Mesopotamien. Als Folge der Kulturkontakte übernahmen beide Sprachen wechselseitig Entlehnungen aus der anderen. Sumer. Lehnwörter finden sich in großer Zahl im akkad. Lexikon, und umgekehrt wurden Hunderte von Ausdrücken akkad. Herkunft in den sumer. Wortschatz integriert. Das älteste Lehnwort, das zeitl. exakt bestimmt werden kann, ist die Konjunktion *u* ‚und', die in sumer. Texten bereits um 2600 v. Chr. nachzuweisen ist. Gegen Ende der

Periode, als Sumer. noch gesprochen wurde, häuften sich die Akkadismen in sumer. Texten.

Die schriftl. Überlieferung im sumer. Kulturkreis setzte um 3200 v. Chr. ein. Die ältesten überlieferten Texte stammen aus den Fundschichten von Uruk III und IV. In den ältesten Aufzeichnungen bestand nur eine sehr lockere Bindung zwischen Schriftzeichen und sprachl. Elementen. Grammat. Endungen wurden nicht geschrieben, und Wortstämme wurden mit piktograph. Zeichen wiedergegeben. Jahrhundertelang standen Schrift und Schreiben im Dienst der Verwaltungsbürokratie der sumer. Stadtstaaten. Es wurden Warenlisten angelegt, wo sich Angaben über die Zahl und die Beschaffenheit von Gütern finden. Diese Warenlisten waren gleichzeitig Dokumente für die Berechnung von Steuern.

Die ältesten literar. Texte stammen aus der Zeit um 2600 v. Chr. Dies sind Ritualinschriften, die im Kontext von Begräbniszeremonien stehen. In jener Zeit verändert sich der Schreibduktus radikal. Die bis dahin praktizierte Tradition der Schreibung piktograph. Zeichen wird aufgegeben und eine neue Schriftart eingeführt, die Keilschrift. In der Folgezeit wird diese nicht mehr nur für das Sumer. verwendet, sondern alle Kontaktkulturen Sumers übernehmen diese Schreibtechnologie: die Akkader und Elamiter, später die Urartäer, die Syrer von Ugarit, die Hethiter und Perser. Sumer. wurde auch nicht nur von Sumerern selbst geschrieben, sondern auch von zweisprachigen Akkadern, Elamitern u. a.

Der größte Teil des sumer. Schrifttums entstand zwischen 2600 und 1600 v. Chr. Auch danach wurde das Sumer. zur Aufzeichnung wissenschaftl. Texte verwendet, verlor aber allmählich seine Geltung als Bildungssprache. In sumer. Sprache ist sowohl belletrist. Literatur als auch Sachprosa verfaßt worden. Wichtige Quellen der sumer. Literatur sind die archaischen Texte von Fara und Abu Salabikh, die Inschriften der 1. Dynastie von Lagash, die Inschriften von Gudea, Rechtsdokumente aus der Zeit der 3. Dynastie von Ur (zwischen 2100 und 2000 v. Chr.), Königsinschriften, Sammlungen von Ritualtexten und literar. Texte der verschiedensten Genres. Werke wie das in der altbabylon. Periode entstandene Gilgamesch-Epos gehören zum Kanon der Weltliteratur.

Das gesamte zeitgenöss. Wissen über die Welt wurde in sumer. Sprache und in sumer. Schrift aufgezeichnet. Es ist allerdings bemerkenswert, daß die Keilschrift, die erfolgreichste aller alten

Schriftarten im Nahen und Mittleren Osten, an der Entstehung des Alphabets im 2. Jt. v. Chr. nicht beteiligt war und als Schreibtechnologie später ohne Nachwirkungen in Vergessenheit geriet.

Die sumer. Sprachgeschichte wird in folgende Perioden eingeteilt: Altsumer. (ca. 2600–ca. 2200 v. Chr.), Neusumer. (ca. 2200–ca. 2000 v. Chr.), Altbabylon. Sumer. bzw. Spätsumer. (ca. 2000–1600 v. Chr.).

Lit.: Cooper 1973, Green/Nissen 1987, Michalowski 1992, Thomsen 1984

Swahili, Suaheli (Swahili, suahéli). Exakte Angaben zu Sprecherzahlen des Swahili (KiSwahili) in den Staaten Afrikas fehlen, da es nicht überall statist. Erhebungen gibt. Nach neueren Schätzungen gibt es mindestens 32 Mio. Sprecher des Swahili; davon sind 2 Mio. Primärsprachler und 30 Mio. Zweitsprachler, also Sprecher lokaler Muttersprachen, die Swahili als zweite Sprache erworben haben. Das Verhältnis von Primärsprachlern und Zweitsprachlern ist 1 : 15. Diese extremen Proportionen einer Millionen-Sprache sind im weltweiten Vergleich einzigartig.

Die Zahl derer, die Swahili als Primärsprache erwerben, wächst besonders im urbanen Milieu an (Kenia, östl. Teil der Demokrat. Republik Kongo). Im Kernland der Swahili-Sprachgemeinschaft, im Küstengebiet Ostafrikas, dominiert Swahili gegenüber allen anderen Sprachen (z. B. 80 % an der kenian. Küste). Mehr als 70 % der Einwohner Kenias sprechen Swahili (die meisten als Zweitsprache). Selbst im Hochland liegt der Anteil der Swahili-Sprecher bei über 60 %. Im Vergleich dazu sind aktive engl. Sprachkenntnisse nur bei etwa 20 % der Bevölkerung verbreitet.

In Tansania (Bev.: 28,8 Mio.), dem Land mit den meisten Swahili-Sprachigen, sind weniger als 2 % der Bevölkerung einsprachig (ca. 0,4 Mio.), d. h. sprechen nur Swahili, und 94 % sind zweisprachig. Die übrigen (rund 4 %) sprechen eine lokale Sprache, haben aber keine Kenntnisse des Swahili. Die zweisprachigen Tansanier sprechen Swahili entweder als Primär- oder Zweitsprache in Kombination mit einer anderen Landessprache (z. B. Swahili-Sukuma oder Matumbi-Swahili).

Die Zahl derer, die in anderen Ländern ausschließl. Swahili sprechen, ist relativ gering: Kenia (92 000), Somalia (mehr als 40 000), Mayotte (2700), Südafrika (1000) u. a. Als Zweitsprache ist Swahili in weiten Teilen Zentral- und Ostafrikas verbreitet, außer in Tansania auch in Kenia, Somalia, Uganda, Ruanda, Burundi, in der Demokrat. Republik Kongo (früher Zaire), Botsuana, Malawi und Mosambik, teilweise in Sambia und im Norden Madagaskars. Mit Arbeitsimmigranten ist Swahili auch in die Länder der Arab. Halbinsel gelangt. In Oman leben rund 22 000 Sprecher des Swahili, in den Vereinigten Arab. Emiraten 2500.

Swahili ist in einigen afrikan. Staaten Amtssprache, entweder ausschließl. (mit Staatssprachenfunktion) wie in Tansania und Kenia, oder es teilt sich diese Rolle mit einer anderen gleichrangigen Amtssprache wie in Uganda (mit den Amtssprachen Swahili und → Englisch). Als Verkehrssprache ist Swahili seit Jahrhunderten in ganz Ost- und Südostafrika gebräuchlich. Der Name der Sprache leitet sich von arab. *sahil* (Sg.)/*sawahil* (Pl.) ‚Küste‘ ab, was einen Hinweis auf das ursprüngl. Kerngebiet dieser Handelssprache gibt.

Bindeglied der Sprachgemeinschaft des Swahili ist nicht die Standardvariante. Diese existiert und wird im Schriftverkehr verwendet, aber nur die wenigsten verwenden sie auch aktiv. Die meisten Sprecher des Swahili sprechen eine dialektale Variante. Es haben sich auch etliche pidginisierte Formen herausgebildet; manche haben eigene Namen (z. B. KiSetla – die Sprachvariante des Swahili, die mit europ. Siedlern in Kenia assoziiert ist, KiHindi – das pidginisierte Swahili ind. Arbeitsimmigranten, KiSerikali – government language, pejorative Bezeichnung des Amts-Swahili).

Das Swahili ist eine Bantu-Sprache; es gehört zur Untergruppe der Bantu-Sprachen der Nordostküste. Am nächsten ist Swahili mit dem Komorischen verwandt. Die Bantu-Sprachen ihrerseits sind ein Zweig der → Niger-Kongo-Sprachfamilie. Swahili ist eine agglutinierende Sprache mit einem differenzierten Inventar von Nominal- und Verbalaffixen. Typisch für das Swahili – wie für andere Bantu-Sprachen auch – ist das System der Nominalklassen, in der Substantive nach semant. Klassen (17) kategorisiert werden. Die Klassen sind durch Präfixe gekennzeichnet; z. B. *m-tu* ‚Mensch; Person‘ (Klasse 3), *ji-tu* ‚Riese‘ (Klasse 5), *ki-ji-tu* ‚Zwerg‘ (Klasse 7), *u-tu* ‚Menschheit‘ (Klasse 14).

Das Sprachgebiet des Swahili ist dialektal stark zersplittert. Die regionalen Varianten werden nur teilweise von der Standardsprache überdacht.

• ChiMwiini (Barawa, Somalia) • nördl. Swahili (KiAmu, KiPate im Lamu-Archipel; KiTikuu im Lamu-Archipel und an der Küste Somalias; KiMvita in der Region von Mombasa) • südl. Swahili (KiUnguja sowie dessen Mundarten auf Sansibar, Pemba und entlang der Tansanischen Küste) • KiMwani (Cabo Delgado, Kirimba-Archipel, nördl. Mosambik) • KiNgwana (östl. Teil der Demokrat. Republik Kongo).

Der Erbwortschatz des Swahili umfaßt die Elemente, die Parallelen in anderen Bantu-Sprachen haben (z. B. *baya* ‚schlecht‘, *pika* ‚kochen‘, *m-toto* ‚Kind‘). Swahili unterscheidet sich von den meisten anderen Bantu-Sprachen durch seinen umfangreichen arab. Lehnwortschatz. Das → Arabische hat das Swahili seit dem 10. Jh. nachhaltig beeinflußt. Übernommen wurden nicht nur Ausdrücke des religiösen Bereichs, die mit islam. Lebensweise und Weltanschauung assoziiert sind (z. B. swah. *baraka* ‚Segen‘, *imani* ‚Glauben), sondern auch viele Bezeichnungen des maritimen Handels und der Geschäftswelt (z. B. *merikebu* ‚Schiff‘, *fedha* ‚Geld‘, *hesabu* ‚Rechnung, Aufstellung‘, *deni* ‚Schulden‘), des Rechtswesens (z. B. *kadhi* ‚Richter‘, *sheria* ‚Gesetz‘, *rithi* ‚erben‘), der Schriftkultur (z. B. *kitabu* ‚Buch‘, *nahau* ‚Grammatik‘, *elimu* ‚Wissen‘) und des Alltagslebens (z. B. *sabuni* ‚Seife‘, *wakati* ‚Zeit‘, *mshahara* ‚Lohn‘).

Im Wortschatz des Swahili finden sich auch Ausdrücke → persischer Herkunft (z. B. *bagala* ‚Segelschiff‘, *teli* ‚goldenes Band‘) sowie Entlehnungen aus dem → Hindi (z. B. *bali* ‚Ohrring‘, *chokora* ‚Küchenjunge‘, *doti* ‚Hüfttuch‘). Auch die Kolonialgeschichte hat ihre sprachl. Spuren hinterlassen. Aus dem → Portugiesischen hat das Swahili Wörter wie *gereza* ‚Festung‘, *bendera* ‚Fahne‘ und *meza* ‚Tisch‘ entlehnt; aus dem → Deutschen stammen *daktari* ‚Doktor, Arzt‘, *aparati* ‚Apparat‘ und *shule* ‚Schule‘. Am wichtigsten für die lexikal. Modernisierung des Swahili war das → Englische (z. B. *motokaa* ‚Auto, Wagen‘, *eropleni* ‚Flugzeug‘, *kampuni* ‚Firma‘, sowie die Namen der Monate: *Januari, Februari, Machi* usw.).

Die literar. Tradition in Swahili, die bis ins 12. Jh. zurückreicht, entfaltete sich in einem vom Arab. dominierten islam. Kulturmilieu. Von Anbeginn wurde Swahili in arab. Schrift aufgezeichnet. Das literar. Schaffen begann im Norden und verbreitete sich allmählich nach Süden (Mombasa) und ins Inland. Das ältere Schrifttum ist islam.-religiös geprägt. Es entstanden epische und lyrische Dichtung, Sagen, Chroniken und volkstüml. Balladen. Die ältesten erhaltenen Manuskripte stammen aus dem 18. Jh. Gegen Ende des

19. Jh. wurde Swahili unter dem Einfluß der Kolonialbehörden und christl. Missionare auch vereinzelt in Lateinschrift geschrieben.

Seit den 1930er Jahren ist das latein. Alphabet die am meisten verwendete Schriftart, obwohl ältere Leute mit strenger muslim. Lebensweise immer noch die arab. Schrift bevorzugen. Im öffentl. Leben (z. B. Presse, staatl. Dokumente) dominiert die Lateinschrift. Die moderne Standardsprache, in geschriebener und gesprochener Form, basiert auf dem Dialekt von Sansibar (KiUnguja). Diese Variante des Swahili hat seit dem 19. Jh. mit der Ausweitung der Handelsbeziehungen von der Küstenregion ins Inland Afrikas durch Händler aus Sansibar weithin an Geltung gewonnen.

Swahili wird von Muslimen ebenso wie von Christen verwendet, auch von den Muslimen überwiegend in Lateinschrift. Vielerorts in Tansania hat das Swahili lokale Sprachen im christl. Gottesdienst verdrängt. Seine Bedeutung in der islam. Kulturgemeinschaft kann man daran ermessen, daß sogar der Koran aus der heiligen Sprache Arabisch ins Swahili übersetzt worden ist. Es gibt nur wenige Übersetzungssprachen des Koran, die von der islam. Geistlichkeit akzeptiert worden sind. Außer Swahili gehören dazu → Türkei-Türkisch (in den 1950er Jahren) und → Esperanto (in den 1980er Jahren).

Da das Sprachgebiet des Swahili durch zahlreiche Staatsgrenzen zerschnitten wird, haben sich auch in der Standardsprache Variationen herausgebildet, insbesondere zwischen Tansania und Kenia. Zwar wird in beiden Ländern KiUnguja verwendet, viele Wortbedeutungen sind aber unterschiedlich.

In der Sprachgeschichte des Swahili werden folgende Perioden unterschieden: Entwicklung des Swahili aus dem älteren Sabaki im Lamu-Archipel des Nordens (vor dem 9. Jh.), Ausbreitung des frühen Swahili nach Süden; Aufbau der islam.-afrikan. Kulturzentren in der Küstenregion (Swahili-Gesellschaft des 9.–12. Jh.), Ausbreitung in die Länder am Indischen Ozean; erste Kontakte mit Europäern, Portugiesen (12.–16. Jh.), Verbreitung des KiUnguja mit Händlern aus Sansibar ins Inland; Einwanderung von Arbeitsimmigranten aus Persien, Arabien und Indien (19. Jh.), Kolonialzeit (zweite Hälfte des 19. Jh.–1960er Jahre), Postkoloniale Periode.

Lit.: Hinnebusch 1992, Knappert 1979, Myachina 1981, Middleton 1992, Nurse/Spear 1985

Syrjänisch → Komi

T

Tacana. Diese Sprachfamilie ist im nordwestl. Bolivien und im südöstl. Peru verbreitet. Das Tacana ist mit 3500 Sprechern die zahlenstärkste Sprachgemeinschaft. Die Tacana-Sprachen sind entfernt mit den Panoa-Sprachen verwandt.

Tagalog, Filipino, Pilipino (Tagalog, tagalog). Tagalog wird von rund 40 Mio. Menschen auf den Philippinen gesprochen. Etwa 15 Mio. Filipinos (entspr. 24 % der Bevölkerung des Inselstaates) sprechen Tagalog (Filipino, Pilipino) als Primärsprache. Die meisten Filipinos, die Tagalog als Primärsprache sprechen, leben im mittleren und nördl. Teil der Philippinen, auf den Inseln Luzon (mit der Hauptstadt Manila) und Mindoro. Seit Ende der 1930er Jahre hat sich Tagalog auch bei den Sprechern anderer Sprachen als Zweitsprache verbreitet. Heute sprechen etwa 25 Mio. Menschen Tagalog als Zweitsprache. Mehr als eine halbe Million Filipinos leben außerhalb der Philippinen: USA (Hawaii und Westküste: 0,38 Mio., Guam: 24 000), Vereinigte Arab. Emirate (50 000), Kanada (21 000), Saudi-Arabien, Großbritannien, Deutschland usw.

Tagalog ist Amtssprache der Philippinen. Bis 1898 war → Spanisch Amtssprache der Inselgruppe, die bis dahin zum span. Kolonialreich gehörte. Seit der Unabhängigkeit besitzt Tagalog offiziellen Status. 1937 wurde Tagalog als Basis der Nationalsprache gewählt, die seither Filipino (Pilipino) genannt wird. Die moderne Standardsprache basiert auf dem urbanen Dialekt von Manila. Tagalog ist eine → austronesische Sprache und der Hauptvertreter des westl. malayo-polynes. Sprachzweigs. Hauptdialekte des Tagalog sind die von Bataan, Batangas, Bulacan, Manila, Tanay-Paete und Tayabas.

Seit dem 16. Jh. stand das Tagalog in Kontakt mit dem Span., das im Laufe der Zeit einen massiven Einfluß ausgeübt hat, hauptsächl. auf die lexikal. Strukturen (z.B. Tagalog *natural* ,natürlich', *gwantes* ,Handschuhe', *kwento* ,Geschichte', *syensya* ,Wissenschaft', *likido* ,Flüssigkeit'), aber auch auf dessen Lautsystem. Die Intensität des span. Einflusses kann man u.a. daran erkennen, daß sich span. Zählweisen etabliert haben. Im modernen Tagalog werden zwei Zahlenreihen verwendet, eine einheim. und eine mit span. Zahlwörtern (1 – *isá* vs. *uno* , 2 – *dalawá* vs. *dos* usw.). Die Zahlenreihen werden jeweils in bestimmten Kontexten verwendet (z. B. die span. Reihe bei Einkäufen auf dem Markt, die einheim. Reihe beim Zählen im Schulunterricht).

Seit Ende des 19. Jh. macht sich der Einfluß des → Englischen geltend, das die Modernisierung des technolog. Wortschatzes dominiert (z. B. *titser* ‚Lehrer‘, *nars* ‚Krankenschwester‘, *miting* ‚Meeting, Treffen‘, *dayoksayd* ‚Dioxyd‘, *matematisyan* ‚Mathematiker‘).

Tagalog wird seit dem 16. Jh. als Schriftsprache verwendet. 1593 erschien das erste gedruckte Buch, ein zweisprachiges Traktat auf Span. und Tagalog. Die erste Übersetzungsversion der Bibel wurde 1704 herausgegeben. Als Literatursprache profilierte sich das Tagalog im 19. Jh. Der erste einheim. Schriftsteller von Rang war Francisco Balagtas, der den Versroman „Florante at Laura" verfaßte. In letzter Zeit hat das Tagalog seinen Geltungsbereich gegenüber der Bildungssprache Engl. ausgedehnt. Heutzutage wird Tagalog verstärkt in den Massenmedien verwendet.

Lit.: Bautista/Gonzalez 1994, Ramos/Cena 1990, Schachter/Otanes 1972

Tahitianisch (Tahitian, tahitien). Tahitian. ist eine der sprecherreichsten einheim. Sprachen der pazifischen Inselwelt. Es wird von rund 0,15 Mio. Menschen gesprochen; davon sind 0,125 Mio. Primärsprachler, die übrigen haben Tahitian. als Zweitsprache erworben. Zur Gruppe der Zweitsprachler gehören auch einige tausend Europäer. Die Sprachgemeinschaft des Tahitian. ist ethnisch gemischt. 68,5 % der Bevölkerung von Tahiti und den umliegenden Inseln sind polynes. Abstammung, 14,2 % sind Nachkommen aus ethnisch gemischten Familien (mit einem tahitian. und einem europ. Elternteil). Die gemischt-ethnischen Tahitianer werden tahitian. *ma'ohi* oder französ. *demis* (‚Halbe‘) genannt.

Verbreitungsgebiet des Tahitian. sind die Gesellschaftsinseln, die administrativ als „Französisch-Polynesien" (Polynésie française) Teil der Territoires d'outre-mer Frankreichs (Überseeterritorien mit beschränkter Selbstverwaltung) sind. Viele Tahitianer leben außerhalb Französ.-Polynesiens, v.a. in Neukaledonien (7000) und in Frankreich.

Tahitian. ist eine ostpolynes. Sprache und am nächsten mit dem

Rarotonga und dem Tuamotu verwandt. Zur Gruppe der nahverwandten Sprachen gehört auch das → Maori in Neuseeland. Die neuseeländ. Inselgruppe wurde um 1000 n. Chr. von den Gesellschaftsinseln aus besiedelt. Das Ostpolynes. gliederte sich bereits vor der Zeitenwende aus. Tahiti wurde von Insulanern aus dem Tonga-Archipel um 200 v. Chr. besiedelt.

Das Tahitian. fungiert als Unterrichtssprache (seit 1985 auch in der höheren Schulausbildung) neben dem → Französischen, wird in den Massenmedien verwendet und besitzt offiziellen Status in der zweisprachigen Administration des autonomen Inselarchipels. Der Status des Tahitian. als regionale Amtssprache wurde 1996 vom Inselparlament für das neue Autonomiestatut bestätigt. Zwar ist Franzzös. die wichtigste interne Arbeitssprache der Verwaltungsinstanzen, sämtl. Verlautbarungen werden aber ins Tahitian. übersetzt. Die öffentl. Beschriftungen und Beschilderungen sind zweisprachig. Tahitian. hat auch Eingang in die universitäre Ausbildung gefunden; die erste Dissertation wurde von der Universität in der Hauptstadt Papeete (auf Tahiti) im Jahre 1992 abgenommen.

Von den Lautsystemen in den Sprachen der Welt hat das Tahitian. (wie das → Hawaiianische) die geringste Phonemzahl. Unterschieden werden lediglich acht Konsonanten- und fünf Vokalqualitäten. Hinzu kommt ein Verschlußlaut (engl. glottal stop). Das Phoneminventar erweitert sich auf insgesamt 19, da die Opposition von Länge und Kürze der Vokale phonemat., also bedeutungsunterscheidend ist; vgl. *putu* ‚versammelt sein‘ vs. *pu:tu* ‚Vogelart‘; *maro* ‚Gürtel‘ vs. *maro:* ‚trocken‘; *piti* ‚zwei‘ vs. *pi:ti* ‚Baumart‘.

Der polynes. Erbwortschatz (z. B. tahitian. *'ai* ‚essen‘, *i'oa* ‚Name‘, *ahi* ‚Feuer‘, *fare* ‚Haus‘) ist im Tahitian. zwar fest verwurzelt, die Kenntnis etlicher histor. Termini ist aber während der Kolonialzeit verloren gegangen. Viele Ausdrücke des einheim. religiösen Weltbilds unterlagen dem *pi'i* ‚sprachl. Tabu‘ und durften nur von den mit Ritualen betrauten Spezialisten verwendet werden. Mit der Christianisierung der Tahitianer geriet die histor. Terminologie schnell in Vergessenheit.

Das → Französische ist seit mehr als zwei Jahrhunderten die wichtigste Kontaktsprache des Tahitian. und hat Hunderte von Entlehnungen vermittelt. Im Vergleich zur Masse der Gallizismen ist die Zahl engl. Lehnwörter weitaus geringer. Aufgrund des begrenzten Lautinventars des Tahitian. ist die Lautstruktur der Fremdelemente in der Adaption teilweise extrem verzerrt, vgl. *poritita* ‚Politik‘ < franz. *politique, totola* ‚Schokolade‘ < franzӧs. *chocolat, poti* ‚Boot‘ < engl. *boat, patete* ‚Eimer‘ < engl. *bucket*. Andererseits sind die im Franzӧs. beliebten abgekürzten Substantive leicht zu identifizieren; z. B. tahitian. *moto* ‚Mofa‘ < *moto(cyclette)*.

Bereits im 19. Jh. hat es eine purist. Bewegung gegeben, und die sprachpfleger. Bemühungen um die Erhaltung sowie produktive Verwendung einheim. Elemente sind bis in die heutige Zeit ein vitaler Faktor der Resistenz des Tahitian. gegen lexikal. Überfremdung. Wortzusammensetzung ist die bei weitem effektivste Technik der Neologismenbildung, d. h. Erbwӧrter werden kombiniert und erhalten eine moderne Bedeutung (z. B. tahitian. *vai ’aura’a* ‚Schwimmbecken‘, aus *vai* ‚Wasser‘ + *’aura’a* ‚Platz zum Schwimmen‘). Neologismen werden auch auf der Basis von Entlehnungen aus verwandten Sprachen gebildet. Die folgenden Ausdrücke sind in den 1980er Jahren von der Académie Tahitienne (Fare Vana’a) mit Erfolg propagiert worden: tahitian. *mito* ‚(Wetter) vorhersagen‘ < Tuamotu *mito* ‚gewarnt werden‘, *’urina* ‚Plastik‘ < hawaiian. *’ulina* ‚weiches Material‘.

Tahitian. wird seit fast zweihundert Jahren geschrieben. Impulse zur Verschriftung gingen von europ. Missionaren aus. Die Schriftart des Tahitian. war von Anbeginn das latein. Alphabet. Christl.-religiӧse Texte stammen bereits aus der ersten Hälfte des 19. Jh. Teile der Bibel wurden 1818 erstmals übersetzt, das Neue Testament in Tahitian. erschien 1829, und die Übersetzung der gesamten Bibel wurde im Jahre 1838 fertiggestellt. Teile der reichen oralen Überlieferung der Tahitianer sind erst in christl. Zeit aufgezeichnet worden. Heutzutage fungiert das Tahitian. als moderne Schriftsprache, die sogar in den Bereich technolog. Fachliteratur vordringt.

Lit.: Lemaître 1990, 1995, Peltzer 1996

Tamilisch (Tamil, tamile). Tamil. wird als Primär- und Zweitsprache von etwa 71 Mio. Menschen gesprochen; davon sind 62,5 Mio. Primärsprachler und 8,5 Mio. Zweitsprachler. Die meisten Sprecher des Tamil. leben in Indien (58,6 Mio.), im südind. Bundesstaat Tamil Nadu und in angrenzenden Regionen. Insgesamt 3,5 Mio. Tamilen sind in Sri Lanka beheimatet. Andere, zahlenmäßig bedeutende tamil. Außengruppen leben in Malaysia (0,27 Mio.), in Südafrika (0,25 Mio.), in Singapur (0,19 Mio.), in Deutschland (35 000), auf Mauritius (22 000); Tamilen leben auch auf den Fidschi-Inseln, in den Niederlanden u. a.

Tamil. ist eine der vierzehn regionalen Amtssprachen Indiens und wird in der Verwaltung des Bundesstaates Tamil Nadu verwendet. In den von Guerrillas kontrollierten Gebieten Sri Lankas wird Tamil. ebenfalls als Verwaltungssprache gebraucht. In Singapur ist Tamil. eine der vier Sprachen, in denen öffentl. Bekanntmachungen publiziert werden.

Tamil. ist eine → dravidische Sprache; am nächsten verwandt sind → Malayalam und Irula. Das Tamil. ist eine Sprache mit einer sehr konservativen histor. Entwicklung; in seinen Strukturen hat es vielerlei altertüml. Elemente bewahrt, die in den anderen dravid. Sprachen nicht mehr existieren. Die geschriebene tamil. Hochsprache (*centamiz* ,hohe, formelle Sprache') unterscheidet sich deutlich von der gesprochenen Sprache (*kotuntamiz* ,niedere, informelle Sprache'). Eine überregionale Umgangssprache bildet sich erst neuerlich heraus. Das tamil. Sprachgebiet ist dialektal stark ausgegliedert. Hinzu kommen Unterschiede zwischen sozialen Varianten des Tamil., die von verschiedenen Kasten und sozialen Gruppen verwendet werden.

Ebenso konservativ wie die grammat. Strukturen ist auch der Wortschatz des Tamil., in dem sich zahlreiche alte dravid. Erbwörter erhalten haben. Das → Sanskrit hat zwar einen großen Teil des tamil. Kulturwortschatzes geprägt, die moderne Terminologie ist aber überwiegend einheim. Sanskrit und Tamil. stehen in neuerer Zeit in einem Spannungsverhältnis; das Image des Tamil. als moderne Kultursprache baut sich auf Kosten der Einflußnahme des Sanskrit auf. Vor ungefähr hundert Jahren machte der Anteil von Sanskrit-Entlehnungen am tamil. Wortschatz zwischen 30 % und 40 % aus. In den vergangenen Jahrzehnten ist er drastisch reduziert worden und liegt heute bei ungefähr 20 %.

Diese Position des Tamil. ist im modernen Indien eine Ausnahmeerscheinung. Während die meisten Sprachen des ind. Subkontinents den am Sanskrit orientierten Ausdruck *akasvani* für den Begriff ,Radio' adaptiert haben, weicht das Tamil. mit einem einheim. Ausdruck ab (*vanoli*, wörtl. ,Laute vom Himmel'). In neuerer Zeit hat auch das → Englische eine gewisse Rolle für die lexikal. Modernisierung des Tamil. gespielt. Beispiele für engl. Entlehnungen sind *kappi* ,Kaffee', *tiyettar* ,Theater' und *aparesan* ,Operation'.

Stärker als in anderen Dravida-Sprachen hat im Tamil. der Einfluß der Sprachpflege gewirkt. Viele ältere Entlehnungen sind durch Eigenprägungen ersetzt worden, und Neologismen werden fast ausnahmslos mit Hilfe einheim. Sprachmaterials und einheim. Wortbildungstechniken geschaffen (z. B. *icai-karuvi* ‚Klavier‘, wörtl. ‚Laut-Instrument‘, *kumil* ‚Lampe‘, *ulam-nul* ‚Psychologie‘, wörtl. ‚Gemüt-Wissenschaft‘).

Die schriftl. Überlieferung des Tamil. reicht mehr als zweitausend Jahre zurück. Die ältesten Inschriften in Brahmi-Schrift stammen aus der Zeit um 200 v. Chr. Die literar. Tradition setzt sich kontinuierlich fort mit Prosawerken und lyrischer Dichtung. Zu den bedeutendsten Textsammlungen gehören grammat. Traktate. Das erste dreibändige Sammelwerk dieser Gattung ist das zwischen 450 und 500 n. Chr. entstandene „Tolkappiyam" (‚Das Alte Buch‘). Im Mittelalter entstanden auch Traktate über Dichtkunst und Rhetorik. Der größte Teil des Schrifttums in Tamil. ist auf Palmblätter geschrieben worden, und zwar in einer Variante der Brahmi-Schrift.

In der tamil. Sprachgeschichte werden folgende Perioden unterschieden: Alttamil. (200 v. Chr.–700 n. Chr.), mittelalterl. Tamil. (700–1500 n. Chr.), modernes Tamil. (seit 1500).

Lit.: Andronov 1987, Steever 1992, Zvelebil 1983

Tatarisch (Tatar, tatare). Tatar. (Kasantatar.) wird von mehr als 7 Mio. Menschen gesprochen, von denen die meisten (d. h. 5,5 Mio.) in Rußland beheimatet sind. Geschlossene tatar. Siedlungsgruppen leben in der Region an der mittleren Wolga und im westl. Vorland des Uralgebirges. In der Republik Tatarstan sind die Tataren als namengebende Nation mit 1,76 Mio. die zahlenstärkste ethnische Gruppe (entspr. 48,5 % der Republiksbevölkerung). Zweitstärkste Gruppe in Tatarstan sind die Russen (43,3 %). In der Nachbarrepublik Baschkortostan (Baschkirien) leben 1,12 Mio. Tataren. Andere tatar. Außengruppen finden wir in allen anderen nationalen Territorien an der mittleren Wolga (Udmurtien: 0,11 Mio., Mordowien: 47 000, Marij-El: 43 800 u. a.). Tatar. Enklaven (insgesamt rund 1,1 Mio.) gibt es ebenfalls in der Ukraine, in Belarus, in Kasachstan, Rumänien, Bulgarien, in der Türkei und in anderen Regionen.

In der modernen Russ. Föderation sind die Tataren die stärkste nichtruss. Ethnie, und ihr Anteil an der Gesamtbevölkerung Rußlands macht 3,8 % aus. Im Mittelalter waren die Kasantataren als Verbündete der Mongolen die polit. Widersacher der Russen. Die meisten russ. Fürstentümer (mit Ausnahme Novgorods) waren über zweihundert Jahre lang Vasallen der Tatarenkhane. Nach der Eroberung von Kazan' (1552) und Astrachan (1556) wurde das tatar. Siedlungsgebiet dem Machtbereich des Moskauer Zartums angeschlossen. Die Tataren haben durch die Jahrhunderte ihre sprachl.-kulturelle Eigenständigkeit bewahrt, trotz anti-islam. Terrors (wie unter Peter dem Großen und Stalin). Tatar. ist heute als Kultursprache vitalisiert. Offiziell besitzt es den Status einer regionalen Amtssprache (neben dem → Russischen) in Tatarstan. Faktisch aber dominiert in der Verwaltung bis heute das Russ.

Tatar. ist eine → Turksprache und gehört zum nordwestl. bzw. kiptschakischen Sprachzweig. Verwandtschaftl. am nächsten steht das → Baschkirische. Die dialektale Ausgliederung des tatar. Sprachgebiets zeigt vier Dialektzonen: westl. Dialekte (in der Region von Nižnyj Novgorod, Kasimov, Rjazan', Penza, Saratov und Kujbyšev); zentrale Dialekte (Region von Kazan'); östl. Dialekte in Westsibirien; Baraba-Tatar. (Barabinisch). Siedlungsgebiet der Baraba-Tataren ist die barabin. Steppe zwischen Omsk und Novosibirsk in Südwestsibirien. Sowjetische Turkologen haben das Barabin. als selbständige Sprache klassifiziert.

Das Tatar. hat mit den anderen Turksprachen zahlreiche Erbwörter gemeinsam, unterscheidet sich aber von den meisten anderen Turksprachen Rußlands durch seinen breit gefächerten Kulturwortschatz, der größtenteils → arabischer und → persischer Herkunft ist (z. B. tatar. *din* ‚Religion', *masžid* ‚Moschee', *alifba* ‚Alphabet', *kitap* ‚Buch'). Auch die meisten tatar. Eigennamen sind arab.-pers. Ursprungs. Die Kontakte des Tatar. zum islam. Kulturkreis setzten bereits im 10. Jh. ein. Bis 1918 dauerten diese Kontakte an und wurden dann durch die sowjet. Intervention abrupt unterbrochen. Gering an Zahl sind die Lehnwörter aus benachbarten Turksprachen (Baschkir., → Tschuwaschisch).

Die älteren (seit dem 16. Jh. übernommenen) russ. Lehnwörter haben sich den phonet. Verhältnissen des Tatar. angepaßt, die Russismen des 19. und 20. Jh. dagegen nicht (z. B. tatar. *dogovor* ‚Verhandlung', *mebel'* ‚Möbel', *samolet* ‚Flugzeug'). Über russ. Vermittlung sind auch zahlreiche Kulturwörter westeurop. Provenienz ins Tatar. gelangt (z. B. *metall* ‚Metall', *medicina* ‚Medizin', *psichologija*

‚Psychologie', *publicistika* ‚Publizistik'). Das Tatar. kennt viele Neologismen, die mit Hilfe von Erbwörtern und Formantien der einheim. Wortbildung geschaffen worden sind.

Die ältesten Schriftzeugnisse des Tatar. stammen aus dem 12. Jh. Aus der Zeit des selbständigen Khanats von Kazan' sind nur wenige Schriftdokumente erhalten geblieben. Dazu gehören auch die Werke des Dichters Muchamed'jar aus der ersten Hälfte des 16. Jh. Während bis ins 18. Jh. religiöse Thematik vorherrschte, weitete sich die tatar. Literatur, u. a. unter russ. Einfluß, im 19. Jh. auch ins Prosaschrifttum mit weltl. Themen aus.

Jahrhundertelang stand das tatar. Kulturschaffen im Schatten der islam. Hochsprache, die im Gebiet der Tataren verwendet wurde: das Tschagataische. Als Phase der eigentl. Emanzipation des Tatar. gegenüber der tschagataischen Literatursprache ist die Zeit gegen Ende des 19. Jh. anzusehen. Diese Periode wird als „tatar. Renaissance" bezeichnet. Damals waren Städte wie Kazan', Orenburg und Astrachan kulturelle Zentren mit islam. Schulen (Medresen), Druckereien und tatar.-sprachiger Presse.

Schon im Verlauf des 15. Jh. festigte sich der zentrale Dialekt in der Region von Kazan' als Grundlage der tatar. Schriftsprache; auch die Sprachreform gegen Ende des 19. Jh., die hauptsächl. von dem Bildungsreformer A. Kajum Nasyri getragen wurde, hat an dieser Basis festgehalten. Bis 1927 wurde das Tatar. mit arab. Schrift geschrieben. Von 1928 bis 1938 schrieb man Tatar. mit einem modifizierten latein. Alphabet. Seit 1939 wird die kyrill. Schrift (d. h. die russ. Kyrillica mit einigen ergänzenden Sonderzeichen) zur Schreibung des Tatar. verwendet.

In der Sprachgeschichte des Tatar. werden in Anlehnung an die literar. Periodisierung zwei Entwicklungsphasen unterschieden: älteres Schrifttatar. (2. Hälfte 15. Jh.–2. Hälfte 19. Jh.), jüngeres Schrifttatar. (seit Ende 19. Jh.).

Lit.: Kurbatov et al. 1969, Thomsen 1959

Telugu, Tenugu, Andhram (Telugu, télougou). Die Gesamtsprecherzahl des Telugu (auch Tenugu oder Andhram genannt) beläuft sich auf rund 73 Mio. Die meisten Sprecher leben im südind. Bundesstaat Andhra Pradesh sowie in angrenzenden Gebieten. Telugu wird auch von Arbeitsimmigranten in einer Reihe anderer Staaten Asiens gesprochen: Malaysia, Singapur, Bahrain, Vereinigte Arab.

Emirate. Telugu ist Amtssprache des Bundesstaates Andhra Pradesh und eine der Nationalsprachen Indiens.

Telugu ist eine → dravidische Sprache und gehört zum südl. Sprachzweig. Verwandtschaftl. gesehen steht das Telugu dem Gondi, Pengo und Manda näher, aufgrund seiner jahrhundertealten Kulturkontakte dem → Tamil und → Kannada (Kanaresischen). Das Sprachgebiet gliedert sich in vier Dialektzonen aus, in eine nördl. (neun Distrikte der Telangana-Region), südl. (vier Distrikte von Rayalasima, Nellore und Prakasam), östl. (Srikakulam, Vijayanagaram, Visakhapatnam) und in eine zentrale Zone (östl. und westl. Godavari, Krishna und Guntur).

Zusätzlich zu den lokalen geograph. Varianten existieren im Telugu verschiedene soziale Varianten, die sich jeweils im Hinblick auf den Ausbildungsstand ihrer Sprecher unterscheiden. Die Sprachform gebildeter Telugu-Sprecher ist im Vergleich zum Telugu der Analphabeten durch eine größere lautl. Vielfalt, geringere grammat. Variation und durch eine größere Anzahl an Entlehnungen aus dem → Sanskrit und dem → Englischen gekennzeichnet. Der moderne Schriftstandard des Telugu hat sich aus der Sprachform der gebildeten Schicht entwickelt.

Seit dem 2. Jh. n. Chr. sind Ortsnamen in Telugu in Prakrit- und Sanskrit-Texten überliefert. Die älteste Inschrift in Telugu stammt aus dem Jahre 575 n. Chr. Seit dem 9. Jh. entfaltete sich eine reiche poetische Literatur, als deren klassisches Werk „Mahabharata" aus dem 11. Jh. gilt. Seit dem Mittelalter existiert eine literar. Diglossie mit einer archaisierenden Schriftsprache für Lyrik und einer Sprachvariante für das Prosaschrifttum. Im Verlauf des 15. Jh. bildete sich die Grundlage für die moderne Standardsprachform heraus. Anfang des 20. Jh. begann eine langwierige Debatte darüber, ob nicht auch die konservative Dichtersprache für die Abfassung von Prosa verwendet werden sollte. Seit 1940 ist das moderne Telugu als einzige Schriftform für Prosa anerkannt. Telugu wird mit einer südl. Variante der ind. Brahmi-Schrift geschrieben.

In der Sprachgeschichte des Telugu werden drei Perioden unterschieden: Frühes Telugu (2.–10. Jh.), Mittleres Telugu (1100–1599), Modernes Telugu (zwischen 1600 und 1900 in zwei standardsprachl. Varianten; seit Beginn des 20. Jh. Konsolidierung einer gemeinsamen Schriftform).

Lit.: Krishnamurti 1994, Krishnamurti/Gwynn 1985

Thailändisch, Thai, Siamesisch (Thai, thai). Thai ist die Primärsprache von rund 25 Mio. Menschen in Thailand. Von diesen sind etwa 20 Mio. Thai, 4,7 Mio. ethnische Chinesen, die sich ans Thai assimiliert haben, und 0,4 Mio. assimilierte Khorat. Weitere 30 Mio. Einwohner Thailands (Tai-Völker, Malaien, Khmer u. a.) sprechen Thai entweder als Zweitsprache oder besitzen zumindest passive Kenntnisse dieser Sprache.

Außerhalb Thailands leben etwa 30 000 Thai in Singapur, 3000 in den Vereinigten Arab. Emiraten und mehrere tausend in den Ländern Westeuropas. Seit den 1980er Jahren sind viele junge Thai-Frauen familiäre Bindungen mit Westeuropäern eingegangen und in Deutschland, Großbritannien und anderen Ländern heimisch geworden. Damit gehört auch das Thai zu den eingebürgerten Sprachen in Europa.

Thai (zentrales Thai) ist der Hauptvertreter der Tai-Sprachen, einer selbständigen Sprachfamilie, deren verwandtschaftl. Beziehungen zu anderen Sprachfamilien Südostasiens (Tai-Kadai, Sino-Tai oder Austro-Tai) umstritten sind.

Das Thai ist, wie alle anderen Sprachen der Tai-Familie auch, eine Tonsprache. Es werden insgesamt fünf Tonqualitäten (Toneme) unterschieden. Da Kürze und Länge von Vokalen phonemat., d. h. bedeutungsunterscheidend sind, ist das Lautsystem der neun Vokalqualitäten in seiner Korrelation mit der Quantitätsunterscheidung und in Kombination mit den fünf Tonstufen äußerst komplex. Thai teilt mit anderen Sprachen Südostasiens einige besondere Eigenheiten: die Existenz von Numeralklassifikatoren, mit deren Hilfe Objekte sprachl. kategorisiert werden, das Fehlen von Flexionselementen (keine Unterscheidung von Numerus, Person, Tempus, finiten von nichtfiniten Verbformen), die Übernahme → chinesischer Zahlwörter und Zählweisen, die Verwendung spezieller Strukturelemente zum Ausdruck verschiedener Grade höflicher Sprache.

Der Erbwortschatz im Thai ist relativ begrenzt. Da seit dem Mittelalter Kontakte mit vielen Völkern bestanden haben, ist der Lehnwortschatz äußerst verzweigt und vielschichtig. Zu den ältesten Lehnwörtern des Thai gehören Ausdrücke der autochthonen → austroasiatischen Bevölkerung, die assimiliert wurde.

Von den indischen Sprachen, deren Einfluß bis nach Vietnam reichte, haben v.a. das → Sanskrit und das Pali auf das Thai (insbesondere auf die Sprache des siames. Königshofes) eingewirkt. Elemente aus dem Sanskrit werden bis heute verwendet, um Neologismen für den modernen technischen Wortschatz zu schaffen. In Wörterbüchern der modernen Schriftsprache sind mehr als die Hälfte Ausdrücke, die aus ind. Sprachen entlehnt sind, oder einheim. Neubildungen mit Elementen aus dem Sanskrit.

→ Chinesische Entlehnungen sind im Wortschatz des Thai ebenfalls weit verzweigt. Die ältesten Sinismen stammen bereits aus dem 1. Jt. unserer Zeitrechnung. Chines. Herkunft sind Hunderte von Substantiven, Verben, Adverbien, Zahlwörter, Numeralklassifikatoren und Partikel. In der urbanen Umgangssprache sind viele chines. Lehnwörter, darunter auch Verwandtschaftsbezeichnungen, in Gebrauch. Im Wortschatz des Handels und der Geschäftswelt treffen sich Fremdeinflüsse des Chines. und des → Englischen. Obwohl Anglismen in der Standardsprache vermieden werden, sind sie im Business-Jargon, in der Sprache der Massenmedien und des Entertainment häufig.

Thai wird seit dem 13. Jh. geschrieben, und zwar mit einer südind. Schriftvariante. Die Thai-Schrift ist nicht direkt aus Indien übernommen worden, sondern über Vermittlung der mittelalterl. Zivilisation der Khmer. Trotz einer Orthographiereform im Jahre 1850 ist die Schreibweise des Thai bis heute konservativ geblieben; die Schreibung von Wörtern entspricht nur indirekt der modernen Lautung. Die Thai-Schrift ist alphabetisch, obwohl die Schreibweise in Silbenblöcken üblich ist.

Lit.: Delagnau o.J., Diller 1992, Roefs 1990

Tibetisch (Tibetan, tibétien). Nach westl. Schätzungen sprechen ca. 4 Mio. Menschen Tibet. Diese Zahl steht in großem Kontrast zu offiziellen chines. Angaben, wonach nur noch 1,1 Mio. Tibeter (davon 0,57 Mio. Dbus, 0,46 Mio. Gtsang, 40 000 Mngahris) ihre Muttersprache sprechen. Die chines. Volkszählung gibt die Zahl von 4,59 Mio. ethnischen Tibetern an, von denen sich die meisten angeblich assimiliert, also Tibet. als Muttersprache aufgegeben und → Chinesisch angenommen hätten. Der von chines. Behörden in Tibet ausgeübte polit. Druck hat womöglich viele Tibeter dazu bewegt, ihre tatsächl. Muttersprache zu verschweigen.

Die meisten Tibeter sind in Tibet beheimatet, das seit 1952 innere Kolonie Chinas ist (Xizang Zizhiqu). Innerhalb Chinas leben Tibeter auch in den Provinzen Yünnan, Szechuan, Qinghai und Gansu.

Etwa 0,2 Mio. tibet. Flüchtlinge leben außerhalb Chinas, und zwar in Indien (v.a. im nördl. Bundesstaat Sikkim; 0,124 Mio.), Nepal (60 000), Bhutan (3000), Taiwan (2000), in der Schweiz (1500) und in anderen Ländern.

Das Tibet. wird in China offiziell als Nationalsprache der Tibeter anerkannt. Es wird aber nicht als Unterrichtssprache gefördert und besitzt auch keine praktischen amtl. Funktionen. Gepflegt wird Tibet. in den Klöstern Tibets, soweit diese nicht geschlossen sind.

Tibet. gehört zur → sinotibetischen Sprachfamilie und ist ein Vertreter von deren tibet.-birmanischem Sprachzweig. Die Klassifizierung innerhalb des Tibet.-Birman. gilt als gesichert, die genealog. Verwandtschaft mit dem Chines. dagegen ist umstritten. Die Ausgliederung des tibet. Sprachgebiets in drei dialektale Hauptzonen beruht v.a. auf Kriterien phonet. Variation. Regional werden unterschieden: a) Dialekt von Lhasa, Shigatse, Mngari und Sharpa, b) Dialekt von Chamdo, Sdedge und Mbathang, c) Dialekt von Blabrang, Cone und Apa. Der Dialekt (c) ist in seiner Sprachentwicklung konservativ, der Dialekt (a) besonders innovativ. Grundlage der modernen tibet. Schriftsprache ist der Dialekt von Lhasa.

Das Tibet. hat im Laufe der Jahrhunderte mit vielen Sprachen im Kontakt gestanden. Die Texte in → Sanskrit waren eine der wichtigen Quellen für die Verbreitung des Buddhismus in Tibet. Später waren es v.a. das Chines. und das → Englische, die dem Tibet. Entlehnungen vermittelten. In der modernen Sprachpflege, die unter dem Primat chines. Vorbilder steht, werden Anglismen nach Möglichkeit vermieden und durch Eigenprägungen ersetzt; z.B. tibet. *rilli* ‚Eisenbahn‘ < ind. Engl. *rail* durch einheim. *me-'khor* (wörtl. ‚Feuerrad-Wagen‘). Im modernen tibet. Wortschatz gibt es zahlreiche Neologismen, die auf Lehnprägung von entweder chines. oder engl. Ausdrücken beruhen; z.B. tibet. *thad-phur-gnam-gru* ‚Hubschrauber‘ (wörtl. ‚direkt in den Himmel fliegendes Schiff‘) in Anlehnung an chines. *zhisheng-ji* ‚dass.‘ (= ‚direkt aufsteigende Maschine‘) und engl. *airship*.

Im 7. Jh. wurde für das Tibet. eine eigene Schrift geschaffen, die von einer nordind. Variante der Brahmi-Schrift abgeleitet ist. Zu den frühen Schriftzeugnissen gehören Inschriften auf Steinstelen und Bronzeglocken, die aus dem 8. und 9. Jh. stammen. Die Graphie des klassischen Tibet. wurde während der Regierungszeit des tibet. Herrschers Ralpacan (erste Hälfte des 9. Jh.) reformiert. Die tibet.

Schrift wird nicht nur zur Schreibung des Tibet., sondern auch des Dzongkha in Bhutan, des Ladakischen und Sikkimesischen verwendet. Im 13. Jh. wurde eine spezielle Ableitung von der tibet. Schrift zur Schreibung des → Mongolischen geschaffen, die ḥPhags-pa-Schrift, die bis ins 14. Jh. für das Mongol. in Gebrauch war.

Lit.: Beckwith 1994, Chang 1992, Chang/Chang 1964, Miller 1956

Torricelli (48 Sprachen). Die zu dieser Sprachfamilie gehörenden Sprachen sind alle im Nordwesten Papua-Neuguineas verbreitet. Die sprecherreichste Sprache ist Olo (12 000) in der West Sepik Province.

Totonakisch (11 Sprachen). Die Sprachfamilie gliedert sich in zwei Hauptzweige, in das Totonak. und das Tepehua. Totonak. Sprachen sind in Zentralmexiko verbreitet, vorwiegend in den Bundesstaaten Puebla, Veracruz und Hidalgo. Die mit Abstand sprecherreichste Sprache ist das Hochland-(Sierrra-)Totonak. (0,12 Mio.).

Trans-Neuguinea (539 Sprachen). Die Trans-Neuguinea-Sprachen sind die größte Sprachfamilie in Neuguinea, die meisten einheim. Papua-Sprachen gehören zu dieser Makro-Gruppierung. Ihr Name deutet an, daß die Sprachen über die gesamte Insel verbreitet sind, also im indones. Teil der Insel (in der Provinz Irian Jaya) und in Papua-Neuguinea. Ausgenommen sind nur der nordwestl. Teil von Irian Jaya und der Nordwesten des Papua-Staates. Von den überwiegend kleinen Sprachgemeinschaften heben sich nur wenige größere Sprechergruppen wie die des Medlpa (0,13 Mio.), des Huli (70 000) oder des Angal Heneng (40 000) ab.

Tschechisch (Czech, tchèque). Tschech. wird von rund 12 Mio. Menschen in der Welt gesprochen; davon sind 10,1 Mio. in Tschechien beheimatet. Die größte tschech. Außengruppe sind die Auswanderer in den USA und deren Nachkommen (1,4 Mio.). In Kanada leben 28 000 Menschen tschech. Herkunft. Tschech. Außengruppen leben in zahlreichen europ. Staaten, entweder in Siedlungsgemeinschaften wie in der Ukraine (Wolhynien; viele sind seit 1989 nach Tschechien rückgesiedelt), in Bulgarien und Österreich oder integriert in die Mehrheitsbevölkerung wie in der Bundesrepublik, in der Slowakei und in Polen.

Tschech. ist eine westslaw. Sprache und am nächsten mit dem → Slowakischen verwandt. Bis ins 12. Jh. verlief die Entwicklung beider Sprachen im wesentlichen gemeinsam. Zu den gemeinsamen Merkmalen gehören u. a. die Festlegung des Wortakzents auf der ersten Silbe und die Quantitätenkorrelation im Vokalismus (d. h. die phonolog. Unterscheidung kurzer und langer Vokale). Die Sprachentwicklung des Tschech. ist sehr konservativ; mittelalterl. Texte stehen der modernen Schriftsprache (*spisovná čeština*) so nahe, daß sie noch heute verständlich sind. Es bestehen jedoch erhebliche Unterschiede zum heutigen gesprochenen Gemeintschech. (*obecná čeština*).

Das tschech. Sprachgebiet gliedert sich in zwei dialektale Hauptzonen: 1) böhmische Dialekte (Prager Zentraldialekt, südwestl. und nordöstl. Dialekt sowie der Übergangsdialekt zum Mährischen), 2) mährische Dialekte (hanakischer und lachischer Dialekt). Einige Mundarten des Lachischen weisen Übergangsmerkmale zum → Polnischen auf. Die moderne tschech. Standardsprache basiert auf dem Prager Zentraldialekt.

Die meisten slaw. Erbwörter des Tschech. haben Parallelen im Slowak. Seit dem 12. Jh. stand das Tschech. unter dem Einfluß zweier Kultursprachen, des → Lateinischen und des → Deutschen, von denen die letztere bis ins 19. Jh. die wichtigste Kontaktsprache für die Modernisierung des tschech. Wortschatzes war. Latein. Elemente wurden für Neologismen von den Humanisten bevorzugt. Im 17. Jh. findet die tschech. Sprachpflege in A. Komenský ihren ersten Vertreter. Seit Beginn des 19. Jh. verstärkte sich die purist. Tendenz, die von J. Jungmann besonders gefördert wurde. Die Zahl der Sowjetismen → russischer Prägung, die zwischen 1945 und 1989 in Gebrauch waren, ist gering; diese Ausdrücke sind heute veraltet. Das → Englische, das zu Beginn des 20. Jh. anfing, auf das Tschech. einzuwirken, ist heute die wichtigste Quelle für die Aktualisierung der Terminologie in allen Domänen des modernen Lebens.

Aus der Zeit vom 10. bis 13. Jh. sind tschech. Namen, vereinzelte Ausdrücke und wenige Textfragmente überliefert. Seit der zweiten Hälfte des 13. Jh. wird Tschech. als Schriftsprache kontinuierlich verwendet. Das literar. Schaffen des 14. und 15. Jh. wird als „klassische Periode" bezeichnet. Bereits damals war die tschech. Schriftsprache einheitlich. Diese frühe Einheitlichkeit wird damit erklärt, daß die Schrifttradition des Altkirchenslaw., das zwischen dem 9.

und 11. Jh. zur Aufzeichnung religiöser Literatur in Mähren und Böhmen verwendet wurde, eine wichtige Vorbildrolle bei der Schaffung der tschech. Schriftsprache gespielt hat.

Seit Ende des 16. Jh. verbreitete sich die Sprache der Kralitzer Bibel (Bible kralická, 1579–93) als tschech. Schriftstandard. In jener Zeit diente das Tschech. auch den Slowaken als Schriftsprache. Die Grundlagen der tschech. Orthographie wurden in ihren Grundzügen bereits von dem Reformator Jan Hus im 14. Jh. festgelegt, der auch als erster diakrit. Zeichen einführte. Ihre endgültige Gestalt erhielt die tschech. Graphie um die Mitte des 19. Jh. mit dem Reformwerk von P. J. Šafařík.

Die tschech. Schriftsprache stand jahrhundertelang im Schatten westeurop. Kultursprachen, zunächst des Latein, später des Deutschen. Als Prag um die Mitte des 14. Jh. unter Karl IV. (reg. 1347–1378) kultureller Mittelpunkt des Deutschen Reiches wurde, etablierte sich das Deutsche als Kanzlei-, Bildungs- und Schriftsprache, und es fungierte bis ins 19. Jh. als wichtigste Verkehrssprache des tschech. Bürgertums. Erst im 20. Jh. entfaltete sich die tschech. Schriftsprache unabhängig vom Deutschen.

Lit.: Havránek/Jedlička 1981, Schröpfer 1968, Short 1990, 1996

Tscheremissisch → Mari

Tschetschenisch (Chechen, tchetchène). Tschetschen. wird von rund 1,1 Mio. Kaukasiern gesprochen, von denen die meisten (0,945 Mio.) in der Republik Tschetschenien an der südl. Peripherie Rußlands leben. Der größte Teil der im Jahre 1944 von Stalinisten deportierten Tschetschenen (rund 0,4 Mio.) kam um oder assimilierte sich im Laufe der Zeit an das → Russische oder an andere lokale Sprachen der Sowjetunion. Größere Außengruppen tschetschen. Bevölkerung gibt es in der Türkei (8000) und in Jordanien (3000).

Die Eigenbezeichnung der Tschetschenen ist *Nwokhchi:* (Sg. *Nwokhchuo*) und die ihrer Sprache *Nwokhchi:n mot:.* Der Name „Tschetschene" ist abgeleitet vom Namen der ersten Siedlung, auf die die zarist. Armee bei ihrem Vormarsch in den nördl. Kaukasus im 18. Jh. traf. Seit den 1780er Jahren, als der legendäre Scheich Mansur den Widerstand der Tschetschenen gegen die russ. Invasoren organisierte, haben die Tschetschenen sich passiv oder aktiv der russ. Vorherrschaft widersetzt, erneut und massiv nach dem Zerfall der Sowjetunion. Als Folge des ersten Tschetschenienkrieges (1994–96) hatte die Republik Tschetschenien einen quasi unabhängigen Status, denn die russ. Truppen waren nach den Waffenstillstandsverhandlungen abgezogen. Während des zweiten Tschetschenienkrieges, der im September 1999 begann, wurde der größte Teil des Landes wieder von der russ. Armee besetzt und Tschetschenien der direkten Kontrolle Moskaus unterstellt. Zwischen 1996 und 1999 hatte das Tschetschen. faktisch den Status einer Staatssprache. Obwohl heute erneut das Russ. eine zentrale Rolle spielt, ist das Tschetschen. weiterhin für die interne Verwaltung der Region unverzichtbar.

Tschetschen. gehört zum nachischen Zweig (Vei-Nakh) der nordostkaukas. Sprachfamilie. Am nächsten verwandt (obwohl nicht gegenseitig verständlich) ist das Inguschische, das westl. des tschetschen. Sprachgebiets verbreitet ist. Das Tschetschen. gliedert sich in zwei dialektale Hauptzonen aus, in das Tiefland-Tschetschen. und in das Berg-Tschetschen. Letzteres wird von Tschetschenen gesprochen, die zwischen dem 17. und 19. Jh. ins östl. Georgien migriert sind. Deren Sprache wird auch Kistisch genannt. Das Tiefland-Tschetschen. ist die Grundlage der modernen Schriftsprache.

Zusätzlich zu den Elementen des einheim. Wortschatzes (z. B. *moz* ‚Honig‘, *kog* ‚Bein‘, *borz* ‚Wolf‘) gibt es im Tschetschen. zahlreiche Entlehnungen unterschiedl. Herkunft. Neben Lehnwörtern aus dem → Arabischen, → Ossetischen, → Türkischen und → Georgischen sind zahlreiche Ausdrücke aus dem Russ. übernommen worden. Dazu gehören reine Russismen wie *padnuos* ‚Tablett‘ < russ. *podnos* oder *itu* < russ. *utjug* ‚Bügeleisen‘ sowie indirekte Entlehnungen aus westeurop. Sprachen, die als Elemente des Kulturwortschatzes vom Russ. vermittelt wurden (z. B. *palto* ‚Mantel‘, *fizika* ‚Physik‘, *parti* ‚Partei‘). Die sowjet. Nomenklatur russ. Prägung ist nach 1991 ersatzlos aufgegeben worden.

Tschetschen. ist erst in der Sowjetära zur Schriftsprache ausgebaut worden. Zunächst (d. h. zwischen 1920 und 1924) wurde für die muslim. Sprachgemeinschaft das arab. Alphabet verwendet, danach die Lateinschrift (zwischen 1925 und 1937). 1938 erfolgte eine erneute Umstellung der Graphie auf das kyrill. Alphabet, das bis zu Beginn der 1990er Jahre in Gebrauch war. Seit 1993 wird wieder die Lateinschrift verwendet.

Lit.: Dešeriev 1967, Hewitt 1998

Tschuktschisch-Kamtschadalisch → Paläoasiatische Sprachen

Tschuwaschisch (Chuvash, tchouvache). Von den 1,78 Mio. Tschuwaschen, die im europ. Teil Rußlands leben, sprechen 1,37 Mio.
(77,5 %) Tschuwasch. als Muttersprache. Die übrigen haben sich ans
→ Russische assimiliert. Die meisten Tschuwaschen (0,91 Mio.) leben in der Republik Tschuwaschien (Hauptstadt Čeboksary) an der
mittleren Wolga, ein Territorium, das administrativ zur Russ. Föderation gehört. Die Tschuwaschen machen dort 67,8 % der Landesbevölkerung aus. Tschuwasch. Außengruppen gibt es auch in Tatarstan
(0,134 Mio.), in Baschkortostan (0,118 Mio.) und in angrenzenden
Gebieten Rußlands.

Tschuwasch. ist der einzige lebende Vertreter der wolgabulgar. →
Turksprachen, zu denen außerdem das ausgestorbene Wolgabulgar.
und das Chasarische zählen. Der Name der Tschuwaschen wird
erstmals in einer Urkunde aus dem Jahre 1551 erwähnt. Das Sprachgebiet gliedert sich in zwei Dialektzonen, in das Obertschuwasch.
und das Untertschuwasch. (bezogen auf die Lage der Siedlungen am
Flußlauf der Wolga). Das Obertschuwasch. hat unter starkem russ.
Einfluß gestanden, während im Untertschuwasch. ein Langzeitein-
fluß des benachbarten → Tatarisch zu beobachten ist.

Über das Tatar. sind dem Tschuwasch. zahlreiche → arabische
und → persische Kulturwörter vermittelt worden. Aus dem Russ.
sind Elemente der religiös-christl. Terminologie übernommen worden. Die Überfrachtung des tschuwasch. Lexikons durch Sowjetismen ist inzwischen abgebaut worden. Russ. Spracheinfluß ist aber
weiterhin wirksam.

Im 18. Jh. entstand ein bescheidenes tschuwasch. Schrifttum. Dabei handelte es sich fast ausnahmslos um Übersetzungen religiöser
Texte aus dem Russ. In der zweiten Hälfte des 19. Jh. nahm die
schriftsprachl. Tradition einen erneuten Aufschwung. Die Normen
der modernen Schriftsprache wurden von I. J. Jakovlev erarbeitet.
Die Graphie des Tschuwasch. basierte zu allen Zeiten auf der kyrill.
Schrift. Die ältere Orthographie wurde 1874 und erneut im Jahre
1917 reformiert.

Lit.: Andreev 1966, Benzing 1959b

Tucano (26 Sprachen). Tucano-Sprachen werden im südl. Kolumbien und in angrenzenden Gebieten Ecuadors, Perus und Brasiliens

gesprochen. Mit etwa 4500 Sprechern ist das Tucano die stärkste der Sprachgemeinschaften.

Tupí (70 Sprachen). Diese Macro-Gruppierung umfaßt sieben Sprachfamilien, deren Kern die Tupí-Guaraní-Familie ist. Tupí-Sprachen sind im brasilian. Tiefland und in Paraguay verbreitet. Im Unterschied zu den meisten anderen Indianersprachen hat das Tupí-Guaraní auch im Kontakt mit den weißen Kolonisten eine Rolle gespielt. Das heute ausgestorbene Tupinambá hat dem → Portugiesischen Brasiliens zahlreiche Lehnwörter vermittelt, insbesondere Bezeichnungen der einheim. Flora und Fauna.

Am weitesten verbreitet war das klassische Guaraní, das als Alltagssprache in den von 1604 bis 1767 bestehenden Missionsstationen (span. reducciones) der Jesuiten in Paraguay verwendet wurde. Damals sprachen etwa 0,3 Mio. Menschen (Indianer, Weiße und Mestizen) Guaraní. Modernes Guaraní wird heutzutage von mehr als 3 Mio. Menschen in Paraguay (entspr. 95 % der Landesbevölkerung) gesprochen. Im Jahre 1967 wurde Guaraní offiziell als zweite Nationalsprache Paraguays (neben dem → Spanischen) anerkannt.

Lit.: Jensen 1992

Türkisch, Türkei-Türk. (Turkish, turc). Türk. wird von rund 74 Mio. Menschen gesprochen; davon sind 69,5 Mio. Primärsprachler und etwa 4,5 Mio. Zweitsprachler. Türk. ist nicht nur die Muttersprache von Türken, sondern auch von einer großen Zahl von Assimilanten, die meisten davon Kurden. Die Sprecherzahl des Türk. differenziert sich nach folgenden ethnischen und statusmäßigen Kriterien:

1) Ethnische Türken in der Türkei, in den Balkanländern, in Deutschland u. a. mit türk. Muttersprache (67 Mio.); 2) ethnische Kurden (Assimilanten) mit türk. Primärsprache (wenigstens 2,5 Mio.); 3) ethnische Kurden mit kurd. Primärsprache und türk. Zweitsprache (ca. 4 Mio.); 4) in der Türkei lebende Armenier, Tscherkessen, Tataren u. a. mit türk. Zweitsprache (ca. 0,5 Mio.).

Die meisten Primär- und Zweitsprachler des Türk. (60,5 Mio.) leben in der Türkei. Ethnische Türken machen rund 70 % der Landesbevölkerung aus. Etwa 4 Mio. Türken bilden die zahlreichen Außengruppen in europ. Ländern. Die größte türk. Kolonie ist die in Deutschland (2,1 Mio.). In Bulgarien leben ca. 1 Mio. Türken;

manche Schätzungen sprechen sogar von rund 1,5 Mio. Weitere Außengruppen gibt es in den Niederlanden (0,18 Mio.), in Frankreich (0,13 Mio.), im nördl. Teil Zyperns (0,12 Mio.), in Griechenland (Westthrakien: 0,12 Mio.), Makedonien (85 000), Belgien (82 000), Österreich (67 000) usw.

Die Vorfahren der heutigen Türken (Türkei-Türken) sind oghusische Stämme, die im 9. Jh. unserer Zeitrechnung aus dem südl. Sibirien nach Mittelasien und Persien zogen. Gegen Ende des 10. Jh. konvertierte der legendäre Seldschuk zum Islam und konsolidierte sein Reich im westl. Persien. Von dort aus expandierten die oghus. Verbände, die man nach ihrem Führer Seldschuken nannte, ihren Machtbereich gegen den militär. Widerstand des Byzantin. Reiches immer weiter nach Anatolien hinein. Seit dem 13. Jh. hatte die Landnahme der Türken (die sich nach einer aus Konya stammenden Herrscherdynastie Osmanen nannten) auch nach Europa übergegriffen. Bis zum Beginn des 20. Jh. standen weite Teile Südosteuropas unter osman. Herrschaft.

Türk. ist eine → altaische Sprache und der Hauptvertreter des türk. Sprachzweigs dieser Sprachfamilie. Innerhalb der Turksprachen wird Türk. als zur südwestl. (oghus.) Gruppe gehörend klassifiziert. Das türk. Sprachgebiet gliedert sich in zehn Dialektzonen aus.

Dialektzonen:
• Istanbul und Umgebung (Rumelisch) • südöstl. Anatolien • zentrales Anatolien • südl. Anatolien (Mittelmeerküste); einschließlich des Türk. in Nordzypern • südöstl. Türkei (Adana, Gaziantep, Urfa) • östl. Anatolien (östl. von Erzurum) • nordöstl. Türkei (Schwarzmeerküste, östl. von Samsun) • nordwestl. Türkei (Schwarzmeerküste und Kastamonu) • Karamanli • Westrumelisch (türk. Varianten in Bulgarien und Makedonien)

Das Türk. hat ein bestimmtes Organisationsprinzip in seinem Lautsystem bewahrt, das auch in anderen Turksprachen wirkt und zum sprachhistor. Erbgut der altaischen Sprachverwandtschaft gehört: die Vokalharmonie. Helle Vokale (e, i, ö, ü) können in der Regel nur mit anderen hellen Vokalen zusammen in demselben Wort auftreten, dunkle Vokale (a, o, u, ı) nur mit dunklen; auch grammat. Formantien werden angepaßt (z. B. türk. *evler* ‚Häuser' vs. *darlar* ‚Berge'; *bülbüllerimiz* ‚unsere Nachtigallen' vs. *uygarlıklarımız* ‚unsere Zivilisationen'). Vokalharmonie ist auch aus dem → Finnischen und → Mongolischen bekannt.

Der Sprachbau des Türk. ist agglutinierend. Dies bedeutet, daß Formantien (z. B. für Plural, Personalformen, Possessivbeziehungen) an den Wortstamm angeheftet werden, ohne daß sich dieser dabei wie in Sprachen des flektierenden Typs verändert. Die Syntax des Türk. ist linksverzweigt, d. h. die Beziehungselemente stehen vor dem Bezugswort (z. B. *Hasan çocuga elmayi verdi* ,Hasan gab dem Kind den Apfel', wörtl. ,Hasan + dem Kind + den Apfel + gab/Präteritum').

Zu den ältesten Elementen des türk. Wortschatzes gehören Erbwörter mit Parallelen in anderen türk. Sprachen. Die Zugehörigkeit zum islam. Kulturkreis bedingte die Übernahme zahlreicher Lehnwörter aus dem → Arabischen und → Persischen. Solche Elemente sind charakteristisch für das Lexikon des Osman.-Türk.; ihre Zahl ist aber bedeutend geringer im modernen Türk. Ältere Arabismen und Farsismen sind durch Neubildungen unter Verwendung türk. Erbwörter und türk. wortbildender Formantien ersetzt worden. Im älteren Osman.-Türk. war auch die Zahl der aus dem → Griechischen entlehnten Kulturwörter größer als im modernen Türk.; diese Elemente hat die moderne Sprachpflege zielstrebig ausgemerzt.

Im 19. Jh. wirkte das → Französische als Kultursprache auf das Türk. ein (z. B. türk. *fren* ,Bremse' < franz. *frein*, *fakülte* ,Fakultät' < *faculté*). In jener Zeit gelangten auch verschiedene Entlehnungen aus dem → Deutschen und → Italienischen ins Türk. Im 20. Jh. hat sich der Einfluß des → Englischen bemerkbar gemacht, allerdings nicht so massiv wie in europ. Sprachen. Anglismen sind bis heute auf spezielle Bereiche des türk. Wortschatzes beschränkt, etwa auf die Sprache des Sports (z. B. türk. *frikik* ,Freistoß (Fußball)' < engl. *free kick*). Das von Sprachpflegern propagierte *öztürkçe* ,reines (purist.) Türk.' ist sehr populär.

Das alte Schrifttum in Türk. ist Teil des gemeinsamen Kulturerbes aller türk. Völker. Hierzu gehören die sibir. Runeninschriften aus dem Flußtal des Orkhon (8. Jh. n. Chr.), buddhist. Texte aus Mittelasien (9.–10. Jh.) und frühe islam. Texte (11.–12. Jh.). Seit dem 13. Jh. entstand ein Schrifttum in der türk. Variante, die sich in Anatolien verbreitete (Osmanisch-Türk.). Zu den bevorzugten Gattungen der türk. Literatur gehörte die Lyrik. Viele Texte wurden aus dem Arab. und Pers. übersetzt. Die Stoffe der islam. Literatur wurden von türk. Literaten in ihren eigenen Werken adaptiert und variiert. Seit dem 14. Jh. wurde auch Prosa auf Türk. verfaßt.

Die alte Schriftsprache der Türken war das Osmanisch-Türk., das bis ins 19. Jh. verwendet wurde. In seiner Spätphase entfernte es sich immer mehr von der Volkssprache. Im Verlauf des 19. Jh. wurden wiederholt Versuche unternommen, das literar. Osmanisch-Türk. zu reformieren, um die Kluft zwischen Schriftsprache und gesprochenem Türk. zu überbrücken. Diese anfänglichen Bemühungen schlugen jedoch fehl. Die Zeit der Reformbewegungen (*tanzimat*) wurde motiviert durch engere Kontakte mit dem Westen und durch die Einsicht, ein für alle verständl. Schriftmedium einzuführen. In der zweiten Hälfte des 19. Jh. setzten sich radikale Sprachreformer durch, die das gesprochene Türk. schrieben und sich für eine Purifizierung des Ausdruckspotentials einsetzten. Den größten Erfolg hatte die „Jungtürken"-Bewegung (1908–18), die für die Konsolidierung des modernen Türk. auf der Basis der Sprachform von Istanbul verantwortlich ist. Die erste Vereinigung der jungtürk. Kulturschaffenden war der Türk dernegi ‚türk. Klub', der 1909 in Istanbul gegründet wurde.

Keine andere Sprache der Welt ist in so vielen verschiedenen Schriftsystemen geschrieben worden wie das Türk. Außer den Schriften des Alttürk. (sibir. Runen, Brahmi-Schrift, → uighurische und → tibetische Schriftarten) wurden zur Schreibung des Türk. in Anatolien folgende Schriften verwendet: Varianten der armen., georg., griech., hebräischen, kyrill., latein. und syrischen Schrift. Seit der Annahme des Islam herrschte das arab. Alphabet vor, das bis 1927 in Gebrauch war. Im Jahre 1928 verfügte Mustafa Kemal (Atatürk) eine radikale Sprach- und Schriftreform; das Türk. wird seither in Lateinschrift geschrieben.

Lit.: Hazai 1990, Hegyi/Zimányi 1989, Kornfilt 1990, Lewis 1988

Turksprachen Zentralasiens. Der weitaus größte Teil der Bewohner Zentralasiens sind Turkvölker, die eine der regionalen Turksprachen sprechen. Hierzu gehören im einzelnen: Usbeken (18,4 Mio., davon 17,1 Mio. in Usbekistan); Kasachen (8 Mio., davon 7,3 Mio. in Kasachstan); Uiguren (7,6 Mio., davon 7,2 Mio in der chines. autonomen Region Xinjiang); Turkmenen (5,4 Mio., davon 3,3 Mio. in Turkmenistan); Kirgisen (2,6 Mio., davon 2,4 Mio. in Kirgisistan). Die Siedlungskonzentration der Turkmenen ist wesentlich geringer als die der anderen Völker. Außerhalb Turkmeniens gibt es zahlenmäßig bedeutende Gruppen von Turkmenen im Iran (rund

1 Mio.), in Afghanistan (rund 0,5 Mio.), in Usbekistan (0,23 Mio.) und in anderen Ländern.

Seit den 1990er Jahren besitzen die Turksprachen Zentralasiens den Status von Nationalsprachen und von Staatssprachen in den jeweiligen Nationalstaaten (Usbekistan, Kasachstan, Turkmenistan, Kirgisistan), die seit den 1990er Jahren unabhängig sind. Das Territorium dieser Staaten gehörte bis 1991 zum Verband der Sowjetunion. In den ehemaligen Sowjetrepubliken dominierte in der Regionalverwaltung das → Russische. Zwar fungieren heutzutage die Turksprachen nominell als Amtssprachen, faktisch aber spielt das Russ. weiterhin eine wichtige Rolle, etwa in Kasachstan, wo es weiterhin als Arbeitssprache der Verwaltung fungiert.

Die Turksprachen Zentralasiens gehören zum türk. Sprachzweig der → altaischen Sprachfamilie. Die Schriftsprachentradition des Usbek. ist die älteste in der Region. Ihre Anfänge gehen auf das 15. Jh. zurück. Das Kasach. wird seit dem 19. Jh. geschrieben, ebenso das Turkmen. Das Kirgis. wird erst seit den 1920er Jahren verwendet. Bis zu dieser Zeit wurden die Turksprachen Zentralasiens in arab. Schrift geschrieben. Diese Schriftart ist ein islam. Kulturerbe. In der Sowjetära wurde das arab. Alphabet abgeschafft und bis Ende der 1930er Jahre durch die Lateinschrift ersetzt. Danach wurde das Schriftsystem endgültig auf die Kyrillica umgestellt. Die arab. Schrift wird aber weiterhin bei einigen Außengruppen verwendet. Dies gilt für die Kasachen in China und die Usbeken in Afghanistan.

Die einzige nichttürk. Sprache Zentralasiens mit großer Sprecherzahl ist das Tadschik. (4,4 Mio.). Dies ist eine iran. Sprache und mit dem → Persischen eng verwandt. Die Tadschiken stellen die Mehrheitsbevölkerung in ihrem seit 1994 unabhängigen Nationalstaat (Tadschikistan).

Gruppierungen:
- östl. Gruppe/Karlik-Sprachen: → Usbekisch, → Uigurisch, Tschagataisch (ausgest.) u. a.
- südl. Gruppe/Oghuz-Sprachen: Turkmenisch, Aserbaidschanisch, Krimtatarisch u. a.
- westl. Gruppe/Kiptschak-Sprachen: Kasachisch, Kirgisisch, Karalkapakisch, Nogaisch u. a.

Lit.: Baldauf 1993, Menges 1995

U

Udmurtisch, Wotjakisch (Udmurt/Votyak, udmurte/votyake). Die meisten Udmurten/Wotjaken (0,714 Mio.), von denen 0,506 Mio. (70,8 %) Udmurt. als Muttersprache sprechen, leben in der Republik Udmurtien, westl. des mittleren Ural in der Russ. Föderation. Der Anteil der Udmurten an der Gesamtbevölkerung Udmurtiens machte 1939 noch 52 % aus. Nach dem Krieg ging er rapide zurück; bereits 1959 lag er nur noch bei 35 %, heute bei nurmehr 31 %. Die stärkste ethnische Bevölkerungsgruppe in Udmurtien sind die Russen mit einem Anteil von 59 %. Rund ein Viertel der udmurt. Bevölkerung ist außerhalb Udmurtiens beheimatet. Udmurten leben in verschiedenen Bezirken Baschkartostans, Tatarstans, in der Republik Marij-El sowie in den Gebieten Perm, Wjatka und Jekaterinburg.

In einigen nordwestl. Bezirken Udmurtiens (Jukamenskoe, Jar, Balezino, Glazov) leben die Bessermanen (udmurt. *besermen*, russ. *besermjane*). Bei dieser einige tausend Mitglieder zählenden Volksgruppe handelt es sich um udmurtisierte Tataren. Das tatar. Element zeigt sich in Form von Substrateinflüssen in der Sprache und in Form charakterist. Eigenarten der gegenständl. und geistigen Kultur dieser Volksgruppe.

Das Udmurt. bildet mit den → Komi-Sprachen (→ Syrjänisch, → Permjakisch) die permische Gruppe der finnisch-ugrischen Sprachen. Die sprachhistor. Ausgliederung des Udmurt. aus der gemeinperm. Sprachform erfolgte zwischen dem 9. und 11. Jh. Seit der Trennung der perm. Stammesverbände hat das Udmurt. verschiedene Neuerungen in seinem Sprachbau entwickelt, die die Komi-Sprachen nicht kennen. Teilweise beruhen diese Neuerungen auf den intensiven Kontakten des Udmurt. zu den benachbarten Turksprachen (hauptsächl. zum → Tatarischen); tatar. Einfluß läßt sich in der Phonetik (Endbetonung), in der Wortbildung und im Lexikon des Udmurt. nachweisen.

Das udmurt. Sprachgebiet gliedert sich in zwei Hauptdialekte, den nördl. und den südl. Die Sprachvariante der Bessermanen gehört zum nördl. Dialekt. Die im Südwesten Udmurtiens sowie in Tatarstan und in der Republik Marij-El gesprochenen udmurt. Mundarten bilden eine besondere Untergruppe, die südwestl. Dialektgruppe.

Die lexikal. Verankerung des Udmurt. in der perm. Sprachgruppe zeigt sich daran, daß rund 80 % der Wurzelwörter Parallelen in den Komi-Sprachen, insbesondere im Syrjän. haben. Abgesehen von den allen finn.-ugr. Sprachen gemeinsamen frühen → indoeuropäischen Lehnwörtern zählen Elemente → indo-iranischer Herkunft, die noch während der gemeinperm. Periode bis zum 7. Jh. übernommen wurden, zu den ältesten Entlehnungen im Udmurt. (z. B. *njan'* ,Brot', *zarni* ,Gold', *sju* ,hundert').

Wesentl. umfangreicher als im Syrjän. ist der wolgabulgar. Lehnwortschatz des Udmurt. Die udmurt.-wolgabulgar. Sprachkontakte dauerten vom 9. bis 11. Jh. an. In jener Zeit wurden rund 140 Wörter entlehnt, u. a. *kis'* ,Weberkamm', *sjas'ka* ,Blume', *burtčin* ,Seide', *kuno* ,Gast'. Nach der Zerstörung des Reiches der Wolgabulgaren verlor deren Sprache an Prestige; stattdessen. wirkte nun das nah verwandte → Tschuwaschische auf das Udmurt. ein. Im 13. Jh. entfalteten sich die Kontakte des Udmurt. zu den im Süden und Südwesten ansässigen Nachbarn, zu den Tataren, und zu den im Südosten lebenden Baschkiren. Das Udmurt. hat Lehnwörter aus beiden Sprachen aufgenommen.

Der → russische Einfluß machte sich gegen Ende des Mittelalters bemerkbar und verstärkte sich seit dem 16. Jh. merklich. Die meisten Lehnwörter russ. Herkunft im Udmurt. stammen aus dem 19. und 20. Jh. Neben der Übernahme von Russismen zeichnet sich in letzter Zeit ein Trend zu Neuprägungen unter Verwendung udmurt. Sprachmaterials ab. Die produktivsten Wortbildungsmittel sind dabei die Zusammensetzung und die Suffigierung (z. B. *kičapkon* ,Beifall' < *ki* ,Hand' + *čapkon* ,Schlagen', *veros* ,Erzählung', von *verany* ,erzählen').

Kleinere Sammlungen udmurt. Sprachmaterials stammen erst aus dem 18. Jh. Für die Kenntnis des Udmurt. jener Zeit am bedeutendsten war eine vom Erzbischof von Kazan' zusammengestellte, auf Russ. geschriebene und von der Akademie der Wissenschaften in St. Petersburg im Jahre 1775 herausgegebene Grammatik, die u. a. ca. 1400 udmurt. Wörter beinhaltete. Für die Übersetzungsarbeit der russ.-orthodoxen Kirche stellte der Bischof von Nižegorod und

Alatyr', D. Semënov-Rudnev (genannt Damaskin), ein Wörterbuch der Sprachen in der Wolgaregion zusammen (1785). Darin findet sich auch ein Glossar mit udmurt. Ausdrücken. In das vergleichende Wörterbuch von P. S. Pallas (1786–89) sind fast dreihundert udmurt. Wörter aufgenommen worden.

Aus dem 18. Jh. stammen nur wenige zusammenhängende udmurt. Texte, ein Gedicht zu Ehren der Zarin Katharina II. (1767), ein weiteres anläßlich der Einweihung der Universität von Kazan' (1781) und die Übersetzung des Vaterunsers, das 1806 in J.Chr. Adelungs „Allgemeine(r) Sprachenkunde" abgedruckt wurde. Im 19. Jh. erschienen nur wenige Gedichte, etwa die von G. Vereščagin (1889). Bis zum Beginn des 20. Jh. wurden aber fast hundert Bücher in udmurt. Sprache gedruckt, überwiegend Übersetzungen religiöser Texte aus dem Russ. Darunter sind Texte aus dem Neuen Testament (Markus- und Matthäusevangelium), Katechismen und eine 1887 in Kazan' gedruckte Gebetsammlung. Dieses Schrifttum war ein wichtiges Instrument in den Händen der Kirchenbehörden, um die Wotjaken ihrer sozialen Kontrolle zu unterstellen.

Als Beginn des modernen wotjak. Schrifttums wird das Erscheinungsjahr (1909) von M. Možgins Ballade „Begloj" (Der Flüchtling), die auf einem Volkslied aufbaut, angesehen. Danach wurden udmurt. Kalender mit literar. Bearbeitungen folklorist. Themen gedruckt, 1913 erschien die erste udmurt. Zeitung und 1915 veröffentlichte K. Mitrej die histor. Tragödie „Es-Terek", ein Heldenepos. Er gehörte zur jungen Literatengeneration, die nach den Wirren des Bürgerkriegs einen schnellen Durchbruch der udmurt. Schrifttums (Belletristik und Sachprosa) bewirkten, noch bevor die Sprachplanung die Normierung des Udmurt. abgeschlossen hatte. Die 1920er und 1930er Jahre sind die produktivste Periode für die Entwicklung der modernen udmurt. Nationalliteratur.

Die moderne udmurt. Standardsprache basiert auf einer dialektalen Ausgleichsform im Gebiet südl. der Hauptstadt Udmurtiens, Iževsk, die eine Brückenstellung zwischen dem nördl. und südl. Dialekt einnimmt. Bis 1932 wurde das kyrill. Alphabet verwendet. Zwischen 1932 und 1938 orientierte sich die Graphie an der Lateinschrift. 1939 erfolgte die endgültige Umstellung auf die Kyrillica. Basis ist die russ. Schreibweise, ergänzt um fünf diakritische Zeichen, so daß das udmurt. Alphabet insgesamt 38 Grapheme umfaßt.

Grundschulunterricht in udmurt. Sprache wird in Udmurtien so-

wie in den von Udmurten bewohnten Gebieten in Tatarstan, Baschkortostan und in der Republik Marij-El erteilt. In Udmurtien ist
das Udmurt. Unterrichtssprache in allen Schulstufen, einschließl.
der universitären Ausbildung. Udmurt. fungiert in Udmurtien als
regionale Amtssprache neben dem Russ. als Staatssprache Rußlands
mit interregionaler Geltung.

Lit.: Csúcs 1998, Kel'makov 1993, Tepljašina 1970

Uigurisch, Uighurisch (Uyghur/Uigur, ouïg(h)oure). Uigur. ist die
Muttersprache von 7,6 Mio. Menschen, den Uiguren, deren Sied-
lungsgebiet sich im äußersten Nordwesten Chinas konzentriert.
Die Mehrheit (7,2 Mio.) lebt in der autonomen Region Xinjiang
Uygur (Xinjiang Uygur Zizhiqu), und zwar rings um das Tarim-
becken, dessen Zentrum von der Taklimakan-Wüste ausgefüllt
wird. Die Uiguren stellen zwar nicht die Mehrheitsbevölkerung der
Region (17,47 Mio.E), sie sind aber die zahlenstärkste Nationalität.
In der Hauptstadt Ürümqi macht der Anteil der Uiguren nur rund
ein Viertel aus; hier stellen Han-Chinesen die Mehrheit. Aber mehr
als 70 % der Stadtbevölkerung von Kashgar, dem wichtigsten Handelszentrum der Region, sind Uiguren. Im Westen Xinjiangs leben
überwiegend Uiguren (in den Landgemeinden über 90 %).

Uigur. Außengruppen sind in den Anrainerstaaten Chinas beheimatet: in Kasachstan (0,3 Mio.), Kirgisistan (37 000), Usbekistan
(36 000), Afghanistan (ca. 3000), Rußland (Südsibirien; 2600), in
der Mongolei (1000), Türkei und in Pakistan. Die Uiguren, sunnit.
Muslime, stehen in den zentralasiat. Staaten im Kontakt mit der
dortigen muslim. Mehrheitsbevölkerung und mit Sprachen, die mit
dem Uigur. eng verwandt sind. Diese Faktoren haben die Spracherhaltung bei den Uiguren gefördert. Anders sind die Kontaktver-
hältnisse auf russ. Seite, wo das Uigur. unter dem situationellen
Druck des → Russischen steht. Nur 1500 ethnische Uiguren (d. h.
weniger als 60 %) sprechen dort noch Uigur.

Das Uigur. hat amtl. Status in der Region Xinjiang Uygur; zweite
Amtssprache der Region ist das → Chinesische (Mandarin). Das öffentl. Leben ist zweisprachig, mit Uigur. an erster Stelle und Chines.
an zweiter. Auch im öffentl. Schriftgebrauch rangiert das Uigur. in
arab. Schrift vor dem chines. Text. Die interne Verwaltung Xinjiangs
ist aber vom Chines. dominiert. Es gibt uigur. Schulen mit uigur.
Unterrichtssprache, in denen Chines. Unterrichtsfach ist. Uigur.

Kinder werden bereits in den Kindergärten mit dem Chines. als Zweitsprache vertraut gemacht. In den chines. Minderheitenschulen wird dagegen ausschließl. chines. unterrichtet. Als Verkehrssprache ist das Uigur. auch bei anderen Ethnien der Region (Kasachen, Kirgisen, Usbeken, Oiraten, Russen) verbreitet, allerdings nicht bei Han-Chinesen.

Uigur. ist eine → Turksprache und gehört zur östl. Gruppe (Karlik). Am nächsten mit dem Uigur. verwandt ist das Usbekische. Das im Mittelalter schriftl. überlieferte Altuigur. weist zahlreiche strukturelle Ähnlichkeiten mit dem Alttürk. der Runeninschriften aus dem Flußtal des Orchon (Mongolei) auf. Daher nimmt man an, daß die Uiguren aus jener Region in ihre heutigen Wohngebiete migriert sind.

Hauptdialekte des Uigur. sind das zentrale Uigur., der Dialekt von Hotan (Hetisch) und der Dialekt von Lop (Luobu). Die moderne Standardsprache basiert auf dem zentralen Dialekt.

Zahlreiche Kontaktsprachen haben den Wortschatz des Uigur. bereichert. Hierzu gehören das ausgestorbene Tschagataische, das vom Mittelalter bis zum Beginn der Neuzeit Bildungssprache der Muslime Zentralasiens war, außerdem die wichtigen islam. Kultursprachen (→ Arabisch, → Persisch) sowie – in der Moderne – Chines. und Russ. Die gesamte religiöse Terminologie und der größte Teil des bildungssprachl. Wortschatzes sind arab. (rund 33 %) und pers. (rund 7 %) Herkunft; z. B. uigur. *adem* ‚Mensch‘, *mektep* ‚Schule‘, *pen* ‚Wissenschaft‘, *millet* ‚Nation‘, *saam* ‚Zeitraum, Periode (insbesondere zwischen den fünf tägl. Gebeten)‘.

Das Uigur. ist eine alte Kultursprache, die seit Beginn des 8. Jh. schriftl. überliefert ist. Die älteste Schriftart, in der das Uigur. geschrieben wurde, ist von der soghdischen Schrift abgeleitet. Soghdisch, eine iran. Sprache, war die Bildungssprache der Buddhisten Zentralasiens vor der Verbreitung des Islam. Der Buddhismus war die älteste der importierten Religionen, mit denen die Uiguren in Kontakt kamen. Die (alt)uigur. Schrift wurde im 13. Jh. von den Mongolen zur Schreibung ihrer Sprache adaptiert. Bis ins 15. Jh. war diese Variante der uigur. Schrift in den Kanzleien der mongol. Herrscher in Gebrauch. Sie gehörte somit im Mittelalter zu den am weitesten verbreiteten Schriften Asiens. Im Verlauf des 18. Jh. kam die uigur. Schrift außer Gebrauch.

In der Neuzeit ist das Uigur. in drei anderen Schriftarten aufgezeichnet worden, in arab., latein. und kyrill. Schrift. Die arabische Schrift war und ist das Hauptmedium der neuuigur. Schriftsprache. Periodenweise wurde die arab. Schrift zugunsten der Kyrillica (bei den Uiguren in der ehemaligen Sowjetunion) und der Lateinschrift (bei den Uiguren Chinas, die in den 1960er, 1970er und 1980er Jahren in einer Version des Pinyin-Systems schrieben) aufgegeben. 1987 wurde für das Uigur. in Xinjiang eine neue Version der arab. Schrift eingeführt. Die Uiguren in Kasachstan und Rußland verwenden die Kyrillschrift, die in der Türkei die Lateinschrift.

Lit.: Hahn 1998, Sadvakasov 1989, Wei 1989

Ukrainisch (Ukrainian, ukrainien). Die Zahl der Sprecher des Ukrain. in der Welt beläuft sich auf rund 45 Mio. Die meisten leben in der Ukraine (37,4 Mio., entspr. 70,5 % der Landesbevölkerung). Auch in allen Nachbarstaaten wohnen Ukrainer. Mehr als 4 Mio. Bürger Rußlands sind ukrain. Abstammung; sie sind die drittstärkste Sprachgemeinschaft des Landes (nach Russen und Tataren). Von diesen sprechen allerdings weniger als die Hälfte (1,867 Mio., entspr. 42,8 %) Ukrain. als Muttersprache (fast ausnahmslos mit → Russisch als Zweitsprache); die übrigen haben sich ans Russ. assimiliert. In Moldova leben 0,6 Mio., in Ungarn 0,3 Mio., in Belarus 0,29 Mio., in Polen 0,18 Mio., in der Slowakei 0,1 Mio., in Rumänien 67000 Ukrainer.

Bedeutende ukrain. Außengruppen (insgesamt ca. 1,2 Mio.) gibt es in den ehemaligen Sowjetrepubliken Zentralasiens (Kasachstan: 0,9 Mio., Usbekistan: 0,15 Mio., Kirgisistan: 0,11 Mio., Tadschikistan: 41000, Turkmenistan: 37000). Mehrere hunderttausend Ukrainer leben heute in den Staaten Westeuropas (Deutschland, Frankreich, Großbritannien), wohin die meisten von ihnen nach 1945 emigriert sind. Mehr als eine halbe Million Ukrainer sind nach Amerika ausgewandert, und zwar nach Kanada (0,3 Mio.), in die USA (0,25 Mio.), nach Paraguay (26000), Brasilien und Argentinien.

Ukrain. ist eine ostslaw. Sprache. Von den anderen Sprachen dieser Gruppe (→ Russisch, → Weißrussisch) steht das Russ. dem Ukrain. verwandtschaftl. am nächsten. Im 12. Jh. ist im altruss. Schrifttum der Region von Kiev ukrain. Lokalkolorit zu erkennen. Auf der Basis der südwestl. Dialekte des mittelalterl. Ostslawisch gliedert sich das Ukrain. als selbständige Sprache im Verlauf des 14. Jh. aus.

Das ukrain. Sprachgebiet ist dialektal nicht sehr stark differenziert; die Gliederung zeigt eine nördl., eine südwestl. und eine südöstl. Zone. Der nördl. und der südwestl. Dialekt haben archaische Eigenheiten bewahrt. Die ukrain. Standardsprache ist charakterisiert durch strukturelle Merkmale sowohl der westl. Dialektzone (Galizien) als auch der östl. Mundarten (der Region von L'viv und Poltava). Nach anderer Auffassung besitzt die ukrain. Schriftsprache einen bidialektalen Standard.

Der weitaus größte Teil des ukrain. Erbwortschatzes umfaßt lexikal. Elemente, die auch in den anderen ostslaw. Sprachen verbreitet sind. Der Anteil der ukrain.-russ. Parallelismen macht rund 90 % aus. Im Vergleich zum Russ. ist die Zahl der Kirchenslawismen im Ukrain. deutlich kleiner. Die meisten sind alt und stammen aus der Periode der Kiever Rus' (z. B. ukrain. *pracija* ‚Arbeit‘, *cikavij* ‚interessant‘). Im 16. und 17. Jh. übte das → Polnische einen starken Einfluß auf das Ukrain. aus. Über poln. Vermittlung sind auch zahlreiche Ausdrücke westeurop. Herkunft ins Ukrain. gelangt (z. B. aus dem Deutschen ukrain. *majster* ‚Meister‘ oder *fach* ‚Fach, Beruf‘).

Die Zahl weißruss. Entlehnungen im Ukrain. ist dagegen gering. Russ. Lehnwörter sind in größerer Zahl ins Ukrain. übernommen worden. Die zahlreichen Sowjetismen russ. Herkunft, die zwischen 1920 und 1989 in Gebrauch waren, sind aber heute veraltet. Die ukrain. Sprachpflege hat einen mäßigen Trend entwickelt, Neologismen mit Hilfe einheim. Wortmaterials und wortbildender Elemente zu verbreiten.

Bis zum Beginn der Neuzeit waren im ukrain. Sprachgebiet verschiedene Hochsprachen in Gebrauch: Kirchenslaw., Weißruss., → Griechisch und → Latein. Eine selbständige ukrain. Schriftsprache existierte nicht; lediglich einige, in Kirchenslaw. oder Weißruss. verfaßte Texte wiesen einiges ukrain. Lokalkolorit auf. Im 16. Jh. bildeten sich zwei schriftsprachl. Ebenen heraus, eine gehobene mit dem kirchenslaw. Medium und eine niedere mit dem Ukrain. als Schriftmedium (*prosta mova* ‚einfache Rede‘). Ein schriftsprachl. Standard für das Ukrain. festigte sich jedoch erst gegen Ende des 18. Jh.

Die Grundlagen der modernen ukrain. Schriftsprache bildeten sich im Verlauf des 19. Jh. im westl. Teil der Ukraine aus, und zwar in Galizien, das als Folge der poln. Teilungen polit. zu Österreich gehörte. Von dort stammte die Mehrheit der ukrain. Emigranten, die im 19. und 20. Jh. nach Kanada auswanderten. Sie pflegten ukrain.

Schrifttum zu einer Zeit, als im Mutterland Ukraine, während der Sowjet-Ära, das Russ. als Schriftsprache dominierte und das Ukrain. eine Sprache ohne privilegierten Status war. Zu dieser Zeit gab im Osten der Ukraine nur ein Dirttel der ethnischen Ukrainer Ukrain. als Muttersprache an. Mit der staatl. Souveränität der Ukraine seit 1991 wurde das Ukrain. als Staatssprache und dominierende Schriftsprache aufgewertet.

Lit.: Filin 1972, Shevelov 1966, 1993

Ungarisch (Hungarian, hongrois). Ungar. wird von ca. 14,5 Mio. Menschen in der Welt gesprochen. Die meisten Sprecher des Ungar. leben in Ungarn (10,3 Mio.). Zahlenmäßig bedeutende ungar. Außengruppen sind in allen Anrainerstaaten Ungarns beheimatet, die größte im benachbarten Rumänien (Transsylvanien). Die Zahl der Ungarn in Rumänien ist in den 1980er Jahren aufgrund der Diskriminierung von ungar. Sprache und Kultur durch Abwanderung stark zurückgegangen (1980: 2,004 Mio., 1992: 1,62 Mio.).

Andere ungar. Außengruppen verteilen sich auf die folgenden Staaten: Slowakei (0,57 Mio.), Jugoslawien (Region Vojvodina, 0,341 Mio.), Kroatien (22 400), Ukraine (Karpatenukraine, 0,11 Mio.), Österreich (Burgenland, 15 000), Slowenien (9500). In Westeuropa und in Übersee leben weitere 1 Mio. Sprecher des Ungar.: USA (0,447 Mio.), Kanada (86 800), Israel (61 000 ungar. Juden), Australien (5700) u. a.

Die Eigenbezeichnung der Ungarn ist *magyar* (Pl. *magyarok*) und für ihre Sprache *magyar nyelv*. In der deutsch-sprachigen Literatur zur Zeit der österreich.-ungar. Doppelmonarchie wird von Magyaren (Madjaren) und dem Magyarischen gesprochen. Als Ethnonym (Völkername) findet sich die Eigenbezeichnung „Magyaren" erstmals in islam. und byzantin. Quellen des 9. und 10. Jh.; in einer Chronik des 12. Jh. wird *mogyeri* als Sammelname für alle ungar. Stämme verwendet.

Die Fremdbezeichnungen „Ungarn" und „Ungarisch" stammen über slaw. und german. Vermittlung aus dem → Türkischen; *Ungar* geht auf den Namen des führenden Stammesverbandes der Wolgabulgaren, *Onogur*, zurück. Während der Migration aus dem Wolgagebiet nach Westen (6.–8. Jh. n. Chr.) standen die ungar. Stammesverbände wohl unter onogur. Führung. Als Oguren werden die Ungarn erstmals in einer byzantin. Quelle des 5. Jh. erwähnt. Die Form

Onogur bzw. *Ongur* liegt der Namenbildung in den meisten Sprachen Europas zugrunde, so auch im verwandten → Finnischen (*unkarilainen* ,Ungar').

Ungar. gehört zum finnisch-ugrischen Sprachzweig der → uralischen Sprachfamilie und ist der Hauptvertreter der ugr. Untergruppe. Mit dem Ungar. am nächsten verwandt sind die anderen ugr. Sprachen Chantisch und Mansisch, die in Westsibirien gesprochen werden. Im Unterschied zum Finn., dessen grammat. Bau durch die intensiven Kontakte mit → indoeuropäischen Sprachen (insbesondere im Baltikum) flexiv. Züge angenommen hat (Stammveränderungen beim Nomen und Verb im Stufenwechsel), hat das Ungar. seinen ursprüngl. Charakter als agglutinierende Sprache bewahrt. Das Kasussystem des Ungar. ist mit insgesamt 27 Kasus sehr komplex; keine andere Sprache → Europas unterscheidet derart minutiöse Kasusbeziehungen.

Das ungar. Sprachgebiet ist dialektal wenig differenziert. Aufgrund phonet. Merkmale werden folgende Mundartzonen unterschieden: westl. Mundarten (in der Region westl. der Donau), nördl. Mundarten einschließl. der Palóc-Dialekte (nördl. der Linie Nyitra – Szolnok – Kassa), südl. Mundarten (im Südosten Transdanubiens, in der Region von Szeged und in der Pannon. Tiefebene), östl. Mundarten (östl. der Linie Tisza – Körös, Transsylvanien). In den Randgebieten (z.B. im Burgenland, in Slawonien, Nordost-Transsylvanien, Moldova) haben sich verschiedene archaische Eigenheiten im Lautsystem und in den grammat. Strukturen erhalten.

Zum Erbwortschatz des Ungar. gehören rund 1000 Elemente mit Parallelen in den anderen finn.-ugr. Sprachen (z.B. ungar. *fiú* ,Junge' / finn. *poika* ,dass.'). Noch während der Wanderung nach Westen haben die Ungarn frühe Lehnwörter übernommen, v.a. aus iran. Sprachvarianten. Sehr alte Beziehungen weisen auch auf Kontakte zu Sprachen im äußersten Südosten Europas (z.B. ungar. *ló* ,Pferd' ist wahrscheinl. → kaukasischer Herkunft).

Der Lehnwortbestand → türkischer Herkunft im Ungar. ist vielschichtig. Zu den ältesten Elementen gehören solche, die während der Zeit der Migration in Richtung Westen übernommen wurden (ca. 300 Wörter aus den Sprachvarianten türk. Stämme in Südrußland). In Ungarn selbst stand das Ungar. im Kontakt mit später eingewanderten türk. Stammesverbänden, den Petschenegen und Kumanen. Die jüngste Schicht (16. und 17. Jh.) beinhaltet Entlehnungen aus dem Osman.-Türk. Von diesen Ausdrücken (rund 700) sind die meisten veraltet; nur etwa 30 sind noch heute gebräuchlich. Bereits vor der Landnahme der Ungarn, d. h. vor dem 9. Jh., sind einzelne Lehnwörter aus dem Byzantin.-→ Griechischen übernommen worden; sein Einfluß setzte sich bis ins 12. Jh. fort.

Seit dem frühen Mittelalter hat das Ungar. Entlehnungen aus dem → Slawischen adaptiert, v.a. aus süd- und westslaw. Varianten. Im heutigen ungar. Wortschatz leben rund 600 slaw. Lehnwörter weiter (z. B. ungar. *utca* ‚Straße‘, *ruha* ‚Kleid‘, *kapál* ‚graben‘). Das Ungar. in der Karpatenukraine ist vom → Ukrainischen beeinflußt worden.

Seit dem 12. Jh. machte sich → deutscher Spracheinfluß bemerkbar, der in der Folgezeit beständig zunahm. Entlehnungsquellen waren sowohl die Umgangssprache deutscher Siedler, die nach Ungarn kamen, als auch die deutsche Bildungssprache der Städter. Die polit. Dominanz Österreichs trug ebenfalls zur Stärkung des deutschen Einflusses auf das Ungar. bei. Von den etwa 1100 Lehnwörtern deutscher Herkunft sind ca. 350 bis in den modernen ungar. Wortschatz erhalten geblieben (z. B. ungar. *polgár* ‚Bürger‘, *copf* ‚Zopf‘, *pucol* ‚putzen‘).

Das → Lateinische, das vom 11. bis zum 15. Jh. als Urkunden-, Kanzlei- und Bildungssprache in Ungarn fungierte, hat dem Ungar. rund 2000 Entlehnungen vermittelt. Ähnlich wie im → Englischen und Deutschen hat der latein. Lehnwortschatz im Ungar. den Charakter eines Kultursuperstrats, das ältere Schichten von Erb- und Lehnwortschatz überlagert (z. B. ungar. *iskola* ‚Schule‘, *juss* ‚Recht; Erbe‘, *véna* ‚Vene‘, *augusztus* ‚August‘). Lehnwörter → französischer Herkunft sind entweder direkt über das Medium der französ. Bildungssprache oder über deutsche Vermittlung ins Ungar. gelangt. Das Ungar. in Transsylvanien hat zahlreiche → rumänische Ausdrücke entlehnt (z. B. ungar. *cimbora* ‚Freund, Kumpel‘).

Das Spektrum der Internationalismen latein.-griech., deutscher und französ. Provenienz erweitert sich um die Neologismen engl. Herkunft. Das Engl. ist die wichtigste Fremdquelle im Prozeß der Modernisierung des ungar. Wortschatzes.

Ungar. Schrifttum ist in zwei Schriftsystemen aufgezeichnet worden, zum einen in der Lateinschrift, zum anderen in einer einheim. Schriftart, deren Buchstabenformen an Runen erinnern (ungar. *rovásírás* ‚Kerbschrift‘). Die Kerbschrift war zwischen dem 9. und 12. Jh. in Gebrauch und wurde schon früh vom latein. Alphabet verdrängt. Am längsten hat sie sich bei den ungar. Széklern in Transsylvanien gehalten.

In den mittelalterlichen latein. (und seltenen griech.) Urkunden finden sich ungar. Personen- und Ortsnamen, Textfragmente und Wörtersammlungen (Urkunden des 11. Jh. aus dem Veszprém-Tal und aus der Abtei von Tihany). Aus dem 14. Jh. stammen die ersten umfangreicheren Wörtersammlungen (von Königsberg und Beszterce). Das erste Schriftzeugnis, das vollständig in Ungar. geschrieben wurde, ist eine um 1200 verfaßte Leichenrede („Halotti Beszéd"). Um 1300 entstand der Text einer Marienklage („Omagyar Mária Siralom").

Das 15. und 16. Jh. sind die sog. Periode der Chroniken. In jener Zeit entstanden umfangreiche religiöse Textsammlungen, die meisten davon sind Übersetzungen aus dem Latein. Zu den wichtigsten Chroniken gehören der Ehrenfeld-Kodex (um 1440), der Jókai-Kodex (1448), der Wiener Kodex (um 1450) und der Münchener Kodex (1466). Entscheidende Auswirkungen auf die Entwicklung der ungar. Schriftsprache hatte das religiöse Schrifttum zur Zeit der konfessionellen Auseinandersetzungen. Der Einfluß der ersten Bibelübersetzung (1590) des Reformators G. Károli schwächte sich im Zuge der Stärkung der Gegenreformation und der Veröffentlichung der kathol. Bibelversion (1604) von P. Pázmány ab.

Die ungar. Schriftsprache basiert nicht auf einem bestimmten Dialekt und hat den Charakter einer Ausgleichsform. Die orthograph. Normen des Schriftungar. festigten sich im Verlauf des 17. Jh. Die moderne Umgangssprache entwickelte ihre neuzeitl. Gestalt im wesentlichen schon im 18. Jh.

Die ungar. Sprachgeschichte unterscheidet folgende Perioden: Archaisches Ungar. (ca. 1000 v. Chr.–Ende des 9. Jh.), Altungar. (Ende des 9. Jh.–16. Jh.), Mittelungar. (16.–spätes 18. Jh.), Neuungar. (seit Ende 18. Jh.).

Lit.: Abondolo 1998a, Sherwood 1996, Simonyi 1907

Universalsprachen → Weltsprachen

Uralische Sprachen (insgesamt 34 Sprachen). Ural. Sprachen (mit den beiden Hauptzweigen der finnisch-ugrischen und samojedischen Sprachen) sind auf beiden Seiten des Ural-Gebirges verbreitet, das Namengeber für diese Sprachfamilie ist. Die meisten ural.

Sprachen werden im Nordosten Europas gesprochen. Hierzu gehören die ostseefinn. und finn.-permischen Sprachen. Weiter im Süden sind Sprecher finn.-wolgaischer Sprachen beheimatet. Die Isolation des → Ungarischen, das in Mitteleuropa von → indoeuropäischen Sprachen umgeben ist, erklärt sich aus der Migration ungar. Stämme nach Westen zwischen dem 6. und 9. Jh. (896 ist das Jahr der Landnahme Ungarns). Auf der sibir. Seite des Urals leben die Obugrier, deren Sprachen (Mansisch, Chantisch) mit dem Ungar. enger verwandt sind. Weiter im Norden und Osten werden samojedische Sprachen gesprochen.

Der Umstand, daß sich Sprachen wie das Ungar., → Finnische oder → Saamische deutlich von den Sprachen unterscheiden, mit denen sie in Mitteleuropa und im Norden des Kontinents in Kontakt stehen, ist Reisenden und Forschern bereits vor über tausend Jahren aufgefallen. Die ersten Hinweise auf mögl. Verwandtschaftsbeziehungen zwischen finn.-ugr. Sprachen finden wir in dem Reisebericht von Othe Halogaland. Gegen Ende des 9. Jh. segelte dieser Norweger im Auftrag des engl. Königs Alfred des Großen (reg. 871–899) an der Nordküste Skandinaviens entlang, fuhr um die Kola-Halbinsel herum und gelangte bis in die Gegend des späteren Archangel'sk. Othe bemerkte, daß die Sprache der Saamen (Lappen) der Sprache der Bjarmen ähnelte, eines ostseefinn. Stammes, der damals an der Küste des Weißen Meeres siedelte.

Im Schrifttum des späten Mittelalters sind verstreute Hinweise auf die Verwandtschaft finn.-ugr. Sprachen zu finden. Teilweise handelt es sich dabei um die Schriften bekannter Persönlichkeiten des zeitgenöss. Kulturlebens. In zwei Traktaten des Humanisten Aeneas Sylvius Piccolomini (1405–1464, in die Geschichte eingegangen als Papst Pius II.), der mit der Erziehung des ungar. Königs László V. betraut war, wird auf die Verwandtschaft des Ungar. mit den ugr. Sprachen in Westsibirien hingewiesen. Im 16. und 17. Jh. verdichteten sich die Beobachtungen zur Verwandtschaft der finn.-ugr. Sprachen. Der Finnland-Schwede Michael Wexionius-Gyldenstolpe (1650) erkannte die Verwandtschaft des Finn., → Estnischen und → Liwischen mit dem Saam., der Hamburger Gelehrte Martin Fogel (1669) stellte eine Reihe finn.-ungar. Wortvergleichungen auf. Die Beziehungen zwischen den finn.-ugr. und samojed. Sprachen wurden erstmals von Johann Georg Eckhart (1729), einem Schüler des Philosophen Gottfried Wilhelm Leibniz, hervorgehoben.

Im 18. Jh. entstanden auch die ersten Traktate zur Sprachverwandtschaft mit wissenschaftl. Ansprüchen. Hierzu gehören zwei
Hauptwerke, die einerseits die Grundlagen für die finn.-ugr.
Sprachforschung schufen, andererseits ein Bewußtsein der Zusam-
mengehörigkeit v.a. bei Finnen und Ungarn weckten. János Sajno-
vics behandelte in seiner „Demonstratio. Idioma Ungarorum et
Lapponum idem esse" (1770) den ungar.-saam. Sprachvergleich;
Sámuel Gyarmathi weitete in seiner Studie „Affinitas linguae Hun-
garicae cum linguis fennicae originis" (1799) den Sprachvergleich
auch auf das Samojed. aus.

Die Begründung der Finnougristik als wissenschaftl. Disziplin ist
das Verdienst von Mathias Aleksander Castrén, der anläßlich seiner
Reisen nach Lappland und Karelien (1841–44) sowie nach Nordost-
europa und Sibirien (1845–49) sehr viel vergleichende Sprachmate-
rialien sammelte. Das Interesse für vergleichende finn.-ugr. Studien
wurde in Ungarn durch Pál Hunfalvy mit der von ihm herausgege-
benen Zeitschrift „Magyar Nyelvészet" (Ungar. Sprachwissenschaft) angeregt, die zwischen 1854 und 1862 erschien. Seit der
zweiten Hälfte des 19. Jh. setzten sich auch deutsche Forscher verstärkt mit der Verwandtschaft der finn.-ugr. und im weiteren Sinn
der ural. Sprachen auseinander (als erster Georg von der Gabelentz,
im 20. Jh. der Uralist Wolfgang Steinitz).

Wie im Fall der Indoeuropäistik hat sich die Forschung auch in
der Uralistik im besonderen um die Rekonstruktion einer Grundsprache bemüht, von der man annimmt, daß sich von dieser alle bekannten ural. Einzelsprachen zu verschiedenen Zeiten ausgegliedert
haben. Von diesem Proto-Ural. wird angenommen, daß seine strukturellen Eigenheiten sich spätestens im 6. Jt. v. Chr. ausgebildet hatten, und daß das proto-ural. Sprachstadium bis ins 4. Jt. v. Chr. andauerte. Spätestens im Verlauf des 3. Jt. v. Chr. hat sich wohl der
finn.-ugr. vom samojed. Komplex abgespalten. Der Ausgliederungsprozeß der finn.-ugr. Einzelsprachen war insgesamt rasanter
als der der samojed. Lokalsprachen.

Die Ausdehnung des ursprüngl. Siedlungsgebiets der ural. Völker
war lange Zeit umstritten. Die frühere Forschung hat die Urheimat
in einem geograph. relativ begrenzten Gebiet gesucht, und zwar in
der Landschaft an der mittleren Wolga sowie von deren Nebenflüs-
sen, der Kama und Oka. Heute geht man davon aus, daß die Wohngebiete der Proto-Uralier ausgedehnter waren und sich schon früh

bis weit nach Norden erstreckten. Im Süden standen die Uralier in intensiven Kontakten zu Indoeuropäern. Diese Kontakte haben sich kontinuierlich bis in die Periode der Ausgliederung histor. Einzelsprachen fortgesetzt.

Die ural. Sprachen bieten Kontraste kultureller Entwicklungsstadien, wie man sie in kaum einer anderen Sprachfamilie findet. Die meisten ural. Sprachen sind zu Schriftmedien ausgebaut worden, und in diesen ist ein breit ausgefächertes Schrifttum entstanden. Andererseits gibt es bis heute Sprachen, die schriftlos sind und deren Sprecher traditionelle Lebensweisen beibehalten haben. Dies gilt für einige der samojed. Sprachgemeinschaften, beispielsweise für die Nganasanen, die auf der Taimyr-Halbinsel im äußersten Norden Sibiriens leben. Bis in die 1970er Jahre waren sie Rentiernomaden; heute sind die meisten seßhaft, üben aber weiterhin Tätigkeiten wie Jagd und Fischfang aus.

Es gibt im modernen Europa nur wenige nichtindoeurop. Sprachen, die den Entwicklungssprung von der traditionellen Schriftlichkeit (d. h. aus dem Zeitalter gedruckter Texte) in die Welt der digitalen Literalität geschafft haben. Finn., Estn. und Ungar. sind heutzutage durch alle Massenmedien (einschließl. Internet) eingebunden in die globale Interkommunikation.

Gruppierungen:
• Finnisch-ugrisch: Finnisch-permisch – Finnisch-wolgaisch – Ostseefinnisch – Saamisch – Ugrisch (Ungarisch, Obugrisch)
• Samojedisch: nordl. Samojed. – südl. Samojed.

Lit.: Abondolo 1998b, Funk/Sillanpää 1999, Hajdú/Domokos 1987

Urdu (Urdu, Urdu). Urdu wird von rund 56 Mio. Menschen gesprochen. Die meisten Sprecher leben in Indien (46 Mio.). Mehr als 8 Mio. Urdu-Sprachige sind in Pakistan beheimatet. Zahlenmäßig bedeutende Außengruppen findet man in Südafrika (0,17 Mio.), in den Staaten am Persischen Golf wie Oman (30 000), Bahrain (20 000) und Katar (19 500), in Deutschland (17 000), auf den Fidschi-Inseln (3500), in Afghanistan und anderswo.

Urdu ist die Sprache der Muslime Indiens und Pakistans und besitzt den Status einer Nationalsprache in beiden Staaten. Als Amtssprache fungiert Urdu in den ind. Bundesstaaten Jammu und Kashmir, als fakultative Amtssprache ist Urdu in weiteren drei Bundesstaaten anerkannt.

Urdu ist eine → indoeuropäische Sprache und gehört zum indo-arischen Sprachzweig. Am nächsten verwandt ist → Hindi. In früherer Zeit wurden Urdu und Hindi von den Sprachwissenschaftlern als Varianten einer histor. Einzelsprache (Hindustani) klassifiziert. Die Unterschiede in den lexikal. Strukturen, in der schriftl. Überlieferung und in den soziokulturellen Funktionen zwischen Urdu und Hindi sind aber so bedeutend, daß man heute allgemein der Selbstidentifizierung der Sprecher Priorität einräumt, die sich in zwei Sprachgemeinschaften (Urdu in der islam. Welt, Hindi als Medium des Hinduismus) organisiert haben.

Die kulturelle Absonderung des Urdu aus der gemeinsamen hindustan. Basis erfolgte im Mittelalter, und schon damals stand Urdu unter islam.-pers. Einfluß. Im 11. Jh. hatte Persien seinen Herrschaftsbereich nach Indien ausgedehnt, und → Persisch avancierte zur Kanzlei- und Bildungssprache der Region. Als Staatssprache des Mogulenreichs, das vom 16. Jh. bis 1857 Bestand hatte, setzte es seine offizielle Rolle fort. In jener Zeit bildete sich die breite pers.-arab. Schichtung des Wortschatzes im Urdu heraus. Hauptdialekte des Urdu sind das Dakhini (Dakani oder Delhavi), das Pinjari und das Rekhta (Rekhti). Früher wurde Dakhini als Dialekt des Hindi klassifiziert. Die moderne Sprachwissenschaft identifiziert Dakhini allerdings als Urdu-Dialekt.

Eine alte Bezeichnung für Urdu ist Rekhtah, was soviel wie ,die gemischte Sprache' bedeutet. Der Wortschatz des Urdu illustriert in der Tat dessen Charakter als Fusionssprache. Mehr als die Hälfte aller Wörter sind entlehnt. Rechnet man zu den ind. Erbwörtern des Urdu die Elemente dazu, die aus anderen Sprachen Indiens entlehnt wurden, macht der „indische" Anteil des Lexikons etwa 73% aus. Hierzu gehören zahlreiche Entlehnungen aus anderen ind. Sprachen wie → Sanskrit, Pali und Hindi sowie Lehnwörter aus dem → Dravidischen (z. B. → Malayalam).

Erheblich ist die Zahl der Entlehnungen aus Sprachen außerhalb Indiens und Pakistans. Rund 27% des Urdu-Wortschatzes stammen aus dem → Arabischen, Pers., → Türkischen, und aus europ. Sprachen. Der Lehnwortschatz aus den islam. Kontaktsprachen Asiens umfaßt mehr als zwölftausend Elemente. Im Vergleich dazu gibt es im Urdu nur rund 550 Wörter aus europ. Sprachen.

Die Entlehnungen aus dem Arab. und Pers. haben alle lexikal. Bereiche des Urdu durchsetzt. Beispiele für arab. Lehnwörter sind

Urdu *kursi* ‚Stuhl', *mubligh* ‚Menge (von Waren)' oder *mahr* ‚Braut-geschenk'. Aus dem Pers. stammen Ausdrücke wie Urdu *takyah* ‚Kissen', *panir* ‚Käse' oder *pardah* ‚Schleier (der Frauen)'. Im modernen Wortgebrauch des Urdu sind auch viele hybride Bildungen populär, von denen ein Element einheim., das andere Element pers. oder arab. Herkunft ist; z. B. Urdu *tar-ghar* ‚Fernmeldeamt', aus *tar* ‚Telegraf' (< pers.) + *ghar* ‚Amt'oder *moti-masjid* ‚Perlenmoschee', aus *moti* ‚Perle' + *masjid* ‚Moschee'(< arab.).

Die Lehnwörter europ. Herkunft stammen sämtlich aus der Zeit nach der Ankunft der Portugiesen in Indien (1498 in Calicut). Aus dem → Portugiesischen hat das Urdu u. a. folgende Ausdrücke entlehnt: *balti* ‚Eimer', *qamis* ‚Hemd', *pagar* ‚Gehalt' (vom portugies. Verb *pagar* ‚bezahlen'). Über die Handelskontakte mit den Franzosen in Indochina gelangten → französische Wörter ins Urdu (z. B. *trup* ‚Truppe', *lalten* ‚Laterne, Leuchte', *kamandan* ‚Kommandant'). Die Zahl der → englischen Lehnwörter beläuft sich auf ca. 500. Dazu gehören *ispanj* ‚Schwamm', *ardali* ‚ordentlich', *ishtam* ‚Stempel' u. a.

In der modernen Sprachpflege des Urdu hat sich eine Tendenz zur Vermeidung europ. (speziell engl.) Lehnwörter durchgesetzt. Stattdessen werden die oben beschriebenen kompositor. Eigenprägungen bevorzugt. Im Schriftgebrauch der Belletristik und der Massenmedien kann man allerdings eine erhebl. Variationsbreite beobachten, wozu auch eine Vorliebe für Anglismen gehören kann.

Das Schrifttum in Urdu kann man in älterer Zeit von dem in Hindi lediglich aufgrund seiner abweichenden religiös-kulturellen Thematik und seiner Schriftart unterscheiden. Seit dem 13. Jh. wird Urdu als Schriftmedium verwendet, und seither wird es in einer Variante der arab.-pers. Schrift geschrieben. Über die Jahrhunderte hat sich die Schriftkultur immer an den literar. Vorbildern anderer islam. Kulturen orientiert, insbesondere an der pers. Literatur, die ihrerseits fundamental vom Arab. beeinflußt ist. In dem Maße, wie sich der Wortschatz des Urdu und der literar. Sprachgebrauch im islam. Kulturmilieu entwickelt haben, hat sich auch der linguist. Abstand gegenüber dem Hindi vergrößert. Urdu ist eine vitale Kultursprache mit moderner Terminologie, die alle Funktionen einer modernen Schriftsprache ausfüllt (auf amtl. Ebene, in den Massenmedien, in der schulischen Ausbildung, in der Belletristik).

Lit.: Huq 1966, Sadiq 1984, Zaidi 1983

Uru-Chipaya. Das Verbreitungsgebiet dieser Sprachen liegt im südwestl. Bolivien. Es sind keine verwandtschaftl. Beziehungen zu anderen Indianersprachen bekannt.

Uto-Aztekisch (60 Sprachen). Das Verbreitungsgebiet der uto-aztek. Sprachen erstreckt sich vom Westen der USA bis nach El Salvador in drei geograph. voneinander getrennten Zonen: Shoshone-Sprachen im Westen und Südwesten der USA, Sonora-Sprachen im südl. Arizona und in Nordwestmexiko, Aztekisch (Nahuatl) in Zentralmexiko, Guatemala und El Salvador.

Zum Kreis der uto-aztek. Sprachen gehört das namengebende klassische Aztek., die Sprache des vorkolumb. Volkes, das das Tal von Mexiko beherrschte. Es ist die einzige Sprache dieser Sprachfamilie, die in vorkolonialer Zeit geschrieben wurde. Die modernen Varianten des Aztek. werden von über einer Million Menschen gesprochen.

Die uto-aztek. Sprachen gehören zu den am besten bekannten und dokumentierten Indianersprachen Amerikas. Das Aztek. ist aus den Aufzeichnungen span. Missionare seit dem 16. Jh. bekannt. Im 20. Jh. haben sich namhafte Amerikanisten um eine Klassifizierung der untereinander verwandten Sprachen und um eine histor. Rekonstruktion des Proto-Uto-Aztekischen bemüht. Edward Sapir erarbeitete die erste wissenschaftl. Vergleichsstudie (1913–14), in der die Verwandtschaft des südl. Paiute mit dem Aztek. nachgewiesen wurde.

Lit.: Lamb 1964, Miller 1992

V

Vietnamesisch (Vietnamese, vietnamien). Vietnames., das früher auch Annamesisch oder Annamitisch genannt wurde, wird von 68 Mio. Menschen gesprochen; die meisten davon sind in Vietnam (66 Mio.) beheimatet. Die Vietnamesen (*nguoi Viet* oder *nguoi Kinh*) sind die Mehrheitsbevölkerung (88 %) in ihrem Nationalstaat, der seit 1975 polit. nicht mehr geteilt ist. Rund 2 Mio. Vietamesen leben außerhalb Vietnams, viele davon als polit. Flüchtlinge in Nordamerika und in Westeuropa. Die größte vietnames. Außengruppe ist die in den USA (0,86 Mio.). Im benachbarten Kanada leben 60 000 Vietnamesen.

In Südostasien ist Kampuchea das Land mit der zahlenmäßig stärksten vietnames. Außengruppe (0,74 Mio.). In Laos leben 76 000 Vietnamesen, in China 6000 (Hong Kong). Die meisten vietnames. Flüchtlinge, die seit Ende der 1970er Jahre ihre Heimat verlassen haben (boat people) sind als Asylanten von Australien (35 000) und von westeurop. Staaten (Norwegen: 0,1 Mio., Deutschland: 60 000, Großbritannien: 22 000, Frankreich: 17 000, Niederlande: 8000, Finnland: 2200), aufgenommen worden. Diejenigen Vietnamesen, die in jungem Alter emigriert sind, sprechen außer Vietnames. auch die jeweilige Landessprache ihrer neuen Heimat. Viele der jüngeren Vietnamesen, die in Westeuropa, Australien oder Nordamerika leben, sind auch dort geboren und kennen die Heimat ihrer Vorfahren nicht.

Vietnames. ist eine → austroasiatische Sprache und gehört zum Zweig der Mon-Khmer-Sprachen. Die ursprüngl. Sprachstrukturen haben sich unter dem jahrtausendelangen Einfluß des → Chinesischen erheblich gewandelt. Das für das moderne Vietnames. charakteristische System der Tonhöhendifferenzierung (Tonem-System) hat sich unter chines. Einfluß im Verlauf des 1. Jt. n. Chr. entwickelt.

Das Vietnames. ist eine monothetische (isolierende) Sprache, d. h., Wörter bestehen aus einer Silbe. Insofern ist es dem Chines. ähnlich, obwohl es mit diesem genealog. nicht verwandt ist. Die Wortstruktur (= Silbenstruktur) des Vietnames. kann wegen des differenzierten

Lautsystems recht komplex sein, mit Konsonantengruppen im Anlaut und Diphthongen sowie Triphthongen als vokal. Silbenträger. Grammat. Beziehungen werden durch Reduplikation oder Zusammensetzung zum Ausdruck gebracht. Die Wortstellung ist entscheidend für die Satzbedeutung.

Die Elemente des vietnames. Erbwortschatzes haben Parallelen in anderen Mon-Khmer-Sprachen. Zu den frühesten Entlehnungen gehören solche aus dem Chines., das vom 3. Jh. v. Chr. bis ins 19. Jh. auf das Vietnames. einwirkte. Rund ein Drittel des gesamten vietnames. Wortschatzes, nicht nur in der Alltagssprache, sondern auch in Fachterminologien, stammt aus dem Chines. In formalen Sprachfunktionen kann der Wortschatz chines. Herkunft bis zu 60 % ausmachen. Bis in die jüngste Zeit gab es auch eine weitverzweigte moderne Nomenklatur in technischen Bereichen auf der Basis sinovietnames. Elemente.

Eine nachhaltige Wirkung auf das Vietnames. ging vom → Französischen aus. Es gelangte bereits im 17. Jh. nach Vietnam, und zwar über die Vertreter der christl. Mission in Südostasien. Bald schon folgten Kaufleute. Die erste französ. Handelsgesellschaft in Vietnam wurde 1665 gegründet. Bis in die erste Hälfte des 19. Jh. war der Einfluß des Französ. kommerzieller und kultureller Natur. Erst nach dem für Vietnam verlustreichen Indochinakrieg (1858/59–1884) wurde das ganze Land französ. Protektorat. Von da an fungierte Französ. als Amtssprache, Kirchensprache für die christl. Gemeinden, als Schulsprache und als Bildungssprache für die vietnames. Elite. In den Jahrzehnten der französ. Kolonialherrschaft sind Hunderte französ. Lehnwörter ins Vietnames. integriert worden. Von diesen sind mehr als 150 Ausdrücke bis heute gebräuchlich. Dazu gehören solche des Alltagslebens (z. B. *sam* ‚Zimmer‘, *tách* ‚Tasse‘, *xà phòng* ‚Seife‘), der verkehrstechn. Infrastruktur (z. B. *ga* ‚Bahnhof‘, *o to* ‚Auto‘), der Bautechnik und Automechanik (z. B. *bo.m* ‚Pumpe‘, *xi mang* ‚Zement‘, *bu gi* ‚Zündkerze‘), des Geld- und Postwesens (z. B. *bang* ‚Bank‘, *séc* ‚Scheck‘, *tem* ‚Briefmarke‘), der Modewelt (z. B. *mot* ‚Mode‘, *bành to* ‚Mantel‘, *xú chieng* ‚BH‘), der Gastronomie (z. B. *bia* ‚Bier‘, *giam-bong* ‚Schinken‘, *bo* ‚Butter‘), u. a. Offensichtlich sind die französ. Elemente unverzichtbar für den vietnames. Wortschatz, denn selbst die extrem antikolonialist. Sprachpolitik des Landes nach 1975 hat diese Spuren des kolonialen Erbes nicht ausmerzen können.

Der moderne Wortschatz des Vietnames. berücksichtigt vorzugsweise Eigenprägungen auf der Basis einheim. Wortmaterials. Im technischen Bereich findet man beispielsweise zahlreiche Ausdrücke mit dem Element *máy* ‚Maschine‘: z. B. *máy anh* ‚Fotoapparat (eigentl. Bildmaschine)‘, *máy bay* ‚Flugzeug (eigentl. Flugmaschine)‘ usw. Es gibt auch hybride Bildungen mit einem adaptierten Lehnwort als Teilkomponente, z. B. *máy bo.m* ‚Pumpmaschine‘.

Solange Vietnam chines. Kolonie war (111 v. Chr.–939 n. Chr.), gab es zur chines. Schriftkultur keine Alternative. Die Vertreter der Elite Vietnams, ob Buddhisten oder Konfuzianer, verwendeten das Chines. und die chines. Schrift. Von den frühen Texten, die Vietnamesen in Chines. geschrieben haben (Sino-Vietnames.), sind einige erhalten, wie beispielsweise das königliche Dekret, in dem der Gründer der Ly-Dynastie im Jahre 1010 die Verlegung der Hauptstadt seines Reiches nach Hanoi verfügte. Formal ist den sino-vietnames. Texten nicht anzusehen, daß ihr Chines. von Vietnamesen geschrieben wurde.

In Vietnam hat es seit altersher eine reiche orale Überlieferung gegeben, mit Mythen, Märchen, Legenden und Schwänken. Die mündl. tradierten Texte sind schon früh aufgezeichnet worden, allerdings in chines. Übersetzung. Inhalt und Form dieser Literatur sind also vietnames., die sprachl. Gestalt aber chinesisch. Eine einheim. vietnames. Schrifttradition setzt erst im 13. Jh. ein. Aus dem 14. Jh. wird überliefert, daß das Vietnames. mit Vorliebe für satir. Gedichte verwendet wurde.

Zur Schreibung des Vietnames. wurde die chines. Schrift adaptiert. Diese Schriftart nannte man *chu nom* ‚Schrift des Südens‘. Obwohl ein Text in Nom äußerlich aus chines. Schriftzeichen besteht, mutet er einem Chinesen wie Kauderwelsch an, weil ihm nur die chines. Lehnwörter im Vietnames. verständlich sind. Die nach der Lautstruktur geschriebenen einheim. vietnames. Wörter haben für einen Chinesen keine Bedeutung; auch viele Zeichenkombinationen sind ihm unbekannt. Je nachdem, ob man die äußere Gestalt der Schrift oder die Assoziation ihrer Zeichen mit der Lautung und Bedeutung vietnames. Wörter betont, ist das Nom-System als „ideophonetisch“, „phonetisch-semantisch“ oder als „ideographisch“ bezeichnet worden.

Ähnlich wie in Korea widersetzten sich die meisten sinisierten Vertreter der Bildungs- und Adelselite auch in Vietnam dem neuen

Schriftsystem und dem Schriftgebrauch der Muttersprache. Nom wurde allerdings gerade in solchen Perioden stärker befürwortet und verwendet, in denen die polit. Führung Vietnams ihre Unabhängigkeit von China betonen wollte, wie während der Zeit der Tran-Dynastie (1225–1400). Obwohl im Laufe der Zeit eine nicht unbedeutende, in Nom geschriebene vietnames. Literatur entstand, fehlten in Vietnam spracheinigende Persönlichkeiten wie Dante in Italien, Chaucer in England und Luther in Deutschland.

Seit dem 17. Jh. gibt es Versuche, das Vietnames. in Lateinschrift wiederzugeben. Die ersten Alphabetisierungskampagnen stammen von portugies. und italien. Missionaren, einen eigentl. Durchbruch erzielte aber erst der franzöz. Jesuit Alexandre de Rhodes, der seit 1624 in Vietnam wirkte. Bahnbrechend für die Tradition der Lateinschrift im Lande sollte das vietnames.-portugiesisch-latein. Wörterbuch („Dictionarium annamiticum", 1651) werden, in dem bereits die wesentl. Grundlagen der latein. Graphie des Vietnames. festgelegt werden. De Rhodes hatte auch schon ein System diakrit. Zeichen vorgeschlagen, mit dessen Hilfe die Tonhöhenunterschiede des Vietnames. gekennzeichnet werden können.

Mit der Einführung der Lateinschrift zur Schreibung christl.-religiöser Texte in Vietnames. fächerte sich die Schriftkultur Vietnams weiter aus. Die konfuzian. Elite hielt wie früher am Chines. als Bildungssprache fest, und ihre Vertreter fühlten sich den Traditionen der chines. Klassik verpflichtet. Die buddhist. orientierten Aristokraten pflegten zwar auch das Chines. (d. h. die sino-vietnames. Schriftsprache), sie verwendeten aber auch ihre Muttersprache, die sie nach dem Nom-System schrieben. Ein kleiner Kreis gebildeter vietnames. Christen lernte die Lateinschrift und schrieb die Muttersprache in dem Notationssystem der Missionare.

Diese Schriftart wurde von den Vietnamesen *tay cuoc ngu* oder einfach *quoc ngu* (‚nationale Sprache, die mit europ. Buchstaben geschrieben wird‘) genannt. Das latein. Alphabet als Schriftart für das Vietnames. wurde insbesondere von den franzöz. Kolonialbehörden gefördert. Lange Zeit aber war der Gebrauch von Quoc Ngu nur bei den vietnames. Christen populär. Noch in den 1930er Jahren wunderten sich viele Buddhisten in Vietnam, wie es denn möglich sei, ihre Sprache mit europ. Buchstaben zu schreiben.

Die Propagierung von Quoc Ngu im Schulwesen war eine unbeabsichtigte Folge der franzöz. Bildungsadministration. Noch vor hundert Jahren erhofften sich die Kolonialbehörden, daß sich die Vietnamesen über den zweisprachigen Schulunterricht ans Französ. gewöhnen und schließlich ihre Muttersprache vernachlässigen würden. Die Gewöhnung an die Lateinschrift über die Vermittlung des Quoc Ngu-System stellte man sich als wichtige Weichenstellung im Prozeß der Akkulturation vor. Tatsächlich aber führte dieser Prozeß zur Verdrängung des Chines. als Bildungssprache und zur Stärkung der Nationalsprache. Die Kriege zur Beendigung der Kolonialzeit und für die nationale Einigung festigten die alphabet. Schreibweise auf der Basis von Quoc Ngu als vollständig assimiliertes Instrument der vietnames. Schriftkultur.

Lit.: DeFrancis 1977, Haarmann 1986, Nguyen Dinh-Hoa 1987

W

Wakash. Wakash-Sprachen sind im Südwesten von British Columbia (Kanada) und im Nordwesten des US-Bundesstaates Washington verbreitet. Kwakiutl (1000) ist die sprecherreichste Sprache, die übrigen werden nur von jeweils wenigen hundert Menschen gesprochen. Von den angenommenen Beziehungen zu anderen Sprachen Nordamerikas ist die mit den → Chimakum-Sprachen postulierte Verwandtschaft am wahrscheinlichsten.

Walisisch → Kymrisch

Weißrussisch (Belorussian [Belarusian], bélorusse). Von den 10,2 Mio. ethnischen Weißrussen sprechen rund drei Viertel (7,5 Mio.) Weißruss. als Muttersprache; die übrigen haben sich während der Sowjetära ans→ Russische assimiliert. 8 Mio. Weißrussen sind in Belarus (ehemalige Weißruss. Sowjetrepublik, auch: Weißrußland) beheimatet (entspr. 78 % der Landesbevölkerung). Mehr als ein Fünftel der weißruss. Bevölkerung lebt außerhalb des Kernlandes, hauptsächl. in den Nachbarstaaten Rußland (1,2 Mio.), Ukraine (0,44 Mio.), Polen (0,2 Mio.), Lettland (0,105 Mio.) und Litauen (63 000). Weißruss. Außengruppen gibt es auch in Zentralasien (Kasachstan: 0,183 Mio., Usbekistan: 29 000, Kirgisistan: 7700, Turkmenistan: 5300).

Zwischen 1990 und 1995 fungierte Weißruss. als Staatssprache in Belarus. Aufgrund eines Referendums vom Mai 1995 wurde Russ. als mit dem Weißruss. gleichgestellte Amtssprache zugelassen. Praktisch hat das Weißruss. damit erneut eine indominante Rolle übernommen, denn das Russ. ist wieder in seinen privilegierten Funktionen institutionalisiert worden, die es bereits vor 1990 wahrgenommen hatte.

Das → indoeuropäische Weißruss. gehört mit dem Russ. und → Ukrainischen zur Gruppe der ostslaw. Sprachen. Älteste Hinweise auf weißruss. Spezifika des Ostslaw. finden sich im Text eines Vertrags zwischen Smolensk, Riga und Gotland aus dem Jahre 1229;

Weißruss. Eigenheiten verstärken sich in den Schriftdokumenten des 15. Jh. Das weißruss. Sprachgebiet gliedert sich in drei Dialektzonen: nordöstl. Dialekte, südwestl. Dialekte, zentrale Dialekte. Im äußersten Südwesten von Belarus sowie in den angrenzenden Gebieten im Nordwesten der Ukraine und in Ostpolen (übergreifend: Region Polessien) sind die Poles'e-Mundarten (Westpolessisch) verbreitet, die sprachl. dem → Ukrainischen nahestehen. Die weißruss. Schriftsprache basiert auf den zentralen Dialekten.

Der Erbwortschatz des Weißruss. setzt sich aus gemeinslaw. und speziell ostslaw. Elementen zusammen. Bereits seit dem späten Mittelalter machte sich → polnischer Einfluß geltend, der sich seit dem 17. Jh. massiv verstärkte. Im 19. Jh., als das Kernland der weißruss. Bevölkerung zum Zarenreich gehörte, nahm der Einfluß des Russ. zu. Bis in die heutige Zeit ist es die Hauptquelle für die Modernisierung des weißruss. Wortschatzes geblieben. Dies gilt auch für die 1990er Jahre, von der kurzen Episode versuchter Eigenständigkeit zwischen 1990 und 1995 abgesehen.

Seit dem 15. Jh. wird das Weißruss. zur Aufzeichnung von amtl. Dokumenten im Großfürstentum Litauen verwendet. Das 16. Jh. ist die Blütezeit des älteren weißruss. Schrifttums. Zu den bedeutendsten Werken der damaligen Zeit gehören die Übersetzungen von Bibeltexten und religiöse Streitschriften, die der Franziskaner Georgij Skaryna (ca. 1485–ca. 1551) erarbeitete. Wichtige Werke der Sachprosa sind die Gesetzessammlungen des Großfürstentums Litauen, die in drei Versionen abgefaßt wurden (1529, 1566, 1588). Nach der Personalunion Litauens mit Polen im Jahre 1569 wurde das Weißruss. als Kanzlei- und Literatursprache rasch vom Poln. verdrängt. Als Poln. im Jahre 1696 zur alleinigen Verwaltungssprache des Königreichs Litauen-Polen erklärt wurde, kam das Weißruss. gänzlich außer Gebrauch.

Im 19. Jh. bemühten sich sowohl russ. als auch poln. Forscher und Literaten, Texte der mündl. Überlieferung zu sammeln, um herauszufinden, ob die damals überwiegend ländliche weißruss. Bevölkerung näher mit den Russen oder den Polen verwandt sei. Die volkskundl. Sammlungen schließlich vermittelten das Bild einer selbständigen Sprachkultur. Lange Zeit war es verboten, Bücher in weißruss. Sprache zu drucken. Dieses Verbot wurde erst zu Beginn des 20. Jh. gelockert. Damals wurden auch Schulbücher gedruckt, und seit 1906 erschienen Zeitungen auf Weißruss. Die moderne

Schriftsprache, die in den Grammatiken von Branislau Taraškévič und Rudolf Abicht (beide im Jahre 1918 erschienen) kodifiziert ist, basiert auf der damaligen Umgangssprache mit Anlehnung an die Zentraldialekte.

Bis in die 1930er Jahre fungierte die weißruss. Standardsprache als Schulsprache und als Amtssprache in der Weißruss. S.S.R. Durch ein Dekret des Jahres 1933 wurde jedoch der öffentl. Gebrauch des Weißruss. untersagt; der stalinist. Zentralismus verdammte weißruss. Sprach- und Kulturpflege als „bourgeoisen Nationalismus". Mitte der 1980er Jahre setzte eine Bewegung ein, die die Revitalisierung des Weißruss. zum Ziel hatte. Dieses Bewegung nannte sich *perabudova* ‚Rekonstruktion, Erneuerung', ein Pendant zur russ. Perestroika unter M. Gorbatschow. In jenen Jahren bemühten sich weißruss. Kulturaktivisten um die Rehabilitierung des Weißruss. als Kultursprache.

Mit der Reetablierung des Russ. in Belarus (seit 1995) sind die Chancen für eine funktionale Emanzipation des Weißruss. geschwunden. Die weißruss. Schriftsprache ist heutzutage eher ein Hobby sprachbewußter urbaner Kreise, während die Verwaltung und der Schulbetrieb des Landes im wesentlichen das Russ. favorisieren.

Lit.: Dingley 1989, Filin 1972, Mayo 1993

Weltsprachen (world languages/global languages, langues mondiales). Bereits seit den Zeiten der ersten interethn. Kontakte zwischen Gruppen archaischer Jäger und Sammler sind die Menschen mit der Wirkung von „Sprachbarrieren" konfrontiert worden. Seit der Antike haben sich die Menschen auch Gedanken über den praktischen Nutzen von überregionalen Verkehrssprachen (→ Linguae francae) und Universalsprachen gemacht, die der Interkommunikation dienen. Der ältere Terminus „Universalsprache" (nach latein. *lingua universalis*) beinhaltet die Idee der Kommunikation über Sprachgrenzen hinweg in den verschiedensten Funktionen, während sich der jüngere Ausdruck „Weltsprache" primär auf die weltweite (also geograph.) Verbreitung bezieht, ohne Spezifizierung sprachl. Funktionen.

Das → Lateinische als klassische Universalsprache Europas hatte in der Tat nicht nur internationale Verbreitung, es wurde auch in zahlreichen Funktionen verwendet, als Bildungssprache, als Amtssprache, als Sprache diplomat. Kontakte, als Handelssprache, als Medium der christl. Kirche in Ländern mit verschiedenen Kulturen usw. Die Weltsprachen späterer Zeit sind in ihrer funktionalen Reichweite häufig wesentlich mehr eingeschränkt, als es das Latein. war. Das → Englische fungierte im 19. Jh. im wesentlichen als internationale Handelssprache, das → Französische als Sprache der Diplomatie und als Bildungssprache, das → Deutsche als Sprache der Wissenschaft. Die moderne Rolle des Engl. in der zweiten Hälfte des 20. Jh. mit seiner globalen funktionalen Vielfalt ist allerdings mit der des Latein in früherer Zeit zu vergleichen.

Eine grundlegende Kategorisierung von Weltsprachen ist die in natürliche einerseits und in künstliche andererseits. Natürl. Weltsprachen sind durch ihre tatsächl. weite Verbreitung gekennzeichnet, während sich der Geltungsbereich künstl. Weltsprachen zumeist auf Planungsstrategien für ihren potentiellen Gebrauch beschränkt. Die Geschichte natürl. Weltsprachen ist wesentlich älter als die künstl. Universalsprachen. Der Status natürl. Weltsprachen ist durch den Nachweis ihres praktischen Nutzens legitimiert, während viele Projekte künstl. Weltsprachen von idealist. Gedanken zur Verbesserung der sozialen Lage der Menschen in der Welt getragen werden.

Natürliche Weltsprachen. Die Geschichte natürl. Weltsprachen reicht etwa 3500 Jahre zurück. Im 2. Jt. v. Chr. fungierte das → Akkadische als Sprache der internationalen Diplomatie im Nahen und Mittleren Osten; sein Einfluß erstreckte sich bis nach Ägypten (diplomat. Korrespondenz von Amarna aus dem 14. Jh. v. Chr.). In hellenist. Zeit entfaltete das → Griechische seine interkontinentale Reichweite, vom westl. Mittelmeer bis ins Tal des Indus, von Zentralasien und Südrußland bis tief in den Süden, nach Nubien (Sudan).

Das → Lateinische hat das Griech. im östl. Mittelmeerraum nicht ersetzt, wohl aber auf funktionale Nischenplätze verwiesen, und zwar als Bildungs- und Handelssprache. Das Latein. erwies sich als äußerst anpassungsfähig, denn es überlebte den Niedergang der vorchristl. Welt und florierte als Universalsprache auch in der christl. Ära. Als Sprache der Wissenschaft hatte Latein bis ins 18. Jh. Geltung, als Sprache der kathol. Liturgie lebt es bis heute weiter. Obwohl die Rolle des Latein als Universalsprache nurmehr histor. ist, hat sich die Vorstellung von dieser Sprache als Garant zivilisator.

Universalität fest in unserem kulturellen Gedächtnis verankert, und in unserer Zeit erinnert man sich des öfteren in nostalg. Retrospektiven an die latein. geprägte Universalität vergangener Epochen.

Die funktional-kommunikative Verankerung der modernen Weltsprachen in der Interkommunikation ist das Ergebnis relativ junger Entwicklungen, die mit der Erkundung der Welt durch Europäer (1492 zweite Entdeckung Amerikas durch Kolumbus, 1498 Öffnung des Seewegs nach Indien um Afrika herum) im 15. Jh. beginnt, sich im Zeitalter des Kolonialismus (17.–19. Jh.) verdichtete und im vergangenen Jahrzehnt über die globale Vernetzung des digitalisierten Informationstransfers ihren bisherigen Höhepunkt erlebt hat. Nach seiner kommunikativen Geltung rangiert Engl. heute mit Abstand an erster Stelle vor dem Französ., dieses wiederum mit Abstand zu anderen Sprachen wie → Spanisch, → Russisch, Deutsch oder → Arabisch.

Das kommunikative Netzwerk moderner Weltsprachen hat seine eigene organisator. Infrastruktur; daran sind zahlreiche sprachökolog. Determinanten beteiligt. Moderne Weltsprachen zeichnen sich gegenüber anderen Sprachen durch folgende Charakteristika aus:

• Sie werden sowohl als Primärsprachen (mit dem Status einer Muttersprache) als auch als Zweitsprachen (als zusätzl. Medium für Sprecher fremder Muttersprachen) gesprochen:

Weltsprachen und das Verhältnis von Primärsprachlern und Zweitsprachlern:

Sprache	Sprecherzahl	Primärsprachler (Anteil in %)	Zweitsprachler (Anteil in %)
Englisch	573 Mio.	337,4 Mio. (58,9%)	235,6 Mio. (41,1%)
Spanisch	352 Mio.	266 Mio. (75,6%)	86 Mio. (24,4%)
Russisch	242 Mio.	170 Mio. (70,2%)	72 Mio. (29,8%)
Arabisch	209 Mio.	202 Mio. (96,6%)	7 Mio. (3,4%)
Portugiesisch	182 Mio.	170 Mio. (93,4%)	12 Mio. (6,6%)
Französisch	131 Mio.	76 Mio. (58,0%)	55 Mio. (42,0%)
Deutsch	101 Mio.	96,5 Mio. (95,6%)	4,5 Mio. (4,4%)

- Sie werden von mehr als jeweils 100 Mio. Menschen gesprochen (in einem breiten Spektrum von 573 Mio. Sprechern des Englischen bis zum Deutschen mit 101 Mio.).
- Ihre Sprachgemeinschaft ist multiethnisch (die Verbreitung einer Weltsprache ist nicht an spezif. ethnische Gruppen oder polit. Nationen gebunden; ein engl. Muttersprachler kann ein Weißer, ein Farbiger, ein Asiate usw. sein; die meisten span. Muttersprachler in der Welt sind Mestizen Lateinamerikas).
- Sie sind als Staats- oder Amtssprachen in zahlreichen Staaten der Welt verbreitet (Engl. fungiert als Amtssprache in 59 Ländern in fünf Kontinenten, das Französ. übernimmt entspr. Funktionen in 28 Staaten in vier Kontinenten, das Arab. in 24 Ländern in Asien und Afrika, Span. ist als Amtssprache in 21 Ländern in drei Kontinenten verbreitet, usw.).
- Sie spielen eine zentrale Rolle in internationalen Handelskontakten und im globalen Marketing (mit regionalen Präferenzen für das Französ. im frankophonen Afrika, für das Span. in Lateinamerika im Kontrast zum Engl. mit seiner fast globalen Rolle).
- Sie fungieren als Amtssprachen in internationalen Organisationen (z. B. in der UNO).
- Sie besitzen einen privilegierten Status als Fremdsprachen in der Schulausbildung (mit regionalen Präferenzen des Französ. in Nordafrika gegenüber dem globalen Geltungsbereich des Engl. in dieser Funktion).
- Sie fungieren als Wissenschaftssprachen (als Medien des akadem. Unterrichts und als Publikationssprachen; gegenüber dem dominanten Engl. beschränkt sich die Rolle anderer Weltsprachen auf Nischenplätze, z. B. Französ. als Wissenschaftssprache in Marokko, Deutsch als Publikationssprache japan. Wissenschaftler).
- Sie sind maßgeblich am Aufbau der Network Society beteiligt, d. h. sie haben entscheidenden Anteil an der sprachbezogenen Vermittlung von Informationen in der Wissensgesellschaft (in der Bereitstellung von in Datenbanken gespeicherten Informationen über die Welt spielt das Engl. seine eigentliche Dominanz aus; weit über 90 % aller Informationen sind in Engl. verfügbar).
- Mit ihnen assoziieren sich Prestigewerte, die die Wahl einer Weltsprache in konkreten Situationen von Interkommunikation unterschwellig beeinflussen (Weltsprachenprestige und Moderni-

tätssymbolik spielen im Entertainment und in der kommerziellen Werbung eine entscheidende Rolle).

Lit.: Ammon 1991, Crystal 1997, Haarmann 2001b

Künstliche Weltsprachen (Plansprachen). Zwar sind schon in der Antike Gedanken über die Nützlichkeit künstl. Universalsprachen geäußert worden, konkrete Plansprachenprojekte stammen aber erst aus der Neuzeit. Im 17. Jh., als das Monopol des Latein. als Universalsprache im Abbau begriffen war, wurde ausgiebig über künstl. Weltsprachen reflektiert. Wie attraktiv diese Idee war, kann man daran ermessen, daß sich bekannte Persönlichkeiten des damaligen Geisteslebens wie René Descartes (1596–1650) und Gottfried Wilhelm Leibniz (1646–1716) damit beschäftigten. Am weitesten entwickelt war das Projekt des engl. Pastors John Wilkins, dessen Traktat („An essay towards a real character and a philosophical language") im Jahre 1668 erschien. Vollständig ausgearbeitete Plansprachen sind aber erst im 19. Jahrhundert entstanden. Die ersten Plansprachen, die von Aktivisten verwendet wurden, sind Volapük aus dem Jahre 1880 und → Esperanto aus dem Jahre 1887.

Die künstl. Weltsprachen lassen sich in zwei Kategorien gruppieren, in die a priori-Sprachen und in die a posteriori-Sprachen. A priori-Sprachen sind solche, die sich ausschließl. aus künstl. Elementen (ohne Beziehung zu irgendeiner natürl. Sprache) zusammensetzen. Ro, eine Plansprache, die zu Beginn des 20. Jh. geschaffen wurde, gliedert das Wissen der Welt lexikal. in 25 Klassen mit weiteren Unterteilungen. Der Wortschatz operiert mit Basiswörtern und deren Ableitungen (z. B. *bod* ‚Universum', dazu *bodam* ‚Mond', *bodas* ‚Sonne', *bodar* ‚Stern'). A posteriori-Sprachen verwenden lexikal. und grammat. Elemente, die in natürl. Sprachen vorkommen, und selektieren diese nach Belieben. Natürl. Sprachen werden auf diese Weise wie ein Steinbruch ausgebeutet, um Materialien für die Konstruktion einer Plansprache zu beschaffen. Einige a posteriori-Sprachen halten sich eng an die Lautung und die Formelemente der Steinbruchsprachen (wie beispielsweise Occidental). Andere a posteriori-Plansprachen entfernen sich weiter von den natürl. Sprachen wie etwa Esperanto oder Ido.

Es heißt, künstl. Weltsprachen hätten gegenüber natürl. Sprachen den Vorteil, daß sie logischer, klarer im Aufbau seien und die reale Welt lexikal. exakter wiedergeben könnten, und damit seien sie besser für die Interkommunikation geeignet. Aber auch im Schematismus von Plansprachen gibt es vielerlei Inkonsequenzen. Außerdem ist das Verständnis darüber, was „logisch" und „ausdrucksklar" ist, jeweils abhängig von den Auffassungen individueller Sprachschöpfer.

Esperanto ist zweifellos diejenige künstl. Weltsprache mit den meisten Sprechern und dem am weitesten entwickelten kommunikativen Potential, das ohne weiteres ausreicht, Werke der Weltliteratur zu übersetzen oder ein wissenschaftl. Originalschrifttum zu produzieren. Auf der polit. Weltbühne jedoch ist dieser Sprache bislang ein Erfolg versagt geblieben. Esperanto ist von keiner internationalen Organisation als Amtssprache anerkannt worden. Seinen eigentl. Geltungsbereich entfaltet Esperanto weniger in der praktischen Kommunikation als vielmehr in seiner Rolle als Symbolträger für den Traum von einer globalen Interkommunikation in einem a-nationalen Kommunikationsmedium.

Lit.: Large 1985

Wepsisch (Vepsian, vepse). Die Wepsen leben im Norden Rußlands, sie siedeln in drei Gruppen im Dreieck zwischen Beloe Ozero, Onegasee und Ladogasee. Nach den Angaben des letzten sowjetischen Zensus (1989) sprechen von den insgesamt 12 140 Wepsen noch 6230 (51,3 %) Weps. als Muttersprache. Die anderen Angehörigen dieser ethnischen Gruppe haben sich ans → Russische assimiliert; die weps. Muttersprachler sprechen Russ. als Zweitsprache. Die nordweps. Gruppe konzentriert sich am Südwest-Ufer des Onegasees (Bezirk Prionežskij in Karelien), die mittelweps. Gruppe südl. vom Onegasee und westl. vom Beloe Ozero (in den Grenzregionen der Gebiete Vologda und Leningrad), und die südweps. Gruppe im Bezirk Jefimovskij im Südosten des Gebietes Leningrad. Kleinere Gruppen von Wepsen leben verstreut in anderen Bezirken Kareliens.

Das Weps. ist eine finn.-ugr. Sprache; zusammen mit dem Ischorischen und Südkarelischen (d. h. Olonetzischen und Lüdischen) bildet es die südöstl. Gruppe der ostseefinn. Sprachen. Der Südostdialekt des → Karelischen, das Lüd., ist entstanden aus der Überlagerung einer ursprüngl. weps. Sprachschicht durch das Karel.; dieser Prozeß spiegelt sich noch im weps. Substrat des Lüd. Entspr. den siedlungsökolog. Verhältnissen gliedert sich das Sprachgebiet in drei Dialektzonen: nord-, mittel- und südweps. Die einzelnen Dialekte sind ihrerseits in lokale Mundarten untergliedert. Die dialektale Differenzierung beruht hauptsächl. auf lautl. und lexikal. Kriterien. Die geograph. isolierte Lage der nordweps. Dialektzone bedingt die deutliche sprachl. Unterscheidung von den beiden anderen Dialekten, die sich vergleichsweise näher stehen.

Die ältesten Elemente des weps. Wortschatzes sind solche der finn.-ugr. Grundsprache mit Parallelen in den anderen ostseefinn. Sprachen (z. B. *s'il'm* ‚Auge‘, *k'üntta* ‚pflügen‘, *kanz* ‚Familie‘). Neben Entlehnungen aus dem Balt. (z. B. *el'geta* ‚verstehen‘) und → Germanischen (z. B. *roud* ‚Eisen‘) sind Lehnwörter slaw. Herkunft wegen ihrer Zahl und ihrer Verzweigung in vielen Bereichen des Lexikons von besonderer Bedeutung. Seit dem Mittelalter standen die Wepsen im Kontakt mit Russen. Chronolog. werden unterschieden: 1) slaw. und altruss. Entlehnungen (z. B. *dumaida* ‚denken‘, *luz'ik* ‚Löffel‘, *päč* ‚Ofen‘), 2) russ. Lehnwörter, aus nordruss. Dialekte sowie aus der schriftsprachl. Variante (z. B. *bohat* ‚reich‘, *užinoita* ‚zu Abend essen‘, *mok'ita* ‚quälen‘).

Während der sowjet. Periode wurde der Wortschatz des Weps. v.a. durch die Übernahme von Russismen modernisiert (z. B. *bol'n'ic* ‚Krankenhaus‘, *promyšlennost'* ‚Industrie‘). Außer direkten Entlehnungen haben sich auch Lehnübersetzungen und Lehnprägungen nach russ. Muster im Wortschatz und in der Phraseologie verbreitet. Die in den 1930er Jahren eingeführten Neuprägungen, die durch Präfigierung, Suffigierung und Zusammensetzung aus weps. Wurzelwörtern entstanden, blieben als sprachplaner. Produkte weitgehend isoliert und haben sich nicht volkstüml. verbreitet (z. B. *ezivajeh* ‚Vorwort‘, *lebukod'i* ‚Wochenendhaus‘).

Bis ins 20. Jh. gab es Aufzeichnungen weps. Texte nur für wissenschaftl. Zwecke. Es entstand auch kein Übersetzungsschrifttum wie für die Nachbarsprache Karel. Im 19. Jh. haben Forscher wie A. J. Sjögren, E. Lönnrot, A. Ahlquist, E. N. Setälä und einige andere mündl. Texte weps. Mundarten gesammelt und aufgezeichnet sowie Grammatik und Wortschatz des Weps. in ihren Arbeiten berücksichtigt.

Wie andere schriftlose Sprachen auch fand das Weps. die Beachtung der sowjet. Sprachplanung. Anfang der 1930er Jahre arbeiteten M. M. Hämäläinen und F. A. Andreev schriftsprachl. Normen für das Weps. aus, auf der Basis des Mittelweps. in Lateinschrift. Bis 1937 wurden in der neuen Schriftsprache Lehr- und Lesebücher für den Grundschulunterricht herausgegeben, eine wissenschaftl. Grammatik (1934) und ein kleines weps.-russ. Wörterbuch (1936). Die Schriftsprache kam nach 1937 außer Gebrauch und wurde lange Zeit nur für wissenschaftl. Zwecke verwendet. Seit 1989 jedoch wird Weps. erneut in der Unterstufe unterrichtet, und es werden wieder Schulbücher gedruckt.

Lit.: Pimenov 1965, Zajceva 1981, 1993

West-Papua (27 Sprachen). Diese Gruppe einheim. Papua-Sprachen ist im indones. Teil Neuguineas (Irian Jaya) verbreitet, und zwar auf den Halmahera-Inseln und im größten Teil der Vogelkop-Halbinsel. Tidore (26 000), Tobelo (24 000) und Galela (22 000) sind die sprecherreichsten Sprachen.

Witoto. Diese Sprachen werden im südl. Kolumbien und im nördl. Peru gesprochen. Mit rund 2500 Sprechern ist das Witoto (Huitoto) von Meneca in Kolumbien die sprecherreichste Sprache.

Wotjakisch → Udmurtisch

Yanomam. Die Sprachen dieser Familie sind auf beiden Seiten der Grenze zwischen Brasilien und Venezuela verbreitet, insbesondere in derem westl. Abschnitt. Das Yanomámi in der Amazonas-Region und in Roraima ist mit 16 000 Sprechern die zahlenstärkste Gemeinschaft.

Yoruba (Yoruba, Yorouba). Als Primär- und Zweitsprache wird Yoruba von rund 20 Mio. Menschen gesprochen. Davon sind die meisten (18,9 Mio.) in Nigeria beheimatet, wo die Sprecher des Yoruba 20,3 % der Landesbevölkerung ausmachen. Die Primärsprachler leben überwiegend in den Bundesstaaten Oyo, Ogun, Ondo, Osun und Lagos. Als Zweitsprache ist Yoruba in der Deltaregion und in den Bundesstaaten Edo und Kwara verbreitet. Außerhalb Nigerias wird Yoruba in Benin (0,47 Mio.) und in Togo gesprochen. Yoruba ist mit den Sklavendeportationen auch nach Amerika gelangt, wo es noch in lokalen Kulten Brasiliens als Sprache heiliger Gesänge überlebt.

Die Herkunft des Namens „Yoruba" für die Sprache und ihre Sprecher ist bislang ungeklärt. Das ursprüngl. Siedlungsgebiet der Yoruba war wahrscheinlich die Region, wo Niger und Benue zusammenfließen. Das Yoruba ist eine der Defoid-Sprachen, die ihrerseits zum Benue-Kongo-Sprachzweig der größten Sprachfamilie Afrikas, der → Niger-Kongo-Sprachen, gehören. Das Sprachgebiet gliedert sich in etwa 20 lokale Dialekte aus, die von einer Standardvariante überdacht werden.

Die ältesten Sammlungen von Sprachmaterial stammen aus der ersten Hälfte des 19. Jh. Seit Mitte des 19. Jh. wird Yoruba auch für praktische Zwecke geschrieben. Die ersten Texte sind ein Abc-Buch des Missionars S. A. Crowther (1849) und die Wochenzeitung „Iwe Irohin", die zwischen 1859 und 1867 in Abeokuta erschien. Yoruba wird in Lateinschrift, in einer Variante des „Afrika-Alphabets", geschrieben. In Yoruba ist in neuerer Zeit eine umfängl. Literatur erschienen. In der Schulausbildung ist Yoruba Pflichtfach auf allen

Unterrichtsstufen. Yoruba wird auch als Unterrichtssprache an sieben Universitäten Nigerias verwendet und ist neben dem → Englischen und dem → Hausa auch in den Massenmedien in Gebrauch. Es besteht eine Vorschrift, wonach Yoruba (wie Hausa und → Igbo auch) zusätzl. zum Engl. in der Nationalversammlung Verwendung finden soll.

Lit.: Awobuluyi 1978

Yuki. Von dieser Sprachfamilie sind noch zwei Sprachen übrig geblieben, die von jeweils nur wenigen Sprechern gesprochen werden. Das ursprüngl. Verbreitungsgebiet der Yuki-Sprachen lag im nördl. Kalifornien. Mögl. Verwandtschaften mit anderen Sprachfamilien sind nur mit den → Golf-Sprachen postuliert worden.

Z

Zamuco. Zamuco-Sprachen werden im Südosten Boliviens und im Norden Paraguays gesprochen. Das Ayoreo (2700), das in Bolivien und in Paraguay verbreitet ist, ist die sprecherreichste Sprache.

Zaparo. Die heute noch lebenden Sprachen dieser Sprachfamilie, für die keine nähere oder entferntere Verwandtschaft mit anderen Sprachen Südamerikas bekannt ist, sind über ein weites Gebiet verteilt, das sich von Kolumbien über Ecuador bis nach Peru erstreckt. Nur drei Sprachen werden von jeweils mehr als 100 Sprechern gesprochen (Arabela, Iquito, Záparo).

Zigeunerisch → Romani

Zulu (Zulu, zoulou). Zulu *(isiZulu)* ist die Muttersprache von 9,2 Mio. Afrikanern *(amaZulu)*; weitere 2–2,5 Mio. können Zulu verstehen, es aber selbst nicht sprechen. Insgesamt 8,78 Mio. Zulu sind in Südafrika beheimatet (entspr. 22,4 % der Landesbevölkerung). Zahlenmäßig bedeutende Außengruppen der Zulu leben in Nachbarstaaten: Lesotho (0,248 Mio.), Swaziland (76 000), Malawi (37 500). Die Zulu siedeln hauptsächl. in Zululand und im nördl. Natal.

Zulu ist eine Bantu-Sprache und gehört geograph. zum südöstl. Areal. Zusammen mit dem Xhosa und Ndebele wird das Zulu als Sprache der Nguni-Gruppe klassifiziert. Die nächsten Sprachverwandten des Zulu sind Swazi und Xhosa. Hauptdialekte des Zulu sind Lala und Qwabe.

Um die Mitte des 19. Jh. begannen christl. Missionare, Teile der Bibel ins Zulu zu übersetzen, und sie verwendeten das latein. Alphabet zur Schreibung der Sprache. Bis heute ist ein ansehnl. religiöses Schrifttum – hauptsächl. für praktische Zwecke – entstanden. Seit 1994 fungiert Zulu als eine der Amtssprachen Südafrikas, und es ist als eine der Nationalsprachen des Landes anerkannt. Zulu wird in der höheren Schulausbildung als Unterrichtssprache verwendet, außerdem in der Presse sowie in Radio- und Fernsehsendungen.

Lit.: Taljaard/Bosch 1993, Ziervogel et al. 1976

Bibliographie

Abaev, V.I. (1964). A grammatical sketch of Ossetic. Bloomington

Abondolo, D. (1998a). Hungarian, in: Abondolo 1998b: 428–456

– (Hg.) (1998b). The Uralic languages. London/New York

Adelaar, W.F.H. (1992). Quechuan languages, in: Bright 1992/3: 303–310

Ahlbäck, O. (1971). Svenskan i Finland. Stockholm (2. Aufl.)

Aitchison, J./Carter, H. (1994). A geography of the Welsh language 1961–1991. Cardiff

Ajchenval'd, A.J./Militarev, A.J. (1991). Livijsko-guančeskie jazyki, in: Jazyki Azii i Afriki 1991/IV, 2, 148–267

Allan, R./Holmes, P./Lundskær-Nielsen, T. (1995). Danish: A comprehensive grammar. London/New York

Althaus, H.P. (1972). Yiddish, in: Sebeok 1972: 1345–1382

Ambrazas, V. (Hg.) (1997). Lithuanian grammar/Lietuvių kalbos gramatika. Vilnius

Ammon, U. (1991). Die internationale Stellung der deutschen Sprache. Berlin/New York

– (1995). Die deutsche Sprache in Deutschland, Österreich und der Schweiz. Das Problem der nationalen Varietäten. Berlin/New York

Ammon, U. et al. (Hg.) (1988). Sociolinguistics. A handbook of the science of language and society. Berlin/New York/Amsterdam

Andreev, I.A. (1966). Čuvašskij jazyk, in: Baskakov 1966: 43–65

Andronov, M.S. (1978). Dravidijskie jazyki, in: Jazyki Azii i Afriki 1978: 317–434

– (1987). Grammatika tamil'skogo jazyka. Moskau

Andrzejewski, B.W. (1983). Language reform in Somalia and the modernization of the Somali vocabulary, in: Fodor/Hagège 1983/I: 69–84

Ansre, G. (1971). Language standardisation in sub-Saharan Africa, in: Sebeok 1971: 680–698

Arendrup, B. (1994). Chinese; Chinese writing system, in: Asher/Simpson 1994/2: 516–524; 530–534

Århammar, N. (1968). Friesische Dialektologie, in: Germanische Dialektologie – Festschrift für W. Mitzka, Bd. 1. Wiesbaden, 264–317

Arps, B./Phillips, N. (1994). Malay, in: Asher/Simpson 1994/5: 2348–2350

Arsanis, G.V. (1968). Sovremennyj assirijskij jazyk, in: Skorik 1968: 489–507

Asher, R.E./Simpson, J.M.Y. (Hg.) (1994). The encyclopedia of language and linguistics, 10 Bde. Oxford/New York/Seoul/Tokyo

Auburger, L. (1993). Sprachvarianten und ihr Status in den Sprachsystemen.

Aulestia, G. (1989). Basque-English dictionary. Reno, NV

Awobuluyi, O. (1978). Essentials of Yoruba grammar. Oxford

Bailleul, Ch. (1973). Lexique bambara-français. Falaje

Bainbridge, M. (Hg.) (1993). The Turkic peoples of the world. New York

431

Balcou, J./Le Gallo, Y. (1985). Histoire littéraire et culturelle de la Bretagne, 3 Bde. Paris/Genf

Baldauf, I. (1993). Schriftreform und Schriftwechsel bei den muslimischen Rußland- und Sowjettürken (1850–1937). Budapest

Ball, M.J. (Hg.) (1993). The Celtic languages. London

Barker, G./Rasmussen, T. (1998). The Etruscans. Oxford/Malden, Mass.

Barnes, M.P. (1998). Faroese, in: Price 1998: 156–160

Baskakov, N.A. (Hg.) (1966). Jazyki narodov SSSR, tom 2: Tjurskie jazyki. Moskau

Batalova, R.M. (1993a). Komi(-zyrjanskij) jazyk, in: Jazyki mira – Ural'skie jazyki, 214–229

– (1993b). Komi-permjackij jazyk, in: Jazyki mira – Ural'skie jazyki, 229–239

Bauer, H./Leander, P. (1922). Historische Grammatik der hebräischen Sprache des Alten Testaments. Halle (Nachdruck: Hildesheim 1965)

Bautista, M.L.S./Gonzalez, A. (1994). Language reform in Tagalog-based Filipino (Pilipino), in: Fodor/Hagège 1994/VI: 43–60

Bec, P. (1986). La langue occitane. Paris (5. Aufl.)

Beckwith, C.I. (1994). Tibetan language reform: History and future, in: Fodor/Hagège 1994/VI: 73–84

Bedir Khan, Emir Dj./Lescot, R. (1970). Grammaire kurde (dialecte kurmandji). Paris

Beekes, R.S.P. (1995). Comparative Indo-European linguistics: An introduction. Amsterdam/Philadelphia

Bender, M.L. (1992). Amharic, in: Bright 1992/1: 51–56

Benedict, P.K. (1972). Sino-Tibetan: A conspectus. Cambridge/New York

Benincà, P. (1995). Friaulisch, in: Holtus et al. 1995: 42–61

– (1998). Dolomitic Ladin, in: Price 1998: 262–263

Benzing, J. (1955). Die tungusischen Sprachen: Versuch einer vergleichenden Grammatik. Wiesbaden

– (1959a). Das Baschkirische, in: Deny et al. 1959: 421–434

– (1959b). Das Tschuwaschische, in: Deny et al. 1959: 695–731

Berger, H. (1974). Das Yasin-Burushaski (Werchikwar). Grammatik, Texte, Wörterbuch. Wiesbaden

Bergsträsser, G. (1918–29). Hebräische Grammatik, 2 Bde. Leipzig (Nachdruck: Hildesheim 1962)

– (1928). Einführung in die semitischen Sprachen. Sprachproben und grammatische Skizzen. München (Nachdruck: Darmstadt 1963)

Bese, L. (1983). On the modernization of the Mongolian vocabulary, in: Fodor/Hagège 1983/I: 201–211

Beyer, K. (1986). The Aramaic language: Its distribution and subdivisions. Göttingen

Bielmeier, R. (1977). Historische Untersuchung zum Erb- und Lehnwortschatzanteil im ossetischen Grundwortschatz. Frankfurt/Bern/Las Vegas

Birnbaum, S.A. (1974). Die jiddische Sprache. Ein kurzer Überblick und Texte aus acht Jahrhunderten. Hamburg

Blake, N.F. (1996). A history of the English language. Houndmills, Basingstoke (Hampshire)/London

Blanchet, P. (1992). Le Provençal. Essai de description sociolinguistique et différentielle. Louvain-la-Neuve

Blanke, D. (Hg.) (1977). Esperanto. Lingvo, movado, instruado. Berlin

Blasco Ferrer, E. (1994). La lingua sarda contemporanea. Cagliari

Blau, J. (1988). Studies in Middle Arabic and its Judaeo-Arabic variety. Jerusalem

Blust, R. (1987). The linguistic study of Indonesia, in: Archipel 34, 27–47

Bokarev, E.A./Lomtatidze, K.V. (Hg.) (1967). Jazyki narodov SSSR IV: Iberijsko-kavkazskie jazyki. Moskau

Bonfante, G. und L. (1983). The Etruscan language. An introduction. Oxford

Bonfante, L. (Hg.) (1986). Etruscan life and afterlife. A handbook of Etruscan studies. Detroit

Boretzky, N. (1994). Romani: Grammatik des Kalderaš mit Texten und Glossar. Wiesbaden

Borg, A./Azzopardi-Alexander, M. (1997). Maltese. London

Borst, A. (1957–63). Der Turmbau von Babel. Geschichte der Meinungen über Ursprung und Vielfalt der Sprachen und Völker, 4 Bde. Stuttgart

Botha, T.J.R. (1983). Afrikaans: Origin and lexical evolution, in: Fodor/Hagège 1983/I: 213–237

Bradley, D. (1994). East and South-East Asia, in: Moseley/Asher 1994: 159–192

Branch, M. (1998). Finnish, in: Price 1998: 160–164

Bräuer, H. (1961–69). Slavische Sprachwissenschaft, 3 Bde. Berlin

Brauner, S. (1994). Zur Herausbildung und Entwicklung des Schona als moderne nationale Literatursprache Simbabwes, in: Fodor/Hagège 1994/VI: 163–185

Breuker, P.H./Salverda, R. (Hg.) (1994). The Frisians. Language, literature, cultural history. London

Bricker, V. (1986). A grammar of Mayan hieroglyphs. New Orleans

Bright, W. (Hg.) (1964). Studies in Californian linguistics. Berkeley

– (Hg.) (1992). International encyclopedia of linguistics, 4 Bde. New York/Oxford

Browning, R. (1983). Medieval and modern Greek. Cambridge (2. Aufl.)

Brozović, D. (1974). Hrvatski jezik, in: Flaker et al. 1974: 9–83

Bruch, R. (1955). Précis populaire de grammaire luxembourgeoise/Luxemburger Grammatik in volkstümlichem Abriß. Luxemburg

Bruguera i Talleda, J. (1996). Diccionari etimològic. Barcelona

Brunner, H. (1967). Abriß der mittelägyptischen Grammatik. Graz (2. Aufl.)

Buccellati, G. (1992). Akkadian, in: Bright 1992/1: 39–42

Bucholz, O./Fiedler, W. (1984). Albanische Grammatik. Leipzig

Bucholz, O./Fiedler, W./Uhlisch, G. (1977). Wörterbuch Albanisch-Deutsch. Leipzig

Burrow, T./Emeneau, M.B. (1984). A Dravidian etymological dictionary. Oxford (2. Aufl.)

Calvet, L.-J. (1983). Le bambara: planification par défaut au Mali, in: Fodor/Hagège 1983/I: 281–287

Campbell, G.L. (1991). Compendium of the world's languages, 2 Bde. London/New York

– (1992). Meso-American languages, in: Bright 1992/2: 415–417 Campbell, G.L./Kaufman, T. (1985). Mayan linguistics: Where are we now?, in: Annual Review of Anthropology 14, 187–198

Camps, G. (Hg.) (1984 ff.). Encyclopédie berbère. Aix-en-Provence

Cardona, G. (1987). Indo-Aryan languages, in: Comrie 1987: 440–447

– (1988). Panini: His work and its traditions, Bd. 1. Delhi

Carulla, M. (1990). La lengua catalana en la actualidad. Barcelona

Cerrón-Palomino, R. (1987). Lingüística quechua. Cuzco

Chang, K. (1992). Tibetan, in: Bright 1992/4: 156–160

Chang, K./Chang, B.Sh. (1964). A manual of spoken Tibetan (Lhasa dialect). Seattle

Chatterji, S.K. (1926). The origin and development of the Bengali language, 2 Bde. London (Neudruck: 1970–72)

Chaurand, J. (1999). Nouvelle histoire de la langue française. Paris

Clairis, C. (1983). Le cas du grec, in: Fodor/Hagège 1983/I, 351–362

Clyne, M. (1995). The German language in a changing Europe. Cambridge

Coedès, G. (Hg.) (1937–66). Inscriptions du Cambodge, 8 Bde. Paris

Cohen, M. (1936). Traité de langue amharique (Abyssinie). Paris

Comrie, B. (Hg.) (1987). The world's major languages. London/New York

– (Hg.) (1990). The major languages of eastern Europe. London

– (1992). Siberian languages, in: Bright 1992/3: 429–432

Comrie, B./Corbett, G.G. (Hg.) (1993). The Slavonic languages. London

Cooper, J.S. (1973). Sumerian and Akkadian in Sumer and Akkad, in: Orientalia Nova Series 42, 239–246

Coulson, M. (1992). Sanskrit: An introduction to the Classical Language. London (2. Aufl.)

Cremona, J. (1998). Lingua Franca, in: Price 1998: 302–304

Crystal, D. (1997). English as a global language. Cambridge/New York

– (2000). Language death. Cambridge/New York

Csúcs, S. (1998). Udmurt, in: Abondolo 1998: 276–304

Cunha, C./Cintra, L.F.L. (1984). Nova gramática do português contemporáneo. Lissabon/Rio de Janeiro

Crystal, D. (1995). The Cambridge encyclopedia of the English language. Cambridge

– (1997). English as a global language. Cambridge/New York/Melbourne

– (2000). Language death. Cambridge/New York

Dahl, O. (1976). Proto-Austronesian. Lund (2. Aufl.)

Dasgupta, A. (1983). Word-borrowing and word-making in modern South Asian languages: Bengali, in: Fodor/Hagège 1983/I: 387–399

Davies, J. (1993). The Welsh language. Cardiff

Davies, N. (1996). Europe. A history. Oxford/New York

Davies, P.V. (1998). Occitan, in: Price 1998: 343–348

DeFrancis, J. (1977). Colonialism and language policy in Viet Nam. The Hague/Paris/New York

– (1984). The Chinese language: Fact and fantasy. Honolulu

Delagnau, J.C. (o.J.). Grammaire élémentaire de la langue Thai. Bangkok

DeLancey, S. (1992). Sino-Tibetan languages, in: Bright 1992/3: 445–449

Deny, J. et al. (Hg.) (1959). Philologiae Turcicae Fundamenta, Bd. I. Wiesbaden

Derbyshire, D.C./Pullum, G.K. (Hg.) (1986). Handbook of Amazonian languages, vol. 1. Berlin/New York

Dešeriev, J.D. (1967). Čečenskij jazyk, in: Bokarev/Lomtatidze 1967: 190–209

Deshpande, M.M. (1992). Sanskrit, in: Bright 1992/3: 366–372

De Wolf, P.P. (1981). Das Niger-Kongo (ohne Bantu), in: Heine et al. 1981: 45–76

Diffloth, G. (1992). Khmer, in: Bright 1992/2: 271–275

Diffloth, G./Zide, N (1992). Austro-Asiatic languages, in: Bright 1992/1: 137–142

Dihle, A. (1994). A history of Greek literature from Homer to the Hellenistic period. London/New York

Diller, A. (1992). Thai, in: Bright 1992/4: 149–156

Dingley, J. (1989). The Byelorussian language – creation and reform, in: Fodor/Hagège 1989/IV: 141–161

Disanayaka, J.B. (1991). The structure of spoken Sinhala, vol. 1. Colombo

Dixon, R.M.W. (1980). The languages of Australia. Cambridge/New York

Dixon, R.M.W./Ramson, W.S./Thomas, M. (1990). Australian Aboriginal words in English. Oxford

Dolphyne, F.A. (1988). The Akan (Twi-Fante) language: Its sound systems and tonal structure. Accra

Donaldson, B.C. (1988). The influence of English on Afrikaans: A case study of linguistic change in a language contact situation. Pretoria

Dorian, N.C. (1981). Language death: The life cycle of a Scottish Gaelic dialect. Philadelphia

Edel, E. (1955–64). Altägyptische Grammatik, 2 Bde. Rom

Edel'man, D.I. (1997). Burušaski jazyk, in: Volodin 1997: 204–220

Elbert, S.H./Pukui, M.K. (1979). Hawaiian grammar. Honolulu

Endzelin, J. (1922). Lettische Grammatik. Riga (lettische Übersetzung: Riga 1951)

Erelt, T. (Hg.) (1999). Eesti keele sõnaraamat. Tallinn

Fagan, B.M. (1995). Ancient North America. The archaeology of a continent. London (2. Aufl.)

Falc'hun, F. (1963). Histoire de la langue bretonne d'après la géographie linguistique. Paris

Feitsma, A. (1989). A history of the Frisian linguistic norm, in: Fodor/Hagège 1989/IV: 247–272

Fennel, T.G.H. (1980). A grammar of modern Latvian, 3 Bde. The Hague

Feoktistov, A.P. (1976). Očerki po istorii formirovanija mordovskich pis'menno-literaturnych jazykov (rannij period). Moskau, 70–126

Fernández Rei, F. (1990). Dialectoloxía da lingua galega. Vigo

Ferrando, A./Nicolás, M. (1993). Panorama d'història de la llengua. Valencia

Filin, F.P. (1972). Proischoždenie russkogo, ukrainskogo i belorusskogo jazykov. Moskau

– (Hg.) (1979). Russkij jazyk. Enciklopedija. Moskau

Fischer, W. (Hg.) (1982). Grundriß der arabischen Philologie, Bd. 1: Sprachwissenschaft. Wiesbaden

Fischer, W./Jastrow, O. (Hg.) (1980). Handbuch der arabischen Dialekte. Wiesbaden

Fishman, J.A. (Hg.) (1981). Never say die! A thousand years of Yiddish in Jewish life and letters. The Hague

– (Hg.) (1985). Readings in the sociology of Jewish languages. Leiden

– (1991). Reversing language shift: Theoretical and empirical foundations of assistance to threatened languages. Clevedon

Flaker, A./Pranjić, K. (Hg.) (1974). Hrvatska književnost u evropskom kontekstu. Zagreb

Fodor, I./Hagège, C. (Hg.) (1983–94). Language reform – History and future/La réforme des langues – Histoire et avenir/Sprachreform – Geschichte und Zukunft, 6 Bde. Hamburg

Ford, P.A./Williams, J.C. (1992). The Irish literary tradition. Cardiff

Francescato, G. (1966). Dialettologia friulana. Udine

Friedman, V.A. (1993). Macedonian, in: Comrie/Corbett 1993: 249–305

Friedrich, J. (1960). Hethitisches Elementarbuch, Bd. 1: Kurzgefaßte Grammatik. Heidelberg (2. Aufl.)

Frinta, A. (1955). Luzictí Srbové a jejích písemnictví. Prag

Funk, D.A./Sillanpää, L. (Hg.) (1999). The small indigenous nations of northern Russia. A guide for researchers. Vaasa

Gair, J.W. (1992). Sinhala, in: Bright 1992/3: 439–445

Gajdarži, G.A. et al. (Hg.) (1973). Gagauzsko-russko-moldavskij slovar'. Moskau

Galkin, I.S. (1964–66). Istoričeskaja grammatika marijskogo jazyka, 2 Bde. Joškar-Ola

Gardt, A. (1999). Geschichte der Sprachwissenschaft in Deutschland. Vom Mittelalter bis ins 20. Jahrhundert. Berlin/New York

Gebhardt, K. (1974). Das okzitanische Lehngut im Französischen. Bern/Frankfurt

Genesin, M. (1998). Albanian, in: Price 1998: 4–8

Gillies, W. (1993). Scottish Gaelic, in: Ball 1993: 145–227

Glare, P.G.W. (Hg.) (1982). Oxford Latin dictionary. Oxford

Glinert, L. (1989). The grammar of modern Hebrew. Cambridge

Gair, J.W. (1992). Sinhala, in: Bright 1992/3: 439–445

Goebl, H. (1984). Dialektometrische Studien, 3 Bde. Tübingen

Goebl, H. et al. (Hg.) (1996/7). Kontaktlinguistik/Contact linguistics/Linguistique de contact. Berlin/New York

Gorgoniev, J.A. (1966). Grammatika khmerskogo jazyka. Moskau

Gorter, D. (Hg.) (1987). The sociology of Frisian (= International Journal of the Sociology of Language, 64). Berlin/New York/Amsterdam

Gouffé, C. (1981). La langue Haoussa, in: Perrot 1981: 415–428

Grayson, J.H. (1994). Korean; Korean writing system, in: Asher/Simpson 1994/4: 1869–1874

Green, J.N. (1988). Spanish, in: Harris/Vincent 1988: 79–130

Green, M./Nissen, H.J. (1987). Zeichenliste der archaischen Texte aus Uruk. Berlin

Greenberg, J.H. (Hg.) (1963). Universals of language. Cambridge, Mass. (2. Aufl. 1966) Hildesheim

Greenberg, J.H. (1971). Nilo-Saharan and Meroitic, in: Sebeok 1971: 421–442

Greppin, J.A.C./Khachaturian, A.A. (1986). A handbook of Armenian dialectology. Delmar, New York

Grimes, B.F. (Hg.) (1996). Ethnologue – Languages of the world. Dallas (13. Aufl.)

Grjunberg, A.L. (1987). Očerk grammatiki afganskogo jazyka (Pašto). Leningrad

Gyllin, R. (1991). The genesis of the modern Bulgarian literary language. Uppsala

Haarmann, H. (1976). Die estnischen Grammatiken des 17. Jahrhunderts I: Heinrich Stahl (1637), Johann Gutslaff (1648). Hamburg

– (1978). Balkanlinguistik (2): Studien zur interlingualen Soziolinguistik des Moldauischen. Tübingen

– (1979a). Der lateinische Einfluß in den Interferenzzonen am Rande der Romania. Hamburg

– (1979b). Spracherhaltung und Sprachwechsel als Probleme der interlingualen Soziolinguistik. Studien zur Mehrsprachigkeit der Zigeuner in der Sowjetunion. Hamburg

– (1986). Zum Fortleben des französischen Spracherbes im modernen Vietnam – Fragmente einer romanischen "Sprachlandschaft" in Ostasien, in: Zeitschrift für romanische Philologie 102, 479–490

– (1989). Symbolic values of foreign language use. From the Japanese case to a general sociolinguistic perspective. Berlin/New York

– (1993). Die Sprachenwelt Europas. Geschichte und Zukunft der Sprachnationen zwischen Atlantik und Ural. Frankfurt/New York

– (1995a). Early civilization and literacy in Europe. An inquiry into cultural continuity in the Mediterranean world. Berlin/New York

– (1995b). Europeanness, European idenity and the role of language. Giving profile to an anthropological infrastructure, in: Sociolinguistica 9, 1–55

– (1997a). Zeichenkonzeptionen im keltischen Altertum, in: Posner et al. 1997: 763–802

– (1997b). Moldawien, in: Goebl et al. 1997: 1933–1941

– (1998a). Basque ethnogenesis, acculturation, and the role of language contacts, in: Fontes lingvae vasconvm. Stvdia et docvmenta 30, 25–42

– (1998b). Sign conceptions in Korea, in: Posner et al. 1998: 1881–1898

– (1999a). Der Einfluß des Lateinischen in Südosteuropa, in: Hinrichs 1999: 545–584

– (1999b). Zu den historischen und rezenten Sprachkontakten des Russischen, in: Jachnow 1999: 780–813

– (2001a). Die Kleinsprachen der Welt – Existenzbedrohung und Überlebenschancen. Eine umfassende Dokumentation. Frankfurt/Zürich/New York

– (2001b). Babylonische Welt. Geschichte und Zukunft der Sprachen. Frankfurt/New York

– (2002). Kleines Lexikon der untergegangenen Sprachen. München (in Vorbereitung)

Haberland, H. (1994). Danish, in: König/Auwera 1994: 313–348

Haeseryn, W. et al. (1997). Algemene Nederlandse Spraakkunst. Groningen (2. Aufl.)

Hagège, C./Métailié, G./Peyraube, A. (1983). Réforme et modernisation de la langue chinoise, in: Fodor/Hagège 1983/II: 189–209

Haiman, J./Benincà, P. (1992). The Rhaeto-Romance languages. London

Hajdú, P./Domokos, P. (1987). Die uralischen Sprachen und Literaturen. Hamburg

Hale, A. (Hg.) (1982). Research on Tibeto-Burman languages. Berlin

Hancock, I. (1981). Répertoire des langues pidgins et créoles, in: Perrot 1981: 631–647

– (1988). History of Research on Pidgins and Creoles, in: Ammon et al. 1988: 459–469

– (1995). A handbook of Vlax Romani. Columbus, Ohio

Hannig, R. (1995). Großes Handwörterbuch Ägyptisch-Deutsch (2800–950 v. Chr.). Mainz

Harris, M./Vincent, N. (Hg.) (1988). The Romance languages. London

Hasselblatt, C. (1992). Grammatisches Wörterbuch des Estnischen. Wiesbaden

Hatschikjan, M./Troebst, S. (1999). Südosteuropa. Ein Handbuch. München

Haugen, E. (1976). The Scandinavian languages: An introduction to their history. London

Hausenberg, A.-R. (1998). Komi, in: Abondolo 1998: 305–326

Havránek, B./Jedlička, A. (1981). Česká mluvnice. Prag (4. Aufl.)

Hazai, G. (Hg.) (1990). Handbuch der türkischen Sprachwissenschaft, Teil 1. Wiesbaden

Hegyi, K./Zimányi, V. (1989). The Ottoman Empire in Europe. Budapest

Heine, B./Hoff, H./Vossen, R. (1977). Neuere Ergebnisse zur Territorialgeschichte der Bantu, in: Möhlig et al. 1977: 57–72

Heine, B./Schadeberg, T.C./Wolff, E. (Hg.) (1981). Die Sprachen Afrikas. Hamburg

Helck, W./Otto, E./Westendorf, W. (Hg.) (1975 ff.). Lexikon der Ägyptologie. Wiesbaden

Herrity, P. (1998). Serbo-Croat, in: Price 1998: 422–430

Hewitt, B.G. (1995). Georgian: A structural reference grammar. Amsterdam

– (1998). Caucasian languages, in: Price 1998: 57–81

Hinnebusch, T.J. (1992). Swahili, in: Bright 1992/4: 99–106

Hinrichs, U. (Hg.) (1999). Handbuch der Südosteuropa-Linguistik. Wiesbaden

Hogg, R.M. (Hg.) (1992). The Cambridge history of the English language, vol. 1: The beginnings to 1066. Cambridge

Holman, E. (2000). Grammar of modern Finnish. London/New York (forthcoming)

Holmes, P./Hinchcliffe, I. (1993). Swedish. A comprehensive grammar. London

Holtus, G./Metzeltin, M./Schmitt, C. (Hg.) (1995). Lexikon der Romanistischen Linguistik, Bd. II, 2. Tübingen

Horrocks, G.C. (1997). Greek: A history of the language and its speakers. London

– (1998). Greek, in: Price 1998: 211–224

Horton, D. (Hg.) (1994). The encyclopaedia of Aboriginal Australia, 2 Bde. Canberra

Hoxie, F.E. (Hg.) (1996). Encyclopedia of North American Indians. Boston/New York

Hübschmann, H. (1897). Armenische Grammatik, Bd. 1: Armenische Etymologie. Leipzig (Nachdruck: Hildesheim 1962)

Hull, G. (1994). Maltese from Arabic dialect to European language, in: Fodor/Hagège 1994/VI: 331–346

Humphreys, H.Ll. (1993). The Breton language: its present position and historical background, in: Ball 1993: 606–643

Huq, A. (1966). Urdu, in: Urdu encyclopaedia of Islam (Lahore), Bd. 2, 331–369

Hutchinson, A.P./Lloyd, J. (1996). Portuguese: An essential grammar. London

Intxausti, J. (1992). Euskera, la lengua de los vascos. San Sebastián

Ivić, P. (1971). Srpski narod i njegov jezik. Belgrad

Jachnow, H. (Hg.) (1999). Handbuch der sprachwissenschaftlichen Russistik und ihrer Grenzdisziplinen. Wiesbaden

Janhunen, J. (1996). Manchuria. An ethnic history. Helsinki

Jarceva, V.N. (1982). Jazyki i dialekty mira. Prospekt i slovnik. Moskau

– (Hg.) (1998). Jazykoznanie – Bol'šoj ènciklopedičeskij slovar'. Moskau

Jayawardena-Moser, P. (1990). Ansätze zur Sprachreform und Sprachnormung im Singhalesischen, in: Fodor/Hagège 1990/V: 1–30

Jazayery, M.A. (1983). The modernization of the Persian vocabulary and language reform in Iran, in: Fodor/Hagège 1983/II: 241–267

Jazyki Azii i Afriki, tom II. Moskau 1978; tom IV, Moskau 1991

Jensen, Ch.J. (1992). Tupian languages, in: Bright 1992/4: 182–187

Jensen, H. (1931). Neupersische Grammatik, mit Berücksichtigung der historischen Entwicklung. Heidelberg

Jónsson, S. (1966). A primer of modern Icelandic. Oxford (Nachdruck der Ausgabe von 1927)

Kachru, Y. (1980). Aspects of Hindi grammar. New Delhi

Kalitsunakis, J. (1963). Grammatik der neugriechischen Volkssprache. Berlin (3. Aufl.)

Kangasmaa-Minn, E. (1998). Mari, in: Abondolo 1998: 219–248

Kanikova, S.I. (1998). Bulgarian, in: Price 1998: 41–47

Kaplan, L.D. (1992). Eskimo-Aleut languages, in: Bright 1992/1: 415–419

Kappeler, A. (1993). Rußland als Vielvölkerreich. Entstehung – Geschichte – Zerfall. München (2. Aufl.)

Karlsson, F. (1983). Finnish grammar. Porvoo (2. Aufl.)

Karst, J. (1901). Historische Grammatik des Kilikisch-Armenischen. Straßburg

Kel'makov, V.K. (1993). Udmurtskij jazyk, in: Jazyki mira – Ural'skie jazyki. Moskau, 239–255

Kert, G.M. (1971). Saamskij jazyk (Kil'dinskij dialekt). Leningrad

King, A.R. (1994). The Basque language: A practical introduction. Reno, NV

Kiparsky, V. (1963–75). Russische historische Grammatik, 3 Bde. Heidelberg

Kirikae, H. (1997). Social aspects of the Ainu linguistic decline, in: Shoji/Janhunen 1997: 161–174

Klaiman, M.H. (1987). Bengali, in: Comrie 1987: 490–513

Klein, H.E.M. (1992). South American languages, in: Bright 1992/4: 31–35

Klemensiewicz, Z./Lehr-Spławinski, T./Urbanczyk, S. (1965). Gramatyka historyczna języka polskiego. Warschau (3. Aufl.)

Klimov, G.V. (1969). Die kaukasischen Sprachen. Hamburg

Kloss, H. (1935). Fremdsprachige Einwanderung in das französische Sprachgebiet Frankreichs vor dem Weltkrieg. Berlin

– (1978). Die Entwicklung neuer germanischer Kultursprachen seit 1800. Düsseldorf (2. Aufl.)

Knappert, J. (1979). Four centuries of Swahili verse: A literary history and anthology. London

Koivulehto, J. (1973). Germanisch-finnische Lehnbeziehungen III, in: Neuphilologische Mitteilungen 74, 561–609

Koneski, B. (1965). Istorija na makedonskiot jazik. Skopje/Belgrad

König, E./Auwera, J. van der (Hg.) (1994). The Germanic languages. London/New York

König, W. (1998). dtv-Atlas zur deutschen Sprache. München (12. Aufl.)

Korhonen, M. (1981). Johdatus lapin kielen historiaan. Helsinki

Korolevič, A.I. (1989). Kniga ob Esperanto. Kiev

Kraft, Ch.H./Kirk-Greene, A.H.M. (1973). Hausa. London

Kramer, J. (1994). Letzebuergesch – Eine Nationalsprache ohne Norm, in: Fodor/Hagège 1994/VI: 391–405

Krauss, M.E. (1973). Eskimo-Aleut, in: Sebeok 1973: 796–902

– (1992). The world's languages in crisis, in: Language 68, 4–10

Kremnitz, G. (1974). Versuche zur Kodifizierung des Okzitanischen seit dem 19. Jh. und ihre Annahme durch die Sprecher. Tübingen

– (1992). Lengua literària e lengua parlada en occitan, in: Oc 303, 35–41

Kress, B. (1982). Isländische Grammatik. München

Kreyenbroek, P.G./Sperl, S. (Hg.) (1992). The Kurds: A contemporary overview. London

Krier, F. (1976). Le maltais au contact de l'italien. Hamburg

Krishnamurti, Bh. (1992). Dravidian languages, in: Bright 1992/1: 373–378

– (1994). Telugu, in: Asher/Simpson 1994/ 9: 4549–4553

Krishnamurti, Bh./Gwynn, J.P.L. (1985). A grammar of modern Telugu. Delhi

Kristol, A.M./Wüest, J.T. (1985). Drin de tot. Travaux de sociolinguistique et de dialectologie béarnaises. Bern

Kropp Dakubu, M.E. (1994). Akan, in: Asher/Simpson 1994/1: 63–64

Krupa, V. (1967). Jazyk Maori. Moskau

Kuno, S. (1973). The structure of the Japanese language. Cambridge, Massachusetts

Kurbatov, Ch.R. et al. (Hg.) (1969). Sovremennyj tatarskij literaturnyj jazyk. Leksikologija, fonetika, morfologija. Moskau

Kutscher, E.Y. (1971). Aramaic, in: Encyclopaedia Judaica 3, 259–287

– (1982). A history of the Hebrew language. Jerusalem/Leiden

Labrousse, P. (1983). Réformes et discours sur la réforme: le cas de l'indonésien, in: Fodor/Hagège 1983/II: 337–355

Lafon, R. (1972). Basque, in: Sebeok 1972: 1744–1792

Lamb, S.M. (1964). The classification of the Uto-Aztecan languages: A historical survey, in: Bright 1964: 106–125

Lamberti, M. (1986). Map of the Somali dialects in the Somali Democratic Republic. Hamburg

Large, A. (1985). The artificial language movement. Oxford

Le Cam, G.-G. (1992). Mythe et stratégie identitaire chez les Maoris de Nouvelle Zélande. Paris

Lee, K.-M. (1977). Geschichte der koreanischen Sprache. Wiesbaden

Lehikoinen, L./Kiuru, S. (1991). Kirjasuomen kehitys. Helsinki

Lemaître, Y. (1990). La modernisation de la langue tahitienne, in: Fodor/Hagège 1990/V: 83–103

– (1995). Lexique du tahitien contemporain: tahitien-français/français-tahitien. Paris

Leumann, M./Hoffmann, J.B./Szantyr, A. (1963–72). Lateinische Grammatik, 2 Bde. München

Lewin, B. (1959). Abriß der japanischen Grammatik. Wiesbaden

Lewis, G.L. (1988). Turkish grammar. Oxford

Lewis, H./Pedersen, H. (1961). A concise comparative Celtic grammar. Göttingen

Lipski, J.M. (1994). Latin-American Spanish. London/New York

Liver, R. (1995). Bündnerromanisch, in: Holtus et al. 1995: 68–81

Lodge, R.A. (1997). Le français. Histoire d'un dialecte devenu langue. Paris

Lombard, D. (1976). Introduction à l'indonésien. Paris

Lomtatidze, K.V. (1967). Abchazskij jazyk, in: Bokarev/Lomtatidze 1967: 101–122

Loprieno, A. (1995). Ancient Egyptian. A linguistic introduction. Cambridge/New York

Lorenzo, R. (1995). Galegische Koine, in: Holtus et al. 1995: 649–679

Loveday, L.J. (1996). Language contact in Japan. A sociolinguistic history. Oxford

Lunt, H.G. (1952). A grammar of the Macedonian language. Skopje

Lutz, F./Arquint, J.C./Camartins, I. (1982). Die rätoromanische Schweiz, in: Schläpfer 1982: 253–347

MacAulay, D. (Hg.) (1992). The Celtic languages. Cambridge

MacKenzie, D.N. (1992). Pashto, in: Bright 1992/3: 165–170

Maiden, M./Parry, M. (Hg.) (1997). The dialects of Italy. London

Mallory, J.P./Adams, D.Q. (Hg.) (1997). Encyclopedia of Indo-European culture. London/Chicago

Mayo, P. (1993). Belorussian, in: Comrie/Corbett 1993: 887–946

McCarus, E.N. (1992). Kurdish, in: Bright 1992/2: 289–294

McGregor, R.S. (1994). Outline of Hindi grammar. Oxford (3. Aufl.)

– (1997). The Oxford Hindi-English dictionary. Oxford/Delhi

McTurk, R. (1998). Icelandic, in: Price 1998: 234–238

Menges, K.H. (1995). The Turkic languages and peoples: An introduction to Turkic studies. Wiesbaden (2. Aufl.)

Michalowski, P. (1992). Sumerian, in: Bright 1992/4: 94–97

Middleton, J. (1992). The world of the Swahili. An African mercantile civilization. New Haven/London

Miller, R.A. (1956). The Tibetan system of writing. Washington

– (1971). Japanese and the other Altaic languages. Chicago

– (1996). Languages and history. Japanese, Korean, and Altaic. Bangkok

Miller, W.R. (1992). Uto-Aztecan languages, in: Bright 1992/4: 212–216

Minervini, L. (1996). La lingua franca mediterranea, in: Medioevo Romanzo 20, 231–301

Mirambel, A. (1959). La langue grecque moderne. Description et analyse. Paris

Mirčev, K. (1978). Istorička gramatika na bălgarskija ezik. Sofia

Mistrík, J. (1983). A grammar of contemporary Slovak. Bratislava

Mistrík, J./Ehrgangová, E. (1994). Slowakisch: Die Entfaltung der Literatursprache, in: Fodor/Hagège 1994/VI: 455–468

Mithun, M. (1992). Iroquoian languages, in: Bright 1992/2: 233–236

Moen, P./Pedersen, P.-B. (1983). Norwegian grammar – Nynorsk. Oslo

Möhlig, J.G. (1981). Die Bantusprachen im engeren Sinn, in: Heine et al. 1981: 77–116

Möhlig, J.G./Rottland, F./Heine, B. (Hg.) (1977). Zur Sprachgeschichte und Ethnohistorie in Afrika. Berlin

Mohanan, K.P. (1992). Malayalam, in: Bright 1992/2: 370–374

Mohawk, J.C. (1996). Iroquois Confederacy, in: Hoxie 1996: 298–302

Mol, F. (1978). Maa: A dictionary of the Maasai language and folklore. English-Maasai. Nairobi

Monteagudo, H./Santamarina, A. (1993). Galician and Castilian in contact: historical, social, and linguistic aspects, in: Posner/Green 1993: 117–173

Morag, Sh. (1987). Studies on contemporary Hebrew, 2 Bde. Jerusalem

Morev, L.N./Moskalyov, A.A./Plam, Y.Y. (1979). The Lao language. Moskau

Moscati, S. et al. (Hg.) (1964). An introduction to the comparative grammar of the Semitic languages: Phonology and morphology. Wiesbaden

Moseley, C./Asher, R.E. (Hg.) (1994). Atlas of the world's languages. London/New York

Mühlhäusler, P. (1986). Pidgin and creole linguistics. Oxford

Muljačić, Ž. (1971). Introduzione allo studio della lingua italiana. Turin

Muljačić, Ž./Haarmann, H. (1996). Distance interlinguistique, élaboration linguistique et „coiffure linguistique", in: Goebl et al. 1996: 634–642

Munske, H.H./Kirkness, A. (Hg.) (1996). Eurolatein. Das griechische und lateinische Erbe in den europäischen Sprachen. Tübingen

Myachina, E.N. (1981). The Swahili language. A descriptive grammar. London/Boston/Henley

Neumann, G. (1992). System und Ausbau der hethitischen Hieroglyphenschrift, in: Nachrichten der Akademie der Wissenschaften in Göttingen. I. Philologisch-historische Klasse 4, 25–48

Newman, J.L. (1995). The peopling of Africa. A geographic interpretation. New Haven/London

Newman, P. (1987). Hausa and the Chadic languages, in: Comrie 1987: 705–723

Newton, G. (Hg.) (1996). Luxembourg and Lëtzebuergesch: Language and communication at the crossroads of Europe. Oxford

Nguyen Dinh-Hoa (1987). Vietnamese, in: Comrie 1987: 777–796

Nile, R./Clerk, C. (1996). Cultural atlas of Australia, New Zealand and the South Pacific. Abingdon, England/New York

Norberg, M. (1996). Sprachwechselprozeß in der Niederlausitz. Uppsala

Norman, J. (1988). Chinese. Cambridge

Nurse, D./Spear, T. (1985). The Swahili: Reconstructing the history and language of an African society, 800–1500. Philadelphia

O Dochartaigh, C. (1992). The Irish language, in: MacAulay 1992: 11–99

Okell, J. (1994). Burmese, in: Asher/Simpson 1994/1: 433–436

Ortiz Rescaniere, A. (1992). El quechua y el aymará. Madrid

Osborne, R. (1996). Greece in the making 1200 – 479 BC. London/New York

Osman, N. (Hg.) (1992). Kleines Lexikon deutscher Wörter arabischer Herkunft. München (3. Aufl.)

Otrębski, J. (1956–65). Gramatyka języka litewskiego, 3 Bde. Warschau

Paasonen, H. (1990–92). Mordwinisches Wörterbuch/Mordovskij slovar', 2 Bde. Helsinki (zusammengestellt von K. Heikkilä)

Pallottino, M. (1984). Etruscologia. Mailand (7. Aufl.)

Paulston, C.B./Peckham, D. (Hg.) (1998). Linguistic minorities in central & eastern Europe. Clevedon/Philadelphia/Toronto

Payne, J.R. (1987). Iranian languages, in: Comrie 1987: 514–522

Peer, O. (1979). Dicziunari rumantsch, ladin-tudais-ch. Chur (2. Aufl.)

Peltzer, L. (1996). Grammaire descriptive du tahitien. Pape'ete

Penny, R. (1991). A history of the Spanish language. Cambridge

Perrot, J. (Hg.) (1981). Les langues dans le monde ancien et moderne. Première partie: Les langues de l'Afrique subsaharienne; deuxième partie: Pidgins et créoles. Paris

Pfiffig, A. J. (1989). Einführung in die Etruskologie. Probleme, Methoden, Ergebnisse. Darmstadt (3. Aufl.)

Picoche, J./Marchello-Nizia, C. (1996). Histoire de la langue française. Paris (4. Aufl.)

Pimenov, V.V. (1965). Vepsy. Očerk etničeskoj istorii i genezisa kul'tury. Moskau/Leningrad

Pinnow, H.-J. (1964). Die nordamerikanischen Indianersprachen. Ein Überblick über ihren Bau und ihre Besonderheiten. Wiesbaden

Pirona, G.A./Carletti, E./Corgnali, G.B. (1992). Il Nuovo Pirona. Vocabolario friulano. Udine (2. Aufl.)

Pohl, H.-D. (1994). Von der Volkssprache zur Literatursprache: Slowenisch, in: Fodor/Hagège 1994/VI: 469–486

Popović, I. (1960). Geschichte der serbokroatischen Sprache. Wiesbaden

Poppe, N. (1955). Introduction to Mongolian comparative studies. Helsinki

– (1964a). Bashkir manual – Descriptive grammar and texts with a Bashkir-English glossary. The Hague

– (1964b). Grammar of written Mongolian. Wiesbaden

– (1965). Introduction to Altaic linguistics. Wiesbaden

– (1970). Mongolian language handbook. Washington

Posner, R. (1996). The Romance languages. Cambridge

Posner, R./Green, J.N. (Hg.) (1993). Trends in Romance linguistics and philology, Bd. 5. Berlin/New York

Posner, R./Robering, K./Sebeok, T.A. (Hg.) (1997). Semiotik/Semiotics. Berlin/New York

Prentice, D.J. (1987). Malay (Indonesian and Malaysian), in: Comrie 1987: 913–935

– (1992). Malay and Indonesian, in: Bright 1992/2: 374–380

Press, I./Ramoniene, M. (1996). Colloquial Lithuanian. London

Price, G. (1966). The decline of Scottish Gaelic in the twentieth century, in: Orbis 15, 365–387

– (Hg.) (1998). Encyclopedia of the languages of Europe. Oxford/Malden, Massachusetts

Puhvel, J. (1984–90). Hittite etymological dictionary, 3 Bde. Berlin/New York

Rai, A. (1984). A house divided: The origin and development of Hindi/Hindavi. Delhi

Raidt, E.H. (1983). Einführung in Geschichte und Struktur des Afrikaans. Darmstadt

Ramallo, F.F./Rei Doval, G. (1997). Vender en galego. Comunicación, empresa e lingua en Galicia. Santiago de Compostela

Ramos, T.V./Cena, R.M. (1990). Modern Tagalog. Honolulu

Ramsey, S.R. (1987). The languages of China. Princeton, New Jersey

Ranke-Graves, R. v./Patai, R. (1986). Hebräische Mythologie. Über die Schöpfungsgeschichte und andere Mythen aus dem Alten Testament. Reinbek bei Hamburg

Rastorgueva, V.S. et al. (Hg.) (1979–88). Osnovy iranskogo jazykoznanija, 4 Bde. Moskau

Refsing, K. (1986). The Ainu language – The morphology and syntax of the Shizunai dialect. Kopenhagen

Rehder, P. (Hg.) (1998). Einführung in die slavischen Sprachen. Darmstadt (3. verb. u. erw. Aufl.)

Reiner, E. (1966). A linguistic analysis of Akkadian. The Hague

Renzi, L. et al. (Hg.) (1988–95). Grande grammatica italiana di consultazione, 3 Bde. Bologna

Rickford, J.R. (1992). Pidgins and creoles, in: Bright 1992/3: 224–232

Rieger, A. (Hg.) (2000). Okzitanistik, Altokzitanistik und Provenzalistik. Frankfurt/Berlin/Bern

Rjagoev, V.D. (1993). Karel'skij jazyk, in: Jazyki mira – Ural'skie jazyki. Moskau, 63–76

Roefs, H. (1990). Lexique français-thailandais comprenant 3000 mots courants du langage parlé. Bangkok

Roelcke, Th. (1997). Sprachtypologie des Deutschen. Historische, regionale und funktionale Variation. Berlin/New York

Rohlfs, G. (1977). Le gascon: études de philologie pyrénéenne. Tübingen (3. Aufl.)

Rohr, R. (Hg.) (1987). Die Aromunen. Sprache – Geschichte – Geographie. Hamburg

Rood, D.S. (1992). North American languages, in: Bright 1992/3: 110–115

Roop, H.D. (1972). An introduction to the Burmese writing system. New Haven, Connecticut

Rosetti, A. (1986). Istoria limbii române. De la origini pîna la inceputul secolului al XVII-lea. Bukarest (3. Aufl.)

Rosetti, A./Cazacu, B./Onu, L. (1971). Istoria limbii române literare. Bukarest

Ross, M. (1988). Proto-Oceanic and the Austronesian languages of Western Melanesia. Canberra

Rossillon, P. (Hg.) (1995). Atlas de la langue française. Paris

Rothstein, R.A. (1993). Polish, in: Comrie/Corbett 1993: 686–758

Rüdiger, J.C.C. (1990). Von der Sprache und Herkunft der Zigeuner aus Indien (Nachdruck der Ausgabe Leipzig 1782 mit einer Einleitung von H. Haarmann). Hamburg

Ruhlen, M. (1987). A guide to the world's languages, vol. 1: Classification. Stanford

– (1994). On the origin of languages. Studies in linguistic taxonomy. Stanford

Ruke-Dravina, V. (1977). The standardization process in Latvian, XVI century to the present. Stockholm

– (1990). Entstehung und Normierung der lettischen Nationalsprache, in: Fodor/Hagège 1990/V: 301–327

Ruong, I. (1970). Min sámigiella. Lärobok i samiska. Stockholm

Russell, P. (1995). An introduction to the Celtic languages. London/New York

Ryazanova-Clarke, L./Wade, T. (1999). The Russian language today. London/New York

Sadiq, M. (1984). A history of Urdu literature. Delhi (2. Aufl.)

Saeed, J.I. (1987). Somali reference grammar. Wheaton, Md.

Šagirov, A.K. (1989). Zaimstvovanija leksika abchazo-adygskich jazykov. Moskau

Sammallahti, P. (1998). The Saami languages. An introduction. Karasjok

Sankan, S.S. (1995). The Maasai. Nairobi

Sărau, Gh. (1991). Limba română. Bukarest

Sasse, H.-J. (1981). Afroasiatisch, in: Heine et al. 1981: 129–148

Schachter, P./Otanes, F.T. (1972). Tagalog reference grammar. Berkeley

Schadeberg, T.C. (1981). Nilosaharanisch, in: Heine et al. 1981: 263–328

Schenker, A. (1980). Polish, in: Schenker/Stankiewicz 1980: 195–210

Schenker, A./Stankiewicz, E. (Hg.) (1980). The Slavic literary languages: Formation and development. New Haven, CT

Schiffman, H.F. (1992). Kannada, in: Bright 1992/2: 266–268

Schläpfer, R. (Hg.) (1982). Die viersprachige Schweiz. Zürich/Köln

Schlosser, H.D. (1990). dtv-Atlas zur deutschen Literatur. München (4. Aufl.)

Schmitt, R. (1981). Grammatik des Klassisch-Armenischen, mit sprachvergleichenden Erläuterungen. Innsbruck

Schmitt, R. (Hg.) (1989). Compendium linguarum iranicarum. Wiesbaden

Schoolfield, G.C. (1998). A history of Finland's literature. Lincoln, Nebraska/London

Schröpfer, J. (1968). Hussens Traktat "Orthographia Bohemica". Die Herkunft des diakritischen Systems in der Schreibung slavischer Sprachen und die älteste zusammenhängende Beschreibung slavischer Laute. Wiesbaden

Schwyzer, E. (1939–71). Griechische Grammatik, 4 Bde. München

Sebeok, T.A. (Hg.) (1971). Current trends in linguistics, vol. 7: Linguistics in Africa. The Hague/Paris

– (Hg.) (1972). Current trends in linguistics, vol. 9: Linguistics in Western Europe. The Hague/Paris

– (Hg.) (1973). Current trends in linguistics, vol. 10: Linguistics in North America. The Hague

Segert, S. (1975). Altaramäische Grammatik mit Bibliographie, Chrestomathie und Glossar. Leipzig

Séguy, J. et al. (1954–86). Atlas linguistique et ethnographique de la Gascogne, 6 Bde. Paris

Seip, D.A. (1971). Norwegische Sprachgeschichte. Berlin/New York

Senn, A. (1966). Handbuch der litauischen Sprache I: Grammatik. Heidelberg

Seuren, P.A.M. (1998). Western linguistics. An historical introduction. Oxford/Malden, Massachusetts

Shafer, R. (1966–74). Introduction to Sino-Tibetan, 5 Teile. Wiesbaden

Sherwood, P. (1996). A concise introduction to Hungarian. London

Shevelov, G.Y. (1966). Die ukrainische Schriftsprache 1798–1965. Wiesbaden

– (1993). Ukrainian, in: Comrie/Corbett 1993: 947–998

Shibatani, M. (1990). The languages of Japan. Cambridge/New York

Shoji, H./Janhunen, J. (Hg.) (1997). Northern minority languages. Problems of survival. Osaka

Short, D. (1990). Czech and Slovak, in: Comrie 1990: 101–124

– (1993). Slovak, in: Comrie/Corbett 1993: 533–592

– (1996). Essays in Czech and Slovak language and literature. London

Simonyi, S. (1907). Die ungarische Sprache. Geschichte und Charakteristik. Straßburg

Sjölin, B. (1969). Einführung in das Friesische. Stuttgart

Skautrup, P. (1944–70). Det danske sprogs historie, 5 Bde. Kopenhagen

Skorik, P.Ja. (Hg.) (1968). Jazyki narodov SSSR, t. V: Mongol'skie, tunguso-man'čžurskie i paleoaziatskie jazyki. Leningrad

Smith, J. (1996). An historical study of English – Function, form and change. London/New York

Smyth, D.A. (1994). Lao, in: Asher/Simpson 1994/4: 2049

Soden, W. v. (1952). Grundriß der akkadischen Grammatik. Rom

– (1965–81). Akkadisches Handwörterbuch, 3 Bde. Wiesbaden

Solncev, V.M. (Hg.) (1991). Afrazijskie jazyki, tom 2: Kušitskie jazyki, livijsko-guančskie jazyki, egipetskij jazyk, čadskie jazyki. Moskau

Sridhar, S.N. (1989). Kannada. London

Steever, S.B. (1992). Tamil, in: Bright 1992/4: 131–136

Stern, L. (1880). Koptische Grammatik. Leipzig

Stone, G. (1993a). Cassubian, in: Comrie/Corbett 1993: 759–794

– (1993b). Sorbian (Upper and Lower), in: Comrie/Corbett 1993: 1993: 593–685

Störk, L. (1981). Ägyptisch, in: Heine et al. 1981: 149–170

Striedter-Temps, H. (1963). Deutsche Lehnwörter im Slowenischen. Berlin

Sturm, D. (Hg.) (1987). Deutsch als Fremdsprache weltweit. Situation und Tendenzen. München

Svane, G.O. (1958). Grammatik der slowenischen Schriftsprache. Kopenhagen

Szerdahelyi, I. (1983). Entwicklung des Zeichensystems einer internationalen Sprache: Esperanto, in: Fodor/Hagège 1983/III: 277–308

Taljaard, P.C./Bosch, S.E. (1993). Handbook of isiZulu. Pretoria (2. Aufl.)

Tcherenkov, L./Heinschink, M. (1997). Kalderaš (Romani). München/Newcastle

Teeuw, A. (1961). A critical survey of studies on Malay and Bahasa Indonesia. The Hague

Tepljašina, T.I. (1970). Jazyk besermjan. Moskau

Tereščenko, N.M. (1965). Nenecko-russkij slovar'. Moskau

– (1993). Neneckij jazyk, in: Jazyki mira – Ural'skie jazyki, 326–343

Teyssier, P. (1980). Histoire de la langue portugaise. Paris

Thomsen, K. (1959). Das Kasantatarische und die westsibirischen Dialekte, in: Deny et al. 1959: 407–421

Thomsen, M.-L. (1984). The Sumerian language. An introduction to its history and grammatical structure. Kopenhagen

Thráinsson, H. (1994). Icelandic, in: König/Auwera 1994: 142–189

Tikkanen, B. (1994). Burushaski, in: Asher/Simpson 1994/1: 437–438

Titov, E.G. (1976). The modern Amharic language. Moskau

Traill, A. (1985). Phonetic and phonological studies of !Xóõ Bushman. Hamburg

Trask, R.L. (1997). The history of Basque. London

Tryon, D.T. (Hg.) (1995). Comparative Austronesian dictionary. An introduction to Austronesian studies, 4 parts (Teil 1 in zwei Einzelbänden), 5 Bde. Berlin/New York

Tschenkéli, K. (1958). Einführung in die georgische Sprache, 2 Bde. Zürich

Tsujimura, N. (1996). An introduction to Japanese linguistics. Malden, Massachusetts/Oxford

Turner, R.L. (1966–69). A comparative dictionary of the Indo-Aryan languages, 2 Bde. Oxford

Vachtin, N.B. (1997). Eskimoŝsko-aleutskie jazyki, in: Volodin 1997: 72–75

Vääri, E. (1971). Die Liven und die livische Sprache in den Jahren 1920–1970, in: Finnisch-ugrische Forschungen 39, 139–148

Vandeputte, O. et al. (1995). Dutch. The language of twenty million Dutch and Flemish people. Rekkem

Vergote, J. (1973). Grammaire copte, 2 Bde. Louvain

Viitso, T.-R. (1993). Livskij jazyk, in: Jazyki mira – Ural'skie jazyki. Moskau, 76–90

– (1998). Estonian, in: Abondolo 1998b: 115–148

Vikør, L.S. (1993). The Nordic languages. Their status and interrelations. Oslo

Vismans, R. (1998). Dutch, in: Price 1998: 129–136

Virtaranta, P. (Hg.) (1968ff.). Karjalan kielen sanakirja. Helsinki

– (1972). Die Dialekte des Karelischen. Gruppierung (mit Kurzcharakteristika) und einige Fragen des Ursprungs, in: Sovetskoe Finno-ugrovedenie 8, 7–27

Vlasto, A.P. (1988). A linguistic history of Russia to the end of the eighteenth century. Oxford

Voegelin, C.F./Voegelin, F.M. (1977). Classification and index of the world's languages. New York/Oxford/Amsterdam

Volodin, A.P. (Hg.) (1997). Jazyki mira. Paleoaziatskie jazyki. Moskau

Vries, J.W. de et al. (1994). Het Verhaal van een Taal. Negen Eeuwen Nederlands. Amsterdam

Wagner, M.L. (1951). La lingua sarda: storia, spirito e forma. Bern (Neudruck: Nuoro 1997)

– (1960–64). Dizionario etimologico sardo, 2 Bde. Heidelberg (Neudruck: Cagliari 1989); Bd 3 (Indices), zusammengestellt von R.G. Urciolo. Cagliari 1989

Wackernagel, J./Debrunner, A. (1896–1930). Altindische Grammatik, 3 Bde. Göttingen (Neudruck 1957)

Walter, H. (1994). L'aventure des langues en occident. Leur origine, leur histoire, leur géographie. Paris

– (1997). L'aventure des mots français venus d'ailleurs. Paris

Watkins, T.A. (1993). Welsh, in: Ball 1993: 289–348

Wehr, H. (1968). Arabisches Wörterbuch für die Schriftsprache der Gegenwart. Wiesbaden (4. Aufl.)

Weinreich, M. (1980). History of the Yiddish language. Chicago/London

Weitenberg, J.J.S. (1990). Reform movements in Armenian, in: Fodor/Hagège 1990/V: 393–408

Wells, J.C. (1994). Esperanto, in: Asher/Simpson 1994/3: 1143–1145

Werner, O. (1964). Die Erforschung der färingischen Sprache, in: Orbis 13, 481–544

Wessén, E. (1968a). Die nordischen Sprachen. Berlin

– (1968b). Svensk språkhistoria, 3 Bde. Lund (8. Aufl.)

Westendorf, W. (1965–67). Koptisches Handwörterbuch, 2 Bde. Heidelberg

Westermann, D. (1927). Die westlichen Sudansprachen und ihre Beziehungen zum Bantu. Berlin

Wheatley, J.K. (1992). Burmese, in: Bright 1992/1: 206–210

Wheeler, M.W. (1998). Catalan, in: Price 1998: 50–57

Wigoder, G. (Hg.) (1989). The encyclopedia of Judaism. Jerusalem

Williamson, K./Emenanjo, E.N. (1992). Igbo, in: Bright 1992/2: 195–199

Windfuhr, G.L. (1979). Persian grammar: History and state of its study. The Hague

– (1992). Persian, in: Bright 1992/3: 183–188

Winter, J.C. (1981). Khoisan, in: Heine et al. 1981: 329–374

Wolff, E. (1981). Die Berbersprachen, in: Heine et al. 1981: 171–185

Wolff, G. (1994). Deutsche Sprachgeschichte. München (3. Aufl.)

Wurm, S.A. (1982). Papuan languages of Oceania. Tübingen

Wurm, S.A./Hattori, Sh. (1981–84). Language atlas of the Pacific area. Canberra

Yasemee, F. (1993). The Turkic peoples of Bulgaria, in: Bainbridge 1993: 41–53

Zaidi, M.H. (1983). Word-borrowing and word-making in modern South Asian languages: Urdu, in: Fodor/Hagège 1983/III: 399–421

Zajceva, M.I. (1981). Grammatika vepsskogo jazyka. Leningrad

– (1993). Vepsskij jazyk, in: Jazyki mira – Ural'skie jazyki. Moskau, 36–48

Ziervogel, D./Louw, J.A./Taljaard, P.C. (1976). A handbook of the Zulu language. Pretoria

Zorc, R.D./Osman, M.M. (1993). Somali-English dictionary with English index. Kensington, Maryland

Zvelebil, K.V. (1983). Word-borrowing and word-making in modern South Asian languages: Tamil, in: Fodor/Hagège 1983/III: 431–440

Register der Sprachen ohne eigenen Artikel

Cagua → Isolierte Sprachen
Callawalla → Isolierte Sprachen
Campa → Arawakische Sprachen
Camsá → Isolierte Sprachen
Camus → Maasai
Canichana → Isolierte Sprachen
Carabayo → Isolierte Sprachen
Catawba → Sioux
Cayubaba → Isolierte Sprachen
Cham → Khmer
Chantisch → Ungarisch, Uralische Sprachen
Chasarisch → Tschuwaschisch
Chero → Isolierte Sprachen
Cherokesisch → Irokesisch
Chik-Barik → Isolierte Sprachen
Chipiajes → Isolierte Sprachen
Chiquitano → Isolierte Sprachen
Choctaw-Chickasaw → Muskogee
Cholón → Isolierte Sprachen
Coxima → Isolierte Sprachen
Cuitlatec → Isolierte Sprachen

Dakisch → Aussterbende Sprachen, Rumänisch
Dakota → Sioux
Dal → Isolierte Sprachen
Dalmatisch → Italienisch, Kroatisch, → Rumänisch
Dari → Indo-Iranische Sprachen, Pashto, Persisch
Dinka → Nilo-Saharanische Sprachen
Dinvehi → Singhalesisch
Djangun → Australien
Djawi → Australien
Dogri-Kangri → Indo-Iranische Sprachen
Domari → Romani
Drawäno-Polabich s. Polabisch
Dyula → Bambara
Dzongkha → Sinotibetische Sprachen, → Tibetisch

Edawapi → Isolierte Sprachen
Ekpari → Isolierte Sprachen
Eskimo, sibirisches → Eskimo-Aleutisch

Faliskisch → Lateinisch
Festlandkeltisch → Aussterbende Sprachen, → Französisch
Fidschianisch → Europa
Fränkisch → Französisch, Italienisch, Katalanisch
Frankoprovenzalisch → Französisch, Gascognisch
Fulfulde → Hausa

Gafat → Amharisch
Gagadu → Australien, Isolierte Sprachen
Galela → West-Papua
Gallisch → Keltische Sprachen, Romanische Sprachen
Galla → Somali
Garawa → Australien, Isolierte Sprachen
Ge'ez → Amharisch
Gepidisch → Germanische Sprachen
Giljakisch → Ainu, Paläoasiatische Sprachen
Goajiro → Arawakische Sprachen
Gobasi → Isolierte Sprachen
Gondi → Telugu
Gorap → Isolierte Sprachen
Gotisch → Baskisch, Germanische Sprachen, Katalanisch, Portugiesisch, Spanisch
Grönländisch → Eskimo-Aleutisch
Guaraní, klassisches → Tupí
Guaraní, modernes → Tupí
Guaymí → Chibcha
Gujarati → Indo-Iranische Sprachen
Gungabula → Aussterbende Sprachen
Gungaragany → Australien, Isolierte Sprachen
Gupapuyngu → Australien

Hadza → Khoisan-Sprachen
Haló Té Sú → Isolierte Sprachen
Harari → Amharisch
Haroi → Isolierte Sprachen
Hattisch → Hethitisch
Haitianisches Kreolisch → Europa
Herero → Khoisan-Sprachen

Hibito → Isolierte Sprachen
Himarimã → Isolierte Sprachen
Hindish → Englisch, Hindi
Hindustani → Hindi
Hmong, östl. → Hmong-Mien
Hmong, westl. → Hmong-Mien
Huli → Trans-Neuguinea
Hupdé-Makú → Makú
Hurritisch → Armenisch, Hethitisch, Kaukasische Sprachen
Hwla → Isolierte Sprachen

Iapama → Isolierte Sprachen
Iberisch → Aussterbende Sprachen, Baskisch, Romanische Sprachen
Illyrisch → Albanisch, Indoeuropäische Sprachen
Indisch → Indo-Iranische Sprachen
Indo-Arisch → Indo-Iranische Sprachen
Inguschisch → Kaukasische Sprachen, Tschetschenisch
Inuit → Eskimo-Aleutisch
Iquito → Zaparo
Iranisch → Indo-Iranische Sprachen
Irula → Tamilisch
Ischorisch → Aussterbende Sprachen, Finnisch, Wepsisch
Itaem → Isolierte Sprachen
Italisch → Indoeuropäische Sprachen, Lateinisch
Itonama → Isolierte Sprachen

Jagnobisch → Indo-Iranische Sprachen
Jakutisch → Asien
Japalish → Englisch
Jaru → Australien
Jasgulami → Pashto
Javanisch → Indonesisch, Malaysisch
Judenspanisch → Jiddisch, Jüdische Sprachen
Jukagirisch → Asien, Paläoasiatische Sprachen
Jurtschen → Altaische Sprachen

Kabardinisch → Kaukasische Sprachen
Kaduo → Sinotibetische Sprachen
Kaghani → Isolierte Sprachen
Kaimbé → Amerika, Isolierte Sprachen
Kaingang → Macro-Ge
Kala Lagaw Ya → Australien
Kalamse → Isolierte Sprachen
Kalispel-Flathead → Salish
Kalmykisch → Europa, Kaukasische Sprachen, Mongolisch, Russisch
Kamba → Isolierte Sprachen
Kambiwá → Isolierte Sprachen
Kanaanitisch → Arabisch
Kanuri → Hausa, Nilo-Saharanische Sprachen
Kapinawá → Isolierte Sprachen
Karahawyana → Isolierte Sprachen
Karakalpakisch → Turksprachen Zentralasiens
Kariri-Xuco → Isolierte Sprachen
Karkar-Yuri → Isolierte Sprachen
Karthagisch → Sardisch, Semitische Sprachen
Kasachisch → Turksprachen Zentralasiens
Kashmiri → Indo-Iranische Sprachen
Kekchí → Maya
Keltiberisch → Keltische Sprachen
Keres, westl. → Keres
Khoikhoi → Afrikaans
Kibiri → Isolierte Sprachen
Kimbundu → Portugiesisch
Kiowa → Kiowa-Tano
Kiptschakisch → Armenisch
Kirchenslawisch → Bulgarisch, Makedonisch, Rumänisch, Russisch, Serbisch, Slawische Sprachen, Ukrainisch
Kirgisisch → Turksprachen Zentralasiens
Kiriri-Xokó → Isolierte Sprachen
Kodagu → Kannada
Kohoroxitari → Isolierte Sprachen
Kokola → Isolierte Sprachen
Kol → Isolierte Sprachen

Kolai → Isolierte Sprachen
Koliku → Isolierte Sprachen
Kombai → Isolierte Sprachen
Konkani → Indo-Iranische Sprachen
Kornisch → Bretonisch
Koroboré → Isolierte Sprachen
Korsisch → Romanische Sprachen
Korubo → Isolierte Sprachen
Krimtatarisch → Russisch, Turksprachen Zentralasiens
Kumükisch → Kaukasische Sprachen
Kuna von San Blas → Chibcha
Kunza → Isolierte Sprachen
Kutenai → Amerika, Salish, Isolierte Sprachen
Kwadi → Khoisan-Sprachen, Isolierte Sprachen
Kwakiutl → Wakash

Ladakisch → Tibetisch
Ladino → Jiddisch, Jüdische Sprachen
Lahuda → Indo-Iranische Sprachen
Langobardisch → Italienisch
Lashi → Burmesisch
Latoma → Isolierte Sprachen
Leco → Isolierte Sprachen
Lemnisch → Etruskisch
Lengua → Mascoi
Lepontisch → Keltische Sprachen
Limilngan → Australien, Isolierte Sprachen
Lule → Lule-Vilela
Lufu → Isolierte Sprachen
Luo → Nilo-Saharanische Sprachen
Luwisch → Hethitisch
Lydisch → Hethitisch
Lykisch → Hethitisch

Macusa/Guaviare → Isolierte Sprachen
Maisin → Isolierte Sprachen
Maithili → Indo-Iranische Sprachen
Majhwar → Isolierte Sprachen
Makarim → Isolierte Sprachen
Malaio-Portugiesisch → Afrikaans
Maledivisch → Indo-Iranische Sprachen

Malinke → Bambara
Manda → Telugu
Mandandanyi → Australien
Mandingo → Bambara
Mangareva → Hawaiianisch
Mangerr → Australien
Maninka → Bambara
Mansisch → Ungarisch, Uralische Sprachen
Mantion → East Bird's Head
Manx(-Gälisch) → Keltische Sprachen, Schottisch-Gälisch
Mapudungun → Araukanische Sprachen
Marajona → Isolierte Sprachen
Maransé → Isolierte Sprachen
Marathi → Indo-Iranische Sprachen
Marquesisch → Hawaiianisch
Martu Wangka → Australien
Maru → Burmesisch
Matia → Isolierte Sprachen
Matumbi → Swahili
Mazedonisch → Aussterbende Sprachen, Griechisch, Makedonisch
Medlpa → Trans-Neuguinea
Meroitisch → Nilo-Saharanische Sprachen
Messapisch → Albanisch
Miarrã → Isolierte Sprachen
Mingrelisch → Abchasisch
Minoisch → Semitische Sprachen
Mískito → Misumalpa
Mon → Burmesisch, Khmer
Mosetena → Isolierte Sprachen
Movima → Isolierte Sprachen
Mozarabisch → Katalanisch, Spanisch
Muniche → Amerika, Isolierte Sprachen
Munji → Pashto
Mura-Pirahã → Isolierte Sprachen
Muru → Isolierte Sprachen
Mutús → Isolierte Sprachen

Nachisch → Georgisch
Nahuatl, klassisches → Amerika, Spanisch
Nahuatl, modernes → Uto-Aztekisch

Nama → Khoisan-Sprachen
Nambikuára, südl. → Nambiquara
Nanai → Lateinisch
Natagaimas → Isolierte Sprachen
Natchez → Golf
Ndebele → Afrikaans, Zulu
Negarote → Isolierte Sprachen
Nemeyam → Isolierte Sprachen
Nepali → Indo-Iranische Sprachen
Nereyama → Isolierte Sprachen
Ngurmbur → Australien, Isolierte Sprachen
Niederdeutsch → Dänisch, Englisch, Estnisch, Friesisch, Isländisch, Lettisch, Litauisch, Niederländisch, Norwegisch, Schwedisch
Nihali → Isolierte Sprachen
Nimo → Left May
Niwchisch → Ainu, Paläoasiatische Sprachen
Nogaisch → Kaukasische Sprachen, Turksprachen Zentralasiens
Noumou → Isolierte Sprachen
Noupé → Hausa
Nugunu → Australien
Numbiaí → Isolierte Sprachen
Nyangumarta → Australien
Nyanja → Shona

Occidental → Weltsprachen/künstl.
Oganibi → Isolierte Sprachen
Olmekisch → Maya
Olo → Torricelli
Ona → Chon
Ongamo → Maasai
Oriya → Bengalisch, → Indo-Iranische Sprachen
Oromo → Somali
Oskisch → Lateinisch

Palaisch → Hethitisch
Pali → Burmesisch, Chinesisch, Hindi, Indo-Iranische Sprachen, Kannada, Khmer, Laotisch, Thailändisch, Urdu
Pamir-Sprachen → Indo-Iranische Sprachen

Panika → Isolierte Sprachen
Panjabi → Indo-Iranische Sprachen
Pankararé → Isolierte Sprachen
Pankararú → Isolierte Sprachen
Papavo → Isolierte Sprachen
Parthisch → Armenisch
Pataxó-Hāhāhāi → Isolierte Sprachen
Pauwi → Isolierte Sprachen
Pengo → Telugu
Peul → Bambara
Phönizisch → Arabisch, Semitische Sprachen
Piajao → Isolierte Sprachen
Phrygisch → Armenisch, Aussterbende Sprachen
Piaroa → Saliv
Pinigura → Aussterbende Sprachen
Polabisch → Slawische Sprachen
Popoluca (Hochland-P.) → Mixe-Zoque
Prakrit → Indo-Iranische Sprachen, Kannada, Sanskrit, Singhalesisch, Telugu
Prasuni → Indo-Iranische Sprachen
Puelche → Isolierte Sprachen
Puinave → Isolierte Sprachen
Punisch → Sardisch, Semitische Sprachen
Puquina → Isolierte Sprachen
Pyu → Burmesisch

Quiché → Maya
Quileute → Chimakum

Rapa Nui → Aussterbende Sprachen
Rarotonga → Tahitianisch
Rätisch → Etruskisch, Romanische Sprachen
Reli → Isolierte Sprachen
Rer Bare → Isolierte Sprachen
Resianisch → Slawische Sprachen
Rif-Kabylisch → Berberisch
Ro → Weltsprachen/künstl.
Ruanda → Niger-Kongo-Sprachen
Russinisch → Slawische Sprachen

Sabäisch → Arabisch
Saho-Afar → Somali
Salumā → Isolierte Sprachen
Sandawe → Khoisan-Sprachen
Shan → Burmesisch
Sindhi → Indo-Iranische Sprachen
Sininkere → Isolierte Sprachen
Sikkimesisch → Tibetisch
Sikulisch → Aussterbende Sprachen, Lateinisch
Skythisch → Indo-Iranische Sprachen, Ossetisch
Slawonisch → Litauisch
Slowinzisch → Kaschubisch
Soghdisch → Uigurisch
Songhai → Bambara, Hausa, Nilo-Saharanische Sprachen
Sotho, nördl. → Afrikaans
Suebisch → Galicisch
Sukubatong → Isolierte Sprachen
Sukuma → Swahili
Swazi → Zulu
Syrisch → Aramäisch, Armenisch

Tadschikisch → Indo-Iranische Sprachen, Persisch, Turksprachen Zentralasiens
Tamaschiqt → Bambara, Berberische Sprachen
Tamazight → Berberische Sprachen
Tapeba → Isolierte Sprachen
Taqbaylit → Berberische Sprachen
Taraskisch → Amerika, Isolierte Sprachen
Tarifit → Berberische Sprachen
Taschelheit → Berberische Sprachen
Tasmanisch → Andamanische Sprachen, Australien
Taushiro → Isolierte Sprachen
Tehuelche → Chon
Tequistlatec, Hochland-T. → Hoka
Thamudisch → Arabisch
Thrakisch → Indoeuropäische Sprachen
Ticuna → Isolierte Sprachen
Tidore → West-Papua
Tigré → Amharisch

Tigrinya → Amharisch
Tingui-Botó → Isolierte Sprachen
Tiwa, südl. → Kiowa-Tano
Tiwi → Australien, Isolierte Sprachen
Tlapaneco → Subtiaba-Tlapaneco
Tobelo → West-Papua
Tocharisch → Asien, Indoeuropäische Sprachen
Tonga → Shona
Tremembé → Isolierte Sprachen
Truká → Isolierte Sprachen
Trumaí → Isolierte Sprachen
Tsakonisch → Griechisch/Neugriechisch
Tschagataisch → Baschkirisch, Tatarisch, Turksprachen Zentralasiens, Uigurisch
Tscherkessisch → Abchasisch
Tswana → Afrikaans, Khoisan-Sprachen, Niger-Kongo-Sprachen
Tuareg → Hausa, Lateinisch
Tuamotu → Maori, Tahitianisch
Tunica → Golf
Turkmenisch → Gagausisch, Turksprachen Zentralasiens
Tuxá → Isolierte Sprachen

Uageo → Isolierte Sprachen
Uamué → Isolierte Sprachen
Ubychisch → Abchasisch, Kaukasische Sprachen
Ugaritisch → Asien
Umbrisch → Lateinisch
Umbugarla → Australien, Isolierte Sprachen
Unserdeutsch → Germanische Sprachen
Urarina → Isolierte Sprachen
Urartäisch → Armenisch, Kaukasische Sprachen
Usbekisch → Turksprachen Zentralasiens

Veddah → Indo-Iranische Sprachen
Vilela → Lule-Vilela

Wagumi → Isolierte Sprachen
Wakoná → Isolierte Sprachen
Wamin → Aussterbende Sprachen
Wandalisch → Germanische Sprachen
Waorani → Isolierte Sprachen
Warao → Isolierte Sprachen
Warapu → Sko
Warembori → Isolierte Sprachen
Wasu → Isolierte Sprachen
Westpolessisch → Slawische Sprachen,
 → Weißrussisch
Weyto → Isolierte Sprachen
Wichí Lhamtés Vejoz → Mataco-Gu-
 aicuru
Wiradhuri → Aussterbende Sprachen
Wiyot → Algische Sprachen
Wolgabulgarisch → Komi-Syrjänisch,
 Mari, Russisch, Tschuwaschisch,
 Udmurtisch
Wolof → Lateinisch
Wotisch → Finnisch, Liwisch

Xhosa → Khoisan-Sprachen, Niger-
 Kongo-Sprachen, Zulu
Xinca → Isolierte Sprachen

Yade → Isolierte Sprachen
Yagua → Peba-Yagua
Yakima → Penuti
Yamana → Isolierte Sprachen
Yambiyambi → Isolierte Sprachen
Yana → Isolierte Sprachen
Yarí → Isolierte Sprachen
Yaruro → Isolierte Sprachen
Yauan → Isolierte Sprachen
Yauma → Isolierte Sprachen
Yinggarda → Aussterbende Sprachen
Yuchi → Isolierte Sprachen
Yukatekisch → Maya
Yupik → Eskimo-Aleutisch
Yuracare → Isolierte Sprachen
Yurok → Algische Sprachen
Yuwana → Isolierte Sprachen

Zanofil → Isolierte Sprachen
Zaoré → Isolierte Sprachen
Zapotekisch (Isthmus-Z.) → Oto-
 Mangue
Zuñi → Amerika, Isolierte Sprachen

Sprache und Sprachgeschichte

Hermann Ehmann
Voll konkret
Das neueste Lexikon der Jugendsprache
2001. 160 Seiten. Paperback
Beck'sche Reihe Band 1406

Christoph Gutknecht
Lauter blühender Unsinn
Erstaunliche Wortgeschichten von „Aberwitz" bis „Wischiwaschi"
2001. Etwa 192 Seiten. Paperback
Beck'sche Reihe Band 1431

J. Dominik Harjung
Lexikon der Sprachkunst
Die rhetorischen Stilformen. Mit über 1000 Beispielen
2000. 478 Seiten. Paperback
Beck'sche Reihe Band 1359

Nabil Osman (Hrsg.)
Kleines Lexikon untergegangener Wörter
Wortuntergang seit dem Ende des 18. Jahrhunderts
Mit einer Vorbemerkung von Werner Ross.
11., unveränderte Auflage. 1999. 263 Seiten. Paperback
Beck'sche Reihe Band 487

Willy Sanders
Was die Wörter uns verraten
Kleine Geschichten rund um die Sprache
2000. 143 Seiten mit 7 Abbildungen. Paperback
Beck'sche Reihe Band 1367

Rainer Schlösser
Die romanischen Sprachen
2001. Etwa 128 Seiten. Paperback
C.H. Beck Wissen in der Beck'schen Reihe, Band 2167

Verlag C.H. Beck München